普通高等教育“十一五”国家级规划教材

教育部普通高等教育精品教材

新编21世纪新闻传播学系列教材

基础课程系列

新闻传播法教程

第7版

魏永征　周丽娜　著

The Law of Journalism and Mass Communication in China

中国人民大学出版社

·北京·

内容简介

本书将我国各法律部门有关新闻传播活动的法律规范和政策加以集纳并予以体系化，论证了中国特色社会主义新闻体制以及新闻媒介和新闻工作者的权利和义务，并涉及维护国家安全、保障社会正常秩序、新闻与司法、特殊信息发布和报道以及新闻传播与人格权、著作权、新闻行业管理、新闻信息产业等诸多方面。

本书自第一版问世以来，即成为新闻传播法教学的流行教材。

第7版反映了2019年前版出书以来涉及新闻传播活动的有关法律规范的发展变化。主要有以下方面：2021年1月1日起实施的《民法典》其“总则”“人格权”“侵权责任”等编的有关内容，直接关涉调整新闻与传播活动的各种社会关系，新版根据《民法典》对第六章“新闻传播活动与人格权”作了重新改写，力求完整体现法典的有关内容；2020年全国人大常委会通过新修订的《著作权法》，本次修订对第七章“新闻传播活动与著作权”作了大幅修改；根据2021年通过的《数据安全法》，对第二章第一节“保障网络安全”作了进一步充实；等等。新版还反映了这三年内修订（修正）的另一些有关法律法规的变化，同时增写或更换了一些新的司法和行政案例。第7版的内容截至2021年岁终。

本书既适合作为高等学校新闻传播专业和培训新闻从业人员的教材，也可以为在岗的新闻工作者、新闻行业管理者和媒介法研究者提供参考。

作者简介

魏永征　本名魏庸徵，浙江宁波人，1964年复旦大学新闻系毕业。原上海社会科学院新闻研究所研究员、教授。1988—1998年任上海《新闻记者》杂志社法人代表、主编。2001—2010年任香港树仁大学新闻与传播系专任教授。2003—2016年任中国传媒大学博士生导师及媒介法和政策专业硕士生导师，2010—2017年任汕头大学长江新闻与传播学院教授、讲座教授。主要学术著作有《被告席上的记者——新闻侵权论》（1994）、《中国新闻传播法纲要》（1999）、《传媒规范简论》（2015）、《法律素养：记者的必修课》（2017）以及主编《影视法导论》（2005）等。

周丽娜　中国传媒大学文化产业管理学院法律系教授，媒介法和政策方向博士。著作有《媒体与隐私》（2013）等。

总序

中国人民大学出版社策划出版的“新编21世纪新闻传播学系列教材”，是一套在新闻传播学领域内，皋牢百代，卢牟六合，贯穴古今，笼罩中外，密切联系新闻传播工作的实际，广泛吸收新闻传播学的最新研究成果，高挹遐揽，取精用宏，供新世纪的高等院校新闻传播院系教学使用的系列教材。

20世纪初以来的100年，是世界新闻传播事业飞速发展的100年。这100年来，随着科学技术的不断发展，继报纸、期刊、通讯社之后，广播、电视、网络和多种新媒体相继问世，新闻传播的媒介日趋多元化，新闻传播的手段日趋现代化，“地球村”变得越来越小，新闻传播事业对世界政治、经济和文化的影响则变得越来越大。

这100年，也是中国新闻事业飞速发展的100年。尤其是中国改革开放以来，发展得尤为迅猛。

进入21世纪以后，中国新闻事业发展的势头更为迅猛。报纸、期刊、通讯社、广播电台、电视台的数量在宏观调控下，虽无大变化，但软硬件的实力都有了很大的提高。据2011年12月出版的《中国新闻年鉴》的最新统计数字，2010年全国共出版报纸1 939种，平均期印数2.14亿份。共出版期刊9 884种，平均期印数1.63亿册。全国共有广播电台227座，电视台247家，广播电视台2 120家，教育电视台44家。广播综合人口覆盖率为96.78%，电视综合人口覆盖率为97.62%。

另据2012年1月中国互联网络信息中心（CNNIC）发布的《第29次中国互联网络发展状况统计报告》，截至2011年12月底，中国网民规模已达到5.13亿，互联网普及率达到38.3%。其中，手机网民数量为3.56亿，博客和个人空间用户数量为3.19亿，微博用户数量为2.5亿，社交网站用户数量为2.44亿，网络视频用户数量为3.25亿。中国居民中具备上网条件和技能的人已经基本转化为网民，大专及以上学历人群中互联网使用率已达96.1%。中国网站总数为230万个，网页数量为866亿个。

这样大的发展规模，这样快的发展速度，在世界和中国新闻事业史上都是空前的。

回顾既往，盱衡未来，新闻传播事业在21世纪还将保持旺盛的发展势头。新闻传播，作为上层建筑和意识形态的一个重要组成部分，在全面准确地宣传党的基本理论、基本路线和基本方针以及各项决策，反映人民群众的伟大业绩和精神风貌，以及推动改革开放和社会主义现代化建设等方面，必将继续发挥重要的作用。

与新闻传播事业的发展相配合，这100年来，为中国的新闻战线培养和输送人才的中国新闻教育，也有了相应的发展。中国的新闻教育起始于20世纪初，迄今有近90年的历史。新中国成立前的30年，虽然先后在个别院校中设立了新闻系或新闻专科，但规模都不大，设备也不够完善，在校学生人数最多的时候不超过400人，30年间累计培养出来的毕业生还不到3 000人。新中国成立后，为了给新中国的新闻事业培养人才，新闻教育有了新的发展，但到20世纪60年代中期为止，全国的新闻教育机构也还只有14家。当时全国只有343家报社、78座广播电台和13家电视台，革命老区来的新闻工作骨干正当盛年，足以支撑大局，新闻系和新闻专业的学生统招统分，基本上能够满足中央和省市以上新闻单位梯队建设方面的需要。“文化大革命”爆发后，新闻事业进入低谷，新闻人才的培养也被迫中辍。拨乱反正之后，新闻事业有了飞速的发展，但新闻工作的人才却出现了断层，明显供不应求，因而极大地推动了新闻教育的发展。中国的新闻教育得以重整旗鼓并得到空前迅猛的发展，主要是改革开放以来的这30多年的事情。30多年来，中国新闻教育和中国新闻事业同步发展。截至2011年，全国设有新闻传播学类院、系、专业的高校已由改革开放之初的两三所增加到800所以上，各种类型和层次的专业教学点已不下1 000个。新闻专业的教学已从单一的大学本科教育，发展到博士生、硕士生、本科生、大专生、成人教育、函授教育等多层次的格局，不少院系还设置了新闻传播学方向的博士后流动站。改革开放之初，全国在校新闻系科学生总共只有500来人，现在仅在校本科生就有16万人左右，硕士和博士研究生3万人左右，办学层次、办学规模、办学水平都有了很大的提高。进入新世纪以后，随着新闻传播事业的加速发展和新闻战线人才需求的不断增加，中国的新闻教育还将有更大幅度的发展。

一般说来，新闻教育质量的高低，起决定作用的主要是两个因素：一个是师资，一个是教材。两者之间，教材的作用更大。这是因为，师资的多少和良窳，往往受办学主客观条件的限制，而教材一旦完成，就可以直接嘉惠于学子，风行四海，无远弗届。进一步说，一部好的教材，不仅可以满足教学的需要，培养出一大批人才，而且还可以同时拥有一定的学术含量，推动新闻传播学研究的发展。1919年出版的徐宝璜的《新闻学》，1927年出版的戈公振的《中国报学史》，就是这方面的很好的例子。这两本书都是作者在高等学校从事新闻学理论和新闻史教学时作为教材编写出来的，出版之后，立即引起世人的关注和推崇，一再重版，历久不衰，至今仍然是公认的新闻学理论和新闻史方面的传世之作和经典之作。正因为这样，新闻教育的前辈们，历来十分重视教材的建设。新中国成立初期的十来年，坊间出版的新闻学方面的书籍，绝大部分是教材。改革开放以后，新闻传播学研究空前繁荣，新闻学方面的书籍大量问世，但教材仍然在其中占了很大的比重。这些教材，覆盖了新闻传播学的方方面面，经过出版家和众多作者们的长期努力，门类和品种基本配套齐全，曾经为同时期的新闻教学做出过重要的贡献。但是，随着时间的推移和新闻工作实际的飞速发展，这些教材的体例日显陈旧，观点和内容也亟待调整和更新。一些属于学科前沿和科技含量较高的新开课程的教材尚付阙如，使现有的教材出现了不少缺口。在新世纪已经到来之际，积聚力量，重新编写出一套体系完整、门类齐全、能够为新世纪的新闻教育和新闻人才培养服务的新闻传播学的系列教材，已经成为人们的共识和新闻业界与新闻教育界的迫切需求。

呈现在读者面前的，就是应这样的需求产生的一套系列教材，它将涵盖新闻学、传播学两个二级学科的方方面面内容，满足新闻、广播、电视、广告、媒体经济、新媒体等多个专业的教学需要。负责这些教材编写工作的，是中国人民大学、复旦大学、北京大学、清华大学、中国传媒大学、中国青年政治学院等多所著名院校长期从事新闻传播学方面教学与研究工作的专家学者，其中有相当大的一部分编写者是相关学科的国家级的学术带头人，堪称一时之选。收入本系列的教材中，既有国家级重点教材，也有部级重点教材，其他的也是经过严格筛选的精品，所以，本套系列教材的质量是有保证的，其权威性也将得到社会的认同。

21 世纪是一个高度信息化的时代，是信息经济和知识经济占主导地位的时代。信息经济和知识经济有两大支柱，一是以高科技为代表的传播技术产业，二是从事新闻和信息产品生产的媒体产业。新闻传播学作为将这两大领域有机联结的桥梁，在今后的国家建设和社会发展中必将发挥越来越重要的作用。中国人民大学出版社经过精心策划，隆重推出这套系列教材，是具有高度的前瞻性和战略眼光的。在这里，我谨代表编委会和全体作者向中国人民大学出版社表示由衷的感谢。

这部系列教材开始策划于 20 世纪的最后一年，21 世纪初起陆续问世，迄今已编写出版了 50 余种。在体例和内容的创新和开拓等方面，远远超过同时期出版的同类教材。其中的有些教材，还根据整个新闻传播理论与实践的发展和新闻传播学教学与研究的发展，陆续作了必要的补充和修订，重新出版，实现了内容的与时俱进。

这批教材的问世，将会为新闻传播事业和新闻教育事业的发展和繁荣、为新世纪新闻传播人才的培养做出它应有的贡献。这是出版者和全体作者共同的一点希望。是为序。

方汉奇

2012 年 3 月 15 日

于中国人民大学宜园

第一版前言

魏永征教授学识渊博又肯从事研究，是一位难能可贵的好教授。我们很荣幸能请他在树仁大学新闻与传播系任教，不知不觉已逾五年。他曾有好多次与我商讨切磋有关法律观点的问题，给我留下深刻的印象。

这次他以其所著之《新闻传播法教程》相示，嘱为之序，拜读之余，深觉该书详述从事新闻传播事业者应有的操守及应获知的各项权利义务，对学生甚多启发，是一本非常详尽及深具教育意义的教材，值得推崇。我想方汉奇教授在其序文中亦深具此意。另一方面，以普通法的观点，将新闻传播法规仅着眼于诽谤法的范畴内，详细阐述法律案例，两者相较各有利弊，但魏教授之教材内容丰富，或许更适合于研习新闻传播的同学。

胡鸿烈*

于香港树仁大学

第7版附记

魏永征教授自2001年在我校任教，2010年荣休。此书系他在此期间完成并出版。为保存历史原貌，肯定魏教授在我校工作的贡献，重版时请保留当初前言，并为他在荣休后能够继续著述感到十分高兴。

胡鸿烈

2021年9月于香港树仁大学

---

* 原任全国政协常务委员，现任中国社会科学院、中国人民大学、浙江大学、武汉大学等校名誉教授，香港树仁大学校监兼校长，著名法学家。

第7版修订说明

《新闻传播法教程》初版于 2002 年 3 月，在 2003 年 3 月重印时有一次小修，2006 年 11 月出版第二版，2010 年 7 月出版第三版，2013 年 4 月出版第四版，2016 年 5 月出版第五版，2019 年 5 月出版第六版。

新闻传播法研究属于跨越新闻传播学与法学两大学科的交叉科学，旨在系统阐述和研究国家调整新闻与传播领域社会关系的法律规范及其法理，探讨其中规律，并非某部特定法律及其配套系统的综述。传播科技发展带来传播媒介、形态及其组织不断变革，而法律制度也要随着社会发展而持续发展，所以对新闻传播法的阐释，必定要随着新闻与传播业态和法律制度的发展而不断更新。时隔数年的版本往往不能适应时代需求，适时屡次重版是许多国家新闻传播法或大众传播法知名著作的常态。

现在本书第七版的内容截至 2021 年岁终。

一

回顾本书初版之时，我国新闻与传播业态尚以传统媒体为主体，中国特色社会主义法律体系尚在构建之中。二十年间，无论是新闻与传播业态的变革还是中国特色社会主义法律体系的形成、社会主义法治体系建设的进展都是举世瞩目的。特别是党的十八大以来，中国特色社会主义进入新时代。此后本书的第五次、第六次修订，力求与时俱进，温故展新，以习近平新时代中国特色社会主义思想为指导，贯彻中央有关方针、政策和指示，适应新闻与传播业态的最新变革，及时反映和阐述新闻与传播领域的新的法律规范和个案。现举其要：

——遵循党的十九大通过的《中国共产党章程》和十三届全国人大一次会议修正《中华人民共和国宪法》，确立马克思列宁主义、毛泽东思想、邓小平理论、“三个代表”重要思想、科学发展观、习近平新时代中国特色社会主义思想的指导地位，引用《宪法》修正案增入“中国共产党领导是中国特色社会主义最本质的特征”、“国家倡导社会主义核心价值观”等对于新闻传播和新闻舆论工作具有直接的根本指导意义的规定，以此充实“宪法原则”这一章关于“中国共产党的领导和为人民服务、为社会主义服务的方向”规定的论述，并结合党和国家机构的改革，从宪制观点高度解读“党管媒体”体制。同时，根据中央有关文献精神，对新闻工作者的权利和责任如“四个牢牢坚持”、舆论监督与互联网监督的贯通等作了进一步的充实。

——以总体国家安全观为理论依据，在第二章“维护国家安全”中阐述2015年新颁《国家安全法》的核心内容，并从新闻传播法视角，突出关于“网络安全”、“文化安全”、“意识形态安全”的论述。在2016年《网络安全法》颁行以后，根据“没有网络安全就没有国家安全”的理念，将“保障网络安全”列为此章第一节，从传播活动视角对《网络安全法》作了概要介绍。

——互联网的发展使传统建构的单一、线性的信息传播形态遭到颠覆，网络传播成为新闻信息传播的主要场域。中央及时察觉这样的变革对于我国意识形态安全带来的严重挑战，出台一系列政策，以及以《网络安全法》为基础法律的初步体系化的配套法律、法规和规范性文件。本书修订时在第三章“保障社会正常秩序”、第八章“新闻业的行政管理”等有关各章分别补充有关规范并结合相应实施个案作出阐释。如十八大以后国家即颁行旨在打击网络造谣等不法内容的刑法修正案和相应司法解释，有效廓清了网络空间，第三章新设“严惩造谣犯罪”专段，结合有关案例加以阐述。在第八章第三节“互联网新闻信息传播”中以《网络安全法》为上位法依据，系统介绍“用户实名制”等网络信息内容管理的法律制度。

——传播形态的变革必定带来传播体制的改革。如果说，本世纪的第一个十年国家对新闻行业体制改革是集中于转企改制，那么进入移动互联网勃兴的第二个十年，中央不失时机提出“媒体融合”以因应新型传播形态，推动建立现代传播体系。第九章“新闻信息产业”对传统新闻业体制改革历程作适当简化处理，增设“传统媒体与新兴媒体融合发展”一节，系统反映有关政策、规范和举措。

——随着中国特色社会主义法律体系的形成和社会主义法治体系的发展，在学术上已有条件尝试构建我国新闻传播法的基本框架。本书改写了导论，按照国家确认的7个法律部门和2015年修订的《立法法》，对我国现行有关新闻与传播领域的法律规范作了系统梳理，以使读者对我国新闻传播法有一个总体概念。

二

本书第六版修订至今，党和国家坚持全面依法治国，社会主义法治体系建设不断取得重大业绩，有力推进新闻与传播领域法治建设。国家高度重视传播手段的建设和创新，及时颁行各种专门法律规范，保障和推动媒体融合发展。2021年11月党的十九届六中全会通过《中共中央关于党的百年奋斗重大成就和历史经验的决议》，是坚持和发展中国特色社会主义的政治宣言和行动指南。本书第七次修订，即以“决议”有关论述为指导思想，力求全面而准确地展示三年来新闻与传播领域法治建设的成果。

（1）深化关于党的领导和为人民服务、为社会主义服务的宪法原则和两者不可分割的逻辑联系的论述。以“意识形态工作是党的一项极端重要的工作”为定位以及引用学界对“党管媒体”自新中国建立以来始终是新闻事业管理体制核心特征的论证，进一步强化论述“党管媒体”的宪制地位。并引证“决议”关于十八大以来我国意识形态领域形势发生全局性、根本性转变的重要论断，显示坚持党管媒体、坚持党对意识形态工作的领导权的重大意义。

（2）列举历届党的代表大会文件直至此次 2021 年“决议”关于“保障人民的知情权、参与权、表达权、监督权”的提法，指出这是贯彻以人民为中心的发展思想的科学安排。作为保障人民知情权的重要行政法规《政府信息公开条例》，在实施十多年后于 2019 年进行大幅扩充和修订，本书本次修订系统介绍新版“条例”，并通过与原版的比较阐述政府信息公开制度的演进。同时介绍 2021 年《数据安全法》“政务数据安全与开放”专章的内容，显示政务信息公开进入网络时代的新进展。

（3）2020 年十三届全国人大三次会议通过《民法典》并于 2021 年 1 月 1 日起实施，作为新中国第一部以“法典”命名的基本法律，是新时代社会主义法治建设的重大成果。这部法典的“总则”、“人格权”、“侵权责任”等编的有关内容，直接关涉调整新闻与传播活动的各种社会关系；“人格权”编对民事主体的人格权益及其保护和限制作了系统规定，特别是就新闻报道、舆论监督行为明文作出专条规定，确立了以往法律尚未规定而只是以司法解释加以明确或仅仅在司法案例中体现的许多规范，实现了调整新闻报道、舆论监督行为与人格权益之间关系的法律规范体系化。本次修订根据《民法典》对第六章“新闻传播活动与人格权”作了重新改写，力求完整体现法典的有关内容。

2021 年十三届全国人大常委会通过《个人信息保护法》，第六章结合《民法典》就其中与新闻传播法有关的内容一起予以介绍，同时说明这部法律调整对象并非限于民法范畴，不属《民法典》的特别法。

（4）《著作权法》自 1990 年颁布以来，已经两次修订；经过长期征求意见，2020 年全国人大常委会通过新修订的《著作权法》。新法因应传播科技和社会生活的发展，其修订范围包括：有关著作权客体即作品的定义、视听作品定义及其权利归属、广播权内容、广播组织权内容、表演者权内容、著作权合理使用等概念和制度，有关著作权技术保护和权利管理信息、加大侵权损害赔偿力度、完善行政保护等强化著作权保护措施，有关著作权侵权诉讼举证责任倒置等有利于著作权人维权的规定等诸多方面，本次修订对第七章“新闻传播活动与著作权”作了大幅修改。

（5）网络安全一直是国家安全法治建设的重要课题。2021 年全国人大常委会通过《数据安全法》，在《网络安全法》有关数据安全规定基础上进一步扩充完善为整部法律。同时，为落实《网络安全法》有关规定，国家发布行政法规《关键信息基础设施安全保护条例》，部门规章《网络安全审查办法》、《网络产品安全漏洞管理规定》等。据此，第二章第一节“保障网络安全”又作了进一步充实。

（6）国家不断健全互联网领导和管理体制，第八章第三节“互联网新闻信息传播”及时补充三年来出台的各类规范。包括：针对新型传播形态制定新规，如就短视频、网络直播的勃兴，各主管部门联合发布《网络音视频信息服务管理规定》（2019）、《关于加强网络直播规范管理工作的指导意见》（2021）等；在分类单项管理基础上制定综合性、系统化规范，如构建政府、企业、社会、网民共治机制，明确鼓励、禁止、防范和抵制各类标准的《网络信息内容生态治理规定》（2019），以四个维度、从十个方面压实网站平台主体责任的《关于进一步压实网站平台信息内容管理主体责任的意见》（2021）；尤其是面对以算法分发为代表的人工智能传播的发展，主管部门落实主流价值导向驾驭算法，下发《关于加强互联网信息服务算法治理的指导意见》（2021），提出三年建立算法安全综合治理格局，而后在 2021 年终发布《互联网信息服务算法推荐管理规定》，开创网络管理从内容层深入逻辑代码层新格局。

（7）继 2014 年中央深改领导小组下发关于“媒体融合”的“指导意见”之后，2020 年中央深改委又一次审议通过《关于加快推进媒体深度融合发展的指导意见》。第九章第三节“传统媒体与新兴媒体融合发展”综述这六年内中央两次关于“媒体融合”的文件及有关部门就此制定的下位文件和贯彻措施，列举主流媒体实施移动优先战略、加强新技术前瞻性研究和应用、建设县级融媒体等各项成就和数据，说明“媒体融合”乃是将“党管媒体”延伸到网络空间，实现党领导下的主流媒体占领网络舆论阵地的战略部署，取得主流思想舆论持续巩固壮大的显著成效。

（8）2020 年《未成年人保护法》修订版，有多处涉及新闻传播和网络传播对未成年人的保护。按照本书框架安排，有关内容分别纳入第三章、第四章、第六章、第八章等处，如在第三章“保障社会正常秩序”中设立“禁止危害未成年人身心健康的内容”专段。

（9）2020 年初以来全国开展新冠肺炎疫情防控工作并取得重大胜利，其中涉及有关传播法律问题，本书修订时注意有所反映，如谣言防控（第三章）、突发信息发布（第五章）、个人信息保护（第六章）、新兴传播科技运用（第九章）等。

本书修订中还反映了这三年内修订（修正）的另一些有关法律，如《证券法》修订，《刑法》第十一修正案，《广告法》修订，以及一些行政法规、规章和司法解释的发布、修改和废止。同时增写或更换了一些新的司法和行政案例，尤其注意搜集最高人民法院发布的指导性案例和典型案例。

三

全书继续奉行“述而不作”的体例。作为主要提供教学使用的教程，主要是介绍和讲解相关基本知识、原理和现行有效的有关新闻与传播的法律和政策规范，不讨论还没有正式设立的规则。对于相关研究中涉及现行法律规范及解释的不同意见，需要提及的则在注释中说明。

本书以法为据、就法释义、用案论法，不在理论上学术上展开过多引证和阐述，以便给师生和其他读者留下充分的思考和探讨空间。从而保持全书一直维持在实数（不含段落空白）40 万字左右的篇幅。作者的理论观点，可以参阅作者的学术文章和著作。

本书在介绍我国新闻传播法的同时，作为比较，也有少量对外国有关法律规范的陈述。基于“比较法”（comparative law）原理，不同法系或属于同一法系的不同国家的法律制度总是存在着区别和差异，这才需要比较。更何况我国与西方国家在社会制度和价值观方面存在根本区别，在法治方面尤其要注意避免“对标”。本书反对不加具体研究而照搬外国法律中的规则，如历版从未附和一度相当流行的搬用美国诽谤法中“公众人物”起诉诽谤的“实际恶意”归责标准（我国学者或称为“抗辩事由”）的主张，并在注释中表示异议。本书导论对外国新闻传播法、大众传播法所作的概貌性介绍，仅仅限于形式结构（宪法、一般法、专门法等层次），便于读者了解新闻传播法、大众传播法的概念，并且强调说明由于社会制度和政治制度不同，不同国家的新闻传播法实质内容是不同的，有的甚至存在根本性、对立性的差别。

在几十年时间跨度内，我国新闻与传播领域的若干术语和主管机关名称发生过很大变化。例如新闻出版广播电视行政管理部门，在 20 世纪 80 年代国务院曾经分别设立广播电影电视部和新闻出版署，1998 年广电部更名为国家广播电影电视总局，至 2001 年新闻出版署改称“总署”并冠以“国家”。2013 年这两个部门整合组建为国家新闻出版广电总局。在 2018 年党和国家机构改革中，中共中央宣传部统一管理新闻出版（版权）和电影工作，对外加挂国家新闻出版署（国家版权局）、国家电影局牌子。国务院组建国家广播电视总局。互联网内容的主管部门，也经历了从国务院新闻办公室到国家网信办的变迁。其他与本书相关的还有如外经贸部和商务部、信息产业部和工信部等更改。但虽然有此变动，各时期各部门发布的法律文件大多数继续有效，而制定部门及文件内的称谓并未修改。本书遵循尊重历史、尊重法律文件的原则，当时是什么部门就称什么部门，不作更改。

至于不同的法律文件采用不同术语词汇，如新闻机构和新闻单位，新闻记者、新闻从业人员和新闻采编人员，公安和警方，机关和部门，媒介和媒体，互联网服务提供者（商）和网络服务提供者（商）、网络运营者等，书中各章节按引用的规范性文件而使用不同词语，也不擅加统一。

四

本版继续由魏永征、周丽娜合作修订。周丽娜修订了第四、六、七、八章，并审读了魏永征修订的其他各章。魏永征负责对全书进行充实定稿。

在本书修订过程中，得到下列学友的指教帮助，谨此深切致谢（恕免职衔）：

陈力丹、李丹林、李良荣、李颖、刘鹏、刘文杰、陆晔、罗斌、闵大洪、涂昌波、徐迅、展江、赵双阁、周冲、朱巍等。

本书得以在二十年内版行七次，特别要感谢最初的组稿编辑司马兰女士，感谢为推动修订出版工作做出重要贡献的策划编辑翟江虹女士，感谢在每版修订中以令人钦敬的专业精神认真审读把关并不吝赐教的责任编辑王宏霞、李学伟伉俪。

全国政协原常委、香港树仁大学校监兼校长、著名法学家胡鸿烈博士在本书初版时作序。已在 2020 年欢庆百岁寿辰的胡博士允诺继续使用他的前言，辉映卷首，谨祝老人家健康长寿。

作者

2022 年 2 月 22 日

目录

导　论

我国正在全面推进依法治国，实现建设中国特色社会主义法治体系、建设社会主义法治国家的总目标。[①] 新闻传播活动和其他各类大众传播活动，也必须加强和完善社会主义法治。

新闻传播法（本书英文译名：The Law of Journalism and Mass Communication in China），是调整新闻及其他大众传播、向公众传播活动领域各种社会关系，保障这个领域中国家利益、社会公共利益和公民、法人的合法权益的法律规范的总称。

"新闻活动是一种普遍的社会现象"[②]。人们总是通过各种手段和途径，获取和传播新闻[③]。在我国，新闻单位特指国家批准设立的报刊社、通讯社、电台电视台和从事新闻采编发布业务的新闻网站[④]，新闻记者必须持有国家颁发的新闻记者证；但随着媒体融合的发展，新闻传播主体呈现多元化，非但新闻单位和获得新闻信息服务许可的互联网企业，而且许多国家机关、企事业组织、公众团体以及自然人，事实上也在通过网络发布和传播新闻与信息[⑤]；新闻与其他内容、新闻传播形态与其他传播形态的界限也趋向模糊。

① 参见习近平：《决胜全面建成小康社会　夺取新时代中国特色社会主义伟大胜利》（2017年10月18日），《人民日报》2017年10月28日。

② 李良荣：《新闻学概论》（第七版），上海，复旦大学出版社，2021，第14页。

③ 有关新闻定义，上举"概论"列举了两种："新闻是新近发生的事实的报道"；"新闻是新近事实变动的信息"；认为这两个定义"并行不悖"。同上，第28页。

④ 2000年国新办和信息产业部发布的《互联网站从事登载新闻业务管理暂行规定》，将新闻单位设立的从事新闻发布的网站特称为"新闻网站"。其后至今所有官方文件都是将"新闻网站"特指为经许可可以从事新闻采编和发布业务（即所谓"互联网新闻服务许可一类资质"）的网站，而将许可仅仅转载新闻的网站（二类资质）泛称为"商业网站"。本书按此含义使用这个概念。详见第八章第三节。

⑤ 例如《互联网用户公众账号信息服务管理规定》第四条："鼓励各级党政机关、企事业单位和人民团体注册运营公众账号，生产发布高质量政务信息或者公共服务信息，满足公众信息需求，推动经济社会发展。"

2021年起实施的《民法典》采用新闻报道“行为人”术语表述新闻传播活动的主体，正是适应了新闻传播活动主体多元化的趋势。[①] 所有传播主体的行为包括传播内容理所当然都应该纳入法治范围。

本书介绍和诠释我国现行新闻传播法，主要是新闻媒体及其从业者所遵循的法律规范，同时也涉及其他传播主体、传播内容的法律规范。

第一节　新闻传播法是新闻传播领域的法律群

国际上对于规范新闻及大众传播活动的法，通常称为传媒法、媒体法（Media Law）、传播法（Communication Law）、大众传播法（Mass Communication Law）、新闻法（Press Law）等。在所有国家，新闻法或传媒法都不是或不只是单一的法律文件形态，都表现为许多法律规范的综合体系（法律群，a cluster of law）。在我国学术界，对于大众传播和其他向公众传播（Communication to the public）[②] 领域的法律规范也有不同称谓，本书自2002年初版以来，力求与时俱进，吸取最新的国家法治建设和相关学术研究成果。

各国的新闻传播法大都要涉及本国法的几乎所有门类，包括宪法的、民事的、刑事的、行政的、经济的各种法律部门。从法的渊源说，新闻传播法也具有多样性。在实行成文法（statutory law）的大陆法系国家，新闻传播法的主要形式是各种法律文件，而在英美法系国家，习惯、判例等在新闻传播法中有重要地位。

（1）宪法（constitution）。宪法是国家的根本法，或称最高法、基本法。各国都把宪法有关内容作为新闻传播法的最重要的渊源。新闻传播活动被认为是公民实现表达权（the right to express）和知情权（the right to know）这两大基本权利的主要方式。在当代，表达自由（the freedom of expression）被列为基本人权之一，成为新闻传播法的一个核心权利。公民的言论、出版、新闻等表达自由的权利都由宪法加以规定。最著名的如法国《人权和公民权宣言》（1789年，后由历次共和国宪法确认）第11条、美国《宪法修正案》（1791年）第1条和德国《基本法》（1949年）第5条和第18条等。

这些宪法条文，是各自国家的大众传播活动根本性的法律规范。美国《宪法修正案》第1条，在美国有关判例中被多次引用。如对于长期困扰美国新闻界的新闻诽谤案件，美国联邦最高法院在1964年《纽约时报》上诉沙利文警官案中援引该条，以官员起诉传媒诽谤必须证明对方具有“实际上的恶意”（actual malice）判决前者胜诉，从此确立了

① 参见魏永征：《〈民法典〉中“新闻报道”行为的主体》，《青年记者》（济南）2020年7月号上。

② 目前对于互联网上的传播行为统称为网络传播，但这个概念并不能说明网上传播行为的特征。网络传播形态具有多样性，其中包含了传统的大众传播，即由一个专门组织发起的通过一定中介向不特定公众进行传播，但也存在大量的并非专门从事传播的组织以及各种群体、个人发起的面向公众的传播，同样可以产生大众传播的效果和影响。传播学研究对此各有探讨，未有定论。为体现本书的涵盖范围，暂借用1996年《世界知识产权组织版权公约》（WCT）第8条对于作者通过网络传播权利的称谓“向公众传播的权利”（Right of Communication to the Public），采用“向公众传播”的术语，待传播学研究有普遍定论后再行更改。

一种“宪法性的诽谤法”（the constitutional law of defamation），给传媒批评公务人员（public of official）和公众人物（public figure）以宪法保护。① 又如1997年，美国联邦最高法院援引该条，裁决业经国会通过、总统签署的《通讯端正法》（Communications Decency Act，CDA）有关禁止互联网传播色情内容的规定违宪。2009年，在经历10年诉讼以后，最高法院维持了地区法院对1998年《儿童在线保护法》（Child Online Protection Act，COPA）有关内容的违宪判决。而在2003年，最高法院在一起诉讼中则判决《儿童互联网保护法》（Children’s Internet Protection Act，CIPA）合宪。② 这些都是美国宪制规范大众传播活动的著名案例。

同时，许多国家的宪法也会明文规定或在实质上确认新闻及大众传播活动不能超越宪法和法律的底线。如法国《人权宣言》第11条在确认言论、著述、出版自由后规定“在法律所规定的情况下，应对滥用此项权利承担责任”。德国《基本法》（宪法）第5条规定有关表达和传播的权利“受普通法限制”。

（2）一般法（general law）。此处一般法是相对于宪法和新闻传播的专门法而言，系调整整个社会生活或者某一方面社会生活的社会关系的法律规范，又称普通法［同英美法系的“普通法”（common law）不是一个概念］。各国的一般法，诸如民法典、刑法典等各种法典以及各种单行法律文件、重要判例的规范，凡同新闻传播和大众传播媒介活动有关，就是新闻传播法的内容。

例如，20世纪中叶以后，公民的知情权提上议事日程，被认为是宪法规定的言论自由中的一项“潜在”权利。而知情权的实现除了要赋予公民自由地寻求、获取、传递信息的权利外，还应确认政府负有向民众公开信息的义务。数十年来，许多国家相继颁布信息自由、信息公开或获取政府信息的法律，从“全球信息权利评级网”可以看到，至2020年已有128个国家和地区制定有此类法律法规。③ 其中影响较大的，当属美国在1966年实施的《信息自由法》（The Freedom of Information Act，FOIA）。此法是对1946年《行政程序法》（Administrative Procedure Act）第3节“公共信息”的修订，编入《美国法典》（United States Code）第5卷“政府组织和雇员”，为第552节，“信息自由法”是对这第552节的俗称。④ 这部行政法把公民的知情权以政府义务性规范的形式加以规定，使得公民这一基本权利和相应的传媒工作者的采访报道权有了可操作性，一些大众传媒和记者就曾经成功地运用《信息自由法》的规定从政府获得了所需要的信息，是阐述美国传媒法时不可或缺的一部法律。

又如对于名誉、隐私等人格权益，各国大抵以民法、刑法或者同时制定单行的成文诽谤法、隐私权法予以保护。在新闻传播领域，表达自由同人格权的冲突是一个突出的法律问题。西方学术界认为，诽谤法的使命就在于实现表达自由与人格权这两种权利的

---

① 参见［美］唐·R. 彭伯：《大众传媒法》（第十三版），张金玺译，北京，中国人民大学出版社，2005，第160-177页。

② See Don R. Pember & Clay Calvert, *Mass Media Law*, 19th edition, New York, McGraw-Hill Education, 2015, pp. 526-529.

③ See Global Right to Information Rating, https://www.rti-rating.org/country-data/.

④ See https://www.justice.gov/oip/freedom-information-act-5-usc-552.

合理平衡。英国诽谤法历史悠久，可以溯源到中世纪的诋毁权贵法（Scandalum Magnatum）。随着英国社会制度从中世纪向现代转型，才逐步将这专事维护王室贵族教士高官尊严并以刑事制裁为主的法律演变为保护个人名誉的法律，在诸多判例的基础上，国会多次制定诽谤法案，特别是在 20 世纪制定了 1952 年、1996 年《诽谤法》（Defamation Act），陆续完善了有关诽谤类型、责任主体、诉辩规则等规定。2013 年又制定新《诽谤法》实行改革，修正并增加了抗辩事由，对诽谤的起诉条件、责任主体、管辖等制定了新的规范。① 英国已在 2010 年立法废除各类刑事诽谤罪名，所以现行诽谤法已成为单一的民事侵权法。英国诽谤法一向是英国传媒法的重点内容，也时常为其他国家传媒法研究所引用。

（3）专门法。指专门规范新闻传播和传媒的法律。世界上有多少个国家在新闻传播或传媒领域制定了专门法，尚难作出统计。其历史也很久远：

大众传播媒介产生于印刷术，最初的传媒法就是规范印刷媒体即出版物的，而出版物中最具社会影响的便是报刊。最初有瑞典《新闻出版自由法》（1776 年）、法国《新闻出版自由法》（1881 年）。瑞典《新闻出版自由法》屡经废兴，现行此法制定于 1949 年，列为“宪法性文件之一”，以调整新闻出版活动中公民、报刊同政府之间的权利和义务关系为主线。法国《新闻出版自由法》也有多次修订，规定了新闻出版自由和废除新闻出版检查制度，并且把新闻出版活动争议的裁决权归于司法而不是行政，同时也规定了创办报刊须履行登记手续和负责人的责任等。也有些国家的“新闻法”，从内容看实为对出版物的行政管理法，如丹麦的《新闻出版法》。英美法系国家通常没有此类制定法。英国在 17 世纪末废除了 200 年来旧王朝形成的以特许权和事先审查制为主的“出版法”，却并未重新制定有关报刊的法律，后来美国也沿袭了这样的传统。有学者作出这样的解释：新闻媒介并不具有特殊的法律地位，编辑和记者只是从事非政府活动的个体公民，因此可以将适用于一般公民的法律来规范报刊的权利，而没有必要使报刊业成为专门立法的对象。② 英国在 2011 年《世界新闻报》事件以后，舆论要求就报刊监管立法，经过议会激烈辩论，最后还是以皇家宪章（Royal Chapter）授权的方式建立报刊共律（co-regulation）制度。③

20 世纪初广播问世。由于广播的无线电频谱属于稀缺资源，而且涵盖广袤，传播迅速，从可听发展到可视，具有巨大社会影响力，既关乎公民的表达自由，又涉及各种社会利益和公共安全，就必须制定法律进行管理。各国先后形成了商业（私营）、公共和国有这样三种模式。英国在 20 世纪初就颁布法令对广播实行许可制，后来以“皇家宪章”确立公共的英国广播公司（BBC）在全国广播（后来还有电视）业的垄断地位延续数十年。直至 1954 年和 1972 年先后制定《电视法》和《广播法》使商业电视、商业广播合法化，形成公共广播和商业广播并存体制。美国广播业以商业广播为主，同样实行许可制。国会在 1934 年制定《通讯法》（Communication Act），设立联邦通讯委员会（Fed-

---

① See http：//www.legislation.gov.uk/ukpga/2013/26/contents/enacted.

② See Perry Keller：*The Media in Britain*，Institution，Policies and Laws，The British Council，2001，p. 12.

③ 参见李丹林：《“公共利益”、“新闻自由”和“IPSO”》，《现代传播》2015 年第 8 期。

eral Communication Commission，FCC)，属于独立规制部门（independent regulatory agency，IRA)，受权制定规则，是美国广播电视法的组成部分。1984 年又把有线电视纳入 FCC 的管理范围。1996 年国会制定《电信法》（Telecommunications Act）取代《通讯法》，沿用至今。这样在英美等国，没有成文的规范纸媒的"新闻法"或"报刊法"，但有"广播法"。在大陆法系国家，往往既有新闻法，又有广播法或广播电视法。早就实行"新闻出版自由"的法国，在很长时间立法规定广播和电视由国家垄断，直至 20 世纪 80 年代颁布《视听传媒法》，继而通过若干广播电视的法律，方才确立国家、公共和私营广播电视并存的体制。战后的德国，广播电视业也实行国有垄断三十多年，至 80 年代改为公私并存，根据《基本法》联邦各州享有文化立法权的规定，各州都制定了新闻法（报刊法）和广播电视法，而州与州之间广播电视的利益分配和管理分工则通过州际协议来规制。

互联网使得信息传播形态发生了根本变化。互联网是为维护国防安全而发明的，网络空间又具有超越国界的所谓"全球公域"（global commons）特点，维护本国网络安全就成为头等重要的问题。美国作为互联网的发源地，高度重视网络安全，自 20 世纪 70 年代起多次制定有关计算机安全的法案。特别是在"9·11"事件后，国会通过《爱国者法》(Uniting and Strengthening America by Providing Appropriate Tools Required to Intercept and Obstruct Terrorism Act，PATRIOT)，其中授予政府更多的监视和管制网络、要求网络商提交信息等权力，以防范网络欺诈、威胁、攻击、入侵等危害行为。在政府发布一系列国家战略、行动计划和法案的基础上，2015 年底国会通过《网络安全法》(Cybersecurity Act)，就网络安全信息共享、防御网络威胁作出系统规定。[①] 英国在 21 世纪陆续颁布了 5 部反恐怖主义法，监视和防范网上恐怖主义活动是其中的重要内容。

网络空间是现实空间的延伸，现实社会的法律制度和原则当然适用于网络空间，不过网络传播有其自身特点，需要作出某些调整，制定一定的特别规则。《爱国者法》就是对美国现有诸多相关法律作出一定的修改或补充的综合。前述《传播净化法》(CDA) 也是作为《电信法》的补充而制定的。英国在 2009、2010、2014 年三次修订《通信法》，以因应规制网络传播的需要。也有国家制定了综合性的互联网法作为基础性法律，如 1997 年德国《信息与通讯服务法》（Informations-und Kommunickationsdienste-Gesetz，IuKDG)。

网络运营商的地位和责任是网络法的一个特别问题，对此各国的认识和规则不尽相同。美国《通讯端正法》(CDA) 第 230 条（这条没有被判违宪）在事实上确定网络运营商几乎无须对网上侵权和有害信息承担民事责任。而美国国会 1998 年通过的《千年数字版权法》(Digital Millennium Copyright Act，DMCA)，也是对《版权法》等原有法律进行修补，其中新增《版权法》第 512 节，规定了网络运营商的避风港规则，在国际上产生了巨大影响。[②] 英国 2013 年《诽谤法》有专条规定了网络运营商的责任，其中可以看出避风港规则的影响，而美国至今并未把避风港规则延伸到其他侵权法。

---

① 参见《美国网络安全法》(中英文对照)，北京，中国民主法制出版社，2017。

② 有关避风港规则参阅本书第七章第三节。

无论是哪一类专门的传播法、出版法、广播电视法或网络法，都不会取代一般法基本内容的地位。新闻及大众传播活动不仅要遵守这些专门法，同样必须遵守有关的一般法。当然，专门法也可以补充一般法的不足。

（4）各国新闻传播法还有一项重要渊源就是国际法（国际条约和国际惯例）。《世界人权宣言》（Universal Declaration of Human Rights，UDHR）、《公民权利和政治权利国际公约》（International Covenant on Civil and Political Rights，ICCPR）等国际人权公约以及各区域的人权公约中关于保障公民表达自由等基本人权的规定，为各签约国所遵循。一般来说，国际法必须通过国内法在本国生效，有特殊性的是欧洲委员会于 1950 年制定的《欧洲人权公约》（The European Convention on Human Rights，ECHR），确认欧洲人权法院行使司法裁决权，当事人对本国法律制裁不服有权提起申诉。欧洲人权法院受理的关于“公约”第 10 条（表达自由）案件的一些判决，对所在国乃至欧洲产生重大影响。1993 年成立的欧洲联盟，就网络信息安全、个人信息保护、未成年人保护等发布一系列决议、指令和条例，也对成员国起到重大的指导作用。如 2018 年 5 月生效的欧盟《一般数据保护条例》（General Data Protection Regulation，GDPR）就保护网络个人信息作出系统规定，受到国际关注。

《伯尔尼保护文学和艺术作品公约》、《世界版权公约》等国际版权公约，在保障传播活动中的著作权人权益、促进信息和文化有序交流方面发挥着十分重要的作用。2012 年缔结于北京、2020 年起生效的关于表演者权利保护的国际条约《视听表演北京条约》，是第一部在中国诞生的国际版权条约。

由此可见，要以一部法律来涵盖所有大众传媒的创设和运行并规范新闻及大众传播过程中的全部社会关系显然是不可能的。至今我们知道只有从原来苏联发展起来的少数国家制定有以“大众传媒”命名的法律，有代表性的是《俄罗斯联邦大众传媒法》（Закон о Средствах Массовой Информации），此法是沿袭 1990 年 6 月苏联解体前夜制定公布的《报刊及其他大众传媒法》的文本于 1991 年底制定的，至今已修改 20 余次。1994 年初，针对一度失控的广播电视影响国家安全和社会秩序的弊端，俄罗斯另行制定了《俄罗斯联邦广播电视许可证条例》，全面建立广播电视许可制度，翌年《大众传媒法》才作了相应的修改。[①] 接着，又多次发布总统令确立了广播电视许可证发放机构和程序、设立了直接向总统负责的广播电视管理机构，特别是明确了国营广播电视的主体地位，形成了国家部分所有的公共服务体制。世纪之交，俄罗斯国家杜马曾一再提出《广播电视法（草案）》，但未获总统批准。互联网兴起后，国家杜马或联邦政府又颁布了《关于信息、信息技术和信息保护法》、《个人信息法》等法律，对网络传播予以规制。此外，《大众传媒法》在 2004 年修订时又增列第 5 条第 1 款：“俄罗斯联邦关于大众传媒的立法由本法及俄罗斯联邦其他标准法律文件组成”。由此可见，俄罗斯的《大众传媒法》[②]，只可算是以规制印刷媒体为主的一部基础性法律，连广播电视媒体也难以全面覆

① 在苏联《报刊及其他大众传媒法》和起初的俄罗斯《大众传媒法》文本中，都只是一般规定大众传媒自由，实行注册登记制，而没有专门规定广播的许可制。

② 俄罗斯《大众传媒法》中译本全文载于中央网络安全和信息化领导小组办公室、国家互联网信息办公室政策法规局编《外国网络法选编·第一辑》，北京，中国法制出版社，2015。

盖，何况大众传媒活动还要遵循其他许多法律的规范。

由于社会制度和政治制度不同，大众传媒承担社会功能的差异，不同国家的新闻传播法内容会有很大不同，甚至同样的术语、命题和判断的含义也会相差甚远，有的甚至存在根本性、对立性的差别，这是我们了解国际新闻传播领域的法律制度必须注意的。而仅就形式来说，具有这样的共同特点：

第一，新闻传播法不是一部法律，也不是大陆法系法理上的法律部门。新闻以及整个大众传播领域的各种社会关系不可能只以一部法律来调整；这些社会关系涉及各个法律部门，不能单独成为一个法律部门或者分支法律部门，而是呈现为法律群。新闻传播法是以调整新闻及大众传播活动这个特定领域的社会关系为对象，跨越多个法律部门、具有多种法源而重新组合的综合性法律规范体系。

第二，新闻传播法、传媒法、传播法等术语是学者对于新闻及大众传播和其他向公众传播领域的法律群的概称。这样的法律群并非各种法律条文的堆砌，而应该是分门别类、上下有序、和谐统一的整体，即构成一定的体系。法治国家总是拥有完整的法律体系，新闻传播法也应该是体系化的。不过这个体系通常是由学者在其著作中显示的，尽管不同著作会有不同的结构，但是只要资料齐备、方法正确，就可以反映客观存在的国家调整新闻传播领域的法律规范的体系。

第三，新闻传播法涉及多种法律和法律部门，总是处于不断发展的状态。一个国家的法律体系是稳定的，但是具体的法律是发展的，会时而修订某些原有法律或者制定新的法律，新闻传播法往往会由于不同的修法、立法而需要作出增减改动，所以新闻传播法、传媒法著作必须不断修订，与时俱进。①

第二节　我国新闻传播法的体系

一个国家，在一定历史阶段，以宪法为核心和根本依据，由部门齐全、结构严谨、内部协调、体例科学的法律及其配套法规所构成的整体，称为法律体系。2011 年我国宣布中国特色社会主义法律体系已经形成②，为建设中国特色社会主义法治体系奠定了基础。③

中国特色社会主义法律体系，是以宪法为核心，以法律为主干，以行政法规、地方

① 如美国华盛顿大学教授唐·R. 彭伯（Don R. Pember）所著《大众传媒法》（Mass Media Law），是美国最流行的传媒法著作。1977 年初版，至 2016 年出版第 19 版，平均 3 年即作一次修订。彭伯宣告退休将此书移交给卡尔佛特（Clay Calvert）教授继续修订，卡氏领衔的《大众传媒法》第 20 版、第 21 版已先后于 2018 年、2020 年问世。

② 参见《人民日报》2011 年 1 月 25 日。

③ 社会主义法治体系与社会主义法律体系是两个不同的概念。中共中央《关于全面推进依法治国若干重大问题的决定》（2014 年 10 月 23 日）就建设中国特色社会主义法治体系的总目标作了如下阐述："在中国共产党领导下，坚持中国特色社会主义制度，贯彻中国特色社会主义法治理论，形成完备的法律规范体系、高效的法治实施体系、严密的法治监督体系、有力的法治保障体系，形成完善的党内法规体系，坚持依法治国、依法执政、依法行政共同推进，坚持法治国家、法治政府、法治社会一体建设，实现科学立法、严格执法、公正司法、全民守法，促进国家治理体系和治理能力现代化。"

性法规为重要组成部分，由宪法相关法、民法商法、行政法、经济法、社会法、刑法、诉讼与非诉讼程序法等多个法律部门组成的有机统一整体。[①]

我国没有以“新闻法”、“新闻传播法”等命名的专门性法律[②]，这有时会造成一些误解。但是我国新闻及大众传播活动是在社会主义法律体系下运行的，就必然要接受社会主义法律体系的保护和约束，并非法外地带。据 2021 年 12 月全国人大常委会法工委宣布，我国现行宪法和有效法律 288 件，行政法规和监察法规 611 件，地方性法规 1.2 万余件。[③] 有许多法律、法规的规定同新闻传播活动密切相关，有的法律或法规某些条款还专门就新闻传播领域的某些事项作出规定。国务院和有关主管部门还发布了若干规范新闻传播活动和传媒的专门性的行政法规和规章。所有这些法律性文件构成我国新闻传播法的现有体系。

中国实行成文法制度，法院判例不属于法律渊源。近年最高人民法院公布指导性案例，作用是指导，不是具有普适性的法律规则。

一、新闻传播法在各个法律部门

我国法律体系以宪法为核心，分为 7 个法律部门。

宪法是国家的根本法，也是我国新闻传播法的基础法源。从广义上说，《宪法》的主要内容，包括有关我国的社会制度和政治制度的基本原则、公民的基本权利和义务等等，都指导和制约着新闻传播活动，新闻传播活动从内容到方式不得同《宪法》基本内容和基本精神发生抵触。从狭义上说，《宪法》不仅规定了公民的言论出版自由、进行文学艺术创作和其他文化活动的自由，规定了公民对任何国家机关及其工作人员有提出批评和建议的权利，而且规定了新闻出版广播电视事业为人民服务、为社会主义服务的方向。《宪法》同时规定公民行使自由和权利，不得损害国家的、社会的、集体的利益和他人的自由和权利。这都是对新闻及大众传播活动具有根本意义的法律规范。《宪法》关于国务院领导和管理文化工作的规定，是政府主管部门管理新闻及大众传播的权力依据。

在宪法统率下的 7 个法律部门，都有法律同新闻及大众传播活动相关：

（1）宪法相关法部门。宪法相关法是与宪法配套、直接保障宪法实施和国家政权运作等方面的法律规范。其中如《立法法》（2015）[④]，虽然并非直接规制新闻及大众传播活

---

① 本节依据国务院新闻办公室：《中国的法治建设》（2008 年 2 月）；《中国特色社会主义法律体系》（2011 年 10 月）；均载于国务院新闻办公室官方网站，http：//www. scio. gov. cn/zfbps/index. htm；以及国家法律法规数据库，https：//flk. npc. gov. cn/index. html。

② 20 世纪 80 年代，我国经全国人大常委会委员长批准，曾经开展起草《新闻法》的工作，形成了国家新闻出版署、上海新闻法起草组和中国社会科学院新闻研究所分别起草的三件“《新闻法》征求意见稿”，后来搁置。参见魏永征：《中国会有一部新闻法吗?》，收入《法律素养：记者的必修课》，上海，复旦大学出版社，2017，第 262 - 267 页。

③ 参见《一份沉甸甸的立法成绩单》，《人民日报》2021 年 12 月 18 日。

④ 为简洁起见，本书正文内所有法律名称都省略了国号；后面括号年份为最近修订（修正）的有效文本的年份。如需说明制定和修订历史，则特作说明。每件法律文件的全称以及通过（发布）、屡次修订年月，请查阅书后的附录。

动，但是作为健全国家立法制度、规范立法活动的一部基本法律，对我国法律体系、立法权限和程序等作了系统规定，对于推进新闻传播领域法治建设的意义不言而喻。《国家安全法》（2015）从总体上对国家安全提供了法律保障，其中包括文化安全、网络安全等。《英雄烈士保护法》（2018）对于英烈精神从倡导弘扬与禁止损害两个方面制定了规范。关乎国家主权、领土完整和尊严的《反分裂国家法》（2005）、《国徽法》（2020）、《国旗法》（2020）、《国歌法》（2017）等，也对信息传播划定了不得逾越的底线。

（2）民法商法部门。民法商法规范社会民事和商事活动，调整自然人、法人和其他组织之间以平等地位而发生的各种法律关系。2020 年全国人大通过颁布、并于 2021 年实施的《民法典》，是民事领域的基础性、综合性法律，规范各类民事主体的各种人身关系和财产关系，涉及社会和经济生活的方方面面。新闻传播领域存在错综复杂的民法关系，特别是新闻报道、舆论监督行为与人格权益的关系，受《民法典》规定的原则调整。知识产权法分支的《著作权法》（2020）、《商标法》（2019）等是人所共知的新闻传播领域重要法律。随着新闻传播行业产业化，商法中的《公司法》（2018）、《证券法》（2019）等也日益重要；后者还规定了特定信息披露和传播的特殊规则。

（3）行政法部门。行政法调整行政机关与行政管理相对人之间因行政管理活动而发生的关系，既保障行政机关依法行使职权，又保障公民、法人等合法权益。《行政处罚法》（2021）、《行政强制法》（2011）、《行政许可法》（2019）、《监察法》（2018）等作为基础行政法，涵盖了包括管理新闻传播活动在内的一切行政行为。同时还有一系列专业行政法分支，如保障国家安全的《保守国家秘密法》（2010）等，维护社会秩序的《治安管理处罚法》（2012）、《突发事件应对法》（2007）、《反恐怖主义法》（2018）等，卫生和环境防护的《气象法》（2016）、《传染病防治法》（2013）、《食品安全法》（2021）、《防震减灾法》（2008）、《环境保护法》（2014）等，都有管理相关信息获取、储存、加工、制作、发布、传播等内容，包括倡导、支持、授权、允许、限制、禁止等诸多规范。至于有关文化教育的分支中《电影产业促进法》（2016）是至今仅有的两部传媒领域的专门法之一；而《国家通用语言文字法》（2000）则提供了传播符号系统的基本规范。

（4）经济法部门。经济法调整国家基于社会整体利益对经济活动进行干预、管理和调控而形成的法律关系，包括宏观调控和市场规制两个分支。前者包括财税、金融和各种重要资源、基础设施的行业管理，如果说传统媒体同《邮政法》（2015）密切相关，那么如今保障互联网设施和资源安全的《网络安全法》（2016）作为网络领域的基础性法律，由于将信息安全作为网络安全的重要内容而予以专门规制，可以认为是我国第一部传媒专门法。另一部《数据安全法》（2021）将数据开发和利用纳入法治轨道，与传播也有密切关系。鉴于个人信息已成为多方介入经济活动的重要资源，所以《个人信息保护法》（2021）也归于经济法部门。后者包括竞争法如《反不正当竞争法》（2019）、《反垄断法》（2007）和消费者法如《消费者权益保护法》（2013）、《广告法》（2021）等，是传媒产业发展必须遵循的法律，同时也是相关信息传播的规范。

（5）社会法部门。其功能是国家遵循公平和谐和适度干预原则，通过国家和社会积极履行责任，以法律手段对劳动者、失业者以及需要特别扶助的群体的权益提供必要的保障。对于新闻传播的意义主要在两方面：一是新闻传播须对若干特殊群体予以特别保护，如《未成年人保护法》（2020）、《预防未成年人犯罪法》（2020）、《妇女权益保障法》（2018）、《残疾人保障法》（2018）等；二是随着传媒业体制改革深化，传媒工作者自身权益也需要得到保障，如《劳动法》（2018）、《工会法》（2021）等。

（6）刑法部门。刑法调整国家司法机关与犯罪人之间的法律关系。刑罚，是对严重危害社会行为的严厉处罚，也是对国家制度、社会秩序和相关社会关系最有力的保护。现行《刑法》（1997 年修订；至 2020 年已有 11 次修正）共有 483 条罪名。据统计，其中涉及非法披露、传播信息和言论、作品的行为造成危害而构成的罪名约有 30 条，属于对不法言论和信息传播的惩治；涉及破坏、非法利用传播工具行为而构成的罪名约 10 条，属于对传媒资源和正当传播活动的保护。

（7）诉讼法与非诉讼程序法部门。诉讼法调整因诉讼活动而产生的社会关系，主要是行政、司法机关和诉讼当事人之间的关系。案件和诉讼信息经过披露和传播足以形成舆论，对司法产生这样或那样的影响，所以新闻传播必须遵循我国三大诉讼法即《民事诉讼法》（2021）、《刑事诉讼法》（2018）、《行政诉讼法》（2017）的基本原则以及司法机关的相关规定，不得妨碍司法公正。

传统大陆法理论把法律划分为公法和私法。公法调整国家与普通公民、法人和其他组织之间的关系以及国家机关及其组成人员之间的关系，私法调整普通公民、法人和其他组织之间的关系。宪法、行政法、刑法属于公法，民法商法属于私法。经济法、社会法部门具有国家适度干预的特征，也属于公法。

以上归纳表明，新闻传播领域的法律关系涉及各个法律部门，既有公法关系，又有私法关系，有时还会发生重合和交叉。比如公民通过传媒批评政府官员引起的名誉权纠纷，就含有公法关系和私法关系的两重性。

二、新闻传播法的各级位阶

我国实行统一而又分层级的立法体制。中国特色社会主义法律体系不仅部门齐全，而且上下有序、统一和谐。

（1）宪法。宪法作为法律体系的核心，一是指它调整的是国家和人民之间的最根本关系，规定了国家和社会生活的最基本问题。二是指它是国家各种制度和法律法规的总依据，一切法律、行政法规、地方性法规和其他具有法律效力的文件，都必须遵循宪法的根本原则，不得与宪法相抵触。三是指它具有最高的法律地位、法律权威、法律效力，任何组织和个人都必须以宪法为根本的活动准则，不得有超越宪法的特权。

（2）法律。在我国，法律特指由全国人民代表大会及其常务委员会行使国家立法权而制定、颁布的规范性文件，分为基本法律和基本法律以外的其他法律。

基本法律包括刑事、民事、国家机构和其他调整社会生活中重大社会关系的基本原则和基本制度的法律，由全国人民代表大会制定。其他由全国人大常委会制定和修改的法律，主要调整某一方面的社会关系的具体内容和具体实施方法。法律是我国法律体系的主干，所以综述法律部门时只涉及法律。许多法律同新闻传播有不同程度的关系，并且已经拥有两部传媒领域的专门法。

(3) 法律解释。此处指法定解释，即国家机关按照宪法和法律的授权，对有关法律条文所作的能够产生普遍性法律效力的说明和阐述。可分为立法解释和司法解释。《宪法》规定全国人大常委会“解释法律”，《立法法》有“法律解释”专节规定，属于立法解释，与法律具有同等效力，是法律体系的组成部分。

我国司法机构在审判或检察工作中对具体应用法律问题所作的解释称为司法解释①，分为“解释”、“规定”、“规则”、“批复”和“决定”5种，根据最高人民法院《关于司法解释工作的规定》(2021)，司法解释具有法律效力。新闻传播领域在《民法典》颁行之前，有关人格权的司法解释成为经常性引用的规范，与当时民法部门有关法律规定构成学术上称为“新闻侵权法”的系统框架。

(4) 行政法规。行政法规是国务院根据宪法和法律，依照法定程序制定的领导和管理国家各项行政工作的规范性文件，有条例、办法、实施细则等形式，其效力和地位低于宪法和法律，但也是我国法律体系重要组成部分。行政法规作为新闻传播法的渊源有如下类型：

一是管理各类传媒或对新闻传播领域某一具体事项进行单项管理的行政法规。这是根据《立法法》第六十五条第（二）项：就“宪法第八十九条规定的国务院行政管理职权的事项”而制定的。如有：《电影管理条例》(2001)、《出版管理条例》(2020)、《印刷业管理条例》(2020)、《广播电视管理条例》(2020)、《互联网信息服务管理办法》(2011)、《外国常驻新闻机构和外国记者采访条例》(2008) 等。这些行政法规涵盖了所有大众传播媒介，确立设立大众传媒一律实行许可制，新闻传播活动必须由国家许可设立的媒体进行，确保坚持“党管媒体”不动摇。

二是对有关法律作出细则规定。这是根据上条第（一）项：“为执行法律的规定需要”而制定。如2001年《著作权法》第十条第（十二）项规定了“信息网络传播权”，并在第五十八条（2020年《著作权法》第六十四条）规定“信息网络传播权的保护办法由国务院另行规定”。国务院即于2006年制定了《信息网络传播权保护条例》。1988年人大常委会制定《保守国家秘密法》后来又于2010年修订，国务院为实施这部法律先后制定过两件办法或条例。

三是其他行政法规中与新闻传播领域有关的规定。如2007年国务院制定发布《政府信息公开条例》并于2019年进行修订，就政府公开信息的基本原则、内容、方式、限制以及公民申请公开的程序和救济途径等作了全面规定，实施以来对新闻与大众传播产生有益的作用。此类行政法规，有的就是属于《立法法》第九条规定的对于需要而尚未制定法律的，全国人大及常委会可以授权国务院“对其中的部分事项先行制定行政法规”。随着社会主义法制建设的发展，有不少行政法规已经制定了上位的法律。

《宪法》还授予国务院发布决定和命令的权力。国务院决定和命令是针对某方面的具体事项、并非按照行政法规程序制定的规范性文件，但是同样具有行政强制力和普适性。如《行政许可法》第十四条规定：“必要时，国务院可以采用发布决定的方式设定行政许

① 最高人民法院和最高人民检察院分别就审判工作和检察工作中应用法律问题作出解释的权力来源于全国人民代表大会常务委员会《关于加强法律解释工作的决议》(1981) 的授权。

可。……应当及时提请全国人民代表大会及其常务委员会制定法律，或者自行制定行政法规。”据此，国务院于 2004 年公布《国务院对确需保留的行政审批项目设定行政许可的决定》设定行政许可 500 项（后来作过修改），其中涉及新闻传播领域的有 10 多项。

（5）地方性法规、自治条例和单行条例。地方性法规是由省、自治区、直辖市以及其他法定行政区域的人民代表大会及其常务委员会依照法定权限，在不同宪法、法律、行政法规相抵触的前提下按法定程序所制定的在本行政区域内实施的规范性文件。许多省市大都制定有管理图书报刊出版、广播电视以及互联网等地方法规，名称不一，兹不列举。

（6）规章，包括部门规章和地方政府规章。部门规章是指按照《宪法》第九十条授权，国务院所属部、委等组成部门和具有行政管理职能的直属机构，根据法律和国务院的行政法规、决定、命令，在本部门的权限范围内按照规定的程序制定的规定、办法、实施细则、规则等规范性文件。在新闻传播领域，由于长期没有专门法律，上世纪 90 年代以前也没有专门的行政法规，所以部门规章在规范新闻传播活动方面具有重要作用。其中主要是国家新闻出版署（国家版权局）、国家电影局①、国家广播电视总局（以上三部门 2018 年前为国家新闻出版广电总局、2013 年前为国家广电总局和新闻出版总署）、国家互联网信息办公室、国务院新闻办公室、工业和信息化部（2008 年前为信息产业部）等部门根据宪法和有关法律制定公布的有关报刊、广播、电视、互联网的专门规章。大致有这样几类：

一是对法律、行政法规所管理的传媒再分类制定管理规则。如《出版管理条例》是管理出版物的，新闻出版总署公布《期刊出版管理规定》和《报纸出版管理规定》分别就期刊和报纸的管理作了规定。2000 年国务院公布《互联网信息服务管理办法》不久，信息产业部就同国新办联合公布《互联网站从事登载新闻业务管理暂行规定》，2005 年又修改为《互联网新闻信息服务管理规定》，2017 年国家网信办根据《网络安全法》重新制定公布《互联网新闻信息服务管理规定》，对互联网服务中最需要管理的互联网新闻发布和转载等制定了管理办法。

二是对法律、行政法规有关规定再制定操作性的细则。例如关于禁止淫秽色情内容，《刑法》和此前的行政法规《关于严禁淫秽物品的规定》都有明确规定，新闻出版署于 1988 年公布《关于认定淫秽及色情出版物的暂行规定》，1989 年公布《关于部分应取缔出版物认定标准的暂行规定》，1993 年与公安部联合公布《关于鉴定淫秽录像带、淫秽图片有关问题的通知》，从实体到程序上为打击淫秽色情出版物提供了详细依据。

三是对法律、行政法规尚未涉及的具体事项制定规则。如关于新闻报道失实，过去没有规定行政处罚办法，新闻出版署 1999 年公布《报刊刊载虚假、失实报道处理办法》，把处理报道失实纳入行政管理范围。国务院 2004 年《对确需保留的行政审批项目设定行政许可的决定》将新闻记者证纳入行政许可的项目，新闻出版总署于 2005 年发布《新闻记者证管理办法》并于 2009 年作了修订。

---

① 根据中共中央《深化党和国家机构改革方案》（2018 年 3 月），原国家新闻出版广电总局的新闻出版电影管理职责划入中共中央宣传部统一管理，对外加挂国家新闻出版署（国家版权局）、国家电影局牌子。

地方政府规章，是省、自治区、直辖市以及其他法定行政区域的政府，根据法律、行政法规和本地的地方性法规按照规定的程序所制定的规范性文件。如21世纪初，广州、上海、成都、武汉、杭州等地先后制定《政府信息公开规定》，成为2007年制定《政府信息公开条例》的先导。

政府机关没有按照规定程序发布的通知、决定、规定等规范性文件，也有行政强制力和一定范围的普适性，但是不属于我国法律渊源。

（7）我国新闻传播法还有义务遵循同外国缔结或参加的国际条约中与新闻传播有关的内容。我国于1992年加入《世界版权公约》和《伯尔尼保护文学和艺术作品公约》。1997年10月我国签署了《经济、社会及文化权利国际公约》，且于2001年2月经全国人大常委会批准，该公约中关于文化权利的内容与新闻传播活动有关。我国又于1998年10月签署了《公民权利和政治权利国际公约》，尚待全国人大常委会审批，其中第十九条关于保障表达自由的规定受到新闻传播学界关注。2001年我国加入世界贸易组织（WTO），相关协议也涉及传媒业，为此我国在“入世”前后对有关的法律、法规如《著作权法》、《出版管理条例》等作了重要修改。

以上我国法律体系的基本位阶，是制定法律或法律文件的主体级别和权限不同而形成的，呈现如下特点：

一是效力差别。宪法具有最高的法律效力，一切法律、行政法规、地方性法规、规章，都不能同宪法相抵触。法律的效力高于行政法规、地方性法规、规章。行政法规的效力高于地方性法规、规章。下位法的规定如果同上位法相抵触，应属无效。

二是权限不同。我国实行全国人大领导下的一府两院一监委制度，即全国人大作为最高权力机关掌握国家立法权并统领行政权、司法权和监察权，而不是实行“三权分立”。全国人大及其常委会享有创制法律规范的权力。而中央政府（国务院）为了全国范围依法行政的需要，一定级别的地方权力机构（地方人大）为了适应本地法制建设的需要，依法或受权享有有限制的创制权。至于其他行政机关、地方政府机关以及各级司法机关，都没有法律规范的创制权，它们只能为了行政和司法的需要，对已经创制的法律规范予以细则化、具体化、实用化。它们制定的文件也具有一定的普适性和强制性，从这个意义上说，也具有“法”的特征，可称为“法律文件”、“规范性文件”，但这些文件并不含有也不应当含有新创制的法律规范。《立法法》规定：部门规章规定的事项应当属于执行法律或者国务院的行政法规、决定、命令的事项。没有法律或者国务院的行政法规、决定、命令的依据，部门规章不得设定减损公民、法人和其他组织权利或者增加其义务的规范，不得增加本部门的权力或者减少本部门的法定职责。没有法律、行政法规、地方性法规的依据，地方政府规章不得设定减损公民、法人和其他组织权利或者增加其义务的规范。《立法法》还规定司法解释应当主要针对具体的法律条文，并符合立法的目的、原则和原意。遇有法律的规定需要进一步明确具体含义或出现新的情况需要明确适用法律依据等情况，应该提请全国人大常委会解释法律或者提出制定、修改有关法律的议案。在行政法部门的几部基本法律中，对于设定行政处罚、许可、强制的权限也有严格规定。

三是适用有序。在相同位阶的法律文件之间，也有一定规则。重要的如：特别法优于一般法。特别法是根据某种特殊情况而规定的调整某种特殊问题的规范，一般法是为调整某种较大范围的特定社会关系而制定的规范。由于特别法是在考虑具体社会关系的特殊需要的原则下制定的，更符合它所调整的社会关系的具体情况，所以应该优先适用。再如：新法优于旧法，法律总要与时俱进。有的新法颁布后宣布旧法废止，也有的没有明确，这时如有冲突，应该以新法为准。

综上所述可见，我国新闻传播领域在许多问题上已经拥有明确的法律规范。我国新闻传播法制是随着整个社会主义法制发展而生长起来的。全面依法治国是中国特色社会主义的本质要求和重要保障，新闻传播领域同样应该并且已经不依人们意志为转移地进入了法治轨道。以没有以“新闻法”、“传媒法”命名的专门法律为由而认为新闻传播不需要在法律范围内活动，是错误的。当然由于专门法律还很少，许多法律文件位阶较低，我国新闻传播法还是不完备的，这也是实情。有法可依，尚不完备，可以基本概括我国新闻传播法的现状。国家要继续完善以宪法为核心的中国特色社会主义法律体系，新闻传播领域的法制建设也将进一步发展完善。

三、互联网时代新闻传播法与时俱进

互联网经历了通信工具——传媒——社会的重要基础设施这样的发展过程。我国于 1994 年接入国际互联网以来，网络建设、技术和应用发展迅猛，已深度融入社会生活方方面面。

国家网络法制建设与网络发展基本同步，至今大致有三个阶段：

（1）初期是主要将互联网视为通信工具，重在保障互联网系统的设施和运行安全。第一件有关互联网的行政法规是《计算机信息系统安全保护条例》（1994），继而又有《计算机信息网络国际联网管理暂行规定》（1996）等，2000 年《电信条例》则是把互联网服务与电话、电子通信和广播电视信号传输等作为同类的电信业务来管理。

（2）随着互联网的传媒功能凸显和发展，国家迅速采取措施保障内容安全。全国人大常委会《关于维护互联网安全的决定》（2000）申明现行法律特别是刑法中的禁止性规范和处罚措施同样适用于互联网，划定了最基本的内容底线。继行政法规《互联网信息服务管理办法》（2000）之后，国新办和信息产业部发布《互联网站从事登载新闻业务管理暂行规定》（2000），后又修订为《互联网新闻信息服务管理规定》（2005），确立互联网新闻服务许可制和采编发布新闻特许制（限于原有报纸电台电视台等新闻媒体设立的新闻网站）。在 web1.0 时代，这种体制保证了主流媒体在网络空间的主导地位。

同时若干一般法中还制定了有关网络的特别条款。如《著作权法》规定了网络信息传播权，《侵权责任法》第三十六条对网络服务提供者责任作出特别规定，《民法典》“侵权责任”编又作了进一步完善。

（3）随着互联网进入“以用户为中心”① 为主要特征的 web2.0 时代（2005）、移动

---

① 参见刘鹏：《用户新闻学：新传播格局下新闻学开启的另一扇门》，《新闻与传播研究》（北京）2019 年第 2 期。

端占优势的 web3.0 时代（2012），自媒体和移动互联网得到普遍应用，传播生态发生巨变。“人人拥有媒体”和“所有人向所有人传播”成为常态，难免良莠不齐，泥沙俱下，甚至出现网络舆论乱象。在新闻传播领域，内容生产主体多元化，并且同分发主体分离，PGC（professional generated content，专业生产内容）和 UGC（user generated content，用户生产内容）趋向融合，新闻边界日益模糊[①]，传播模式呈现“去中心化”和“多层次化”的特征，社交平台、手机浏览器和新闻客户端成为新闻分发三大终端，社交媒体往往成为社会热点事件产生和发酵的传播源头，而后带动新闻网站、传统媒体跟进，形成舆论高潮，传统建构的单一、线性的信息传播形态遭到彻底颠覆。[②] 面对复杂严峻的网络安全形势，国家高度重视互联网这个意识形态斗争的主阵地、主战场、最前沿，坚持依法管网治网，通过适用、解释原有法律和制订新的法律、法规，建立和健全互联网领导和管理体制。《网络安全法》（2016）将信息安全作为网络安全的一部分，并将用户上网实名制和网络运营者管理用户发布的信息正式列入法律条文，确认网络服务者对内容管理负有主体责任。此法颁布以来，国家网信办连续就网络搜索、直播、论坛社区、跟帖评论、公众账号、群组、新闻服务从业者、微博客、网上谈话类节目、区块链、网络音视频等各项管理发布规范性文件，压实服务者的主体责任。

在 web1.0 向 web2.0、web3.0 转型过程中，互联网应用迅速扩展和延伸，各类“互联网＋”多方面覆盖社会生活。国家和地方各有关管理部门纷纷制定各种规章、规范性文件，涉及广告、教育、医疗、网购、网银、股市、电子支付、网游、运输交通、地图、税务、发票、食品外卖、网约车以及各种共享服务项目等等，层出不穷，发展至今。

至今，网络领域已经形成以《网络安全法》、《电子商务法》（2018）、《数据安全法》（2021）、《个人信息保护法》（2021）、全国人大常委会两个“决定”和若干其他法律中适用于网络的规定为主干，数十件专门的和其他适用于网络的行政法规以及数十家相关主管部门发布的许多部门规章组成的网络法律体系，还有大量位阶更低的规范性文件，说明网络法治还将在实践中检验发展。

网络法与新闻传播法一样，不是单一的法律或法律部门，是以调整网络领域特定社会关系为目标的综合性法律规范体系。这两种法律体系存在着交叉关系：网络作为一种媒体，网上的新闻传播及大众传播、向公众传播活动是新闻传播法调整对象；各类网络商务、网络政务、网络通信、网络设施等事项中不属于向公众传播信息的活动，不在新闻传播法调整范围，《电子商务法》明文规定本法不适用新闻信息服务。而单纯的线下新闻传播活动和线下媒体，当然不属网络法范围。[③]

互联网不是法外地带，现实社会的基本法律规范当然适用于网络空间。网络法的一切法律规范都是我国以宪法为统帅的 7 个法律部门组成的法律体系的有机部分，网络领域的新闻传播法是原有新闻传播法一般原则在网络的应用，有许多就是直接适用新闻传播法的一般法，但有的则要根据一般法针对网络传播特点制定若干特别法。随着媒体融

① 参见蔡雯、凌星：《从新冠肺炎热点传播看新闻边界的颠覆与重构》，《新闻与传播研究》（北京）2020 年第 7 期。

② 以上论述均见于中国互联网络信息中心（CNNIC）：《2016 年中国互联网新闻市场研究报告》（2017 年 1 月）。

③ 参见魏永征：《网络法和传媒法》，收入《法律素养：记者的必修课》，上海，复旦大学出版社，2017，第 3－19 页。

合的深化，原有传统媒体的规范与网络传播的规范也日益密不可分。所以尽管网络传播已经覆盖整个社会，但是本书还是需要从整体上阐述新闻传播法，而将网络的新闻传播规范在各个相关部分予以阐述。这也是外国一些传媒法著作的通例。①

第三节　新闻传播活动的其他行为规范

法律是新闻传播领域的重要行为规范，但是并不是唯一的规范。对于任何一种社会行为，法律都不是唯一的、万能的规范，新闻传播活动尤其如此。

在我国，新闻传播活动必须坚持中国共产党的领导，坚持为人民服务、为社会主义服务的方向，弘扬社会主义核心价值观，承担建设具有强大凝聚力和引领力的社会主义意识形态的重任。由于法律以国家强制力实施，只能规范行为，不可能规范思想，只能禁止那些危害国家安全和社会公共秩序、侵犯公民合法权益等具有社会危害性言论的公开传播，难以涉及不同意见和观点的是非优劣高下。共产党对新闻事业的领导，是在新闻及大众传播领域培育和践行社会主义核心价值观，不断增强意识形态领域主导权和话语权的根本保证。所以新闻传播活动的各种社会关系，有的要用法律规范来调整，还有大量的则需要用共产党的政策和指示、新闻行业纪律和职业道德等规范来调整，而纪律规范和道德规范，都离不开共产党政策的指导。在新闻传播领域，希望在制定出某一部法律之后，有关的行为就只需服从法律，不必遵守其他形式的规范，那是不切实际的。而以为已经有了各种法律以外的规范就可以忽视新闻传播立法，甚至认为新闻传播立法会妨碍其他规范的实施，这种看法也是滞后于社会发展的。新闻传播活动既需要相对稳定的法律规范，也需要灵活及时的政策规范，还需要潜移默化的道德规范。

我国新闻与传播体制在党的领导下，具有法律、政策、纪律和道德等规范交融实施的特点。本书以社会主义法律体系为基本框架，将新闻传播领域的法律、政策、道德等规范有机结合起来加以阐述。许多章节都介绍了党有关新闻舆论工作的重要政策及其与法律的联系。而有关“二为”方向、弘扬社会主义核心价值观、坚持正确舆论导向、坚持新闻真实性等原则，既是宪法、法律的重要规定，也是新闻职业道德准则的核心内容。

一、新闻传播法与共产党的政策

中国共产党是领导我们事业的核心力量。党的领导包括政治、思想、组织等各方面的领导，是全覆盖的。其中政治领导的主要方式就是使共产党的主张经过法定程序变成国家意志，通过制定宪法和法律来体现党的主张、体现人民的意志。党的政策和国家法律都是人民根本意志的反映，在本质上是一致的。同时在我国，全国人民代表大会及其

---

① 如前述［美］彭伯《大众传媒法》，自20世纪末以来一直维持既定结构，而在各个相关章节分别介绍网络传播的有关规范。直至卡尔佛特接手领衔的第20版（2018）、第21版（2020）依然不变。See C. Calvert and Dan V. Kozlowski and Derigan Ailver：*Mass Media Law*，20th edition，2018 and 21th edition，2020 by McGlaw Hill Education。

常务委员会行使国家立法权，除全国人大及其常委会外，其他任何机构、组织制定的规范性文件，都不能称为法律。共产党既要领导宪法和法律的制定，又要自觉地在宪法和法律的范围内活动，严格依法办事，依法管理国家。共产党的主张、政策以及共产党的文件本身并不是法律规范，不具有国家的强制力，而且必须符合宪法、法律的规定，接受宪法、法律的约束。党既领导人民制定宪法法律，也领导人民执行宪法法律，做到党领导立法、保证执法、支持司法、带头守法。[①]

政策和法律各有优势，党的政策和国家法律的关系是互联互动。[②] 共产党的政策既为法律的制定提供依据，又对法律的实施起着直接的指导作用。政策比较灵活，具有随机性；法律比较固定，具有稳定性。法律被用来确定社会生活中相对稳定的关系，政策则调节社会生活中变动较快的部分。法律以国家的强制力为保证，是全社会都必须遵守的行为规范，共产党的政策没有法律所具有的国家强制力，但是共产党在全国政治生活中居于领导地位，党的政策可以凭借对党的组织和成员的约束力以及对全体人民的感召力在全社会贯彻，也是具有高度权威性、动员力的规范。在新闻传播领域更是如此。

在我国，新闻舆论工作是党的工作的一部分。共产党领导和管理新闻宣传工作，作出大量的指示、决定以及其他各种规定，形成了完整的新闻宣传政策。改革开放以来，我国新闻事业发生了很大变化。特别是随着广播、电视的迅速发展以及互联网的崛起，公民通过各种媒体表达意见和寻求、获取信息的自由度大为扩大。于是，以法律规范新闻传播活动便提上了议事日程。但党的政策对于新闻传播活动的规范和调整作用仍然是十分重要和不容忽视的。一直以来，党坚持对新闻舆论工作的坚强领导，发布和下达了大量的政策文件、意见和指示，有的直接在新闻传播活动中贯彻执行，有的成为我国现行新闻传播领域诸多法律规范的来源。特别是中共十八大以来，党着力解决意识形态领域党的领导弱化问题，确立和坚持马克思主义在意识形态领域指导地位的根本制度，不断提高新闻舆论传播力、引导力、影响力、公信力。[③] 本书以“法”为题，必须同时学习党的新闻舆论工作的政策。

二、新闻传播法与纪律

纪律是政党、政府和各种社会组织约束自身成员的强制性的行为规范。在新闻传播活动中，主要是共产党的纪律和新闻单位内部的纪律。党的规章制度总称党内法规，纪律是其中核心部分。对于党的各级组织和党员，党规党纪严于国家法律。

党对党员言论有严格约束。

1980 年《关于党内政治生活的若干准则》就党员不得在报刊、广播的公开宣传中发表与中央的决定相反的言论作了规定，并申明“这是党的纪律”。

2018 年修订的《中国共产党纪律处分条例》，对于坚持资产阶级自由化立场，通过

① 参见习近平：《在中央政法工作会议上的讲话》，《人民日报》2014 年 1 月 9 日。

② 参见《中共中央关于全面推进依法治国若干重大问题的决定》（2014 年 10 月 23 日）。

③ 参见《中共中央关于党的百年奋斗重大成就和历史经验的决议》（2021 年 11 月 11 日）。

网络、广播、电视、报刊、传单、书籍等，或者利用讲座、论坛、报告会、座谈会等方式，公开发表坚持资产阶级自由化立场，反对四项基本原则，反对党的改革开放决策的文章、演说、宣言、声明等；以及公开发表违背四项基本原则，违背、歪曲党的改革开放决策，或者其他有严重政治问题的文章、演说、宣言、声明等；妄议党中央大政方针，破坏党的集中统一；丑化党和国家形象，或者诋毁、诬蔑党和国家领导人、英雄模范，或者歪曲党的历史、中华人民共和国历史、人民军队历史等行为，规定了纪律处分。发布、播出、刊登、出版上述内容或者为之提供方便条件的，对直接责任者和领导责任者予以纪律处分。

2016 年制定的《关于新形势下党内政治生活的若干准则》也规定："全党特别是高级干部必须严格遵守党的政治纪律和政治规矩。党员不准散布违背党的理论和路线方针政策的言论，不准公开发表违背党中央决定的言论，不准泄露党和国家秘密，不准参与非法组织和非法活动，不准制造、传播政治谣言及丑化党和国家形象的言论。"

许多新闻单位近年来也陆续制定了内部规章制度，以约束本机构的人员。

纪律是法律的补充，但法律与纪律是根本不同的。

第一是性质不同。法律是国家意志的体现，而纪律只是各个组织自身意志的体现。纪律必须符合法律，不能与法律相抵触。

第二是制定主体和制定程序不同。前已说明在我国法律体系中各位阶法律文件制定主体和程序，其他任何机构制定的规范都不具有法的性质。纪律只由相关的组织制定。

第三是强制手段不同。法律和纪律都具有强制力。但法律具有国家的强制力，法律的制裁，在刑事处罚中可以限制和剥夺人的人身、财产、政治等各种权利，直至剥夺人的生命，在行政处罚中有人身罚、财产罚、能力罚和儆戒罚。而纪律只具有组织的强制力。纪律处分一般只具有儆戒的性质，最高的纪律处分是强制离开本组织，即开除。

第四是适用范围不同。法律对全国人民都有效，在法律面前人人平等。而纪律只适用于特定组织的内部，例如共产党的纪律显然只对共产党员有效，不可能约束非党人士，不可能约束全社会。特定团体、单位的纪律只能适用于本团体、本单位的成员。纪律有效性的前提是个人自愿参加组织，遵守组织的纪律。如果个人脱离了这个组织，那么组织纪律对他就不复有约束力。

第五是实施方式不同。如：法律是公开的，而纪律有公开的也有内部的；法律是稳定的，而纪律有灵活性；法律具有自上而下和自下而上的双向约束力，而纪律通常只具有自上而下的单向约束力，等等。

三、新闻传播法与新闻职业道德

法律和道德都是规范人们行为和调整社会关系的准则，但两者既有联系又有区别，法律是由国家制定的、由国家强制力保证实施的行为规范，是一种他律。道德是评价人们行为的善恶、美丑、荣辱、正义与非正义的标准，是在一定社会的经济、政治、文化条件下长期形成的，它的实施主要靠社会舆论的督促和人们的自律。法律对一切人都持同一个准则，这个准则是按照"中人"的标准设定的，它所限制的只是人们行为不可逾越的底线。道德对不同人实行不同的要求，它所倡导的就其先进性来说是无限的。法律只解决什么是起码的不该做的，道德还要解决什么是应该做的。

国际新闻传播界十分重视新闻自律，强调以新闻职业道德来规范新闻传播活动。世界上有几十个国家制定了新闻职业道德准则，有的还成立了新闻自律组织。① 最早的新闻自律组织是 1916 年成立于瑞典的报业荣誉法庭。建于 1953 年的英国报刊评议会（1991 年改为报刊投诉委员会，PCC）在国际新闻界有较大影响。PCC 已于 2014 年宣告解散而代之以新的组织，它所制定的《编辑业务准则》（Editor's Code of Practice）经过修订后仍然是报刊界的有效规范。

我国一贯坚持以社会主义意识形态和社会主义核心价值观构建新闻职业道德体系。中华全国新闻工作者协会于 1991 年 1 月制定公布了成文的《中国新闻工作者职业道德准则》，经 1994 年 4 月、1997 年 1 月、2009 年 11 月三次修订，至 2019 年 11 月，又重新修改公布了新的"准则"。"准则"与宪法、法律和党的有关政策的精神紧密衔接，概括了我国新闻职业道德的基本原则。要求新闻工作者坚持用习近平新时代中国特色社会主义思想武装头脑，牢记党的新闻舆论工作职责使命，自觉遵守国家法律法规，自觉承担社会责任，积极传播社会主义核心价值观，做政治坚定、引领时代、业务精湛、作风优良、党和人民信赖的新闻工作者。② 不同的媒介行业、一些新闻单位，也分别制定了适用的行业规范、标准、守则等文件。

为加强新闻行业自我监督和自律，自 2013 年起，一些省市陆续建立了新闻道德委员会，2015 年底，中国记协新闻道德委员会成立，全国和省一级新闻道德委员会工作架构宣告形成。③

根据中央有关要求④，2014 年 6 月，11 家试点媒体首次向社会发布履行社会责任情况报告。此后，发布社会责任报告的媒体范围不断扩大，内容逐步丰富，形式更加创新，既增进了社会对媒体的了解，又促进了媒体社会责任意识的提高，推进了新闻事业发展和新闻队伍建设。2021 年，中宣部、中国记协印发《媒体社会责任报告制度实施办法》，对报告内容、发布流程、评议指标、成果运用等予以制度化规范。发布 2020 年度媒体社会责任报告的包括《人民日报》、新华社、中央广播电视总台等中央主要新闻媒体，《人民铁道》、《人民公安报》、《中国教育报》等全国性行业类媒体，以及全国各省（区、市）主要新闻媒体。从履行政治责任、阵地建设责任、服务责任、人文关怀责任、文化责任、安全责任、道德责任、保障权益责任、合法经营责任等方面，对 2020 年履行社会责任情况进行逐项报告。

---

① 目前收集各国新闻伦理规范比较完备的书籍是牛静编著《全球媒体伦理规范译评》，北京，社会科学文献出版社，2018。此书共收录 79 个国家和地区共计 110 篇媒体伦理规范文件。

② 现行《中国新闻工作者职业道德准则》共 7 条 31 款，其条目为：第一条全心全意为人民服务，第二条坚持正确舆论导向，第三条坚持新闻真实性原则，第四条发扬优良作风，第五条坚持改进创新，第六条遵守法律纪律，第七条对外展示良好形象。

③ 参见新华网，2015 年 12 月 29 日。

④ 2013 年中共十八届三中全会《关于全面深化改革若干重大问题的决定》提出将承担社会责任作为进一步深化国有企业改革的重点措施之一，2014 年中共十八届四中全会《关于全面推进依法治国若干重大问题的决定》又明确提出要加强社会责任立法。

网络运营者多数是商业组织，网络企业自律在网络治理中显得特别重要。成立于2001年的中国互联网协会，是由中国互联网行业及与互联网相关的企事业单位、社会组织自愿结成的全国性、行业性、非营利性社会组织，由工信部主管，下设互联网新闻信息服务等26个工作委员会。据官网显示，现有会员单位1 000多家。网协制定了《中国互联网行业自律公约》（2001）、《互联网站禁止传播淫秽、色情等不良信息自律规范》（2004）、《中国互联网网络版权自律公约》（2005）、《博客服务自律公约》（2007）等。于2011年成立的中国网络视听节目服务协会，是从事网络视听节目服务相关的企事业单位、个人组成的行业组织，受广电总局业务指导和监督管理，现有会员单位747家。这家协会在2017年制定了《网络视听节目内容审核通则》，对视听内容划定了具体的界限。2020年又根据《网络信息内容生态治理规定》、《互联网视听节目服务管理规定》和“通则”，制定了《网络综艺节目内容审核标准细则》，分为“通用细则”和“分类细则”共计94条。

2021年9月，中办、国办发布《关于加强网络文明建设的意见》，就推进文明办网、文明用网、文明上网、文明兴网作出全面阐述，加强网络空间道德建设是其中一项重要内容。包括强化网上道德示范指引、深化网络诚信建设、发展网络公益事业等多项措施。

法治和德治是相辅相成、相互促进的，规范新闻传播活动，也要法和道德并重。

首先是内容上互相吸收。大多数法律规范都是从道德规范中提炼出来的，而法律规范一经确立又补充和发展了道德规范。如新闻工作者要全心全意为人民服务，是社会主义新闻职业道德的核心，同时《宪法》又把为人民服务、为社会主义服务规定为新闻出版广播电视事业的基本方向。

其次是职能上互相补充。一是法律在总体上只能涉及人的外部行为，而不能调整人们的思想活动，而道德则可以作用于思想意识领域，比如法律可以禁止淫秽、色情内容的传播，但对一些低俗内容就需要通过提高人们的道德素质来自觉抵制。二是法律只能调整人们的部分行为，违法和犯罪行为都有一定的构成，对有些不利于社会公共利益和他人利益，但并没有构成违法犯罪的行为，就要靠道德来劝阻和谴责。三是法律的作用主要在于禁止那些具有社会危害性的行为，若有发生即予制裁。道德除了禁止还有发扬。道德通过批评、劝阻来禁止恶，更重要的是通过提倡、表扬来发扬善。当然道德也有其局限性，因为它没有强制作用，没有实际的制裁力，对待具有一定危害性的行为就必须诉诸法律。

第三是实践上互相促进。道德需要法律提出一个起码的评价标准和一个基本的保障机制。法律需要道德促使整个社会对于法律规定的行为规范达成普遍的共识和信仰。没有这种共识和信仰，法条就会成为一纸空文。有法必依，执法必严，违法必究，及时有效地制裁违法犯罪行为，有利于弘扬正气，树立新风。加强道德教育，提高道德水准，又为自觉地守法执法，打下牢固的思想基础。要既重视发挥法律的规范作用，又重视发挥道德的教化作用，以法治体现道德理念、强化法律对道德建设的促进作用，以道德滋养法治精神、强化道德对法治文化的支撑作用，实现法律和道德相辅相成、法治和德治相得益彰。

概念和思考题

第一节 新闻传播法是新闻传播领域的法律群

概念：

法律体系　法律部门　新闻传播法

思考题：

1. 新闻传播法作为一种法律群可以划分为哪些组成部分？

2. 新闻传播法有哪些基本特点？

第二节 我国新闻传播法的体系

概念：

宪法　基本法律　法律　行政法规　地方性法规　规章

思考题：

1. 为什么说我国虽然没有制定专门的新闻法律，但是新闻传播活动仍然有法可依？

2. 不同位阶的法律文件之间存在着怎样的关系？

3. 进入互联网时代后新闻传播法怎样与时俱进？

4. 网络法与传媒法存在怎样的关系？

第三节 新闻传播活动的其他行为规范

概念：

政策　纪律　道德

思考题：

1. 为什么新闻传播活动除了法律规范以外还需要其他行为规范？

2. 新闻传播法律规范同党的新闻政策存在怎样的联系和区别？

3. 新闻传播法律规范同新闻纪律存在怎样的联系和区别？

4. 新闻传播法律规范同新闻职业道德存在怎样的联系和区别？

5. 如何说明我国新闻与传播体制具有法律、政策、纪律和道德等规范交融实施的特点？

第一章
宪法原则

宪法是国家的根本法。我国现行《宪法》制定于1982年，并于1988年、1993年、1999年、2004年、2018年作过5次修改，共有修正案52条。《宪法》规定了国家的根本制度和根本任务、公民的基本权利和义务、国家机构的组成和运行的基本原则等国家和社会生活的最基本问题，是治国安邦的总章程，是共产党和人民意志的集中体现，是全国各族人民、一切国家机关和武装力量、各政党和各社会团体、各社会组织的根本行动准则，当然也是新闻传播活动的根本准则。

本书“导论”曾从广义和狭义两重意义上说明宪法对新闻传播活动的规范。这一章，主要介绍和阐述现行《宪法》直接保护和规范新闻传播活动的几个条款。

第一节　中国共产党的领导和为人民服务、为社会主义服务的方向

《宪法》第一条第二款规定：“社会主义制度是中华人民共和国的根本制度。中国共产党领导是中国特色社会主义最本质的特征。”在开创和发展中国特色社会主义事业的历史进程中，共产党作为最高政治领导力量，始终发挥着总揽全局、协调各方的作用。党的领导贯彻落实到国家的经济、政治、文化、教育、社会以及新闻传播等各个领域，确保中国特色社会主义事业始终沿着正确轨道向前推进。

《宪法》对我国新闻传播事业的性质和任务作了明确规定。《宪法》第二十二条规定：“国家发展为人民服务、为社会主义服务的文学艺术事业、新闻广播电视事业、出版发行事业、图书馆博物馆文化馆和其他文化事业，开展群众性的文化活动。”为人民服务、为

社会主义服务的方向，是我国新闻传播活动的根本指针。遵照宪法，《电影产业促进法》以及《出版管理条例》、《广播电视管理条例》等行政法规和许多部门规章，也都有关于出版、电影、广播电视或网络传播必须坚持为人民服务、为社会主义服务的方向的规定。

为人民服务，是对新闻传播活动主体及其权利的规定。当这个术语成为新闻传播法的法律用语时，便成为新闻传播事业的义务性规范，而与之相对应的人民则成为享有进行新闻传播活动的各项权利的主体①。人民是国家的主人。《宪法》规定，国家的一切权力属于人民；人民依照法律规定，通过各种途径和形式，管理国家事务，管理经济和文化事业，管理社会事务。新闻传播活动作为一项具有广泛影响的社会活动和政治活动，其主体当然是人民。上述宪法规范的精神在新时代已经形成以人民为中心的发展思想②。新闻传播事业只能是以广大人民为服务对象，而不能以少数人、个别利益集团和特权阶层为服务对象。新闻事业为人民服务，就要满足人民群众多方面、多层次的信息需要，反映人民群众从事建设和改革的火热生活，反映人民群众的愿望、意见和要求。《网络安全法》规定"国家保护公民、法人和其他组织依法使用网络的权利"（第十二条）。《电影产业促进法》则规定了"国家坚持以人民为中心的创作导向"（第四条）。自 20 世纪 90 年代以来，我国政府 16 次发布中国人权状况的白皮书，其中 1991 年、1995 年、2000 年、2001 年、2004 年、2005 年、2010 年、2013 年、2014 年、2015 年、2018 年、2021 年发布的 12 件白皮书③，都把我国新闻媒体和其他大众传媒及网络的发展数据，作为说明我国人权发展的重要指标。

为社会主义服务，是对新闻传播事业的政治性质和新闻传播活动的指导思想的规定。以法的形式规范新闻事业和新闻传播活动的性质和指导思想，是我国新闻传播法有别于世界上其他国家成文传媒法的重要特点。社会主义既是指一种社会制度，又是指一种思想体系、意识形态，如《宪法》第二十四条规定"国家倡导社会主义核心价值观"。此处两种含义兼而有之。要求新闻事业为社会主义服务，就是确认新闻事业不同于物质生产部门，也不同于一般的服务性产业和信息产业，而是一种文化事业，是社会上层建筑的重要组成部分。社会主义制度作为我国根本社会制度，经过长期奋斗，中国特色社会主义进入了新时代。全国人民在马克思列宁主义、毛泽东思想、邓小平理论、"三个代表"重要思想、科学发展观、习近平新时代中国特色社会主义思想指引下（《宪法》序言），为实现中华民族的伟大复兴而不懈奋斗。在《宪法》中确认新闻传播事业为社会主义服务的方向，正是为了保证新闻传播体制符合和适应新时代中国特色社会主义制度的要求，在新闻传播活动中坚持党在新时代的指导思想，倡导社会主义核心价值观，夺取新时代中国特色社会主义伟大胜利。

---

① 参见宋小卫：《媒介消费的法律保障——兼论媒体对受众的底限责任》，北京，中国广播电视出版社，2004，第 13－27 页。

② 参见习近平：《在全国宣传思想工作会议上的讲话》（2013 年 8 月 19 日），《人民日报》2013 年 8 月 21 日。

③ 以上白皮书均载于国务院新闻办公室官方网站 http：//www.scio.gov.cn/zfbps/index.htm，发布时间依次为：1991 年 11 月 4 日、1995 年 12 月 28 日、2000 年 2 月 18 日、2001 年 4 月 9 日、2004 年 3 月 30 日、2005 年 4 月 13 日、2010 年 9 月 26 日、2013 年 5 月 14 日、2014 年 5 月 26 日、2015 年 6 月 8 日、2018 年 12 月 12 日、2021 年 8 月 12 日。

为社会主义服务与为人民服务是不可分割的。社会主义符合人民的根本利益、长远利益和最高利益。坚持为人民服务，必定要坚持社会主义；坚持为社会主义服务，也就是抓住了为人民服务的根本。如果新闻传播的内容和指导思想背离了社会主义，那就不可能对人民有益，就谈不上为人民服务。

中国共产党对新闻事业的领导，是新闻事业坚持为人民服务、为社会主义服务的方向的根本保证。党代表中国最广大人民的根本利益，党所开创的中国特色社会主义道路是创造人民美好生活、实现中华民族伟大复兴的康庄大道，所以为人民服务、为社会主义服务的方向逻辑地蕴含着党对新闻传播事业的领导。

社会主义新闻传播事业不同于一般行业那样地接受共产党领导，而且还是共产党实施领导、推进社会主义事业的宣传思想阵地。意识形态工作是党的一项极端重要的工作。高度重视新闻工作，是党领导革命和建设事业的一条重要经验。在新时代，党更要牢牢掌握意识形态工作领导权，建设具有强大凝聚力和引领力的社会主义意识形态。为此，新闻媒体必须置于共产党各级组织的直接领导和管辖之下，实行“党管媒体”。“党管媒体”概念最初提出于世纪之交，主管部门的政策文件提出：

“新闻出版广播影视业既有一般行业属性，又有意识形态特殊性，既是大众传媒，又是党的宣传思想阵地，事关国家安全和政治稳定，负有重要的社会责任。无论什么情况下，党和人民喉舌的性质不能变，党管媒体不能变，党管干部不能变，正确的舆论导向不能变。”①

党管媒体的传统可以一直追溯到延安年代。当时党的文件指出：“各地高级党的领导机关，必须亲自注意报纸的编辑工作，要使党报编辑部与党的领导机关的政治生活联成一气。”② 历史考察表明，新中国建立以后，党管媒体始终是新闻事业管理体制的核心特征。③ 改革开放以来实行的报刊主办单位、主管机关制，政府（广播电视）台制，以及互联网兴起后的“新闻网站”制，都体现了党管媒体原则。世纪之交将“党管媒体”明确化，是面对改革开放以来以及中国“入世”之际，新闻媒体深化改制转制，必须宣示的一条底线。“党管媒体”的基本要点被概括为：党必须始终掌握重大事项的决策权、资产配置的控制权、宣传业务的审核权、主要领导干部的任免权。新世纪以来，党管媒体的原则在一些重要政策文件中一再得到强调。如2004年中共中央《关于加强党的执政能力建设的决定》：“坚持党管媒体的原则，增强引导舆论的本领，掌握舆论工作的主动权。”

进入融合媒体时代，党管媒体更是坚持不动摇的重要原则。2019年10月中共十九届四中全会《关于坚持和完善中国特色社会主义制度　推进国家治理体系和治理能力现代化若干重大问题的决定》强调：“完善坚持正确导向的舆论引导工作机制。坚持党管媒体原则，坚持团结稳定鼓劲、正面宣传为主，唱响主旋律、弘扬正能量。”网络传播模式呈现“去中心化”和“多层次化”，互联网成为社会舆论的孵化器、提速器和放大器，使舆论从以往的隐性存在变为网上的显性存在，这就更加加重了媒体正确舆论导向的责任。

---

① 参见新华社：《国内传媒积极提升竞争力》，新华网，2002年1月16日。

② 中共中央宣传部：《为改造党报的通知》（1942年3月12日），收入《中国报刊研究文集》，上海，上海人民出版社，1960。

③ 参见王润泽等：《党管媒体：新中国新闻事业管理原则的历史考察》，《现代传播》（北京）2021年第4期。

按照党管媒体的要求，党和政府主办的媒体作为党和政府的宣传阵地，必须姓党。党的新闻媒体工作的各个方面、各个环节，都要坚持正确舆论导向，都要体现党的意志、反映党的主张，维护党中央权威、维护党的团结，在思想上政治上行动上同党中央保持高度一致。①

2017 年《国家“十三五”时期文化发展改革规划纲要》对于新闻舆论工作的任务作出如下概括：

“牢牢坚持党性原则、坚持马克思主义新闻观、坚持正确舆论导向、坚持正面宣传为主，把政治方向摆在第一位，高举旗帜、引领导向，围绕中心、服务大局，团结人民、鼓舞士气，成风化人、凝心聚力，澄清谬误、明辨是非，联接中外、沟通世界，加快构建现代传播体系，健全舆情引导机制，强化媒体社会责任，发展壮大主流媒体，切实提高新闻舆论传播力、引导力、影响力、公信力。”

我国新闻传播法的首要功能，就是保证新闻传播事业贯彻落实为人民服务、为社会主义服务的方向和党管媒体原则，所有新闻媒体都在党的领导和管辖下，始终坚持马克思主义在意识形态领域指导地位，履行党所赋予的正确舆论导向、开展正面宣传和弘扬社会主义核心价值观等职责，承担营造良好舆论环境，治国理政、定国安邦②的重大使命。

我国对于新闻媒体的管理体制以往是由党的宣传领导部门即中共中央宣传部制定管理政策，各家新闻出版广播电视等行政部门负责行政管理。2018 年 3 月，中共中央提出《深化党和国家机构改革方案》，作出重大调整。在党中央机构改革方面：由中央宣传部统一管理新闻出版工作和电影工作，将国家新闻出版广电总局的新闻出版管理职责和电影管理职责划入中宣部，中宣部相关职责是，贯彻落实党的宣传工作方针，拟定新闻出版业的管理政策并督促落实，管理新闻出版和电影的行政事务以及其他事项，对外加挂“国家新闻出版署（国家版权局）”和“国家电影局”牌子。将中央网络安全和信息化领导小组改为委员会，优化中央网络安全和信息化委员会办公室职责，将国家计算机网络和信息安全管理中心由工业和信息化部管理调整为由中央网信办管理。③ 在国务院机构改革方面：在国家新闻出版广电总局广播电视管理职责的基础上组建国家广播电视总局，作为国务院直属机构，不再保留国家新闻出版广电总局。整合中央电视台（中国国际电视台）、中央人民广播电台、中国国际广播电台，组建中央广播电视总台，作为国务院直属事业单位，归口中央宣传部领导。国务院据此作出机构改革方案，得到第十三届全国人大第一次会议批准。以上这些机构改革措施，“方案”指出是“为加强党对新闻舆论工作的集中统一领导”，可以认为是从顶层进一步加强党管媒体的重要举措。

党的十八大以来，包括新闻舆论工作在内的文化建设取得重大历史性成就，我国意

---

① 参见习近平在党的新闻舆论工作座谈会上的重要讲话，《人民日报》2016 年 2 月 20 日。

② 参见习近平会见中国记协第九届理事会全体代表和中国新闻奖、长江韬奋奖获奖者代表的讲话，《人民日报》2016 年 11 月 8 日。

③ 中央网络安全和信息化领导小组成立于 2014 年 2 月，领导小组办事机构即中央网络安全和信息化领导小组办公室，由成立于 2011 年 5 月的国家互联网信息办公室承担具体职责。中央网信办与国家网信办实行一套班子、两块牌子。国务院授权网信办负责全国互联网信息内容管理。

识形态领域形势发生全局性、根本性转变，全党全国各族人民文化自信明显增强，全社会凝聚力和向心力极大提升，为新时代开创党和国家事业新局面提供了坚强思想保证和强大精神力量。[①]

第二节 言论、出版自由

言论自由是国际公认的基本人权。《公民权利和政治权利国际公约》第十九条有关于表达自由的规定，全文如下：

“一、人人享有保持意见不受干预之权利。

“二、人人有表达自由之权利；此种权利包括以语言、文字或出版物、艺术或自己选择的其他方式，不分国界，寻求、接受及传播各种消息及思想之自由。

“三、本条第二项所载权利之行使，附有特别责任及义务，故得予以某种限制，但此种限制以经法律规定，且为下列各项所必要者为限：

“a. 尊重他人权利或名誉；

“b. 保障国家安全或公共秩序，或公共卫生或风化。”[②]

《公民权利和政治权利国际公约》已于1998年10月经我国政府代表签署，尚待全国人大常委会批准。

这个条文是国际上对表达自由概念的流行表述。它明确了表达自由的权利主体、内容和行使方式，同时规定了行使这项权利所应承担的责任和义务，以及必须限制的范围。[③]

我国对公民的相关权利有更加广泛而全面的正式表述。2006年10月中共十六届六中全会通过《关于构建社会主义和谐社会若干重大问题的决定》首次提出“保障人民的知情权、参与权、表达权、监督权”[④]。2007年中共十七大报告[⑤]、2012年中共十八大报告[⑥]和2017年中共十九大报告[⑦]以及2021年中共中央《关于党的百年奋斗重大成就和历史经验的决议》都重申了这四项权利。2009、2012、2016、2021年四次《国家人权行动

---

① 参见中共中央《关于党的百年奋斗重大成就和历史经验的决议》，2021年11月11日；中共十九届六中全会公报，2021年11月12日。

② 我国没有《公民权利和政治权利国际公约》的官方中文译本。本条中译文系据中华人民共和国香港特别行政区政府官方文本《香港人权法案条例》（Chapter 383，Hong Kong Bill of Rights）第十六条，该条全文引用《公民权利和政治权利国际公约》第十九条。本书将其中“发表自由”（freedom of expression）一语，按内地学界通行译法，改作“表达自由”。

③ 参见魏永征、张鸿霞主编：《大众传播法学》，北京，法律出版社，2007，第4－5页。

④ 《求是》2006年第20期。

⑤ 胡锦涛：《高举中国特色社会主义伟大旗帜　为夺取全面建设小康社会新胜利而奋斗》（2007年10月15日），《人民日报》2007年10月25日。

⑥ 胡锦涛：《坚定不移沿着中国特色社会主义道路前进　为全面建成小康社会而奋斗》（2012年11月8日），《人民日报》2012年11月17日。

⑦ 习近平：《决胜全面建成小康社会　夺取新时代中国特色社会主义伟大胜利》（2017年10月18日），《人民日报》2017年10月28日。

计划》也都把这四项权利列入公民权利和政治权利，并提出了相应的保障措施，显示了国家加强维护相关人权的卓越努力。

一、概念和内涵

言论、出版自由是我国公民的一项基本权利。我国历次《宪法》都规定了公民的这项权利。现行《宪法》第三十五条规定："中华人民共和国公民有言论、出版、集会、结社、游行、示威的自由。"学术上早就把言论、出版自由等归纳为"表达权"的概念。《宪法》中属于表达权范畴的公民权利还有第四十一条规定的公民对国家机关和国家工作人员批评、建议、申诉、控告、检举的权利，第四十七条规定的公民进行科学研究、文艺创作和其他文化活动的自由。

与表达权有密切联系的还有《宪法》第四十条规定的公民的通信自由和通信秘密的权利。通信虽然不是公开的表达，但是公开表达的内容也要通过通信来传输。保障通信自由和通信秘密，对于保障公民行使表达权有十分重要的意义。

言论自由（freedom of speech），是指公民有发表意见、交流思想、抒发感情、传播信息、传授知识等而不受非法干涉的自由。言论是一种表达方式，通常有狭义和广义两种理解。狭义就是指言语，即口头表达。广义是指通过口头或书面以及各种视听方式进行表达，包括书写、印刷和利用摄影、广播、电视、电影、互联网等一切现代媒介的表达。广义的言论自由与国际人权公约中的"表达自由"（freedom of expression）基本同义，相当于所谓"纯粹言论"（pure speech），即不包括游行示威等行动方式的表达自由。当代在国际上和我国学界对于言论自由概念的理解趋于广义。[1] 现今"表达权"概念载于官方文件，表明这种理解具有合法性。本书的"言论自由"概念即按广义使用。

出版自由（freedom of the press），是指公民通过以印刷或其他复制手段制成的出版物公开表达和传播意见、思想、感情、信息、知识等的自由。出版物，按《出版管理条例》规定，包括报纸、期刊、图书、音像制品和电子出版物，还有"网络出版"的概念（见本书第八章第三节）。出版自由是言论自由的一种表现形式，其特征是通过出版物媒体向不特定的多数人公开传播。

言论自由或表达自由概念是与知情权共生的。[2]《世界人权宣言》、《公民权利和政治权利国际公约》等都有这样的表述：表达自由包括寻求（seek）、接受（receive）及传播（impart）各种信息和思想的自由。就是说，表达自由的内容不仅包括表达权，而且包括知情权。这是因为了解情况是表达意见的前提，一个闭目塞听的人是谈不上有什么意见可以表达的，表达自由对于他就没有什么意义。所以保障表达自由必须同时保障表达者

---

① 参见李步云主编：《宪法比较研究》，北京，法律出版社，1998，第494页；侯健：《表达自由的法理》，上海，上海三联书店，2008，第3、12页。

② 被认为最早阐述表达自由理念的［英］J. 弥尔顿有一句名言："让我有自由认识、发抒己见，并根据良心作自由的讨论，这才是一切自由中最重要的自由。"《论出版自由》，上海，商务印书馆，1958，第46页。原文为：Give me liberty to know, to utter, and to argue freely according to conscience, above all liberties. 直译即为：让我自由知悉、表述并根据良心去自由争论，这高于一切自由。

获取外界信息特别是国家和社会公共事务信息的权利，通常认为知情权是包含在表达自由中的一项“潜在”权利。而我国在党的政策文件上的表述将知情权置于首位，而与表达权等“四权”依序并列，蕴含着其中的逻辑联系，体现了基于“以人民为中心”理念的更为科学的安排。

宪法理论公认，宪法是民主的制度化、法律化。宪法规定了国家的根本制度、根本任务和国体、政体以及公民基本权利义务等重大问题，其中重要调整对象就是人民与国家之间的权利和义务关系，是规范国家运用权力行为和公民行使权利行为的法。宪法的一项重要功能，是监督和制约国家权力，防止国家权力对公民自由和权利的过分限制和侵犯。对于国家，凡是宪法没有规定由它行使的权力，国家不得擅行；对于人民，凡是宪法明文规定的自由和权利，国家必须予以保障，不得任意克减或取消。宪法规定了公民享有言论、出版自由，也就是规定了国家必须承担保障公民的言论出版自由不受侵犯的义务，包括：国家应当创造各种条件保障人民行使言论出版自由，国家对言论出版自由的必要限制必须按照法定程序制定法律规范，公民的这一权利遭受违宪违法侵犯时应当有法律救济手段，等等。

公民的自由和权利要得到法律的保障，也要接受法律的限制。世界上不存在不受任何限制和约束的自由。超越法律规定的“自由”行为，不但不受法律保护，还要受到法律的追究和制裁。《宪法》第五十一条规定：“中华人民共和国公民在行使自由和权利的时候，不得损害国家的、社会的、集体的利益和其他公民的合法的自由和权利。”这是我国公民正确行使各种自由和权利的基本指导原则。违反法律规定滥用言论、出版自由，侵犯国家、社会和集体的利益以及他人的权益的行为将会构成违法、侵权乃至犯罪行为，要承担相应的法律责任。

二、新闻传播活动中的表达权

通过新闻和其他大众传媒发表意见、传播信息是公民行使表达权的重要方式。通过报纸、期刊等出版物进行表达属于出版活动。通过广播电视和互联网进行表达则属于非出版活动的言论活动。

（一）通过报刊等出版物

公民通过报刊等行使表达权，属于出版自由的范畴。我国《宪法》虽然一直规定公民有出版自由，但直到1997年公布《出版管理条例》（本节简称“条例”），才对出版自由有了比较具体的表述。这个“条例”后来经过数次修改，有关出版自由的规定没有变化。

第一，出版自由被作为一种法律关系即权利和义务关系加以具体化。“条例”第五条规定：“公民依法行使出版自由的权利，各级人民政府应当予以保障”，前半句是对公民的授权性规范，后半句是对政府的义务性规范。“条例”第二十三条第二款规定：“合法出版物受法律保护，任何组织和个人不得非法干扰、阻止、破坏出版物的出版。”而第五条第二款按照《宪法》第五十一条的精神对公民行使权利的相关义务又作了进一步具体阐述："公民在行使出版自由的权利的时候，必须遵守宪法和法律，不得反对宪法确定的基本原则，不得损害国家的、社会的、集体的利益和其他公民的合法的自由和权利。""条例"又具体化为约束出版自由的各项条款。

第二，将出版自由的公民主体与出版单位区分开来。"条例"第二十三条对公民如何行使出版自由的权利作了如下表述："公民可以依照本条例规定，在出版物上自由表达自己对国家事务、经济和文化事业、社会事务的见解和意愿，自由发表自己从事科学研究、文学艺术创作和其他文化活动的成果。"这是我国法律文件对公民行使出版自由的唯一具体表述，《2003 年中国人权事业的进展》白皮书引用此条，证明我国公民出版自由的权利得到了法律保障。[①]

本条规定的关键是"在出版物上"这一状语。出版物由谁出版？"条例"第九条规定："报纸、期刊、图书、音像制品和电子出版物等应当由出版单位出版。"那么谁可以设立出版单位？按照"条例"第十一条规定的条件，重要一项是"有符合国务院出版行政部门认定的主办单位及其主管机关"。

据此，在我国，公民个人不可以自行出版出版物，也不可以设立出版单位；可以设立出版单位出版出版物的必须是单位。而哪些单位具备设立出版单位的资格是由出版行政部门认定的。这条规定在大批报刊等出版单位转制为企业之际修改的 2011 年"条例"继续保留。

我国公民出版表达活动必须在国家批准创设的出版单位的合法出版物上进行，自行设立出版单位或个人进行出版活动被认为是非法的。

第三，对出版内容的约束和管理实行追惩和预防相结合。预防制就是事先检查制，追惩制就是管理部门事先不作检查，出版后如发现违法内容依法惩处。追惩制是出版自由的起点线[②]。中国政府向国际郑重宣布在中国没有新闻检查制度[③]。"条例"第二十四条规定："出版单位实行编辑责任制度，保障出版物刊载的内容符合本条例的规定。"就是说，出版物内容的合法性主要是依靠出版单位内部的编辑责任制（包括总编辑负责制和"三审制"）来保证的。在主办单位、主管机关制度下，报刊和出版社的主要负责人都由主办主管单位的党组织任命，他们可以保证内容合法正确，无须另设检查机构。

实行追惩制就要公开规定禁止刊载的非法内容，以昭遵守。改革开放以来，有若干规范性文件作出过禁载规定，内容时有变动，《出版管理条例》第二十五条规定：

"任何出版物不得含有下列内容：

"（一）反对宪法确定的基本原则的；

"（二）危害国家统一、主权和领土完整的；

"（三）泄露国家秘密、危害国家安全或者损害国家荣誉和利益的；

"（四）煽动民族仇恨、民族歧视，破坏民族团结，或者侵害民族风俗、习惯的；

"（五）宣扬邪教、迷信的；

---

① 参见《人民日报》2004 年 3 月 31 日。

② 恩格斯："每个人都可以不经国家事先许可自由无阻地发表自己的意见，这也就是出版自由。"参见《马克思恩格斯全集》，中文第 1 版，第 1 卷，北京，人民出版社，1956，第 695 页。

③ 参见国务院新闻办公室：《中国的人权状况》，《人民日报》1991 年 11 月 4 日。

“（六）扰乱社会秩序，破坏社会稳定的；

“（七）宣扬淫秽、赌博、暴力或者教唆犯罪的；

“（八）侮辱或者诽谤他人，侵害他人合法权益的；

“（九）危害社会公德或者民族优秀文化传统的；

“（十）有法律、行政法规和国家规定禁止的其他内容的。”

“条例”第二十六条还规定：

“以未成年人为对象的出版物不得含有诱发未成年人模仿违反社会公德的行为和违法犯罪的行为的内容，不得含有恐怖、残酷等妨害未成年人身心健康的内容。”

前述 10 条禁载，是同《刑法》、《反分裂国家法》、《保守国家秘密法》、《治安管理处罚法》等法律的规定相衔接的，关于以未成年人为对象的出版物的禁载内容，则是根据《未成年人保护法》、《预防未成年人犯罪法》有关规定作出的。有关广播电视、互联网等其他媒体的管理法规、规章均有所借鉴并且根据不同媒体特点有所增减。

同时预防制在我国出版管理制度中仍然有显要地位。如对出版内容实行重大选题事先审核和备案制。“条例”第二十条规定：出版社年度出版计划涉及国家安全、社会安定等重大选题，应当经所在地省级出版行政部门审核后报国务院出版行政部门备案；涉及重大选题，未在出版前报备案的，不得出版。期刊社的重大选题，也按此办理。

新闻出版署 1997 年发布《图书、期刊、音像制品、电子出版物重大选题备案办法》，2019 年作了修订。其中列为备案的重大选题的有：有关党和国家重要文件、文献选题；有关现任、曾任党和国家领导人讲话、著作、文章及其工作和生活情况的选题，有关现任党和国家主要领导人重要讲话学习读物类选题；涉及中国共产党历史、中华人民共和国历史上的重大事件、重大决策过程、重要人物选题；涉及国防和军队建设及我军各个历史时期重大决策部署、重要战役战斗、重要工作、重要人物选题；集中介绍党政机构设置和领导干部情况选题；专门或集中反映、评价“文化大革命”等历史和重要事件、重要人物选题；专门反映国民党重要人物和其他上层统战对象的选题；涉及民族宗教问题选题；涉及中国国界地图选题；反映香港特别行政区、澳门特别行政区和台湾地区经济、政治、历史、文化、重要社会事务等选题；涉及苏联、东欧等社会主义时期重大事件和主要领导人选题；涉及外交方面重要工作选题等十多项。并区分不同系统、级别的出版单位规定了备案程序，“未经备案批准的，不得出版发行。”

我国新闻媒体承担宣传、舆论导向等重要功能，许多新闻必须随机调控，重大新闻必须统一发布，不可能完全实行追惩制。2011 年修改的“条例”第四十九条增列规定：“出版单位的主办单位及其主管机关对所属出版单位出版活动负有直接管理责任，并应当配合出版行政主管部门督促所属出版单位执行各项管理规定。”只有这种从国家的主管部门到出版单位的主管机关、主办单位的垂直管理系统，才可能实现对新闻传播的调控。

第四，在公民和出版单位之间，按照平等的民事主体原则调整双方关系。“条例”规定出版单位应具有企业法人或事业法人的资格，出版单位同公民之间不存在支配与被支配、命令与服从这样的关系，而是受《著作权法》调整的出版者与作者之间的平等关系。公民有要求表达或不同意表达的自由，出版单位也有予以表达或不予以表达的权利，任何一方都不能把自己的意志强加给另一方。

公民和出版单位之间的平等关系，有利于出版行政部门居于主动地位。曾有作者以自己作品报备后未被批准而对出版行政部门提起行政诉讼，法院以作者不属于行政行为相对人而不予受理。

（二）通过广播电视

公民运用广播电视行使表达权，属于一般的言论自由范畴。由于广播和电视所使用频率频道资源的有限性，而其传播更为快捷，覆盖更为广泛，影响力更强，所以对广播电视的管理比出版物更要严格。我国管理广播电视的基本原则见1997年发布的《广播电视管理条例》。该“条例”对设立广播电台、电视台的条件和程序，对设立广播电视节目制作单位的程序，作了严格的规范。“条例”规定设立广播电台、电视台实行“政府台”制（第十条、第十一条），即由县以上政府广播电视行政部门设立（教育电视台由教育行政部门设立），其他任何单位和个人不得设立电台电视台。广播电视节目由电台、电视台和经省级以上广电部门批准的节目制作单位制作。电台、电视台不得播放未取得许可的单位制作的节目（第三十一条），对节目内容实行播前审查，重播重审（第三十三条）。还规定国务院广播电视行政部门可以作出停止播出、更换特定节目或者指定转播特定节目的决定（第四十三条）。

电台、电视台之外设立的节目制作机构，按照广电总局的部门规章《广播电视节目制作经营管理规定》，不得制作时政类新闻及同类专题、专栏等节目。

广播电视的直播和广播的热线电话广泛运用，成为公民运用广播电视表达意见的重要形式。1999年中宣部和广电总局发出《关于加强广播电视群众参与的直播节目管理的通知》，广电总局又制定了《群众参与的广播电视直播节目管理暂行办法》，规定电台、电视台开设直播节目，须经行政部门审查批准，设置“延时装置”、“储存电话”等技术保障设施。

（三）通过互联网

国家对经营性的互联网内容服务实行许可制，对非经营性的互联网内容服务实行备案制，形成与印刷广播电视媒体完全不同的多种所有制互联网运营者并存的新格局。

在网络环境里，在互联网服务者生产和分发内容的同时，用户不再需要经过传统大众传媒那样的把关人就可以直接将内容上载而向公众传播。本世纪以来，UGC方式日益丰富多样，继互联网开初就有的各种电子公告（或称网上论坛、BBS）之后，博客（blog）、社交网络（SNS）、微博客（microblog）、微信公众账号、网络音视频、网络直播等“自媒体”（we media）先后登场，出现一个个普及高潮，大多数网民都会采用一定形态的UGC方式传播信息和意见，进行交流。

2010年国务院新闻办公室发布《中国互联网状况》白皮书，表示“中国政府鼓励和支持发展网络新闻传播事业，为人们提供了丰富的新闻信息，同时依法保障公民在互联网上的言论自由”。白皮书列举数据，阐述政府重视互联网的监督作用，重视互联网上反映的社情民意等各种措施，说明“中国公民在互联网上的言论自由受法律保护，可以通过各种形式在网上发表言论”，“中国政府将坚定不移地维护公民依法享有的互联网上的言论自由”。①

对于网络新闻传播，我国有特殊制度。根据国家网信办《互联网新闻信息服务管理规定》（2017），从事互联网新闻服务，包括互联网新闻信息采编发布服务、转载服务、传播平台服务，都应当取得许可。只有新闻单位（含其控股的单位）或新闻宣传部门主管的单位，才可以申请互联网新闻信息采编发布服务许可。（详见第八章第三节）

2017 年施行的《网络安全法》第十二条，是目前对于使用网络的权利和义务关系最高位阶的法律规定，为下位阶的法律文件提供了依据：

“国家保护公民、法人和其他组织依法使用网络的权利，促进网络接入普及，提升网络服务水平，为社会提供安全、便利的网络服务，保障网络信息依法有序自由流动。

“任何个人和组织使用网络应当遵守宪法法律，遵守公共秩序，尊重社会公德，不得危害网络安全，不得利用网络从事危害国家安全、荣誉和利益，煽动颠覆国家政权、推翻社会主义制度，煽动分裂国家、破坏国家统一，宣扬恐怖主义、极端主义，宣扬民族仇恨、民族歧视，传播暴力、淫秽色情信息，编造、传播虚假信息扰乱经济秩序和社会秩序，以及侵害他人名誉、隐私、知识产权和其他合法权益等活动。”

第一款是对国家承担义务的规定，网络空间依赖于现实的网络基础设施及其正常运行，所以国家必须推进网络基础设施建设，督促网络运营者提高服务质量，并且制止和惩处各种妨碍信息有序自由流动包括网民自由表达的行为。

第二款是对用户承担义务的规定，这包括既不得危害网络设施和运行安全，也不得危害网络信息和内容安全，从而为用户网络表达内容确定了一条底线。

《网络安全法》规定网络运营者应该加强对其用户发布信息的管理（第四十七条），网信部门和有关部门发现禁载信息有权要求运营者采取处置措施（第五十条）。

为了维护公民网络表达，保护用户上传的合法言论不受阻碍和侵犯，网络服务者还负有保护用户合法言论的义务和责任。工业和信息化部《规范互联网信息服务市场秩序若干规定》（2011），规定互联网信息服务提供者必须“依法维护用户上载信息的安全，保障用户对上载信息的使用、修改和删除”；在列举“不得有下列行为”中，第一项就是“无正当理由擅自修改或者删除用户上载信息”，并且规定了相应罚则。

用户网上一些正确的批评言论，被批评者无法以侵权为由通知互联网服务者删除，就设法通过“公关”等途径促使服务者删帖。这样就在服务者之间形成了一种利益交换，即“有偿删帖”。有些不法之徒还创办“公关公司”为有偿删帖牵线搭桥，从中渔利，甚至形成了一条产业链。还有的服务者则以负面信息为要挟，向当事人索取非法利益。这种现象，不仅严重侵犯了网民的网络言论自由等权益，而且还触犯其他法律：如网络企业工作人员以删帖收受利益可能构成非国家工作人员受贿罪，而提供利益方则可能构成向非国家工作人员行贿罪，服务者以删帖为要挟索取利益则可能构成敲诈勒索罪，根据最高人民法院和最高人民检察院《关于办理利用信息网络实施诽谤等刑事案件适用法律若干问题的解释》（2013），以营利为目的，通过信息网络有偿提供删除信息服务，以非

---

① 参见《人民日报》2010 年 6 月 9 日。

法经营罪定罪处罚。

为保障网民言论自由等合法权益，整治网络秩序，有关主管部门多次采取行动对非法删帖、有偿删帖现象进行整治。

被告人杨秀宇（网名“立二拆四”），创办尔玛天仙文化传播公司，为法定代表人。尔玛天仙自2008至2013年间，多次有偿提供删除信息和发布虚假信息服务，经营数额共计531 200元。杨秀宇以“危机公关”等名义，帮助多家知名公司有偿删帖。经检察机关公诉，2014年11月，法院判决杨秀宇等四被告均构成非法经营罪，处杨秀宇有期徒刑4年，罚金15万元；尔玛天仙公司罚金50万元等。[①]

2015年1月，国家网信办公布“网络敲诈和有偿删帖”十大典型案例，涉有偿删帖案件6起[②]。其中不仅有如杨秀宇这样的“公关公司”将有偿删帖作为“经营业务”，还有政府官员[③]、网警[④]、网站编辑[⑤]等人利用职务之便帮助他人或公司删除负面信息，均被依法查处。网信办并联合工业和信息化部、公安部、国家新闻出版广电总局开展“网络敲诈和有偿删帖”专项整治工作，历时半年。[⑥]

除了对网上合法言论提供上述行政法、刑法保护外，司法机关还启动民法保护。在民事案件中，法院确认有偿删帖侵犯言论自由：

如有成都世纪安胜公司和北京迅奥公司签订互联网服务协议，共有论坛舆情处置、新闻宣传、信息溯源等四项，双方为第二项服务发生争执诉至法院，法院支持了甲方世纪公司合理诉求。但认为“论坛舆情处置”内有按甲方要求消除互联网不良影响，属于《合同法》第五十二条规定“损害社会公共利益”的情况。判决书写道：“论坛舆情处置，双方均认可该项服务内容涉及有偿删帖，其服务模式为世纪公司按照迅奥公司发出的指令，通过信息网络有偿提供删除信息服务。对此本院认为，言论自由是宪法赋予公民的一项基本权利，该项服务内容侵犯了公民的言论自由，不利于公民的表达权和监督权的实现，损害了社会公共利益，应属无效条款。”[⑦]

2014年最高人民法院《关于审理利用信息网络侵害人身权益民事纠纷案件适用法律若干问题的规定》第十四条规定：“擅自篡改、删除、屏蔽特定网络信息或者以断开链接的方式阻止他人获取网络信息，发布该信息的网络用户或者网络服务提供者请求侵权人承担侵权责任的，人民法院应予支持。”目前尚未发现有影响的这类民事诉讼案件。

---

① 参见北京朝阳区人民法院刑事判决书，（2014）朝刑初字第1300号。

② 参见《人民日报》2015年1月27日。

③ 中央外宣办原副局长高剑云，利用职务之便，为某公司删除网上负面报道等提供帮助，索要、收受贿赂数额较大，已构成严重违纪并涉嫌违法，被开除党籍、公职，涉嫌犯罪问题移交司法机关处理。

④ 2009年8月到2012年8月间，海南省海口市公安局网警支队一大队原副队长魏壹宁通过帮人删帖收受“好处费”70余万元，获刑10年。

⑤ 原腾讯网新闻中心健康频道编辑王某于2009年11月至2012年8月间，利用职务便利，帮助一些公司删除腾讯网网络信息，非法收受19.4万余元，王某还向搜狐公司网安中心高级经理何某行贿49.95万元，请其协助删除其他网站负面信息，以非国家工作人员受贿罪和对非国家工作人员行贿罪获刑6年。

⑥ 参见新华网，2015年5月19日；《中国青年报》2015年8月26日。

⑦ 北京市第一中级人民法院民事判决书，（2014）一中民终字第1677号。

非法干预用户正当表达还会受到行政处罚，如2020年网信主管部门就新浪微博非法删帖、干扰网上正常传播秩序的行为进行约谈处罚，例见第八章第三节。

出版单位的主办单位、主管机关制和电台电视台的政府台制，以及互联网新闻采编发布服务特许制，可以概括为："公民有自由，媒体归国家"。这种体制体现了"党管媒体"和公民表达权之间的现实关系，旨在保证新闻媒体坚持发挥正确舆论导向、正面宣传、新闻舆论监督等功能，构建有效的舆论引导格局和机制。[①]

三、新闻传播活动中的知情权

知情权与言论自由共生。但只有个别国家在宪法写上知情权这个概念。我国《宪法》规定人民依法通过各种途径和形式管理国家事务和社会事务；一切国家机关和国家工作人员必须接受人民的监督；公民对任何国家机关和国家工作人员有批评和建议的权利。管理、监督、批评、建议，前提当然是必须了解有关情况，知情权无疑是以上任何一项权利的基础。现在知情权概念已为官方文件所确认并广泛运用。

知情权有消极权利（free from）和积极权利（free to）两种形态。消极权利是指对自然存在的公开信息，公民可以自由地寻求、获取，国家、社会、他人只是承担了（消极的）不予干预、妨碍的义务。积极权利是指有关信息本来是应当让公众知悉的，但是现在它被控制在特定单位或人士的手里，知情权必须借助他们的积极行为才能实现。也就是说，特定单位或人士负有向公众公开信息的义务。

国家对这两种形式的知情权都承担着义务。对消极形式的知情权，国家义务主要就是不干预，同时对那些非法干预和妨碍公民寻求、获取信息的行为依法予以制止或制裁。对积极形式的知情权，国家机关本身就是信息的拥有者或控制者，就负有主动提供信息的义务。知情权主要是指公民知悉国家、社会的公共事务的政治权利，而这些公共事务信息的主要部分正是国家机关在履行职务过程中产生、获得并且拥有的，在现代社会，大部分重要信息都掌握在国家机关手里[②]，如果国家机关不主动向民众提供信息，那么知情权只能是一句空话。所以知情权和信息公开说的是同一事项的两面：知情权是从公民权利的角度表述，信息公开是从国家义务的角度表述，即国家机关必须承担向民众提供信息的义务，这个义务通常要以法律、法规或政策规范来加以确定，这是保障公民知情权的一个关键环节。

改革开放以来，保障公民知情权日益得到重视。20世纪90年代，推行政务公开提上议事日程。1996年中共中央纪委明确提出要实行政务公开制度。1997年中纪委再次提出要继续推行政务公开制度。自2003年1月1日广州市实施《政府信息公开规定》开始，国务院许多部门和全国若干省、市相继制定了以"政府信息公开"为题的规章或地方性法规。

---

① 参见魏永征：《中国媒介管理法制的体系化——回顾媒介法制建设30年》，《国际新闻界》（北京）2008年第12期。

② 李克强在全国推进简政放权放管结合优化服务改革电视电话会议指出："目前我国信息数据资源80%以上掌握在各级政府部门手里"，《人民日报》2016年5月10日。

2007 年 4 月，国务院公布行政法规《政府信息公开条例》（本节简称 2007 年“条例”），结束了我国没有全国性的、专门的信息公开法的历史。在 2008 年 5 月实施时，国务院办公厅发布《关于施行〈政府信息公开条例〉若干问题的意见》，2010 年国务院又发布《关于加强法治政府建设的意见》，2011 年中共中央办公厅、国务院办公厅印发《关于深化政务公开加强政务服务的意见》，2016 年中办、国办印发《关于全面推进政务公开工作的意见》，政府信息公开制度逐步走向制度化、体系化。自本世纪第二个 10 年起，国务院办公厅每年公布“政务公开工作要点”已经形成制度。

经过 10 多年实践，2019 年国务院公布修订的《政府信息公开条例》（本节简称 2019 年“条例”并采用其条文序号）。这次修订，仅篇幅就从原“条例”38 条增加到 56 条，是一次名副其实的大修，标志我国政府信息公开提升到一个新水平。

据 2019 年“条例”规定，政府信息是指“行政机关在履行行政管理职能过程中制作或者获取的，以一定形式记录、保存的信息”（第二条）。关于立法、审判、检察事务公开，见第四章。

（1）确立“以公开为常态、不公开为例外”的基本原则。

在推进信息公开初期，一些地方政府规章和专家建议都提出了“以公开为常态、不公开为例外”作为基本原则，但是并未载入 2007 年“条例”。而此后一些政策文件，多次宣示了政府信息以公开为原则（常态）、不公开为例外的原则。特别是 2014 年中共中央《关于全面推进依法治国若干重大问题的决定》重申“全面推进政务公开。坚持以公开为常态，不公开为例外原则，推进决策公开、执行公开、管理公开、服务公开、结果公开。”遵照中央倡导的价值导向，2019 年“条例”第五条明确规定：“行政机关公开政府信息，应当坚持以公开为常态、不公开为例外，遵循公正、公平、合法、便民的原则。”从而在不损害国家利益、公共利益、他人利益等前提下为实现公民对政府信息最大程度知情权奠定了制度基础。

实行“公开为常态”，重点在规定“例外”不公开的事项，以体现除此之外都应公开。2019 年“条例”鲜明地体现了这种“排除式”，即第十三条所规定：“除本条例第十四条、第十五条、第十六条规定的政府信息外，政府信息应当公开。”其中，第十四条属于禁止公开的信息：“依法确定为国家秘密的政府信息，法律、行政法规禁止公开的政府信息，以及公开后可能危及国家安全、公共安全、经济安全、社会稳定的政府信息”。第十五条是“涉及商业秘密、个人隐私等公开会对第三方合法权益造成损害的政府信息”，但只要“第三方同意公开或者行政机关认为不公开会对公共利益造成重大影响”，还是可以公开。第十六条：“行政机关的内部事务信息，包括人事管理、后勤管理、内部工作流程等方面的信息，可以不予公开。”

2019 年“条例”在作出排除式规定以后的第三章，方才规定了“主动公开”的主要项目（第二十、二十一条），还增加了公民扩展主动公开范围的措施（第四十四条），从而使得主动公开形成一种开放的机制。

而 2007 年“条例”在第二章规定“公开的范围”，列举公开项目，容易形成与“只承认不公开有范围、此外都应公开”背道而驰的思维。2019 年“条例”则完全不再具有这种“列举式”的意味。

（2）落实“主动公开”义务主体责任并使之常态化。

2019年“条例”承袭2007年“条例”规定，建立各级政府信息公开工作机构及职能（第四条），建立健全政府信息发布协调机制（第三条），编制、公布并及时更新政府信息公开指南和目录（第十二条），建立健全政府信息发布保密审查机制（第十七条），还提出了一系列新举措：

——增加列举各级政府主动公开以及县、乡级政府附加主动公开的项目，扩大主动公开广度和深度。事实上，2007年“条例”实施以来，作为全国政府信息公开工作主管部门的国务院办公厅每年都要发布“政府信息公开工作要点”，就本年信息公开重点作出指示，督促各级政府落实。

——对公开义务主体作出细化规定，如：行政机关制作的政府信息，由制作机关负责公开；从公民、法人和其他组织获取的政府信息，由保存机关负责公开；行政机关获取的其他行政机关信息，由制作或最初获取信息的机关负责公开；两个以上行政机关共同制作的政府信息，由牵头制作的行政机关负责公开；等等（第十条）。

——因应网络传播发展新形势，信息公开途径除继续通过政府公报、专业媒体及设立查阅场所外，突出规定加强依托政府门户网站公开政府信息，利用统一的政府信息公开平台集中发布主动公开的政府信息，并提供检索、查阅、下载等功能。（第二十四条）

——明确规定各级政府“应当积极推进政府信息公开工作，逐步增加政府信息公开的内容”（第七条），“按照上级行政机关的部署，不断增加主动公开的内容”（第二十二条），并建立了依申请公开向主动公开转化的机制。

（3）完善依申请公开并借此推动主动公开。

2007年“条例”首次订立了民众向政府申请公开的程序，被认为是落实公民知情权的重要举措。2019年“条例”表述为信息公开“采取主动公开和依申请公开的方式”（第十三条）。对依申请公开，基本承袭原“条例”的程序而更加具有可操作性，如规定申请信息公开需要以书面形式提供申请人的姓名和联系方式、信息的内容描述、形式要求三项内容。规定行政机关对申请公开的答复方式由原来的四种增加为七种：已经主动公开的，告知获取方式、途径；可以公开的予以提供或者告知获取方式、途径和时间；依规不予公开的，告知不予公开并说明理由；经检索没有所申请信息的，告知该政府信息不存在；不属于本机关负责公开的，说明理由或告知负责公开的机关；已作出答复而重复申请的，告知不予重复处理；属于工商、不动产登记资料等信息有特别规定的，告知按照规定办理（第三十六条）。2019年“条例”还对答复时限作了更加具体的规定。这些规定表明，依申请公开信息是公民主动行使知情权的一种方式，政府如果不能依照申请履行公开义务必须说明理由。

2007年“条例”对申请公开设置了“根据自身生产、生活、科研等特殊需要”申请相关信息即所谓“三需要”的条件。在实施中，如果申请人申请公开与本人生产、生活、科研等特殊需要无关或不能说明与之有关的政府信息，行政机关往往就不予提供。在申请信息公开的行政诉讼中，还有以与“三需要无关”为由驳回申请诉求的案例。这被认为是对信息公开申请人设置了资格限制，同政府对不公开信息需要说明理由的规定相冲突，也不符合政府信息公开所依据的知情权原则。2019年“条例”取消了这条规定，一些出于公益或他人需要的信息，如为新闻报道、舆论监督需要，通过依申请公开的途径获取所需信息，就不应再有障碍。

为充分贯彻“公开为常态”原则，2019 年“条例”设置了依申请公开向主动公开转化的机制：一是主动转化，即多个申请人就相同政府信息向同一行政机关提出公开申请，而此信息属于可以公开，就可以纳入主动公开的范围。二是建议转化，即申请人认为申请公开的信息符合主动公开条件的，可以建议将该信息纳入主动公开的范围。行政机关审核属实，应及时纳入主动公开范围。（第四十四条）

2019 年“条例”还取消了一般信息公开申请的收费要求，确立“行政机关依申请提供政府信息，不收取费用”（第四十二条）。

另一方面，在 2007 年“条例”实施过程中也发现有少数申请人滥用权利，反复、大量提出信息公开申请，2019 年“条例”规定了不予重复处理、要求说明理由、延迟答复并对数量、频次明显超过合理范围的收取信息处理费等措施。据此，国办在 2020 年印发了《政府信息公开信息处理费管理办法》。

（4）健全监督和救济机制。

2007 年和 2019 年两个“条例”都就“监督和保障”规定了两种形式：

一是政府自上而下对信息公开工作的考评和督促。两个“条例”均规定，各级政府应当建立健全政府信息公开工作考核制度、社会评议制度和责任追究制度，定期对政府信息公开工作进行考核、评议。县以上政府部门应当在每年 3 月 31 日公布信息公开工作年度报告。

二是权利人认为自身权利受到阻碍或侵犯时，依法请求排除阻碍、制止侵犯的措施。两个“条例”均规定公民、法人等认为行政机关不依法履行政府信息公开义务的，可以向上级行政机关、监察机关或者政府信息公开工作主管部门举报，还可以依法申请行政复议或提起行政诉讼。

2011 年最高人民法院发布司法解释《关于审理政府信息公开行政案件若干问题的规定》，就公民、法人等认为政府在信息公开工作中的具体行政行为侵犯其合法权益提起行政诉讼作了具体规定。其中将“向行政机关申请获取政府信息，行政机关拒绝提供或者逾期不予答复的”列为法院应当受理的此类案件第一项，并就如何确定被告、被告如何承担举证责任等作了系统规定。

2014 年最高人民法院又发布关于政府信息公开的 10 个案例①，通过阐述案例的典型意义，就有关诉讼中的一些裁判标准提出了指导性意见，包括：被告未能证明申请的信息属于法定不予公开应承担败诉责任；公安机关追查刑事犯罪中形成的信息属于国家秘密；过程性信息一般不属于应公开信息；形成于“条例”实施前的不属于公开例外的历史信息仍属公开范围；以信息不存在为由拒绝提供，应当证明已尽到合理检索义务；已主动公开的信息可以不重复公开，但应当告知申请人获取的方式和途径；等。

不过，对行政机关以涉及国家秘密的理由拒绝公开信息，申请人不能通过行政诉讼由法院来审查是否国家秘密。上述司法解释规定：“被告能够证明政府信息涉及国家秘

① 参见人民网，2014 年 9 月 2 日。

密，请求在诉讼中不予提交的，人民法院应当准许。”这就是说，作为被告的政府机关只要证明有关信息已按照《保守国家秘密法》规定的程序确定涉及国家秘密，法院无须审查此项信息是否确系涉密，即可驳回原告诉求。这是与“保密法”相衔接的。“保密法”没有公民对国家秘密可以提起异议或行政诉讼的规定，而是规定机关、单位对是否属于国家秘密及其密级有争议的，由国家保密行政管理部门或省级保密行政管理部门确定（该法第二十条）。按照我国法制，对国家秘密的争议不具有可诉性。

（5）推进信息公开平台与政务服务平台融合和信息公开标准化。

随着互联网应用的普及，各级政府及其部门纷纷运用网络作为向公众提供服务、公开信息的平台。2017年国务院办公厅《政府网站发展指引》提出要“以中国政府网为龙头、部门和地方各级政府网站为支撑，建设整体联动、高效惠民的网上政府”，各类政务新媒体蓬勃发展。这些政府网站和其他新媒体将公开信息和为民众服务结合起来，许多公众关注的重要信息直接从政府网络媒体发布，特别在应对突发事件等场合，政府网络媒体通过发布正确信息来引导舆论的效率和影响甚至超过新闻网络媒体。“推进政府信息公开平台与政务服务平台融合”，“加强政府信息资源的规范化、标准化、信息化管理，加强互联网政府信息公开平台建设”（第八条），成为2019年“条例”的新亮点。2017年，国务院办公厅即决定在北京、安徽等15个省份（直辖市、自治区）的100个县（市、区），在一年内开展基层政务公开标准化、规范化试点工作。2019年“条例”颁布后，国办又发布《关于全面推进基层政务公开标准化规范化工作的指导意见》，提出到2023年基本建成全国统一的基层政务公开标准体系。

2021年《数据安全法》设立“政务数据安全与开放”专章，规定国家大力推进电子政务建设，提高政务数据的科学性、准确性、时效性，提升运用数据服务经济社会发展的能力。国家机关应当遵循公正、公平、便民的原则，按照规定及时、准确地公开政务数据。依法不予公开的除外。（第三十七条、四十一条）此处的“政务数据”，不只是政府机关数据信息，还涵盖人大、司法、检察、监察等部门的数据信息。

随着以国家政务服务平台为总枢纽的全国一体化政务服务平台建设成效逐步显现，我国网上政务服务发展已由以信息服务为主的单向服务阶段，开始迈向以跨区域、跨部门、跨层级一体化政务服务为特征的整体服务阶段。全国一体化政务服务平台正在成为创新行政管理、优化营商环境的重要手段，成为服务人民群众的重要渠道。

四、新闻记者的权利和责任

新闻记者，广义指在新闻单位从事新闻采访、报道、评论、摄影、编辑等新闻传播业务的工作者，或称新闻采编人员、新闻从业人员；狭义仅仅指从事采访报道的工作者。

我国业界关于记者权利谈论较多的是采访权、报道权和评论权等。近年来一些官方文件也使用了这些术语。2008年新闻出版总署《关于进一步做好新闻采访活动保障工作的通知》称：“新闻机构对涉及国家利益、公共利益的事件依法享有知情权、采访权、发表权、批评权、监督权”，把这些权利定为新闻机构法人权利。《国家人权行动计划（2009—2010年）》则肯定为新闻记者的权利：“依法保障新闻记者的采访权、批评权、评论权、发表权。”《国家人权行动计划（2016—2020年）》写作：“依法保障新闻机构和从业人员的知情权、采访权、发表权、批评权、监督权。”

理论上认为，新闻记者的权利来源于《宪法》规定的言论、出版自由和进行文化活动的自由。这些自由的权利主体是公民。新闻工作者也是公民，也享有宪法规定的一切权利。新闻记者与普通人的区别只是职业分工不同，前者把寻求、获取、传播信息作为自己的职业，这种职业的功能是使广大公民更好地实现自己的言论出版自由等权利。言论出版自由是公民的政治权利、民主权利，是不可转让的。人民并没有把自己的言论出版自由等权利转让给新闻媒体和新闻工作者，让他们“代表”自己来行使这些权利。就是说，言论出版自由以及其中包含的所有权利，并不是新闻工作者专有的、排他的权利。① 所谓“记者是人民的代言人”的说法，是指记者负有反映人民的意愿和呼声的社会责任，不能说人民有了代言人，自己就不用说话了；记者有了采访权，别人就无权寻求和获取信息了。新闻记者是作为人民的一分子，与人民一起来行使这些权利的。新闻记者的采访权、报道权、评论权、批评权等等，只是公民权利的具体形态。

不过在我国，创设新闻单位实行特许制，取得新闻记者资格需经行政许可，从事新闻采编活动被认为是新闻记者的专有权利（参见第八章第四节），可见从事新闻传播活动的合法性实际上是来自国家授权，因而国家主管部门调控新闻传播活动也是顺理成章的。

即使如此，新闻单位和记者也不享有特权。新闻传播活动不仅有其确定的法律底线，还要遵循社会的道德准则和一定的专业规范。新闻传播活动的各种权利对于社会和他人并不拥有凌驾性，无论是新闻记者的采访活动还是新闻报道的内容都不具有行政、司法的强制力，在新闻传播活动中新闻单位和记者不可能指令人们做什么或者不能做什么。任何高等级的新闻单位及其记者同任何低等级的采访报道对象之间都不存在隶属关系，前者不可以也不可能向后者发号施令。

新闻记者的权利，归结起来，仍然是表达和获知两项，采访权是知情权的具体化，报道权（发表权）、评论权则是行使表达权的方式。监督权兼有表达和获知两者，见本章第三节。

（一）采访权

采访，就是采集（信息）和访问。采集（信息）包括观察、聆听、体验、记录、查阅、浏览、写生以及使用一定的技术设施如摄影、录音、录像、直播、数据处理等手段。访问就是同他人交谈、询问。采访权来源于知情权，人人皆有知情权，因此人人皆有采集信息的自由。从日常生活中的信息和意见的交流，以至社会科学工作者进行社会调查，艺术家搜集创作素材，企业主了解市场动态，都是采集信息的活动。把采访权专有化的做法只能存在于新闻信息持有者、控制者只愿意向特定新闻记者提供信息的场合，如各种官方活动、官方举行的新闻发布会、已被官方控制的突发事件现场或者特定个人专门向记者提供信息等。知情权有消极权利和积极权利，采访权也是这样，可分四点来说。

---

① 参见李良荣：《新闻学概论》（第五版），上海，复旦大学出版社，2013，第211页。

1. 消极权利

这是在公共场所的采访权利。公共场所，就是向公众开放的、允许公众自由出入的场所和场合，记者作为公众的一员，可以自主地以各种手段采集信息。但公共场所中含有涉及合理隐私期待（reasonable expectation of privacy）的私人场合，不属于自由获取信息的范围。

这时的采访权是一种绝对权，权利的义务方是一切人：承担了不予干预、阻碍的义务。

但是这种场合的采访也并不是没有限制的。在信息采集手段上要区分是观察还是摄影、录像、录音、数据处理。在信息采集对象上要区分是事、物还是人。在信息内容上要区分是公开事项还是私事。每个自然人都有独立的人格权利，都有权自主决定是否和如何向社会公开展示自己的行为和形象，自主决定是否被拍摄、录音并且向社会公开传播。即使身处公开场合，他的这种自主权利仍然应当受到尊重。记者在公共场所对人的拍摄、录音，也要避免损及他人的人格权益。

采访权作为一项消极权利时，是自然状态下的权利。如果外界要干预、阻碍这种采访活动，记者要维护自己的正当权益，势必发生冲突。所以对于采访活动的非法干预、阻碍，往往会造成限制记者人身自由、伤害记者身体、损坏采访器材等后果。许多采访行为是社会活动，阻碍采访还会对社会秩序造成损害。制裁这些行为都是有法可依的。① 有一种意见主张可以适用《刑法》对妨碍采访行为认定为妨害公务罪，缺乏法律依据。《刑法》妨害公务罪特指以暴力、威胁方法阻碍国家机关工作人员依法执行职务等犯罪行为，新闻单位不是国家机关，采访活动不是国家机关的管理活动，殴打记者、限制记者自由等行为不具备妨害公务罪的客体要件。我国保护人身权利、维护社会秩序等法律规范已经相当完备，保护记者并非无法可依。

2. 积极权利

这是对负有特定的信息公开义务的主体的采访权利。其核心是要求行政、司法等国

---

① 对妨碍记者采访行为，可以根据实际情节采取不同制裁手段：采用纪律处分的如：2015年1月，《南方都市报》记者在深圳一海鲜山庄暗访当地警员聚众“吃娃娃鱼”时被警察殴打，深圳市公安局1月26日通报称，对14名涉嫌违规的公安民警停职调查，对涉嫌违纪的东深公安分局局长立案调查。参见《京华时报》（北京）2015年1月27日。2020年4月，河南新乡原阳县发生数名儿童在一起施工事故中死亡事件，红星新闻、上游新闻等记者进入下葬现场采访遭到阻拦、推搡和殴打，原阳县委书记公开道歉，对相关责任人予以停职调查。参见人民网，2020年4月23日。采取治安管理行政处罚的如：2014年5月18日，《楚天都市报》记者满达在暗访当地一村干部在农庄为儿子大摆庆生宴时遭到群殴，当地公安局对涉案者6人予以行政拘留10日至15日并罚款的处罚。参见《新京报》2014年5月20日。2017年6月，《华商报》记者在采访中遭到宝鸡市质监局高新分局原副局长安晓明殴打，安被处以行政拘留10日，并受到党纪政纪处分。参见《华商报》（陕西）2017年6月16日。2017年12月4日，陕西省周至县人民医院多人殴打前往医院调查“天价停尸费”的陕西广播电视台记者，周至县委县政府和公安部门介入调查，医院涉事正副院长被停职、撤职，六人被行政拘留，参见央视新闻，2017年12月7日。以寻衅滋事罪处罚的如：2008年8月《成都商报》记者彭世军在西安翻译学院采访时遭一教工殴打，打人者以寻衅滋事罪被判处有期徒刑1年。参见《成都商报》2009年2月2日。以故意伤害罪处罚的如：2007年1月，《中国贸易报》工作人员兰成长两人受报社委派到山西浑源县了解当地无证经营煤矿情况时遭到殴打，兰伤重而死，法院以故意伤害等罪名分别判决6名打人者无期徒刑至有期徒刑不等，并赔偿死者家属38万元。参见人民网，2007年6月28日。2016年8月10日，山东广播电视台记者钱云飞在德州一次火灾现场采访遭到辅警、保安殴打致轻伤，4名肇事者因故意伤害罪被依法逮捕判刑。参见澎湃新闻（上海），2016年10月9日。

家机关公开信息的权利。此外，其他面向社会的公共组织，也负有公开特定信息的义务，如企业公开有关商品和服务的真实信息的义务。

这里的采访权属于相对权，义务方只限于特定主体，权利方则是每位公民。义务方公开的方式，一种是直接向全社会公开，一种是通过记者向社会公开，如举行新闻发布会、向记者发表正式谈话等。

通过记者公开信息，通常会选择那些影响力大、公信力高的媒体。在我国，党报党刊、通讯社、电台、电视台与其他媒体，中央媒体与地方媒体，在采访待遇方面存在差别，是众所周知的规则。

在允许采访的场合，记者行使采访权也有一定约束。如关于审判公开，最高人民法院就发布了《人民法院法庭规则》和《关于严格执行公开审判制度的若干规定》，要求法庭以及旁听的公民和新闻记者遵守。再如关于上市公司和证券市场重大信息的发布，国务院和有关监管部门也制定了相应的行政法规、规章，对信息披露程序作了严格规定，违者将承担法律责任。

3. 约定权利

在消极权利和积极权利之间，有着广泛的中间地带。在许多情况下，记者所要采集的信息为他人所控制，而他人又并不负有必须提供的义务，这就需要征得他人同意，这时采访权表现为一种约定权利。

法定权利要通过约定的方式实现，是很正常的。约定关系形成于相互平等的主体之间，由于任何一方不能强制另一方，双方的权利和义务关系就必须约定。记者有采访的自由，被采访者有表达的自由，任何一方的自由都不能损害另一方的自由，双方只能通过平等协商取得一致。

一是对单位的采访。这包括对各种机关、团体、企业、事业单位的采访，还包括对已经被控制的突发事件和自然灾害的现场的采访，原则上都应该征得有关管理者的同意。有关单位的工作、生产、营业、医疗、教学、科研的正常秩序和制度受到法律保护，突发事件和灾害现场则由公安等部门控制，以维护秩序和安全，那里的管理者有权决定是否接受采访以及如何进行采访。

二是对特定人的采访。记者对特定人的访问以及拍摄、录音，也必须征得当事人的同意。

大多数采访的约定都是口头约定，不需要订立合同，甚至也不需要就双方权利和义务进行商定。这是因为，这里的权利和义务关系非常普通，属于文明社会的礼貌和社交准则。比如被采访人接受记者的访问，除了声明不得发表以外，他所说的内容应该视为允许公开报道。记者当场进行拍摄、录音，对方没有反对，应该视为默示同意。当然记者也承担了相应的义务，如不得干扰被采访人的私人生活安宁，进入被采访人私生活场所必须征得同意，必须说明是采访而不是随便交谈，必须问清楚谈话内容哪些可以发表哪些不可以，必须准确报道被采访者提供的事实和表达的意见，对于被采访者提出不要公开消息来源、审看新闻稿等要求应该作出郑重的承诺等。

记者采访涉及被采访人的负面问题时，往往会遭到拒绝，采访无法进行。有的人在采访发生困难时总是质问法律为什么不作一个规定：任何人不得拒绝采访或至少是“公职人员不得拒绝采访”。这是行不通的。以为记者行使采访权就意味着对方必须接受采访，否则就是“妨碍采访权”，这是把权利误解为行政权力了。新闻单位、记者同被采访人之间不存在支配和被支配、管理和被管理的关系，普通的单位、个人在作为被采访人时并不承担着必须向新闻单位和记者提供、反映情况以及汇报之类的义务。“不得拒绝采访”的设想既无视被采访人自由表达的权利，也忽略了被采访机构的工作规则，而且违背新闻采访的规律：采访是人与人之间的交流，是思想和情感的沟通，只有在相互理解、信任和尊重基础上的采访才会是成功的采访。如果对方表示“无可奉告”，那就应当通过其他合法手段来获取所需要的信息。以平等态度对待采访对象，尊重被采访人意愿，争取采访对象的理解，不得强迫对方接受采访，是新闻采访的一项重要规则。

4. 隐性采访

采访不被接受，强制采访又不可能，一些记者就实行“隐性采访”。“隐性采访”又称“暗访”，广义是指不显示记者身份的采访，狭义是指在采访受到拒绝或者估计会受到拒绝时，不公开记者身份，以至伪装其他身份进行的采访，采访的手段不只是观察、记录，还包括拍摄、录音，即所谓偷拍偷录。现在狭义的“隐性采访”手段包括偷拍偷录被使用于揭露负面现象，特别是违法犯罪现象的采访中，有些取得了积极社会效果。①

这种隐性采访在法律上和道德上都存在许多问题，必须慎重对待。

从法律上说，记者并不享有司法行政特权，“隐性采访”不是警察的侦查活动，有其不可逾越的法律界限，如：不可涉及国家秘密、商业秘密和个人隐私，不可侵害他人的住宅、通信、人身等权利，不可拍摄、窥视、窃听他人的私密空间和私密活动，不可对未成年人进行偷拍偷录，不可伪装国家公务员、法官、警察等必须依法授予的特定身份，不可妨害单位和公共场所的正常秩序，不可使用安全部门专用的侦查工具，特别是不可采用类似“诱惑侦查”那样的“卧底”手段，如伪装成黑社会成员、嫖客、三陪女、人口贩子之类违法犯罪者以摄录所需要的材料，这种做法不仅有损记者尊严，而且会助长或促成犯罪活动。有关记者采取所谓“卧底”式采访导致涉嫌犯罪或引发涉嫌犯罪的争议发生过多起，如：有记者参加贩毒活动进行“体验式采访”以致身陷囹圄②，有记者参加盗墓活动制成节目播出后引发记者行为是否也构成犯罪的争议③，有记者参加偷自行车团伙活动采写报道被检察官认为涉嫌触犯刑法④，有记者到卖淫场所暗访偷拍裸舞选秀镜头被网民质疑是否参与嫖娼⑤等等。

从道德上说，这种以揭露负面现象为主的“隐性采访”是以维护社会公共利益为目的的行为，但由于这种采访手段要隐瞒真实身份或者伪装身份，终究不够光明正大。有外国学者断言：“所有的隐身报道都是欺骗。”⑥ 一般认为，只有当这种隐瞒和伪装比起对

---

① 参见骆汉城等：《CCTV记者偷拍实录》，广州，南方日报出版社，2000。
② 参见《深圳商报》2001年2月20日。
③ 参见《新闻记者》（上海）2002年第5、6期。
④ 参见《检察日报》（北京）2005年3月23日。
⑤ 参见魏永征、傅晨琦：《央视曝露东莞“黄流”节目的反思》，《新闻界》（成都）2014年第6期。
⑥ ［美］罗恩·史密斯：《新闻道德评价》，北京，新华出版社，2001，第294页。

方的卑劣来是十分轻微的时候，当揭露这类卑劣行为对于公众极为重要，而通过正常途径又无法获得有关资料的时候，才可以认为是正当的。①

所以，外国和我国很多新闻行业组织和新闻单位往往在自律性的专业规范中对记者从事隐性采访作了严格限制，外国如英国《编辑业务规则》（Editor's Code of Practice）第 10 条专就“秘密装置和诡计”（clandestine devices and subterfuge）作了这样的规定：

“1. 报刊不得使用以下方式获得资料或发表以这种手段获得的资料：通过秘密暗藏的摄像机或秘密监听设备，或通过侦听私人电话或手机、短信或电子邮件，或使用未经授权的已删除的文件或照片，或未经许可访问私人数据信息。

“2. 唯有为了公共利益必须报道而又并无其他方法可以获得材料，才能作为使用虚假陈述和诡计的正当理由，包括通过代理或中介机构。”②

我国原中央电视台曾有这样的规定：

“对‘偷拍’我们慎之又慎，除非调查危害公共利益的重大隐情而又别无他法，且经制片人同意，否则我们决不采取任何涉嫌欺骗、侵权的拍摄方式。”

“秘密调查就是所谓的‘暗访’、‘偷拍’。无论如何，秘密调查都是一种欺骗。新闻不是欺骗的通行证，我们不能以目的正当为由而不择手段。秘密调查不能用做一种常规的方法，也不能仅是为了增添报道的戏剧性而采取的手段。只有同时符合下述四条原则，才能采用秘密调查：

“第一，有明显的证据表明，我们正在调查的是严重侵犯公众利益的行为；

“第二，没有其他途径收集材料；

“第三，暴露我们的身份就难以了解到真实的情况；

“第四，经制片人同意。”③

（二）报道权和评论权

报道，就是把新闻通过媒体向公众发布。评论，就是对特定的新闻事件、新闻人物发议论、讲道理；通常把发表反对的、否定的意见称为批评。前者是传播信息，后者是表示意见，都是行使表达权的方式。

新闻记者作为新闻单位的一名工作人员，他的报道和评论，不仅必须遵守法律底线，还必须按照本单位的宗旨、规则、意图写作，经过层层把关才能发表。他的报道和评论，不管署名还是不署名，在受众眼里，都是体现了新闻单位的立场。可见，他从事报道或评论，并非在行使纯粹的个人权利。如果单位主管认为不能发表或须经修改才能发表，绝不可能说是侵犯了他的报道、评论和发表的权利。这也就是前引新闻出版总署的文件中把发表权、批评权等归为新闻单位法人权利的一个原因。

显然，新闻记者在岗位上从事报道和评论的自主空间，比普通人行使言论自由的范

---

① 参见徐迅：《暗访与偷拍——记者就在你身边》，北京，中国广播电视出版社，2003。

② 这个规则原系英国报刊投诉委员会（PCC）在 1991 年制定并作过多次修改。PCC 已于 2014 年 9 月解散，其后继者“独立新闻标准组织”（Independent Press Standard Organization，IPSO）继续沿用这个规则，而继续有所修改。See https：//www. ipso. co. uk/editors-code-of-practice/。

③ 中央电视台新闻评论部《新闻调查》栏目的工作手册（2002 年 3 月）。

围要小。这在西方也是如此。除了独立记者外，凡是服务于某一特定新闻单位的新闻记者当然必须按照所在新闻单位的宗旨规则进行报道和评论。在那里并不被认为同“新闻自由”的宪法原则有冲突。宪法主要是限制政府等公共权力干预新闻，而不适用于新闻单位的内部管理，后者属于新闻行业的自律。国际上通行新闻业的“社会责任论”（the theory of social responsibility），指新闻界在行使“新闻自由”的权利时应该自觉履行对社会的责任。[①] 我国近年来“社会责任”也已成为新闻职业道德文件的重要概念（见导论），按照宪法原则，中国的社会责任概念的内涵与西方根本不同。

（1）对党和国家负责。

我国与西方不同的是，新闻记者所遵循的本单位规则和行业规范，最始来源于党和国家的意志。媒体和新闻记者要牢牢坚持党性原则，牢牢坚持马克思主义新闻观，牢牢坚持正确舆论导向，牢牢坚持团结稳定鼓劲、正面宣传为主，做党的政策主张的传播者、时代风云的记录者、社会进步的推动者、公平正义的守望者。[②] 还要切实加强对报道和评论的审核把关：对于新闻报道，涉及领导人活动、重要会议、重大政策、敏感问题等，不得刊用社会自由来稿。对机关、单位工作人员自行提供的新闻稿件，应向其所在单位核实，经同意方可使用。对新闻线人、特约作者、民间组织、商业机构等提供的新闻信息和网络信息，应该采访核实。未经批准不得擅自使用境外媒体的新闻信息，等等。撰写评论，应该尊重新闻事实，做到全面客观理性，把握好导向，不得进行非理性宣泄、挑拨社会情绪、激化社会矛盾。不得将未经证实的消息作为评论素材，不采用偏激言论、猎奇观点制造轰动效应，等等。

互联网上信息虽然丰富，但存在着无序、匿名等缺陷，必须与新闻媒体的正规报道和评论区别开来。媒体不得直接转载使用互联网上的信息，防止传播扩散网上非理性情绪和虚假信息，杜绝“跟网”、“跟风”现象。涉及重大方针政策以及民族、宗教、军事、外交等方面的网上信息，必须经过权威渠道采访并经主管部门同意方可报道。

在实际操作中，媒体除了按照各种既定规则自主发表报道和评论外，还要随时接受来自主管部门的各种指令。有些重大事件，全国媒体都必须统一按照官方发布的信息和口径进行报道和评论，不许自行其是。不过哪些由媒体决定哪些必须听上级“招呼”，很难划出一条恒定的界限。经常有这种情况：今天媒体报道了，明天“招呼”来了，即刻“刹车”。所以至今“报道什么不报道什么由总编辑决定”不能成为一条通行的准则。

在我国新闻传播活动的各种规范中，新闻宣传纪律占有重要地位（参见导论第三节）。由于全国新闻媒体都纳入党管媒体的体制之内，宣传纪律可以收到令行禁止的成效。这更不能认为是什么对权利的干预，媒体和新闻记者的合法性来自国家授权，他们的报道和评论当然必须对党和国家负责。

（2）对受众（用户）负责。

现代社会的人主要通过媒体了解世界，真实历来被认为是新闻的生命，向公众提供

---

① 参见［美］新闻自由委员会：《一个自由而负责的新闻界》，北京，中国人民大学出版社，2004。
② 参见习近平在党的新闻舆论工作座谈会上的讲话，《人民日报》2016 年 2 月 20 日。

真实的信息是新闻记者的基本使命。

我国新闻工作者道德准则的历次文本都有关于确保新闻真实性的规定，其他行业团体准则亦然。一些专业机构、人士，也为维护新闻真实作出不懈努力。[①] 各主管部门的规范性文件，也不乏类似要求，如新闻出版总署2009年《关于采取切实措施制止虚假报道的通知》，2011年《关于严防虚假新闻报道的若干规定》，是确保新闻真实的行业规范。

普通人的言论自由在一定程度上可以容许传播听来的不真实信息或推测的事实，而新闻报道和评论不可以。认为记者只需"如实报道"所见所闻，并名之为可以超越"事实真实"的"新闻真实"，这是把对新闻记者的要求降低到普通人水平了。为了报道真实的新闻，记者要付出艰辛的努力。诸如：坚持实地采访、现场采访、直接采访，对新闻事实反复求证、多方核实，确保新闻报道全面客观公正。深入调查研究，全面了解事实真相和背景，防止凭道听途说或主观臆测采写新闻报道。新闻事实必须核实，核实当然不是向同一新闻源作重复询问，而应当通过另外的途径进行求证。在新闻事件中发现有不同意见的，应当全面听取，客观反映各方的陈述。社会传闻不能直接作为新闻来源。对于不具有可确定性的信息源，如社会来稿、来信、来电以及当下网络自媒体如博客、微博、微信、抖音等提供的信息，必须核实后方可在新闻媒体上发布。确保新闻真实还不只是记者的责任，整个编辑部都必须建立制度加以保证。这些都是长期新闻实践中积累的专业规则，上述官方文件的有关内容，只是把这些规则系统化、责任化而已。

业界常有新闻采访不可能事事亲历亲见、新闻核实是不是应该有一个底线的疑问。对此，新闻出版总署2011年的"规定"以"采用权威渠道消息或者可证实的事实"予以界定。所谓"权威渠道"，是指法律规定或者公认可以对信息真实性负责的部门或专业人士。如果信息不是来自权威渠道，记者就必须自行证实；注意其中并不存在可以对来自各种非权威渠道的信息不作证实就"如实报道"的空间。[②]

客观事实处于变动和发展之中，新闻也要随之报道这种变动和发展。马克思说，报纸是"一步一步地弄清全部事实的"，"只要报刊有机地运动着，全部事实就会完整地被揭示出来"[③]。这种后面的新闻修正前面的新闻的情况，是客观事件发展的结果，当然不是不真实，恰恰是通过连续报道来揭示真相，是符合新闻规律的。

---

① 如上海《新闻记者》杂志，本世纪以来每年都要公布当年重大虚假失实新闻，在业内有很大影响。参见《拷问传媒公信力》，上海，文汇出版社，2011。广西日报报业集团多年重视总结失实新闻经验教训，编写"警示教材"督促记者编辑加以防范。参见《我们错了》，北京，商务印书馆，2011。

② 如2011年发生"国税47号公告假新闻"事件：这个伪造的公告在8月8日发布在一家网络论坛上，8月13日《广州日报》在显要位置刊发了公告的内容并进行解读，当晚央视新闻频道作了报道，14日新华社作了报道，15日《人民日报》一篇报道也提到这个公告，并援引"国家税务总局相关责任人"的说法作了解读。15日中午国税总局在其官方网站发布声明表示这个公告纯属伪造。舆论批评国税总局辟谣太迟，对这些新闻媒体明明有权威渠道可核实而不作核实就轻率报道，也表示强烈不满。参见《新闻晨报》（上海）2011年8月17日。后经公安机关查明，"公告"系上海励某杜撰而成，给予其行政拘留15日的处罚。参见《人民日报》2012年4月16日。

③ 《马克思恩格斯全集》，中文第1版，第1卷，北京，人民出版社，1956，第211页。1995年出版的中文第2版《马克思恩格斯全集》第1卷，将"报刊有机地运动"改译为"报刊生气勃勃地采取行动"。陈力丹认为，新译法反而没有表现出马克思的原意。参见陈力丹：《马克思主义新闻思想概论》，上海，复旦大学出版社，2003，第53页。

媒体发现发布了不真实的新闻，必须更正。更正是为了消除失实新闻造成受众的错误认知，还他们一个真实的媒介世界，是对受众负责的表现。有的媒体，特别是那些强势媒体，发布虚假新闻拒不更正，还名之为“维权”，是不足为训的。①

（3）对报道对象负责。

人是新闻报道的主体。在报道和评论中所涉及的一切人都应该得到尊重，包括：尊重报道对象的表达权，准确反映他们所表达的意见，不能断章取义、歪曲原意，或者把自己的意见强加于对方，把对方当作自己的表达工具。尊重报道对象的人格权益，不损害他们的人格尊严和名誉、隐私、肖像等权利。在法制报道中还要尊重作为诉讼当事人和参加人的诉讼权益，不发布有可能影响公正审判的报道和评论等等。

在业界曾主张一种新闻权利高于其他公民权益的观点，即所谓“新闻自由”具有凌驾性或优先性：由于表达自由、“新闻自由”是宪法权利，居于其他公民权益之上，所以后者，特别是官员和其他公众人物的人格权益，应该相应退缩或弱化。如果发生冲突，法律应该向新闻媒体“倾斜”。

这种观点，主要发源和流行于有的西方国家，但在那里也并非司法和学界的共识②。从国际人权法来看，表达自由，尊严、名誉、隐私，接受公开和公正的审判，等等，都是基本人权，并无高下之分。许多国家在法制上遵行的不是凌驾论，而是平衡论，即根据具体情况作具体处理，力求实现不同权益之间的相对平衡。

我国《宪法》既规定了言论出版自由，也规定了公民的人格尊严不受侵犯，两者都是宪法保护的权利。《宪法》第五十一条还规定了公民行使自己的自由和权利时，不得损害他人的自由和权利。所以“凌驾论”并不符合我国宪法架构。

新闻媒体和新闻记者，比普通公民负有更多的社会责任，对于报道对象的权益理应尽到更多的注意义务。我国媒体分别隶属于一定的党政机关，有的媒体本来就居于超越普通社会的强势地位。由“倾斜”论引申出要求基层干部、公众人物以至普通企事业单位应当“忍受”媒体“苛责”的论调，只会助长强势媒体滥用自己的报道权、评论权。③

第三节　批评建议权和舆论监督

言论自由作为一项政治权利，其核心就是公民对国家和社会公共事务表达意见的权利。这项权利通过《宪法》第四十一条关于批评建议权的规定得到进一步强化。人民群

① 2008年有电视台《每周质量报告》播出《都是染料惹的祸》，称海龙棉织厂生产有毒的毛巾，该厂因此倒闭。后经技检，并未发现毛巾有毒。厂主诉至法院，要求更正道歉。在庭审中发现记者在采访中将被采访人说到的名叫“海龙”的人误作厂名。但法院仍以“企业对于媒体对其产品的安全和质量的苛责应予以必要的容忍”为理由判决驳回厂主诉求。参见北京市第一中级人民法院民事判决书，（2008）一中民终字第2193号。此判决在免除媒体对受到其虚假新闻损害的当事人的民事责任的同时，也免除了媒体向受众消除其虚假新闻的不良影响的社会责任。媒体这种不负责任的行为受到舆论批评。

② 参见［美］W. 奥弗贝克：《媒介法原理》，北京，北京大学出版社，2011，第62－63页。

③ 参见魏永征：《新闻出版总署严防虚假新闻通知的司法价值》，《新闻记者》（上海）2012年第1期。

众公开行使批评权和建议权形成舆论对国家和社会公共事务所发挥的影响和作用，称为“舆论监督”。

一、舆论监督的法律依据

“舆论监督”的概念最初是新闻传播学界提出来的。[①] 理论上认为，舆论（public opinion）就是公众的意见。舆论虽然没有强制作用，但是它却有一种精神的、道义的力量。当分散的、个别的议论引起人们普遍关注，经过传播而形成社会舆论时，便代表着众多人的看法和意志，对社会生活产生重要的影响。有时候，社会公众谴责的效果甚至胜过法律或组织纪律的处理。所以舆论对于公共权力和社会生活可以起到重要的监督作用。

舆论监督的主体是人民群众。不过任何一位公民发表的意见，即使完全正确，也只是个别人的意见，是不能称为舆论的；只有经过传播，得到众多人的关注和认同，成为社会共识（社会集合意识），才能形成舆论。在前互联网时代，新闻媒体对舆论形成具有重要作用。而如今网民可以直接在网络空间以 UGC 方式发声和互动。人民群众对国家和社会事务的批评和建议，经过媒体和网络的传播，得到集中和放大，就会形成社会舆论，对国家和社会事务产生强大的影响力，取得舆论监督的成效。[②] 由此可见，舆论监督自身不是某个特定主体的权利，而是公民充分行使表达意见的权利、提出批评和建议的权利所发生的作用和效果；如果相关权利遭到压制和摧残，舆论监督就不可能存在。

《宪法》第四十一条规定：“中华人民共和国公民对于任何国家机关和国家工作人员，有提出批评和建议的权利；对于任何国家机关和国家工作人员的违法失职行为，有向有关国家机关提出申诉、控告或者检举的权利，但是不得捏造或者歪曲事实进行诬告陷害。”第二款规定：“对于公民的申诉、控告或者检举，有关国家机关必须查清事实，负责处理。任何人不得压制和打击报复。”《宪法》的这条规定同第二十七条相对应，该条第二款为：“一切国家机关和国家工作人员必须依靠人民的支持，经常保持同人民的密切联系，倾听人民的意见和建议，接受人民的监督，努力为人民服务。”

上述宪法条款被认为是关于公民行使监督权的完整规定。公民的监督权，是指公民有监督一切国家机关和国家工作人员的权利。批评权、建议权、检举权、申诉权、控告权均属于监督权的范畴。在 1954 年《宪法》和 1978 年《宪法》里，只规定了公民向各级国家机关的控告权和申诉权；而批评权和建议权，是在 1982 年《宪法》中才规定的。检举、申诉、控告，都有特定的陈述对象，就是应当向有关国家机关提出；而批评和建议则不一定这样，可以是当面向批评对象提出，也可以是向有关方面反映，也可以是向不特定的多数人提出，即通过媒介而诉诸舆论。从行使表达权的角度说，检举、申诉、

---

① 参见成美、童兵：《新闻理论简明教程》，北京，中央广播电视大学出版社，1986，第 255－261 页；孙旭培：《论社会主义新闻自由》，《新闻法通讯》（北京）1986 年增刊。

② 参见展江、张金玺：《新闻舆论监督与全球政治文明》，北京，社会科学文献出版社，2007，第 21－23 页。

控告是不公开的表达，而批评和建议则包括了公开的表达。所以批评权和建议权又是言论出版自由的组成部分，成为舆论发挥监督作用的法律依据。

舆论监督是人民当家作主的题中应有之义。人民是国家的主人，国家的一切权力属于人民，但是人民不可能直接来行使权力，必须委托自己的政府来管理国家，为了保证政府不敢懈怠，防止政府工作人员由人民的公仆变为社会的主人，人民必须对政府进行经常和有效的监督。关于人民民主监督的思想，马克思主义经典作家有充分论述。舆论监督，正是人民民主监督最经常、最便捷、最经济的一种方式。①

中国共产党历来重视吸引人民群众通过新闻媒体批评自己工作中的缺点错误。1950年中共中央发布《关于在报纸刊物上展开批评和自我批评的决定》宣布“吸引人民群众在报纸刊物上公开地批评我们工作中的缺点和错误，并教育党员、特别是党的干部在报纸刊物上作关于这些缺点和错误的自我批评”。此“决定”中说到要使“人民群众能够自由地在报纸刊物上发表他们对于党和人民政府的批评和建议”，是在党的公开文件中对于公民通过新闻媒体行使批评权和建议权的最早表述。改革开放以来，共产党继续强调新闻媒体开展积极的批评和自我批评的重大意义。如1981年中共中央《关于当前报刊新闻广播宣传方针的决定》指出：“近年来，许多报纸刊物重视反映群众的意见和呼声，积极地开展批评和自我批评，增强了党和人民群众的联系，也提高了报刊和党的声誉。今后还要坚持这样做。”

以后，中共中央正式采纳了舆论监督的概念，接连7届中共中央向全国代表大会的报告都提到舆论监督。1987年中共十三大报告首次提出：“要通过各种现代化的新闻和宣传工具，增加对政务和党务活动的报道，发挥舆论监督的作用，支持群众批评工作中的缺点错误，反对官僚主义，同各种不正之风作斗争。”1992年中共十四大报告重申：“强化法律监督机关和行政监察机关的职能，重视传播媒介的舆论监督，逐步完善监督机制，使各级国家机关及其工作人员置于有效的监督之下。”1997年中共十五大报告再次写上“把党内监督、法律监督、群众监督结合起来，发挥舆论监督的作用”。2002年中共十六大报告说：“加强组织监督和民主监督，发挥舆论监督的作用。”2007年中共十七大报告提出：“落实党内监督条例，加强民主监督，发挥好舆论监督作用，增强监督合力和实效。”2012年中共十八大报告把“加强党内监督、民主监督、法律监督、舆论监督”四种监督并提，要求“让人民监督权力，让权力在阳光下运行”。2017年中共十九大报告则把舆论监督作为监督体系的一部分：“构建党统一指挥、全面覆盖、权威高效的监督体系，把党内监督同国家机关监督、民主监督、司法监督、群众监督、舆论监督贯通起来，增强监督合力。”“贯通”一词体现了新时代舆论监督的新特点。注意这些提法，都是说舆论监督是一种“作用”或者一种方式，并未特别规定为新闻媒体的“权利”。

舆论监督就其本意而言是对公共权力的监督，主要是对执政党和国家机关及其工作人员的公职行为的监督。如《监察法》（2018）第五十四条：“监察机关应当依法公开监

① 参见侯健：《舆论监督与名誉权研究》，北京，北京大学出版社，2002，第10-15页；陈力丹主编：《马克思主义新闻观百科全书》，北京，中国人民大学出版社，2018，第4-6页，第189页。

察工作信息，接受民主监督、社会监督、舆论监督。”但是现在说的舆论监督又不限于此，如《消费者权益保护法》：“大众传播媒介应当做好维护消费者合法权益的宣传，对损害消费者合法权益的行为进行舆论监督。”（第六条）“消费者享有对商品和服务以及保护消费者权益工作进行监督的权利。”（第十五条）类似规定还见于《价格法》（1997）、《安全生产法》（2021）、《食品安全法》（2021）等。按此，舆论监督的范围应是与国家和社会公共事务有关的人和事。人民群众中间的一些纠纷和缺点也要受到批评，但这不应认为属于舆论监督的范围。

> 2003 年的孙志刚案件，就是舆论监督的标志性典型事件。孙志刚是一位大学毕业生，从湖北到广州工作。3 月 17 日，他外出时因为没有暂住证而被警方收容，3 月 20 日死于广州收容站。有迹象表明，死者曾遭毒打。4 月 25 日，《南方都市报》发表一篇题为《谁为一个公民的非正常死亡负责》的报道，披露孙志刚死亡事实并提出强烈质疑。各方媒体纷纷转载并发表评论，强烈要求查清真相，严惩凶手。互联网上也发布了大量民众意见。中共中央常委、政法委书记罗干等领导人批示要求依法彻查此案。不久查明打人致死的凶手是收容站内的歹徒，但警方有关人员也有不可推卸的责任。共有 18 名罪犯被依法惩处，23 名责任人受到党纪政纪处分。
>
> 孙志刚案件引发了对我国收容制度的质疑。实行收容制度的法律文件是 1982 年国务院发布实施的行政法规《城市流浪乞讨人员收容遣送办法》。5 月 14 日，有余江等三位公民（他们都是法学博士）根据《立法法》的规定，向全国人大常委会提出建议书，认为这个“办法”同我国《宪法》和有关法律相抵触，要求全国人大常委会依法对这个行政法规进行审查。5 月 16 日，《中国青年报》报道了这份建议书，再次引起舆论的强烈关注和议论。国务院迅速作出反应，决定撤销《城市流浪乞讨人员收容遣送办法》，重新制定《城市生活无着的流浪乞讨人员救助管理办法》，于 8 月 1 日起施行。[①]

这件个案，既含有对政府部门的批评，即对广东警方某些人滥用公共权力、侵害公民权利行为的披露和谴责，也含有对政府部门的建议，即建议审查过时的、不符合法治和人权精神的法律文件，既有对具体行政行为（即导致孙志刚死亡的收容行为）的监督，又有对抽象行政行为（即那个过了时的行政法规）的监督，既有对公权力行为的监督，又有对公权力决策的监督，是一件相当完整的舆论监督个案。而且取得了良好社会效果，推动了我国法制建设和民主政治建设的发展。

2020 年《民法典》就为公共利益实施新闻报道、舆论监督而合理使用个人信息或影响他人名誉的情况作出规定，再一次肯定了舆论监督的法律地位（详见第六章）。

互联网的发展大大扩展了民众的表达途径。孙志刚事件即有赖于网络舆论的推动。

---

① 参见人民网，2003 年 6 月 11 日。

近年有些涉及政府管治失误的重大个案，如山西黑砖窑事件①、浙江温州动车事故②、陕西安监局局长杨达才被揭露③、国家能源局局长刘铁男被举报④、问题疫苗事件⑤等，都是公众意见在互联网上形成舆论，新闻媒体正确引导，有关党政部门迅速处理，显示了舆论监督的力量。UGC使得新闻舆论监督不再是传统媒体的专有权利，舆论生态发生根本性的变化。

党和政府高度评价互联网上的舆论监督。2010年国务院新闻办公室发布白皮书《中国的反腐败和廉政建设》使用“网络监督”概念，指出“网络监督日益成为一种反应快、影响大、参与面广的新兴舆论监督方式”，“中国高度重视互联网在加强监督方面的积极作用，切实加强反腐倡廉舆情网络信息收集、分析和处置工作，完善举报网站法规制度建设，健全举报网站受理机制及线索运用和反馈制度，为公民利用网络行使监督权利提供便捷畅通的渠道”⑥。中共中央《关于全面深化改革若干重大问题的决定》（2013）则提出“互联网监督”概念：“健全民主监督、法律监督、舆论监督机制，运用和规范互联网监督”，将互联网监督与其他监督方式并提，列为监督体系的一部分。从而在政策上确定

① 2007年6月5日在网上出现《400位父亲泣血呼救》的帖子，揭露河南一些儿童被人贩子诱骗或强行拐卖到山西黑砖窑做苦工，迅被转帖，几天内点击量过百万。两天后《山西晚报》刊发报道披露此事。此后《人民日报》、中央电视台和各大门户网站都突出报道，网上也形成声讨高潮。山西省和中央领导人高度重视，批示查处，数百名被拐卖儿童得到营救，一些人贩子和黑砖窑主被依法惩处，处置不力的官员也受到处分。参见《黑砖窑事件追踪》，人民网，http：//society. people. com. cn/GB/8217/85991/。

② 2011年7月23日，高速铁路甬温线发生列车追尾事故，造成40人死亡、200多人受伤，铁道部应对失措，舆论强烈不满。据中国传媒大学舆情研究所统计，事故发生5天内，网上共发布评论2 845 626条；另有论坛主帖92 796篇，博客文章53 495篇，以“温州动车追尾”为关键词的微博有9 616 248条，提出了一系列追问及质疑。12月28日，国务院公布调查报告指出，“在事故抢险救援过程中，铁道部和上海铁路局存在处置不当、信息发布不及时、对社会关切回应不准确等问题，在社会上造成不良影响。”有54名责任人受到处分。参见《温州动车劫，全民大救援》，腾讯网，http：//news. qq. com/zt2011/dongchetg/。

③ 2012年8月，陕西省安监局局长杨达才在一起特大车祸现场面露笑容激怒网友，继而被曝佩戴多款价值不菲的名表，引发网络声讨，《法制日报》、央视《新闻1+1》等专业媒体纷纷跟进，将碎片化曝光引向反腐讨论轨道，9月21日，陕西省纪委宣布杨因存在严重违纪问题被撤职。2013年2月，陕西省纪委查明杨严重违纪并涉嫌犯罪，经批准予以开除党籍，移交司法机关依法处理。9月5日，杨以犯受贿罪和巨额财产来源不明罪数罪并罚被判处有期徒刑14年，罚金5万元。参见新华网，2013年2月22日，2013年9月5日。

④ 2012年12月6日，国家发改委副主任、国家能源局局长刘铁男涉嫌伪造学历、与商人结成官商同盟等问题受到微博公开举报。国家能源局新闻办公室负责人表示纯属污蔑造谣，将采取正式的法律手段处理此事，引起舆论关注和质疑。2013年5月12日，中央纪委宣布，刘铁男涉嫌严重违纪，正接受调查。2013年8月8日，中央决定对刘开除中共党籍和行政职务，将其涉嫌犯罪问题移送司法机关依法处理。2014年12月10日，刘铁男以犯受贿罪被判处无期徒刑，剥夺政治权利终身，没收个人全部财产。参见新华网，2013年5月14日，2013年8月8日，2014年12月10日。

⑤ 2018年7月，网络舆论陆续揭露国产狂犬病疫苗等存在造假问题，国家主管部门开始调查。7月21日，有自媒体揭露某些疫苗奸商偷工减料、弄虚作假、逃避监管，疫苗抗原含量低，指此类行为形同“杀人”。此文引起刷屏效果，形成舆论高潮。主流媒体《人民日报》、《光明日报》、央视网等纷纷发表评论，质问有关企业。22日晚间，李克强总理作出批示要求严查，国家药监局负责人通报了长春长生生物科技公司违法违规生产冻干人用狂犬病疫苗案件有关情况。7月23日习近平总书记作出批示，国务院调查组赴吉林进行调查。此后公安部门对长春长生公司涉案人员依法采取了强制措施。8月16日，习近平总书记主持召开中共中央政治局常委会会议，听取关于长春长生公司问题疫苗案件调查及有关问责情况的汇报，同意对有关责任官员作出处理。会议要求举一反三，重典治乱，去疴除弊，加快完善药品疫苗监管机制。参见《人民日报》2018年8月17日。

⑥ 参见《人民日报》2010年12月29日。

了新闻舆论监督与互联网监督配合贯通的格局，舆论监督包括了互联网监督①。

二、新闻舆论监督的制度

批评建议权虽然是我国第四部《宪法》才规定的一项公民民主权利，但是在新闻媒体上开展批评在共产党的倡导下早已形成了制度；通常所说的新闻舆论监督基本上就等同于新闻媒体的批评报道和评论。除了前引历次党的代表大会报告、国家法律法规外，还有若干党内政策文件如：中共中央《关于加强党的执政能力建设的决定》（2004）、《中国共产党党内监督条例（试行）》（2003）和《中国共产党党内监督条例》（2016）②、中共中央办公厅《关于进一步加强和改进舆论监督工作的意见》（2005）、中宣部等党政部门《关于进一步规范新闻采编工作的意见》（2011）等，都有关于新闻舆论监督的内容，可以把新闻舆论监督制度主要特点归纳为：

（一）共产党领导

新闻舆论监督必须在党的领导下开展和进行。这是党管媒体题中应有之义。这同西方的所谓“第四场域理论”（the fourth estate theory，错译为“第四权”）中所崇尚的新闻媒体独立于公权力、与公权力相抗衡的地位，有着根本的区别。

新闻舆论监督坚持党的领导，不仅是指新闻舆论监督必须符合党在新时代的指导思想、路线和方针政策，必须接受党的新闻宣传主管部门和所隶属的党组织领导，而且由于新闻批评涉及特定党政组织或官员的负面评价，故而必须在组织上符合党的原则和程序。按照我国现有新闻体制，新闻舆论监督的对象和范围必须也只能同新闻媒体从属的党组织的管辖权限基本对口。早在20世纪50年代，就有党报不得批评同级党委的规定：党报无权以报纸与党委会相对立。党报编辑部如有不同意见，可以在自己权限内向党委会或上级直至中央提出，但不经请示不能擅自在报纸上批评党委会，或利用报纸来进行自己同党委会的争论。“这是一种脱离党委领导的做法，也是一种严重的无组织无纪律现象。”这个规定强调，即使党委会犯了错误，报纸编辑部亦无权以报纸与党委会相对立。③几十年来，新闻媒体在批评报道中始终遵行这个原则。

新闻舆论监督遵守宣传纪律，还有许多政策文件对新闻媒体反复强调的要求。如：在舆论监督中拿不准的问题要请示。涉及重要、敏感问题的稿件要送审，涉及军队、武警、民族、宗教、港澳台和外国政府和组织等敏感领域、重大突发事件以及容易引发群体性事件的舆论监督稿件，都要送有关部门审定。对领导干部的点名批评要从严控制，确需点名批评的，稿件要送被批评领导干部的上一级党委审阅，并经新闻媒体主要负责人批准。原则上地方性媒体、都市类媒体以及各地电台、电视台不跨地区进行舆论监督

---

① 参见习近平：《在网络安全和信息化工作座谈会上的讲话》（2016年4月19日），《人民日报》2016年4月26日。

② 《中国共产党党内监督条例（试行）》将“舆论监督”列为一节，而《中国共产党党内监督条例》则在第六章“党内监督和外部监督相结合”第三十九条规定了新闻媒体的舆论监督。

③ 参见《中宣部关于党报不得批评同级党委问题的复示》，收入中国社会科学院新闻研究所编：《中国共产党新闻工作文件汇编》，中卷，北京，新华出版社，1980，第279页。

采访报道，专业类媒体不跨行业进行舆论监督采访报道。

新闻舆论监督有内部反映和公开报道两种方式。有文件列举出若干问题不得在媒体公开报道，而应该通过内参反映，这也被认为是新闻舆论监督。

（二）党的各级组织重视和支持

新闻舆论监督不仅是新闻媒体的重要功能，而且是党和政府推动和改进工作的重要手段，是党和政府自我调整、自我完善的重要措施。《党内监督条例》规定“各级党组织和党的领导干部应当认真对待、自觉接受社会监督”，这里的社会监督即包括舆论监督。可以归纳为三个方面：

一是要高度重视和支持舆论监督，为记者采访提供方便，基层单位不得封锁消息、隐瞒事实、干涉舆论监督，不得以行贿、说情等手段对舆论监督进行干预，对拒绝接受舆论监督或故意拖延推诿的单位和个人要批评教育，督促他们接受监督，改进工作。

二是要增强接受舆论监督的自觉性，自觉和主动地听取舆论监督中反映的意见，对舆论监督作出积极反应，对媒体揭露的问题应当及时调查处理，并通过媒体公开处理结果。

三是正确运用和发挥舆论监督的作用，有关文件要求各级党委宣传部门加强与有关部门的沟通，选取党委和政府重视，群众意见强烈，现阶段有条件解决的问题，及时向新闻单位推荐舆论监督选题，推动党委和政府重点工作的开展，形成新闻舆论监督与党委和政府工作的良性互动。

（三）坚持正确导向

《党内监督条例》把“新闻媒体应当坚持党性和人民性相统一，坚持正确导向，加强舆论监督”作为新闻舆论监督的基本要求。根据有关政策和职业道德文件，可以归纳为三个方面：

——建设性监督。舆论监督，重在建设，要以改进工作、解决问题、增进团结、维护稳定为出发点。注重新闻批评的建设性，是一以贯之的指导思想。中共中央1981年《关于当前报刊新闻广播宣传方针的决定》强调“揭露和批判阴暗面，目的是为了纠正，要有正确的立场和观点，使人们增强信心和力量，防止消极影响”。中宣部在1989年另一个文件中也提出：“正确发挥舆论监督作用要有正确的指导思想。舆论监督的目的是推动社会进步，维护党、国家和人民的根本利益，绝不是为批评而批评。新闻批评的出发点应该是积极的、建设性的；批评什么、怎样批评，都要有助于解决问题，有利于维护党和政府的威信。”在今天，舆论监督仍然必须着眼于改进工作，抓住群众关注、政府重视、有普遍意义的问题，促进改革发展，维护社会稳定。着眼于解决实际问题，跟踪报道处理结果，向积极方面引导，不恶意炒作，不报道现阶段没有条件解决的问题。做到有利于发展社会主义民主，健全社会主义法制；有利于反映人民群众的意见和呼声，密切党和政府同人民群众的联系；有利于加强党风廉政建设，维护党和政府的良好形象；有利于弘扬正气，针砭时弊，理顺情绪，化解矛盾，维护社会稳定。

——科学监督。要坚持科学态度，讲究科学方法，体现科学精神，遵循科学规律。

科学的基础是真实，而真实是新闻的灵魂。舆论监督的力量来自事实，因而舆论监督的基本原则就是用事实说话，坚持实事求是。舆论监督的视角必须客观公正，充分考虑实际情况的复杂性，善于听取不同意见，坚持"两点论"，反对片面性，坚持以理服人，防止主观臆断，感情用事。同时要正确处理微观真实与宏观真实的关系，正确处理个别与一般、具体与抽象、特殊与普遍、现象与本质、局部和全局的关系。对舆论监督的口径、分寸、内容、数量进行适时适量的调控，预防和克服舆论监督中可能产生的负面效果和不良影响。

——依法监督。要坚持以事实为依据，以法律为准绳，切实维护宪法法律的尊严。对争议和纠纷的报道，要立足于客观公正，重在化解社会矛盾，维护社会稳定。对案件报道，不得干扰审判机关、检察机关和公安机关的正常工作；不得干预司法机关依法独立办案，不得干预民事纠纷和经济纠纷的调解，不得侵犯国家、集体和个人的合法权益，在案件审结前，不对案件审理情况进行有倾向性的公开报道（详见第四章）。

三、舆论监督与其他监督的贯通

权力必须受到监督，是马克思主义一条基本原则。党和国家许多政策文件、国法党规都涉及或专门规定了监督问题。2017 年中共十九大提出健全党和国家监督体系，深化国家监察体制改革，把各种监督贯通起来。2018 年第十三届全国人大第一次会议通过《宪法》修正案，在《宪法》第三章"国家机构"增加第七节"监察委员会"，并通过《监察法》，建立国家和地方各级监察委员会，我国监督体系登上一个新台阶，形成以党内监督为主导、各类监督贯通协调的机制。

（一）互联网监督与新闻舆论监督

互联网极大扩展了人民群众利用媒体行使《宪法》第三十五条、第四十一条所赋予的权利。亿万群众登上网络空间发声，通过各种渠道就国家和社会公共事务发表看法、表达意愿，对国家机关及其工作人员提出批评和建议，不仅呼应和扩大了新闻舆论监督，而且独立设置议题，凭借网络传播的快速、互动，往往眨眼之间就形成关注热点。互联网上各种媒体，尤其是社交媒体，已经成为舆论监督的主要平台。这对于党和国家了解民意，改进工作，清除腐败，实现新时代的奋斗目标等方面的积极意义，是谁也无法否认的。

网民群众网络监督的权利受到宪法和其他法律的保护。批评者和被批评者之间的权利和义务关系，是舆论监督中的主要法律关系。批评者是提出批评的网民，被批评者除了国家机关及其工作人员外，还包括各种事业、企业等社会公共组织及其工作人员，以及一切涉及损害社会公共利益的人们。批评者享有《宪法》赋予的批评权，受批评者就承担了听取批评和不得妨害批评的义务。有关国家机关工作人员的法律如《公务员法》（2018）、《人民警察法》（2012）、《法官法》（2019）、《检察官法》（2019）等都分别规定了相关工作人员必须接受人民监督。《消费者权益保护法》（2013）第十七条规定："经营者应当听取消费者对其提供的商品或者服务的意见，接受消费者的监督"，《公司法》

(2018）也规定公司的经营活动要接受社会公众的监督。为了保障批评者的权利不受非法侵害，《宪法》对于相关的国家机关及其工作人员作出了“不得压制和打击报复”的禁止性规范。《公务员法》把不得压制批评、打击报复列为公务员必须严格遵守的纪律之一（第五十九条），违者要给以行政处分。《中国共产党党内监督条例》、《中国共产党纪律处分条例》、《中国共产党党员权利保障条例》等党内法规也就对公民、党员的批评进行阻挠、压制和打击报复的党纪处分作了规定。《刑法》第二百五十四条规定了以国家机关工作人员为特殊主体的报复陷害罪。这些制裁规定，都适用于对正当舆论监督的压制和打击报复。有关机构应该严格执法，制止和惩处各种压制和打击网络监督的不法行为。决不允许抓住几句过于夸张、激烈的意见就陷人以罪，制造寒蝉效应。

但是群众的互联网监督是一把“双刃剑”。网上的煽动、教唆、诬陷、扰乱社会秩序等违法犯罪言论，危害甚大，必须依法予以取缔和制裁。网民上载内容并没有像新闻报道那样的核实程序，往往有夸大、不实成分甚至纯属虚假，必须及时澄清，以正视听。而网上舆论作为公众意见的自然形态，势必带有较强的自发性、盲目性，以致产生“群体极化”(group polarization)[①] 效应，线上呼应线下互动，影响社会稳定，甚至引发社会公共事件。所以在互联网时代，新闻媒体正确开展新闻舆论监督的责任并不是无足轻重了，而是更加重要了。

2014年中央作出推进媒体融合的重要决策。[②] 我国各级新闻媒体凭借特有优势，从新闻网站（PC端）发展到广泛而多层次设立各种应用客户端，从单纯采用文字图片或视听形象传播发展到构建全媒体平台，以满足用户通过社交平台、移动端和客户端获取新闻的需要，从而在网络空间形成了新闻媒体传播和商业网站、自媒体传播共享互动、“两个舆论场”贯通的格局。新闻媒体发挥自己拥有的传播力、公信力、影响力优势，继续掌握舆论主导权，履行导向功能。在舆论监督引发的舆论事件中，新闻媒体及时发声，致力于揭示真相，廓清谣传，启发理性思考，抑制极端情绪，推动有关部门及时采取措施，取得积极的社会效果。

（二）舆论监督与党和国家的监督

舆论的力量是强大的。但是舆论并不拥有法律意义上的强制权力，而在于它在精神上、道义上的影响。舆论能够表达人心的向背，提供一定的价值观念、是非准则，对于人们的思想和行动起到倡导或约束的效果。特别是批评的声音，通过新闻媒体和网络的传播，引起公众的同声谴责，在社会上形成一种舆论氛围，促使当事人有所憬悟，知所约束，自觉改正，或者提醒有关职能机关及时采取措施，推动整个社会机制朝着健康有序的方向发展。

---

① “群体极化”被用来描述在先前就具有共同或相似观点的群体之内，由于意见的相互影响而趋向极端化的现象。在上世纪60年代即有研究。［美］凯斯·桑斯坦对互联网上群体极化的研究成果在我国流传较广，参见《网络共和国——网络社会中的民主问题》，上海，上海人民出版社，2003；《极端的人群——群体行为的心理学》，北京，新华出版社，2010。

② 参见中央全面深化改革领导小组：《关于推动传统媒体和新兴媒体融合发展的指导意见》，《人民日报》2014年8月21日。

我国已经建立起完整的监督体系。这个体系中诸如党内监督、国家机关监督、司法监督等，实施监督的主体本身就是领导机关或者权力机关，监督的结果对于被监督者具有强制性的法律效力。这些监督的程序和处理，都有党规或法律规定。无论被监督者是否愿意，都必须依法依规接受监督。这些“硬监督”，民主监督和群众监督属于自下而上的监督，其他监督属于自上而下的监督，而前一类监督也要通过一定领导机关或权力机关来实现，都属于一种权力对另一种权力的制约。

舆论监督则不然，它不同于前述那些以权力来实施的监督（supervision），而是一种没有强制力的“软监督”，或称“公众监察”（public surveillance）。这种以权利为保障的监督，与我国监督体系中具有明显权力运行特征的监督形式，有质的差别。舆论监督并不表现为自上而下的管理和被管理的关系，而是体现了人民群众对于公共权力的自下而上的监督和被监督的关系。就是主流新闻媒体也不拥有公共权力，不能向任何机构发号施令，同被监督对象之间不存在支配和被支配、管理和被管理的关系，所以新闻媒体的批评报道同党组织和政府部门的通报、公告是完全不同的，它只能是表达式、说服性的，而不能是强制性的，更没有对被监督对象进行惩罚的功能。① 网民的网络监督当然更不用说了。

各级党的组织和国家机关重视舆论监督，是由它们的职责所决定的。凡是一心想把事情办好的党政机关和工作人员，必定是欢迎舆论监督的，因为舆论监督是他们发现问题、纠正错误、改进工作的有效途径。这是舆论监督同其他监督贯通的基础。但是这绝不意味着新闻媒体可以向哪个党政机关发号施令，即使按照现行编制制度，那些高级别的新闻媒体对于低级别的党政机关也不存在这样的“号令”关系。虽然新闻媒体反映的舆论一般是真实的、客观的、理性的，但是任何机关、组织也不可能对新闻舆论提出的问题来一个“照单全收”。至于处理具体的人，那就更要严格依法进行，实体要合法，程序也要合法，不可能新闻报道说怎样就一定是怎样。

至于受到舆论批评的党政机关及其工作人员，依法负有接受人民群众监督的义务，理应认真听取正确的舆论批评，改进工作。我国新闻媒体都直接或间接隶属于一定的党政机关，这也并不意味着新闻批评具有强制力。新闻批评不等于组织决定，更不是判决书，不具备权力监督的刚性特征即实质上的裁定和执行机能。即使所批评的问题相当严重，具有违纪、违法、犯罪的性质，也无权下违纪、违法或者犯罪的结论。新闻舆论监督，不过起到曝光和质疑的作用。任何问题的定性、定罪，都必须有证据，而证据必须符合法定程序。舆论公开披露的材料，不经过依法查证核实，是不能作为证据的。为了避免打草惊蛇，遭受反调查、反侦查干扰，纪检、监察、检察等部门更多地提倡网民通过网络举报的手段来行使监督权。最高人民法院、最高人民检察院和监察委员会等相继开设了举报网站，为惩治和预防贪污腐败发挥了重要作用。

在网络时代，数以万计的政务网站和其他政务新媒体在舆论监督中具有特殊的贯通作用。诸多公共权力机构有了网络平台，就可以无须经过新闻媒体而直接与人民群众沟通。这些官方平台，具有公认的权威性、影响力；有些正式文书还具有法定效力。一方

① 参见陈力丹：《关于舆论监督的访谈》，收入《陈力丹自选集》，上海，复旦大学出版社，2004，第396页。

面，它们依法主动公开有关信息，利用网络传播的互动功能，随时获取群众反馈，如有问题，就可以进行调整或改进；另一方面，如果网上发生与自己相关的舆情，可以在第一时间及时发声应对，说明事实，表明态度，与新闻媒体呼应，积极引导，取得舆论监督的积极社会效果。

2017年山东冠县青年于欢故意伤害罪案，就是一件网络监督、新闻舆论监督和国家机关监督贯通的典型个案。于欢在其企业主母亲遭到高利贷索债发生纠纷时与殴打、侮辱其母的索债者冲突而刺伤一人致死而被判无期徒刑。3月23日《南方周末》发表《刺死辱母者》对判决提出质疑，两天后新闻通过社交平台广泛传播引发强烈舆情，声称于欢无罪并指责现场民警失职，夹杂大量情绪化言辞。26日山东高院、最高检察院和山东公安厅先后在官微回应，表示将全面审查案情依法二审及调查民警是否渎职。同一天若干新闻媒体也纷纷在社交平台发表报道、评论，《中国青年报·中青在线》的微博专题在10小时内点击超过5亿，评论30万条。有20多位刑法专家先后通过自媒体发文或谈话进行法理分析。经过司法部门及时回应和媒体正确导向，舆情迅速回落。5月底山东高院以防卫过当伤害他人致死终审改判于欢有期徒刑5年，检方宣布经调查民警不构成渎职，行政上以处置不力予以纪律处分，舆论基本认同。①

概念和思考题

第一节　中国共产党的领导和为人民服务、为社会主义服务的方向

概念：

“二为”方向　党管媒体　舆论导向　社会主义核心价值观

思考题：

1. 为什么说坚持“二为”方向必定要坚持党的领导？
2. 党对新闻媒体提出了怎样的功能和任务？
3. 在互联网环境下怎样坚持党管媒体的原则？
4. 按照宪法原则，新闻媒体和新闻工作者应该承担怎样的社会责任？

第二节　言论、出版自由

概念：

言论自由　出版自由　表达权　知情权　信息公开

思考题：

1. 我国新闻传播法是怎样规范“党管媒体”和公民言论出版自由两者关系的？
2. 为什么说言论自由包含了表达和知情两方面的权利？

① 参见山东省高级人民法院刑事附带民事判决书，(2017)鲁刑终151号；魏永征：《于欢案追踪：社交媒体的舆论监督》，《新闻记者》(上海) 2017年第11期。

3. 知情权和信息公开是怎样的关系？我国政府信息公开近年来有怎样的发展？

4. 为什么说采访权是权利而不是权力？为什么说民众并没有把自己的权利转让给新闻记者？

第三节 批评建议权和舆论监督

概念：

批评权 建议权 监督权 舆论监督 互联网监督

思考题：

1. 我国舆论监督的法律依据何在？

2. 我国新闻舆论监督制度有哪些特点？

3. 新闻舆论监督如何坚持正确舆论导向？

4. 新闻舆论监督与互联网监督是怎样的关系？

第二章

维护国家安全

国家安全是国家生存和发展的最基本最重要的前提。《宪法》规定维护国家安全是公民的义务，这就是第五十四条："中华人民共和国公民有维护祖国的安全、荣誉和利益的义务，不得有危害祖国的安全、荣誉和利益的行为。"以及第五十二条："中华人民共和国公民有维护国家统一和全国各民族团结的义务。"

传统对国家安全的理解，主要指国家的主权、领土完整和人民民主专政的政权不受威胁和侵犯等。随着时代的发展，维护国家安全的任务和要求以至国家安全的概念也发生了重大变化：国家安全内涵和外延愈益丰富，时空领域愈益宽广，内外因素愈益复杂，陆续出现了政治安全、经济安全、文化安全、信息安全、国防安全、社会安全、生态安全、科技安全、资源安全、网络安全等新概念①，形成了总体国家安全观②。2015 年 7 月，全国人大常委会通过了以总体国家安全观为指导的《国家安全法》。1993 年《国家安全法》由于主要是针对境外敌对势力及其勾结境内组织、个人实施颠覆、间谍、窃密等行为而制定的，已由 2014 年《反间谍法》所取代而宣告废止。

现行《国家安全法》规定："国家安全是指国家政权、主权、统一和领土完整、人民福祉、经济社会可持续发展和国家其他重大利益相对处于没有危险和不受内外威胁的状态，以及保障持续安全状态的能力。"（第二条）按此定义，国家安全既包括政权、主权、领土这些传统事项，还要延伸到民生、经济和国家其他重大利益等问题；既要求没有现实的危险和不受威胁，又要求具有持续保障安全的能力；此类威胁既可能来自外部，也

---

① 如中共中央《关于加强党的执政能力建设的决定》（2004）提出要"确保国家的政治安全、经济安全、文化安全和信息安全"。中共中央《关于构建社会主义和谐社会若干重大问题的决定》（2006）重申了这四项安全。

② 参见习近平：《在中央国家安全委员会第一次会议上的讲话》，《人民日报》2014 年 4 月 16 日。

可能来自内部。按照总体国家安全观，任何一个领域里如果出现了安全隐患，发展到一定程度都可能会影响到整个国家的安全利益。所以该法作出这样的列举：

“国家安全工作应当坚持总体国家安全观，以人民安全为宗旨，以政治安全为根本，以经济安全为基础，以军事、文化、社会安全为保障，以促进国际安全为依托，维护各领域国家安全，被构建国家安全体系，走中国特色国家安全道路。”（第三条）

《国家安全法》就维护政治、人民、国土、军事、经济、金融、资源能源、粮食、文化、科技、民族、宗教、社会、生态等诸多方面的安全，以及防范、处置恐怖主义、极端主义等作出规定。如有关文化安全，规定“国家坚持社会主义先进文化前进方向，继承和弘扬中华民族优秀传统文化，培育和践行社会主义核心价值观，防范和抵制不良文化的影响，掌握意识形态领域主导权，增强文化整体实力和竞争力”（第二十三条）。

《国家安全法》规定在中国共产党领导下建立集中统一、高效权威的国家安全领导体制。2013 年中共中央成立国家安全委员会作为中央关于国家安全工作的决策和议事协调机构，统筹协调涉及国家安全的重大事项和重要工作。

法律规定对危害国家安全的行为予以坚决防范和制裁。《国家安全法》规定：“国家防范、制止和依法惩治任何叛国、分裂国家、煽动叛乱、颠覆或者煽动颠覆人民民主专政政权的行为；防范、制止和依法惩治窃取、泄露国家秘密等危害国家安全的行为；防范、制止和依法惩治境外势力的渗透、破坏、颠覆、分裂活动。”（第十五条）《刑法》“分则”第一章的“类罪名”就是“危害国家安全罪”，其侵害法益是我国社会主义制度的社会关系中最重要、最核心的部分，危害国家和人民的根本利益，因此是一种严重犯罪。

第一节 保障网络安全

《国家安全法》把网络安全列为重要一项，其第二十五条就建设网络与信息安全保障体系，提升网络与信息安全保护能力，维护国家网络空间主权、安全和发展利益等方面作出规定。

世界各国无不高度重视网络安全，制定网络安全战略或法律。我国自接入国际互联网起，最初制定的法律规定就是维护互联网安全的。国务院 1994 年发布行政法规《计算机信息系统安全保护条例》、1997 年发布《计算机信息网络国际联网安全保护管理办法》，2000 年、2012 年全国人大常委会又先后发布了《关于维护互联网安全的决定》和《关于加强网络信息保护的决定》。[1] 在《国家安全法》颁布实施以后又在 2016 年颁布了《网络安全法》，该法以总体国家安全观为指导，就网络安全作出了系统规定；被认为是

① 互联网（Internet）和网络（Network），在含义上存在区别。互联网通常是指计算机的国际联网。随着信息技术的发展，计算机国际联网和各个部门、单位的局域网的结合，互联网、电信网、广播电视网“三网融合”，以及各种信息终端的广泛使用，已经大大超越了早期计算机系统的涵盖。有鉴于此，《网络安全法》将“网络”定义为“由计算机或者其他信息终端及相关设备组成的按照一定的规则和程序对信息进行收集、存储、传输、交换、处理的系统”（第七十六条）。

《国家安全法》的一部重要配套法律。[①] 2021年《数据安全法》对维护网络安全和国家安全作了进一步加强和完善。

按照《网络安全法》规定，国家网信部门统筹协调网络安全工作和相关监督管理工作，电信主管部门、公安部门和其他机关依法在各自职责范围内负责网络安全保卫和监督管理工作。（第八条）

一、没有网络安全就没有国家安全

网络安全直接关涉国家安全，被列为总体国家安全不可缺少的组成部分，是基于以下的认识：

（1）网络空间主权是国家主权的重要内容。“网络空间”（cyberspace）随着网络设施和应用的广泛发展而形成，成为与陆地、海洋、天空、太空同等重要的居民活动新区域，有“第五疆域”之称。虽然网络空间不同于那四项有具体疆界的物理空间而是虚拟空间，但是同样属于国家主权支配，其内涵包括：国家对于自己领属范围内网络设施、网络活动和信息的管辖权，对于本国网络政策、法律的制定权，对于本国公民、法人网上合法权益的保护权，对于来自他国的网络攻击、入侵、干扰和破坏的自卫权，以及对于管理跨境网络活动和构建网络空间命运共同体同他国和国际的协商权和合作权。对于国家行使网络空间主权的威胁和阻挠，应该视为对国家安全的威胁和侵犯。

（2）网络空间建基于网络物理设施。网络空间呈现所谓“全球公域”的特征，乃由于作为物理存在的网络及其他各种设施的国际互联互通。网络空间遭受的威胁和入侵，主要表现为对其物理设施的攻击和破坏及对其中搜集、存储、传输、处理的数据和信息的窃取、篡改、消灭、监控等，具有高度的科技性和隐蔽性。而国家事务和公共事务的信息化、数据化和网络化，虽然大大提升了效率和控制力、影响力，但同时也形成了易被攻陷的“信息软肋”。而云计算、大数据、物联网等新技术、新应用使得国家面对的网络安全环境更为复杂。再加美国凭借其互联网发明国的科技优势[②]，一面立法保障本国网络安全，一面则利用网络来维持和提升其霸权地位，威胁他国安全，特别在斯诺登事件[③]发生以后，各国政府更加明确意识到了实际存在的威胁和风险，纷纷加强防范措施，维护本国安全。

---

① 连同先前的《反分裂国家法》（2005）、《保守国家秘密法》（2010）、《反间谍法》（2014），同类配套法律还有《反恐怖主义法》（2018）、《境外非政府组织境内活动管理法》（2017）、《国防交通法》（2016）、《国家情报法》（2018）、《核安全法》（2017）、《密码法》（2019）、《数据安全法》（2021）等。

② 作为全球互联网核心资源的分配顶级域名和IP地址的根服务器现今共有13部，其中10部存放于美国（另三部分别位于伦敦、东京和斯德哥尔摩）。长期以来，负责互联网名称与数字号码分配的机构（ICANN）由美国商务部国家通讯与信息管理局（NITA）管理。斯诺登事件后，美国政府宣布将交出此项管理权，并于2016年8月正式将ICANN移交给多利益相关方（multi-stakeholder）的全球社群。舆论认为，美国控制互联网核心资源的实质并未改变。

③ 爱·斯诺登（Edward Snowden），曾是美国国防部一家承包商的雇员。2013年他在国外披露美国国家安全局的棱镜（PRISM）计划，通过包括微软、谷歌、雅虎在内的9家公司的服务器搜集信息，实施监控，其对象不仅是战略敌手，也包括其西方盟友。此后他又对美国一系列网上监控项目进行曝光。美国此举引起各国舆论广泛质疑和谴责。美国政府以触犯《间谍法》等罪名对斯诺登起诉并通缉，斯诺登如今处于流亡状态。

(3) 网络应用已经渗透到公共事务、社会生活的方方面面，成为重要的国家基础设施。网络系统同其他领域的各种系统形成了复杂而紧密的交织，网络安全也与总体国家安全观提出的、《国家安全法》规定的各项安全，特别如人民安全、政治安全、文化安全、科技安全、社会安全等存在密切关联。网络安全发生的问题影响到其中任何方面的安全，都会影响到国家安全，正所谓“牵一发而动全身”。

(4) 网络传播的瞬时、互动、无界和病毒式复制，使其影响力远远超过前互联网时代的任何一种传媒。通过网络传播煽动、恐怖主义、民族仇恨和歧视以及教唆犯罪等有害内容，其可能造成的危害也远远超过传统媒体，以致威胁国家政权和社会制度的稳定。

所以如今所说的“网络安全”已经远远超出早期“计算机系统安全”的范围。2016年底国家网信办发布我国第一个《国家网络空间安全战略》，将“网络安全”与“网络空间安全”视为同义词语，明确指出网络安全形势日益严峻，网络渗透危害政治安全，网络攻击威胁经济安全，网络有害信息侵蚀文化安全，网络恐怖和违法犯罪破坏社会安全。《网络安全法》将维护网络空间主权和国家安全作为首要立法宗旨，将“网络安全”定义为：“通过采取必要措施，防范对网络的攻击、侵入、干扰、破坏和非法使用以及意外事故，使网络处于稳定可靠运行的状态，以及保障网络数据的完整性、保密性、可用性的能力”（第七十六条），表明它正是将《国家安全法》有关规定予以具体化。

二、网络安全保障范围

按照《网络安全法》架构，网络安全的范围被确定为“运行安全”和“信息安全”两个方面，按其实际内容，这两方面又可以分别细分为两点：

(1) 设施安全。网络物理设施安全是网络安全的基础。《网络安全法》不仅对网络产品、服务规定了应当符合国家标准的强制性要求并持续提供安全维护，而且特别规定网络关键设备和网络安全专用产品应该按照国家标准通过安全认证和安全检测（第二十一条至第二十三条），关键信息基础设施运营者采购可能影响国家安全的网络产品和服务应当通过国家安全审查（第三十五条），还规定了对若干涉及国家安全、国计民生、公共利益的关键信息基础设施实行重点保护（第三十一条）。

行政法规《关键信息基础设施安全保护条例》（2021）落实《网络安全法》第三十一条关于重点保护关键信息基础设施的规定。“条例”规定，关键信息基础设施是指公共通信和信息服务、能源、交通、水利、金融、公共服务、电子政务、国防科技工业等重要行业和领域的，以及其他一旦遭到破坏、丧失功能或者数据泄露，可能严重危害国家安全、国计民生、公共利益的重要网络设施、信息系统等（第二条）。要求坚持综合协调、分工负责、依法保护，强化和落实关键信息基础设施运营者主体责任，充分发挥政府及社会各方面的作用，共同保护关键信息基础设施安全（第四条），并就认定关键信息基础设施、运营者责任义务以及相关法律责任作了具体规定。

2020年国家网信办等12个部门联合制定发布了《网络安全审查办法》，并于2021年作了修订，旨在及早发现并避免采购产品和服务给关键信息基础设施运行带来风险和危害，保障关键信息基础设施供应链安全。2021年工信部、网信办和公安部又发布《网络产品安全漏洞管理规定》，加强网络产品安全漏洞管理，依法打击利用网络产品安全漏洞实施违法犯罪活动。

（2）运行安全。《网络安全法》规定国家实行网络安全等级保护制度，网络运营者应该依法履行安全保障义务，从而为已有行政法规、部门规章的有关规定提供了上位法律依据（第二十一条）。本法还以专节规定“关键信息基础设施运行安全”，此类设施运营者应该履行比一般运营者更严格的安全保护义务（第三十四条）以及每年至少进行一次风险检测评估（第三十八条）。还按照《国家安全法》的要求，以专章规定了“监测预警和应急处置”制度，其中包括为维护国家安全等需要在特定区域对网络通信采取限制等临时措施的规定。

国家网信办据此于2017年印发《国家网络安全事件应急预案》，对应对突发网络安全事件（信息内容安全事件另行规定）制定了细则。

（3）数据安全。数据是国家基础性战略资源。《网络安全法》有关网络运行安全的规定中已有保障数据安全的内容，而由《数据安全法》进一步作出系统规定。

《数据安全法》定义数据“是指任何以电子或者其他方式对信息的记录”。数据处理，包括数据的收集、存储、使用、加工、传输、提供、公开等。数据安全，是指通过采取必要措施，确保数据处于有效保护和合法利用的状态，以及具备保障持续安全状态的能力（《数据安全法》第三条）。《数据安全法》规定的数据安全制度包括：建立数据分类分级保护制度；建立集中统一、高效权威的数据安全风险评估、报告、信息共享、监测预警机制；建立数据安全应急处置机制；建立数据安全审查制度和出口管制制度等。《数据安全法》还规定：境外组织、个人开展数据活动，损害中华人民共和国国家安全、公共利益或者公民、组织合法权益的，依法追究法律责任（第二条）。2021年修订后的《网络安全审查办法》特别增入了核心数据、重要数据或大量个人信息遭受非法风险的防范措施。关于保护网络设施中的国家秘密，在《保守国家秘密法》（2010）中已有专门规定。

《网络安全法》把个人信息安全列入网络安全的范畴，《数据安全法》也将个人数据安全纳入保护范围，体现了总体国家安全观以人民安全为宗旨的思路。个人信息被任意泄露、传播甚至用来牟利，不仅损害当事人利益，而且会影响社会稳定，引发社会恐慌，也可能损及国家安全。这反映了中国保护个人信息与西方不同的理念。2020年《民法典》和2021年《个人信息保护法》对此有更具体的规定，详见第六章第三节。

（4）内容安全。内容安全是指在网络空间公开传输的文字、声音、图像等各种形态的信息不得对国家、社会和他人产生损害效果，主要属于文化安全的范畴。配合《国家安全法》对文化安全的专条规定，《网络安全法》规定了倡导网络“推动传播社会主义核心价值观”（第六条），同时规定了网络传播内容的底线（第十二条，见本书第一章）和有利于未成年人身心健康的原则（第十三条），以及不得利用网络从事违法犯罪活动或传播涉及违法犯罪活动的信息（第四十六条）。从维护国家安全战略高度保障内容安全，掌握意识形态领域主导权，是我国特有的重要理念。

2001年成立的国家计算机网络应急技术处理协调中心（CNCERT/CC），简称国家互联网应急中心，按照“积极预防、及时发现、快速响应、力保恢复”的方针，开展互联网网络安全事件的预防、发现、预警和协调处置等工作，运行和管理国家信息安全漏洞共享平台（CNVD），维护国家公共互联网安全，保障基础信息网络和重要信息系统的安全运行。该中心自2004年起每年发布《中国互联网网络安全报告》（2008年前称为“工作报告”），据2020年报告，当年CNCERT/CC协调处置各类网络安全事件约10.3万起，同比减少4.2%。抽样监测发现，我国被植入后门网站、被篡改网站等数量均有所减少，其中被植入后门的网站数量同比减少37.3%，境内政府网站被植入后门的数量大幅下降，同比减少64.3%；被篡改的网站数量同比减少45.9%。同时指出：境外“白象”、“海莲花”、“毒云藤”等APT攻击组织以“新冠肺炎疫情”、“基金项目申请”等相关社会热点及工作文件为诱饵，向我国重要单位邮箱账户投递钓鱼邮件，诱导受害人点击虚假页面链接，从而盗取受害人的邮箱账号和密码，应该高度警惕。①

三、建立政府主导、各方共同参与的网络安全责任制

如何建立适合互联网“去中心化”和“分布式”的技术特性的有效治理和管理体制，是各国都在探索的问题。《网络安全法》有关内容体现了政府、企业、社会组织、广大网民共同参与，共筑网络安全防线的原则。

《网络安全法》规定了国家网信部门、国务院电信部门和公安部门以及其他有关机关维护网络安全的职责，各级政府应当采取的支持与促进网络安全的措施，网信等部门有要求网络运营者对违法有害信息采取措施、通知有关机构对来自境外有害信息采取阻断措施等职责（第五十条），有建立网络安全监测预警和信息通报的职责（第五十一条至五十三条），在网络安全事件风险增大或者发生时省级以上政府有关部门有采取应对措施的职责（第五十四条至五十六条）。

为全面落实网络安全和信息化国家战略，2014年2月，中共中央成立网络安全和信息化领导小组，下设办公室。原先在2011年成立的国务院互联网信息办公室经过重新组建，同时承担领导小组办公室的职责，“一个机构，两块牌子”。8月，国务院授权网信办“负责全国互联网信息内容管理工作，并负责监督管理执法”。2018年3月，中共中央《深化党和国家机构改革方案》将网络安全和信息化领导小组改为网络安全和信息化委员会，办公室设置不变，而优化了部分职责。

规定网络运营者②维护网络安全的责任和义务，是《网络安全法》的重要内容。网络运营者不仅负有遵守安全等级制度，采取技术措施保障安全运行，使用合格的网络设备、产品和定期进行风险检测等义务；而且必须落实用户实名制：

“网络运营者为用户办理网络接入、域名注册服务，办理固定电话、移动电话等入网手续，或者为用户提供信息发布、即时通讯等服务，在与用户签订协议或者确认提供服务时，应当要求用户提供真实身份信息。用户不提供真实身份信息的，网络运营者不得

---

① 参见国家互联网应急中心：《2020年中国互联网网络安全报告》，2021年6月。

② 《网络安全法》第七十六条：“网络运营者，是指网络的所有者、管理者和网络服务提供者。”

为其提供相关服务。”（第二十四条）

用户实名制是保障网络安全的重要环节，最初由2012年全国人大常委会《关于加强网络信息保护的决定》确定。在实名制基础上，网络运营者承担管理用户所发布的信息（UGC）的责任，发现法律法规禁止发布的信息，应当立即停止传输，保存记录，并向有关部门报告（第四十七条）。网络运营者还应当为公安、国安执法提供技术支持和协助（第二十八条）。

网络运营者对所控制的网络负有安全保障义务，是我国网络法制的一贯规定。早在1997年《计算机信息网络国际联网安全保护管理办法》中，就规定了接入和使用网络的组织履行安全保护职责。以后的《电信条例》和其他各部门规章，也都规定了服务者对于网络包括对传输内容的管理责任。经过近二十年实施，《网络安全法》以法律形态作出了全面规定。《数据安全法》又对开展数据处理活动的数据安全保护义务作出了系统规定。以法律为依据，国家网信办连续发布一系列规范性文件，对各种类型的网络服务者规定了管理责任。国家网信办和公安部《具有舆论属性或社会动员能力的互联网信息服务安全评估规定》（2018），将开办论坛、博客、微博客、聊天室、通讯群组、公众账号、短视频、网络直播、信息分享、小程序等信息服务定义为具有舆论属性或社会动员能力的性质，同其他提供公众舆论表达渠道或者具有发动社会公众从事特定活动能力的网络服务者一样，都要求必须自行进行安全评估并将结果提交网信和公安机关。网信和公安机关也可以进行现场检查。公安部《公安机关互联网安全监督检查规定》（2018）将互联网服务提供者和联网使用单位进行安全监督检查制度化。

网络运营者拒不履行管理义务，要承担行政责任以至刑事责任。2015年《刑法修正案（九）》就网络服务提供者不履行网络安全管理义务，经监管部门责令采取改正措施而拒不改正的行为规定了拒不履行信息网络安全管理义务罪。属《刑法》第二百八十六条之一。

《网络安全法》规定保护公民、法人依法使用网络的权利，同时规定任何人使用网络应当遵守法律、秩序和道德，不得发布法律禁止的信息（第十二条）；任何人有权举报危害网络安全的行为（第十四条）；任何人不得从事危害网络安全的活动（第二十七条）；用户必须实行“后台实名”以保证网络信息具有可追溯性。①

第二节　保守国家秘密

任何国家都有国家秘密，都把保守国家秘密视为维护国家安全的重要方面，都严格禁止泄露国家秘密的行为。

我国的保密制度形成于革命战争年代。1951年政务院公布《保守国家机密暂行条例》，作为行政法规，实施了三十多年。1988年全国人大常委会通过《保守国家秘密法》，2010年又修订通过并施行新的《保守国家秘密法》（简称《保密法》）。2014年，国

---

① 参见魏永征：《从〈国家安全法〉到〈网络安全法〉》，《社会治理》（北京）2018年第1期。

务院公布《保守国家秘密法实施条例》，对1990年《保守国家秘密法实施办法》作出全面修订，国家保密局随即公布《国家秘密定密管理暂行规定》。

《保密法》是我国保密制度的核心法律。此外，《刑法》对侵犯国家秘密犯罪有多项规定。1979年《刑法》规定了泄露国家重要机密罪。1997年《刑法》将泄露国家重要机密罪改为泄露国家秘密罪，增列了为境外窃取、刺探、收买、非法提供国家秘密、情报罪，还规定了非法获取国家秘密罪，非法持有国家绝密、机密文件、资料、物品罪，以及非法获取军事秘密罪，为境外窃取、刺探、收买、非法提供和泄露国家军事秘密罪。涉及保守国家秘密的还有《国家安全法》(2020)、《反间谍法》(2014)、《国家情报法》(2018)、《军事设施保护法》(2021)、《公务员法》(2018)、《法官法》(2019)、《审计法》(2021)、《密码法》(2019)等多部法律，以及为数众多的行政法规、规章等，形成了庞大而完整的体系，在上世纪末，我国涉及保守国家秘密的法律、法规、规章和其他规范性文件即已有250多件。[①]

上述法律规定都对新闻传播活动具有约束力，而且有些法律还对新闻传播活动有专门规定。1992年，国家保密局、中央对外宣传小组、新闻出版署、广播电影电视部发布《新闻出版保密规定》，是专门规范新闻出版工作中保守国家秘密制度的部门规章。为加强互联网保密管理，国家保密局先后发布部门规章《计算机信息系统保密管理暂行规定》(1998)、《计算机信息系统国际联网保密管理规定》(1999)等。在新闻出版广播电视和互联网管理的行政法规、规章中，都把泄露国家秘密列为禁载的重要一项。

一、我国保密制度的特色

《保密法》鲜明体现了保密制度的中国特色。

(1) 全民保密义务。《宪法》规定保守国家秘密是公民的义务。《保密法》第三条规定："一切国家机关、武装力量、政党、社会团体、企业事业单位和公民都有保守国家秘密的义务。"《国家安全法》第七十七条也规定了公民和组织保守所知悉的国家秘密的义务。新闻传播活动恪守保密制度有宪法和法律依据。

(2) "党管保密"。《国家安全法》规定"坚持中国共产党对国家安全工作的领导"(第四条)，保密工作当然必须置于党的领导之下。其管理体制一直实行"一个机构、两块牌子"，国家保密局是国务院的直属机构，同时又是中共中央保密委员会下设的办公室。中共中央保密委是中央统一领导党政军保密工作的领导机构，地方各级党的保密委是党管保密的专门组织，各级保密委负责人一般由本级党委负责人兼任。[②] 2010年《保密法》将主管保密工作的部门即国家保密局和地方各级保密局，从1988年《保密法》的"保密工作部门"改称为"保密行政管理部门"，突出了它的行政管理职能，但仍然同时是保密委的办事机构。

---

① 参见李志东、檀文祥主编：《中华人民共和国保密法全书》，长春，吉林人民出版社，1999。

② 参见李飞、许安标主编：《中华人民共和国保守国家秘密法解读》，北京，中国法制出版社，2010，第27-30页。

（3）保密行政管理部门对国家秘密全权负责。《保密法》第二十条规定机关、单位对是否属于国家秘密及其密级有争议的，由国家或省级保密行政管理部门确定，表明确定国家秘密的行政行为并不在行政诉讼范围之内，不受司法审查。而可以对定密提起异议的并不包括公民个人。第四十六条规定办理涉嫌泄露国家秘密案件的机关，需要对有关事项是否属于国家秘密以及属于何种密级进行鉴定的，由国家或者省级保密行政管理部门鉴定。表明包括公安、检察、司法在内的所有机关在查处和审理泄密案件时，对于有关事项的定密权仍然属于保密部门，公检法等机关应该根据保密部门的鉴定以及当事人的具体行为和后果作出处理或判决。如果发现国家秘密确定、变更或者解除不当，《保密法》规定应当由保密部门通知有关机关、单位予以纠正。

二、国家秘密的概念和确定

什么是国家秘密？按《保密法》第二条，“国家秘密是关系国家的安全和利益，依照法定程序确定，在一定时间内只限一定范围的人员知悉的事项”。关于国家秘密的这条定义包含了三个要件。

《保密法》列举的国家秘密包括：国家事务重大决策、国防建设和武装力量活动、外交和外事活动以及对外承担保密义务、国民经济和社会发展、科学技术、维护国家安全活动和追查刑事犯罪诸方面的秘密事项，以及经国家保密行政管理部门确定的其他秘密事项（第九条）。

第一，关系国家的安全和利益。

所谓“国家安全和利益”，按照《刑法》、《国家安全法》规定，系指涉及国家的领土完整、主权独立、社会制度安危等重大事项。按照不同国家秘密泄露后损害程度的不同，《保密法》把国家秘密分为“绝密”、“机密”、“秘密”三级。绝密级是最重要的国家秘密，泄露会使国家安全和利益遭受特别严重的损害；机密级是重要的国家秘密，泄露会使国家安全和利益遭受严重的损害；秘密级是一般的国家秘密，泄露会使国家安全和利益遭受损害（第十条）。

同时也要避免把不属于国家秘密的事项定为国家秘密。《国家秘密定密管理暂行规定》提出定密“应当坚持最小化、精准化原则”，并规定需要公众广泛知晓或者参与的；属于工作秘密、商业秘密、个人隐私的；已经依法公开或者无法控制知悉范围的；法律、法规或者国家有关规定要求公开的事项，不得定为国家秘密。企业的商业秘密、个人信息秘密（隐私）和各类机构的工作秘密，泄露出去也会给有关机关、企业或个人造成一定损害，擅自公开也要承担一定责任。但后者同国家的安全和利益没有关系，不属保密法调整范围，发生泄露不能按泄露国家秘密查处。[1]

第二，依照法律规定的程序加以确定。

---

① 如2009年澳大利亚力拓公司（Rio Tinto）上海办事处胡士泰等4人以涉嫌刺探、窃取中国国家机密被上海市国家安全局拘留，一个月后，以涉嫌侵犯商业秘密罪、非国家工作人员受贿罪被上海市检察机关批准逮捕。2010年3月，他们以非国家工作人员受贿罪、侵犯商业秘密罪分别获判有期徒刑及没收财产、罚金等。参见人民网，2010年3月30日。

国家秘密及其密级需要确定具体范围，作为定密的依据。按《保密法》规定，国家秘密及其密级的具体范围，由国家保密行政管理部门分别会同外交、公安、国家安全和其他中央有关机关规定。军事方面的国家秘密及其密级的具体范围，由中央军事委员会规定（第十一条）。这些规定，以"××工作（或行业）国家秘密及其密级具体范围的规定"的名称下发到有关系统、行业，有关机关、单位对自身产生的秘密事项，可以"对号入座"，来确定哪些事项属于国家秘密及其密级。

据统计，在 21 世纪初，国家保密局会同中央各部门制定的关于保密范围的规定有 87 件，连同有些部门的补充规定，共有 97 件。[①]

《保密法》还对定密权限和定密责任人作了规定。除公安、国家安全机关按规定的权限确定密级外，中央国家机关、省级机关及其授权的机关、单位可以确定绝密级、机密级和秘密级国家秘密；设区的市、自治州一级的机关及其授权的机关、单位可以确定机密级和秘密级国家秘密（第十三条）。机关、单位负责人及其指定的人员为定密责任人，负责本机关、本单位的国家秘密确定、变更和解除工作（第十二条）。各机关、单位的定密负责人根据国家秘密及其密级具体范围的规定和本机关、单位的定密权限来确定国家秘密。

县级及县以下机关、单位没有定密权。他们只可以对执行上级确定的国家秘密事项时派生出来的事项按原有密级进行定密。如果认为产生了原始国家秘密，只能先行采取保密措施，并报请上级机关、单位或者相应的主管部门、保密管理部门确定。

第三，在一定时间内只限一定范围的人员知悉。

知悉范围是对国家秘密的空间控制，保密期限是对国家秘密的时间控制。

秘密就是只能由个别人或最少人知悉的事项，确定知悉范围是保密工作的关键环节。《保密法》规定国家秘密的知悉范围，应当根据工作需要限定在最小范围（第十六条），改变了过去单纯以行政级别来确定国家秘密知悉范围的做法。在范围外的人员，因工作需要知悉国家秘密，应当经过机关、单位负责人批准。

国家秘密应当确定期限。对于保密期限可以预见的，《保密法》规定有确定保密时限和确定解密条件两种做法，后者如工作决策、统计数据在形成过程中属于国家秘密，正式公布即为解密。对于保密期限难以预见的，《保密法》规定除另有规定外，绝密级不超过三十年，机密级不超过二十年，秘密级不超过十年（第十五条）。保密期限已满，自行解密。

所谓泄露国家秘密，是指由于违反了保密法的规定造成的两种情况：一是使国家秘密被不应知悉者知悉。这既可以是通过口头、通讯等人际传播的方式将国家秘密告知不应知悉者，也可以是通过传播媒介将国家秘密公开向社会传播。二是使国家秘密超出了限定的接触范围，而不能证明未被不应知悉者知悉。比如某秘密文件失落于公共场所，虽然找回，但不能确定在失落期间是否被人看过，应视为泄密。泄露国家秘密行为有的是出于过失，如在日常交谈中随意泄露，不慎将秘密文件遗失，不知道或没有意识到是国家秘密而公开传播等。也有的是具有故意，即明知是国家秘密却有意使他人知悉以达

---

① 参见周汉华主编：《政府信息公开条例（专家建议稿）》，北京，中国法制出版社，2003，第 115 页。

到某种非法目的。凡违反保密法律、法规的规定，泄露国家秘密，不论是故意还是过失，都应承担法律责任。

三、新闻单位的保密制度

新闻传播活动旨在提高公开性，增强透明度，而保守国家秘密为公开性和透明度设置了一条边界，这是出于维护国家安全和利益的需要而对公民知情权作出的必要限制。把不是国家秘密的事项说成是国家秘密，借口保密把应该公开的事情封闭起来，是推行愚民政策；而泄露法定的国家秘密当然会损害国家利益，通过大众媒介公开传播显然会比通过人际传播的途径泄露出去造成更大的危害。在国际新闻界，由于西方国家保密制度不实行一般义务主体，具有新闻价值和公众兴趣的国家秘密往往成为新闻记者“爆料”目标，而原始泄密源则是那些掌握国家秘密的官员，有许多国家秘密正是这样传播开的。从新闻媒介获取情报历来被情报机关视为最经济、最安全、最迅速的途径。

2008年至2011年初，路透社多次抢在国家统计局公布之前报道我国宏观经济数据，往往与后来正式公布相符，一连7次“猜”对CPI数值。另一些外媒也常有此类报道。专家指出，关键经济数据和决策的泄露，会给国内经济金融环境带来严重负面影响。国家统计局官员表示已在调查中。[①]

> 2011年10月24日，国务院新闻办召开新闻发布会披露：国家统计局办公室秘书室原副主任孙振，于2009年6月至2011年1月，多次将国家统计局尚未公布的涉密统计数据包括GDP、CPI、PPI等共计27项，泄露给证券行业从业人员，获判有期徒刑5年。原中国人民银行金融研究所货币金融史研究室副主任伍超明，2010年1月到6月，将他在会议上合法获悉的尚未公布的涉密统计数据25项，向证券行业人员泄露共计224次，获判有期徒刑6年。[②]

《保密法》第二十七条对新闻媒介和其他传播媒介的保密责任有专门规定：“报刊、图书、音像制品、电子出版物的编辑、出版、印制、发行，广播节目、电视节目、电影的制作和播放，互联网、移动通信网等公共信息网络及其他传媒的信息编辑、发布，应当遵守有关保密规定。”

在1988年《保密法》出台后制定的《新闻出版保密规定》对新闻单位保密制度作了一些具体规定。

第一，新闻出版保密审查制度。“规定”第六条规定：“新闻出版保密审查实行自审与送审相结合的制度。”

自审，就是新闻出版单位和提供信息的单位，对拟公开出版、报道的信息，根据有关保密规定自己进行审查。

送审，就是对是否涉及国家秘密界限不清的信息，送交有关主管部门或其上级机关、

---

① 参见《青年报》（上海）2011年6月13日；《新京报》2011年6月14日。
② 参见新华网，2011年10月24日。

单位审定。有关机关、单位应当指定有权代表本机关、单位的审稿机构和审稿人，负责对送审稿是否涉及国家秘密进行审定。涉及其他单位国家秘密的，应当征求有关单位的意见。

第二，通过内部途径反映涉及国家秘密的信息的制度。据“规定”第八条，新闻单位及其采编人员需向有关部门反映或通报的涉及国家秘密的信息，应当通过内部途径进行，并对反映或通报的信息按照规定作出国家秘密的标志。这也就是新闻单位编印“内部参考”的制度。

我国新闻单位在新闻采编工作中是会产生国家秘密的，一定层级以上的新闻单位还依法或受权拥有定密权，应该依法确定、变更和解除有关国家秘密，依照国家保密规定制作、收发、传递、使用、复制、保存、维修和销毁国家秘密载体，以及履行其他各项保密措施。

第三，采访涉及国家秘密的事项的批准制度。据“规定”第九条、第十条，被采访单位、被采访人向新闻单位提供有关信息时，对其中确因工作需要而又涉及国家秘密的事项，应当事先经过批准，并向采编人员申明。新闻单位对被采访单位、被采访人申明属于国家秘密的事项，不得公开报道。对涉及国家秘密但确需报道的信息，新闻单位应当向有关主管单位建议解密或者采取删节、改编、隐去等保密措施，并经有关主管部门审定。新闻单位采访涉及国家秘密的会议或其他活动，应经主办单位批准。主办单位应当验明采访人员的工作身份，指明哪些内容不得报道，并对新闻进行审定。

第四，新闻发布制度。“规定”第十一条要求中央国家机关各部门和其他有关单位建立提供信息的正常渠道，健全新闻发布制度，适时通报宣传口径。这个制度如今已有很大发展。

《新闻出版保密规定》制定于30多年前，有待修订。特别是互联网在发展中已经成为重要的泄密源。2010年《保密法》的一项重要修订就是增添了防范互联网和计算机泄密的规定，连同国家保密局先前制定的有关规定，新闻单位都应遵守。《保密法》中涉及新闻单位的主要规定有：

（1）新闻网站和各种新闻新媒体保密制度。新闻单位通过网络以任何方式发布的内容，都应履行保密审查责任。许多新闻信息服务者还向用户提供发布空间服务，《保密法》规定发现利用网络发布的信息涉及泄露国家秘密的，“应当立即停止传输，保存有关记录，向公安机关、国家安全机关或者保密行政管理部门报告”。此外，《保密法》还规定服务者应当配合公安机关、国家安全机关、检察机关对泄密案件进行调查；根据公安机关、国家安全机关或保密行政管理部门的要求，删除涉及泄露国家秘密的信息（第二十八条）。

（2）涉密信息系统制度。涉密信息系统是指由计算机及其相关设施构成的、按照一定应用目标和规则存储、处理、传输国家秘密的系统或网络。涉密信息系统也分为秘密、机密和绝密三级，实行分级保护。国家保密局制定了涉密信息系统建设、使用和管理的各项规则，涉密信息系统应当经保密部门检查合格后方可投入使用（第二十三条）。涉密信息系统必须与公共信息网络隔离。禁止将涉密计算机和存储设备接入互联网等公共信息网络、在未采取保护措施情况下在涉密信息系统与互联网之间进行信息交换、擅自卸载或修改涉密信息系统的安全技术程序等；也禁止使用非涉密计算机和存储设备处理国家秘密信息（第二十四条）。

（3）从业人员保密责任。2010年《保密法》增列了若干违反保密规定、需要追究法律责任的行为，除前面述及的还有：非法获取、持有国家秘密载体的；买卖、转送或者私自销毁国家秘密载体的；通过普通邮政、快递等无保密措施的渠道传递国家秘密载体的；邮寄、托运国家秘密载体出境，或者未经批准，携带、传递国家秘密载体出境的；非法复制、记录、存储国家秘密的；在私人交往和通信中涉及国家秘密的；在互联网及其他公共信息网络或者未采取保密措施的有线和无线通信中传递国家秘密的；等等。其责任主体是一般主体，新闻从业人员比一般人有较多机会接触国家秘密，同时拥有更多的传播渠道，更需切实遵守。

新闻出版广电总局2014年印发《新闻从业人员职务行为信息管理办法》，规定新闻单位应健全保密制度，对新闻从业人员在职务行为中接触的国家秘密信息，应明确知悉范围和保密期限，健全国家秘密载体的收发、传递、使用、复制、保存和销毁制度，禁止非法复制、记录、存储国家秘密，禁止在任何媒体以任何形式传递国家秘密，禁止在私人交往和通信中涉及国家秘密。新闻从业人员上岗应该签订保密承诺书。

四、法律责任

按照《保密法》规定，违反保密规定需要追究法律责任的方式有：

处分，包括行政处分和党纪处分，违反保密规定的行为主要发生于国家体制内，所以处分是追究法律责任的主要手段。

行政处罚，在《保密法》中只规定了对互联网服务商违反保密规定的行政处罚，但在各类媒介管理法规中，“泄露国家秘密”都列为禁载的一项，违者也要受行政处罚。

刑事处罚，以下着重介绍《刑法》规定的违反保密法的几种主要罪名。

（1）故意或过失泄露国家秘密罪。

《刑法》第三百九十八条规定：“国家机关工作人员违反保守国家秘密法的规定，故意或者过失泄露国家秘密，情节严重的，处三年以下有期徒刑或者拘役；情节特别严重的，处三年以上七年以下有期徒刑。”本罪属于渎职罪。犯罪主体是特殊主体，即国家机关工作人员。同时本条第二款规定：“非国家机关工作人员犯前款罪的，依照前款的规定酌情处罚。”根据条文规定，故意和过失都可以构成；故意的恶性要大于过失。构成本罪的条件，首先是违反保守国家秘密的法律、法规、规章的规定。其次是把自己掌管或知悉的国家秘密使不应知悉国家秘密的人知悉或者使该项秘密超出了限定的接触范围。再次是情节严重。什么是情节严重，要根据泄密行为的主观恶性大小，客观上对国家安全和利益的损害包括秘密的内容、密级、泄露造成的后果等诸方面作综合考虑。前述孙振、伍超明案，就是典型的国家工作人员故意泄露国家秘密犯罪行为。

对互联网泄密行为，最高人民法院2001年初发布《关于审理为境外窃取、刺探、收买、非法提供国家秘密、情报案件具体应用法律若干问题的解释》规定：“将国家秘密通过互联网予以发布，情节严重的，依照刑法第三百九十八条的规定定罪处罚。”

贵阳男子李国志，系某非法宗教组织成员。2015 年 12 月，他非法获得政府部门有关查处该非法宗教组织的文件（上注明为“机密”），请人翻拍后通过手机网络在其微信朋友圈采用分享的方式向公众散布了含有该机密文件内容的两篇文章。案发后，经贵州省国家保密局出具密级鉴定书，认定此文件属于机密级国家秘密。经依法审理，法院判决被告人李国志犯故意泄露国家秘密罪，判处有期徒刑二年六个月。①

本案系非国家工作人员故意泄露国家秘密罪。有的网络内容泄密，危害较轻，尚不构成犯罪，主要对责任人予以行政处分。

有某市保密局副局长李诚（化名），撰写涉及国家秘密的会议文章。初稿写成后感到资料不足，上网查找，有的网站实行会员制，只有会员才能登录，条件之一是必须在网站上发表过文章，他顺手发上去几篇先前写好的一般文章。若干天后，有人发现保密工作会议文章在网上流传，向保密局举报，李诚才发现自己在匆忙中误将那篇有国家秘密内容的文章一起发送出去了。检查人员还发现李诚的计算机通过宽带直接连接互联网，竟未采取任何保密技术防范措施，存在严重的安全漏洞。李追悔莫及，自请处分。②

（2）为境外窃取、刺探、收买、非法提供国家秘密、情报罪。

按《刑法》第一百一十一条规定：“为境外的机构、组织、人员窃取、刺探、收买、非法提供国家秘密或者情报的，处五年以上十年以下有期徒刑；情节特别严重的，处十年以上有期徒刑或者无期徒刑；情节较轻的，处五年以下有期徒刑、拘役、管制或者剥夺政治权利。”本罪属于危害国家安全罪。犯罪主体是一般主体，同时必须出于故意，即明知是国家秘密或情报而非法向境外提供；因过失而被境外人员窃取自己所保管的国家秘密或情报，不足构成本罪。本罪与其他危害国家安全罪的不同在于，行为人在主观上并不一定要有危害国家的直接目的，其主观动机可以是为了牟利，或者是朋友情面，或者是想抢独家新闻，主观动机的差别不影响本罪的成立。此外，行为人要实施违反我国保密法规，采取窃取、刺探、收买等手段或者将自己保管的国家秘密或情报非法提供给境外的机构、组织、人员的行为；提供给境内的，不属本罪。所谓“情报”，按照最高人民法院前述司法解释，“是指关系国家安全和利益、尚未公开或者依照有关规定不应公开的事项”。

最高人民法院的前述司法解释还对《刑法》第一百一十一条规定的“情节特别严重”、“情节较轻”以及两者之间这三个档次作了具体划分。

所谓“境外”概念，尚未见到有法律效力的解释。过去是以中华人民共和国政府是否行使主权为准，外国以及中国政府还不能行使主权的中国港、澳、台地区，都属于“境外”。随着香港、澳门回归祖国，这个理解已经过时，但是在实践上香港、澳门还是

① 参见贵州省贵阳市南明区人民法院刑事判决书，（2016）黔 0102 刑初 602 号；贵州省贵阳市中级人民法院刑事裁定书，（2017）黔 01 刑终 212 号。

② 参见《保密工作》（北京）2005 年第 11 期。

同台湾一起连同外国作为“境外”对待。按《出境入境管理法》（2012），中国公民往来内地与港澳、大陆与台湾，都必须依法办理通行手续。在学理上，可以把“境外”解释为中华人民共和国司法管辖区（Jurisdiction）外的地区。按照“一国两制”和香港、澳门特别行政区基本法的规定，港澳司法机关依照港澳当地法律行使审判权，并且享有司法终审权。

我国公民，不论出于何种动机和目的，只要向境外的机构、组织、人员非法提供国家秘密或情报，也不论境外机构、组织、人员是否具有间谍性质，都足以构成本罪。

> 中共十四大开幕前夕，1992年10月4日，新华社国内新闻部编辑吴士深，利用工作之便，将一份绝密级的文件私自复印后，指使其妻、《中国健康教育通讯》杂志社编辑马涛提供给香港《快报》记者。10月5日，《快报》全文刊登了这份绝密文件。吴、马得到人民币兑换券5 000元。案发后，经法院依法进行不公开审理，认为吴士深、马涛的行为构成为境外人员非法提供国家秘密罪。吴士深是本案的策划者，系主犯，判处无期徒刑，剥夺政治权利终身。马涛被判处有期徒刑6年，剥夺政治权利1年。①

最高人民法院的前述司法解释还规定：“通过互联网将国家秘密或者情报非法发送给境外的机构、组织、个人的，依照刑法第一百一十一条的规定定罪处罚”。

> 师涛原是湖南某报记者。2004年某日，报社负责人开会口头传达了属于绝密级国家秘密文件的内容摘要，并强调其绝密性质，不能记录，不得传播。但师涛暗中作了记录。当晚，师涛利用自己独自在办公室值班之机上网，通过其个人电子邮箱向境外人员洪某（系中国台湾人，当时在美国）的邮箱发送了其记录的内容摘要，要对方尽快想办法发出去。当日在境外某电子刊物上发表，此后又被多家境外网站转载。法院认为，师涛为获取高额稿费和向境外人员通风报信，通过互联网将他在工作中所知悉的属于绝密级的国家秘密故意非法提供给境外机构，其行为危害了国家安全，已构成为境外非法提供国家秘密罪，且犯罪情节特别严重，判处有期徒刑10年，剥夺政治权利2年。终审裁定维持原判。②

（3）非法获取国家秘密罪和非法持有国家绝密、机密文件、资料、物品罪。

《刑法》第二百八十二条规定：“以窃取、刺探、收买方法，非法获取国家秘密的，处三年以下有期徒刑、拘役、管制或者剥夺政治权利；情节严重的，处三年以上七年以下有期徒刑。”“非法持有属于国家绝密、机密的文件、资料或者其他物品，拒不说明来源与用途的，处三年以下有期徒刑、拘役或者管制。”此二罪属于妨害社会管理秩序罪。犯罪主体是一般主体。其构成条件，首先必须出于故意，即行为人明知是国家秘密而故意窃取、刺探、收买，或者故意非法持有并且拒不说明来源和用途；非法获取或持有国家秘密的具体动机和目的不影响罪名的成立。其次，非法获取国家秘密的行为包括：“窃

---

① 参见《人民日报》1993年4月30日。

② 参见湖南省长沙市中级人民法院刑事判决书，（2005）长中刑一初字第29号；湖南省高级人民法院刑事裁定书，（2005）湘高法刑一终字第177号。

取”，是指行为人以秘密方式非法了解和掌握国家秘密的行为，如秘密进入禁止进入的涉及国家秘密的区域场所和计算机数据库，偷窃秘密原件或偷拍、偷录、窃听窃记、秘密复制等；“刺探”，是指行为人隐瞒真实身份和目的，通过各种途径和手段探听国家秘密的行为；“收买”，是指行为人使用金钱或其他物质手段与国家秘密的保管者交换国家秘密的行为。非法持有国家绝密、机密文件、资料、物品的行为是指，行为人非法持有国家绝密、机密文件、资料、物品，当有关机关责令说明其来源和用途时，行为人拒不说明。本罪只以非法获取或非法持有为特征，而不论行为人非法获取或非法持有的国家秘密是否泄露。

第三节 禁止煽动危害国家安全的言论

煽动（sedition）是以口述、文字、影像、书画等方式，通过讲演或者借助书报刊、广播电视、电影和网络等媒体，对他人进行宣传、鼓动，意图使他人去实施某些破坏性活动。其特点为：一是表述方式的非理性，就是使用情绪化的、蛊惑性的语言；二是内容的非事实性，如虚张声势，夸大其事，攻其一点，不及其余，以及造谣诽谤；三是直接面向公众，即公然散布；四是具有导致破坏性行动的目的，就是希望激起他人反常狂热，采取某种损害社会和他人的行动。煽动虽然也是一种表达方式，但却直接同某些行动相联系。煽动他人进行危害国家和社会的活动，会产生很大的社会危害性，因而必须加以禁止，对违者依法予以制裁。所以惩处煽动犯罪行为与不存在所谓“思想犯罪”的原则并不相悖。

关于煽动行为的犯罪，我国现行《刑法》有六项罪名：一是煽动分裂国家罪，二是煽动颠覆国家政权罪，三是煽动民族仇恨、民族歧视罪，四是煽动暴力抗拒法律实施罪，五是煽动军人逃离部队罪，六是宣扬恐怖主义、极端主义、煽动实施恐怖活动罪。其中，前两项属于“危害国家安全罪”。后四项罪分别属于其他类罪名，但按照总体国家安全观，也同国家安全相关。下面着重论述这六项罪名的客观行为。

（1）煽动分裂国家罪。

《刑法》第一百零三条在第一款规定了“组织、策划、实施分裂国家、破坏国家统一”的罪行及其刑事制裁后，以第二款规定：“煽动分裂国家、破坏国家统一的，处五年以下有期徒刑、拘役、管制或者剥夺政治权利；首要分子或者罪行重大的，处五年以上有期徒刑。”这种犯罪行为的主要表现就是公然散布“煽动分裂国家、破坏国家统一”的言论，如煽动我国国内某民族、某地区、某部分领土脱离祖国而“独立”，鼓吹“台独”、“藏独”、“疆独”等。本罪属于行为犯，行为人只要实施了煽动性的宣传鼓动，就构成本罪既遂，而不必问其反动宣传煽动效果如何，是否有人接受其宣传煽动实施分裂国家的行为。分裂国家的犯罪行为一般不能单独由个人实施，而只能由多人一起共同实施，所以本条规定了“组织”、“策划”、“实施”三种情况，在量刑上规定了首要分子或者罪行重大者、积极参加者和其他参加者三个档次。至于煽动分裂国家的行为，比直接实施分裂国家的行为要简单一些，但也不排除多人共同实施犯罪的情况，所以在量刑上规定了首要分子或者罪行重大者和一般犯罪两个档次。如何区分，有待司法解释规定。

（2）煽动颠覆国家政权罪。

按《刑法》第一百零五条规定："以造谣、诽谤或者其他方式煽动颠覆国家政权、推翻社会主义制度的，处五年以下有期徒刑、拘役、管制或者剥夺政治权利。首要分子或者罪行重大的，处五年以上有期徒刑。"此项犯罪行为为实施了下列一种或多种行为：其一，以造谣的方式煽动他人进行颠覆国家政权、推翻社会主义制度的活动，所谓造谣即凭空捏造国家政权和社会主义社会的所谓"劣迹"、"阴暗面"，以鼓动人们的不满和仇视。其二，以诽谤的方式煽动他人进行颠覆国家政权、推翻社会主义制度的活动，诽谤是捏造事实贬损他人声誉的行为，诽谤与造谣的区别在于诽谤是有特定指向的，而造谣则不一定有特定指向。其三，以其他方式，比如发布宣言、"政纲"等，煽动他人进行颠覆国家政权、推翻社会主义制度的活动。与煽动分裂国家罪一样，本罪也属行为犯。

实施以上两种犯罪，如果是与境外机构、组织、个人相勾结的，按《刑法》第一百零六条的规定，从重处罚。

（3）煽动民族仇恨、民族歧视罪。

据《刑法》第二百四十九条规定："煽动民族仇恨、民族歧视，情节严重的，处三年以下有期徒刑、拘役、管制或者剥夺政治权利；情节特别严重的，处三年以上十年以下有期徒刑。"本罪属于侵犯公民人身权利、民主权利罪，而如果后果严重，发生民族分裂，当然也会危及国家安全。本项犯罪行为是以语言、文字等方式挑拨离间我国不同民族之间的关系。煽动民族仇恨，既可以是煽动汉族仇恨少数民族，也可以是煽动少数民族仇恨汉族，还可能是煽动一个少数民族仇恨另一个少数民族。煽动民族歧视，主要是煽动汉族歧视少数民族。本罪也是行为犯，但是把"情节严重"作为犯罪的构成要件，是指煽动手段卑鄙、动机恶劣、后果严重等，具体界限有待司法解释。

（4）煽动暴力抗拒法律实施罪。

由《刑法》第二百七十八条加以规定："煽动群众暴力抗拒国家法律、行政法规实施的，处三年以下有期徒刑、拘役、管制或者剥夺政治权利；造成严重后果的，处三年以上七年以下有期徒刑。"本罪属于妨害社会管理秩序罪。其犯罪行为是以语言、文字等方式煽动群众采取暴力来抗拒国家法律的实施，一般地指责某些法律，发表对某些法律的不满言论，即使是错误的，也不能构成犯罪。本罪也是行为犯。如果部分群众真被煽动起来了，"造成严重后果"，那就要处以更重的刑罚。

（5）煽动军人逃离部队罪。

《刑法》第三百七十三条规定："煽动军人逃离部队……情节严重的，处三年以下有期徒刑、拘役或者管制。"本罪属于危害国防利益罪。其犯罪行为是煽动军人逃离部队，且情节严重，煽动的方式，可以是口头的，也可以是书面的、通过某种媒体传播的。本罪也是行为犯。

（6）宣扬恐怖主义、极端主义、煽动实施恐怖活动罪。

这是2015年《刑法修正案（九）》新增的罪名。第一百二十条之三规定："以制作、散发宣扬恐怖主义、极端主义的图书、音频视频资料或者其他物品，或者通过讲授、发布信息等方式……煽动实施恐怖活动的，处五年以下有期徒刑、拘役、管制或者剥夺政治权利，并处罚金；情节严重的，处五年以上有期徒刑，并处罚金或者没收财产。”本罪属于危害公共安全罪。其犯罪行为是宣扬恐怖主义、极端主义，煽动实施恐怖活动，恐怖活动包括进行爆炸、投毒、暗杀、劫持飞机、绑架人质等严重危害公共安全、人身安全而为刑法所禁止的犯罪活动。煽动的方式，可以是通过图书、音频视频等媒体，也可以是通过包括网络在内传播介质发布信息，也可以是口头讲授。本罪也是行为犯。

恐怖主义、极端主义在《反恐怖主义法》有这样定义：“本法所称恐怖主义，是指通过暴力、破坏、恐吓等手段，制造社会恐慌、危害公共安全、侵犯人身财产，或者胁迫国家机关、国际组织，以实现其政治、意识形态等目的的主张和行为。”（第三条）“国家反对一切形式的以歪曲宗教教义或者其他方法煽动仇恨、煽动歧视、鼓吹暴力等极端主义”（第四条）。

1998年最高人民法院《关于审理非法出版物刑事案件具体应用法律若干问题的解释》第一条规定：“明知出版物中载有煽动分裂国家、破坏国家统一或者煽动颠覆国家政权、推翻社会主义制度的内容，而予以出版、印刷、复制、发行、传播的，依照刑法第一百零三条第二款或者第一百零五条第二款的规定，以煽动分裂国家罪或者煽动颠覆国家政权罪定罪处罚。”这条司法解释对实施这两项犯罪的行为主体作出进一步规定，明确了在出版活动中可能构成这两项犯罪的，不仅有提出煽动言论的人，而且包括编辑出版者、印刷复制者、销售者和其他方式的传播者。后者构成此罪的前提是“明知”，即明知出版物中含有上述法律禁止的内容而仍然予以出版传播。提出煽动言论的，当然是直接故意。而后列各种传播者，则直接故意和间接故意都有可能；并无分裂国家、颠覆国家政权的目的，而是出于营利等其他目的，明知出版物中因含有法律禁止的内容而对国家安全具有危害性却采取放任的态度仍然加以传播的，也可以构成本罪。

2018年最高法、最高检、公安部、司法部《关于办理恐怖活动和极端主义犯罪案件适用法律若干问题的意见》，就界定各种恐怖活动和极端主义犯罪行为，包括通过各种传媒和网络宣扬恐怖主义、极端主义或者煽动实施恐怖活动，及其制裁手段和程序，作了细则规定。

煽动犯罪危害国家安全、严重扰乱正常社会秩序，是一种严重罪行，一经查明，必须依法严惩，此类犯罪通常是利用印刷品、网络等媒体实施，如有：

> 被告人唐荆陵出于对中国现行制度的不满，先后发起、组织、参加多次具有煽动性的活动，编辑、印制、传播《粉碎邪恶轴心》、《草根群众组织》等系列丛书和其他宣传单张；被告人袁朝阳积极协助唐荆陵印制、邮寄并单独派发宣传品；被告人王清营积极参与唐荆陵组织的活动，并以自己名义与唐荆陵、袁朝阳共同租赁房屋，作为储藏书籍、研读聚会场所。经公安机关侦查、检察机关公诉，法院审理认定：被告人唐荆陵编辑、印制的系列丛书中具有大量煽动颠覆国家政权、推翻社会主义制度的内容，甚至提出了推翻中国共产党领导、颠覆社会主义制度的实施步骤、方法和行动建议。三被告人将上述书籍、宣传单张寄往全国各地进行传播，其行为符合煽动颠覆国家政权罪的主客观要件，均已构成煽动颠覆国家政权罪。判处唐荆

陵有期徒刑五年，剥夺政治权利三年；袁朝阳有期徒刑三年六个月，剥夺政治权利二年；王清营有期徒刑二年六个月，剥夺政治权利一年。①

在认定煽动犯罪行为时，要注意区分学术问题同政治问题的界限、政治上的错误同刑事犯罪的界限。这六项煽动犯罪都必须由故意构成，过失不能认定构成犯罪。如由于制度不严，编辑人员疏于把关审查，致使在书报刊的版面上、广播中、屏幕画面上和网络平台上出现不利于维护国家安全的内容，则不应认定责任人员犯了危害国家安全的罪行，而只是工作中的严重失职和错误。煽动犯罪所实施的行为也都有一定的规格，如煽动颠覆国家政权罪，在言词中必须有推翻人民民主专政政权和社会主义制度的明确表示，至于在理论上宣扬错误的政治观点，应予批驳，但不属于煽动犯罪。

与以上《刑法》、《国家安全法》等有关规定相衔接，我国有关新闻传播的行政法规也有相应规定。如《出版管理条例》第二十五条规定的出版物禁载内容就有："反对宪法确定的基本原则的"；"危害国家统一、主权和领土完整的"；"泄露国家秘密、危害国家安全或者损害国家荣誉和利益的"；"煽动民族仇恨、民族歧视，破坏民族团结，或者侵害民族风俗、习惯的"等项。《广播电视管理条例》第三十二条规定的电台、电视台禁止制作、播放的节目内容有："危害国家的统一、主权和领土完整的"；"危害国家的安全、荣誉和利益的"；"煽动民族分裂，破坏民族团结的"等项。《电信条例》第五十六条规定任何组织或者个人不得利用电信网络制作、复制、发布、传播的信息有："反对宪法所确定的基本原则的"；"危害国家安全，泄露国家秘密，颠覆国家政权，破坏国家统一的"；"损害国家荣誉和利益的"；"煽动民族仇恨、民族歧视，破坏民族团结的"等项。《互联网信息服务管理办法》规定相同。有关行政法规对发表、传播违禁内容而尚不构成犯罪的行为规定了行政处罚，包括没收出版物和违法所得、罚款、停业整顿、吊销许可证等，并规定"构成犯罪的，依法追究刑事责任"。为此设定的行政处罚主要是适用于新闻单位传播了法律禁载的危害或有损国家安全的内容但尚不构成犯罪这样的情况：一种是犯罪构成要件不具备，如主观上只具有过失并无故意，客观行为上不具有煽动的特征等，通常被认为属于政治错误；另一种是按《刑法》规定"情节显著轻微危害不大的，不认为是犯罪"的行为。

概念和思考题

第一节 保障网络安全

概念：

国家安全　总体国家安全观　网络安全

思考题：

1. 什么是国家安全？如何理解总体国家安全观？
2. 为什么说没有网络安全就没有国家安全？
3. 《网络安全法》和《数据安全法》怎样构建我国网络安全保障体系？

① 参见广东省广州市中级人民法院刑事判决书，(2015) 穗中法刑一初字第167号。

第二节 保守国家秘密

概念：

国家秘密

思考题：

1. 国家秘密有哪几项构成要件？
2. 什么是泄密？
3. 我国新闻工作实行哪些保密制度？
4. 有哪些常见的违反保密法导致的犯罪？

第三节 禁止煽动危害国家安全的言论

概念：

煽动　故意　直接故意　间接故意

思考题：

1. 煽动性言论有哪些特点？
2. 我国法律对哪些煽动危害国家安全、破坏社会秩序的行为予以刑事制裁？

第三章
保障社会正常秩序

新闻传播活动对于社会秩序有巨大影响。新闻传播活动具有控制和稳定社会秩序的功能，这主要靠新闻政策和新闻职业道德规范予以规范和调节；新闻媒介也可能传播妨害社会秩序的内容，这就需要以法律进行限制，并对违法行为予以制裁。

第一节　禁止淫秽、色情内容

对于淫秽（obscenity）、色情（pornography）内容的控制和管理，是许多国家感到困扰的大问题。很少有哪个政府是公开主张对淫秽事物放任不管的，只是管的程度有严有宽。

在我国，淫秽、色情物品习惯上通称为黄色物品，受到严格禁止。早在 1979 年《刑法》中就规定了制作、贩卖淫书、淫画罪。1985 年，国务院发布行政法规《关于严禁淫秽物品的规定》。1986 年《治安管理处罚条例》也作了与《刑法》相衔接的规定。[①] 1988—1989 年新闻出版署陆续制定发布了《关于认定淫秽及色情出版物的暂行规定》、《关于部分应取缔出版物认定标准的暂行规定》等部门规章、规范性文件。1990 年，全国人民代表大会常务委员会发布《关于惩治走私、制作、贩卖、传播淫秽物品的犯罪分子的决定》（2009 年修正）。1991 年《未成年人保护法》（2020 年修订）和 1999 年《预防未成年人犯罪法》（2020 年修订）专门就向未成年人传播淫秽、色情等有害内容规定了禁止条款。1997 年《刑法》在第六章“妨害社会管理秩序罪”中以专节规定了“制

① 这两个“规定”、“条例”均已废止。

作、贩卖、传播淫秽物品罪”。国务院关于管理音像制品、电影、出版物、广播电视以及互联网等行政法规中，也都有禁止淫秽、色情等内容的规定。2005 年《治安管理处罚法》对制作、运输、复制、出售、出租淫秽的书刊、图片、影片、音像制品等淫秽物品或者利用计算机信息、电话以及其他通讯工具传播淫秽信息的行为，作出了行政处罚的规定。为适应数字媒体新情况，2004 年和 2010 年，最高人民法院、最高人民检察院发布《关于办理利用互联网、移动通讯终端、声讯台制作、复制、出版、贩卖、传播淫秽电子信息刑事案件具体应用法律若干问题的解释》（一）和（二）。我国禁止淫秽、色情物品，从法律、行政法规，到部门规章，可称相当完备。

自 20 世纪 80 年代后期以来，我国每年都要举行“扫黄”工作会议，至 2021 年，已举行过 34 次。①

一、淫秽、色情内容的认定标准

《刑法》第三百六十七条有如下规定：

“本法所称淫秽物品，是指具体描绘性行为或者露骨宣扬色情的诲淫性的书刊、影片、录像带、录音带、图片及其他淫秽物品。

“有关人体生理、医学知识的科学著作不是淫秽物品。

“包含有色情内容的有艺术价值的文学、艺术作品不视为淫秽物品。”

“两高”关于淫秽电子信息刑案司法解释，对于“其他淫秽物品”作了一个补充规定：“包括具体描绘性行为或者露骨宣扬色情的诲淫性的视频文件、音频文件、电子刊物、图片、文章、短信息等互联网、移动通讯终端电子信息和声讯台语音信息”。

淫秽物品这个定义的形成有一个过程：

1985 年国务院《关于严禁淫秽物品的规定》规定淫秽物品是“具体描写性行为或露骨宣扬色情淫荡形象的录像带、录音带、影片、电视片、幻灯片、照片、图画、书籍、报刊、抄本，印有这类图照的玩具、用品”。这个“规定”也注意到必须划分淫秽物品和非淫秽物品的界限，提出“夹杂淫秽内容的有艺术价值的文艺作品，表现人体美的美术作品，有关人体的生理、医学知识和其他自然科学作品，不属于淫秽物品的范围，不在查禁之列”。由于 1979 年《刑法》没有淫秽物品定义，这个规定成为当时界定淫秽物品的主要法律依据。此规定于 2000 年废止。

1988 年新闻出版署公布《关于认定淫秽及色情出版物的暂行规定》，其中淫秽出版物被定义为“在整体上宣扬淫秽行为，具有下列内容之一，挑动人们的性欲，足以导致普通人腐化堕落，而又没有艺术价值或者科学价值的出版物”。共列有 7 种情况：“（一）淫亵性地具体描写性行为、性交及其心理感受；（二）公然宣扬色情淫荡形象；（三）淫亵性地描述或者传授性技巧；（四）具体描写乱伦、强奸或者其他性犯罪的手段、过程或者细节，足以诱发犯罪的；（五）具体描写少年儿童的性行为；（六）淫亵性地具体描写

① 参见新华社报道：《第三十四次全国“扫黄打非”工作电视电话会议在京召开》，新华网，2021 年 1 月 18 日。

同性恋的性行为或者其他性变态行为，或者具体描写与性变态有关的暴力、虐待、侮辱行为；（七）其他令普通人不能容忍的对性行为的淫亵性描写。”这个规定虽然早于1997年《刑法》，但是与《刑法》规定并无冲突，后来亦为另一些规范性文件所借鉴、引用，至今依然有效。[①]

若将《刑法》规定和《关于严禁淫秽物品的规定》加以比较，可以发现《刑法》的规定中突出了“诲淫性”的特征，而在《关于严禁淫秽物品的规定》中使用的是“淫荡”一语。诲，即诱导，淫，即淫荡，统指非道德和非法的性活动，诲淫，就是诱导人们去进行非道德和非法的性活动。可见“诲淫性”与“淫荡”大致同义，而“诲淫性”对淫秽物品的特征和危害的表述更为确切。“诲淫性”也可以认为是1988年“暂行规定”中“宣扬淫秽行为……挑动人们的性欲，足以导致普通人腐化堕落”这句话的概括，而该“暂行规定”所列7条，则是对“诲淫性”的具体罗列。7条所有内容都同描写性活动有关，那么是不是只要具体描写了性活动的内容都可以定性为淫秽内容呢？并非如此。在这7条中，有的使用了“淫亵性”的修饰语，有的没有。使用“淫亵性”的修饰语如“淫亵性地具体描写性行为、性交及其心理感受”，“淫亵性地描述或者传授性技巧”，“其他令普通人不能容忍的对性行为的淫亵性描写”等。这就是说，一般叙述性行为、性交、性心理以至性技巧的，是不能以淫秽定性的。构成淫秽内容，必须是“淫亵性”的描写，所谓“淫亵性”，也就是下流的、粗野的、挑逗式的，亦即具有“诲淫性”。这7条中没有加上“淫亵性”的修饰语的，如具体描述乱伦、强奸等性犯罪和少年儿童性行为等，均是非道德和非法的性活动，其“诲淫性”自不待言。[②] 由此可见，认定淫秽物品，不只是看它是不是涉及“性”，还要看它的客观社会效果。诲淫性，正是淫秽物品的本质特征。

《刑法》这条规定中还有两项排除：

一是有关人体生理、医学知识的科学著作。这是指有关性科学、性解剖、性生理、性病理、性心理这一类科学著作，既包括专门论著，也包括进行性教育、宣传性知识、指导性生活的普及性文章。这些论作当然会有性的描述，但是同淫秽描写有本质的区别。“性”是人类生活的自然现象，当然应该作为研究对象。而作为科学论作，总是理性的、冷静的、严肃的，即使涉及性的问题，甚至非常具体地论述性器官和性行为，也并不会发生诲淫的效果，所以“不是淫秽物品”。

二是包含有色情内容的有艺术价值的文学、艺术作品。所谓艺术价值，必须是在文学艺术领域有公认的地位。所谓“不视为”，是因为文学艺术是有感染力的，其中的色情内容难免会有诲淫的效果，所以只是不把它当做淫秽物品来对待，但还是要有一定控制。

我国关于淫秽物品的标准明显参照了国际用语。如美国1973年著名判例“米勒传递色情印刷品案”的判断淫秽的标准，即“米勒准则”，规定淫秽必须具备下列条件：（1）对于普通人来说，根据当地的社区标准，能证明作品从整体上看（taken as a whole）会引起对淫欲的兴趣（prurient interest）；（2）作品对性行为的描写具有明显的冒犯性

---

① 新闻出版总署公告（2011年第一号），2011年3月1日。

② 参见萧永康：《淫秽出版物认定标准辨析》，《新闻出版报》（北京）1995年3月5日。

(patent offensiveness)，违反了当地州有关法律的特别规定；(3) 作品缺乏严肃的文学、艺术、政治或科学价值。[①]

> 由于国情、时代和文化上的不同，字面上的标准在实际理解和掌握上会有很大差别。有时同一部作品，在不同时代会予以不同的处理。如英国长篇小说《查泰莱夫人的情人》，于1928年问世后，由于有较多性活动和性心理描写，作者劳伦斯有生之年都未能在英国出版。而日本在1950年曾经三审由最高法院认定此书具有"猥亵性"，判决翻译者、出版者犯有制作、贩卖淫亵文书罪，将书没收。但到20世纪90年代日本再出版此书，就没有予以追究。英国在20世纪60年代出版此书，出版商以制作淫秽出版物而被检控，经过法庭6天辩论，有35位专业人士出庭作证，陪审团才作出无罪判决。[②] 我国在1987年出版中译本，也被查禁，予以销毁。但后来主管部门根据《关于重申严禁淫秽出版物的规定》，认定其为"虽有艺术价值但夹杂淫秽内容，对青少年产生不良影响的文艺作品"，不属淫秽作品，经专题申报批准，可以在内部出版。[③] 而到2004年，人民文学出版社出版此书，公开销售10万余本，并无阻碍。[④] 学术界认为这部小说是批判现实主义的作品，在世界文坛上具有公认的艺术地位，故不应视为淫秽出版物。

色情在我国法律中也被列为严格禁止。《网络安全法》、《广告法》、《未成年人保护法》、《预防未成年人犯罪法》等法律和一些法规都把色情列入禁止范围。《未成年人保护法》还规定"禁止制作、复制、发布、传播或者持有有关未成年人的淫秽色情物品和网络信息"(第五十二条)。

有关色情的定义，1988年新闻出版署《关于认定淫秽及色情出版物的暂行规定》在对淫秽出版物的界定中突出了"在整体上"的特征，如果某种出版物不是整体地表现淫秽，而是有部分内容涉及前引的7种情况之一，对普通人特别是未成年人的身心健康有毒害，而缺乏艺术价值或者科学价值，那就是色情出版物，色情出版物也要禁止。

对于电影、电视等表现视觉动态形象的内容，界定更要严格一些。1997年广电部《电影审查规定》和1999年广电总局《电视剧审查暂行规定》都有应当删剪、修改的淫秽、色情内容的具体标准。2004年新的《电视剧审查管理规定》，没有对送审电视剧中应予删剪、修改的内容作具体规定。2006年《电影剧本(梗概)备案、电影片管理规定》对送审电影片中应予删剪、修改的内容列出新的8项规定，其中第三项为："夹杂淫秽色情和庸俗低级内容，展现淫乱、强奸、卖淫、嫖娼、性行为、性变态等情节及男女性器官等其他隐秘部位；夹杂肮脏低俗的台词、歌曲、背景音乐及声音效果等"。

对于以声音表现淫秽内容，2005年1月，新闻出版总署发布《关于认定淫秽与色情声讯的暂行规定》，其罗列的项目多数与1988年"暂行规定"相同，而增加了"淫亵性

---

① 参见[美]唐·R.彭伯：《大众传媒法》(第十三版)，第440页。

② 参见《译海》编辑部编译：《审判〈查泰莱夫人的情人〉》，广州，花城出版社，1996。

③ 参见《新闻出版工作文件选编(1986—1987)》，北京，中国书籍出版社，1988，第176-177页；《新闻出版工作文件选编(1988—1989)》，北京，中国ISBN中心，1990，第265页。

④ 参见《新闻晨报》(上海)2004年9月1日。

地突出描述性器官”、“淫亵性地传送有关性行为的声响”等项。

近年来，国家主管部门扩大了禁止涉“性”内容的范围。重要的如：

2007年9月，广电总局就禁止并查处四川人民广播电台等违规内容发出通知：各级广播电视播出机构不得以任何理由和名目策划、制作和播出违背伦理道德、亵渎科学文明的节目栏目。凡涉及性生活、性经验、性体会、性器官和性药功能等的节目栏目，一律不得策划、制作、播出，正在制作、播出的必须立即停止。禁播“五性”节目，被认为是对广播电视节目提出了一条新的底线。①

2009年1月，国务院新闻办、工信部、公安部、文化部、工商总局、广电总局、新闻出版总署等部门组织开展整治互联网低俗之风专项行动，过百家网站受到曝光和查处。关于什么是“低俗”，七部委均未发布规章予以定义。经“中国互联网协会互联网违法和不良信息举报中心”向“全国整治互联网低俗之风专项行动办公室”了解，网上低俗内容包括：（1）直接暴露和描写人体性部位的内容；（2）表现或隐晦表现性行为、具有挑逗性或者侮辱性的内容；（3）以带有性暗示、性挑逗的语言描述性行为、性过程、性方式的内容；（4）全身或者隐私部位未着衣物，仅用肢体掩盖隐私部位的内容；（5）带有侵犯个人隐私性质的走光、偷拍、漏点等内容；（6）以庸俗和挑逗性标题吸引点击的内容；（7）相关部门禁止传播的色情和有伤社会风化的文字、音视频内容，包括一些电影的删节片段；（8）传播一夜情、换妻、性虐待等的有害信息；（9）情色动漫；（10）宣扬暴力、恶意谩骂、侮辱他人等的内容；（11）非法性药品广告和性病治疗广告等相关内容；（12）恶意传播侵害他人隐私的内容；（13）推介淫秽色情网站和网上低俗信息的链接、图片、文字等内容。②

二、法律制裁

我国扫“黄”工作，20世纪80年代重点是印刷出版物，90年代重点是VCD等电子出版物，至新世纪，清除互联网上的淫秽色情内容成为突出课题。在网络环境中，淫秽色情物品传播具有大范围、超国界、涉案人低龄化等特点。如2012年6月中国各地警方协作破获了一个服务器位于美国、名为“MM公寓”的境外特大中文淫秽色情网站，以上传淫秽信息等条件诱使人们参与，共抓获违法犯罪嫌疑人2 148名，大多数是青年人。此案抓捕人数创扫“黄”历史之最。③

法律制裁包括刑事处罚和行政处罚。

（1）刑事处罚。《刑法》“制作、贩卖、传播淫秽物品罪”一节共规定了五个罪名，这里介绍两个。

《刑法》第三百六十三条规定了制作、复制、出版、贩卖、传播淫秽物品牟利罪。本罪属于妨害社会管理秩序罪。构成本罪必须具有“牟利目的”。制作，是指编写、翻译、

---

① 参见《京华时报》（北京）2007年9月7日。

② 参见人民网，2009年1月9日。

③ 参见新华网，2012年8月13日。

绘画、摄影、录像等行为；复制，是指通过复印、翻拍、翻印、印刷、数字拷贝等手段对已有的淫秽物品进行重复制作的行为；出版，是指编辑、印刷或以网络出版名义发行淫秽文图和音像制品；贩卖，是指销售、收费阅看或分发淫秽物品的行为；传播，是指通过播放、出租、出借、邮寄及网络传播的方式致使淫秽物品流传的行为。行为人只要以牟利为目的，实施了这五种行为之一，即构成本罪，而同时实施几种行为，也只定一罪，不实行数罪并罚。牟利只是行为人的主观追求的目的，是否牟利和牟利多少，不影响犯罪的成立。本罪的处罚分为一般、情节严重、情节特别严重三级，分别处以不同的徒刑和罚金。1998 年最高人民法院《关于审理非法出版物刑事案件具体应用法律若干问题的解释》第八条对这三级作了量化规定。

2004 年和 2010 年“两高”关于淫秽电子信息刑案的两件司法解释，对利用互联网、移动通讯终端制作、复制、出版、贩卖、传播淫秽电影、表演、动画等视频文件，淫秽音频文件，淫秽电子刊物、图片、文章、短信息等犯罪行为的处罚，包括以牟利为目的和不以牟利为目的，规定了量化标准。

> 2016 年终审判决的深圳快播公司及其经管成员王欣、吴铭等人传播淫秽物品牟利罪案，由于涉及网络环境下的若干难点，引起社会广泛关注和讨论。快播公司是一家流媒体技术应用开发和服务企业，其服务方式主要是免费提供快播资源服务器程序和播放器程序，用户可以借此上传和共享视频。经公安部门从起获的 4 台才使用了几个月的快播服务器上认定，其中储存属于淫秽物品的视频达 2 万多件，占总数的 70%。庭审中，被告人辩称自己只是提供技术服务，而技术无罪。法院认为，快播并非仅仅是软件商，用户上传、搜索、下载、播放、观看视频等行为都依赖于快播提供的服务系统进行，快播还通过缓存服务器提供视频存储和加速服务，从而建立了一个视频发布、传播和分享的平台，所以快播属于网络视频信息服务提供者，理应承担内容安全管理义务。针对被告人“不知情”的辩护，法院指出被告人曾屡次收到监管部门的警示，并且两次因疏于监管淫秽视频而受到行政处罚，但始终不采取措施，还开发碎片化储存方式来规避风险。法院认为被告人虽然不一定知晓服务器上具体有哪些视频，但是对存有大量淫秽视频“完全明知”，其心理状态是“放任”，即间接故意。法院进而指出，被告人的主要盈利模式，就是通过增加用户数量和市场占有率，以增加广告和捆绑推广软件的盈利能力。法院判决被告人犯传播淫秽物品牟利罪，情节严重，对单位处以罚金，对涉案个人分别处以有期徒刑、罚金等刑罚。[①]

本案审理时，《刑法修正案（九）》规定的拒不履行信息网络安全管理义务罪已经实施，但按“法不溯及既往”原则，不能适用于法律生效以前发生的行为。如果该罪可以适用，与传播淫秽物品罪在刑法理论上称为“想象竞合”，应该适用其中一个重罪。

快播案表明，网络传播“去中心化”和“多层次化”等特点，会给确定犯罪主体和

① 参见北京市海淀区人民法院刑事判决书，（2015）海刑初字第 512 号；北京市第一中级人民法院刑事裁定书，（2016）京 01 刑终 592 号。

犯罪要件等带来一定难度。而我国法律对网络服务商内容安全管理义务早有规定，本案被告人为追求商业利益而拒尽义务的事实非常明显，当然罪责难逃。

《刑法》第三百六十四条规定传播淫秽物品罪。行为人不是以牟利为目的而传播淫秽的书刊、影片、音像、图片或者其他淫秽物品，情节严重的行为，构成此罪。向不满18周岁的未成年人传播淫秽物品的，从重处罚。

> 2015年9月，内蒙古鄂尔多斯市的法院判决了两起利用微信号传播淫秽物品案：2015年3月，被告人张某创建名为“广交天下友”的微信群，上传了38段淫秽视频，群成员发展至144人，经鉴定，群内219段视频中有191段属于淫秽物品，鉴于张有自首情节，从轻判处张某管制十个月。2015年4月下旬，被告人冯某某（女）创建名为“CCTV7”的微信群，上传18段视频，被告人庞某加入该微信群，发送65段视频。群成员至案发时已有122人。经鉴定，从群内提取的全部180段视频中有154段视频，包括两人上传的全部视频，均属于淫秽物品，分别判处冯、庞两人管制一年。对群内有传播淫秽物品行为的其他成员则由公安机关分别予以治安管理处罚。①

以上两项罪名都有单位犯罪的规定。

（2）行政处罚。制作、传播不属于淫秽而只是色情等内容的行为，不是犯罪，适用行政处罚。可分两类：

一类是对妨害社会管理秩序的行为的处罚，如对于情节显著轻微尚不构成犯罪的制作、运输、复制、出售、出租淫秽的书刊、图片、影片、音像制品等淫秽物品或者利用计算机信息网络、电话以及其他通讯工具传播淫秽信息的行为，公安机关可以根据《治安管理处罚法》第六十八条，处以行政拘留和罚款。

另一类是对违反大众传媒管理秩序的行为的处罚，如有传媒刊播了禁载内容，有关主管机关可以根据相应的管理条例中的制裁条款给以处罚。行政法规《出版管理条例》、《广播电视管理条例》、《互联网信息服务管理办法》等都有这样的处罚规定。

> 2007年9月广电总局通报，指四川人民广播电台经济节目、交通广播和成都市人民广播电台交通文艺频道、经济频道近期在每天21点以后，用2～3小时公然谈论、肆意渲染描述性生活、性经验、性体会和性器官，大肆吹嘘性药功能，内容淫秽不堪，责令立即停播，并对责任人进行查处。② 2008年1月广电总局又通报批评湖北人民广播电台经济广播罔顾禁令，明知故犯，违规复播涉性下流淫秽节目，要求对负有领导责任者、直接责任者和相关责任人给予严肃处理。③

近年来重点打击网络淫秽色情信息，全国扫黄打非办公室会同网信、公安等部门连续发动“净网”行动，会同各地扫黄办查处顶风制作传播淫秽色情信息的网站，集中整

① 参见内蒙古自治区鄂尔多斯市东胜区人民法院刑事判决书，（2015）东刑一初字第406号；内蒙古自治区鄂尔多斯市东胜区人民法院刑事判决书，（2015）东刑一初字第423号。

② 参见新华网，2007年9月15日。

③ 参见新华网，2008年2月15日。

治微博、微信、微视、微电影等“微领域”传播淫秽色情信息行为，利用弹窗、搜索引擎、云存储、移动智能终端及直播平台等从事营销淫秽色情信息行为，查获多起案件。如“净网 2018”行动自 1 至 4 月，各地共处置淫秽色情等有害信息 175 万余条，取缔、关闭淫秽色情网站 2.2 万余个，查办淫秽色情信息案件 390 余起。[①]“净网 2019”，截至当年 10 月 31 日，全国共侦破涉网案件 45 743 起，抓获犯罪嫌疑人 65 832 名。[②]“净网 2020”，上半年全国共查处网络“扫黄打非”案件 1 800 余起，取缔非法不良网站 1.2 万余个，处置淫秽色情等有害信息 840 余万条。[③]

另如 2018 年 4 月国家广播电视总局发现北京字节跳动科技公司（“今日头条”）组织推送的“内涵段子”[④] 客户端软件和相关公众号存在导向不正、格调低俗等突出问题，责令永久关停，要求公司举一反三进行全面清理。[⑤]“今日头条”负责人为此公开致歉，腾讯等公司也表示将跟进整改。

第二节　禁止造谣和其他有害社会的内容

真相总是在过程中展开。在重大事件发生时，社会上往往会出现谣传，研究表明，谣言的产生有社会的、心理的和认识论等方面的复杂因素[⑥]，有的学者认为谣言也有某些积极作用[⑦]，也有学者认为处罚造谣传谣者是压抑谣言的一项有力手段[⑧]。不过公认单纯以强制手段禁绝一切谣传和虚假信息显然是做不到的；真实而及时的信息披露和新闻报道是消除谣传最有力的手段。

学术上对谣言定义各有不同。[⑨] 日常生活中会把未经证实的信息统称为谣言。但在法律上，谣言就是指虚假信息，一些刑事罪行就是以“虚假信息”命名的。要受到法律处罚的就是故意编造、故意传播明知是虚假信息的行为。

在前互联网时代，我国法律除了严惩危害国家安全的造谣、诽谤行为（参见第二章第三节）外，主要有《治安管理处罚法》和一些行政法规规定对散布谣言、扰乱公共秩序的行为进行行政处罚。在《刑法》中予以制裁的，主要是编造并传播破坏市场秩序的

---

① 参见新华网，2018 年 5 月 24 日。

② 参见新华社官方账号，2019 年 11 月 14 日。

③ 参见央广网，2020 年 7 月 9 日。

④ “内涵段子”是一款包含各类短视频、图片、段子等多主题多体裁的社交软件，2012 年北京字节跳动公司以此创设搞笑娱乐社区，2018 年初每日活跃用户达 1100 万。

⑤ 参见国家广播电视总局官网，2018 年 4 月 10 日。

⑥ 参见［美］奥尔波特：《谣言心理学》，沈阳，辽宁教育出版社，2003。

⑦ 参见［法］卡尔普雷：《谣言：世界最古老的传媒》，郑若麟译，上海，上海人民出版社，2008，第 16 页。

⑧ 参见［美］迪方佐：《茶水间的八卦效应：透视谣言背后的心理学》，台北，博雅书屋，2011，第 211 页。

⑨ 有学者列举学术上对谣言的不同定义，如：“谣言是一个未经证实的、广泛流传的命题”；“谣言是在社会中出现并流传的未经官方公开证实或者已经被官方辟谣的信息”；“谣言是一个参照当前时事、旨在使人相信的命题，在未经官方证实的情况下广泛流传”；“谣言是在社会群体中流传的有关当前时事的信息，完全通过口传，往往没有任何事实根据”；等等。参见胡泳：《谣言作为一种社会抗议》，《传播与社会学刊》2009 年总第 9 期。可以看出这些定义与法律对谣言定义是有明显区别的。

虚假信息的行为，如编造并传播证券、期货交易虚假信息罪（第一百八十一条）、损害商业信誉商品声誉罪（第二百二十一条）、虚假广告罪（第二百二十二条）等。对于传播虚假信息损害他人名誉的行为即诽谤，主要是由当事人通过民事途径获得救济，刑事手段是受到谦抑的（参见第六章第二节）。

进入互联网时代，这些法律规定显得不够了。前述学者研究的谣言是口头传播，而网络传播的自发、互动、快捷、广泛等特点，大大增大了谣言传播的危害。有的自媒体如所谓“微博大V”，拥有关注者可达数十万、上百万，如果被利用来造谣，其危害可想而见。国家通过立法和对法律适用作出解释的方式，提升了打击网络造谣行为的力度。2000年发布的行政法规《互联网信息服务管理办法》，在“不得制作、复制、发布、传播”的内容下，就列有“散布谣言，扰乱社会秩序，破坏社会稳定的”一项（第十五条），违反此条规定而尚不构成犯罪的，由发证机关对网络服务者予以直至吊销许可证、关闭网站的处罚。

禁止传播的有害社会的内容，还有危害未成年人身心健康、宣扬邪教和封建迷信、凶杀暴力等。

一、严惩造谣犯罪

2001年的《刑法修正案（三）》，增设《刑法》第二百九十一条之一，其中规定了编造、故意传播虚假恐怖信息罪，对造谣扰乱社会秩序的行为在以往治安管理行政处罚之上增设了刑事处罚。2015年《刑法修正案（九）》又将编造虚假的或明知虚假的险情、疫情、灾情、警情进行传播的行为单列出来，设立编造、故意传播虚假信息罪，作为第二百九十一条之一的第二款而与编造、故意传播虚假恐怖信息罪并列。

2013年，最高人民检察院和最高人民法院《关于办理利用信息网络实施诽谤等刑事案件适用法律若干问题的解释》和最高人民法院《关于审理编造、故意传播虚假恐怖信息刑事案件适用法律若干问题的解释》，对诽谤罪、寻衅滋事罪、非法经营罪等多种罪名在网络传播中的适用作出解释，除了将有偿删帖行为适用非法经营罪的解释具有保护网络言论自由的意义（见第一章第二节）外，其他各项的中心目标就是打击网络造谣、传谣行为。①

纵观这些罪名，有两个共同的要件，就是在主观上必须出于故意，即明知事实不存在而加以编造或传播，过失不构成犯罪，传播未经证实也未能证伪的信息不能定为犯罪；在客观上必须造成严重扰乱社会秩序或其他严重危害结果，这在刑法理论上称为结果犯。

（一）编造、故意传播虚假恐怖信息罪和编造、故意传播虚假信息罪

编造、故意传播虚假恐怖信息罪，按2001年设立的《刑法》第二百九十一条之一的规定：“编造爆炸威胁、生化威胁、放射威胁等恐怖信息，或者明知是编造的恐怖信息而故意传播，严重扰乱社会秩序的，处五年以下有期徒刑、拘役或者管制；造成严重后果

① 参见“两高”发言人答记者问，中国法院网，2013年9月9日。

的，处五年以上有期徒刑。”前举最高人民法院2013年的司法解释，将虚假恐怖信息界定为“以发生爆炸威胁、生化威胁、放射威胁、劫持航空器威胁、重大灾情、重大疫情等严重威胁公共安全的事件为内容，可能引起社会恐慌或者公共安全危机的不真实信息”。

> 如有北京市民李泽强，于2010年8月4日22时许，在北京市朝阳区小营北路13号工地施工现场，用手机编写短信“今晚要炸北京首都机场”，向数十个手机号码发送。有人收信后即向公安机关报案，首都国际机场运行监控中心随即启动紧急预案进行排查，严重影响了机场的正常工作秩序。李被缉获到案后，法院判决犯编造、故意传播虚假恐怖信息罪，处有期徒刑一年。[①]

编造、故意传播虚假信息罪，是2015年在《刑法》第二百九十一条之一中增列的第二款：“编造虚假的险情、疫情、灾情、警情，在信息网络或者其他媒体上传播，或者明知是上述虚假信息，故意在信息网络[②]或者其他媒体上传播，严重扰乱社会秩序的，处三年以下有期徒刑、拘役或者管制；造成严重后果的，处三年以上七年以下有期徒刑。”将虚假疫情、灾情等从虚假恐怖信息中分离出来，另行定罪处罚。这就使第一款规定的虚假恐怖信息名副其实，纠正了2013年司法解释引入疫情、灾情内容以致扩张法律规定的问题。

按照上引法律规定，构成两罪都必须出于故意。这包括自己编造虚假恐怖信息或险情、疫情等信息并传播，或者明知是他人编造的虚假恐怖信息或险情、疫情等信息而故意传播。传播就是向不特定人散布。传播的途径可以是通过各种媒介、包括网络，也可以是其他方式，包括口头公开宣扬。

两罪属于“妨害社会管理秩序罪”。注意编造、传播虚假信息罪的法条是穷尽列举“虚假的险情、疫情、灾情、警情”这四种，而不能扩展于其他虚假信息。法律还规定构成两罪都必须具备“严重扰乱社会秩序”要件，2013年司法解释就“严重扰乱社会秩序”作出列举，包括：致使人员密集场所秩序混乱或紧急疏散、影响飞机等大型交通工具正常运行、致使工作生产教学等活动中断、造成居民生活秩序严重混乱、致使公安等职能部门采取紧急应对措施等六种情况。司法解释还就不同危害结果对量刑幅度作出了规定。

2020年初新型冠状病毒肺炎防控工作开展，网络空间各种谣言一时纷传，有人在疫病初起时就列出最流行谣言达60条之多[③]。为此，司法和行政部门加强了对于造谣行为的查处。2020年2月，最高法、最高检、公安部、司法部联合发布《关于依法惩治妨害新型冠状病毒感染肺炎疫情防控违法犯罪的意见》，其中就有对于编造、故意传播虚假疫情信息扰乱社会秩序的行为罪名认定，即以编造、故意传播虚假信息罪定罪处罚。

> 被告人刘星星，2020年1月24日在北京市通州区新建村的暂住地内，利用其微信号编造虚假信息，称自己感染新冠病毒后到公共场所通过咳嗽方式向他人传播，

① 参见最高人民检察院印发“第三批指导性案例”，检例第9号，2013年5月27日。

② 《关于办理利用信息网络实施诽谤等刑事案件适用法律若干问题的解释》第十条：“本解释所称信息网络，包括以计算机、电视机、固定电话机、移动电话机等电子设备为终端的计算机互联网、广播电视网、固定通信网、移动通信网等信息网络，以及向公众开放的局域网络。”《关于审理侵害信息网络传播权民事纠纷案件适用法律若干问题的规定》第二条有同样规定。

③ 参见《别传了！都是假的！新冠肺炎最热的60条谣言》，2020年2月2日，https：//www.sohu.com/a/370119847_457279。

发送至其另一微信号，并将该聊天记录截图后发送至微信朋友圈、1个微信群、2个微信好友及3个QQ群，直接覆盖人员共计2 700余人，并被其他个人微博转发。公安机关采取了技术侦查、落地查控、封控图片等紧急措施。刘在26日被抓获。法院经审理，判决刘星星犯编造、故意传播虚假信息罪，判处有期徒刑8个月。[①]

《治安管理处罚法》第二十五条规定对“散布谣言，谎报险情、疫情、警情或者以其他方法故意扰乱公共秩序”的行为予以行政拘留和罚款的处罚。按此条文，要受到行政处罚的行为应该具备三点：一是实施了散布谣言，谎报险情、疫情、警情等虚假信息的行为；二是具有扰乱公共秩序的故意，即明知散布的虚假信息会扰乱公共秩序，而对此抱着希望或放任其发生的态度；三是造成了扰乱公共秩序的后果，不过其行为情节、后果明显轻于编造、传播虚假信息罪行为，尚不构成犯罪。[②]

北京师范大学网络法治国际中心自2020年1月22日起观察并收录全国各地对新冠肺炎网络谣言的行政处罚案例，截至2月16日19时，共收录谎报疫情等散布谣言而受到行政拘留、罚款、警告等处罚的224例。其中如：安徽凤阳刘某在微博发帖称滁州新增一名新冠肺炎病人、其家人已被隔离，查无其事，处罚款300元；广西苍梧全某道听途说某村有人自武汉归来而染病，在朋友圈捏造说全村将封闭隔离，处行政拘留5日；南京李某因与某快餐店有矛盾，捏造事实两次在微博发帖称该店群聚感染新冠病毒，引起社会恐慌，处行政拘留5日；黑龙江大庆某药店工作人员为扩大销售，在微信群编造本地已确诊一名新冠肺炎患者，居民购药若超过100元，可以送药上门，引发惊疑，处行政拘留10日；等等。[③] 各地警方依法打击造谣的行动，保障了新冠肺炎防控工作的有序进行。

（二）寻衅滋事罪

《刑法》第二百九十三条规定的寻衅滋事罪，是从1979年《刑法》流氓罪中分解出来的一项罪名，是指肆意挑衅，随意殴打、骚扰他人或任意损毁、占用公私财物，或者在公共场所起哄闹事，严重破坏社会秩序的行为。2013年“两高”关于网络诽谤刑案的司法解释规定：“编造虚假信息，或者明知是编造的虚假信息，在信息网络上散布，或者组织、指使人员在信息网络上散布，起哄闹事，造成公共秩序严重混乱的，依照《刑法》第二百九十三条第一款第（四）项的规定，以寻衅滋事罪定罪处罚。”该条的第（四）项规定，是“在公共场所起哄闹事，造成公共场所秩序严重混乱”。该司法解释还规定：“利用信息网络辱骂、恐吓他人，情节恶劣，破坏社会秩序的，依照刑法第二百九十三条第一款第（二）项的规定，以寻衅滋事罪定罪处罚。”该条的第（二）项规定，是“追逐、拦截、辱骂、恐吓他人，情节恶劣”。

本罪侵犯客体也是正常的社会秩序。按照《刑法》此条规定，此罪必须具有“严重

---

① 北京市通州区人民法院刑事判决书，（2020）京0112刑初229号。本案为最高人民法院第一批10个依法惩处妨害疫情防控犯罪典型案例之一，2020年3月10日发布。

②. 参见孟凡壮：《网络谣言扰乱公共秩序的认定》，《政治与法律》（上海）2020年第4期。

③ 参见北京师范大学网络法治国际中心：《涉2020新冠肺炎网络谣言处罚一览》，2020年2月16日19时更新。

破坏社会秩序”的损害后果。关于前面所引虚假恐怖信息的司法解释列举“严重扰乱社会秩序”的情况，都是指现实世界中的生活秩序。而关于网络诽谤的司法解释把寻衅滋事从现实空间延伸到网络的虚拟空间，把《刑法》条文中“公共场所秩序”略写为“公共秩序”，就产生了不同理解。一种意见认为网络只是一种传播工具，不是“场所”，在网上编造、散布虚假信息，起哄闹事，应该在现实的三维物理空间造成破坏社会秩序的后果，方可认定构成寻衅滋事罪；另一种意见认为网络空间本身就是公共空间、公共场所，在网上造谣传谣、辱骂恐吓，就是破坏了网络公共场所的秩序，构成寻衅滋事罪。

如2014年宣判的北京市秦志晖（网名秦火火）诽谤、寻衅滋事罪案，秦被认定寻衅滋事的犯罪事实为：在2011年温州动车事故中，秦利用微博编造并散布虚假信息，称原铁道部向外籍遇难旅客支付3 000万欧元高额赔偿金，引发大量网民对国家机关公信力的质疑，原铁道部被迫于当夜辟谣，对事故善后工作的开展造成了不良影响。①

又如广东惠州叶某，2014年9月就当地发生因建造垃圾焚化场而引发的纠纷编写网帖并在“天涯论坛”发布，伪称有人家里半夜被20多名警察包围，遭到追捕，公安局局长“下令打一场人民战争”等，并任意截取网上图片11张配发。又在“西子论坛”再次发布，点击5 403次。警方为此做出应急预案，当地300余名群众再次进行非法游行，当局出动300多名警察和100多名工作人员进行劝说疏散。法院判决叶犯寻衅滋事罪，处有期徒刑一年六个月。②

这两个案件的犯罪人通过网络编造散布虚假信息，都影响了国家机关在事件现场的正常工作，甚至还扩大了群体事件，等于在那里起哄闹事。

而另一起昆明市董如彬（网名边民）非法经营、寻衅滋事罪案，其犯罪事实为：收取他人钱款，虚构其对立方面的负面事实，虚构某发电厂污染致癌企图使该厂关闭，在“湄公河中国船员遇害案”的处理过程中，编造、散布大量虚假信息和煽动性言论，引发网民围观等。判决对董收取钱款，认定非法经营罪；董散布虚假信息，严重混淆视听，扰乱公共秩序，认定寻衅滋事罪。③

判决书并未说明董的虚假信息是否造成实际损害后果，如影响发电厂生产秩序、影响湄公河案的处理进程等，而以严重混淆视听、引发网民围观就认定扰乱公共秩序，表明将网络空间直接确定为公共场所，而无须再考查是否破坏现实社会秩序。

但杨秀宇一案（参见第一章第二节），起初以涉嫌寻衅滋事罪刑拘，后来则以非法经营罪逮捕、起诉、定罪。杨的犯罪事实也有收取钱款，编造和散布虚假信息进行炒作等，但只以其有偿删帖等行为认定为非法经营罪，而未认定寻衅滋事罪④，表

---

① 参见北京市朝阳区人民法院刑事判决书，（2013）朝刑初字第2584号。

② 参见广东省惠州市惠城区人民法院刑事判决书，（2015）惠城法刑一初字第502号；广东省惠州市中级人民法院刑事裁定书，（2016）粤13刑终108号。

③ 参见云南省昆明市五华区人民法院刑事判决书，（2014）五法刑二初字第91号；云南省昆明市中级人民法院刑事裁定书，（2014）昆刑一终字第53号。

④ 参见北京市朝阳区人民法院刑事判决书，（2014）朝刑初字第1300号。

明在检方和法院看来，如果没有虚假信息扰乱现实公共场所秩序的后果，就不足以涉及此罪。

对于如何认定在网上编造并散布虚假信息、辱骂恐吓等行为构成寻衅滋事罪，尚须在司法实践中进一步探讨。[①]

（三）诽谤罪（公诉）和侵害英雄烈士名誉、荣誉罪

诽谤是以虚假事实损害他人名誉的行为，主要以民法救济。《刑法》第二百四十六条将“捏造事实诽谤他人、情节严重”的行为列为诽谤罪，但规定主要是自诉案件，当事人可以选择民诉还是刑诉，法院不告不理。而在第二款规定“严重危害社会秩序和国家利益”的不属自诉，这类诽谤行为侵害客体不只是个人人身权利，还侵害了社会秩序和国家利益，所以在此节讨论。

在前互联网时期，诽谤罪案很少，公诉案件更是罕见。本世纪以来，发生过多起公民通过互联网、手机短信批评、指责当地政府、官员而被警方作为公诉案介入采取强制侦查措施的案件。[②] 有学者批评此类查处诽谤案中存在滥用权力行为。[③]

前述2013年“两高”司法解释专门就诽谤罪作出界定。规定“捏造事实诽谤他人”，包括捏造损害他人名誉的事实在网上散布或指使他人散布、将信息内容篡改为损害他人名誉的事实在网上散布或指使他人散布和明知是捏造的损害他人名誉的事实在网上散布而情节恶劣这样三种情况。“情节严重”，包括同一诽谤信息实际被点击、浏览次数达到五千次以上，或者被转发次数达到五百次以上；造成被害人或者其近亲属精神失常、自残、自杀等严重后果；二年内曾因诽谤受过行政处罚，又诽谤他人以及其他情形。“严重危害社会秩序和国家利益”，包括引发群体性事件；引发公共秩序混乱；引发民族、宗教冲突；诽谤多人，造成恶劣社会影响；损害国家形象，严重危害国家利益；造成恶劣国际影响以及其他情形。这是我国司法首次对诽谤罪的具体构成作出具有法律效力的规范。

> 被告人傅学胜，于2010—2013年期间，屡次捏造事实损害多人名誉，在网上散布，引发网民累计达数十万次的点击及大量跟帖、负面评论，造成极为恶劣的社会影响。其中有捏造中石化女处长在非洲接受“性贿赂”所谓“牛郎门”丑闻，还雇佣水军进行恶意炒作。警方经侦查，以涉嫌诽谤罪对傅刑拘、逮捕，经公诉，法院判处有期徒刑二年九个月。[④]

该犯罪人诽谤对象，据判决书查明有9人，而且捏造的情节十分卑劣下流，符合公

---

① 参见北京市互联网信息办公室编：《国内外互联网立法研究》，北京，中国社会科学出版社，2014，第56-57页。

② 学者雷丽莉曾对2006年至2010年发生的被警方查处的所谓“诽谤”和“损害商誉”案件作了统计分析，发现被“诽谤”的对象有18起案件是政府或政府官员，其中13件是县或县以下干部；1件是中学校长；1件是企业。涉案人都是普通人，其中记者2人。予以行政处罚4件，其余16件作为刑案追究的，有12件后来明确撤案。参见雷丽莉：《从20起诽谤案看公权力追究公民言论责任的路径》，《法治新闻传播》（北京）2010年第5期。

③ 参见郭延军：《地方“一把手”应认真看待公民宪法权利》，《法学》（上海）2006年第11期；《地方“一把手”不可公器私用违法止谤》，《法学》2007年第6期。

④ 参见上海市闸北区人民法院刑事判决书，（2014）闸刑初字第906号。

诉诽谤罪“诽谤多人，造成恶劣社会影响”的条件。

但是把握公诉诽谤罪的标准尺度还是不容易的。原记者刘虎，在网上以微博公开实名举报4名部厅级官员等人，警方以涉嫌诽谤罪、寻衅滋事罪等予以刑拘，检察院以涉嫌诽谤罪予以逮捕。刘的律师认为，刘的举报内容有的属于疑点，有的来自他人提供，并非故意捏造。后来其中一名官员被查处。刘被羁押约一年后取保候审，2015年9月检察院以不符合公诉条件作出不起诉决定。①

诽谤罪的核心要件是故意捏造并散布损害他人名誉的事实。而受害人提起刑事自诉则必须同时具备“情节严重”的条件。只有再具备“严重危害社会秩序和国家利益”的条件，才可以列为警方侦查的公诉案件。而这些事实的举证责任都在控方。一度在媒体流传的所谓“造谣转发500次即入罪”之类的说法，是对法律的曲解。②

侵害英雄烈士名誉、荣誉罪，是2020年12月全国人大常委会通过的刑法第十一修正案新立罪名，列为《刑法》第六章“妨害社会管理秩序罪”的第一节“扰乱公共秩序罪”类罪名下第二百九十九条之一。本条罪名与《民法典》、《英雄烈士保护法》有关规定配套，将英烈权益及其蕴含的社会公共利益，置于民法、行政法和刑法全面保护之下。

> 被告人仇子明，在卫国戍边官兵捍卫国土的英雄事迹报道后，为博取眼球，于2021年2月19日上午在其住处使用其新浪微博账户“辣笔小球”（粉丝数250余万）先后发布2条微博，歪曲卫国戍边官兵的英雄事迹，并加以诋毁、贬损，造成恶劣社会影响。法院依据已生效的“刑法修正案（十一）”条文，判决仇子明犯侵害英雄烈士名誉、荣誉罪，判处有期徒刑8个月；并责令在国内主要门户网站和全国性媒体赔礼道歉、消除影响。③

二、禁止危害未成年人身心健康的内容

国家一贯重视保护未成年人的身心健康。历次版本的《未成年人保护法》、《预防未成年人犯罪法》以及一些行政法规均有对传播未成年人身心健康内容的禁止性规范。2020年修订的《未成年人保护法》第五十条作了全面规定：

“禁止制作、复制、出版、发布、传播含有宣扬淫秽、色情、暴力、邪教、迷信、赌博、引诱自杀、恐怖主义、分裂主义、极端主义等危害未成年人身心健康内容的图书、报刊、电影、广播电视节目、舞台艺术作品、音像制品、电子出版物和网络信息等。”

这条规定的全面性，一是内容，包括从淫秽、色情、暴力到分裂主义、极端主义等一切危害未成年人身心健康的内容；二是责任主体，任何组织和个人都负有责任；三是行为，制作、复制、出版、发布、传播，均在禁止之列；四是媒体，从纸媒到广播影视、

---

① 参见《中国青年报》2015年9月10日。

② 参见魏永征：《打击网络造谣犯罪点评》，收入《法制新闻研究》，北京，中国政法大学出版社，2015。

③ 参见《新华日报》2021年6月1日。按：仇子明作案后警方以涉嫌寻衅滋事罪刑事拘留，“刑法修正案（十一）”于3月1日实施，检方在3月1日以涉嫌侵害英雄烈士名誉、荣誉罪批捕并提起公诉。由于寻衅滋事罪处刑（最高量刑5年）较侵害英雄烈士名誉、荣誉罪（最高量刑3年）为重，检方变更罪名符合刑案适用法律从轻原则。

网络，从文字到图画到音像，均在规制之列。

由于传播内容的广泛性和复杂性，有些内容尚未达到条文所规定的必须禁止的性质，例如两性亲昵动作尚非色情，打斗而不属暴力，表现灾祸状况但不至恐怖，成年人接受没有问题，而对不同年龄阶段的未成年人仍然可能会有不良影响，所以法律提出了对未成年人提示的制度："任何组织或者个人出版、发布、传播的图书、报刊、电影、广播电视节目、舞台艺术作品、音像制品、电子出版物或者网络信息，包含可能影响未成年人身心健康内容的，应当以显著方式作出提示。"（第五十一条）这条规定为对有关媒体内容实行分级管理提供了法律依据。

第一百二十一条规定了违反这两条规定行为的罚则：由新闻出版、广播电视、电影、网信等部门按照职责分工责令限期改正，给予警告，没收违法所得，以及责令暂停相关业务、停产停业或者吊销营业执照或相关许可证，并处罚款，最高为违法所得的十倍。构成违反治安管理行为的，依法给予治安管理处罚；构成犯罪的，依法追究刑事责任。

广电总局部门规章《未成年人节目管理规定》（2019）对未成年人作为主要参与者或者以未成年人为主要接收对象的广播电视节目和网络视听节目的内容从提倡和禁止两个方面及有关管理制度作了具体规定。在青少年成长过程中，通过媒介接受音像形态的内容总是先于文字内容，互联网时代尤其如此，此"规定"对保护未成年人健康成长具有特殊意义。①

近年来，扫黄打非办公室等部门连年开展"护苗"专项行动，一方面，定期检查校园周边重点市场点位，集中清理夹杂"黄暴毒"、宣扬迷信等有害内容的少儿出版物和网上具有诱导未成年人性质的不良内容，特别对青少年接触较多的短视频、网络游戏、网络社交等重点传播渠道，发现问题坚决查处。另一方面，开展"护苗"系列正面宣传教育活动，推动学校、家庭严格管理学生使用手机等智能终端产品。2019年全年全国共查缴非法少儿类出版物95万余件、盗版教材教辅102万余件，清理查删网络淫秽色情等有害信息373万条，查处涉"护苗"类行政和刑事案件190余起。②

> 2019年寒假开始，媒体反映上海某民办学校英语寒假作业出现"黄段子"。经查，《寒假作业英语（NJ）[八年级]》系含有违禁内容及夹杂淫秽色情的非法出版物，由不具有出版物出版资质的东方激光教育文化公司擅自出版。上海市文化市场行政执法总队依法对该公司作出处罚，没收所有涉案出版物，并处罚款，吊销其《出版物经营许可证》。对涉案的印刷单位和发行单位依法另案处理。③

由于传统原因，我国对禁止淫秽色情以及涉及政治性质的分裂主义、极端主义内容关注较多，而对渲染暴力内容的负面影响有所忽视。特别是由于以往在理论上将暴力区分为"正义"和"非正义"，在内容制作和传播上发生误解，以为禁止渲染的主要是"非正义暴力"，而"正义暴力"可以大事渲染和表现。有的文件对应于禁止的宣扬暴力内容，仅仅界定为"以有害方式描述凶杀等犯罪活动或暴力行为，足以诱发犯罪，破坏社

① 参见王伟亮、刘逸帆：《未成年人保护广电媒体新闻责任论》，北京，知识产权出版社，2020。
② 参见国家网信办官网：《护苗更育苗——"护苗2019"专项行动综述》，2019年12月30日。
③ 参见国家网信办官网：《寒假"护苗"：扫黄打非部门查处案件力度大》，2019年2月25日。

会治安”，列举的都是表现犯罪行为、罪犯形象、犯罪方法等，殊不知对于“正义暴力”不加限制地表现渲染，也会引发不安惊恐，不利于未成年人健康成长。可注意的是，《未成年人节目管理规定》将“渲染暴力、血腥、恐怖”列为禁止内容的第一项。

系列电视动画片《喜羊羊与灰太狼》通过羊与狼斗智斗勇的故事，宣扬正义战胜邪恶的主题，多次获奖。但2013年，在江苏东海发生一名8岁儿童模仿动画片中表现情节烧伤另外两名7岁和4岁儿童事件，受害方起诉索赔时将制片人广东原创动力文化传播有限公司也列为被告，法院一审判决制片人赔偿损失15%。二审经调解，以制片人主动给受害儿童以人道主义捐助结案。①

现在这类动画片已经印有警告字句，要求家长注意加强教育引导。尽管如此，近年还是屡屡发生儿童模仿动画片动作而酿成悲剧的事件。

江苏省消费者权益保护委员会2021年4月发布《动画领域侵害未成年人成长安全消费调查报告》显示，线下访问1 026名未成年人家长，超八成家长呼吁严格把控未成年人动画片尺度。存在的问题主要有尺度较大，涉及暴力犯罪元素；存在危险行为，孩子容易模仿；氛围阴暗黑化，剧情偏向成人化。选取的21部具有代表性的未成年人动画片中，有10部暴力犯罪元素较多，比较常见的如：《迪迦奥特曼》中的持械殴打、多人恐吓、纵火爆炸，《熊出没》中光头强常手持猎枪或者电锯。②

如何落实《未成年人保护法》的有关规定，尚需各方努力和社会推动，细化具体措施。

三、禁止宣扬邪教

《国家安全法》规定：“国家依法取缔邪教组织，防范、制止和依法惩治邪教违法犯罪活动。”（第二十七条）

我国一贯坚持打击邪教组织及其违法犯罪活动。1997年《刑法》第三百条规定了组织和利用会道门、邪教组织或者利用迷信破坏法律实施罪。1999年10月第九届全国人大常委会第十二次会议作出《取缔邪教组织、防范和惩治邪教活动的决定》，最高人民法院和最高人民检察院在1999年和2001年两次发布有关司法解释，就办理邪教犯罪案件作出具体规定，其中包括禁止制作、传播邪教宣传品。2017年“两高”又发布《关于办理组织、利用邪教组织破坏法律实施等刑事案件适用法律若干问题的解释》，取代了前两件司法解释。

“两高”司法解释对邪教下了这样的定义：“冒用宗教、气功或者以其他名义建立，神化、鼓吹首要分子，利用制造、散布迷信邪说等手段蛊惑、蒙骗他人，发展、控制成员，危害社会的非法组织”。

禁止宣扬邪教是同邪教作斗争的重要方面。在“两高”司法解释之前，有关宣扬邪教的内容是按照禁止宣扬封建迷信的规定来取缔的。“两高”司法解释，对宣扬邪教的行

---

① 参见新华网，2013年12月19日、2014年8月7日。根据当事人约定，此案裁判文书未予公布。

② 参见《毒害未成年人！21部动画片，1 465个问题！》，光明网，2021年4月8日。

为明确了适用刑事制裁范围，加大了打击力度。“解释”规定了依照《刑法》第三百条第一款的规定定罪处罚的，包括“使用‘伪基站’‘黑广播’等无线电台（站）或者无线电频率宣扬邪教的”，“利用通讯信息网络宣扬邪教”、“制作、传播邪教宣传品”达到一定数量的等利用传播手段宣扬邪教内容的行为。

《刑法》第三百条第一款规定：“组织、利用会道门、邪教组织或者利用迷信破坏国家法律、行政法规实施的，处三年以上七年以下有期徒刑，并处罚金；情节特别严重的，处七年以上有期徒刑或者无期徒刑，并处罚金或没收财产”。本罪属于“妨害社会管理秩序罪”中的“扰乱公共秩序罪”，其主体是一般主体。其主观方面是故意。制作、传播邪教宣传品，宣扬邪教，可以是直接故意，即行为人就是以宣扬和组织邪教为目的，也可以是间接故意，即行为人自己并不是邪教成员，却为了牟取利润等目的，明知出版物含有宣扬邪教内容仍然加以制作、传播，对宣扬邪教采取放任的态度。其侵犯客体是社会公共秩序。其客观方面的行为特征，“解释”根据宣扬邪教的不同手段和社会危害的不同，规定了数量标准和情节标准，还就“情节较轻”、“情节特别严重”作出明确解释。

按《治安管理处罚法》第二十七条规定，组织、教唆、胁迫、诱骗、煽动他人从事邪教、会道门活动或者利用邪教、会道门、迷信活动，扰乱社会秩序、损害他人身体健康的，或者冒用宗教、气功名义进行扰乱社会秩序、损害他人身体健康活动的，要处以拘留、罚款的行政处罚。

> 2012年冬有所谓“全能神”邪教组织，冒用“基督教”名义，散布“世界末日”论蛊惑人心，进行邪恶活动。至谣传中的所谓“世界末日”即12月21日，全国公安机关已控制16省份邪教相关人员1 300多人，大部分人被行政拘留，也有少数人被刑拘；并收缴各类邪教宣传品多份以及一批涉案宣传工具。①

第三节 维护民族平等和团结

我国是一个由汉族和55个少数民族组成的统一的多民族国家。《宪法》第四条载明：“中华人民共和国各民族一律平等。国家保障各少数民族的合法的权利和利益，维护和发展各民族的平等团结互助和谐关系。禁止对任何民族的歧视和压迫，禁止破坏民族团结和制造民族分裂的行为。”《民族区域自治法》第三十八条规定：“民族自治地方的自治机关自主地发展具有民族形式和民族特点的文学、艺术、新闻、出版、广播、电影、电视等民族文化事业。”

多年来，党和国家把促进民族平等和团结作为社会主义精神文明建设的重要方面，同时立法禁止传播宣扬民族歧视、破坏民族团结的内容。早在1955年全国人大常委会《关于处理违法的图书杂志的决定》中，就把“煽动对民族和种族的歧视和压迫，破坏国内各民族团结”列为禁载内容。此类内容以后也一贯为我国法规、法令所禁止。

国际人权公约禁止鼓动民族、种族之间的歧视、仇恨。《公民权利和政治权利国际公

① 参见新华网，2012年12月21日。

约》第二十条规定："任何鼓吹民族、种族或宗教仇恨的主张，构成煽动歧视、敌视或暴力者，应以法律加以禁止。"《消除一切形式种族歧视国际公约》第四条规定："应宣告凡传播以种族优越或仇恨为根据的思想，煽动种族歧视，以及对任何种族或属于另一肤色或民族本源之人群实施强暴行为或煽动此种行为者……概为犯罪行为，依法惩处"。2005年9月，丹麦《日德兰邮报》刊登亵渎伊斯兰教先知穆罕默德的漫画，而后被欧洲一些报刊转载，引发穆斯林社会的全球性抗议浪潮，在个别地区甚至导致骚乱，表明尊重不同民族风俗习惯和宗教信仰，确实是不容有丝毫忽视的重大事情。

由于历史造成的民族隔阂和歧视少数民族的旧思想、旧观念残余的影响，再加上有些人对于党和国家民族政策和我国民族状况的无知，在20世纪80年代，在一些作品和出版物中时有出现歪曲、丑化少数民族形象，不尊重少数民族风俗习惯和宗教信仰，伤害和刺激少数民族感情的内容。例如，有的书刊和文章着意夸张、渲染少数民族风俗习惯中的落后方面，违背史实，胡编乱造；有的文学作品把编造的淫荡、乱伦情节说成是少数民族的风俗习惯，丑化少数民族；有的历史题材的作品，仍然沿用历史上某些歧视、侮辱少数民族的语言、称谓，把历史上少数民族的地域说成是"外国"，把边疆少数民族政权同中原王朝之间的战争说成是国与国之间的"侵略"和"反侵略"战争等。1987年《人民文学》第一、二期合刊上刊登小说《亮出你的舌苔或空空荡荡》，是一篇丑化、侮辱藏族同胞的作品。小说运用第一人称的手法，猎取在西藏的所谓奇闻逸事，用耸人听闻的语言，肆意歪曲西藏地区的风貌，丑化藏族同胞的形象，引起了公众特别是藏族人士的普遍不满和义愤。新闻出版署决定收回销毁，经济损失由《人民文学》杂志社承担，《人民文学》编辑部公开作严肃深刻检查，主编停职检查。[①]

《出版管理条例》特别提出对于"侵害少数民族风俗习惯"的内容予以禁载，是因为大众传播媒介发生的影响民族团结的事件，往往是从不了解、不尊重少数民族风俗习惯引发的。各民族不同的风俗习惯和社会生活方式，是由本民族的居住环境、发展进程等自然和历史的原因形成的，尊重少数民族，就要尊重他们的风俗习惯，不能不负责任地猎奇、主观臆断，更不能加以丑化。1994年底，《中国气象报》、《中国海洋报》等六家报纸刊登有关"猪年谈猪"的文章，丑化少数民族风俗习惯，违反我民族宗教政策，造成不良影响，新闻出版署给予罚款处罚。[②] 1997年，上海《秘书》杂志第9期刊载《涉外广告中的文化差异》一文，出现了违反国家民族宗教政策的内容，造成很坏影响，上海市新闻出版局决定没收、销毁当期全部杂志，没收违法所得5 500元，处罚款22 000元。[③] 2003年新闻出版总署发布《关于进一步加强对涉及民族宗教问题出版物管理的通知》，重申慎重对待涉及少数民族宗教信仰、禁忌、风俗、习惯等内容，严格执行重大选题备案制度和三审三校制度，加强内部管理，层层把关，杜绝因管理松弛、工作疏忽而出现的政策性、常识性错误。

有些少数民族人士还会对出版物不当内容以诉讼表达自己的抗议。有一本四字语词

---

① 参见《人民日报》1988年2月21日。

② 参见《新闻出版工作文件选编（1995年）》，第159页。

③ 参见《上海报刊动态》1997年第11、12期。

典收录“蒙古大夫”一词，释义为“医术低劣的医生，尽出医疗事故的医生”。辽宁有189位蒙古族大夫联合起诉该词典的出版社（作者已故）诋毁蒙古族医药工作者，侵害他们名誉权。出版社辩称这是一个历史上的词语，此前已有书籍、词典做过这样解释。法院一审判决侵权成立，出版社赔礼道歉并向189名原告支付赔偿金。二审经调解，出版社公开致歉并在一家全国性报纸上声明释义有误，为原告人出版《辽宁省蒙医药志》以支持蒙医药事业发展。① 此案189人一起主张名誉权，并不符合名誉侵权构成的指向特定人的要求，但出版社对此类引起兄弟民族反感的词语释义也确有疏于注意的过错。

关于涉及宣扬破坏民族团结内容的犯罪，《刑法》第二百四十九条规定的煽动民族仇恨、民族歧视罪已见前述。《刑法》第二百五十条还规定了出版歧视、侮辱少数民族作品罪：“在出版物中刊载歧视、侮辱少数民族的内容，情节恶劣，造成严重后果的，对直接责任人员，处三年以下有期徒刑、拘役或者管制。”本罪属于侵犯公民人身权利、民主权利罪。犯罪主体是自然人，包括作者和负有责任的编辑者、出版者。犯罪侵犯客体是少数民族群体的人格尊严。犯罪的主观方面必须出于故意，即明知作品内容有歧视、侮辱少数民族的性质，仍然予以出版。犯罪的客观行为是在出版物中刊载了贬低、嘲弄、蔑视、羞辱少数民族人格、风俗习惯或民族传统的内容，同时必须是情节恶劣、造成严重后果，这是指严重伤害了少数民族同胞的感情和自尊心，破坏了民族之间的和睦关系，甚至引起民族纠纷等。

> 有李治东，自2009—2016年间创设“回族佛教网”及QQ群、微信群等，长期发布攻击伊斯兰教、诋毁穆斯林同胞的言论、图片、文章等，公然煽动对信奉伊斯兰教民族的仇恨和歧视，引起部分回族群众上访，被公安部门捉拿归案。法院经审理，认定被告人犯煽动民族仇恨、民族歧视罪，判处有期徒刑二年六个月。②

《治安管理处罚法》还规定对“煽动民族仇恨、民族歧视，或者在出版物、计算机信息网络中刊载民族歧视、侮辱内容”的内容可予以治安管理行政处罚。

《出版管理条例》等行政法规，也有禁止煽动民族仇恨、民族歧视、破坏民族团结或者侵害民族风俗、习惯的规定和相应的行政处罚规定。

概念和思考题

第一节　禁止淫秽、色情内容

概念：

淫秽物品　淫秽出版物　色情出版物

思考题：

1. 淫秽物品的本质特征是什么？

---

① 参见辽宁省阜新蒙古族自治县人民法院民事判决书，（2002）阜县民初字第1095号；辽宁省阜新市中级人民法院调解书，（2004）阜民一权终字第31号。

② 参见辽宁省沈阳市和平区人民法院刑事判决书，（2017）辽0102刑初233号；辽宁省沈阳市中级人民法院刑事裁定书，（2017）辽01刑终411号。

2. 为什么有关人体生理、医学知识的科学著作不是淫秽物品？为什么包含有色情内容的有艺术价值的文学、艺术作品不视为淫秽物品？

3. 制作、贩卖、传播淫秽物品主要有哪些罪名？为什么为他人提供书号出版淫秽书刊罪由过失构成？

第二节　禁止造谣和其他有害社会的内容

概念：

造谣　编造、故意传播恐怖信息　寻衅滋事　渲染暴力

思考题：

1. 我国刑法对哪些“造谣”行为规定为犯罪？

2. 各类媒体如何防范不利于未成年人身心健康的内容？

3. 为什么要禁止宣扬封建迷信，渲染暴力、赌博、恐怖等内容？

第三节　维护民族平等和团结

思考题：

1. 为什么要把促进民族团结作为社会主义精神文明建设的重要内容？

2. 尊重少数民族风俗习惯对于维护民族团结有何意义？

第四章
新闻与司法

司法，是指特定的国家机关及其公职人员，依照法律规定的职权、程序，适用法律规范处理诉讼案件的活动。在我国，司法权包括审判权和检察权，人民法院和人民检察院是代表国家行使司法权的专门机关，法院行使审判权，即适用法律处理案件，作出判决或裁定；检察院行使检察权，包括批准逮捕、提起公诉、不起诉、抗诉等。

司法在法治中具有极为重要的地位。制定出好的法律，并且严格实施这种法律，是自古以来公认的法治两项基本条件。通常，公民、各社会组织和政府机关都能够依法行使权利（权力）和履行义务，无须司法介入，但是，如果它们之间发生了自己无法解决的争端，致使法律规定的权利义务无法实现，或者它们之中有实施了违法、违约或侵权行为的，需要依法制裁，保障和恢复受害方的权利，这就需要司法机关通过司法程序来作出公正处理。

司法作为法治的最终保障，具有国家的权威性、强制性和严格的程序性。司法机关以外的任何国家机关、社会组织和个人都不得从事司法活动；司法机关依照法律独立行使职权，不受非法干涉。司法机关的有效决定，所有当事人都必须执行，不得违抗。司法机关处理案件必须依据程序法的有关规定，法定的程序是保证司法机关正确、合法、及时地适用法律的前提，是实现司法公正的重要保证，任何人不得干扰司法程序的正常进行。

国际社会公认，接受公开和公正的审判是一项基本人权。《公民权利和政治权利国际公约》第十四条规定“人人有权由一个依法设立的合格的、独立的和无偏倚的法庭进行公正和公开的审判”，该条还就无罪推定、辩护权、不无故拖延审判、禁止自我认罪、错误审判应获得赔偿、对少年的审判等作出了明确规定。

在许多国家，新闻传播活动和司法活动之间的关系是一个需要特别界定的问题。司法被认为是社会公正的最后防线，所以必须公开进行，以置于公众的监督之下，因而传媒的及时而充分的报道就是必不可少的。但是司法又必须独立进行不受任何外界干扰，各类涉案人士包括诉讼双方特别是刑事被告人以及证人、受害人等的权利也必须予以保障，对上述公权和人权，新闻采访和报道必须充分尊重不得侵犯。新闻和司法之间的关系，是传媒法中的一项重要议题。各国制度各有不同，但业界也尝试根据国际人权法寻求一些共同遵循的原则，如 1994 年来自 20 多个国家的法律和传媒界人士议定的《媒体与司法独立关系的马德里原则》，这不是国际公约，但学术上往往作为一种参照。

我国有关司法活动的法律构建相当完整。我国 1979 年制定《刑事诉讼法》，1996 年、2012 年、2018 年三次修正；1989 年制定《行政诉讼法》，2014 年、2017 年两次修正；《民事诉讼法》先在 1982 年制定试行版，1991 年正式制定实施，2007 年、2012 年、2017 年、2021 年四次修正：这三部法律都属于基本法律，对各类诉讼活动程序订立了完整规范。人民法院和人民检察院的组织办法，警察、法官和检察官以及律师的职权和责任等，也都有专门的法律。诉讼部门法作为规范诉讼活动的法律，为司法、行政机关及诉讼当事人、参加人提供了行为准则，对于新闻传播活动也具有专业规范的意义。

一、公开及其限制

司法公开是民众知情权在司法领域的体现。由于司法活动在实现社会公正方面的重要作用，谚云“公正就要能够看得见”，尤其必须公开进行。所谓公开，当然不仅是向当事人公开或者向一部分人公开，还包括通过大众传播向全社会公开。因此，这些对于司法机关公开性的义务性规范不仅是公民知情权的规范，对于新闻媒介和新闻记者来说也是授权性规范，即对依法应予公开的案件享有采访报道的权利。

(一) 法律公开

法律是司法的唯一准则。凡是体现国家强制力的、要求全体社会成员普遍遵守的行为规范，都必须公布。未经公布的“内部文件”，不能要求人们普遍遵守，更不能作为制裁的依据。法律公开了，人民才能知所遵循，对自己的行为后果具有预见性，对司法是否公正有一个明确的准则。我国《立法法》对于法律文件的公布程序作了如下规定：

全国人民代表大会及其常务委员会通过的法律，由国家主席签署主席令予以公布，法律解释由常务委员会发布公告予以公布，法律签署公布后，及时在全国人民代表大会公报和中国人大网以及在全国范围内发行的报纸上刊载。

行政法规，由国务院总理签署国务院令公布，及时在国务院公报和中国政府法制信息网以及在全国范围内发行的报纸上刊载。

地方性法规、自治区的自治条例和单行条例，除省、自治区、直辖市人民代表大会制定的地方性法规由大会主席团公布外，其余均由制定地的人大常委会发布公告予以公布，及时在本级人大公报和中国人大网、本地方人民代表大会网站以及在本行政区域范围内发行的报纸上刊载。

国务院部门规章，由部门首长签署命令予以公布，及时在国务院公报或者部门公报和中国政府法制信息网以及在全国发行的报纸上刊登；地方政府规章，由省长或自治区主席或市长签署命令予以公布，及时在本级人民政府公报和中国政府法制信息网以及在本行政区域范围内发行的报纸上刊载。

法律在制定过程中，还要把草案向人民公开，交人民讨论。历史上，我国《宪法》在制定或者修改时，就曾多次公布草案或修改草案，征求意见。《立法法》规定列入全国人大常务委员会会议议程的法律案，应当在会后将法律草案及其起草、修改的说明等向社会公布，征求意见，但是经委员长会议决定不公布的除外。向社会公布征求意见的时间一般不少于三十日。征求意见的情况应当向社会通报。（第三十七条）行政法规草案除国务院决定不公布的以外，也应当向社会公布，征求意见。（第六十七条）《行政法规制定程序条例》（2017）、《规章制定程序条例》（2017）也都规定了公开征求意见的程序。

（二）审判公开

公开审判是国际通行的司法准则。公开审判的实质是将审判活动置于公众监督之下进行，约束法院和法官依法行使审判权，杜绝“暗箱操作”可能造成的弊端，保证审判公正。

公开审判制度也是我国司法的一项基本制度。1954 年《宪法》就有公开审判制度的规定。现行《宪法》第一百三十条规定：“人民法院审理案件，除法律规定的特别情况外，一律公开进行。”《民事诉讼法》第一百三十七条规定：“人民法院审理民事案件，除涉及国家秘密、个人隐私或者法律另有规定的以外，应当公开进行。离婚案件，涉及商业秘密的案件，当事人申请不公开审理的，可以不公开审理。”《刑事诉讼法》第十一条规定：“人民法院审判案件，除本法另有规定的以外，一律公开进行。”第一百八十八条规定：“人民法院审判第一审案件应当公开进行。但是有关国家秘密或者个人隐私的案件，不公开审理；涉及商业秘密的案件，当事人申请不公开审理的，可以不公开审理。不公开审理的案件，应当当庭宣布不公开审理的理由。”第二百八十五条规定：“审判的时候被告人不满十八周岁的案件，不公开审理。但是，经未成年被告人及其法定代理人同意，未成年被告人所在学校和未成年人保护组织可以派代表到场。”《行政诉讼法》第五十四条规定：“人民法院公开审理行政案件，但涉及国家秘密、个人隐私和法律另有规定的除外。”《人民法院组织法》第七条也规定：“人民法院实行司法公开，法律另有规定的除外。”一项制度，共有宪法和三部基本法律、一部法律的条文予以规定。据此，审判可以说是“以公开为原则，不公开为例外”。

最高人民法院于 1999 年发布《关于严格执行公开审判制度的若干规定》，2007 年又发布《关于加强人民法院审判公开工作若干意见》，2009 年底再发布《关于司法公开的六项规定》和《关于人民法院接受新闻媒体舆论监督的若干规定》，2010 年发布《关于人民法院直播录播庭审活动的规定》，2013 年发布《关于推进司法公开三大平台建设的若干意见》，2013 年、2016 年两次公布《关于人民法院在互联网公布裁判文书的规定》，2017 年发布《关于人民法院庭审录音录像的若干规定》，从而将公开审判制度化。2018 年印发《关于进一步深化司法公开的意见》，提出 30 余项具体举措。

根据1999年“若干规定”，审判公开包括公开开庭，公开举证、质证，并强调法院审理的所有案件应当一律公开宣告判决。2009年“六项规定”又增列：立案公开、庭审公开、执行公开、听证公开、文书公开和审务公开。所有证据应当在法庭上公开，独任审判员、合议庭成员、审判委员会委员的基本情况应当公开，违反规定程序过问案件的情况和法院接受监督的情况向社会和当事人公开，并建立健全过问案件登记、说情干扰警示制度等。2013年提出“三大平台建设”是指“全面推进审判流程公开、裁判文书公开、执行信息公开三大平台建设”。

公开审判应当接受公众旁听，而庭审场所大小往往成为限制旁听的一个重要因素。“若干意见”规定，因审判场所、安全保卫等客观因素所限而发放旁听证的，应当作出必要的说明和解释。“六项规定”提出，因审判场所等客观因素所限，人民法院可以发放旁听证或者通过庭审视频、直播录播等方式满足公众和媒体了解庭审实况的需要。

裁判文书公开是审判公开的重要方面。按2016年最高人民法院裁判文书上网规定，除涉及国家秘密、未成年人犯罪、个人隐私以及其他不适宜公开的案件外，生效的裁判文书都应该在互联网上公布。[①] 发生法律效力的裁判文书，应当在裁判文书生效之日起七个工作日内在互联网公布。依法提起抗诉或者上诉的一审判决书、裁定书，应当在二审裁判生效后七个工作日内在互联网公布。对自然人的家庭住址、通讯方式、身份证号码等个人信息，法人以及其他组织的银行账号，商业秘密以及其他不宜公开的内容，进行删除处理。公布的裁判文书应当保留当事人的真实姓名或名称，但婚姻家庭继承纠纷案件中的当事人及其法定代理人，刑事案件中被害人及其法定代理人、证人、鉴定人，附带民事诉讼原告人及其法定代理人、证人、鉴定人，未成年人及其法定代理人，应当隐名处理。“中国裁判文书网”在2013年7月1日正式开通，截至2020年，裁判文书上网公开累计达1.2亿份。[②]

公开审判制度不仅仅是让民众旁听审判过程，新闻报道是比民众旁听更为重要的公开渠道。《关于人民法院接受新闻媒体舆论监督的若干规定》正是体现了这一原则。按此规定，新闻媒体旁听案件庭审、采访报道法院工作、要求提供相关材料的，法院应当根据具体情况提供便利。对于社会关注的案件，法院应当通过新闻发布会、记者招待会、新闻通稿、法院公报等形式向新闻媒体及时发布相关信息。审判场所座席不足时应当优先满足媒体（还有当事人近亲属）的需要，有条件的法庭还可以设置媒体席。还规定新闻媒体可以根据报道或工作需要向法院申请有关资料，法院可以提供裁判文书复印件、庭审笔录、庭审录音录像、规范性文件、指导意见等。如有必要，也可以为媒体提供其他可以公开的背景资料和情况说明。

法院还可以通过网络向社会直接公开审判信息，直至同步直播公开庭审过程。2016

① 最高人民法院《关于人民法院在互联网公布裁判文书的规定》第四条规定裁判文书不在互联网公布的情况为：（一）涉及国家秘密的；（二）未成年人犯罪的；（三）以调解方式结案或者确认人民调解协议效力的，但为保护国家利益、社会公共利益、他人合法权益确有必要公开的除外；（四）离婚诉讼或者涉及未成年子女抚养、监护的；（五）人民法院认为不宜在互联网公布的其他情形。

② 据最高人民法院院长周强在第十三届全国人民代表大会第四次会议上作的《最高人民法院工作报告》，2021年3月8日。

年修改后的《人民法院法庭规则》规定对于公众关注度较高、社会影响较大或法治宣传教育意义较强的依法公开审理的案件，可以通过电视、互联网或其他公共媒体进行图文、音频、视频直播或录播。《关于人民法院直播录播庭审活动的规定》将这项制度具体化，并规定检察机关提出异议并有正当理由的刑事案件，当事人提出异议并有正当理由的民事、行政案件等除外。涉及未成年人、被害人或者证人保护等问题，以及其他不宜公开的内容的，应当进行技术处理。此外还要履行一定的报批程序。

（三）检察事务公开

检察机关是国家的法律监督机关，人民对检察工作享有知情权。不过，我国宪法和法律没有直接就检务公开作出规定，《政府信息公开条例》也不能涵盖检察工作，所以检务公开制度是最高人民检察院主动制定规范实施的。从 1998 年 10 月《关于在全国检察机关实行“检务公开”的决定》，到 2014 年《人民检察院案件信息公开工作规定（试行）》、2015 年《关于全面推进检务公开工作的意见》，最高人民检察院与时俱进，建立并不断完善检务公开制度。2020 年，最高检发布《人民检察院审查案件听证工作规定》，对检察公开听证与不公开听证的案件范围作了规定。

“检务公开”制度坚持“依法、全面、及时、规范、便民”原则，以让人民群众在检察机关办理的每一个案件中感受到公平正义为目标。

“检务公开”的主要内容包括检察案件信息、检察政务信息和检察队伍信息等。重点是主动及时发布重要案件信息，生效的法律文书，依申请公开案件程序性信息等。但对正在办理的案件，不得向社会发布有关案件事实和证据认定的信息。

“检务公开”的方式要改变以单向宣告为主的传统做法，积极探索推进与社会公众的双向互动。要求建立健全民意收集转化和检务公开救济两项机制，确保检务公开工作既依法规范开展，又能够充分把握民情、体现民意。人民群众、当事人或者其他符合条件的案件信息查询人认为检察机关应公开而不公开、或不应公开而公开有关检务信息的，可提出申请或复议，相关责任部门及时调查、处理和答复。

“检务公开”的途径一方面是实行新闻发布工作常态化，通过新闻发言人、召开新闻发布会、提供新闻稿等方式对外发布重要信息，另一方面是强化新媒体公开平台建设，建立统一的人民检察院案件信息公开系统，构建多层次、多角度、全覆盖的检务公开网络。

（四）保密事项及责任

公开和保密相对应而存在。在不公开审理案件中含有的国家秘密、商业秘密和个人隐私等信息当然不许披露和报道。

《保守国家秘密法》把“追查刑事犯罪中的秘密事项”列为国家秘密。为了保证审判公正，在司法程序中还会形成许多工作秘密。世界许多国家通行侦查不公开原则，我国虽然没有明文规定这个原则，但官方对侦查过程的信息传播一向持谨慎态度，如曾有要求：正在侦查的案件一般不作报道，个别必须报道的，需经案件侦查部门及上级主管机关审核同意后，可以先发消息，案件终结后再作详细报道。不得暴露侦查手段，特别是使用特情和技术侦查措施的情况。不得使用公安工作内部用语。不得过细描写审讯方案、策略、技巧。不得具体报道看管关押犯罪嫌疑人场所的建筑格局、安全和警戒设施以及安装、使用监控技术的情况。不得透露这些场所警力、武装兵力、值班、执勤情况和处置突发事件的预案。不得报道这些场所关押人员数字及情况。

《刑事诉讼法》还设立了若干涉案信息保密的条款。如规定："采取技术侦查措施获取的材料，只能用于对犯罪的侦查、起诉和审判，不得用于其他用途。"（第一百五十二条）以前在广播电视节目中可以听到或看到警方提供的监听电话交谈、监控录像画面等，此类我国广播电视节目的独有景观，现在不应再出现；即使声音、面容作了处理也不行。另外还规定了某些特别保密责任，如辩护律师对委托人信息的保密（第四十八条），公检法机关对于危害国家安全、恐怖活动、黑社会性质和涉毒品的犯罪案件中证人、鉴定人及其近亲属的个人信息及外貌、声音保密（第六十四条），与公安机关依法采取技术侦查措施有关的单位和个人对技术侦查情况保密（第一百五十二条）等。

基于保护未成年人，《刑事诉讼法》除规定未成年人涉嫌罪案不公开审理外，其第二百八十六条还规定了未成年人犯罪记录封存制度："犯罪的时候不满十八周岁，被判处五年有期徒刑以下刑罚的，应当对相关犯罪记录予以封存。犯罪记录被封存的，不得向任何单位和个人提供，但司法机关为办案需要或者有关单位根据国家规定进行查询的除外。依法进行查询的单位，应当对被封存的犯罪记录的情况予以保密。"新闻单位即使被允许可以查询，仍然负有保密义务。这将从源头上遏止任意披露未成年人犯罪资料的现象。

上世纪我国制定的《预防未成年人犯罪法》、《未成年人保护法》，都有媒体不得披露未成年犯罪人可识别资料的规定。2020 年修订的《预防未成年人犯罪法》第三条规定，开展预防未成年人犯罪工作，应当尊重未成年人人格尊严，保护未成年人的名誉权、隐私权和个人信息等合法权益。2020 年修订的《未成年人保护法》专列第七章"司法保护"，其中第一百零三条规定：公、检、法和司法行政部门等以及其他组织和个人"不得披露有关案件中未成年人的姓名、影像、住所、就读学校以及其他可能识别出其身份的信息，但查找失踪、被拐卖未成年人等情形除外"。此条规定的案件，应包括刑事、民事、行政等所有案件；其中的未成年人，其身份应包括嫌疑人、犯罪人、侵权人、受害人、被侵权人、行政行为相对人以及其他任何与案件有关的未成年人；义务方应包括一切组织和个人。据此，即使是公开审理的案件，在披露案情时对其中涉及未成年人的信息也必须作匿名化处理。此法第四十九条还规定，新闻媒体采访报道涉及未成年人事件应当客观、审慎和适度，不得侵犯未成年人的名誉、隐私和其他合法权益。

以往保护犯罪未成年人个人资料等不公开审理案件信息的规定未得到重视和执行。2000 年震惊全国的金华某中学生杀害母亲案，凶犯时年 17 岁，媒体报道此案时从一审到二审都把凶犯姓名、所在学校等和盘披露。[①] 此后，披露此类资料的报道、节目屡屡见

① 参见新华社报道，2000 年 5 月 1 日。

诸报纸、电视和新闻网站[①]，而没有一起受到处分或公开批评教育。以至在2013年未成年人李某某等人强奸且轮奸案侦查、审理过程中信息披露和报道严重失控，未成年嫌疑人和被强奸人信息在网络和某些新闻媒体上被肆意炒作，被学界认为是“近年来报道水平最低、社会效果最差的刑事案件新闻”[②]。至2015年方才有媒体因披露未成年嫌犯姓名而被判处承担侵害隐私权责任的案例（见第六章第三节）。

2015年《刑法修正案（九）》将严重的泄露和传播不应公开案件信息的行为列入刑事罪行。此类行为侵害客体是国家司法机关的正常诉讼活动，所以列于《刑法》分则第六章“妨害社会管理秩序罪”的第六节“妨害司法罪”的类罪名之下，作为《刑法》第三百零八条之一。有两项罪名：

一是泄露不应公开的案件信息罪。该条第一款规定：“司法工作人员、辩护人、诉讼代理人或者其他诉讼参与人，泄露依法不公开审理的案件中不应当公开的信息，造成信息公开传播或者其他严重后果的，处三年以下有期徒刑、拘役或者管制，并处或者单处罚金。”本罪是特殊主体，即广义的不公开案件的诉讼参与人，包括刑警、检察官、法官、律师和其他代理人，其他参加诉讼而知晓案情的证人、鉴定人以及未成年人犯罪案件中依法到场的学校代表等，其犯罪行为是泄露不公开案件中不应当公开的信息，同时造成信息公开传播或其他严重后果，向个别人泄露没有造成传播后果不构成此罪。

二是披露、报道不应公开的案件信息罪。该条第三款规定：“公开披露、报道第一款规定的案件信息，情节严重的，依照第一款的规定处罚。”并且以第四款规定了单位犯罪[③]。本款提到了报道，似乎是专为新闻记者和媒体而设的，但是现在任何人都能够自行上网披露信息，所以还是一般主体；而媒体和记者触犯此条的机会更多。其犯罪行为必须是披露、报道不公开案件的不应当公开的信息，即向不特定多数人发布，并且有“情节严重”的要件。

设立这两项罪名，考虑到了不公开案件信息被非法公开需要从信息源和传播者两方

---

① 如：2009年浙江嵊州发生劫杀超市业主案件，当地报纸在警方破案第二天刊登报道《三个“毛孩”灭了一家三口》，披露三个嫌疑人都未满18岁，最小一个只有16岁，但还是将三人姓名、籍贯和盘托出。参见《绍兴日报》2009年6月25日。2011年9月，著名歌唱家李某之子打人涉案被处劳教一年，时年15岁，但是新闻报道大多直指姓名。参见《北京晚报》2011年9月8日，《北京晨报》2011年9月9日，《羊城晚报》2011年9月9日、2011年9月16日。2011年11月，南京有一17岁少年为筹备生日，抢劫杀死邻居8岁女孩，当地报纸详叙作案经过，还报道了作案人姓氏和住址。参见《扬子晚报》2011年11月11日。2011年9月，安徽合肥17岁中学生对一少女毁容被判刑，有的报纸报道姓名还刊登了被告人受审的照片。参见《新京报》2012年5月11日。2012年3月，哈尔滨医大第一医院发生患者杀害医生案件，嫌犯17岁，很多媒体报道姓名、身份。参见《南方都市报》2012年3月30日，央视网，2012年3月31日，财新网，2012年4月5日。

② 参见徐迅主编：《依法审判与舆论监督》，广州，世界图书出版公司，2015，第5-15页。李某某等4名未成年人和1名成年人强奸且轮奸案发生于2013年2月，法院于2013年11月终审裁定5被告人犯强奸罪，分别处以不等的有期徒刑或缓刑。此案在被害人报案后，李某某姓名即被披露，接着其家庭情况、个人经历以及肖像等在网上广为传播并且被新闻媒体报道，而后被害人的情况也被公开并质疑她是否“良家女子”，不公开举行的庭前会议内容被一名并未与会的律师向传媒披露、指被害人和酒吧“设局”、“敲诈勒索”，含有对被害人妇科检查内容的被告人律师辩护词被贴到网上，另一名被告人律师在宣判后出庭向记者散发案件资料并将判决书上网公开，等等。本书有关章节对这起双重不公开审理案件的信息披露和报道，从公安机关表现失当和法院对违规行为应对疲软、当事人和律师多种违规表现和责任、媒体涉嫌违反多项法律规范等方面作了分析探讨。

③ 《刑法》第三十一条：“单位犯罪的，对单位判处罚金，并对其直接负责的主管人员和其他直接责任人员判处刑罚。”单位犯罪须由法律规定。

面进行堵截，以杜绝此类信息失控、影响司法审判。像李某某案信息失控这样的情况，如果在此法生效后发生，有的行为人就可能被追究刑责。但是对不公开案件的不应公开信息，除了上述未成年人犯罪案件不得披露的信息已有法律明文规定外，诸如隐私、商业秘密等，范围都还不明确。另外条文中“造成严重后果”、“情节严重”也都有待明确界定。

《刑法》第三百零八条之一第二款规定泄露不公开审理案件的国家秘密，按泄密罪定罪处罚。这与涉及刑案侦查中的国家秘密是两类不同的国家秘密，但是都应该遵照前面第二章第二节阐述的保守国家秘密的法律和制度处理。

（五）法庭规则

法庭直接向社会开放，而审判又是极其严肃的活动，既要高度透明，又要井然有序，必须有严格的规则。

我国三部诉讼法都有遵守法庭规则，维护法庭秩序，并对违者进行处罚的规定。最高人民法院于1979年制定《人民法院法庭规则（试行）》，1993年修订为《人民法院法庭规则》，并于2016年作了修正。

“法庭规则”规定公开审理的案件，公民可以旁听。证人、鉴定人以及准备出庭提出意见的有专门知识的人，未经法院批准的未成年人，拒绝接受安全检查的人，精神病人和醉酒的人和其他不宜旁听的人不得旁听。旁听席位不能满足需要时，人民法院可以根据申请的先后顺序或者通过抽签、摇号等方式发放旁听证，但应当优先安排当事人的近亲属或其他与案件有利害关系的人旁听。

“法庭规则”规定旁听人员必须听从法庭指挥，不得鼓掌、喧哗；吸烟、进食；拨打或接听电话；对庭审活动进行录音、录像、拍照或使用移动通信工具等传播庭审活动和实施其他危害法庭安全或妨害法庭秩序的行为。旁听人员不得进入审判活动区，不得随意站立、走动，不得发言和提问。新闻记者录音、录像、拍照或使用移动通信工具须经法庭许可，应当在指定的时间及区域进行，不得影响或干扰庭审活动。对于违反法庭规则的人，审判长或者独任审判员应当予以警告；对不听警告的，予以训诫；对训诫无效的，责令其退出法庭；对拒不退出法庭的，指令司法警察将其强行带出法庭。可以暂扣其使用的录音、录像、拍照等设备及存储介质，删除相关内容。

“法庭规则”还规定法院应当对庭审活动进行全程录像或录音。

记者进入法庭是参加“旁听”而不是“采访”。1979年“试行规则”曾经规定“公开审判的案件，允许新闻记者采访”。而1993年及以后的“规则”则不再提及“采访”。可见记者在法庭并无所谓“采访权”，事实上他们也不可能当庭向任何人提问、交谈。但记者还是享有一点特权，就是经过法庭批准，可以录音、摄影和录像或使用移动通信工具等传播庭审活动。照相机、摄像机等进入法庭，世界上许多国家都是有限制的，因为这不仅会影响法庭秩序，而且对诉讼当事人特别是刑事被告人的形象也容易造成负面影响。而我国则由法官自由裁量，法官可以同意也可以不同意记者摄录，可以同意有些记者摄录而不同意另外一些记者摄录，选择那些信得过的媒体记者来摄影、录像，民众从媒体上看见庭审时被告人的照片、庭审现场的影像片段等等，习以为常。但是这种做法显然忽略了当事人意愿，至今还很少有人质疑。[①]

审判有严格的程序，有关事实证据和意见的发布必须有序进行，以免影响审判公正。法院公开在审案件的信息就是将庭审现场公之于众，新闻记者不应该寻求向法院和法官获取另外的信息。法官在公开场合不评论在审案件是国际司法通例。2009 年“若干规定”规定：“对于正在审理的案件，人民法院的审判人员及其他工作人员不得擅自接受新闻媒体的采访。”2001 年最高人民法院《法官职业道德基本准则》也规定：“除非基于履行审判职责或者通过适当的程序，不得对其他法官正在审理的案件发表评论”，“法官发表文章或者接受媒体采访时，应当保持谨慎的态度，不得针对具体案件和当事人进行不适当的评论，避免因言语不当使公众对司法公正产生合理的怀疑”。

二、尊重司法权威和人权，反对“媒介审判”

新闻与司法关系的复杂性，在于既涉及新闻报道与司法权力的关系，又涉及新闻报道与诉讼参加人特别是刑事被告人的人权的关系。这与新闻媒介报道行政机关的行为有很大的不同。

尊重司法权威，是国际公认的基本法治原则。其作用在于保证司法机关审理案件的客观、公正、廉洁、高效，防止国家权力过分集中而造成滥用权力现象。我国人民代表大会制度下的司法制度与西方“三权分立”制度下的司法独立是完全不同的。《宪法》第一百三十一条规定：“人民法院依照法律规定独立行使审判权，不受行政机关、社会团体和个人的干涉。”第一百三十六条规定：“人民检察院依照法律规定独立行使检察权，不受行政机关、社会团体和个人的干涉。”《人民法院组织法》和《人民检察院组织法》分别有相同的规定。按照《刑事诉讼法》规定，公安机关行使侦查权（检察院直接受理的除外），检察院行使检察权，法院行使审判权，实行分工负责、互相配合、互相制约的体制机制。新闻媒介报道司法活动，特别是报道审判案件，应该遵守上述规定，不可干预依法独立审判和依法独立检察。

在法治社会，每个人都有权获得公开而公正的审判，尤其是可能剥夺一定期限人身自由甚至其生命的刑事案件，更须慎重对待。对于如何确定有罪，我国《刑事诉讼法》几经修订，形成了完整的人权保障制度，主要包括：

（1）确认有罪必须由法院依法判决。刑诉法第十二条规定：“未经人民法院依法判决，对任何人都不得确定有罪。”对于任何人的定罪权只属于法院，其他任何组织、机构都没有确定他人有罪的权力，即使现场抓获人赃俱在，也不能称为罪犯。“依法判决”，即依照法律规定的程序进行审判后由法院公开宣告有罪并处以刑罚或免于刑罚。

（2）控方对嫌疑人有罪承担举证责任。刑诉法第五十一条规定：“公诉案件中被告人有罪的举证责任由人民检察院承担，自诉案件中被告人有罪的举证责任由自诉人承担。”

---

① 在一起家庭财产纠纷案件庭审现场，诉讼当事人坚决拒绝媒体录像，致使庭审中止。论者以为，随着公民维权意识的发展，记者到庭审现场摄影、录像，除了得到法庭许可外，还应该尊重诉讼当事人的意愿。参见《北京晚报》2012 年 4 月 7 日。

相对而言，嫌疑人、被告人有权辩护自己无罪，但是不能因为他不能证明自己无罪而推定他有罪。

（3）禁止自证有罪。刑诉法第五十二条：“严禁刑讯逼供和以威胁、引诱、欺骗以及其他非法方法收集证据，不得强迫任何人证实自己有罪。”

（4）定罪证据排除合理怀疑。历版刑诉法都有“重证据，重调查研究，不轻信口供”的规定，现行刑诉法确立“证据确实、充分”的三项标准，包括定罪量刑的事实都有证据证明、这些证据均经法定程序查证属实，特别是“综合全案证据，对所认定事实已排除合理怀疑”（第五十五条），我国香港地区法理称为“疑点利益归被告”。

（5）“疑罪从无”。怀疑有罪但证据不足、难以确定的案件如何处理？刑诉法第二百条第三项作出明确规定：证据不足，不能认定被告人有罪的，应当作出无罪判决。

以上各点，被认为吸取了“无罪推定”（presumption of innocence）[①] 理论的合理成分。《公民权利和政治权利国际公约》第 14 条第 1 项规定“公正和公开审判”；第 2 项规定：“任何被指控犯有刑事罪行者，在未依法证实有罪之前，应有权被推定为无罪。”学理上认为，无罪推定要求法官在审判时，不能有被告人有罪或无罪的先入之见。但这项义务并不限于法官，所有公共机构，特别是政府官员，都有义务不得预先设定审判结果。还要注意“过分的媒体正义”或其他强有力的社会团体对法官施加影响的危险。[②]

可见，作为社会舆论载体的新闻媒介对此承担着不容推卸的社会责任。对于司法案件，在法庭判决前不做定性、定罪的报道和评论，是新闻职业规范的一条重要准则。

“媒介审判”（trial by media）、“新闻审判”（trial by newspaper），原初是西方新闻专业规范中的一个术语，意指新闻媒介在报道进入司法程序的案件时超越法律规定，侵犯人权，影响审判独立和公正的现象，这种现象多数是发生在刑事案件报道中。一些国家通过法律或者新闻专业规范来制止和防范这类现象。[③] 在我国，在新闻媒介被当做阶级斗争工具的年代，新闻媒介可以凌驾于司法之上，直接宣布他人罪名，实行“专政”。这种“媒介审判”不同于西方所指的只是媒介对司法施加某种影响，而是权力操控下的媒介功能错位。随着社会主义法治原则的确立，这种做法理所当然受到唾弃。

但是若干法制新闻特别是刑案报道，与现代法治原则还存在着差距。在观念上，出于对新闻传播的监督功能理解不当，误以为新闻报道应当“促进”司法、“推动和配合打击犯罪”等观念仍然有一定影响。在报道方式上，通常把警方提供的资料作为定论来予以宣传，虽然对涉案人使用“嫌疑人”的称谓，但实际上还是在审理前或判决前确定涉案人有罪。而报道嫌疑人、被告人辩护意见则很少见。在信息采集和使用上，有些主流媒体记者往往可以从警方获得特殊方便，譬如到羁押场所直接“采访”嫌疑人，让他叙说自己“犯罪”的经过和教训，还有记者“随警执法”、“随警抓捕”、“随警破案”，在庭审前或判决前就将侦查过程包括警方如何获取证据的方式和盘托出，详细披露案情全过程，以及

---

① 最初提出无罪推定理论的是意大利刑法学家贝卡利亚，他在《论犯罪与刑罚》（1764）一书中写道：“在法官判决之前，一个人是不能被称为罪犯的。只要还不能断定他已经侵犯了给予他公共保护的契约，社会就不能取消对他的公共保护。”参见该书中译本，北京，中国大百科全书出版社，1993，第 31 页。

② 参见［奥］M. 诺瓦克：《民权公约评注》，北京，生活·读书·新知三联书店，2003，第 250－251 页。

③ 参见李瞻编译：《传播法——判例与说明》，台北，黎明文化事业公司，1992，第 385－390 页。

直接使用警方的监听、监视的录音录像资料。这些做法，都是违反前述法律规范的。[①]

近年来还出现在犯罪嫌疑人被羁押后，就在电视中播出他们“认罪悔罪”的节目或镜头，在某些人看来，似乎这样做可以收到宣传警方战绩、反驳舆论各种责难、澄清事实、威慑邪恶、伸张正气等多种积极作用，其实这种做法由于违反上述一系列法治原则，得不偿失。由于在审判前就大事宣传嫌疑人有罪，形成一种足以影响法庭依法独立审判的舆论氛围，使人们合理怀疑审判在不同程度上失去了公正性，就会发生“媒介审判”的效应。

“媒介审判”是对司法权力和诉讼当事人人权的双重侵犯，其负面影响是多方面的。

第一，“媒介审判”不利于贯彻法治原则，损害程序正义。

案件的判决结果必须正确、公平，符合法律规定的原则，这是实体正义。而案件的审判过程也必须正确、公平，符合法律规定的所有步骤，这就是程序正义。所谓程序正义优于实体正义的理念是指：要求判决结果正确，还只是涉及特定的单个案件；要求审判过程正确，则涉及法律实施的整体。譬如我国法律不仅规定了确定一个人有罪必须经法院判决，而且规定了立案、侦查、起诉、审判等完整程序，这是所有刑事案件都必须遵循的。如果新闻媒介抢在审判之前说三道四下结论，即使后来判决结果与媒介说的相同，那么仍然是对审判程序的违反和破坏，客观上给人显示的是媒介比司法更管用，媒介推动司法，司法跟在媒介后面下判决，有可能为其他对司法的非法干预打开方便之门。

如本世纪初的刘涌黑社会犯罪案件，刘涌一审被判处死刑立即执行，二审改判死刑缓期两年执行，引发社会强烈异议，在报纸和互联网上出现了大量质疑，惊动最高人民法院决定提审，改判刘涌死刑立即执行，迅速处决[②]。对此又有两种反应，一种认为这是舆论的胜利，纠正了二审判决的错误，一种认为这是舆论杀人，“不杀不足以平民愤”之类的民意左右了法院的判决。这两种看法实际上都是把司法置于屈从于舆论的尴尬境地。

造成这种局面的原因，正是在于新闻抢在法庭审判之前对嫌疑人定性、定罪，在公众中形成了先入为主的定见。早在刘涌被警方拘捕尚未起诉之时，即在2001年1月，新闻报道就宣布他是“黑道霸主”，是“血案累累独霸一方的黑老大”，是“犯罪团伙”和“黑帮”的“头子”，而且“铁证如山”，应该予以“彻底摧毁”[③]。这些新闻报道在全国主要报纸和网站广泛转载并且配发声讨文章，引起人们激愤。而一年多以后的一审判决，报纸只发了数百字简单消息。可见反对二审改判的舆论不是凭空而来的，而是新闻媒介先前大事宣传的效果。直至二审改判后，被告律师的辩护意见才略有披露，但却受到舆论严斥。如果新闻报道不是抢先宣传案犯“罪大恶极”，而是由法院严格按照司法程序独立审判，控辩双方的意见得到平衡披露，其结果即使同现在完全相同，也肯定不会引发对法院的非议。像本案这样，新闻报道的定论先于法院判决，新闻报道的影响超越于法院判决之上，人们用新闻报道来作为衡量法院判决是否恰当的标准，就是“媒介审判”的表现。[④]

---

① 参见徐迅、范鑫：《刑事诉讼法修改对媒体案件报道的法律影响》，《中国记者》2012年第7期。

② 参见最高人民法院刑事判决书，(2003) 刑提字第5号。

③ 参见《沈阳“黑道霸主”刘涌覆灭记》，新华网，2001年1月19日；《内幕触目惊心——“黑道霸主”刘涌如何当上人大代表》，新华网，2001年4月25日。

④ 参见魏永征：《媒体和司法审判应该如何平衡?》，《中国传媒报告》（香港）2004年第11期。

中共中央多次提出："让人民群众在每一个司法案件中都感受到公平正义。"[①] 公平和正义必须以人们看得见的方式加以实现。这种"看得见的方式"，离不开新闻媒体的报道，作为人民群众了解案件的主要渠道，新闻媒体必须按照司法程序的进程进行客观、平衡的报道，任何抢先或超越于法院判决的报道，即便最后与司法判决结果一致，也有违公平正义的本义。如果审判是公正的，而新闻报道和评论的不公正使人民群众误认为司法不公正，更是新闻媒体之责。

第二，"媒介审判"也可能影响司法公正，造成误判、错判。

有人认为防止"媒介审判"主要是在普通法系国家，因为那里实行陪审团制度，由非专业人士组成的陪审团很容易受媒介不当宣传的影响，而大陆法系国家的法官以精英人士组成，不存在被舆论左右的问题。我国法官也都是专业人士，不设陪审团，法官对新闻舆论有判断能力，所以新闻舆论也不致影响司法。这种看法是似是而非的。我国无论司法制度还是新闻体制都与西方根本不同：司法并不是"三权分立"中的一方，各级法院和检察院都受同级党委的政法委员会领导，由同级人民代表大会产生并受它的监督。两院的编制、财政预算、干部配备等等，都归同级党委和政府掌握。新闻媒介则直接或间接隶属于各级党政机关，媒介意见很容易被理解为代表了某些党政部门的意见，也有可能影响有权力过问司法的领导干部和人大代表等名流。如果后者对司法施加实质性的影响，法官就很难抗御。新闻媒介不拥有侦查手段，难以掌握案情的全部事实并判断其真伪，而且缺乏有关专业知识，而有权过问司法的人士不少也缺乏专业知识，如果轻信不全面的报道，轻率表态，错案就难免了。

近年来司法机关平反了以往的一些冤假错案，反映了我国社会主义法治的进步。这些冤假错案固然有其特定的历史背景而且主要责任在于办案机构，但是人们发现，媒体在其中也多少起了推波助澜的作用。2014 年，福建男子念斌在 2006 年以犯投放危险物质罪一审被判死刑蒙冤 8 年后被改判无罪[②]，2014 年，内蒙古青年呼格吉勒图在 1996 年以犯故意杀人罪、流氓罪被判死刑立即执行而被改判无罪[③]，2016 年，河北青年聂树斌 1995 年以犯强奸杀人罪被判死刑立即执行而被改判无罪[④]，人们在回顾这些案件全过程时，都发现在案发之初尚未审判时有媒体对涉案人作出犯罪定性报道，可见，这种"超越司法"的预先报道，不仅会在程序上影响司法公正，有的可能在实体上也会导致错判、误判。而这些冤案得以平反也同许多媒体坚持呼吁分不开。[⑤] 说明媒体对于司法确实存在重大影响，不能不慎重对待。

第三，"媒介审判"不利于人民群众树立正确的法律意识和法治观念。

我国历史上缺乏法治传统，在人民群众中诸如"法律面前人人平等"、"法律至上"、

---

① 中共十八届三中全会《全面深化改革若干重大问题的决定》（2013 年 11 月 12 日）、中共十八届四中全会《关于全面推进依法治国若干重大问题的决定》（2014 年 10 月 23 日）。

② 参见福建省高级人民法院刑事附带民事判决书，（2012）闽刑终字第 10 号。

③ 参见内蒙古自治区高级人民法院刑事判决书，（2014）内刑再终字第 00005 号。

④ 参见中华人民共和国最高人民法院刑事判决书，（2016）最高法刑再 3 号。

⑤ 如呼格吉勒图案，新华社内蒙古分社高级记者汤计写出 5 篇内参推动此案进展。新华网，2014 年 12 月 16 日。聂树斌案，最初由《河南商报》（2005 年 3 月 15 日）揭露疑点，后来又经《新京报》、《南方周末》等诸多媒体不懈呼吁。参见《聂树斌案，我们搜罗了 22 年 40 家媒体的 271 个版面》，《新京报·动新闻》2016 年 12 月 5 日。

基本人权保障以及“无罪推定”、“罪刑法定”等观念本来就很淡薄，正需要新闻媒介发挥舆论导向的功能加以精心培育。即使有一些刑事案件，被告人的犯罪事实已经相当清楚，新闻媒介也不应当以为既然犯了罪，就可以一哄而上，人人喊打。2001年3月湖南某公司副总经理蒋艳萍涉嫌经济犯罪案件庭审期间，新闻报道纷纷称之为“巨贪”，说是“街头巷尾群情激愤”，“法庭内外千夫所指”，把律师的辩护和她的申辩说成是“狡辩”，“百般抵赖”，“巧舌如簧”，这种无视被告人权利的宣传是背离法律的。① 2001年4月审判张君特大团伙杀人抢劫案前夕，有的报纸渲染张君和他的团伙“该杀”，“早就该枪毙”，“不杀，天理、国法不容”，还报道有人主张“张君该千刀万剐”，有人提出“张君犯罪事实已经这么清楚，哪里还要审三天”②。张君的罪行极其严重，所有人包括他本人在内都意料到必杀无疑，但是这仍然必须由法院依法作出判决。报纸上这些情绪化的宣传即使不足以对审判结果发生错误影响，其中的主张也是完全违背现行法律的。这些“口诛笔伐”，无助于案件的依法处理，只会在民众中煽起一种非理性情绪，与法治目标背道而驰。

2009年12月“重庆打黑”高潮中，律师李庄以涉嫌辩护人伪造证据、妨碍作证罪被捕③，翌日即有报纸发表通讯《重庆打黑惊曝“律师造假门”》④，是近年公认的“媒介审判”典型之作。该文不仅“未审先判”，使用如“律师造假门”、“律师为何知法犯法”、“犯罪事实”等语词对李庄作定罪宣传，并且多处渲染律师界如何“捞钱”，说“重庆打黑除恶一系列案件进入司法程序后，‘到重庆代理涉黑诉讼’一时成律师界热门。许多北京律师如赶场般云集重庆，寻找开展‘业务’和施行‘潜规则’的机会”。作者还毫无根据地断言“在刑事案件中，律师胜诉的比例仅有5%，也就是95%是败诉”，指责这是律师造成的“第二次伤害”，“所造成的灾难全由国家和民众来承受”，完全不懂得刑事辩护律师的工作并非一味辩护被告人无罪，抹煞他们在确认或排除犯罪事实情节和帮助法庭准确定罪量刑等方面发挥的重要作用。这些否定被告人辩护权和诋毁我国律师制度的论调，势必造成思想混乱，受到法律界人士的严正驳斥。⑤

第四，“媒介审判”也会对新闻媒介造成不良影响甚至不利法律后果。

我国刑事案件审判强调重证据，重调查研究，不轻信口供。只有被告人供述，没有其他证据的，不能定罪处刑。一切证据必须经过查证属实，才能作为定案的根据。证人证言必须当庭经过诉讼双方质证查实，并且实行非法证据排除机制。从这个意义上说，在审判以前，来自侦查机关除了依法执行强制措施的法律事实以外的一切案件信息，都

---

① 参见蔡定剑：《媒体审判应该降温》，《法制日报》2001年4月15日。

② 《重庆满街声讨“魔头”》，《文汇报》（上海）2001年4月16日。

③ 李庄被一审判决犯辩护人伪造证据、妨害作证罪，处有期徒刑二年六个月；二审改判有期徒刑一年六个月。参见重庆市江北区人民法院刑事判决书，（2009）江法刑初字第711号；重庆市第一中级人民法院刑事判决书，（2010）渝一中法刑终字第13号。质疑此案评论甚多，李庄也已依法提起申诉，但后续发展不明。

④ 郑琳、庄庆鸿：《重庆打黑惊曝“律师造假门”——律师李庄、马晓军重庆“捞人”被捕记》，《中国青年报》2009年12月14日。

⑤ 参见陈有西：《法治沉沦：中青报奇文批判》，http：//chenyouxivip. blog. sohu. com/198930834. html。

处于待证状态，都不能说“铁证如山”。至于嫌疑人在电视中面对亿万观众“认罪悔罪”，更是不具有可确信性，不能他们说什么就信什么、报什么。

如有电视新闻节目显示：有嫌疑人交代收受50万元，但到判决时只认定3万元；有嫌疑人“诚心诚意”表示“认罪”，后来却通过律师声明是被迫的；有嫌疑人“痛心疾首”坦白自己“聚众淫乱”，但后来却放了，对他的处理没有任何交代；还有诸如披露有女子陈述自己陪睡一夜收入几十万，披露有人承认敲诈勒索获利多少亿，等等，都是未经查证，就让嫌疑人在荧屏上“坦白交代”。这样不具有确信性的报道，如果后来证明与事实不符，势必影响媒介公信力。

有的抢在司法程序之先发表的定性定罪式的新闻报道，新闻媒介还会承担法律责任，当事人可以以错误报道损害名誉等由提起诉讼。

2003年，湖北省枣阳市原市长尹冬桂因涉嫌受贿，被湖北省人民检察院立案侦查。法院查明她在担任枣阳市委副书记、代市长、市长期间，先后收受他人贿赂人民币43 000元、美元2 000元，判处尹冬桂有期徒刑5年。在法院审理期间，武汉某报连发两篇报道，分别题为《收受贿赂8万元 人称女张二江[1]》和《与多位男性有染 霸占司机长达6年 枣阳有个“女张二江”》。尹服刑期间，委托丈夫向法院对该报提起名誉侵权之诉。法院审理后认为，尹冬桂的刑事案件尚未作出判决，报道就用“收受贿赂8万元”的字眼作标题，给人以确定感，既存在用语不当的问题，数额也与法庭最终认定有较大出入。而“张二江”是湖北乃至全国对男女关系问题的特殊代用语，含有贬义，严重侵犯了尹冬桂的人格权利。判决侵权成立，报社承担支付精神损害赔偿金等民事责任。[2]

《关于人民法院接受新闻媒体舆论监督的若干规定》就新闻媒体对正在审理的案件报道严重失实或者恶意进行倾向性报道，损害司法权威、影响公正审判的，接受一方当事人请托，歪曲事实，恶意炒作，干扰人民法院审判、执行活动，造成严重不良影响的，以及其他严重损害司法权威、影响司法公正等情况，规定法院可以向新闻主管部门、自律组织或新闻单位等通报情况并提出建议，违反法律规定的，依法追究相应责任。

第五，“媒介审判”还会严重损害国家的法治形象。

法治和人权，都是写进了《宪法》的，为党和国家极力提倡，并向全世界作出庄严承诺。我国新闻媒介的官方性质，为世界所公认。新闻媒介具有舆论引导的功能，不能同普通人在互联网上的自由评论、跟帖等量齐观。

人们往往会以媒介内容来评论国家的法治和人权状况。如果媒介上经常出现的，是警方刚宣布立案，新闻报道就以确凿无疑的语气宣布嫌疑人的罪状，称为“凶手”、“黑老大”、“盗魁”；是记者进入看守所“采访”在押嫌疑人，要他们交代怎么“堕落”、怎么“犯罪”；是尚未庭审就报道领导官员“指示”或各界人士要求“从重从快”、“严惩不贷”；是在媒体上特别是在电视荧屏上显示嫌疑人在警员押解下痛哭流涕，自承有罪，甚

---

① 张二江是湖北省著名贪官，原中共天门市委书记，因受贿、侵吞80万余元被判刑，他在庭审中供认曾与107个女人（包括卖淫女）发生过性关系。参见《楚天都市报》2002年9月9日。

② 参见湖北省襄樊市中级人民法院民事判决书，（2004）襄中民二终字第382号。

至穿上囚衣、剃了光头、戴着手铐，在亿万人前“示众”：人们会作出怎样的评价呢？

所以，反对“媒介审判”并不是什么“伪命题”，也并不是一定要造成误判错判的后果才叫“媒介审判”。克服“媒介审判”现象，需要从行政和司法机关、新闻主管部门到媒介进一步树立正确的法治观念和新闻观念，需要不断提升新闻专业水平，需要探求一种符合现代法治原则的案件报道的新模式。

三、新闻报道和司法审判的平衡

司法活动历来是新闻报道的重要内容。很多案件为公众所关注，想知晓；案件报道也是向公众普及法制知识的重要渠道。对司法活动和案件的报道还具有舆论监督的功能。2009年“若干规定”确认：“人民法院应当主动接受新闻媒体的舆论监督。”维护依法独立审判、反对“媒介审判”不是不要对司法进行舆论监督，而新闻舆论监督也不意味着新闻可以干预司法。媒介对司法的影响是客观存在的，其主要功能在于设置议题，即揭示和警醒有关案件存在需要注意的问题，至于如何判决，还是必须由法院依法独立决定。在新闻报道和司法审判之间要有一个合理的平衡。

我国对案件的报道和评论尺度，比起有些实行“新闻自由”制度的国家和地区来还要宽松一些。我国没有“藐视法庭”的规定来制裁媒体发表可能影响公正审判的报道和评论的行为。除了出于维护国家安全和在特定条件下维持社会稳定等考虑，对案件报道的限制相对较少。我国新闻单位与公安机关的沟通和合作素有传统，为外国同行称羡。我国也没有禁止评论正在审理的案件的规定，此类评论相当常见，有些措辞还相当尖锐。目前要注意的倒是对于如何正确处理新闻报道与司法的关系，还缺乏系统而稳定的规范，既发生过前述种种不符合法律规定的“媒介审判”现象，也出现过某些地方法院对新闻报道过度限制的问题①。如何实现两者的合理平衡是一个尚在探究的课题。

随着互联网发展，一些正在侦查或审理中的刑事、民事案件也成为UGC重要议题，有的在很短时间就吸引了成千上万网友“围观”，并且与新闻媒介相互影响，成为街谈巷议的社会热点。近年来，就有黄静猝死案②、邓玉娇防卫过当故意伤害致人死亡案③、李

---

① 如有某省法院曾下发文件规定：“已依法公开审理、尚未宣判的案件，记者可以旁听，但不得进行采访报道”，“不得作出与法院裁判内容相反的评论”。还曾发文禁止《南方日报》、《羊城晚报》等6家报社的6名记者到本省三级法院旁听庭审活动，为期一年。参见《中国新闻周刊》2003年第12期。

② 2003年2月24日上午，湖南湘潭某小学女教师黄静被发现裸体死于其男友姜俊武的床上。姜首先发现并报案，以有重大嫌疑被刑事拘留。但三次尸检结论有所不同。黄母坚持认为其女系受暴力侵犯，网上舆论集中质疑公安包庇罪犯，新闻媒介包括中央电视台都作了有倾向性的报道。湘潭市检方乃于2003年底以强奸罪提起公诉，在审判期间又作了多次尸检，2006年7月湘潭市雨湖区人民法院宣判姜无罪，对黄父母承担民事赔偿责任。二审维持原判。参见中国法院网，2006年7月10日。

③ 邓玉娇是湖北巴东县雄风宾馆服务员，2009年5月10日当地基层干部邓贵大等人到宾馆娱乐，对邓纠缠，要求“陪浴”。在纠纷中，邓玉娇用随身携带的一把水果刀将邓贵大刺死，另一人受轻伤，邓向公安机关投案。网络舆论对邓表示强烈同情、声援和歌颂，有的提出提供帮助，全国妇联还在首页发表声明表示密切关注。2009年6月16日巴东县人民法院审理查明邓玉娇在遭受不法侵害情况下，实施的反击行为具有防卫性质，但防卫过当，构成故意伤害罪，又有自首情节，且有心理障碍，判决对邓玉娇免于刑事处罚。参见新华网，2009年6月16日。

启铭交通肇事案[①]、药家鑫故意杀人案[②]、李昌奎强奸杀人案[③]、吴英非法集资案[④]、汤兰兰被强奸案[⑤]等。这些与新闻媒介处于不同体制下的UGC领域的舆论，其中有来自民间的合理声音，经过新闻媒介的整合和提升，可以为司法、立法提供有益参考；但是也存在传播不实信息、有损他人人格尊严的情绪化表达、诽谤、披露隐私等弊病，在特定社会背景下，还会在某些传播规律的作用下，形成“以群众狂欢的方式处死一个人”[⑥]的病态景象。有鉴于此，中共中央《关于全面推进依法治国若干重大问题的决定》（2014）明确提出：“规范媒体对案件的报道，防止舆论影响司法公正。”

关于网络舆论及其与专业大众媒介这两个舆论体制之间的互动关系，已有很多研究。互联网用户大都是普通人，享有充分的言论自由，不准他们对案件发表意见是做不到的，以司法和新闻的专业规范要求他们也是不现实的；这恰好表明：网络舆论的发展并不意味着新闻媒介可以“去专业化”。[⑦]在互联网环境下如何坚持独立而公正的审判，仍然是新闻报道和司法关系议题的延伸。一方面，对法院和公安、检察机关如何坚持依法侦查、起诉和审判以及改进信息披露的方式提出了更高要求；另一方面，也加重了新闻媒介（包括它们设立的各种网络媒体）舆论引导的责任，需要改进案件报道的模式，为司法营造一个良好的舆论环境。由于尚未有完整规范，以下是按照诉讼法和其他法律、司法解释等规范结合实际案例演绎的学术意见：

---

① 2010年10月16日晚，河北传媒学院毕业生李启铭酒后驾车进入河北大学新校区生活区，撞倒两名女生，一死一伤。网上传出他曾扬言“我爸是李刚”，网民搜得其父李刚是保定市公安局某区分局副局长，“官二代”、“有五套房”、“其岳父是某副省长”等流言在网上纷传。2011年1月30日，河北省望都县人民法院以交通肇事罪判处李启铭有期徒刑6年。参见新华网，2011年1月31日。

② 西安音乐学院学生药家鑫，2010年10月20日驾轿车撞倒农女张妙，为逃避责任将她刺杀后逃逸，后来由其父母陪同投案。传媒以“连捅八刀”为题报道，网上反映强烈，纷纷要求严惩，也传播了一些关于药家的不实之词，并且进入某些报道。2011年4月22日，陕西省西安市中级人民法院以故意杀人罪判处被告人药家鑫死刑，剥夺政治权利终身。5月20日，陕西省高级人民法院二审裁定驳回上诉，维持原判，并依法报请最高人民法院核准。参见新华网，2011年5月20日。

③ 云南昭通村民李昌奎，2009年5月强奸杀害少女王家飞，并将王家飞3岁的弟弟摔死后潜逃，后又自首。2010年7月15日云南省昭通市中级人民法院以故意杀人罪、强奸罪，数罪并罚判处李昌奎死刑。2011年3月4日云南省高级人民法院二审认为李昌奎具有自首情节，认罪、悔罪态度好，积极赔偿受害人家属经济损失，改判李昌奎死缓。此判激起网上舆论强烈反弹，《人民日报》、《南方都市报》等新闻媒介也发表批评文章。云南省高级人民法院决定再审，8月22日判决撤销原二审死缓判决，改判李昌奎死刑，剥夺政治权利终身，并依法报请最高人民法院核准。参见《新京报》2011年8月23日。

④ 浙江金华市民吴英在2005—2007年以高额利息非法集资77亿余元，实际诈骗38亿余元。一审判决以集资诈骗罪判处死刑，剥夺政治权利终身，并处没收个人全部财产。二审裁定维持原判。网上舆论对判决有大量质疑，许多报刊也展开讨论。最高人民法院对死刑复核后，肯定两审判决、裁定认定事实清楚，证据确实、充分，定性准确，审判程序合法，但综合全案考虑，对吴英判处死刑可不立即执行，裁定发回重审。2012年5月21日浙江省高级人民法院经重审作出终审判决，以集资诈骗罪判处吴英死刑，缓期二年执行，剥夺政治权利终身，并处没收个人全部财产。参见新华网，2012年5月21日。

⑤ 黑龙江五大连池女孩汤兰兰（化名）自6岁起即多次遭其长辈和村民强奸、轮奸，年长后举报，经依法侦查审理，10余名罪犯于2000年以犯强奸等罪被判刑。后来罪犯鸣冤叫屈，提出申诉。2018年有媒体介入质疑此案，引发网络舆情要求“寻找汤兰兰”。五大连池市官方迅速发布信息回应，人民日报微博指出对此类烈度极大的未成年人案而言，知情权让位于隐私权。舆情迅即回落，避免了“人肉”后果发生。3个月后黑龙江高院宣布复查结果案情属实，驳回所有申诉。参见北京晚报官网，2018年7月27日。

⑥ 贺卫方：《要以群众狂欢的方式处死一个人吗?》，《南都周刊》2011年4月12日。

⑦ 参见魏武挥：《新闻业依然需要专业性》，《东方早报》（上海）2012年7月26日。

第一，变以侦查阶段报道为中心为以审判阶段报道为中心。

传统的案件报道模式是从案发或侦查开始，媒介即大事报道，本章（包括注释）所提到的许多案件都是集中于审前报道。这种无约束的审前报道，弊端甚多，如：详述作案情节，渲染嫌疑人如何残忍，引发舆论谴责，在审前就造成确定有罪并必须严惩的思维定式；报道与案情无关的嫌疑人及其家庭情况，甚至不实传闻，使本应冷静进行的审判过程平添了强烈的情绪色彩；公开在证据检验中发生歧见，引发舆论质疑，造成侦查和审判的困难；披露貌似确凿而未经证实的关键案情，引发公众对官方的不信任，直至审判结束还留下案情未清的悬念；等等。

再者，侦查阶段所获信息还具有秘密性和专业性，它不应该也不可能要求置于群众监督之下。譬如技术鉴定，由于方法、操作手段等差异，不同情况下出现不同结论是完全可能的，这只能通过鉴定机构复核或移交更权威机构再作鉴定，由法庭来确认。如果在待定过程中即向社会公开，群众不可能就此发表有价值的意见，只会简单表示指责或支持并且争论不休，徒然使问题复杂化。

1996年中宣部、全国人大常委会办公厅、司法部和新闻出版署等部门下达的《关于进一步搞好法制新闻宣传的意见》要求："不对正在审理的案件作有倾向性的报道"。

所谓不作有倾向性的报道，主要就是对每一件法定办案程序形成的法律事实予以客观报道，而不应当显示认为有罪或无罪、罪轻或罪重的主观倾向。诸如案件发生、拘留、逮捕、起诉、开庭、法庭调查和辩论实况、一审判决、上诉或抗诉、二审判决等等，其中每一个环节都是一件法律事实，都应当公开，都可以报道。当审判过程通过新闻媒介向社会公开时，审判也就被置于社会的监督之下了。

对一些公开突发案件，新闻记者在案发之初就通过独立的实地采访或其他渠道获取信息进行调查性报道，也是常见的。这类报道同样必须遵循不作有倾向性报道原则，只限于客观报道可证实的事实，按照案件程序对嫌疑人或被告人作恰当的陈述，这样的报道有利于公众的知情，也就有利于案件的公正处理。[①] 如果不是这样，而是轻率表示主观推论，而后续情况又与之不符，媒介有可能为此承担法律责任。

> 2006年8月，北京发生车祸，驾驶摩托车青年身亡。稍前附近发生一起摩托车抢劫案。警方向北京的电视台、报社通报两案，提及怀疑死者有可能是抢劫嫌疑人，但说明尚在调查中。媒体以《骑抢十元钱　逃跑奔黄泉》为题予以报道。后来发现死者体貌、摩托车颜色等都与劫案受害人报案情况不符。死者父母以新闻报道侵害其子名誉权诉至法院。法院以各媒体以警方提供疑点作为定论公开报道，判决各媒体承担更正道歉等民事责任。[②]

2016年，最高人民法院等五部门联合印发《关于推进以审判为中心的刑事诉讼制度

---

① 如李启铭交通肇事案发生后，《中国经济时报》记者王克勤和他的助手冯军经过一周调查，发表了《河北大学"飙车"案调查》，以客观手法对案发经过作了还原性描述，介绍了至发稿时受害者、受害者家属、肇事者的动态和学生、校方和警方等反应，罗列了十大疑点，每个疑点都有不同看法，配发可以得到的现场照片，而作者未显示任何意见，其意图完全隐含在全文事实之中。《中国经济时报》2010年10月15日。

② 参见北京市第二中级人民法院民事判决书，(2007) 二中民终字第14833号。

改革的意见》，要求发挥庭审在查明事实、认定证据、保护诉权、公正裁判中的决定性作用，“诉讼证据出示在法庭”，“案件事实查明在法庭”，“控辩意见发表在法庭”，“裁判结果形成在法庭”①，因此，对案件公开、全面、客观的报道理应集中于审判阶段。案情的基本事实应当来自庭审，媒介不应超越法定程序抢先披露重要案件信息和依法不允许披露的信息，必须严格保守公安、检察侦查的秘密，保护受害人、检举人、证人等个人资料秘密，更不应传播那些未经核实的社会上和互联网上传闻。判决是有效法律文书，应该准确报道其主文以及事实和理由的重点内容。在一审判决后，不要遗漏报道上诉、抗诉等情节。当案情发生曲折时，如原来认定的证据被否定，对嫌疑人逮捕后又宣告无罪释放，二审判决改变了一审判决等，只要前一事项已作报道，就必须报道后一事项，不应有始无终。

第二，变单向度宣传为中立平衡报道。

我国新闻与宣传不分，案件报道长期形成了固定的宣传模式，如：宣传打击犯罪、宣传公安业绩、宣传犯罪教训和相关法律知识等。这些宣传自有其积极意义，但一般应在判决生效后进行。如果贯穿于整个案件报道的始终，就一定是单向度的，即只有侦查和起诉的指控，没有被告人的辩护；甚至让嫌疑人、被告人通过媒体“认罪”，这种做法应该走入历史。

按法定诉讼程序，审判就是控辩双方的交锋，面对交锋，媒介应该是中立的。即使媒介不能像法庭那样，可以给交锋的双方平等的发言机会和时间，但还是应当对诉讼双方作平衡报道，尊重刑事被告人的辩护权利和民事诉讼当事人在诉讼中的平等权利。严格说来，只公开报道控方的指控，不公开报道辩方的辩护，不是真正的审判公开。特别是当一种意见成为压倒倾向的时候，媒介就更要注意“让反方发言”（getting the other side），“让反方发言已经变成说真话的要义”②。

目前被告人辩护权开始得到重视，庭审报道中在报道检方指控的同时报道被告方的辩护的方式已被认同。事实表明，只要如实报道了指控的事实和理由及辩护的意见，即使社会有争论，但是最后判决也会为多数人所接受。如果判决不当，社会非议较多，经过法定程序予以改判或重判，由于案情和争议已经全面公开，也不致形成“媒介审判”效应。

2013年薄熙来受贿、贪污、滥用职权案审判的信息披露和报道具有示范性意义。薄熙来案自8月22日至26日在济南市中级人民法院连续庭审5天，法院抽调专业人员组建微博小组，开通了实名认证的新浪微博“@济南中院”，关注人数最高达58万。“@济南中院”在庭审期间，共发布微博119条，其中有关庭审程序的文字内容69条、反映庭审实质内容的文字长微博38条、图片（包括法律规定）10条、音视频内容2条。9月22日宣判当天，再发布微博33条，主要内容为“宣读判决要点”和判决书全文。尽管微博内容并未直接成为新闻媒体的信息源，学者对《人民日报》等8家报纸考察发现新闻报道清一色还是来自新华社的统发稿，但是整个法

① 参见新华社：最高法、最高检、公安部、司法部有关负责人解读《关于推进以审判为中心的刑事诉讼制度改革的意见》，2016年10月10日。

② ［美］罗恩·史密斯：《新闻道德评价》，第51页。

庭调查和质证、辩论活动，包括控方指控，辩方辩护，证人作证并经受质证，被告人最后陈述等等笔录，都已通过微博向社会充分公开，而新华社也转发了这些笔录。这次庭审的信息披露得到了普遍好评，有法学家指出以前类似案件审理形式化倾向比较突出，庭审往往被虚化，认定被告人有罪无罪常常不在庭审，而在侦查阶段。薄案法庭的对抗性表现突出，给人以耳目一新的感觉。①

法官不是控辩的任何一方。法官对案子的意见就是判决书，由法官对判决书再作解释的做法并不恰当，媒体也不应当要求法官就群众对判决的质疑发表意见。这会使法官成为群众意见的另一方，将控辩双方的交锋变成群众与法官的交锋。李昌奎案，针对网民对二审改判死缓的质疑，法官向媒体发表谈话，重复了此前一位学者的话，声称绝不能以公众狂欢的方式来判处一个人的死刑，激起更加强烈的反弹，还遭到若干主流媒介严词批驳，其结果是在更加强烈的“狂欢”中处死了罪犯。法院依法独立行使审判权，无须征求民意。如果认为判决有理，就无须回应群众意见；阐释判决是媒介和学界的事情。如果发现判决有误，可以依法启动审判监督程序再审重判。本案的过程不啻显示法官被网民和媒介驳倒，被迫改变判决，对于司法程序的损伤不亚于刘涌案。

第三，变激情诉求为理性讨论。

诉讼作为一件公共事件，群众发表意见是很正常的。对于媒体，国际的底线如《马德里原则》，认为可以“在不妨害无罪推定原则的前提下，对审理前、审理中和审理后的案件加以评论”。

但媒体的评论应有更高的专业要求，应当力求把群众的激情诉求引导到理性讨论的轨道。媒体评论应当在充分报道事实的基础上进行，意见和事实要分清楚，避免事实没有弄清楚就空作评论，把意见混同于事实。应当着重从法理、法律意识和其他相关理论层面加以评论，避免煽情性的“呼吁”、“声讨”之类的文辞和企图以“愤慨”或者“同情”等情绪来影响公众的感情色彩。应当着重发表专业人士的意见，避免直接以新闻媒介和记者的名义作评论。

大众媒介对司法审判的监督功能，主要并不在于论辩具体判决的是非宽严；发动对案件进行民意投票是一种非常幼稚的举动。除了揭露确有真凭实据的枉法裁判以外，对司法的新闻舆论监督主要体现在反映公众和专业人士的真知灼见以供司法和立法斟酌参考。善于对司法领域倾向性的问题从法理角度予以评论，而不是局限于把某一个在审案件作为议题，这是大众媒介专业水平的表现。1997年张金柱交通肇事案，媒介的激情报道和评论招致“新闻杀人”的强烈批评。② 同年修订的《刑法》规定以危险方法危害公共安全罪后，对于醉酒驾车肇事致多人死亡的案件，可否适用以危险方法危害公共安全罪，长期存在争议，媒介上发表了各种评论和学术文章。至2009年7月，最高人民法院就这个问题举行专家论证会。9月8日，广东省高级人民法院和四川省高级人民法院分别对

① 参见张文祥、周长军：《双重视角下的薄熙来案庭审微博直播考察》，《新闻记者》（上海）2013年第10期。

② 张金柱是郑州市公安局某分局政委，1997年8月醉酒驾车肇事致一死一伤后逃逸，媒介纷纷呼吁“不杀不足以平民愤”，翌年法院以交通肇事罪和故意伤害致死罪判处死刑立即执行。此案新闻界认为是舆论监督的成功事例，而法律界以当时《刑法》规定的交通肇事罪最高刑罚只有有期徒刑七年对判决提出强烈质疑，认为是“媒介审判”的典型个案。参见沉钟：《第一种危险/张金柱恶性交通肇事案真相调查》，北京，中国电影出版社，2002。

此类罪案的被告人黎景全、孙伟铭由原判死刑改判无期徒刑。同日，最高人民法院就醉酒驾车犯罪的有关问题召开新闻发布会，明确表示这两起案件量刑是适当的。今后，醉酒驾车肇事后继续驾车冲撞，放任危害后果的发生，造成重大伤亡的，应当依照《刑法》第一百一十五条以危险方法危害公共安全罪定罪处罚。① 2011 年 2 月，全国人大常委会通过《刑法修正案（八）》，在《刑法》第一百三十三条增设醉酒驾驶机动车罪。确立一种犯罪行为的惩处规则，要经过如此长期的酝酿、讨论和研究，足见在这个领域只有理性的绝对地位而没有激情的分寸空间。

理性讨论的基础是以法律为准绳。汤兰兰被强奸案中，有的媒体简单质疑被害人“失踪”，提出是否存在“冤情”，然而并无依据。人民日报微博及时提醒必须重视保护未成年被害人的隐私，所谓“失踪”其实是一种保护措施，及时制止了舆情追索被害人下落，避免造成再一次伤害，体现了主流媒体的法治水平。

吴英案是本章述及的第三件对二审判决改判的案件。本案既不存在刘涌案那样的新闻报道预先设定嫌犯“罪大恶极”的立场，也没有李昌奎案那样出现法官与群众“激辩”情节。虽然网上不乏出于对“弱女子”同情而为她鸣冤叫屈的情绪性呼吁并且也反映到有些媒介上，但是新华社等主流媒介在吴英被判处死刑立即执行以后的评论，则是集中于讨论吴英案折射出的民间借贷的尴尬地位和我国现行金融体制的缺失等深层问题②，并且对司法判决与社会舆论的巨大落差作了深入探析。也有不同观点的商榷和辩论。有关讨论一直延伸到 2012 年 3 月的全国“两会”上。此后最高人民法院的死刑复核时“综合全案考虑”不核准吴英死刑，裁定发回重审，应该认为是考虑到吴英犯罪在我国有着民间金融发展与社会经济需求不适应这样的特殊背景。浙江高院重新判决吴英死刑缓期两年执行以后，媒体对有关法律问题作了进一步解读，报道了多名学者探讨此案对推动金融制度改革的标本意义。

可以说，就媒介如何开展案件评论而言，本案也是具有标本意义的。可以期待对此类情况今后将会形成新的规则。

概念和思考题

概念：

司法公正　审判公开　“媒介审判”

思考题：

1. 为什么说审判公开是法治的基本原则？

2. 刑案报道如何维护刑事被告人的正当权利？

3. 什么是“媒介审判”？案件报道如何让群众感受到司法公正和公平？

4. 怎样实现新闻报道和司法公正的平衡？

---

① 参见《新闻晨报》（上海）2009 年 9 月 9 日。

② 参见《一宗普通案件为何成为法治事件——“吴英案”标本意义分析》、《吴英案引热议凸显中国金融体制改革急迫性》，新华网，2012 年 2 月 6 日。

第五章
特殊信息发布和报道

在社会生活中，有一些重要的信息的发布和传播，需要有一定的规范。规定某些信息只许由某个机构发布，似乎是对知情权的限制。但知情权是知悉真实情况的权利，由某个机构负责发布保障了公众所获知的新闻和信息的真实、准确。还有些信息直接关联人们切身利益，只有让民众在同一时间获知才能保证公平和公正。同时，权利（力）和义务是统一的，将某些新闻和信息的发布权授予某个机构，那么这个机构事实上就承担了及时、准确地发布有关信息的义务，并对其行为的法律后果承担责任。从这个角度看，则是对知情权的保障。

第一节　突发事件信息

突发事件，即突发公共事件，是指突然发生，造成或者可能造成严重社会危害，需要采取应急处置措施予以应对的自然灾害、事故灾难、公共卫生事件和社会安全事件。党和政府对突发事件报道曾多次下达政策文件予以规范，认为做好国内突发事件的新闻报道，关系到社会稳定和人心安定，关系到党和政府在人民群众中的威信，关系到我国的国际形象和新闻媒介的信誉。突发事件报道总的原则是：及时主动、准确把握，正确引导舆论，注重社会效果，有利于党和国家工作大局，有利于维护人民群众切身利益，有利于社会稳定和人心安定，有利于事件的妥善处理。

许多事实证明，对突发事件报道及时准确、主动引导，就能赢得好的社会效果；反之，则往往造成被动，影响民生和社会安定。

2005年11月13日，位于吉林市的中石油吉化公司发生爆炸事故，污染了松花江水，有关主管部门未将情况及时公布。8天后，污水团即将进入哈尔滨市区。哈尔滨市政府11月21日晨发布市区停水公告，称“决定对市区市政供水管网设施进行全面检修并临时停止供水”。这个闪烁其词的公告反而引起了群众的恐慌。晚间哈尔滨市政府再发公告，说明松花江上游发生事故，污染水即将进入本市，为确保用水安全，故暂时停水。市民知道了真相，方才安定下来，顺利渡过困难。事后黑龙江省省长张左己表示，发布那个掩盖真相的公告有顾忌群众承受不了突如其来的灾难等种种因素。“在中央的支持下，不到10个小时，我们就纠正了这个‘善意的谎言’，向群众公布了真相，得到了群众的谅解。通过这件事，我们感到，在突发事件来临时，必须维护群众的知情权和参与权。一旦群众了解了真相，认为政府是正确的，就能支持你，就能与政府一道，共同战胜困难。”①

以往我国在若干法律、法规中对传染病疫情、地震震情等单个突发事件信息的发布有所规范。《突发事件应对法》（2007，本节简称《应对法》）从总体上对突发事件的预防与应急准备、监测与预警、应急处置与救援、事后恢复与重建等应对活动作了规定，其中包括发布信息的规定。在2006年初，国务院发布《国家突发公共事件总体应急预案》，也对突发事件信息的发布作了较为具体的规定。《政府信息公开条例》把“突发公共事件的应急预案、预警信息及应对情况”列为县级以上政府及其部门应当重点公开的政府信息。

一、《突发事件应对法》信息发布的规定

根据《应对法》和国务院“总体应急预案”，突发事件分为四类：

（1）自然灾害，主要包括水旱灾害、气象灾害、地震灾害、地质灾害、海洋灾害、生物灾害和森林草原火灾等。

（2）事故灾难，主要包括工矿商贸等企业的各类安全事故、交通运输事故、公共设施和设备事故、环境污染和生态破坏事件等。

（3）公共卫生事件，主要包括传染病疫情、群体性不明原因疾病、食品安全和职业危害、动物疫情以及其他严重影响公众健康和生命安全的事件。

（4）社会安全事件，主要包括恐怖袭击事件、经济安全事件、涉外突发事件等。

突发事件信息发布是突发事件应对措施的重要内容，包括警报发布和事件信息发布两个方面：

《应对法》第四十二条规定：“国家建立健全突发事件预警制度。”该法对政府如何发布和解除警报作了规定。警报分为一至四级，一级最高。三、四级警报发布后，要定时发布与公众有关的突发事件预测信息和分析评估结果，并对相关信息的报道工作进行管理。一、二级警报发布后，要及时发布有关采取特定措施避免或者减轻危害的建议、劝告。同时根据事态发展，适时调整预警级别并重新发布。

---

① 人民网，2005年11月28日。

突发事件信息发布由《应对法》第五十三条规定："履行统一领导职责或者组织处置突发事件的人民政府，应当按照有关规定统一、准确、及时发布有关突发事件事态发展和应急处置工作的信息。"

一是统一。政府掌握发布信息的主导权，旨在防止和排除其他信息渠道的杂音干扰，以利妥善应对事件。发布主体是"履行统一领导职责或者组织处置突发事件"的行政机关。不过本法并没有对其他信道的禁止性规定[①]，而只是规定"任何单位和个人不得编造、传播有关突发事件事态发展或者应急处置工作的虚假信息"（第五十四条），表明并未取消媒体和公众传播突发事件真实情况的权利。

二是准确，这是确保公开真相的规定。掩饰、避重就轻、散布空洞的乐观论调之类，只会造成社会惊扰不安，降低政府的公信力，扩大突发事件造成的危机。《应对法》规定各地各单位报送、报告突发事件信息，应当及时、客观、真实，不得迟报、谎报、瞒报、漏报。迟报、谎报、瞒报、漏报或者通报、报送、公布虚假信息，造成后果的，要对主管人员和责任人员予以处分。

三是及时，这是信息时效性的规定。在现代传播科技下，垄断信道已不可能，只能尽快发布信息，先声夺人，避免负面信息先入为主。国务院"总体应急预案"有"第一时间"发布的规定：事件发生的第一时间要向社会发布简要信息，随后发布初步核实情况、政府应对措施和公众防范措施等，并根据事件处置情况做好后续发布工作。信息发布形式主要包括授权发布、散发新闻稿、组织报道、接受记者采访、举行新闻发布会等。

二、部分法律、法规对突发事件信息发布的规定

突发事件种类繁多，除《应对法》外，还有若干法律、法规对特定突发事件信息发布作了规定，现举其要：

（一）地震

我国是世界上唯一把地震预报作为政府职责并且制定法律、法规进行管理的国家。《防震减灾法》（2008）和行政法规《地震预报管理条例》（1998）、《破坏性地震应急条例》（2011），都有关于发布地震预报和地震信息的规定。

《防震减灾法》第二十九条规定："国家对地震预报意见实行统一发布制度"。按《地震预报管理条例》，地震预报分为长期、中期、短期、临震四种。长期预报，是指对未来10 年内可能发生破坏性地震的地域的预报；中期预报，是指对未来一二年内可能发生破坏性地震的地域和强度的预报；短期预报，是指对 3 个月内将要发生地震的时间、地点和震级的预报；临震预报，是指对 10 日内将要发生地震的地点、时间、震级的预报。地震预报意见实行评审制度。法律和行政法规规定了各级政府对不同地震预报意见的发布权限。

---

① 《突发事件应对法（草案）》初审稿曾经在第五十七条中列有对"新闻媒体违反规定，擅自发布有关突发事件处置工作的情况以及事态发展的信息"要加以处罚的规定，经讨论被删除。参见《中国青年报》2006 年 6 月 25 日。

违反法定程序公开传播涉及地震预测或预报的意见或信息均属非法。《防震减灾法》规定：任何单位和个人不得向社会散布地震预测意见、地震预报意见及其评审结果。《地震预报管理条例》也规定，任何单位和个人根据地震观测资料和研究结果提出的地震预测意见，应当向所在地或者所预测地区的政府机构书面报告，也可以向国务院地震主管部门书面报告，不得向社会散布。《地震预报管理条例》还规定新闻媒体刊登或播发地震预报必须以国务院或者省级政府发布的地震预报为准。

《防震减灾法》第五十二条还就地震信息发布作出规定："地震震情、灾情和抗震救灾等信息按照国务院有关规定实行归口管理，统一、准确、及时发布"。有关媒体报道震情、灾情，目前还只有10多年前《破坏性地震应急条例》的规定："广播电台、电视台等新闻单位应当根据抗震救灾指挥部提供的情况，按照规定及时向公众发布震情、灾情等有关信息，并做好宣传、报道工作。"

（二）疫情

我国实行传染病疫情公开制度。我国《传染病防治法》制定于1989年，2004年在防治非典型肺炎之后作了大修，2013年又有修正。现行此法第三十八条规定：

"国家建立传染病疫情信息公布制度。

"国务院卫生行政部门定期公布全国传染病疫情信息。省、自治区、直辖市人民政府卫生行政部门定期公布本行政区域的传染病疫情信息。

"传染病暴发、流行时，国务院卫生行政部门负责向社会公布传染病疫情信息，并可以授权省、自治区、直辖市人民政府卫生行政部门向社会公布本行政区域的传染病疫情信息。"

此条第二款属于常规性的定期公布，第三款则规定了"传染病暴发、流行时"国家和省级政府卫生部门受权公布疫情信息的职责权限。

该法还规定了疾病预防控制机构、医疗机构以及港口、机场等直至任何单位和个人发现传染病人或疑似传染病人的报告义务。

2003年防治"非典"工作期间，国务院制定了行政法规《突发公共卫生事件应急条例》（2011年修订）。"条例"定义"突发公共卫生事件"是指"突然发生，造成或者可能造成社会公众健康严重损害的重大传染病疫情、群体性不明原因疾病、重大食物和职业中毒以及其他严重影响公众健康的事件"（第二条），规定了监测、医疗等单位发现此类事件向上级政府直至国家卫生行政部门限时逐级上报制度，赋予任何单位和个人报告突发事件隐患和举报有关部门不履行职责的权利（第二十四条）。

2006年国务院发布《国家突发公共卫生事件应急预案》，将突发公共卫生事件分为四级，分别规定了应急措施，包括国务院卫生行政部门和经授权的省级卫生部门要及时发布有关信息与通报，并规定国家建立突发公共卫生事件应急决策指挥系统的信息、技术平台，采取分级负责的方式承担相关信息收集、处理、分析、发布和传递等工作。卫生部据此印发《法定传染病疫情和突发公共卫生事件信息发布方案》，规定了甲乙丙三类传染病种类，就国务院"预案"中一级事件作了补充定义，并就发布权限、方式、时限等作出制度性规定，必要时实行疫情周发布或日发布。

2019至2020年之交新型冠状病毒肺炎在我国蔓延，是我国前所未遇的重大公共卫生事件。根据记载，2019年12月26日湖北省中西医结合医院收治4名肺炎异常病例，当即依规上报。12月31日武汉市卫健委首次就病例公开通报，国家卫健委专家组到武汉调查未发现明显人传人现象。1月9日央视报道专家组确定此肺炎病毒为一种新型冠状病毒。自1月11日起，武汉市卫健委每天通报发现新病例，但不能肯定有人传人现象。1月20日，国家卫健委高级专家作出“肯定有人传人现象”的结论。[①] 1月21日国务院批准国家卫健委发布2020年第1号公告，将新型冠状病毒感染的肺炎纳入《传染病防治法》规定的乙类传染病，并采取甲类传染病的预防、控制措施。这就在法律上把这次疫情从突发公共卫生事件纳入传染病暴发、流行范围实行管控。1月24日、25日全国省级地区相继启动重大突发公共卫生事件一级响应。20日起，国家卫健委每日在官网公布全国疫情，包括确诊、死亡、增减等数字，并分列各省级地区，公众可以随时随地从手机等移动端查看疫情信息。

在全国疫情依法及时公开的背景下，主流新闻媒体广泛开展报道，宣传以习近平同志为核心的党中央领导和部署抗疫的方略措施，收到强信心、聚民心、暖人心的效果。据2020年1月20日至2月17日抗疫初期对中央三大主流媒体的统计：《人民日报》共推出抗疫专版100多块，发表相关报道近900篇，全媒体矩阵制作报道及视频9万余条，总阅读量超260亿次。新华社编发各种专题报道近3 000组，平均为400多家媒体所采用。中国广播电视总台的新闻节目，总触达量1 304.23亿人次，总台电视端累计观众537.2亿次。[②] 疫情信息公开和新闻舆论有力推动了疫情防控工作有效开展。

（三）食品安全事故

《食品安全法》（2021）对食品安全事故处置作了系统规定，其中包括食品安全事故的信息发布。食品安全事故，指食源性疾病、食品污染等源于食品，对人体健康有危害或者可能有危害的事故。

《食品安全法》规定发生食品安全事故的单位应当立即予以处置，防止事故扩大，并且向所在地县级以上食药监管和卫生部门报告，接到报告的县级有关部门应向本级政府和上级食药监管、卫生部门报告，并依法对食品安全事故及其处理情况进行发布，对可能产生的危害加以解释、说明。任何单位或者个人不得隐瞒、谎报、缓报食品安全事故，不得毁灭有关证据。

《食品安全法》还规定国家建立统一的食品安全信息平台，实行食品安全信息统一公布制度。国家食品安全总体情况、食品安全风险警示信息、重大食品安全事故及其调查处理信息和国务院确定需要统一公布的其他信息由国务院食药监管部门统一公布。（第一百一十八条）

---

① 有多种有关新冠疫情防控工作的记载，前段记录主要参照财新网：新型冠状病毒肺炎大事记（2019年12月—2020年1月20日），https：//www.caixin.com/2020-01-20/101506242.html。

② 参见童兵：《公共卫生传播和应急治理的一次大考》，《新闻界》（成都）2020年第4期。

（四）核安全与核事故

《核安全法》（2017）第五章规定了“信息公开和公众参与”，就信息公开的主体、公开的内容以及公开的渠道，作了具体规定。

公开的主体：《核安全法》第六十三条、六十四条规定，国务院有关部门、地方政府指定部门及核设施营运单位，有义务公开与核安全相关的信息。

公开的内容：国务院核安全监督管理部门应当依法公开与核安全有关的行政许可，以及核安全有关活动的安全监督检查报告、总体安全状况、辐射环境质量和核事故等信息。核设施营运单位应当公开本单位核安全管理制度和相关文件、核设施安全状况、流出物和周围环境辐射监测数据、年度核安全报告等信息。

公开的渠道：《核安全法》规定了主动公开与依申请公开两种情况。对依法公开的核安全信息，应当通过政府公告、网站以及其他便于公众知晓的方式，及时向社会公开。公民、法人和其他组织，也可以依法向国务院核安全监督管理部门和核设施所在地省级政府指定的部门申请获取核安全相关信息。

此外，对于涉及和影响公众利益的重大核安全事项，核运营单位和政府部门应当通过听证会、论证会、座谈会，或者采取其他形式征求利益相关方的意见，并以适当形式反馈。

对于核事故，《核安全法》第四章规定了“核事故应急”。第六十条规定，国务院核工业主管部门或者省、自治区、直辖市人民政府指定的部门负责发布核事故应急信息。也就是说，国务院主管部门和省政府指定部门是核事故应急信息发布的法定部门。此前，行政法规《核电厂核事故应急管理条例》（2011）第二十三条也已规定：“省级人民政府指定的部门在核事故应急响应过程中应当将必要的信息及时地告知当地公众。”

有关新闻报道，上述“条例”第二十八条规定：“有关核事故的新闻由国务院授权的单位统一发布。”被授权单位一般就是新华社。

（五）恐怖事件

《反恐怖主义法》（2018）对于恐怖事件信息的发布作了严格规定：“恐怖事件发生、发展和应对处置信息，由恐怖事件发生地的省级反恐怖主义工作领导机构统一发布；跨省、自治区、直辖市发生的恐怖事件，由指定的省级反恐怖主义工作领导机构统一发布。”（第六十三条）

除禁止编造、传播虚假恐怖事件信息外，法律还特别规定：“不得报道、传播可能引起模仿的恐怖活动的实施细节；不得发布恐怖事件中残忍、不人道的场景；在恐怖事件的应对处置过程中，除新闻媒体经负责发布信息的反恐怖主义工作领导机构批准外，不得报道、传播现场应对处置的工作人员、人质身份信息和应对处置行动情况”。（第六十三条）这些信息，有可能诱发另外的犯罪，扩大恐怖事件引起的社会恐慌和惊扰，影响工作人员和人质的安全，以及造成其他危害，必须予以禁止。

该法第九十条对实施违反上述规定行为的新闻媒体和个人规定了行政处罚。

三、对突发事件的新闻报道

随着突发事件信息发布纳入法制，过去对突发事件应对迟缓、信息封闭、掩盖真相或者丧事当喜事报的做法有所改观。政府公布突发事件信息的效率和公开性、透明度有了明显提升，近年来一些重大突发事件，自然灾害如2008年“5・12”四川汶川大地震①，公共卫生事件如2008年三鹿奶粉事件②，社会安全事件如2009年“7・5”新疆打砸抢烧暴力犯罪事件③，公共安全事件如2021年甘肃白银景泰“越野赛”遭遇恶劣天气导致重大伤亡事件④，政府部门及时公布或授权公布事件信息，新闻媒介进行广泛的后续报道，推动了事件的妥善处理。

将突发事件信息纳入政府信息，由政府统一发布，是我国特有做法，是与我国新闻体制相配套的。政府掌握发布突发事件信息主导权，目的是为了应对，是为了尽快克服突发事件带来的危机。新闻媒介是政府实行危机管理的传播载体，应该遵循和配合政府应对突发事件的部署开展报道，在克服危机的共同目标下，新闻报道还是大有作为的。

首先，由政府统一发布的信息，只限于事件的核心信息和法律明文有禁止条款的信息，不可能也没有必要将全部信息都“统”起来。如四川汶川大地震的消息，在震后18分钟由新华社经国家地震局授权发布，在此期间，虽然震波已经迅速传到各地，但中国大陆没有一家媒体擅自抢先报道。其他如余震发生、地震死伤人数等也必须统一发布。至于灾情表象、抗震救灾进展、当地军民救援行动、各地救助措施等等，新闻媒介则可自主报道。全国各地包括港澳台、外国新闻记者纷纷进入灾区采访，被认为是罕有的开放。至于哪些由政府统一发布，按法条“按照有关规定”，可以是成文规范，也可以是主管部门即时指示。

其次，随着传播科技的发展，信息渠道越来越趋向多元化，“统一、准确、及时”已

---

① 2008年5月12日14时28分，四川汶川县发生8.0级地震，造成四川、甘肃、陕西、重庆、云南、山西、贵州、湖北8省市不同程度受灾。新华社于14时46分即发布了地震消息。数以千计的新闻记者从全国汇聚灾区进行采访报道。仅新华社就派出记者百余名，中央电视台迅速开通24小时直播。我国港澳台和许多外国媒体也纷纷派出记者前往采访。

② 2008年9月9日，《兰州晨报》披露当地解放军第一医院泌尿科收治的14名来自甘肃患“肾结石”的婴儿，“都长期食用某品牌奶粉”。搜狐网9月10日凌晨2点07分转载此报道。9月11日，《东方早报》（上海）率先指名甘肃14婴儿同患肾病疑因喝“三鹿”奶粉所致。9月11日、12日，新华社接连播发：国家质检总局宣布开始调查、卫生部表示将严查“肾结石婴儿”事件等。9月13日卫生部举行新闻发布会通报“三鹿奶粉事件”。

③ 2009年7月5日20时，新疆乌鲁木齐发生打砸抢烧暴力事件。6日凌晨，自治区主席白克力即发表电视讲话通报情况。新华社、中央电视台等各媒体、网站多渠道进行报道。6日上午，主管部门邀请港澳台和外国记者前往采访。7月7日乌鲁木齐市委、市政府新闻发布会，有60家境外媒体和80家境内媒体参加。

④ 2021年5月22日上午9时，甘肃省白银市景泰县举行第四届黄河石林山地马拉松百公里越野赛，到中午陆续有参赛者通过网络社交平台呼救，称遭遇极端天气，气温骤降，很多人失联。各类网络媒体纷纷同步转发信息。经紧急救援，仍有21名参赛人员遇难，8人受伤。甘肃省各部门组织联合调查，6月11日省政府新闻办公室召开新闻发布会，认定这是一起越野赛在强度、难度最高赛段遭遇大风、降水、降温的高影响天气，赛事组织管理不规范、运营执行不专业，导致重大人员伤亡的公共安全责任事件。甘肃晟景体育文化公司负有直接责任，5名负责人被批捕，16家单位及其27名相关人员负有责任，依法依纪追究责任。

经成为有机的整体。在融合媒体时代，领导和组织处置突发事件的政府机关发布信息如果不能做到及时、准确，那么想要统一也统不起来。处置机关不发布，外地媒体、本地民众，都会发布传播，结果是自己丢失了信息发布的主动权。如果说，在过去处置机关利用自己属下的媒体也许还可能制造一个“拟态环境”（Pseudo Environment），如今这样做的结果，只能是人们纷纷到网上寻求自己所需的真实信息，而处置机关及其属下的媒体则被弃置一边，饱受非议。

> 2015年8月12日深夜11点30分，位于天津港的瑞海公司所属危险品仓库发生特别重大火灾爆炸事故。有关事故的信息和爆炸现场图片当即在网上疯传，但直至13日凌晨3点58分，天津市新闻办官方微博才发布发生爆炸的简单信息，天津卫视播报有关信息是13日早上7点，而其他频道继续播出常态节目。随之数日内官方举行的1～6次新闻发布会，出席者限于厅局级官员，多次以“不清楚”，“不掌握”，“这个情况要找同事核实一下”，“不是我的职责”，“爆炸地区与居民区还是蛮远的”等回答记者的提问，电视直播屡次中断，引起舆论强烈不满。由于信息短缺，谣言纷起，全国诸多新闻媒体致力于寻求真相。仅在13日这天，就有澎湃新闻在凌晨1点21分启动“问吧”开展记者、亲历者和受众互动报道；《每日经济新闻》、财新网、界面新闻等先后披露爆炸现场与居民住宅小区距离不足法定的1 000米；《新京报》报道现场存有700吨剧毒的氰化钠（调查组最终认定为680.5吨），后又针对有官员否认再次发布确凿报道。此后媒体在清查事故伤亡人数特别是天津港所谓“编外消防队”的伤亡人数及殉职真相，梳理天津港错综复杂的管理体制，质疑肇事的瑞海公司审批、开张过程中的不正常状态，追踪事故的责任人等方面，都有可观的成绩。如新华社在19日发布调查新闻《起底瑞海公司：谁是神秘控制人?》，将瑞海高层与各方的联系图公之于众，澄清了有关谣言。[①]

天津港爆炸事故宣告了融媒时代传统的突发事故信息发布模式的终结。[②] 新冠疫情防控工作中社交媒体发挥了积极作用，有学者对初期7个微信群进行了考察，指出社交媒体意见多元是常态，疫情防控发展中有多起事实表明，社交媒体有利于澄清传闻、寻求真相，确实具有自净化功能，显示了舆论一律又不一律的力量。[③] 领导和组织处置突发事件的政府部门要以全新的观念和方式做好信息披露，以免蔓延次生祸患。新闻媒体在第一时间介入，全面客观报道事件动态及处置进程，有利于推动事件的妥善处理，维护社会稳定和人心安定，对于帮助政府应对突发事件有益无害。

其三，政府统一发布并不意味不要舆论监督。从根本上说，舆论监督同政府应对突发事件的目标是一致的。甘肃白银越野赛事故，参赛者现场通过社交媒体呼救，周边群

---

① 参见人民网舆情监测室：《天津新闻发布会出了怎样的问题》，2015年8月17日；魏永征、代雅静：《融合媒体时代的突发事件信息传播》，《新闻界》（成都）2015年第18期。

② 国务院调查组认定此次事故是一次特别重大生产安全责任事故。公安、检察机关对49名企业人员和行政监察对象依法立案侦查并采取刑事强制措施。调查组另对123名责任人员提出了处理意见，建议吊销瑞海公司证照并处罚款，建议通报批评中共天津市委、天津市政府并责成作深刻检查，责成交通运输部作深刻检查。参见新华网，2016年2月5日。

③ 参见陈力丹：《平日断裂处信息井喷的舆论特征》，《新闻界》（成都）2020年第4期。

众和组织闻讯及时驰援，减少了伤亡损失，本身就体现了互联网传播的监督功能。若有地方政府部门利用控制信息的权力，封锁突发事故消息，媒体披露真相，揭露谎言，自是正义之举。

曾有2001年7月17日广西南丹特大矿难，81名矿工死亡。矿主勾结当地政府，宣称没有发生重大事故，没有伤亡。但是新闻记者突破重重阻力，采访到确实消息，披露真相，引起社会极大震动和关注。经中央调查，有关责任人受到党纪国法处理。朱镕基总理说："没有记者来揭露，这件事就冤沉海底了。"8月27日，《人民日报》发表《假如媒体缺席》一文指出：假如媒体缺席，上级领导机关处理事故的方针政策可能在某些人手里走样，人民群众的利益可能得不到足够的保护，更可怕的是，产生事故的隐患并没有排除，玩忽职守、藐视法律的肇事者可能再次肇事，不称职的官员还有可能进一步高升，攫取更大的权力。因此，我们非常需要记者说出事实的真相。[①]

至今隐瞒安全事故仍然属于多发现象。2008年山西襄汾新塔特别重大尾矿库溃坝事故，县领导谎报事故原因和性质、瞒报死亡人数[②]；河北蔚县李家湾矿井私藏炸药爆炸，矿主勾结官员封锁消息85天[③]，2009年河南鲁山一煤矿火灾造成24人死亡，当地隐瞒4年之久[④]；2010年河南渑池某煤矿瓦斯爆炸，矿主转移尸体隐瞒遇难人数[⑤]；2011年4月黑龙江鸡西市煤矿事故死亡9人，矿主恶意瞒报[⑥]，；2014年7月黑龙江鹤岗市煤矿事故7人遇难，矿主瞒报[⑦]；2017年8月晋能集团山西煤炭运销集团和顺吕鑫煤业公司露天煤矿发生滑坡事故8人遇难、1人失踪、1人受伤，矿主瞒报[⑧]；2020年2月，山西晋中紫金煤业公司发生顶板事故，造成3人死亡，矿主瞒报，经媒体披露查明，5人被追究刑事责任[⑨]；2021年1月山东栖霞笏山金矿因企业违规作业引发重大生产安全责任事故，22人被困，经中央指示、省政府组织全力救援，11人获救，10人死亡，1人失踪，查明企业和栖霞市均构成迟报瞒报，45人被追责[⑩]：都是媒体披露或民众举报后得到查处的，如山东栖霞矿难，央视、新华社等在救援过程中几乎每天都有跟踪报道。媒体在应对突发事件中永远不可缺席。

第二节　商品和服务信息

商品和服务信息是社会一日不可缺少、与千家万户有着紧密关系的信息。商品和服

① 参见展江主编：《中国社会转型的守望者》，北京，中国海关出版社，2002，第59－70页。
② 参见新华网，2008年9月11日。
③ 参见《中国新闻周刊》2008年11月7日。
④ 参见人民网，2014年12月12日。
⑤ 参见人民网，2010年12月9日。
⑥ 参见新华网，2011年5月1日。
⑦ 参见中国新闻网，2014年7月20日。
⑧ 参见央广网，2017年8月21日。
⑨ 参见搜狐网，2020年10月28日。
⑩ 参见鲁中网，2021年2月24日。

务信息的发布者是经营者[①]，接受信息的公众是消费者。政府信息发布是行政行为，受行政法调整。商品和服务信息发布是商业行为，受民商法和经济法调整。

经营者发布商品和服务信息，在美国称为商业言论（commercial speech）。商业言论主要是广告，但是不限于广告，认定商业言论的标准是是否意图商业交易。共识认为商业言论代表私人商业利益，所以须受一定规制。[②] 我国《反不正当竞争法》将经营者的宣传活动称为商业宣传，包括商业广告。《广告法》所规制的广告，是经营者通过一定媒介和形式包括网络直接或间接介绍自己所推销的商品或所提供的服务的商业广告。商业宣传的其他方法主要是通过各种公关（public relation）活动进行，如召开新闻发布会、事件营销（event market）、向媒介投送稿件或接受访问、参与公共活动求得报道等。

经营者与消费者之间的信息传播和接受，是一种民事活动，遵循平等、自愿、公平、诚实、信用等原则。立足点还是要保障消费者的知情权和利益；同时经营者的表达权也应依法受到保护。我国规范经营者和消费者之间关系的法律主要有 1993 年制订、2009 年和 2013 年两次修正的《消费者权益保护法》和 1993 年制订、2017 年和 2019 年两次修正的《反不正当竞争法》，其中都有规范广告等商业言论的内容。专门规范广告活动的法律，有早在 1987 年就制订的行政法规《广告管理条例》，以及 1994 年制订的《广告法》（2015 年作了大幅度修订，2018 年、2021 年又有修正）。还有若干专门法对特定商品信息发布有所规定，如《烟草专卖法》（2015）、《产品质量法》（2018）、《电子商务法》（2018）、《药品管理法》（2019）、《食品安全法》（2021），《化妆品监督管理条例》（2020）、《兽药管理条例》（2020）等。国家市场监督管理部门对一些特定产品的广告，分别订有专门的审查和管理的规章。

本节主要涉及对于广告和其他商业言论内容的规制；广告业经营制度见第九章。

一、虚假商业宣传及其法律责任

经营者发布商品和服务信息，涉及消费者切身利益，有的还关系生命健康，必须真实无误。《消费者权益保护法》第八条规定："消费者享有知悉其购买、使用的商品或者接受的服务的真实情况的权利。"《反不正当竞争法》第八条专就经营者的商业宣传作出规制："经营者不得对其商品的性能、功能、质量、销售状况、用户评价、曾获荣誉等作虚假或者引人误解的商业宣传，欺骗、误导消费者。""经营者不得通过组织虚假交易等方式，帮助其他经营者进行虚假或者引人误解的商业宣传。"《广告法》规定广告应该真实、合法（第三条），"广告不得含有虚假或者引人误解的内容，不得欺骗、误导消费者。"（第四条）。

（一）虚假宣传

《广告法》第二十八条规定："广告以虚假或者引人误解的内容欺骗、误导消费者的，

---

① 《反不正当竞争法》将经营者定义为"从事商品生产、经营或者提供服务（以下所称商品包括服务）的自然人、法人和非法人组织"，而《广告法》将商品经营者和服务提供者并列，或统称生产经营者，本章统称"经营者"。

② 参见邱小平：《表达自由——美国宪法第一修正案研究》，北京，北京大学出版社，2005，第 310、316 页。

构成虚假广告。”包含两种情况：

第一种情况是指内容虚假的宣传和广告。上述法条对虚假广告列举了5项情形：

“（一）商品或者服务不存在的；

“（二）商品的性能、功能、产地、用途、质量、规格、成分、价格、生产者、有效期限、销售状况、曾获荣誉等信息，或者服务的内容、提供者、形式、质量、价格、销售状况、曾获荣誉等信息，以及与商品或者服务有关的允诺等信息与实际情况不符，对购买行为有实质性影响的；

“（三）使用虚构、伪造或者无法验证的科研成果、统计资料、调查结果、文摘、引用语等信息作证明材料的；

“（四）虚构使用商品或者接受服务的效果的；

“（五）以虚假或者引人误解的内容欺骗、误导消费者的其他情形。”

广告之外的其他宣传若有以上内容，即为虚假宣传。

为了防止虚假内容，有些内容应有证明。《广告法》规定“广告使用数据、统计资料、调查结果、文摘、引用语等引证内容的，应当真实、准确，并表明出处”（第十一条），“广告中涉及专利产品或者专利方法的，应当标明专利号和专利种类”（第十二条）。在委托广告经营者代理、设计、制作、发布广告时，应该依照《广告法》的规定提交证明内容真实、合法的有效文件，供广告经营者查验核对。

第二种情况是引人误解或误导的宣传和广告。这种情况在内容方面可能并无虚假事实，但是却可能使宣传对象或受宣传影响的人对商品或服务的真实情况产生错误的联想，从而影响其消费决策。通常情况下，虚假宣传必然导致误解，但引人误解的宣传在内容上并不一定都是虚假的。

《广告法》和其他法律有些规定，都可以从防止误解和误导的角度来理解。

《广告法》第八条规定：“广告中对商品的性能、功能、产地、用途、质量、成分、价格、生产者、有效期限、允诺等或者对服务的内容、提供者、形式、质量、价格、允诺等有表示的，应当准确、清楚、明白。”广告具有经营者向社会发出交易要约的功能，就应当明确对商品以上各项指标做出明确的担保。提供服务的广告同样如此。含糊其词的表述，造成误导，广告主就应承担责任。

《广告法》第九条第三项规定广告不得使用国家级、最高级、最佳等用语。诸如“世界之冠”、“全国第一”、“举世无双”、“绝代佳品”、“最新技术”等等，缺少明确的判别依据，也不符合科学规律，会造成欺骗性的后果。

《广告法》第十六条规定：医疗、药品、医疗器械广告内容中不得含有表示功效、安全性的断言或者保证，不得含有说明治愈率或者有效率的内容，不得与其他药品、医疗器械的功效和安全性或者其他医疗机构作比较，不得利用广告代言人作推荐、证明，等等。《药品管理法》也有类似规定。药品和医疗器械的功效、疗效等，与患者以及其他条件密切相关，具有相当的不确定性，作出这样的断言或者保证，肯定是不可靠的，会造成误导。《广告法》第十七条禁止除医疗、药品等的其他任何广告涉及疾病治疗功能，第十八条规定保健食品广告不得含有表示功效、安全性的断言或者保证涉及疾病预防、治疗功能，声称或者暗示为保障健康所必需等内容。《食品安全法》规定：食品广告的内容应当真实合法，不得含有虚假内容，不得涉及疾病预防、治疗功能。（第七十三条）生活常识表明，有些食品对防治某些疾病有益，并有“食疗”的习俗，但是并无科学证明，也会发生误导。《化妆品监督管理条例》规定“化妆品广告不得明示或者暗示产品具有医疗作用”。《药品管理法》有“非药品广告不得有涉及药品的宣传”的规定，主要也是针对食品、化妆品。

《广告法》第二十一条规定：农药、兽药、饲料和饲料添加剂广告内容不得含有表示功效或者安全性的断言或者保证，不得利用科研单位、学术机构、技术推广机构、行业协会或者专业人士、用户的名义或者形象作推荐、证明，不得说明有效率等，其意义与医药广告相同。

另外，《广告法》对于教育、培训广告，招商集资广告，房地产广告，农作物种子、林木种子等广告，也都分别规定了禁止容易造成误导的内容。

广告是广告主对自身产品或服务的介绍，同以客观公正为取向的新闻报道是不一样的。所以《广告法》特别规定：“广告应当具有可识别性，能够使消费者辨明其为广告。”（第十四条）

（二）法律责任及其承担

禁止虚假广告和虚假宣传在各国都是规制商业言论的重点。《广告法》2015 年大修，强化打击虚假广告，扩展规制误导公众的广告内容，加大处罚力度，是一项重要内容。如对虚假广告的处罚，原法对广告主主要是处以广告费一到五倍罚款，修订后罚款增为三到五倍，并增加广告费无法计算或明显偏低的，可处一百万元到二百万元罚款，并有屡犯从重的规定。对有过错的广告经营者、发布者的处罚也有同样提升。

承担虚假宣传法律责任的主体，主要是经营者即广告主。《广告法》规定：“广告主应当对广告内容的真实性负责。”（第四条）广告经营者和发布者明知或者应知广告虚假仍加以设计、制作、代理、发布也应承担责任。《广告法》对发布虚假广告的广告主和负有责任的广告经营者、发布者规定了罚款和直至吊销营业执照的行政处罚（第五十五条），并对受到损害的消费者承担民事责任（第五十六条）。广告违法案件中，处罚虚假广告占了相当大的一部分。近年国家和地方的市场监管部门、食品药品监管部门等加大打击虚假违法广告力度，经常公布严重违法广告案件。

2019 年国家市场监督管理总局公布各地查处虚假违法广告典型案例 75 件。其中虚假广告 56 例（有若干兼有其他违法性质），45 例属于虚假医疗和食品、保健品广告，有的宣传“专治男人肾虚的老方子，1400 年秘藏独家发行，30 天前列腺疾病统统不见”，有的保证“一次性治愈不复发”、“无一人复发”，有医院称“各种疾病在这里一站式解决”，还有医院发布“100％服务、100％价格放心、100％技术放心、100％手术放心”的“豪言”。有 8 例属于违法集资、投资广告，不加风险提示，保证“收益率”，宣传“两年年化率 17％、20％、24％”。还有所谓“教培中心”称“30 小时记住 3 年单词”，“一目十行、过目不忘”；或保证“成人高考通过率：95％以上”。受到处罚的责任人中，有报纸、广播电视台 6 家（其中 3 家作为发布者与广告主共同被罚），较往年有所减少。安徽合肥医博肛泰肛肠医院有限公司通过多个互联网站发布广告，广告中含有绝对化用语，表示功效、安全性的断言，内容与实际不符，并使用国家机关及其工作人员的名义、形象进行宣传，被处罚款300万元，为当年之冠。①

《食品安全法》在2009年首次对商品推荐者规定了法律责任，规定“社会团体或者其他组织、个人在虚假广告中向消费者推荐食品，使消费者的合法权益受到损害的，与食品生产经营者承担连带责任”，使虚假广告有了一个新的责任主体。2015年修订的《广告法》把广告代言人列为广告活动主体之一，即“在广告中以自己的名义或者形象对商品、服务作推荐、证明的自然人、法人或者其他组织”。广告代言人不得为其未使用过的商品或未接受过的服务作推荐、证明，并且也按“明知或应知”原则对虚假广告承担法律责任。

情节严重的虚假广告行为则需承担刑事责任。《刑法》第二百二十二条规定有虚假广告罪：“广告主、广告经营者、发布者违反国家规定，利用广告对商品或者服务作虚假宣传，情节严重的，处二年以下有期徒刑或者拘役，并处或者单处罚金。”

“刷单”是类似“水军”在电商环境中的新型虚假宣传行为。行为人假装顾客购物，并发帖点赞，提高相关网店的排名和销量获取好评吸引顾客。近年国家市场监管等部门联合开展的专项市场整治行动，就列有“刷单炒信”一项。2020年浙江丽水破获一起18人参与的刷单团队虚假宣传案。作案人自2019年起，雇佣工作人员（另案处理），以虚构电子商务公司名义租用“365外勤软件”，为网络电商提供刷单服务，以虚假交易提高店铺的交易量及好评度，提升店铺信誉，促进成交量。经查明，他们分别组合的团队前后共有6个，其中获利最多的一组超过1 000万元。法院判决18名被告人犯虚假广告罪，分别判处有期徒刑和罚金，追缴非法所得。其中最重判处有期徒刑一年六个月，并处罚金100万元，七人有自首或立功情节，判处缓刑。②

虚假广告损害消费者利益，理应对受害人承担民事责任。《广告法》第五十六条对广告主、广告经营者、发布者以及代言人的赔偿责任作了明确规定。《食品安全法》、《消费者权益保护法》也有类似规定。理论上认为，广告是广而告之，并不具有合同的相对性特征，所以虚假广告应属侵权行为而不是违约行为。广告面对广大消费者，消费者是虚假广告直接受害者，消费者侵权诉讼手段应该比行政部门监管起到更为普遍而直接的遏制作用。但是在司法实践上对于虚假广告侵权诉讼却并不发达。这有多种因素。如最高人民法院《民事案件案由规定》以往并无虚假广告侵权案由，在2020年底通过的修正版才有“虚假宣传纠纷”的案由规定。而在证明侵权行为的侵害事实（内容虚假）、损害结果、侵害行为与损害存在因果关系和致害人过错等方面，消费者举证也有很大难度。另外，由于单个商品价格有限，除非造成其他损害后果，赔偿所得往往低于诉讼成本，消费者宁可自认吃亏息事。

---

① 参见国家市场监督管理总局官网，2019年5月9日、2019年8月27日、2019年12月17日。

② 参见浙江省丽水市莲都区人民法院刑事判决书，（2021）浙1102刑初69号。

随着互联网发展，企业自设网站宣传成为通行做法，因虚假宣传承担责任时有发生。对此，《反不正当竞争法》第十二条规定：“经营者利用网络从事生产经营活动应当遵守本法的各项规定。”

北京康公司，成立有年，后来又有一家锐公司，经营范围与之相同。锐公司在自己网站上擅自发布康公司业务案例的网络视频并且不作说明，康公司诉至法院。法院认为这些视频会使公众误认为是锐公司的业绩，构成虚假宣传，判令锐公司停止虚假宣传，赔偿康公司3万余元。①

经营者的其他宣传方法，大量是通过对媒体采用各种公关手段，以新闻或其他作品形式进行的。在我国，此类企业公关宣传，往往背离国际公关业规则，以向媒体付费来换取发表，即所谓“有偿新闻”。“有偿新闻”现象是一种“竞合性”的违法行为：从媒体和记者职业规范来说，是涉嫌商业贿赂行为（见第八章第四节）。从广告法来说，是混淆新闻与广告区别的行为（见第九章第二节）。如果内容虚假，造成误导，非但新闻媒介有报道失实之责，经营者也应承担虚假宣传的行政责任和民事责任。但主管部门虽然三令五申禁止“有偿新闻”，却鲜有对其中的虚假报道以虚假宣传予以制裁。

二、商业诋毁及其法律责任

虚假宣传多数是吹嘘自己，有的吹嘘会影响其他竞争对手，这样就会损害其他对手权益，如前述康公司和锐公司的纠纷。如果虚假宣传直接贬低了竞争对手，就构成商业诋毁。商业诋毁损害竞争对手利益，损害市场公平竞争秩序，归根到底也会损害广大消费者的利益。

我国法律禁止商业诋毁主要有两个条款：《反不正当竞争法》第十一条规定：“经营者不得编造、传播虚假信息或误导性信息，损害竞争对手的商业信誉、商品声誉。”《广告法》第十三条规定：“广告不得贬低其他生产经营者的商品或者服务。”综合这两条规定，表明商业诋毁与前述虚假宣传一样，并不限于传播虚假内容，而是包括：

一是在言辞中有与客观事实不符的、足以损害对手的商业信誉、商业声誉的虚假内容。经营者的商业信誉、商品声誉，属于民法中的法人名誉权和荣誉权，是经营者在长期经营活动中形成的社会对其能力和品德、对其商品的积极社会评价。对经营者及其商品的非法贬损，都可能给他的正常经营活动造成消极影响，以至遭受损失。

九眼泉公司系“杏香源”杏皮茶生产经销商并取得“杏香源”商标。有瀚森瑞达公司法定代表人在其微信朋友圈发送“郑重声明”称：“杏香园牌杏皮茶现有非常严重的产品质量问题，我厂要求市场全部撤回，请各店方务必重视，立即联系配货人员无条件将产品如数退回……同时我厂老味道牌杏皮茶、独一品牌杏皮茶无问题正常使用。”九眼泉公司以诋毁商誉为由对瀚森瑞达提起诉讼。法院认为被告无任何事实依据，编造“郑重声明”在其微信朋友圈发布。该声明中的“杏香园”牌杏皮

① 参见北京市丰台区人民法院民事判决书，（2008）丰民初字第4060号。

茶与九眼泉公司享有商标专用权的“杏香源”注册商标仅一字之差，且读音一致，形成高度近似，足以造成公众误解，其行为破坏了公平竞争的市场经营秩序，构成对九眼泉公司商誉的诋毁，判决瀚森瑞达公司在原微信朋友圈范围内消除影响并赔偿九眼泉公司经济损失。[①]

二是在言辞中虽然不一定有虚假内容甚至并不涉及具体事实，但是通过特定的公开或者隐蔽手法，使竞争对手遭到贬低或公众误解和疏远，蒙受不利后果。

如受到关注的“3Q 大战”，即北京奇虎科技有限公司、奇智软件（北京）有限公司与腾讯科技（深圳）有限公司、深圳市腾讯计算机系统有限公司不正当竞争纠纷案。奇虎开发专门对腾讯的 QQ 软件进行“体检”的扣扣保镖软件，“体检”结果总是宣称 QQ 软件会强制性查看用户电脑硬盘隐私数据并断言存在严重的健康问题，造成用户对 QQ 软件及其服务的恐慌及负面评价，使相关消费者对 QQ 软件的安全性产生怀疑，并导致相关用户弃用 QQ 软件及其服务或者选用扣扣保镖保护其 QQ 软件。这种评论已超出正当商业评价、评论的范畴。据此，法院认定被告的行为构成商业诋毁，判令承担赔偿腾讯公司 500 万元等民事责任。[②]

这些案例表明，商业诋毁还有如下特征：

第一，商业诋毁是一种不正当竞争行为，所以致害人与受害人必须存在直接的竞争关系，如上文的腾讯公司和奇虎公司。普通主体损害经营者商业信誉、商品声誉的行为，按照民法中的侵害名誉权、荣誉权行为处理。

第二，商业诋毁必须有特指对象，即特指自己的竞争对手。不过并不一定要在言辞中指名道姓，只要在一定范围内足以造成公众误解，使对手陷于不利地位，都可以认定特指。

第三，商业诋毁必须出于故意，即出于削弱对手市场竞争能力，从而为自己谋取不正当利益的目的。

《刑法》有损害他人商业信誉、商品声誉罪，此罪是一般主体，即并非一定要竞争对手方能构成，故置于第六章。

三、其他限制发布规定

有些涉及人体健康、人身安全或有其他重大关系的商品和服务，国家对其信息发布要有严格控制。主要包括对广告的事先审查和禁止。

事先审查的广告，按《广告法》规定，包括医疗、药品、医疗器械、农药、兽药和保健食品等。审查机关是相应的行政主管部门，审查批准文件应当抄送同级工商部门，并向社会公布所批准的广告。广告经营者在代理、设计、制作和刊播这些广告前，必须

---

① 参见甘肃省高级人民法院民事判决书，(2019) 甘民终 591 号。本案为最高人民法院 2020 年互联网十大典型案例，2021 年 5 月 31 日发布。

② 参见广东省高级人民法院民事判决书，(2011) 粤高法民三初字第 1 号；最高人民法院民事判决书，(2013) 民三终字第 5 号。

查验批准文件。

《广告管理条例》规定文化、教育类的广告，应当提交行政主管部门的证明。按照国家工商局有关规章，部分化妆品、部分酒类等广告在发布前，也应当提交有关批准证明。

禁止发布广告的，按《广告法》规定，禁止生产、销售的商品或提供的服务，禁止发布广告的商品或服务，不得做广告。麻醉药品、精神药品、医疗用毒性药品、放射性药品等特殊药品、医疗器械和治疗方法，不得做广告。

《广告法》和《药品管理法》还规定处方药只能在国家指定的医学、药学专业刊物上介绍，不得在大众传播媒介发布广告或者以其他方式进行以公众为对象的广告宣传。

我国全面禁止户外烟草广告，包括大众传媒、公共场所、公共交通工具等。在其他广告和公益广告中也禁止宣传烟草制品名称、商标、包装、装潢和类似内容。在烟草商的迁址、更名、招聘等启事中，也不得含有上述内容。(《广告法》第二十二条)

酒类广告也有限制，如诱导、怂恿饮酒或宣传无节制饮酒，出现饮酒动作等。(《广告法》第二十三条)

为保护对婴儿实行纯母乳喂养，《广告法》禁止在大众媒介和公共场所发布母乳代用品的广告。(第二十条)

《广告法》还规定了不得向未成年人发布的广告内容。

第三节 证券信息

从新闻报道角度来说，前一节商品和服务信息属于消费市场新闻，本节证券信息属于财经新闻。狭义的财经新闻通常指证券市场和各类金融投资市场即资本市场的新闻[①]。

新中国证券交易开始于上世纪80—90年代，当时以行政法规《股票发行与交易管理暂行条例》规范，并成立国务院直属事业单位中国证券监督管理委员会（简称“证监会”）。1993年制定《公司法》，以专节就通过发行股票在交易所公开上市的股份有限公司即“上市公司”作出规定，标志在法律层面确立了资本市场的合法地位。1998年制定《证券法》，表明作为资本市场主要部分和典型形态的证券市场已系统纳入法制化轨道。

《证券法》意义上的证券，指股票、公司债券、存托凭证和依法认定的其他凭证。简单说，证券就是资金需求者经依法取得资格后[②]向社会公众筹措长期资金而向投资者发行的凭证，投资者购买证券，就是购买某项产权或债权并预期在未来获取收益（收取红利或在上市公司市值上升后予以出售）。由于投资者与筹资方（发行人、上市公司）之间的信息不对称以及资本市场变化多端，又关涉众多投资者的切身利益，信息披露和传播的管理就成为证券市场管理的重要组成部分。二十多年来《公司法》和《证券法》几经修改或修订，2019年修订的《证券法》设立“信息披露”专章，进一步完善了先前实行的信息披露制度。规范证券信息披露的有效法规，还有行政法规《证券、期货投资咨询管

---

① 参见贺宛男：《财经报道概论》(第二版)，上海，复旦大学出版社，2009，第3页。

② 公开发行证券，我国以往实行核准制，2019年《证券法》实施后逐步推广注册制。

理暂行办法》(1997)、《证券公司监督管理条例》(2014)、《期货交易管理条例》(2017)，部门规章和规范性文件《关于加强证券期货信息传播管理的若干规定》(1997)、《上市公司治理准则》(2018)、《上市公司信息披露管理办法》(2021) 等。《刑法》还规定了编造并传播证券、期货交易虚假信息罪（第一百八十一条）和内幕交易、泄露内幕信息罪（第一百八十条）。

一、公开、公平、公正的原则

《证券法》第三条规定："证券的发行、交易活动，必须实行公开、公平、公正的原则。"证券市场信息的披露与传播是证券发行和交易实行"三公"原则的重要条件，同时自身也要遵循这个原则。

上市公司又称公众公司（public corporation)，既然它由公众投资，就必须置于公众监督之下。证券发行和交易中有些不合规范或者违规的事情，就是媒体借助公开披露的信息揭示出来而得以纠正的。如 2008 年有立立电子公司首次申请上市，《每日经济新闻》通过对它的招股说明书等多份公开资料的研究分析，揭发这家公司存在很多问题，在上市前一天被责令延迟上市，后来证监会撤销了对它核准发行股票的决定。[①]

首先是公开原则。对于证券发行和交易来说，凡是对投资者作出价值判断和投资决策有重大影响的信息，均应当公开披露。商业秘密、监管部门在调查违法行为过程中获得的非公开性信息和文件以及有关法律、法规规定可不披露的信息和文件除外。

信息披露包括初期披露和持续披露。

初期信息披露是指证券发行人在首次公开发行证券时，应当依法如实披露有可能影响投资者作出决策的所有信息。按照现行《证券法》第二十三条规定，证券发行申请经注册（2014 年及以前版本《证券法》是"核准"）后，发行人应当在证券公开发行前公告公开发行募集文件，并将该文件置备于指定场所供公众查阅。向社会公众公告招股说明书等文件，使投资者了解筹资目的、用途、发行人自身的生产经营情况、给予投资者的回报等，是广大投资者作出投资决策的必要前提。

持续信息披露，是指证券发行后，发行人应当定期向社会提供经营与财务状况的信息，以及随时公告有可能影响公司经营活动的重大事项等，其中一是定期报告，即年度报告和半年度报告，《证券法》第七十九条予以规定，二是临时报告，即当发生可能对股票、债券的交易价格产生较大影响、而投资者尚未得知的重大事件时，公司应当立即将有关该重大事件的情况向证监会和交易所报送临时报告，并予公告，说明事件的起因、目前的状态和可能产生的法律后果。对于此类重大事件，《证券法》第八十条就股票交易规定了十二项，第八十一条就债券交易规定了十一项。

重大事件公布后还会发展变化。《上市公司信息披露管理办法》规定：上市公司披露重大事件后，已披露的重大事件出现可能对交易价格产生较大影响的进展或者变化的，应当及时披露进展或者变化情况以及可能产生的影响。信息公开还要遵循公平、公正原

① 参见《每日经济新闻》(成都) 2009 年 4 月 4 日。当时发行股票实行核准制。

则。为了保证接收信息的公众机会均等，特定信息必须一次性向公众完整披露。如果知悉信息有先有后，那些抢先获知信息的投资者获得套利机会或规避损失，而未及获知的投资者却错失机会或者遭受意外损失。这样选择性信息披露，势必会损害多数投资者的实际利益，影响证券市场正常秩序，必须禁止。对于初期信息披露，《证券法》第二十三条第二款就规定："发行证券的信息依法公开前，任何知情人不得公开或者泄露该信息。发行人不得在公告公开发行募集文件前发行证券。"对于持续信息披露，《证券法》第八十三条规定："信息披露义务人披露的信息应当同时向所有投资者披露，不得提前向任何单位和个人泄露。"并且要求："任何单位和个人不得非法要求信息披露义务人提供依法需要披露但尚未披露的信息。任何单位和个人提前获知的前述信息，在依法披露前应当保密。"

为了保证公平公正，法律对内幕信息予以严格控制。

所谓"内幕信息"，按照《证券法》第五十二条的规定："证券交易活动中，涉及公司的经营、财务或者对发行人证券的市场价格有重大影响的尚未公开的信息，为内幕信息。"据此，内幕信息一是具有价格敏感，即涉及发行人的经营、财务或者对该发行人证券的市场价格有重大影响、亦即导致证券价格波动的信息；二是尚未公开，即按照信息披露要求应当公开披露而尚未披露的信息，亦即《证券法》第八十条、八十一条列举的重大事件和其他重要信息。

内幕交易受到严格禁止。《证券法》第五十三条规定："证券交易内幕信息的知情人和非法获取内幕信息的人，在内幕信息公开前，不得买卖该公司的证券，或者泄露该信息，或者建议他人买卖该证券。""证券交易内幕信息的知情人"，是通过合法途径获取内幕信息的人。《证券法》第五十一条对此作了详细列举，包括发行人董事、监事、高级管理人员、持股百分之五以上的股东、实际控制人，因工作性质、所任职务、业务往来、监管职责等能够获取内幕信息的人等。非法获取内幕信息的人，即本身无权获取内幕信息，而通过非法途径如窃取、骗取、套取、窃听、利诱、刺探或者私下交易等手段获取内幕信息的人。上述行为人既包括自然人，也包括法人和非法人组织。内幕交易行为有三类：行为人知悉内幕信息，并且在内幕信息公开前买卖了有关证券；泄露所知悉的内幕信息，导致他人从事相关证券交易；以及虽未泄露内幕信息，却按照信息走向趋势建议他人买卖有关证券。

内幕交易对于证券市场的危害不言而喻。《证券法》规定了对这种行为的行政处罚，并且规定内幕交易行为给投资者造成损失的，应当依法承担赔偿责任。情节严重构成犯罪的，追究刑事责任。

为了严格防范内幕交易，主管部门建立了内幕信息知情人登记管理制度，证监会在2021年修改公布了新的《关于上市公司内幕信息知情人登记管理制度的规定》。

新闻媒体特别是财经类新闻媒体及部门和相关新闻工作者具有较多机会知悉内幕信息。证券市场初期，曾有规范性文件把新闻记者、电台主持人等列为"内幕人员"或"可能知情的人员"。后来《证券法》并未列入，但是新闻工作者没有事先获知内幕消息的权利，不应探询内幕信息；对于工作中偶然知悉的内幕信息负有保密义务，是理所当然的。2019年《证券法》第五十六条规定："传播媒介及其从事证券市场信息报道的工作人员不得从事与其工作职责发生利益冲突的证券买卖。”可以理解为这种买卖行为虽然不作为内幕交易对待，也会被追究相应的法律责任。如果实施了前述三类内幕交易行为之一，那就应按照内幕交易承担责任。

二、保障投资者知悉真实情况

随着我国资本市场的发展，证券市场投资者已经超过 1.8 亿。[①] 他们绝大多数是中小投资者，以有限的余钱投入资本市场，期待获取一定收益。许多人缺乏专业知识，难以准确判断股市现状和趋势，往往跟风投资，造成损失，甚至颗粒无收，还欠下巨债。从法律层面说，信息披露必须尽可能让广大投资者获知真实情况，防止误导。

（1）以法律规定披露信息的标准。

《证券法》第七十八条规定：“信息披露义务人披露的信息，必须真实、准确、完整，简明清晰，通俗易懂，不得有虚假记载、误导性陈述或者重大遗漏。”其中“信息披露义务人”和“简明清晰，通俗易懂”，是 2020 年版本新出现的术语。“信息披露义务人”在《上市公司信息披露管理办法》有完整定义[②]，其中主要是“发行人”，包括发行证券时的发行人和发行证券后的发行人即上市公司，另外重要的是“收购人”。“义务人”的称谓，加重了他们披露有关信息的责任。真实，是指有关信息必须与实际情况相符。准确，是指叙述所披露信息应当客观，不能作出偏颇、加重、贬抑的表述，不能使用含混不清甚至有歧义的语言，不能将未经核验的不确定信息作为确定的信息。完整，是指应该披露特定信息的全部内容，文书应当完整而符合法定要求，不能缺项、漏项，不能回避公司的弱项、不利信息。至于“简明清晰，通俗易懂”，则是对表达方式的要求，便于普通投资者理解，以利作出正确的投资决策。最后“不得”的三种情况，则是从相反方面保证信息披露的质量，违者将按照《证券法》第八十五条和第一百九十七条承担民事赔偿责任和行政责任。

（2）禁止任何人及媒体编造、传播虚假和误导性信息。

《证券法》第五十六条规定：“禁止任何单位和个人编造、传播虚假信息或者误导性信息，扰乱证券市场。”“各种传播媒介传播证券交易信息必须真实、客观，禁止误导。”此条禁止对象从旧版《证券法》的“国家工作人员、传播媒介从业人员”扩展到一般主体，是适应网络传播“人人都有麦克风”的新生态。“各种传播媒介”不仅是指依法设立的新闻媒体及其各种网络终端，也包括商业网站和有关机构新媒体。误导性陈述和信息不同于虚假信息在于，其内容虽然有一定依据，但是却不能全面反映真相和趋势。断章取义、片面或夸张评论、直接鼓吹购入或抛售，如此种种足以导致投资者轻率行动的言论，都是误导。按本条规定，此类行为，给投资者造成损失的，应当依法承担赔偿责任。

---

① 参见新华社 2021 年 5 月 17 日报道：至 2021 年 4 月底，证券市场投资者数达到 1.856 亿，其中自然人 1.852 亿，非自然人 43.12 万。

② 《上市公司信息披露管理办法》第六十二条：“信息披露义务人，是指上市公司及其董事、监事、高级管理人员、股东、实际控制人，收购人，重大资产重组、再融资、重大交易有关各方等自然人、单位及其相关人员，破产管理人及其成员，以及法律、行政法规和中国证监会规定的其他承担信息披露义务的主体。”

不用说，还要承担行政责任；构成犯罪的承担刑事责任。

（3）由符合规定条件的媒体披露信息。

《证券法》第八十六条规定："依法披露的信息，应当在证券交易场所的网站和符合国务院证券监督管理机构规定条件的媒体发布，同时将其置备于公司住所、证券交易场所，供社会公众查阅。"依法必须披露的信息在披露前都必须报告证监会和证券交易所，它们会在各自的官方网站上发布。至于披露信息的媒体，2019 年《证券法》从过去"指定的媒体"改为"规定条件的媒体"。据此中国证监会在 2020 年公布《关于证券市场信息披露媒体条件的规定》，宣布了证券市场信息披露媒体的条件。然后证监会与国家新闻出版署联合公布了具备证券市场信息披露条件的媒体名单，它们是：金融时报、经济参考报、中国日报、中国证券报、上海证券报、证券时报，以及其依法开办的互联网站。[①]

证券交易即时行情，由证券交易所实时公布，并按交易日制作证券市场行情表予以公布。《证券法》第一百零九条："证券交易即时行情的权益由证券交易所依法享有。未经证券交易所许可，任何单位和个人不得发布证券交易即时行情。"

此项制度的意义在于，在信息爆炸的网络环境下，给投资者提供权威媒体，以鉴别来自其他渠道信息的真伪和价值。

（4）投资咨询服务资格核准。

在有关证券市场的文章中，那些具体进行市场预测、提供投资建议的文章，具有投资咨询性质，被列入投资咨询活动的范畴。《证券法》要求从事证券投资咨询服务业务，应当经国务院证券监督管理机构核准，并且不得从事包括买卖本咨询机构提供服务的上市公司股票等一些行为（第一百六十条、一百六十一条）。行政法规《证券期货投资咨询管理暂行办法》把"在报刊上发表证券、期货投资咨询的文章、评论、报告，以及通过电台、电视台等公众传播媒体提供证券、期货投资咨询服务"列为投资咨询活动。据此制定的《关于加强证券期货信息传播管理的若干规定》，把投资咨询文章定义为"分析并预测证券期货市场及个股、期货品种或合约的行情走势，提供具体投资建议的文章、评论、报告"。行政法规规定从事证券期货投资咨询业务的人员，必须取得证券期货投资咨询的从业资格，并且加入一家有从业资格的投资咨询机构。任何人未取得证券期货投资咨询从业资格的，不得从事咨询业务。

三、违反信息披露规则行为的法律责任

对于证券市场信息披露中的违规违法行为，主要是适用《证券法》和有关行政法规的规定，承担行政责任和民事赔偿责任。构成犯罪的，则按《刑法》有关证券犯罪的规定处罚。主要有下列两种情况：

一种情况是编造、传播虚假信息，扰乱证券市场的行为。这类虚假信息，包括对证券发行、交易及其相关活动的事实、性质、前景、法律等事项作出不实、严重误导或者含有重大遗漏的、任何形式的虚假陈述或者诱导，甚至散布谣言，致使投资者在不了解

① 中国证监会、国家新闻出版署：《具备证券市场信息披露条件的媒体名单》，2020 年 9 月 11 日发布。

真相的情况下作出证券投资的决定，蒙受损失。这类虚假信息不只限于上市公司和证券交易活动中公布的各种文件、公告，也包括各种新闻报道和评论。按照《证券法》第一百九十三条，此类行为应处以没收违法所得，并处以违法所得一倍以上十倍以下的罚款；没有违法所得或者违法所得不足二十万元的，处以二十万元以上二百万元以下的罚款。传播媒介及其从事证券市场信息报道的工作人员从事与其工作职责发生利益冲突的证券买卖的，没收违法所得，并处以买卖证券等值以下的罚款。

《刑法》第一百八十一条第一款规定了“编造并传播证券、期货交易虚假信息罪”，对造成严重后果的犯罪行为追究刑事责任。

另一种情况是泄露内幕信息或证券内幕交易行为。内幕交易的非法行为三种情况已见前述。根据《证券法》第一百九十一条规定，要依法处理非法持有的证券，没收违法所得，并处以违法所得一倍以上十倍以下的罚款；没有违法所得或者违法所得不足五十万元的，处以五十万元以上五百万元以下的罚款。单位从事内幕交易的，还应当对直接负责的主管人员和其他直接责任人员给予警告，并处以二十万元以上二百万元以下的罚款。《刑法》第一百八十条规定了“内幕交易、泄露内幕信息罪”，对情节严重或特别严重的犯罪行为追究刑事责任。

> 某市广播电视台财经频道证券节目嘉宾主持人廖某，利用其积累的知名度和影响力，在其微博、博客上公开评价、推荐股票，自2015年3月至11月，廖在推荐前使用其控制的账户组买入相关股票，并在荐股后股价上升的当天下午或次日集中卖出，牟取利益。其控制账户包括本人在内的共13个，实施上述操纵行为46次，涉及股票39只。证监会认定廖某行为构成“以其他手段操纵证券市场”，其他人参与分配盈利不影响处罚，处以没收违法所得4 300余万元，并处违法所得两倍即8 600余万元罚款。①

廖某虽然没有被发现传播虚假信息或内幕信息，但是他用网络传播荐股信息暂时抬升股价，借以赚取差价，俗称“抢帽子”，这种行为同样危害市场公平交易，必须予以处罚。

《证券法》还有条款规定有些违法行为给投资者造成损失，应当承担赔偿责任。如前举第五十六条第四款：“编造、传播虚假信息或者误导性信息，扰乱证券市场，给投资者造成损失的，应当依法承担赔偿责任。”第五十三条：“内幕交易行为给投资者造成损失的，应当依法承担赔偿责任。”2003年最高人民法院发布司法解释《关于审理证券市场因虚假陈述引发的民事赔偿案件的若干规定》，作了细则规定。

第四节　气象预报

气象预报，是涉及整个国民经济建设、社会生活和千家万户日常生活的重要信息，

① 参见中国证监会行政处罚决定书，［2018］22号，2018年4月3日。本案为最高检、证监会联合发布的证券违法犯罪典型案例，2020年11月6日发布。

国家对气象工作实行统一领导与分级、分部门管理相结合的制度。国家气象局作为国务院授权的主管机构主管全国气象工作。规范气象工作的法律是《气象法》(2016) 以及行政法规《气象灾害防御条例》(2017)，现对其中有关发布气象预报的规定作一概述。

《气象法》第二十二条规定："国家对公众气象预报和灾害性天气警报实行统一发布制度。""各级气象主管机构所属的气象台站应当按照职责向社会发布公众气象预报和灾害性天气警报，并根据天气变化情况及时补充或者订正。其他任何组织或者个人不得向社会发布公众气象预报和灾害性天气警报。"气象预报，是对天气预报、气候预测和各种专业气象预报的统称。灾害性天气警报，是指即将发生台风、寒潮、大风、暴雨雪、冰雹等对国计民生有严重危害的天气时，对可能危及的区域以天气预报的形式向公众发布的紧急通报。公开发布天气预报的主要方式是通过宣传媒介和公共信息发布系统，如广播、电视、网络、报刊、电话等方式向公众发布。

在气象预报统一发布的制度中，发布气象预报对于各级气象台站既是授权性规范又是义务性规范。各级气象台站应当根据当地经济建设和防灾减灾的需要，及时、准确地制作和发布气象预报、灾害性天气警报，并根据天气变化情况及时发布补充的或者订正的预报和警报。各级气象主管机构所属的气象台站应当保证其制作的气象预报节目的质量。按《气象法》第四十条规定，各级气象主管机构及其所属气象台站的工作人员由于玩忽职守，导致重大漏报、错报公众气象预报、灾害性天气警报，以及丢失或者毁坏原始气象探测资料、伪造气象资料等事故的，依法给予行政处分；致使国家利益和人民生命财产遭受重大损失，构成犯罪的，依法追究刑事责任。

在气象预报统一发布制度中，新闻媒介主要承担两项义务：一是准确及时传播气象台站的气象预报，二是不擅自发布重要气象新闻。根据《气象法》规定，各级广播、电视台站和省级政府指定的报纸，应当安排专门的时间或者版面，每天播发或者刊登公众气象预报或者灾害性天气警报。广播、电视播出单位改变气象预报节目播发时间安排的，应当事先征得有关气象台站的同意；对国计民生可能产生重大影响的灾害性天气警报和补充、订正的气象预报，应当及时增播或者插播。广播、电视、报纸、电信等媒体向社会传播气象预报和灾害性天气警报，必须使用气象主管机构所属的气象台站提供的适时气象信息，并标明发布时间和气象台站的名称。另外，《气象法》还规定，通过传播气象信息获得的收益，应当提取一部分支持气象事业的发展。

在传播活动中的违规行为，一是非法向社会发布公众气象预报、灾害性天气警报，二是广播、电视、报纸、电信等媒体向社会传播公众气象预报、灾害性天气警报，不使用气象主管机构所属的气象台站提供的适时气象信息，按《气象法》第三十八条规定，由有关气象主管机构按照权限责令改正，给予警告，可以并处五万元以下的罚款。

由于气象预报是采取高科技手段获得的，所以它还是一种智力成果。《气象法》第三条规定："气象台站在确保公益性气象无偿服务的前提下，可以依法开展气象有偿服务。"所谓"气象公益服务"，是指为各级政府指挥生产、组织防灾抗灾和为军事、国防及其他特殊任务提供的气象服务，以及通过广播、电视、报刊等方式向社会提供的天气预报。据此，政府机构、军事机构和新闻单位等可以享有无偿使用天气预报的权利，其他机构部门单位使用特别是带有营利目的的使用，应征得气象台站同意并酌情支付费用。

第五节　地图

地图的编制和发布，关系到国家的主权、安全和利益，关系到国内不同地区之间的联系和交往。国家对地图工作制定了相当完整的法律规范，包括《测绘法》（2017）和行政法规《测绘成果管理条例》（2006）、《地图管理条例》（2015）。

按照上述法律、法规的规定，国务院测绘地理信息行政主管部门（即国家测绘地理信息局，本节简称"测绘部门"）主管全国地图工作的统一监督管理。县级以上政府负责管理测绘地理信息工作的行政部门负责本行政区域地图工作的统一监督管理。县以上政府应当建立健全政府部门间地理信息资源共建共享机制。县以上政府测绘部门应当采取有效措施，及时获取、处理、更新基础地理信息数据，通过地理信息公共服务平台向社会提供地理信息公共服务，实现地理信息数据开放共享。县以上政府测绘部门应当向社会公布公益性地图，供无偿使用。

《地图管理条例》规定，从事地图编制活动的单位应当依法取得相应的测绘资质证书，并在资质等级许可的范围内开展地图编制工作。编制涉及中华人民共和国国界的世界地图、全国地图，应当完整表示中华人民共和国疆域。中国国界线画法标准样图、世界各国国界线画法参考样图，由外交部和国务院测绘部门拟订，报国务院批准后公布。

国家实行地图审核制度。向社会公开的地图（景区、街区、地铁线路等简单地图除外），应当报送有审核权的测绘部门审核。国务院测绘部门负责审核全国地图以及主要表现地为两个以上省级行政区域的地图；港、澳、台湾地图；世界地图以及主要表现地为国外的地图；历史地图。省级政府测绘部门负责审核主要表现地在本行政区域范围内的地图。"条例"规定审核时限为20日，时事宣传地图、时效性要求较高的图书和报刊等插附地图为7日。

"条例"有专章规定"互联网地图服务"。互联网地图服务单位向公众提供地理位置定位、地理信息上传标注和地图数据库开发等服务的，应当取得相应的测绘资质证书。互联网地图服务单位从事互联网地图出版活动的，应当经国务院出版行政主管部门审核批准。互联网地图服务单位应当将存放地图数据的服务器设在我国境内，并制定互联网地图数据安全管理制度和保障措施。互联网地图服务单位应当使用经依法审核批准的地图，加强对互联网地图新增内容的核查校对，并向国务院测绘部门或者省级测绘部门备案。

概念和思考题

第一节　突发事件信息

概念：

突发事件　危机管理　危机传播

思考题：
1. 突发事件报道的基本原则是什么？
2. 政府为什么要统一发布突发事件信息？
3. 如何理解“统一、准确、及时”是一个整体？

第二节　商品和服务信息

概念：
广告　商业言论　虚假宣传　虚假广告　商业诋毁
思考题：
1. 为什么商业言论要受到规制？
2. 虚假宣传要承担哪些法律责任？有哪些责任主体？
3. 商业诋毁要承担哪些法律责任？

第三节　证券信息

概念：
证券信息　上市公司　内幕信息
思考题：
1. 为什么证券信息不仅要公开，发布时还要公平、公正？
2. 为什么证券信息不仅要真实、准确，还要完整？
3. 国家对刊播证券信息的媒介和发表股评文章的作者有怎样的规范？

第四节　气象预报

思考题：
关于发布气象预报，气象台站和新闻媒介各有哪些权利和义务？

第五节　地图

思考题：
国家对地图的编制和发布有什么规定？

第六章
新闻传播活动与人格权

人格权，是民事主体对特定的人格利益享有的权利。根据《民法典》有关规定，自然人不仅享有生命权、身体权、健康权、姓名权、肖像权、名誉权、荣誉权、隐私权等具体人格权，还享有基于人身自由和人格尊严产生的其他权益，即一般人格权。法人和非法人作为拟制人，享有名称权、名誉权和荣誉权。

生命权、身体权和健康权，是以有形人身利益为客体的人格权，称为物质性人格权，新闻传播活动不会与物质性人格权发生直接冲突，故本章讨论的新闻侵权[①]行为限于对名誉权、肖像权、隐私权等精神性人格权的侵害。

第一节　新闻传播与人格权益的冲突和平衡

一、历史回顾

我国法律对物质性人格权如生命权、健康权和人身自由等一向予以明文保护，而对名誉权和人格尊严等精神性人格权长期并无法律规定。1978 年《刑法》规定了诽谤罪、侮辱罪。1982 年《宪法》规定，公民的人格尊严不受侵犯，禁止诽谤、侮辱。1986 年《民法通则》规定了“民事权利”，在“人身权”一节列举了公民享有姓名权、肖像权、

① “新闻侵权”、“媒介侵权”等词语，是对新闻传播活动以及其他大众传播活动中发生的侵害人格权行为的简称，并不仅仅限于新闻媒介实施的侵权行为，也不仅仅是指作为一种文体的新闻报道或新闻媒介上的内容造成的侵权行为，也还会涉及侵害人格权的犯罪行为，其边界并不清晰，难以成为法律概念，但屡屡见于学术论著，本章也在这个意义上使用。

名誉权等权利，并赋予权利主体对于侵权行为承担法律责任的请求权。2009年《侵权责任法》首次规定了隐私权。2017年《民法总则》列举了当时还只是学术概念的“人格权”范围的民事人身权利。

法律的实施及形成社会共识需要有个过程。1984年出版的《中国大百科全书·法学》一千多个条目，还没有人格尊严、名誉权、肖像权以及诽谤、侮辱等词条。[①] 80年代后期起侵害名誉权、肖像权的纠纷案件陆续发生，其中新闻侵权案件尤其受到业界和社会关注，甚至成为报道热点。而当时适用法律只有《民法通则》有关原则性规定，1988年《关于贯彻执行〈中华人民共和国民法通则〉若干问题的意见（试行）》只有少数几个条文涉及人身权益。最高人民法院起初是通过对地方法院请示下达单行批复予以指导，共13件[②]，这些批复作为司法解释的一种形式，具有普适性效力。在总结审判实践的基础上，最高人民法院于1993年发布《关于审理名誉权案件若干问题的解答》、1998年发布《关于审理名誉权案件若干问题的解释》，对侵权行为构成、新闻报道侵权判断标准、侵权责任的确定和承担等作出解释。2001年最高人民法院发布《关于确定民事侵权精神损害赔偿责任若干问题的解释》，对涉及侵害人格权的精神损害赔偿作了比较系统的规范。根据《侵权责任法》第三十六条“网络侵权”规定，2014年最高人民法院发布《关于审理利用信息网络侵害人身权益民事纠纷案件适用法律若干问题的规定》。另外，最高人民法院还通过《公报》刊例、典型案例和指导性案例，给各地各级法院提供参照。至本世纪前二十年的三十余年间，法院审理新闻侵权案件就是以《民法通则》等有关条文和以上五件规定型司法解释作为主要依据的。

《民法典》“总则”编列举规定了各项人格权益，将“人格权”单独列为第四编，共六章、50条，是我国全面保障人格权益的重大创新。“人格权”编规定了基于人身自由、人格尊严的“一般人格权”以及包括生命权、身体权等“物质性人格权”和名誉权、隐私权等“精神性人格权”即各类具体人格权，并首次对若干权利作出定义，构建了完整的人格权民事权利体系。《民法典》自2021年1月1日起施行，《民法通则》、《民法总则》、《侵权责任法》等九部法律同时废止。2020年底最高人民法院宣布废止包括1988年“意见”、1993年“解答”、1998年“解释”在内的一批司法解释，并依据《民法典》对2001年、2014年两件司法解释进行修改。《民法典》“人格权”编在总结、继承、吸收前述法律和司法解释相关规定的基础上，对新闻报道和舆论监督同民事权益的关系做出了系统和明确的规定，确立了以往法律没有规定而只是在民法理论上加以阐述的许多规范，连同“总则”编、“侵权责任”编的有关规定，实现了调整新闻报道、舆论监督与人格权益法律规范的体系化。主要体现在以下几个方面：

（1）在司法实践中完善新闻报道与人格权益纠纷的民事法律保护。从1986年《民法通则》，到多个回应现实问题的单行批复和1988、1993、1998、2001、2014年五件司法解释，最后到《民法典》，新闻报道中的人格权益保护逐步完善。如1993年“解答”第

---

① 《中国大百科全书·法学》，北京，中国大百科全书出版社，1984。

② 1993年以前10件，1993年以后3件。参见梁书文：《见证、书写和思考》，收入《中国新闻官司二十年》，北京，中国广播电视出版社，2007，第5页。

九问关于文学作品是否侵犯名誉权不同情况的规定，均是从特定案件批复总结而来，现提炼为《民法典》第一千零二十七条。再如隐私权，先是在1988年“意见”中将隐私纳入名誉权范围保护，之后在2001年司法解释中将隐私独立出来作为“其他人格权益”，而今《民法典》就隐私作出完整定义，并划定了侵犯隐私的基本底线。

（2）《民法典》将以往相关法律和司法解释内容吸纳入典，人格权的民事法律保护体系化。“人格权”编一方面与“总则”编的一般规定相衔接，如对人身自由、人格尊严的法律保护（第一百零九条），民事主体所享有的人格权（第一百一十条），个人信息受法律保护（第一百一十一条），承担民事责任的方式（第一百七十九条），另一方面又与“侵权责任”编等其他分编相关内容相照应，如过错责任和推定过错责任原则（第一千一百六十五条），涉及网络用户和网络服务提供者的侵权责任（第一千一百九十四、一千一百九十五、一千一百九十七条），精神损害赔偿原则（第一千一百八十三条）等。被废止的1988、1993和1998年司法解释，其中部分内容已被《民法典》吸收，如1993年“解答”对撰写、发表批评性文章是否属实的不同情况的处理，体现在第一千零二十五条对名誉权限制的规定中；1998年“解释”中关于新闻单位根据国家机关依职权制作的公开的文书和实施的公开的职权行为所作的报道是否侵害名誉权的规定，可以为第一千零二十六条“内容来源的可信度”的规定所包含。

（3）以平衡新闻报道、舆论监督与人格权益保护为指导原则。以往在《民法通则》、《侵权责任法》中都没有专条涉及新闻报道或舆论监督，仅在司法解释中有涉及“新闻报道”、“新闻单位”侵害名誉权等规定。《民法典》第九百九十九条和一千零二十五条规定了“为公共利益进行新闻报道、舆论监督”行为的合理使用和一般免责及特殊情况下的责任承担，第一千零二十条规定为了进行新闻报道，可以不经肖像权人同意而使用肖像。

（4）对新闻报道、舆论监督的行为主体采用“行为人”术语，未再使用以往文件里习用的“新闻单位”、“新闻媒介”等词语。这非但是由于从事新闻传播活动的主体，除了新闻媒介，还包括非专业新闻作者、新闻源等所有从事和参与新闻传播活动的人和机构，还意味着确认互联网时代新闻传播的多主体格局，为适应传播科技发展而引起新闻传播形态的变革预留了广阔前景。

二、《民法典》和其他法律对人格权保护的规定

人格权是一种绝对权，具有对世性和排他性，任何组织和个人都不得侵害（第九百九十一条）。一旦受到侵害，权利人有权请求行为人承担停止侵害、排除妨碍、消除危险、恢复名誉、赔礼道歉等民事责任（第九百九十五条），对造成严重精神损害的，还可以请求精神损害赔偿（第九百九十六条）。对于精神性人格权的民事责任认定，还需要考虑行为人和受害人的职业、影响范围、过错程度，以及行为的目的、方式、后果等因素（第九百九十八条）。

人格权同时具有人身专属性、固有性和支配性，因此不得放弃、转让和继承（第九百九十二条），但可以将自己的姓名、名称、肖像等许可他人使用（第九百九十三条）。死者的姓名、肖像、名誉、荣誉、隐私等人格利益仍然存在，对这些利益的损害，实质

上是对死者近亲属的精神利益的损害，近亲属有权主张损害赔偿（第九百九十四条）。

有关保护人格权的规定，还见诸其他法律：如《广告法》（2021）就广告使用他人名义、形象作出规定，《未成年人保护法》（2020）、《预防未成年人犯罪法》（2020）就保护未成年人的人格尊严、隐私和个人信息作出规定，《妇女权益保障法》（2018）就保护妇女的人格尊严和名誉权、荣誉权、隐私权、肖像权等作出规定；《消费者权益保护法》（2013）、《老年人权益保障法》（2018）、《残疾人保障法》（2018）、《监狱法》（2012）等，也有保护相关人群的人格尊严或名誉权的规定。《网络安全法》（2016）和《消费者权益保护法》就保护个人信息作了具体规定。《统计法》（2009）、《收养法》（1998）、《商业银行法》（2015）等，有对相关的个人秘密事项或隐私加以特别保护的内容。《母婴保健法》（2017）、《医师法》（2021）、《律师法》（2017）、《居民身份证法》（2011）等，对特定工作者有为当事人保守秘密或隐私的规定。

作为企业名誉的特殊内容，《反不正当竞争法》专就经营者不得故意损害竞争对手的商业信誉、商品声誉作出规定。

目前与人格权相关且有效的民事司法解释，主要有最高人民法院《关于确定民事侵权精神损害赔偿责任若干问题的解释》、《关于审理利用信息网络侵害人身权益民事纠纷案件适用法律若干问题的规定》。

我国法律还以刑法保护人格权。《刑法》有以侵犯公民名誉权和人格尊严为客体的侮辱罪和诽谤罪，还有三项特殊的诽谤、侮辱罪，即损害商业信誉、商品声誉罪，出版歧视、侮辱少数民族作品罪和侵害英雄、烈士名誉、荣誉罪。关于侵犯公民个人信息的犯罪，《刑法》也有相应的制裁规定。

上述条款也有司法解释，如最高人民法院《关于审理非法出版物刑事案件具体应用法律若干问题的解释》（1998）、“两高”《关于办理利用信息网络实施诽谤等刑事案件适用法律若干问题的解释》（2013）及《关于办理侵犯公民个人信息刑事案件适用法律若干问题的解释》（2017）的有关条款。[①]

行政法也有对人格权保护的相关规定，如 2012 年《治安管理处罚法》，对尚不够刑事处罚的侮辱、诽谤行为，非法侵入他人住宅和偷窥、偷拍、窃听、散布他人隐私等行为规定了行政处罚。

管理各类大众媒介的行政法规、规章，也有保护人格权的内容。《出版管理条例》等行政法规均把“侮辱或者诽谤他人的”内容列为禁载禁播，并规定了相应的行政处罚办法。《出版管理条例》还规定了出版单位对侵权内容的更正义务和被侵权当事人要求出版单位更正或答辩的权利。《互联网信息服务管理办法》规定互联网服务提供者不得制作、复制、发布、传播的信息，包括“侮辱或者诽谤他人，侵害他人合法权益的”，发现“明显属于”此类内容后应立即停止传输，保存有关记录，并向有关部门报告。

---

① 我国没有判例法制度，司法案例没有法律效力。但是《最高人民法院公报》刊登的案例不仅具有较强的典型性，也具有较强的指导性。2011 年起，最高人民法院开始发布指导性案例，至 2020 年底共发布了 26 批 147 例。同时还就某些专门问题发布典型案例。本章重点引用历年《公报》发布的指导性案例、典型案例中涉及媒介的侵害人格权案例。

三、新闻传播侵害人格权行为

（一）权益主体

《民法典》第一百一十条对自然人及法人、非法人的人格权分别进行了规定。“自然人享有生命权、身体权、健康权、姓名权、肖像权、名誉权、荣誉权、隐私权、婚姻自主权等权利”，“法人和非法人组织享有名称权、名誉权、荣誉权”。这说明自然人、法人、非法人都属于民事主体，享有人格权，同时也表明两类主体所享有人格权的差别。

自然人（公民）的人格权始于出生，终于死亡，不论性别、年龄、种族、财产、职业、社会经历、社会地位等等，所享有的人格权都是平等的。

法人是具有民事权利能力和民事行为能力，依法独立享有民事权利和承担民事义务的组织。法人所享有的人格权，在法人成立时产生，在法人终止时消灭。法人包括营利法人、非营利法人和特别法人。非法人组织，包括个人独资企业、合伙企业和不具有法人资格的专业服务机构等，也拥有法律规定的名誉权等人格权。

法律对死者的人格权益也进行保护。自然人的民事权利终于死亡，但死者在世时的人格利益还有现实影响，死者名誉等人格受到非法损害，会直接影响他的近亲属，造成精神痛苦甚至利益损失。因此死者的姓名、肖像、名誉、荣誉、隐私、遗体等受到侵害的，死者的配偶、子女、父母有权依法请求行为人承担民事责任，如果死者没有配偶、子女且父母已经死亡的，则其他近亲属有权请求行为人承担民事责任。（第九百九十四条）

对英雄烈士的人格权益的保护，法律有特别规定。《民法典》第一百八十五条专门规定“侵害英雄烈士等的姓名、肖像、名誉、荣誉，损害社会公共利益的，应当承担民事责任”。《英雄烈士保护法》（2018）也规定：“英雄烈士的姓名、肖像、名誉、荣誉受法律保护。任何组织和个人不得在公共场所、互联网或者利用广播电视、电影、出版物等，以侮辱、诽谤或者其他方式侵害英雄烈士的姓名、肖像、名誉、荣誉。任何组织和个人不得将英雄烈士的姓名、肖像用于或者变相用于商标、商业广告，损害英雄烈士的名誉、荣誉。”（第二十二条）

英烈人格利益与一般死者人格利益保护的差异，主要有以下三点：

（1）调整的法律关系不同。对一般死者人格权益的保护，是针对死者遗留人格利益及其近亲属权益的一种保护，属于私益范畴；而对英烈人格利益的保护，《民法典》第一百八十五条是将侵害社会公共利益作为责任构成要件，主要目的是维护公共利益。《英雄烈士保护法》第一条也明确把“维护社会公共利益”列为立法宗旨。

（2）起诉主体不同。一般死者的起诉主体仅限于死者的近亲属。而《英雄烈士保护法》第二十五条规定：“对侵害英雄烈士的姓名、肖像、名誉、荣誉的行为，英雄烈士的近亲属可以依法向人民法院提起诉讼。英雄烈士没有近亲属或者近亲属不提起诉讼的，检察机关依法对侵害英雄烈士的姓名、肖像、名誉、荣誉，损害社会公共利益的行为向人民法院提起诉讼。”英烈近亲属或检察机关都可以作为起诉主体。

（3）保护时限不同。普通死者人格利益保护限于近亲属（即延续至孙子女、外孙子女）存活年限，而对侵害英烈人格的公益诉讼没有时效限制。

（二）新闻侵权责任构成

《民法典》"侵权责任"编第一千一百六十五条有如下规定：

"行为人因过错侵害他人民事权益造成损害的，应当承担侵权责任。

"依照法律规定推定行为人有过错，其不能证明自己没有过错的，应当承担侵权责任。"

依据此条，首先，"造成损害"，指财产或人身的损害，人身损害包括身体损害和精神损害。其次，这种损害是"侵害他人民事权益"行为，也就是违反法律的。有些损害并不违反法律，如意外事故、正当防卫、紧急避险等，不存在侵权责任问题。第三，这种损害结果必须是违法行为所造成的，法理上称为存在因果关系。第四，行为人有过错。过错指主观上的心理状态，包括故意和过失。这四点，即侵权理论所公认的侵权构成四要件，曾经载于现已废止的1993年《关于审理名誉权案件若干问题的解答》。

上一条文前款规定一般过错责任原则，行为人存在过错即须承担侵权责任；后款规定推定过错责任原则，须由行为人证明自己没有过错方可免责，这需要有法律规定。除个人信息保护外，《民法典》和其他法律对于侵害名誉、隐私、肖像等权益的责任原则并无特别规定，实行一般过错责任原则。具体作如下归纳：

1. 侵权内容已经公开发布

在法理和司法实践上都把侵权内容公开发布，即被公众所知，作为新闻侵权行为的损害事实的依据。侵权内容没有公布，不发生社会影响，谈不上对他人权利的侵害。大众传播的影响力是公认的，所以对自然人来说，侵权内容发表就表明损害事实已经发生，而无须再提出侵权造成受害人诸如评价降低等的损害事实。

在网络空间一定范围的传播，如不特定人组成的QQ群、微信群，也属于公布，行为人若有侵权言论，也要承担责任。

> 北京市民赵敏2017年初与住宅小区美容店美容师发生口角，即在小区业主微信群里多次谩骂、污蔑美容师及开设美容店的兰世达公司，使用了"傻×"、"精神分裂"、"装疯卖傻"等侮辱性言论，受害人提起侵害名誉权诉讼，法院两审判决构成侵权，被告承担民事责任。[①] 最高人民法院作为指导性案例发布指出："不特定关系人组成的微信群具有公共空间属性，公民在此类微信群中发布侮辱、诽谤、污蔑或者贬损他人的言论构成名誉权侵权，应当依法承担法律责任。"

侵权言论发表后，社会公众对受害人的贬损性议论以及周围人对受害人疏远、排斥、误解、歧视等表现，是新闻侵权行为的损害事实引起的后果之一。但有的侵权言论发布

---

① 北京市顺义区人民法院民事判决书，（2017）京0113民初5491号；北京市第三中级人民法院民事判决书，（2018）京03民终725号。本案为最高人民法院指导案例143号，2020年10月9日发布。

后可能没有发现公众有什么反应，并不足以否定损害事实的存在。大众传播具有向全社会公开、传播快、覆盖面广等特点，出版物又可以长久保存，网络信息更是广泛传播、很难清除，因此侵权言论对受害人的不利影响总是客观存在的。

受害人精神痛苦，是侵权损害的另一种后果。但是这种损害后果的认定也有不确定性。有自制力的受害人尽管内心十分痛苦，但外在反应并不明显，更难提供确切证明。有的人受到舆论的正确批评，也会有精神痛苦的表现。所以，精神痛苦同样只是新闻侵权后果的一种参照，既不能以相对人并无痛苦表现而否定侵权，也不应单纯以相对人非常痛苦就简单认定侵权。

侵害人格权行为还有一个损害后果就是可能造成受害人的财产损失。名誉在遭到不法损害时有时会造成受害人经济利益的损失，如被处罚、降职、解聘，或找不到工作、智力成果不能实现等。这种财产损失也包括本应可以获得的收入被他人非法获取，例如非法使用肖像牟利。当然并不是所有人格权受损都必定发生财产损失。

总之，对于自然人来说，侵权内容已经发布是基本的损害事实。至于社会反应、受害人精神痛苦以及财产损失等，是新闻侵权行为造成的后果。这些后果虽然一般不影响侵权的成立，但是对于确定侵权损害的程度以至承担民事责任的方式，仍然是重要的。

法人和非法人组织人格权受侵害的损害事实，与自然人有所不同。在侵权内容发表后，还应当证明有关内容确已造成实际上的损害。

2. 行为具有违法性

致害行为的违法性，是侵权责任的又一要件。法律保护名誉权、隐私权等人格权，传播含有侵害人格权内容的作品无疑是违法的。按照法律规定，侵害名誉权行为有诽谤和侮辱，侵害隐私权和个人信息权益行为有刺探、侵扰、泄露、公开和非法处理等方式，侵害肖像权行为有未经同意或不合理使用他人肖像等。

不过法律对影响人格权益的行为有例外规定。如为实施新闻报道，可以不经肖像权人同意，使用、公开其肖像；为公共利益实施新闻报道、舆论监督等，影响他人名誉的，如果尽到合理审核义务、没有捏造、歪曲事实或使用侮辱性言辞等情况，则不承担民事责任。

3. 内容具有特定指向

在新闻侵权行为中，有一个特殊问题就是必须确认侵害的有关内容与特定人存在直接关联，这就是言论、图片、信息等必须是可以识别（identification）为针对某个特定人的。人格权是特定民事主体的权利，若只是泛指，由于没有特定侵权对象，不能构成侵权行为。例如“蒙古大夫”一词，可以说贬损了所有蒙古族大夫，有民族歧视的错误，但是不能指认系贬损某一人或数人，并未侵害特定人的名誉权。

自然人有姓名，法人和非法人组织有名称，新闻或言论指名道姓，当然具有特定指向。但是世界之大，同名情况很多，不能以同名就认定特指。如有广东农妇潘金莲，起诉《我不是潘金莲》电影导演、作者等侵害自己名誉权，法院认为原告仅仅与文艺作品中虚构人物同名，作品中并无相应内容可以反映出原告的身份信息或生活情节，裁定驳回起诉。[1]

侵权信息有时并不明确指明被侵权人，会使用含沙射影、指桑骂槐等手法。最高人民法院2014年发布的利用信息网络侵害人身权益典型案例中的范冰冰案表明，侵害名誉权的判断，并不要求毁损性陈述指名道姓，只要原告证明在特定情况下，具有特定知识背景的人有理由相信该陈述针对的对象是原告，即可认定侵权行为成立。

> 2012年编剧毕成功转发微博并评论，提及女演员“Miss F”是另一知名女演员负面行为的幕后主谋，被广泛转发、转载，易赛德公司主办的“黔讯网”据此刊文指“范冰冰已无戏可拍”，致使网络上出现了大量对于范冰冰的侮辱、攻击性言论及评价。范冰冰起诉毕成功和易赛德公司，毕辩称“Miss F”指的是某美国女演员。法院经审理认为，从毕成功发布的微博的时间、背景来看，多数人认为“Miss F”所指即是范冰冰。毕成功先前并未否认“Miss F”是范冰冰，也从未提及“Miss F”是指某美国演员，故毕成功有关“Miss F”的身份解释明显缺乏证据支持。易赛德公司未作调查核实即主动发布不实信息，应承担责任。判决毕成功和易赛德公司侵害范冰冰名誉权，分别赔偿3万元和2万元。[2]

最高人民法院认为这个判决实质性地把握了侵权信息和侵权后果之间的因果关系。

报告文学、小说等文学作品的情况较为复杂。《民法典》吸收了最高人民法院1993年“解答”中的相关规定设立第一千零二十七条：“行为人发表的文学、艺术作品以真人真事或者特定人为描述对象，含有侮辱、诽谤内容，侵害他人名誉权的”，应认定为侵害他人名誉权；“行为人发表的文学、艺术作品不以特定人为描述对象，仅其中的情节与该特定人的情况相似的”，不应认定为侵害他人名誉权。以真人真事或特定人为描述对象的情形，大致有：以真实姓名（名称）描写真人真事的文学作品[3]；采用真实姓名（名称）、地点而虚构的小说等文学作品[4]；虽然没有采用特定人的真实姓名，但是有足够多的情节同特定人真实情况相同，使人们足以将作品中人物等同于特定人的作品[5]；以及故意影射。

> 利用小说影射诽谤他人的典型案件是贵州刘守忠侵害名誉权案。刘与原告胡骥超等三人有隙，扬言要写文章报复。1988年11月起，刘在《遵义晚报》连载长篇历史小说《周西成演义》，描写了贩毒者胡翼昭等三个人物。三人不但与三原告同

① 参见北京市朝阳区人民法院民事裁定书，（2016）京0105民初65899号。

② 参见北京第二中级人民法院民事判决书，（2013）二中民终字第08057号。本案为最高人民法院发布的信息网络侵害人身权益典型案例，2014年10月9日发布。

③ 20世纪80年代后期发生于天津的小说《荷花女》侵权案，小说主人公荷花女，原名吉文贞，为著名女艺人，1944年去世。小说在叙述荷花女身世的过程中，虚构了有损她的人格尊严的情节。经她的母亲依法起诉，作者和发表小说的报社承担了民事责任。参见《最高人民法院公报》1990年第2期。

④ 如福建作家唐敏创作小说《太姥山妖氛》，采用真实的姓名、地点，却虚构了主人公依仗权势，横行乡里，死后被乡里人认为变成一头牛以及他的妻子对牛产生“恋情”等情节，经主人公亲属提起刑事诽谤自诉，被判犯诽谤罪。参见《最高人民法院公报》1990年第2期。

⑤ 如上海杨怀远自诉刑事诽谤案，法院确认小说《荣誉的十字架》中主人公于妙根在身世、经历的历史事件、荣誉称号和创作等九个方面与自诉人相同，又有证言证明作者自述小说就是写杨怀远，判决诽谤罪成立。参见上海市徐汇区人民法院刑事附带民事判决书，（88）徐法刑字第123号。

姓，且名字中两个字或相似或为谐音字，许多特征描写分别与三原告相同或相近。刘将这三个人物描写得十分丑恶。刘还对人说："这么多人我为什么没有写，单单写他们三个，这是有原因的。"熟悉三原告的读者一看便知道作者在侮辱、丑化三原告。三原告曾要求《遵义晚报》停止连载，但后者未予置理。三原告遂对刘守忠和遵义晚报社起诉。最高人民法院（1990）民他字第48号对原审法院复函指出：被告刘守忠在历史小说中故意以影射手法对原告进行丑化和侮辱，使其名誉受到了损害。被告遵义晚报社在已知所发表的历史小说对他人名誉权造成损害的情况下，仍继续连载，放任侵权后果的扩大。……二被告的行为已构成侵害原告的名誉权，应当承担侵权民事责任。"[①]

要将影射与文艺创作的典型化手法严格区别开来。在客观上，要证明作品内容确实是指向某特定对象，可以被人们所识别。在主观上，则要证明行为人确实具有故意使用影射性文字来达到诋毁对方的目的。否则不应认定侵权。

文艺创作源于生活，高于生活，有的在真人真事基础上塑造典型形象，如果都要对号入座，创作就无法进行。清末太监小德张的后人诉电视剧《宦官小章子》损害小德张名誉案，法院认为剧中人物小章子是太监这一群体的缩影，不能同现实人物简单等同，判决驳回原告的诉求。[②] 肖像的特定指向，也应以可以识别为准。通常对肖像采用掩盖眼部、模糊面容等办法，使之不可辨认的，肖像人不能主张权利。

4. 行为人有过错

过错包括故意和过失。

故意有直接故意和间接故意之分。以诽谤为例，直接故意诽谤的特征：一是明知事实虚假并且足以损害他人名誉；二是希望以此达到诋毁、中伤他人的目的。确认直接故意，不仅要看行为人对危害结果是否"明知"，而且要看行为人是否有危害的"目的"。前述《周西成演义》侵权案，最高人民法院批复明确指出作者是故意的，作者对旁人的表示，证明行为人具有直接故意。间接故意诽谤是指：行为人明知传播某些言论会造成诋毁、中伤他人的损害结果，虽然并没有诋毁、中伤他人的目的，但却坚持传播这种言论，对损害结果抱着听之任之的态度。最高人民法院批复说遵义晚报社已知发表的内容侵权而"放任"侵权后果的扩大，就是间接故意。

过失包括疏忽大意的过失和过于自信的过失。疏忽大意的过失是指行为人对自己的行为及其可能产生的后果应当预见、能够预见而竟没有预见；过于自信的过失是指虽然已经预见但是却轻信其不会发生。衡量行为人是否有过失，以行为人对于自己的行为及其后果是否应当注意、能够注意而不注意为依据。

过错是行为人主观的心理状态，但是检验是否存在过错则只能通过考察客观存在而可感知的行为人行为的途径。对普通人来说，违反社会公认应该注意的行为规则包括违反法律规定的行为、违反社会公共利益和公共道德即公序良俗的行为等，可以视为违反

---

① 《最高人民法院公报》1992年第2期。

② 参见北京市朝阳区人民法院民事判决书，（1999）朝民初字第6630号。

注意义务而具有过错。对专业组织和专业人士在其专业范围的行为则有特殊要求，因为他们对其专业行为负有特殊责任，并应通过一定制度和一定训练而予以保证，所以对其专业行为失当可能造成的损害应当具有更高的注意义务，这种注意义务通常体现在其专业的行为规范中。若有违反专业规范的行为造成损害，即可视为有过错。

确保新闻的真实、准确是新闻单位、新闻工作者的基本要求，新闻发生失实一类差错，往往可以发现行为人主观上具有过错或过失。

> 1987 年 12 月《上海文化艺术报》刊登《索价 3 000 元带来的震荡》，报道在一次会上讨论军人歌手徐良来上海参加演出索取报酬 3 000 元对不对。徐良认为自己根本没有“索价”，报道有损军人荣誉，对作者和报社提起侵害名誉权诉讼。被告辩称有关内容是会议报道，会上确有此说。但根据相关证人证词确认，徐良并未“索价”，法院认为作者报道没有事实根据的情况，报社不进行核实予以发表，判决两被告均承担侵权责任。本案表明，新闻单位不仅要对新闻是否如实报道了新闻源提供的某件新闻材料这一事实进行核实，还要对这些新闻材料是否同实际相符进行核实，对不管哪一种情况的失实都负有过失责任。①

党的有关新闻政策、纪律和国家的法规、规章都有关于新闻报道内容必须认真审核的规定。行政法规《出版管理条例》规定编辑责任制度，《广播电视管理条例》规定节目播前审查、重播重审，有无侵权内容都是审核的重要方面。新闻出版总署《关于采取切实措施制止虚假报道的通知》（2009）、《关于严防虚假新闻报道的若干规定》（2011），在制止和预防虚假、失实新闻方面，从采访写作到编辑诸环节都制定了比较完整的专业规范，可以作为衡量新闻单位和记者有没有违反注意义务、是否具有过错的依据。

根据有关规定，新闻单位对于社会来稿、读者来信、来电以及互联网上微博、博客等信息等，都必须调查核实后方可报道。要是不作核实就予以“如实报道”，事后发现失实而造成损害，即可认为主观上有过错而需承担责任。

> 2006 年《重庆商报》刊发批评央视主持人文清“车祸后不接电话也不赔偿”的报道，文清以内容失实起诉侵害名誉权，报社辩称消息来自网上，法院认为报社以网上文章作为依据进行报道，依然具有对其真实性、客观性的审核义务，被告并未尽到审核义务而进行负面评论，内容严重失实，判决公开赔礼道歉，赔偿精神抚慰金 10 万元。②

近年来，审判实践中还注意到不同行为人在注意义务方面的差别。如号称“微博第一案”的 2011 年北京金山安全软件公司诉奇虎 360 公司董事长周鸿祎微博言论侵害名誉权案，周承担侵权责任。判决书大意云：

> 周鸿祎是一位公民，但并非普通公民。他在现实社会中是一位重要人物，投射

---

① 参见上海市静安区人民法院民事判决书，（88）静法民字第 79 号；上海市中级人民法院民事判决书，（88）沪中民上字第 1056 号；《最高人民法院公报》1990 年第 4 期。

② 参见北京市海淀区人民法院民事判决书，（2006）海民初字第 26165 号。

在微博领域也是重要层级，拥有众多的关注者，亦即享有更多的话语权，理应承担更多的责任。他的公司与他所指责的金山公司存在着竞争关系，在将竞争对手的负面评价公之于众时，理应三思而行、克制而为。所以对于周鸿祎微博言论的注意义务的要求应当适当高于普通网民。[①]

本段所举数个案例都属于侵害名誉权案，法院判决都认定被告方面存在放任、没有核实等过错，实行一般过错归责原则。

《个人信息保护法》规定个人信息侵权行为实行推定过错，即行为人实施侵害个人信息行为造成损害后果即推定其存在过错，如果不能证明自己没有过错就应承担损害赔偿等民事责任。详见本章第三节。

网络传播有其特殊形态，对于网络服务者需要采取特殊归责方式。《民法典》第七编有条文在原《侵权责任法》第三十六条基础上作出了更加细化的规定。

（三）免责事由

新闻传播活动是一种社会活动。新闻媒体作为社会公共信息平台，通过新闻传播满足社会公众信息需要，为社会公众利益服务，并代表舆论参与社会生活。因此，新闻媒体履行自身职能，践行社会责任，为维护公共利益，向社会提供新闻产品，是实现新闻传播社会价值的本义所在。

新闻传播活动中，无疑会使用人的姓名、肖像和一些个人信息，以及通过新闻报道，社会对当事人形成一定的社会评价。由于新闻报道的公共性和社会价值，法律赋予新闻报道一定的免责理由。

在侵权法中，免责事由是针对承担民事责任的请求而提出来的，也称作抗辩事由。从总体上说，《民法典》中涉及新闻报道侵害人格权的免责事由，主要有公共利益和合理使用。

1. 公共利益

“公共利益”是我国常用的法律概念，但是不同法律、不同场合其内涵各有不同。《民法典》中“公共利益”共出现11次，“总则”编3次（其中1次涉及英烈人格）、“物权”编3次、“人格权”编5次，分别涉及生命、身体、健康（一千零九条），姓名、名称（九百九十九条）、肖像（九百九十九条、一千零二十条）、名誉（一千零二十五条）、个人信息（九百九十九条、一千零三十六条）等权益。可以说，维护公共利益精神涵盖了所有人格权益。

不过，《民法典》没有对“公共利益”予以定义，对此研究学理层面探讨较多，通常认为公共利益即指大多数人的利益。在实践层面，最高人民法院发布的一些典型案例、指导案例以及各级法院的司法裁判，对公共利益的主要内容有比较具体的阐释，包括英雄烈士事迹形成的民族精神和民族记忆、对国家工作人员公务活动的批评、对食药品安

---

① 参见北京市海淀区人民法院民事判决书，（2010）海民初字第19075号；北京市第一中级人民法院民事判决书，（2011）一中民终字第09328号。本案为最高人民法院信息网络侵害人身权益典型案例，2014年10月9日发布。

全的监督[①]、对公共议题的讨论[②]、地方新闻宣传机构对本地知名活动的宣传[③]等等。

新闻报道、舆论监督，本身即具有公共利益性质，尤其在我国“党管媒体”体制下，新闻舆论工作关涉治国理政、安邦定国，显然含有重大公共利益。但在具体新闻传播活动中，有些新闻报道呈现纯消遣性、低俗性的情况，不具有公共利益性质，故《民法典》对实施新闻报道、舆论监督等行为特别加上“为公共利益”的前提。如果不是出于公共利益目的甚至损害公共利益，则要依法承担民事责任。

葛长生诉洪振快名誉权、荣誉权侵权纠纷案，是最高人民法院 2016 年发布的“人民法院依法保护‘狼牙山五壮士’等英雄人物人格权益典型案例”之一，也是 2018 年发布的第 99 号指导案例，此案详细论述了英雄烈士所涉“公共利益”的内涵。

> 原告葛长生，系“狼牙山五壮士”之一葛振林之子，起诉被告洪振快发表文章，以历史细节考据、学术研究为幌子，污蔑、抹黑狼牙山五壮士。如称狼牙山五壮士不是掩护老百姓和主力部队，只是追赶主力部队；五壮士不都是跳崖，其中二人是溜下山坡；五壮士拔地里萝卜吃，违反三大纪律等，严重侵害了其父名誉和荣誉。法院认为，本案中“狼牙山五壮士”及其事迹所凝聚的民族感情和历史记忆以及所展现的民族精神，是当代中国社会主义核心价值观的重要来源和组成部分，也是我国作为一个民族国家所不可或缺的精神内核。对“狼牙山五壮士”名誉的损害，既是对原告之父葛振林的名誉、荣誉的损害，也是对中华民族的精神价值的损害。[④]涉案文章不仅侵害葛振林个人的名誉和荣誉，并且侵害由英雄人物的名誉、荣誉融入的社会公共利益，被告称其所行使的是言论自由和学术自由权利的辩解不能成立，学术自由、言论自由不能侵害他人合法权益、社会公共利益和国家利益。判决被告行为构成侵权，承担民事责任。[⑤]

最高人民法院就“狼牙山五壮士”等案专门举行发布会。会上指出此案的典型意义在于，以“五壮士”这一英雄群体在我国当代史上发挥的作用为依据，将其精神归纳为民族的共同记忆、民族精神和社会主义核心价值观的一部分，因而构成了社会公共利益的一部分，法益识别准确。人民法院审理此类案件，应从更为广阔的视野出发，更为全

---

① 内蒙古鸿茅国药股份有限公司诉程远名誉权纠纷案，被告程远在个人微信公众号发表《广告史劣迹斑斑的鸿茅药酒获“CCTV 国家品牌计划”，打了谁的脸?》，刊登了 2017 年上海工商部门公布的 12 件虚假广告的典型案件。原告诉称侵犯名誉权。法院认为，涉案文章系被告对加强食药品广告审查监督的意见和建议，是对食药品安全公共利益的关注，属言论自由范畴，驳回原告诉求。上海市闵行区人民法院民事判决书，(2018) 沪 0112 民初 9577 号。

② 方是民与崔永元名誉权纠纷案，案情见本章第二节，法院判决两人都辱骂对方，构成侮辱，但双方发布的涉及转基因食品安全性的直接争论，系双方在转基因食品安全问题上提出的对对方观点的质疑，属于学术自由以及对涉及公共利益的议题讨论范畴，未超出公众人物合理容忍范围，这部分微博不构成侵权。北京市海淀区人民法院民事判决书，(2014) 海民初字第 07504 号；北京市第一中级人民法院民事判决书，(2015) 一中民终字第 07485 号。

③ 杨顺英诉云南日报社肖像权纠纷案，原告诉称《春城晚报》刊登其手捧企业产品的图片，是企业宣传广告，未经其同意，侵犯其肖像权。法院经审理认为，该报第五版系宣传绿色食品专版，报社未经图片肖像权人同意进行的使用是维护社会利益需要的使用，不构成侵权，驳回原告诉求。云南省中级人民法院民事判决书，(2001) 昆民初字第 29 号。

④ 参见北京市西城区人民法院民事判决书，(2015) 西民初字第 27841 号。

⑤ 参见北京市第二中级人民法院民事判决书，(2016) 京 02 民终 6272 号。最高人民法院第 99 号指导案例，2018 年 12 月 19 日发布。

面、准确把握社会公共利益及其表现形态。①

这组案件宣判后，《民法总则》第一百八十五条列入了保护英烈人格权条款（而今为《民法典》第一百八十五条），并推动制定了《英雄烈士保护法》。

名誉权纠纷审判实践中较早提出保护关涉公共利益的言论表达是原徐州市文化局长吴敢诉作家袁成兰侵害名誉权案：

> 1992年第九届戏剧梅花奖评奖活动发生舞弊行为，主管部门对有关负责人予以处分，一些报刊披露吴敢在评奖活动中向评委请客送礼，促成了舞弊的发生。徐州市文化局下属文化艺术研究所编剧袁成兰依据报刊披露的内容，发表《梅花奖舞弊随想》一文，批评吴敢"因公行贿"，"为徐州买来'荣誉'"。吴敢起诉袁成兰侵害名誉权，徐州两级法院均判侵权成立。袁再向江苏省高级人民法院申诉，江苏高院经审查裁定中止执行本案终审判决，并予提审。审判长在庭审后宣布合议庭意见强调"批评文章是否侵权应考虑公共利益"；法庭认为此文依据报刊材料对吴敢进行评论，虽然言辞犀利，个别提法欠准确，但文章针对不正之风进行抨击，基本内容属实，出发点是积极的、善意的，不构成侵权，判决撤销原判，驳回吴敢的诉求。②

近年又如张传霞等人诉徐锦尧肖像权、名誉权、隐私权纠纷案，行为人保护未成年人利益和揭露可能存在的犯罪行为，法院亦是出于社会公共利益考虑，合理使用他人肖像、披露个人信息，不构成侵权。

> 2015年4月，被告徐锦尧在微博上两次发文并配图披露男童施某某被合法收养后遭受养父母虐待行为，呼吁社会帮助。两次发送同一组图片共九张，其中三张为面部照片，但均进行了模糊处理。施某某亲生父母张传霞和桂德聪诉至法院，指被告侵犯了男童施某某的肖像权、隐私权、名誉权，并侵犯了他们两人的隐私权、名誉权。法院经审理认为，对侵犯未成年人合法权益的行为，任何组织和个人都有权予以劝阻、制止或者向有关部门提出检举或者控告。本案被告为揭露可能存在的犯罪行为和保护未成年人合法权益不受侵犯而使用施某某受伤的九张照片，虽未经合法监护人同意，但属维护社会公共利益和施某某本人利益的需要，没有营利目的，且使用时已对照片脸部进行了模糊处理。这种通过网络公开男童遭受虐待的事实，是一种公开的网络举报行为，不存在主观上的过错。故原告所诉侵权行为不能成立，判决驳回其全部诉求。③

但也要注意，并非所有涉及公共利益的新闻报道和舆论监督都可以免除侵权责任，

---

① 人民法院依法保护"狼牙山五壮士"等英雄人物人格权益典型案例，最高人民法院官网，http://www.court.gov.cn/zixun-xiangqing-28421.html，2016年10月19日。

② 参见江苏省徐州市云龙区人民法院民事判决书，(1994) 云民初字第127号；江苏省徐州市中级人民法院民事判决书，(1995) 徐民终字第46号；江苏省高级人民法院民事判决书，(1996) 苏民再字第1号。王强华、魏永征主编：《舆论监督与新闻纠纷》，上海，复旦大学出版社，2000，第349-355页。

③ 参见江苏省南京市江宁区人民法院民事判决书，(2015) 江宁少民初字第7号；《最高人民法院公报》2016年第4期。

在李海峰等诉叶集公安分局、安徽电视台等侵害名誉权、肖像权案中，公安局称通过电视台进行法制宣传出于公共利益的抗辩，未被采纳。

> 初中学生李海峰等6人，应当地公安分局要求协助调查，手举号牌与犯罪嫌疑人朱某某一起列队接受指认，此过程被录像，并被安徽电视台报道，显示李海峰等6人手持号牌被辨认的图像，未对面部进行任何技术遮盖，时间约2秒。事后，李海峰等被人以"嫌疑犯"、"几号强奸犯"相呼，遂诉至法院，称公安局和电视台侵犯其名誉权和肖像权。被告辩称播放此节目是为了法制宣传需要。法院认为，宣传法制与保护未成年人的合法权益并不矛盾。在本案中，对于涉及未成年人的特殊案件，在制作成面向广泛的、不特定的受众播放的新闻节目时，对未成年人的形象加以技术处理或者在节目中予以特别说明，并不会因此而影响宣传法制、弘扬正气的效果。但是，公安分局将混合指认录像资料交给电视台时，未尽特别提醒义务，导致李海峰等脸部画面未经任何技术处理即通过新闻传播，发生名誉权受损的后果。故进行法制宣传的正当性不构成免除其应承担民事责任的法定事由，判决两被告承担民事责任。①

如今，《未成年人保护法》第一百零三条已明文规定披露案件中出现未成年人必须一律作匿名化处理，已见第四章。

2. 合理使用

以往民事法律中并无对诸如姓名、名称的合理使用一说，合理使用是著作权法的一项制度，《民法典》制定过程中部分参考了这项制度。②《民法典》中，关于合理使用制度的规定，主要有第九百九十九条、一千零二十条和一千零三十六条，分别是关于人格要素合理使用的一般规定、肖像权的合理使用、个人信息合理使用。

《民法典》第九百九十九条规定："为公共利益实施新闻报道、舆论监督等行为的，可以合理使用民事主体的姓名、名称、肖像、个人信息等；使用不合理侵害民事主体人格权的，应当依法承担民事责任。"这一条文是对媒体在进行新闻报道和舆论监督中，合理使用他人人格要素及不当使用应当承担侵权责任规定的规则。

是否属于"合理使用"，需要考虑以下因素：

首先，合理使用的客体，主要是姓名、名称、肖像和个人信息，也包括自然人的声音③，大都属于精神性人格权中的标表型人格要素，即能够反映自然人个体特征的人格标识。这类人格要素具有外在性、可支配性和可利用性等特点。使用人格标识是日常社会交往、维持正常社会运转必要手段，权利人之外的民事主体有使用人格标识的必然性与合理性，但这种使用必须限于不损害权利人的其他权益。物质性人格要素（生命、身体、健康）在社会实践中没有被人使用的必要性，也与新闻报道、舆论监督等需要无关，不是合理使用对象。

---

① 参见《最高人民法院公报》2007年第2期。原注："本案所涉及当事人姓名为化名。"

② 参见杨立新主编：《中华人民共和国民法典释义与案例评注：人格权编》，北京，中国法制出版社，2020，第54页。

③ 《民法典》第一千零二十三条第二款："对自然人声音的保护，参照适用肖像权保护的有关规定"。

其次，新闻报道、舆论监督行为合理使用的前提是以公共利益为目的。在新闻报道和舆论监督活动中，人格权与公共利益或其他私权益发生冲突时，合理使用制度本质就是调和这种权利冲突，维护顺位在前的公共利益而允许他人使用人格权益，以使双方利益状态都能达致最优。但如果不是为公共利益，如一些新闻报道或自媒体平台为博眼球、拉流量而呈现纯消遣、低俗化内容，那么就不存在合理使用的情形。基于商业目的的“软文”，也不能构成合理使用。

其三，判断是否合理使用他人姓名、肖像等人格权益，需考虑：（1）是否有损他人尊严。尽管出于公共利益而进行新闻报道使用权利人的姓名、肖像等，但不能进行丑化、污损。（2）是否尊重本人自主。在使用他人姓名、肖像等人格要素时，尽管为公共利益之使用，不用事先征得其同意，但是应当准确并尊重权利人的自主性和个人意志，如权利人使用笔名、化名等，不必一定要改为真名。（3）是否具有牟利性质。合理使用不同于《民法典》第九百九十三条的许可使用，两者合法性来源不同。许可使用是权利人在意思自治范畴之内允许他人使用自身人格权益的行为，合法性基础来源于债权合同，体现财产性利益。而人格权合理使用属于未经权利人同意亦能实施的行为，合法性基础来源于法律的直接规定，不得用于牟利或商业用途。（4）是否符合比例原则。合理使用规则是对人格权保护的一种限制，但这种限制极有可能沦为侵害人格权的借口，因此也需要对人格权行使的限制本身进行限制。比例原则正是对人格权限制的边界。

四、侵权责任综合考虑原则

《民法典》对侵权责任的认定，确定了综合考虑原则。如前所述，一般侵权责任实行的是过错归责原则。不过在个案考量是否需要承担民事责任的情况下，还需要与第九百九十八条相协调。此条规定：“认定行为人承担侵害除生命权、身体权和健康权外的人格权的民事责任，应当考虑行为人和受害人的职业、影响范围、过错程度，以及行为的目的、方式、后果等因素。”该条将物质性人格权和精神性人格权加以区分。对物质性人格权的侵害，依法适用法定赔偿金，而无须考虑行为人和受害人的其他因素。而保护精神性人格权往往会与其他利益发生冲突，需要考虑多种因素，以实现利益平衡。对此条有些民法学者认为系引入动态系统理论（Dynamical Systems Theory）来确定责任承担问题。①

其实这种对侵权责任综合考虑的原则，更多是体现了《民法典》对我国的司法实践经验的提炼总结。如最高人民法院2001年《关于确定民事侵权精神损害赔偿责任若干问题的解释》第十条，列举了诸多精神损害赔偿数额判断的因素，2014年《关于审理利用信息网络侵害人身权益民事纠纷案件适用法律若干问题的规定》第九条和第十条，列举

---

① 动态系统论由奥地利学者维尔伯格（Walter Wilburg）于上个世纪40年代提出，其基本观点是：调整特定领域法律关系的法律规范包含诸多构成因素，但在具体的法律关系中，相应规范所需因素的数量和强度有所不同。也就是说，调整各个具体关系的规范因素是一个动态的系统。因此，应当在具体法律关系中通过对动态的因素考量认定责任。参见王利明：《民法典人格权编中动态系统论的采纳与运用》，《法学家》（北京）2020年第4期；《民法典人格权编的立法亮点、特色与适用》，《法律适用》（北京）2020年第17期。

了网络服务提供者是否“知道”及认定网络用户或者网络服务提供者转载网络信息行为的过错及其程度应当综合考虑的因素。[①]

最高人民法院在公布 2014 年“规定”的同时，公布了 8 件利用信息网络侵害人身权益的典型案件，也贯穿了这一精神。在这 8 件典型案例中有 6 件涉及“公众人物”[②]，法院并没有如有些主张的那样，一刀切地认为公众人物权利应当被“限制”或“弱化”[③]，而是分别根据实际存在的多种因素予以不同处理：

已故著名导演谢晋名誉受侵害案，鉴于侵权人凭空造谣污蔑，侵权手段恶劣，法院非但未采取公众人物权益“限制”说，而且判处谢晋遗孀获赔精神损害抚慰金 20 万元和经济损失近 10 万元。[④] 蔡继明诉百度名誉权、姓名权案，蔡作为全国政协委员，因提议取消五一长假而引发网民讨论。网民在百度贴吧设立“蔡继明吧”倡议反对，其中有对他的侮辱性言辞，法院以蔡继明已通知百度贴吧有侵权言论存在而百度未采取措施为由，判决后者承担侵权责任。但鉴于原告公众人物地位以及议题属于公共事件而驳回蔡继明提出关闭“蔡继明吧”的诉求。[⑤] 前已述及范冰冰名誉权案，也并未因为原告属于“公众人物”而要她“容忍”他人的影射指责。前面还提到的北京金山安全软件公司诉 360 董事长周鸿祎名誉权案中，法院还以“公众人物发表网络言论时应承担更大的注意义务”为由判决周鸿祎承担侵权责任。而香港影星赵雅芝肖像、姓名被非法商业使用，法院更是考虑受害人的影响力亦即社会知名度，判决侵权人支付 25 万元的经济损失。[⑥] 号称“网络暴力第一案”的原告王菲，虽是普通市民，而按美国“公众人物”的划分可算得“非自愿公众人物”，但他的隐私权仍然予以保护。[⑦] 由此可见，在人格权案件中，即或使用“公众人物”词语，也要综合考量案件不同性质、不同因素以及影响、过错以及行为的目的、方式、后果等因素予以恰当处理，并非一味“限制”、“弱化”。本章以下还会提到这些案例。

---

① 最高人民法院 2020 年根据《民法典》修订了该司法解释，原第九条，现第六条，改为判断网络服务提供者是否“知道或者应当知道”。

② “公众人物”（public figure）原为美国隐私法的概念。1964 年美国联邦最高法院在纽约时报上诉警官沙利文案中确立公众官员（public official）不得从有关其职务行为的诽谤诉讼中获得赔偿，除非他能够证明被告具有实际上的恶意（actual malice），判决沙利文败诉。1967 年，联邦最高法院在足球教练和退伍将军等起诉诽谤案中又将“公众官员”扩展到“公众人物”，包括政府官员和社会知名人士，如文体明星、工商大亨等，后来又发展出“完全公众人物”、“有限公众人物”、“非自愿公众人物”等概念。沙利文案及“公众人物”概念被介绍到中国，学界论述甚多，自世纪之交起在司法文书中也有出现，但其含义已与美国大不相同：第一，我国的“公众人物”主要指文艺体育和学术界名人，避免使用于官员。第二，将公众人物需证明被告“实际恶意”的归责标准演绎为公众人物权益“限制”、“弱化”，具有“容忍义务”。第三，将原先只是适用于诽谤案件的原则推广到所有人格权。参见张金玺：《美国公共诽谤法研究》，北京，中国人民大学出版社，2016。

③ 《中华人民共和国民法典人格权编理解与适用》，北京，人民法院出版社，2020，第 32、102 页。

④ 参见上海市静安区人民法院民事判决书，(2009) 静民一（民）初字第 779 号。

⑤ 参见北京市海淀区人民法院民事判决书，(2010) 海民初字第 01281 号；北京市第一中级人民法院民事判决书，(2011) 一中民终字第 5934 号。

⑥ 参见上海市浦东新区人民法院民事判决书，(2012) 浦民一（民）初字第 17766 号、17767 号。

⑦ 参见北京市昌平区人民法院民事判决书，(2011) 昌民初字第 53 号；北京市第一中级人民法院民事判决书，(2011) 一中民终字第 11152 号。

第二节　新闻传播与名誉权

名誉（reputation），是对民事主体的品德、声望、才能、信用等的社会评价（《民法典》第一千零二十四条）。名誉权是指民事主体对其名誉所享有的不受他人侵害的权利。它是人格权所包含的内容最为广泛的一项权利。

名誉权主体包括自然人、法人和非法人组织。

自然人名誉权，即自然人享有个人名誉不受侵害的权利。

法人和非法人组织也享有名誉权，但不同于自然人享有的纯粹精神权利，它们实质上体现的是一种财产性权利。名誉更多体现为对它们商业活动、经营活动、成果方面的评价，由于法人并无性格、品行等自然人的属性，因此对名誉权的侵害通常是损害其商业信誉、商品声誉，客观上造成经济损失。同行竞争的经营者，还可能构成不正当竞争行为。

每个人在社会交往中认识他人，也让他人认识自己，由此形成一定的社会评价。大众传播的介入，会影响特定人的社会评价，被传播者的声望和地位可以通过传播得到提高；反过来也可能给他带来负面的影响。尽管社会对每个人的评价不同，但每个人都有权利要求他人公正评价自己，不受非法贬低。在大众传播场合非法贬低特定人的正常社会评价、损害其人格尊严，是最常见的侵害名誉权的行为。

名誉权作为人格权的权利之一，是国际社会公认的一项基本人权，大多数国家都予以立法保护。在历史上最早可以追溯到古罗马。大陆法系的德国、法国、日本等国家，都从理论、立法或者实务上承认名誉权的地位。英美法系国家，对名誉权的保护更是经过长时间的发展形成了较为完整的规则，例如英国早在16世纪即在普通法上确立涉及名誉权的诽谤诉讼，并先后在1952年、1996年和2013年制定成文《诽谤法》，对各国诽谤法发展产生了重大影响。

中国对于人格权的保护也正是从名誉权发展起来。《宪法》第三十八条规定，中华人民共和国公民的人格尊严不受侵犯。禁止用任何方法对公民进行侮辱、诽谤和诬告陷害。这为保护名誉权提供了宪法依据。1986年《民法通则》第一百零一条规定，公民、法人享有名誉权，公民的人格尊严受到法律保护，禁止用侮辱、诽谤等方式损害公民、法人的名誉。其后《侵权责任法》第二条和《民法总则》第一百一十条都规定了名誉权。多数批复型司法解释和两个规定型司法解释也都是关于名誉权案件的。《民法典》中有关名誉权的相关规定，是30多年来学界研究成果和司法实践的提升和总结。

《民法典》“人格权”编第五章“名誉权和荣誉权”，对调整新闻报道与名誉权关系的规定主要集中在第一千零二十四条至一千零二十九条，包括对名誉权的定义、名誉权保护的限制、合理核实义务的认定、作品侵害名誉权及新闻报道内容失实的补救。

一、正当影响他人名誉与侵害名誉权

传播学研究早就阐明，大众传播具有“授予地位的功能”。个人、团体以及社会活动

获得大众媒介的报道，它们的社会地位和声誉就会得到提高。[①] 那么媒体的一些负面消息和评论，势必对当事人会造成一定的不良社会影响。人的存在离不开社会环境，从以往口语、文字，发展到近代以来的报刊、广播、电视，如今的网络传播，都无时无刻不在影响人在社会关系中的地位。大众传播这种"赋予地位"功能造成当事人社会评价的提升或下降，是常见的现象。大众媒介履行传播功能时，不能以新闻报道、舆论监督为借口，侵害他人的名誉权。但是某些对特定人来说具有负面性质、可能对其社会评价产生负面影响的内容，却为社会所必需、对社会有益，必须予以保护。为了平衡名誉权保护和新闻报道、舆论监督之间的关系，《民法典》第一千零二十五条以独特的排他性穷尽列举的句式，规定除了三种情况（见下页第一段）之外，"行为人为公共利益实施新闻报道、舆论监督等行为，影响他人名誉的，不承担民事责任"。

本条"公共利益"在第一节已有阐述，以下系在"为公共利益"前提下的论述：

（一）新闻报道、舆论监督影响他人名誉的正当性

虽然每个人的名誉都是自己的行为书写的，但是名誉的形成离不开信息传播。个人行为不经过传播，不为社会所知，就无所谓对名誉发生影响。正面的新闻报道和评论，传播好人好事，有利于提升当事人名誉，自然不会发生侵权纠纷，但是批评性报道和评论，如果与特定当事人有关，经过传播，势必对他的名誉发生负面影响。而后一种情况，即第一章论述的舆论监督，往往涉及公共利益，具有激浊扬清、针砭时弊等非常重要的社会功能，必须予以肯定和保护。

> 如2018年有罗某乘坐火车越站，还拒绝列车乘务员和乘警查问，抢夺乘务员摄像设备，受到行政拘留五日的处罚。12月11日央视"以案释法"予以报道。罗某以中央广播电视台报道其"霸座"、"霸铺"侵害其名誉权诉至法院。法院经审理认为，央视播放该涉案视频后，罗某个人声誉、评价确实会在其生活圈内有一定程度下降。但降低的根源系其在列车上的违法行为，是罗某在列车上扰乱社会公共秩序而被行政处罚的真实事件。报道对罗某进行隐名、面容打马赛克处理，尽到了审慎保护义务。央视履行国家媒体舆论监督职责，引导公民遵纪守法、遵守公共秩序，符合正当性、合理性原则，判决驳回罗某之诉。[②]

这意味着，新闻报道、舆论监督的相对人，仅仅以有关内容有损自己名誉，不可能请求行为人承担侵权责任，而必须举出《民法典》第一千零二十五条第二款所规定的三种例外之一的初步证据。

《民法典》作为一部民事领域的基础性、综合性法律，不可能对属于民主权利、政治权利的新闻报道、舆论监督行为的权利作出规定。本条规定以对名誉权设置边界的方式，确定了新闻报道、舆论监督行为的合法空间，具有在人格权领域对新闻报道、舆论监督赋权的效果。

---

① 参见［美］拉扎斯菲尔德、默顿：《大众传播的社会作用》，黄林译，收入中国社会科学院新闻研究所世界新闻研究室编：《传播学（简介）》，北京，人民日报出版社，1983，第157－183页。

② 北京市海淀区人民法院民事判决书，（2019）京0108民初43398号。

（二）诽谤和侮辱

《民法典》第一千零二十四条规定："任何组织或者个人不得以侮辱、诽谤等方式侵害他人的名誉权。"第一千零二十五条就新闻报道、舆论监督行为列举了"捏造、歪曲事实"、"对他人提供的严重失实内容未尽到合理核实义务"、"使用侮辱性言辞等贬损他人名誉"三种情况，需要承担民事责任。其前两项即指诽谤。

诽谤，在学理上指散布虚假事实损害他人名誉的行为。英美法系国家把损害他人名誉的行为统称为诽谤（defamation），并且有书面诽谤（libel）和口头诽谤（slander）之区分，前者属于永久性损害，后者属于非永久性损害。书面诽谤不限于印刷品，广播、电视、互联网内容都属于书面诽谤。在我国司法实践和习惯中，将诽谤分为故意诽谤和过失诽谤。

1. 捏造、歪曲事实：故意诽谤

捏造和歪曲事实，是故意诽谤的两个主要表现形式。"捏造"指凭空编造[①]，即无中生有，进行传播。

如著名导演谢晋身后名誉遭毁损案：2008年10月18日凌晨，谢晋因心源性猝死，在酒店客房内逝世。次日起，宋祖德、刘信达分别连续在其博客上发布多篇文章，称谢晋因嫖妓猝死等。宋称消息来源于刘的"亲耳所闻、亲眼所见"，而刘则宣称亲耳听见了事件过程并告诉了宋。这些文字被大量点击、转发，还有媒体向宋、刘采访，两人都称文章证据确凿。谢晋遗孀徐大雯诉至法院。法院查明谢晋住宿客房当夜根本无人进出，刘并未在此酒店住宿，宋、刘博文确系本人上传，两人并有意思联络，构成共同侵权。判决宋祖德、刘信达停止侵害、在多家平面和网络媒体醒目位置刊登赔礼道歉的声明，消除影响；并赔偿徐大雯经济损失近10万元、精神损害抚慰金人民币20万元。二审驳回上诉，维持原判。[②]

"歪曲"指故意改变（事实或内容）[③]，尤指将客观事实向负面方向改变或进行曲解。如下例：

演员潘粤明与演员董洁原系夫妻关系，后因故发生婚变。2012年中，董洁经纪人任佳莺在微博上屡次发布或转发声明等内容指责潘粤明。10月24日，《申江服务导报》刊载《董洁指责潘粤明嗜赌、抢房、抹黑老婆……》一文，潘以任佳莺和《申江服务导报》所属"申江公司"侵害其名誉权诉至法院。法院查明报道内容，主要来源于任的微博和记者与任之间的私信以及网络其他传闻。法院认为，任对潘若干指责如"嗜赌"等不符事实；"董"文简单糅合了从网络获取的潘、董婚姻家庭感情纠纷的传闻，极易使读者阅读后对潘粤明的品行产生有偏差的认识并得出错误的

---

① 《现代汉语词典》，北京，商务印书馆国际有限公司，2019，第760页。

② 参见上海市静安区人民法院民事判决书，（2009）静民一（民）初字第779号；上海市第二中级人民法院民事判决书，（2010）沪二中民一（民）终字第190号。本案为最高人民法院利用信息网络侵害人身权益典型案例，2014年10月9日发布。

③ 《现代汉语词典》，商务印书馆国际有限公司，北京，2019，第1076页。

结论，表明对其损害后果采取了放任态度，判决任佳莺及申江公司侵犯了潘粤明名誉权。[①]

两人婚变是事实，但是只据一面之词就进行报道，势必造成歪曲。对争议事件作片面报道都可能形成歪曲。更不必说，这类私事一般不应成为新闻报道题材。

以上两例，前例属于直接故意无疑。后例按照法院判决认定，新闻报道行为人对于损害后果采取放任态度，即间接故意。

2. 对严重失实内容未作核实：过失诽谤

由于疏忽大意或过于自信，对严重失实内容未做核实即予以报道而造成名誉损害的，也需要承担民事责任，学理上称为过失诽谤。

法律把新闻报道侵害名誉权的界限定在“严重失实”上。由于新闻采访不同于国家机关的调查活动，手段有局限，而且新闻报道要求时效性，因此局部的、轻微的失实属于法律可以宽容的范围，“微罪不举”。不过对于“严重失实”的标准，现行法律和司法解释均没有相应的细则规定。综而观之，严重失实不是量的概念（不是看篇幅、文字的比例），而是质的概念，是新闻和其他文章中失实内容，足以使人对特定人的品德、声望、才能、信用产生不正确的贬损性认识。根据新闻实践和审判实践，严重失实的一些表现主要可以概括为：

（1）内容完全失实。其虚假性与第一项的情况没有根本区别，只不过不是出于故意，而是过失造成。

（2）主体内容失实。新闻批评涉及若干事项，若有少量出入，可“微罪不举”，要是多数失实应属严重失实。如 1991 年歌唱家李谷一诉《声屏周报》等侵害名誉权案，涉讼新闻主要报道在李谷一与另一歌手韦唯之间的争执。报道中涉及的事实有 10 件，判决认定失实的有 8 件，判决新闻报道行为人承担侵权责任；即使其中某件事实尚有争议，也不影响侵权成立。[②]

（3）涉及特定人的事实失实。此特定人虽然不是新闻主要对象，但却对他作了不真实的贬低性表述，则构成对特定人的侵权。如本章第一节所举李海峰等名誉权案：安徽电视台采用公安部门录像制成新闻节目播出，主题是报道公安部门破案，宣传法制，其中出现李海峰等手持号牌参加受害人辨认嫌疑犯的图像，面部没有遮盖，时间仅 2 秒，却导致李等被人以“嫌疑犯”、“几号强奸犯”相呼，为此承担侵权责任。[③]

（4）具有说明性质的事实失实。新闻报道对客观事实的描述，如果在涉及性质的表述上发生偏差，则构成严重失实。例如将一般错误行为说成为犯罪行为；将仍然在世的人说成为已逝世；把夫妻关系不和说成为丈夫“封建思想严重”、“折磨”妻子之类。

2018 年 10 月 26 日国际经济贸易仲裁委员会作出终局裁定，确认红牛饮料公司的合资经营期限于 9 月 29 日届满。观察者公司在其观察者网站及观察者 APP 上予

---

① 参见北京市朝阳区人民法院民事判决书，（2013）朝民初字第 00037 号；北京市第三中级人民法院民事判决书，（2014）三中民终字第 13673 号。

② 参见河南省南阳地区中级人民法院判决书，（1992）法民一字第 1 号。

③ 参见《最高人民法院公报》2007 年第 2 期。原注：“本案所涉及当事人姓名为化名。”

以报道，题为“终局裁定，中国红牛将告别市场开始清算”。红牛公司认为，公司已向工商局提交延长营业期限的申请，并未开始清算，所谓“清算”与事实不符，损害了公司名誉。法院经审理认为，裁决书内容仅确认合资经营期限，并无公司将进行清算的内容，涉案报道未忠实于原始信息，违反了报道真实性要求。红牛公司“将告别市场开始清算”，系观察者信息公司根据已有事实预测推断，足以使一般社会公众得出确定性的错误理解，应认定为严重失实，侵害了红牛公司名誉权。①

确认合资经营期限期满与“结业清算”虽只一步之遥，但性质完全不同，此报道可谓画蛇添足，导致失实侵权。

（5）结论失实。新闻本应只限于报道事实，不应涉及结论问题。一些结论必须由专门机关作出，如认定犯罪和侵权行为，必须由法院以判决宣告；各种违法行为，必须有相应的国家行政管理机关决定；企业法人的成立和撤销，要经国家工商行政管理机关登记公告；交通、医疗、生产等事故的责任认定，应当由有关专门部门鉴定；假冒伪劣产品，应当由技术监督部门鉴定等等。媒体无权擅自宣告这类结论，越权论断将承担不利的法律后果。此类情况在法制报道中有所发生。

过失诽谤主观状态是一种过失，即出于过于自信或疏忽大意，没有对那些“严重失实”的内容，尤其是他人提供的内容，尽到合理核实义务。如何认定新闻报道行为人是否尽到审核义务，由《民法典》一千零二十六条规定。

除对他人提供的严重失实内容没有尽到合理核实义务外，新闻报道行为人对于自己采写的内容或其他情况，未尽到合理注意义务，也会构成过失侵权。

3. 侮辱性言辞

侮辱（insult）是又一种侵害名誉权的方式。侮辱的方式有暴力、言辞等，新闻传播是一种言辞，本书只讨论言辞方式的侮辱。

侮辱和诽谤的侵害客体是不同的。诽谤是贬低他人某一方面或若干方面的社会评价，造成名誉减损。侮辱则是贬损他人的整体人格尊严。侮辱或侵害人格尊严的言辞，乃是以低于常人所能接受的歧视性词语或图像贬损相对人，使之丧失一个普通人应有的尊严，处于“人所不齿”的境地。侮辱性言辞是一种语言暴力，其特征就是一不说事，二不讲理。

一不说事，就是不具有陈述事实的形式。侮辱性言辞是言论人针对相对人发泄轻蔑、仇视等情绪并感染他人，并不是要他人信以为真，所以不存在证实或证伪的问题。作为最常见的侮辱方式辱骂，那些粗鄙、下流的脏话，那些骂人是“猪”、“狗”、“畜生”、“王八蛋”、“狗娘养的”、“人渣”之类的词语，完全不存在事实成分。有些词语，带有比喻的性质，如以“蛀虫”称呼贪官，以“禽兽不如”形容重罪犯等，还有些词语，历来是称谓那些受歧视人群的，如“妓女”、“小偷”、“扒手”、“汉奸”之类，使用这类词语，如果与实际事实相符，就不是侮辱；如果毫无根据地以此类词语指责他人，也是侮辱。

---

① 北京市怀柔区人民法院民事判决书，（2018）京0116民初8475号；北京市第三中级人民法院民事判决书，（2019）京03民终7920号。

二不讲理，就是不具有理性表述的方式。侮辱性言辞并不追求说服的效果，而是以夸张的感性的词语、形象来贬损相对人，使周围人受到感染而产生共鸣，所以通常是不可辩论的。这里说的讲理，并不是要求有严格的逻辑上的归纳和演绎，并不是要求正确，而只是要求符合常理。尖刻、夸张的意见会使人难堪，但不属于侮辱。

如果说诽谤是通过传播虚假事实来造成他人对被侵权人某种不正确的认知，而使之受到社会不应有的贬低和疏远；那么侮辱则是以宣扬某些有辱人格的言辞、发泄某种轻蔑或仇视的情绪来鼓动人们对被侵权人的歧视，影响社会与他的平等交往。概而言之，诽谤所作用的是人们的认知，侮辱所作用的是人们的情绪。

要列举全部言论性侮辱的种种表现是难以做到的。这里按照侮辱性言辞同陈述事实的关系，介绍辱骂和丑化。

辱骂不需要任何陈述事实的形式。如公然用“非人”的语词詈骂他人，人不成其为人，当然无人格可言。

第一节所举在业主微信群骂人的指导性案例所判就是侮辱行为。较早在《最高人民法院公报》上，也刊有两起由辱骂构成侵害名誉权的案例，一例是在刊物上，一例是在互联网上。

1985 年，河北省女作家刘真，认为《秦皇岛日报》报道职员王发英与不正之风作斗争的通讯《蔷薇怨》内容不实，撰写了“及时纪实小说”《特号产品王发英》，声称“要展览一下王发英”，称王是“专门的营私者”、“摘桃子的人”、“出产在江西的特号产品”、“一个政治骗子”、“扒手”、“诈骗犯”、“一贯的恶霸”、“造反派”、“流氓”、“一条疯狗”、“大妖怪”、“小妖精”、“南方怪味鸡”、“打斗演员”、“小辣椒”等等。先后在《女子文学》等四家刊物发表和转载。王发英起诉。法院认为刘真的作品侮辱了王发英的人格，判决刘真及《女子文学》等四家杂志分别承担民事责任。①

张某和俞某都在同一网站登记上网。张以“红颜静”为网名，俞以“华容道”、“大跃进”为网名，网友间通过聚会互相都知道了各人的网名。2001 年 3 月，“大跃进”发表《记昨日输红了眼睛的红颜静》一文，使用了“如丧考妣、狗急跳墙”等侮辱性言辞。此后，“大跃进”又连续发表文章，有“网络三陪女——红颜静”、“这让我想起红颜静这个假处女”等言词。张对俞提起名誉侵权诉讼。法院判决俞停止侵害，并在网站上向张赔礼道歉、赔偿精神损害抚慰金。②

丑化，就是通过夸张和歪曲的文字或图像手段，把相对人描写得可憎、可恶、可鄙。看起来具有描述某些事实的形式，但是其实同事实本身无关。人的外表有美有丑，但是人都要求从美的方面表现自己的形象，这是人的尊严的一部分。倘若刻意从丑的方面表现他人形象，使美的变为丑的，丑的更丑，势必损害他人的尊严。

1998 年在重庆文坛发生过一场对于一篇名家专访是不是假新闻的争论。有人写

① 参见《最高人民法院公报》1989 年第 2 期。
② 参见《最高人民法院公报》2001 年第 5 期。

了一篇题为《这家伙，我认识》的文章批评被认为是写了假新闻的作者孙某。文章写道："这个孙某从来就是一个靠撒谎来装扮自己、靠撒谎来欺世盗名的杂痞，特别是副刊编辑部熟知他那副串串嘴脸，一件脏兮兮的西装起码有好几年未洗，油腻腻的领带脏黑得酷似海带，更令人恶心的是粉刺丛生的脸上时有星星点点的脓血渗出，一张嘴，焦黄的牙齿缝里露出残存的菜渣，常常能从他那只又脏又黑的黑皮包里发现他试图偷走的稿签和信封……"孙某起诉，经重庆市法院两级审理，认定有关文辞明显编造和使用了侮辱孙某的言辞，损害了他的人格尊严，判决作者和发表文章的报社承担侵权责任。①

本案关于孙某衣着不洁的描写，看起来似乎是一种陈述，但是就其损害当事人人格尊严来说，则同事实真假无关。如果这番描写完全不实，那么就既是诽谤又是侮辱。如果孙某确实不够整洁，本文以夸张的笔调描绘孙某的形态，力图引起社会和他人的厌恶和鄙视，是一种丑化。

对图像（主要是肖像）的歪曲表现也是一种较常见的丑化。除了用绘画来丑化他人外，在摄影录像中，由于拍摄的角度、用光以及剪裁的不当，也可能造成丑化的效果。

对法人的言辞性侮辱或称"诋毁"，指使用贬损性语词来鼓动人们对特定企业等法人的蔑视和憎恶，损害公众对它的信赖。

2013年《每日经济新闻》发表长篇文章《360黑匣子之谜——奇虎360"瘤性"基因大揭秘》，指奇虎360旗下公司产品存在侵犯用户隐私等问题，奇虎公司等诉至法院。法院认为"涉及的相关技术问题尚无明确结果，同时亦非本案审理的范畴"，但文中使用了"瘤性基因"，"瘤性浸润"，"网络社会的毒瘤"，"此瘤不除，不仅中国互联网社会永无安宁之日，整个中国都永无安宁之日"，"'间谍'式地监控"，"反人类"，"一对并蒂的'恶之花'"，"瘤式扩张"等带有明显贬义的词汇、语句，显然已经超出了善意的公正评论的范畴，对原告的商业信誉和产品声誉造成不良影响。判决被告承担赔礼道歉、赔偿损失150万元等民事责任。②

二、穷尽列举的排除：正当意见不构成侵权

新闻内容一般分为事实和评论。对于事实的报道，新闻要求遵循真实性原则，失实的报道如果属于故意诽谤、过失诽谤情形，则需承担民事责任，而对于事实所发表的意见或评论，如果构成侮辱，也需承担民事责任。但如果不属于前述三种情形，则根据《民法典》第一千零二十五条"原则＋例外"的立法规定，则不构成名誉侵权。以前在

① 参见重庆市渝中区人民法院民事判决书，（1998）中区民二初字第878号；重庆市第一中级人民法院民事判决书，（1998）渝一中民终字第2266号。

② 参见上海市徐汇区人民法院民事判决书，（2013）徐民二（商）初字第913号；上海市第一中级人民法院民事判决书，（2014）沪一中民四（商）终字第2186号。

1993年“解答”[①] 和1998年“解释”[②] 中也有相似的规定。

针对一定事实发表意见不论意见是否正确而不视为诽谤，这也是国际上诽谤法的通行原则。以往英美诽谤法免责抗辩事由“公正评论”（fair comment），意为诽谤案的被告人若能证明自己的言论是针对某些涉及公共事务的事实而发表的意见，这种意见只要是通常人都可能具有的，即使是夸张的、片面的甚至偏激的，也不构成诽谤。2013年英国《诽谤法》将“公正评论”抗辩改为“诚实意见”（honest opinion）抗辩。[③] 欧洲人权法院审理涉及表达自由和名誉案件时，则提出将事实与价值判断（fact or value judgment）分开的原则。价值判断即意见和观点。法院在其受理的一些上诉案中，认为被本国判为诽谤的一些批评言论都属于价值判断，而这些判断所依据的事实则是基本真实或不存在争议的，所以那些判决违反了欧洲人权公约关于表达自由的规定。[④]

传播虚假事实会损害特定人的名誉，是因为这会造成人们的错误认知使他的社会评价遭到贬低而需要救济。而特定人在公共领域的表现受到议论或批评，是经常发生的，这些意见或有不当，多数人自会根据事实达致大体公正的评价而不致影响他的名誉。另外，司法只能判断事实真假而不能判断意见对错，在表达内容的事实与意见两种要素中，前者是对客观存在的复述，衡量的标准是真假；后者是主观思想的呈现，衡量的标准是对错。前者多数可以实时做到，后者则往往难以一刀切并且有时要经过长期检验。再者，事实的真假属性，可以也必须作唯一的、排他性的判断（对真假难辨的情况法律会设置特别的推定规则，如“疑罪从无”）；但是意见却缺乏这种排他性的评价标准，面对许多不同意见很难作出谁对谁错的定论。对特定人和事的不同意见只能通过自由讨论和实践的检验来求得真知，权力不应介入。[⑤]

> 1991年12月，北京两位女青年在中国国际贸易中心所属惠康超级市场购物时受到非法搜身。作家吴祖光就此撰写文章批评国贸中心工作人员“恬不知耻”，“居然说出这样的混账话”，斥责国贸业务女总监“流露出扎根深远的洋奴意识”，国贸中心在向两女青年道歉后起诉吴文侵害名誉权，法院判决驳回国贸中心的诉求。[⑥]

有学者评论指出吴文虽有偏激之处，但主旨是表述对国贸中心侵权行为这一事实而发表的意见，法律从保障宪法上公民的言论自由和由此派生的舆论监督出发，予以宽容，

---

① 最高人民法院1993年《关于审理名誉权案件若干问题的解答》第八问：“文章反映的问题基本真实，没有侮辱他人人格的内容的，不应认定为侵害他人名誉权”。

② 最高人民法院1998年《关于审理名誉权案件若干问题的解释》第九问：“消费者对生产者、经营者、销售者的产品质量或者服务质量进行批评、评论，不应当认定为侵害他人名誉权……新闻单位对生产者、经营者、销售者的产品质量或者服务质量进行批评、评论，内容基本属实，没有侮辱内容的，不应当认定为侵害其名誉权。”

③ 英国2013年《诽谤法》对“诚实意见”抗辩规定的条件为：（1）被告的陈述为意见。（2）无论是在广义还是在特定语境下，被告的陈述表明了意见形成的基础。（3）一个诚实的人应在以下基础上持有意见：a. 被告的陈述在发表时，有既定事实存在；b. 在已发表的受特许权保护的陈述中，被认定为事实。See http：//www. legislation. gov. uk/ukpga/2013/26/contents/enacted。

④ 参见林根斯诉奥地利案（1986）、奥贝斯里克诉奥地利案（1991）、施瓦柏诉奥地利案（1992），收入万鄂湘主编：《欧洲人权法院判例评述》，武汉，湖北人民出版社，1999，第441、454、439页。

⑤ 参见魏永征：《把事实和意见分开》，《新闻记者》（上海）2011年第8期。

⑥ 参见北京市朝阳区人民法院民事判决书，（1992）朝民初字第3178号。

这符合英美诽谤法的“公正评论”原则。[①] 这是我国名誉权案研究首次引述“公正评论”抗辩，从此为业界习用。

这个原则还适用涉及公共事务、文化、艺术、学术作品的评论引起的侵权纠纷。

> 南京大学教授余一中发表《〈钢铁是怎样炼成的〉是一本好书吗?》等文，批评苏联小说《钢铁是怎样炼成的》和同名电视连续剧剧本。2000年6月26日《新闻出版报》刊文，指责“余先生指摘文学剧本的编校质量是项庄舞剑”，“批评的用心值得怀疑”，“已不是严肃的学术研究，而是在借题发挥肆意攻击”。编者按说：“这个论争……关系到是否坚持中国先进文化前进方向的原则之争”，是一个“大是大非”问题，“一场尖锐的思想论争”。
>
> 余一中对新闻出版报社提起侵害名誉权诉讼。法院认为，对一部作品的社会价值进行评价，每个人均可以根据法律赋予的言论自由权，充分发表自己的意见。原告作为外国文学专业的学者，公开发表对外国文学作品的评论或批评，是其行使学术批评的正当权利，应当得到尊重。但是他的观点是否正确，也应该允许他人争论甚至辩驳。就学术讨论而言，对不同的意见，应该有一定的容忍度，不能因为对方言辞激烈，就认为是侵权。只要双方的争论不违反法律的禁止性规定，都不应承担法律责任。余一中要求新闻出版报社因此承担法律责任，没有法律上和事实上的依据。两审皆驳回其诉求。[②]

本案涉讼文字反驳对一本外国小说的批评，断言是尖锐的思想论争、大是大非问题，令人想起某个特定年代的思维和评论模式。但是这仍然属于一种意见，是如实反映了评论者的认识水平，并未涉及事实问题，无关诽谤；也未涉及人格尊严，无关侮辱。而水平问题终究不是法律问题，应该包容。诚如判决所言，每个人都有言论自由的权利，无论一种意见是否恰当，是否有说服力，是否合理和具有创见，都应当允许表达，不能由法律来裁判。

确认意见的合法性需要分清两条界限：

其一，相关意见必须针对某一事实并且不致被误认为提出新的事实。

只有针对客观存在的事实而发表的意见才是真正的意见。如果批评意见并无任何事实支持，则是一种“伪装”的意见而实际上是提出某种未经证明的事实。

> 四川中医陈建民在2004年开展挑战人类饥饿极限活动中禁食49天，经公证处派员监督公证属实。《北京科技报》在2005年1月将此事列为“2004年中国十大科技骗局”之首，指责这是明显违反科学常识、混淆百姓理智的商业闹剧。陈以侵害名誉权起诉。判决指出，评论可以对陈的禁食活动从科学角度去分析并质疑，但不能定义为“骗局”，被告行为构成侵权，承担赔偿精神抚慰金1万元等民事责任。[③]

---

① 参见张西明：《吴祖光终于打赢了官司：启示与意义》，《新闻记者》（上海）1995年第7期。

② 参见《最高人民法院公报》2003年第2期。

③ 参见四川省泸州市纳溪县人民法院判决书，（2005）纳溪民初字第410号；四川省泸州市中级人民法院民事判决书，（2005）泸民终字第420号。

本文指原告人的活动为“骗局”，系指使用欺诈手段诱使他人上当而设计的圈套，貌似意见实际上是提出一件事实，而这是建立在想当然基础上的。

其二，相关意见没有侮辱他人人格的内容。

在评论中使用辱骂和丑化的语词侮辱了对方的人格，不是正常的意见。

2014 年方是民和崔永元就转基因食品对人类有害还是有益发生争论，继而利用微博相互指责辱骂，方以侵害名誉权诉至法院，崔提起反诉。法院认为崔、方二人所争议的是转基因这样的公共议题，其不同意见不属法院裁判范围；但并不意味着由此引发的恶意人身攻击也可以受到保护。双方发布的部分微博，如“坑蒙拐骗都干过”、“网络流氓暴力集团的头目”、“职业托儿”、“流氓肘子”、“疯狗”、“主持人僵尸”等等，恶意贬低对方人格，均构成侵权。判决双方相互道歉，删除侵权微博，相互赔偿对方 4.5 万元。①

但对有些语词是否具有侮辱性质应该根据实际情况确定。

如 2013 年，南京广播电视台的一个节目就北京大学教授孔庆东在一起名誉权案中败诉进行评论，题目为“北大教授孔庆东是教授还是野兽?”孔以“野兽”词语等侮辱其人格起诉。法院查明孔不久前因在微博上骂学生是“狗汉奸”而被判承担侵权责任，认为评论意在质疑而非恶意侮辱，从整体内容和具体语境分析，相关用语的真实含义是认为孔庆东粗俗的骂人行为令人失望，不能因个别词语具有贬义就认定构成侮辱，判决驳回孔庆东诉求。②

需注意的是，侮辱是使用不具有事实含义的歧视性言辞贬损他人人格。有些针对人品即品行、品位、品质的批评，虽然也有贬损意义，但仍然具有说事的形式，如果是针对一定事实，便是意见，不属侵权；如果不能提供事实，则是诽谤方式的侵害名誉权。

如 2011 年画家范曾诉郭庆祥侵害名誉权案，法院以郭在报纸发表对范创作的评论文章中使用了“逞能”、“炫才露己”和“虚伪”这样三个所谓“贬损他人人格”的语词判决构成侵权。③

其实，郭在文中列数范的作品表现雷同而画价却高得令人咋舌，范自诩已超越“大师”等级等事实，这些词语即对此而发，是批评范的人品，而不是侮辱他的人格。④

三、如何确认诽谤：虚假还是未能证明真实?

（一）诽谤的基础构成和举证责任

构成诽谤侵权的基础要件是传播虚假事实。“虚”意为无中生有、凭空编造，如谢晋

---

① 参见北京市第一中级人民法院民事判决书，(2015) 一中民终字第 07485 号。

② 参见北京市海淀区人民法院民事判决书，(2014) 海民初字第 26881 号。

③ 参见北京市昌平区人民法院民事判决书，(2011) 昌民初字第 53 号；北京市第一中级人民法院民事判决书，(2011) 一中民终字第 11152 号。

④ 参见魏永征：《正当的文艺批评如何判定侮辱人格》，《法治新闻传播》(北京) 2012 年第 3 期。

被诽谤因嫖妓猝死；“假”意为客观事实不符，如潘粤明案中将去过一次澳门赌场说成是“嗜赌成性”。但是这些都需要有证据证明“虚假”。实体法对诽谤的规定是“捏造、歪曲事实”、“严重失实”；这显然不能等同于“未能证明真实”。并无任何法律规定“未能证明真实”即构成诽谤侵权。

第一节提到所谓“网络暴力第一案”：北京市民王菲，因婚外情等原因与妻子失和，妻子愤而自杀。死者之友张乐奕注册开设“北飞的候鸟”网站，披露事件经过及王菲的姓名、住址、工作单位等。内容被辗转转帖，众多网民进行“人肉搜索”，致使王菲更多个人资料被披露，发展成对王菲进行密集的、长时间的、指名道姓的谩骂，甚至骚扰王菲住宅。王菲以侵犯其隐私权和名誉权起诉张乐奕和转发有关内容的网站。法院认定张乐奕的行为侵害了王菲的隐私权，承担民事责任。但对王菲诉称被告捏造事实、构成诽谤的主张，由于王菲未能提供证据证明真实情况，法院无法认定是否属于捏造事实，即无法认定张乐奕对王菲构成诽谤。①

此案中，王菲侵害隐私权的诉讼主张得到法院的支持，但诽谤的主张，因为缺乏证据证明网上内容系捏造事实而没有得到支持，充分体现法院依法办案的严肃性和准确性。

实体法问题就这样延伸到程序法问题：在诽谤案件中，涉讼言辞的事实真假究竟该由谁承担举证责任？是由原告证明言辞虚假还是由被告证明言辞真实？被告未能证明言辞真实是不是就可以推定言辞虚假？我国民事诉讼通行“谁主张、谁举证”原则。通常的诉讼，主张的成立需要证明事实的存在，而在诽谤诉讼中，主张的成立却必须证明事实不存在。诽谤案件这种主张的是或否与所要证明事实的真或假的背反，被认为是诽谤诉讼中举证责任的一个悖论。而从《民法通则》、《侵权责任法》到《民法典》，侵害名誉权都属于一般侵权行为，不存在无过错责任或过错推定责任的特别规定，因此，如果原告不能举证证明对方实施了侵害行为（传播虚假事实）及过错等侵权构成要件，要适用推定存在侵害事实和过错的规则而取得胜诉并无法律依据。

所以我国民事诽谤侵权诉讼中，被告虽然也要向法庭证明自己传播的言辞真实，但是与传统英美诽谤法的“真实抗辩”（truth defence）在性质上是不同的。传统英美诽谤法对诽谤实行严格责任，被告不能证明言辞真实即败诉。而在我国，侵害名誉权行为属于一般侵权行为，被告举证言辞真实乃是履行诉讼程序，反驳原告诉称言辞虚假、失实而构成诽谤的必要手段。

（二）有关举证责任的争议和民诉举证制度的演进

我国民事诉讼程序立法先于实体立法，1982 年《民事诉讼法（试行）》就确立了“当事人对自己提出的主张，有责任提供证据”的原则。但是法律并未规定控辩双方应由何方承担举证不能的后果，这样在 1986 年《民法通则》实施后，在一时勃兴的新闻侵害名誉权纠纷中就发生了“谁主张、谁举证”还是“谁报道、谁举证”的争议，若干法院

① 参见北京市朝阳区人民法院民事判决书，（2008）朝民初字第 10930 号；（2008）朝民初字第 29276 号；（2008）朝民初字第 29277 号。第一案被告不服上诉，二审中双方均表示接受调解。后两案一审生效。本案为最高人民法院利用信息网络侵害人身权益的典型案例，2014 年 10 月 9 日发布。

在接受控方新闻失实、诽谤的投诉后，就要求辩方（新闻记者或单位）证明新闻真实，后者不能证实就判决败诉，构成侵权。新闻业界和学界有些人士对此提出异议，认为这种举证责任倒置的做法于法无据。① 在1992年最高人民法院《关于适用〈中华人民共和国民事诉讼法〉若干问题的意见》第七十四条规定了六类由被告负责举证的案件而其中并不包括诽谤纠纷案件之后，在诽谤诉讼中将内容是否真实的举证责任倒置于辩方的做法仍然相当普遍。②

此后民事诉讼举证责任制度发展有三个重要的关节点：

第一个关节点是最高人民法院2001年发布《关于民事诉讼证据的若干规定》，其中第二条规定："当事人对自己提出的诉讼请求所依据的事实或者反驳对方诉讼请求所依据的事实有责任提供证据加以证明"；"没有证据或者证据不足以证明当事人的事实主张的，由负有举证责任的当事人承担不利后果"。前一款是指在诉讼过程中诉辩双方都要就自己的主张举证，法理称为行为意义上或过程意义上的举证责任；后一款是指双方都履行举证责任之后尚不足以证明本案所诉求的事实由负有举证责任的一方承担败诉后果，法理称为结果意义上的举证责任。许多场合下所说的举证责任，都是指结果意义上的举证责任。此"规定"第四条又在1992年"意见"基础上规定了八类由被告承担举证责任的案件，其中仍无诽谤案件，应该理解为除此八类，皆应由原告即控方承担结果意义上的举证责任。

但是2001年的这个"规定"第七条又赋予法院在无法确定举证责任承担时，"可以根据公平原则和诚实信用原则，综合当事人举证能力等因素确定举证责任的承担"，这就给法定举证责任的分配留下一个回旋空间，成为法院在审理诽谤案件中自行确定辩方承担结果意义上的举证责任的重要依据。③

第二个关节点是2014年最高人民法院发布《关于适用〈中华人民共和国民事诉讼法〉的解释》，其第九十条重申了2001年"规定"第二条的内容，还有第九十一条在法律另有规定除外的前提下就确定举证证明责任的承担作出两项规定：（一）主张法律关系存在的当事人，应当对产生该法律关系的基本事实承担举证证明责任；（二）主张法律关系变更、消灭或者权利受到妨害的当事人，应当对该法律关系变更、消灭或者权利受到妨害的基本事实承担举证证明责任。其第二项当然包括了名誉权受到侵害的当事人应该就受到对方散布虚假事实侵害的基本事实承担举证责任。

2009年《侵权责任法》明文规定了过错责任、推定过错责任和无过错责任以及后两种情况应该以法律规定，并且从第四章起全面规定了各种特殊案件的举证归责原则，所

---

① 参见贾安坤：《新闻官司的举证责任》，收入中国新闻法制研究中心编：《新闻法制全国学术研讨会论文集（1991）》，北京，中国民主法制出版社，1999，第183－188页。

② 诽谤诉讼对内容真实的举证责任倒置是有若干学术理由作为依据的，如"消极事实"说、"自证清白"说等，但在当时就存在争议。《民法典》颁布后，有学者进行系统归纳和批评。参见蔡斐、毋爱斌：《新闻侵犯名誉权的过错归责原则与证明责任分配》，《新闻记者》2020年第12期。

③ 有一项统计显示，自1986年至2009年270件名誉权案件，除去事实清楚、责任明确和侮辱案件之外，有93起案件，原告就内容虚假、被告具有过错承担举证责任的5起，占5.4%，被告就内容真实、主观无过错承担举证责任的86起，占92.5%。参见张鸿霞：《大众传播活动侵犯人格权的归责原则研究》，北京，中国政法大学出版社，2012，第72页。

以2014年“解释”就无须再就举证责任倒置的案件作出专门列举规定。《侵权责任法》所列特殊举证归责原则的范围也并不含有名誉权等人格权纠纷一类案件，有关内容如今已纳入《民法典》第七编“侵权责任”。

第三个关节点是2020年5月实施新的《关于民事诉讼证据的若干规定》，新“规定”已不再有2001年“规定”第七条那样的由法院确定举证责任的条款，也就是取消了法院在一定范围内举证责任的分配权。

这就意味着，依照现行法律规定，在民事诽谤案件中，控方应举证证明所指诽谤内容虚假，辩方则应证明内容真实，即双方都履行过程意义的举证责任，如果经过双方举证，内容的真假仍然不能确定，即不能证明虚假，应由承担结果意义举证责任的控方承担不利后果，即败诉。

在新闻诽谤案件审判中，由将结果意义上的举证责任从辩方转移到控方的典型案例就是2013年至2014年的世奢会诉新京报社名誉权案：

> 2012年6月15日，《新京报》及其网站上刊发《“世奢会”被指皮包公司》的文章，世奢会以侵害其名誉权诉至法院。
>
> 一审中，原告诉称媒体发表虚假报道而构成侵权，有一名证人出庭，自称即报道中的化名爆料人，向记者提供有关世奢会的许多负面事实都是虚假的。被告媒体辩称记者并非采访这个证人，而是另一位世奢会前员工，但为保护消息源无法提供相关证明。判决认为，文章虽然大部分内容经过记者本人的核实，但仍有内容被告方无法提供详细的消息来源，被告方提交了相关采访对象的录音资料，但录音对象的身份情况并未向法庭提供，被采访人也未出庭作证，法院实难采信其言论的真实性。判决新京报社败诉。
>
> 二审中，法院确定该案适用一般侵权责任“谁主张、谁举证”的分配原则，在行为意义举证责任方面，原告需要就报道失实侵害名誉权提出证据，被告需要提供证据证明消息源合理可信。经法院审理，被采访对象所述的大部分内容已经被告媒体核实确认，而原告世奢会未就争议涉及的若干内容提供相反证据以证明其虚假，从结果意义举证责任分配的角度，法院难以认定争议的内容确系虚假信息。因此二审法院依法撤销原判，改判驳回原告全部诉求。[①]

此案一审重点要求被告证明真实；二审在行为意义上要求双方举证，而在结果意义上认定原告未能履行内容虚假的举证责任，判决原告败诉。可以看出法院在审理诽谤案件思路上的演进。

此案成为学界论证诽谤案件举证责任制度演进的一个典型。据统计，自2014年民诉法“解释”实施以来，新闻诽谤案件中由原告证明内容虚假和过错的占比已有大幅提高。[②] 近年有更多案例显示法院审理名誉权案件以原告未能履行结果意义的举证责任而判

---

① 参见北京市朝阳区人民法院民事判决书，(2013) 朝民初字第21929号；北京市第三中级人民法院民事判决书，(2014) 三中民终字第6013号。2016年最高人民法院工作报告介绍此案二审判决加以肯定。

② 参见罗斌：《传播侵权研究》，北京，国家图书馆出版社，2019，第150－154页。

决败诉。[①]

不过在民事案件中，法院对于事实的认定标准不同于刑案中必须“证据确实、充分”，“排除合理怀疑”（《刑事诉讼法》第五十三条），而只须根据双方的举证认为具有高度可能性即可判断，这称为“盖然性原则”。这个原则也已载于 2014 年民诉法“解释”[②]。法院审理诽谤案件可以运用此原则酌情认定双方所争议事实的真假。

四、是否尽到核实义务：过失的确定

《民法典》在第一千零二十五条提到“合理核实义务”，紧接着第一千零二十六条就“合理核实义务”进行了具体规定。合理核实义务是新闻报道行为人应有的注意义务。许多国家有关大众媒体侵害人格权的规范，都提及媒体的“核实义务”。[③] 本条规定对于新闻报道行为人在人格权纠纷中免于侵权责任具有重要意义。按照一千零二十五条规定，在诉讼过程中双方都要就内容是否严重失实举证，若作为被告的新闻报道行为人未能证明内容属实，那么诉辩的焦点就转变为行为人是否履行核实义务，却未能发现内容虚假，如果主观上不存在过失，则无须承担民事责任。被告“证明真实”转变为“证明确信真实”，即可免责。

《民法典》第一千零二十六条对“是否履行核实义务”列出了六项考虑因素。[④] 这些因素也是基于司法实践提炼出来的，其中，内容的时限性、内容与公序良俗的关联性和受害人名誉贬损的可能性，即第三、四、五项因素，均独立于新闻报道、舆论监督行为人的意志而存在，属于认定的客观因素。内容来源可信度、行为人采取的必要调查手段、核实能力和核实成本，即第一、二、六项因素，三者都处于行为人意志支配下，属于认定的主观因素。这六项因素，不能割裂用来判断行为人是否履行了合理的核实义务，而是需要结合客观事实和当事人的主观能动性，将客观要素和主观要素放在一起进行综合考量，正如《民法典》第九百九十八条对侵害人格权责任认定需要综合考量一样，此六要素也需要因人、因时、因事进行综合考量。

---

① 如：张舒丹诉深圳报业集团名誉权案：“现有证据不足以证明报业集团新闻报道严重失实，致使张舒丹名誉受到损害”，参见广东省深圳市中级人民法院民事判决书，(2019) 粤 03 民终 8520 号。广州诺米公司诉经济观察报社名誉权案：“现无证据显示经济观察报社存在有违公正客观立场，……以舆论打压诺米公司”，参见广东省广州市中级人民法院民事判决书，(2020) 粤 01 民终 2869 号。威海洲际假日广场业委会诉山东商报社名誉权案：“业委会为证明其程序合法性，提供证据未充分证明公示程序不存在瑕疵”，“仅以标题为由认定商报社存在诽谤行为，没有依据”，参见山东省威海市中级人民法院民事判决书，(2020) 鲁 10 民终 2934 号。毛玉新诉法制日报社名誉权案：“毛玉新主张法制日报社的报道严重失实，侵害其名誉权，但其未能举证证明法制日报社的报道存在严重失实情形，故对毛玉新诉请不予支持。”参见山西省晋中市人民法院民事判决书，(2021) 晋 07 民终 1631 号。

② “解释”第一百零八条：“对负有举证证明责任的当事人提供的证据，人民法院经审查并结合相关事实，确信待证事实的存在具有高度可能性的，应当认定该事实存在。对一方当事人为反驳负有举证证明责任的当事人所主张事实而提供的证据，人民法院经审查并结合相关事实，认为待证事实真伪不明的，应当认定该事实不存在。法律对于待证事实所应达到的证明标准另有规定的，从其规定。”

③ 参见［奥］赫尔穆特·考茨欧等：《针对大众媒体侵害人格权的保护：各种制度与实践》，匡敦校等译，北京，中国法制出版社，2012。

④ 这六项因素是：(一) 内容来源的可信度；(二) 对明显可能引发争议的内容是否进行了必要的调查；(三) 内容的时限性；(四) 内容与公序良俗的关联性；(五) 受害人名誉受贬损的可能性；(六) 核实能力和核实成本。

现以范志毅案说明对一千零二十六条六点要素的综合解读。

2002年，中国足球队首次进入世界杯决赛圈。6月4日中国队与哥斯达黎加队首战失利，6月14日湖南《体坛周报》率先报道：中哥之战，某国脚在赛前通过地下赌博集团，买自己的球队输球。

6月16日《东方体育日报》在头版刊出《中哥战传闻范志毅涉嫌赌球》，同时配发“大多不相信”和“义愤填膺”不同反应。6月17日，该报头版刊出导读“知子莫如父，范九林：我儿子没赌球”。6月19日转载前一天范志毅在《上海星期三》上刊登的没有参与赌球的声明。6月21日头版发表导读《真相大白：范志毅没有涉嫌赌球》，说明在社会上包括网络中流传的所谓范志毅赌球的谎言已不攻自破。

范志毅以《东方体育日报》侵害名誉权，诉至法院。经审理，上海静安法院宣判被告的新闻报道并未构成对原告范志毅名誉权的侵害，范志毅未上诉。①

试以如今原则结合当年法院判决作如下分析：

在客观因素方面，首先，内容的时限性很强，是一个时间非常紧迫的话题。比赛在特定时间进行，且每一场比赛的结果直接影响到下一场比赛进程，若待彻底查清再予以报道，果有此事其后果难以挽回。其次与公序良俗关系密切。此次球赛是国家足球队第一次打进世界杯决赛，涉事人又是著名的“亚洲足球先生”、“国脚”，关于其赌球的传言，表面上看只是涉及他个人的私事或名誉，但他的身份以及这次球赛与“世界杯”、中国足球事业有密切联系，他的私事或名誉就与社会公共利益发生密切关联，正是在这个意义上，判决指原告作为公众人物，对于媒体在进行舆论监督过程中可能造成的轻微损害应当予以容忍和理解。再次，该报道对当事人名誉贬损的可能性很大，为防止和减低损害，报纸在第一次报道即同时登出公众相信与不信的不同反应，以后又持续关注、报道最新进展，直至最后澄清并无此事。这是一组客观反映事件的全部情况的完整的连续报道，不应当割裂开来。被告方在应诉时进行民意调查并经公证也显示，这组报道并未造成原告社会评价降低的后果。

在主观因素方面，本案争议报道的消息来源来自另一家正式新闻媒体，并如实说明乃“传闻”。报道后记者马上联系当事人及当事人家属，登门进行内容核实，并对当事人在其他媒体的声明在第一时间予以转载。从采取的必要调查手段、记者的核实能力和报社所能承担的核实成本来考虑，都履行了合理的责任和义务。

可见《东方体育日报》报道对新闻话题的介入具有合法性和正当性，并无过失，说明《民法典》这六项衡量核实义务的原则符合新闻传播规律。

数年前受到社会关注的“复方丹参滴丸”案，则是过失侵害企业名誉权：

中国中医科学院研究员李连达屡次在新闻媒体发表谈话称复方丹参滴丸“不良反应的发生率高达3.1%”，并指责此药生产商天士力公司未作长期毒性试验等。谈话发表后天士力股票跌停板。天士力以侵害名誉权诉至法院，法院查明被告谈话依据是他参与合作的一项研究丹参滴丸的课题，其试验对象是大鼠和犬，没有人参与，

① 参见上海市静安区人民法院民事判决书，(2002) 静民一（民）初字第1776号。

试验手段不包括药物试验必需的病人临床试验。原告方面则提交了包括各种毒性试验数据报告在内的申报资料及证书。法院认为，被告作为专家公开发表不实言论，构成侵害原告的名誉权，判决停止侵害，赔礼道歉，赔偿损失30万元。①

药品疗效和反应事关社会公共利益。行为人作为专家，如果发现问题需要公之于众，属于行使舆论监督的正当权利。但是此药为企业代表产品，提出质疑显然至关企业名誉；而且已在市场行销多时，尚不存在急迫的时效性。而专家发布专业意见不同于普通消费者提意见，应有更高注意义务，对合法生产上市的药品若有异议，应该并也有能力进行审慎严谨的科学研究，对初步研究所得进行深入查核。行为人能够预见或者应当预见其意见尚不成熟，公开发布会对原告产生较大的不利影响和损害，而贸然诉诸舆论，造成损害，存在过于自信的过失。

第三节 新闻传播与隐私权和个人信息保护

调整新闻传播活动与隐私权和个人信息保护之间的关系，是新闻侵权法又一项重要内容，不仅涉及新闻传播的内容，而且涉及新闻信息的收集、存储、使用、加工等活动。

一、隐私、隐私权和个人信息

按《民法典》定义，“隐私是自然人的私人生活安宁和不愿意为他人知晓的私密空间、私密活动、私密信息”（第一千零三十二条）。隐私（privacy）体现了两层意思，一是“私”，即与社会公共生活无关的私事；二是“隐”，即不愿意为他人所知晓（打听、收集、传播等）或者受他人干扰（侵扰、窥探、摄录等）。如果本人自愿公开或自愿接受他人干预，原来的隐私就转化为非隐私。隐私强调的是个人不受外界知晓、侵扰的一种精神需求，对隐私的判断和个体对隐私的合理期待离不开具体的场景，需要根据不同案件具体分析。

（1）私人生活安宁。指自然人可以排除他人对自己生活安定和宁静的不当打扰和妨碍的状态，包括：日常生活安宁，指对平时的生活不受非法跟踪、监视和骚扰。住宅安宁，即个人住宅不受打扰，任何人都不应该对自然人的住宅实施侵扰，直接侵扰如闯入，间接侵扰如安置摄像头、窃听器等设备获取室内情况。通信安宁，指个人的通信，如电话、短信、电邮、即时通信等，不受他人打扰。

（2）私密空间。除住宅外，还包括宾馆房间、医院病房等在一定时限内归个人专门使用的生活场所，以及在公共场所中具有合理的隐私期望（reasonable expectation of privacy）的场合，如包间、更衣室、个人休憩空间等；还包括虚拟空间中的私人空间：私人计算机及云端数据库等，未经允许，他人不能访问。

---

① 天津市第一中级人民法院民事判决书，（2013）一中民一初字第9号；天津市高级人民法院民事判决书，（2014）津高民一终字第28号。

（3）私密活动。如恋爱、婚姻、夫妻生活、家庭生活、个人通信活动、私人交往活动、个人在公务或工作之余的休憩活动等。婚外性生活虽然是非法的，但是考虑到当事人和相关人的人格尊严，一般作隐私处理。

（4）私密信息。指与社会公共利益和他人权益无关的、本人不愿意为他人所知的个人信息，是隐私权和个人信息权益共同保护的客体，包括个人的身份信息（如私生活肖像、身份证号码）、他人私生活的信息①、家庭住址、联系方式②、健康和医疗信息（如个人健康状况和疾病的记录）③、财产信息（如个人的储蓄、财产状况）、生物识别信息等。还有法律规定不得公开的信息，如未成年人在未成年时的罪错记录，犯罪（特别是性犯罪）受害人的受害记录等，理论上也属于隐私。④ 私密信息的载体包括文字，也包括图像和计算机数据。私密信息无论是处于本人控制下，还是处于政府部门、本人现在或曾经工作的单位或其他组织以及某些专业人士控制下，都应得到同样的保护。

隐私权（the right to privacy），是个人有依照法律规定保护自己的隐私不受侵害的权利，包含消极防御和积极自我决定两个方面。消极防御，指有权要求一切人不得以法律禁止的方式实施侵害行为，包括有权要求新闻报道行为人不报道、不评论以及不非法获取自身与社会公共生活无关的私人事项和个人信息。积极自我决定，指个人对自己的信息有权采取防止他人侵扰、获取的合法措施，有权决定许可他人使用及在特定范围内公开，有权要求因职务需要合法获得自己隐私事项的他人不得非法披露和公开，以及有权对侵害隐私的行为实施自力或公力救济。

隐私权的权利主体只能是自然人。死者隐私也给予保护（《民法典》第九百九十四条），但保护的其实是死者生前的隐私，实际体现的是死者近亲属及其利害关系人的感情和名誉利益。法人也有自己的秘密，如商业秘密、工作秘密、技术秘密，但不属于隐私，由其他法律加以保护。

隐私权概念在国际上只有一百多年历史。通常认为美国学者瓦伦（Samuel D. Warren）和布兰迪斯（Louis D. Brandeis）两人1890年在《哈佛法学评论》上发表的《隐私权》（The Right to Privacy）一文，奠定了隐私权概念和理论的基础。⑤ 而我国学者指出，更早时候，马克思和恩格斯就已经就新闻报道和出版物中涉及的隐私问题发表过重要见解。⑥

至20世纪，保护隐私权形成国际共识。《世界人权宣言》、《公民权利和政治权利国

① 被告黄某尾随其丈夫唐某到其侄女唐某某家中，拍下两人照片，指他们有奸情。法院判决，被告非法侵入他人私生活空间、私拍他人私生活镜头，侵害了原告唐某某的隐私权益。参见深圳市宝安区人民法院民事判决书，（2010）深宝法民一初字第244号。

② 有物业公司向全小区业主发送短信并贴出公告，指某业主阻挠举行业主大会，短信内容含有该业主夫妇姓名、楼栋单元号和房号、夫妇俩手机号码和家庭座机电话号码。经法院审理，家庭座机、原告手机号码从未主动公开过，判决被告物业公司行为侵犯了原告隐私权。参见四川省成都市锦江区人民法院民事判决书，（2011）锦江民初字第2071号。

③ 原告存某曾在北京肛肠医院住院手术，病历被人在网上发布出售。法院判决医院管理不善，以致泄露，侵犯原告隐私权。参见北京市西城区人民法院民事判决书，（2013）西民初字第08478号。

④ 参见本书第四章。

⑤ 参见［美］唐·R.彭伯：《大众传媒法》（第十三版），236页。

⑥ 参见陈力丹：《马克思和恩格斯的隐私权观念》，《新闻法通讯》（北京）1986年第1期。

际公约》等国际人权文件都明文保护任何人的私生活、家庭、住宅和通讯。有关原则也为许多国家的法律所确认。保护隐私的立法大抵有三种情况：一种是以法律明确规定把隐私权作为独立的人格权予以保护，如美、法、德、瑞士等国。第二种情况是法律规定保护人格尊严权而以司法解释和判例确认人格尊严权包括隐私权，如日本。第三种情况是法律上并未确认隐私权是独立的民事权利，公民认为隐私权受到侵害时，只能以别的诉因请求法律保护，如按英国普通法，侵害隐私不能作为侵权诉因，而要以擅闯他人土地（trespass to land）、妨害（nuisance）、背弃保密责任（breach of confidence）等作为诉因①。

随着信息时代到来以及数字和互联网技术的发展，人们的姓名、电话和邮箱号码、住址等被经常使用，以往不易为社会所知的个人兴趣爱好、消费习惯、健康状况、行踪位置等被数据记录形成个人信息很容易失控流传，对个人造成损害，一些国家纷纷立法加强对个人信息的保护。上世纪 70 年代瑞典即制定了《数据法》，美、德、法、英和日本等许多国家和欧盟也相继制定并修订保护个人信息的法律或准则。2018 年 5 月，在经过欧盟议会长达 4 年的讨论和修改后，欧盟《一般数据保护条例》（General Data Protection Regulation，GDPR）生效，“条例”涉及个人数据及其他相关概念的定义，数据处理的基本原则，数据主体的权利及对权利的限制，数据控制者和处理者的义务，个人数据跨境流动，监管机构，救济、责任与惩罚等诸多方面。虽然它只是欧盟条例，但将适用于所有提供产品或服务过程中处理了欧盟境内个体的个人数据的所有企业，而不论企业设置在哪里。“条例”有关内容引起国际普遍关注。②

我国对个人信息保护在本世纪第二个十年进入法律层面，迅速形成制度框架。

二、我国法律对隐私权和个人信息的保护

隐私权的确认和法律保护在我国经历了一个发展过程。

在上世纪，隐私权并不是一项独立的人格权利，对隐私的保护主要是通过单项权益和间接保护来实现的。一是对最基本隐私利益的保护，如人身、人格尊严、家庭、住宅，主要在《宪法》、《刑法》、《治安管理处罚条例》予以规定。1982 年《宪法》规定了公民人身自由不受非法侵犯和限制，人身不受非法搜查，人格尊严不受侵犯，公民住宅不受侵犯，公民的通信自由和通信秘密受法律保护，婚姻、家庭受法律保护。1997 年《刑法》设立了非法搜查罪（第二百四十五条），非法侵入住宅罪（第二百四十五条），侵犯通信自由罪（第二百五十二条），私自开拆、隐匿、毁弃邮件、电报罪（第二百五十三条）等。1986 年《治安管理处罚条例》对非法侵入他人住宅、非法开拆他人信件电报等

① See D. Weisenhaus：Hong Kong Media Law，A Guide for Journalists and Media Professionals，p. 109，HK University Press，2007.

② 欧洲诸国通常称 personal data，中文译作个人数据，而我国法律术语为个人信息，英文对译为 personal information，也有若干国家使用后者或者并用两种术语。本书在提及欧盟文件时，遵从它的行文，写为个人数据。在论述我国相关情况时，依法使用“个人信息”。按照我国《数据安全法》定义（本书第二章第一节），信息与数据乃是内容与记录载体的关系；数据经过技术转换显示为可认知的信息。

行为有行政处罚条款，2005 年《治安管理处罚法》增设了“偷窥、偷拍、窃听、散布他人隐私的”行为的行政处罚。二是对属于隐私利益的单独事项予以保护。如《邮政法》对个人的邮件和使用邮政业务情况的保护，《收养法》对收养人、被收养人信息的保护，《商业银行法》对个人储蓄情况的保护，《统计法》对可识别和推断单个调查对象统计资料的保护。三是规定涉及隐私案件不公开审理。“隐私”在我国最初是在规定不公开审理案件时在诉讼法中出现的。1979 年《刑事诉讼法》把有关“个人阴私”的案件列入不公开审理范围。自 1982 年《民事诉讼法（试行）》起各版民诉法均规定涉及个人隐私案件不公开审理，1996 年《刑事诉讼法》规定涉及隐私案件和未成年人犯罪案件不公开审理。在民事法律上，1986《民法通则》没有规定“隐私权”，但社会现实已将隐私保护提上日程。1988 年最高人民法院《关于贯彻执行〈中华人民共和国民法通则〉若干问题的意见》规定：“以书面、口头等形式宣扬他人的隐私……造成一定影响的，应当认定为侵害公民名誉权的行为”。1993 年《最高人民法院关于审理名誉权案件若干问题的解答》继续沿袭这个做法。这种把隐私权纳入名誉权范围保护是一种类似有的国家那样的间接保护。

但对隐私权这种间接保护终究只是权宜之计。2001 年最高人民法院《关于确定民事侵权精神损害赔偿责任若干问题的解释》规定：“违反社会公共利益、社会公德侵害他人隐私或者其他人格利益，受害人以侵权为由向人民法院起诉请求赔偿精神损害的，人民法院应当依法予以受理。”在民事司法体系中认可了隐私的地位，但司法解释不能创设法律尚无规定的“隐私权”概念，只能参照“其他人格利益”进行保护。2005 年修订《妇女权益保护法》规定妇女享有隐私权，第一次在法律中确认了隐私权。2009 年《侵权责任法》第二条，隐私权正式列入民事权利，方才获得民事法律的直接保护。2017 年《民法总则》第一百一十条延续了《侵权责任法》关于隐私权的规定。但这些法律都没有就隐私权的内容作出规定。

2020 年《民法典》“人格权”编第六章“隐私权和个人信息保护”作出了系统规定：

（1）对“隐私”作出定义（见本节“一、隐私、隐私权和个人信息”），明确规定隐私权是一项独立的人格权。对“个人信息”作出定义（见本节“四、依法处理个人信息”），但并未规定为独立的民事权利，而是作为一项民事权益予以保护。

（2）确认隐私权是对世权，“任何组织或者个人不得以刺探、侵扰、泄露、公开等方式侵害他人的隐私权”（《民法典》第一千零三十二条），并列举了五项具体侵害行为再加兜底条款（第一千零三十三条）。个人信息保护也具有对世性，同时对合法的信息处理者规定了特定的责任和义务（第一千零三十七条至一千零三十九条）。

（3）规定了涉及隐私行为的免责事由是“法律另有规定或者权利人明确同意”（第一千零三十三条）。规定了处理个人信息“应当遵循合法、正当、必要原则，不得过度处理”以及四项条件（第一千零三十五条），规定了处理个人信息的三项免责事由（一千零三十六条）。

（4）规定隐私与个人信息存在交叉关系：“个人信息中的私密信息，适用有关隐私权的规定”（第一千零三十四条）。换言之，涉及隐私中私密信息的免责事由，也可以适用处理个人信息的规定。

三、新闻传播侵害隐私权和免责事由

保护隐私权问题是随着新闻业发展而提出来的。新闻传播以公开为要旨，而且要求信息量大，时效性快，而个人隐私则需保守秘密，两者关系处理不当，就会发生冲突。

侵害隐私权的主要方式有刺探、侵扰、泄露、公开等行为。刺探，是指瞒着当事人，采取进入、拍摄、窃听、窥视等手段，干预他人的私密空间和私密活动，获取他人私人信息。侵扰，是侵犯、干扰、打扰，包括以电话、短信、即时通讯工具、电子邮件、传单等方式损害他人的私人生活安宁。泄露和公开，是未经权利人许可，让特定或不特定人知悉其私密信息的行为。从行为人的主观过错说，刺探和侵扰都是出于故意，泄露和公开则故意和过失皆可为之。

（一）新闻侵害隐私权的方式

新闻传播活动中，保护隐私权的核心问题是传播内容的公开性和透明度以及获取新闻信息的途径和方式必须有一定的限度，避免涉及侵害他人隐私权的底线。此类侵害主要表现为三种方式：

1. 公开、宣扬隐私

新闻报道主要披露社会公共事件，但公共事件离不开各类当事人，或可能涉及隐私内容，可作如下分述：

第一类是披露个人私密信息。

在上世纪隐私权尚未进入我国法律之时，披露特定人隐私，如描写老作家年轻时的“初恋”[①]、披露女演员“人流”后仍然出演[②]、追踪被伤害女孩的“早恋”[③] 等等，相关媒体或其他行为人都按当时有关规定承担了责任。在隐私权入法后，主流媒体上此类情况大为减少，但是在网络媒体上，在娱乐、休育新闻中，还时有发生。数年前受到社会关注的已故著名学者钱锺书及其当时尚在世的夫人、著名学者杨绛（本名杨季康）的著作权、隐私权案，其实也涉及媒体。

> 钱锺书、杨季康曾与香港《广角镜》总编李国强通信百余封，本由李国强保存，2013年4月李转让于他人。5月，中贸圣佳国际拍卖有限公司发布公告称将举行“钱锺书书信手稿”公开拍卖活动，其中包括钱锺书一家三人与李国强的通信信件。杨季康认为拍卖公司和李国强的行为侵犯了钱锺书及她本人和已故女儿的著作权和隐私权，诉至法院。本案有关隐私权部分，法院认定“相关书信均为写给李国强的私人书信，内容包含学术讨论、生活事务、观点见解等，均为与公共利益无关的个人信息、私人活动，属于隐私范畴”。杨季康作为本案中另两位逝者的继承人有权维护死者权益。判决两被告停止侵权，赔偿杨季康20万元经济损失和精神损害抚慰

---

① 参见《“××的初恋”事件真相》，《民主与法制》（上海）1987年第3期。

② 参见北京市朝阳区人民法院民事判决书，（1998）朝民初字第1433号。

③ 参见甘肃省高级人民法院民事判决书，（1990）第46号。

金，并公开赔礼道歉。[1]

据裁判文书显示，在拍卖活动进行时，多家报刊和媒体平台刊载报道，其中含有这些私人书信的内容，有的媒体还以图片方式公开有的书信全文。虽然当事人未对媒体予以追究，但本案仍然值得新闻报道行为人思考。

第二类是在公共事件报道中披露私密信息。

新闻媒体在报道公共事件时，应该限于与公共事件有关的内容，如果连带涉及他人隐私，不会因为报道的是公共事件就可以免除责任。犯罪案件、社会纠纷、意外事故、自然或人为灾难、灾害等突发事件，是新闻报道的常有内容。这些事件中的各类当事人，包括犯罪嫌疑人、遇害人、受害人、肇事人、受灾人等，会受到公众关注。而新闻报道如果不加注意，把当事人不愿意公开的个人私密事项公之于众，会发生隐私侵害。

1988年暑夜，上海有某女士在本单位值班，突遭歹徒闯入袭击、猥亵，劫去戒指一只。女士报案，但向家人仅称遇劫，而隐匿受辱情节。三个月后警方破案，某报即予报道，并详述歹徒“猛击其头部，致其昏迷后，翻剥其上衣和裙子，进行侮辱”，写明受害人身份为某单位当夜“总值班”。新闻见报后，周围群众议论纷纷，引发家庭不和，女士走投无路，几欲轻生，后诉至法院。法院多次召集报社以及各方当事人调解，说服夫妻、婆媳和好，为女士调换了工作单位和住所，某报履行了赔偿责任。[2]

此案也发生于隐私保护尚未引起关注的年代。法院为此采取的措施表明隐私损害较名誉损害更加不易修复，足以引起媒体警觉。但类似案件以后仍时有发生：

南京发生一起强奸未成年的妻妹案，罪犯被依法惩处。电视台制作节目《姑息养奸》报道此案，出现罪犯妻子、妻妹（即受害人）及其母亲形象。她们感到又一次受到伤害，诉诸法院。被告辩称原告同意接受采访而未披露她们的姓名。原告驳称曾要求对形象进行技术处理。法院判决此节目侵害了原告的隐私，考虑公开致歉会造成进一步损害，处以支付精神损害赔偿金。[3]

特别是罪案报道中犯罪人隐私，由于犯罪人处于舆论谴责地位，往往受到忽视。媒体披露和谴责犯罪行为，宣传法制，无可厚非，但是犯罪人也享有人权，若其个人隐私与犯罪无关，仍受法律保护，新闻报道不应延及。尤其是未成年人犯罪案件，属于不公开审理案件，依法不许披露和报道。第四章已经列举了有些媒体罔顾法律规定，大肆炒作未成年人李某某等强奸案的案情，侵害了未成年人和受害人的隐私，受到舆论强烈批评。但不久后，又有一家媒体因为披露涉嫌犯罪未成年人姓名而承担侵害隐私权的民事责任。

张某17岁，在学校与同学打架致人死亡。《京华时报》在报道中披露张某姓名。

---

① 参见北京市第二中级人民法院一审民事判决书，（2013）二中民初字第10113号；北京市高级人民法院二审民事判决书，（2014）高民终字第1152号。

② 上海市黄浦区人民法院1991年提供。

③ 参见南京市鼓楼区人民法院民事判决书，（2005）鼓民三初字第366号。

张某父母找到报社说明嫌犯为未成年人，不要公布他的姓名。但该报在后续报道中继续多次提到张某。张某在检方提起公诉前病亡。其父母以该报道侵害已死儿子隐私诉至法院，法院判决京华时报社在本报版面上向张父母赔礼道歉。其索赔请求，不能证明张某之死与报道存在因果关系，予以驳回。①

第三类是假事件中披露私密信息。

假事件（pseudo event），指为了某种目的而制造的似乎具有新闻价值的事件②，由媒介制造的可以称为媒介假事件③。出于吸引受众等目的，媒介通过策划和炒作手段，使某件生活琐事受到普遍关注，俨然成为公共事件。这类假事件报道，很可能涉及隐私。

2007 年春，甘肃兰州一位迷恋艺人刘德华的女孩杨丽娟在父母陪同下到香港见刘，但未能实现进一步交往，她的父亲跳海自杀，内地和香港的媒体广为报道。杨丽娟及其母向法院状告广州某报《你不会懂得我伤悲》一文侵犯她们一家人隐私权。此文披露杨和她的家人种种不便告人的事项，法院认为杨丽娟一家自愿接触媒体，成为“自愿型的公众人物”，“自然派生出公众知情权”，“（他们的）隐私与社会公众关注的社会事件相联系时，自然成为公众利益的一部分”，判决驳回原告诉求。④

杨丽娟迷恋明星这类普通私事居然具有公共事件的形式，本来就是新闻媒介炒作出来的，连杨一家到香港见刘德华也是媒介促成的。⑤ 到后来发展到杨父自杀，演变成社会关注的事件，传媒可以报道这个悲剧以揭示其中教训。但是涉案报道把杨丽娟母女的言行举止、日常行踪，甚至家族患有精神病史、杨母的婚变史、杨读初中（尚未成年）时与男教师的纠葛等都大加宣扬，显然看不出有什么“公共利益”。

2. 侵入私密空间、私密活动

新闻侵害隐私权的另一种表现就是记者在采访活动中未经许可侵入私人空间或侵扰私人活动。一个基本原则是，新闻的采访报道是对公开的社会信息的收集和传播，新闻记者所允许接触的信息范围，同普通人并无不同。记者可以接触的，也就是公众有权了解的；公众无权了解的，记者一般说来也不应当接触。新闻记者不是执法者，采访活动不是执法行为，不享有执法者和执法行为的特权，不能任意侵入他人的私人空间。

侵入住宅、宾馆、病房等私人空间。侵入包括身体进入或自外窥视、窃听，往往同时涉及私密活动、私密部位。下例是进入手术室直视女性私密部位：

贵州省黄平县中心医院接受捐献获得一台新型人流手术设备。在一次人流手术中，未告知接受手术的当事人，即接受县红十字会和县融媒体中心工作人员进入手术室直视了手术全过程，县融媒体中心还作了报道。手术后当事人诉至法院。法院判决县中心医院、红十字会和融媒体中心承担侵害隐私权的民事责任。经查融媒体

① 参见北京市朝阳区人民法院民事判决书，（2014）朝民初字第 17121 号。

② 参见［美］赛佛林等：《传播理论：起源、方法与应用》，郭镇之等译，北京，华夏出版社，2000，第 263、348 页。

③ 参见陈力丹、周俊：《试论传媒假事件》，《北京大学学报》2006 年第 6 期。

④ 参见广东省广州市中级人民法院民事判决书，（2008）穗中法民一终字第 3871 号。

⑤ 参见陈力丹、刘宁洁：《一桩典型的“传媒假事件”》，《新闻界》（成都）2007 年第 2 期。

中心制作的报道未出现可以识别当事人的形象，故未接纳原告较高的索赔要求。[①]

窃听电话和偷拆偷看他人的信件、电子邮箱。除非公安检察机关依照法律规定的程序有权对通信进行检查外，其他任何组织、任何个人不得以任何理由侵犯公民的通信自由和通信秘密，新闻单位和新闻记者当然没有这种特权。

侵入公共场所的私人场合。并不是公共场所的一切都是公开的，公共场所也存在着私人空间，如在公园里家人嬉游，在舞厅、游泳池里情侣约会，在餐厅、咖啡馆会友，在银行和ATM机存取钱款，种种场合，当事人显然怀有合理隐私期望，都不应当成为人们强制或者秘密打扰的对象。

3. 侵扰私生活安宁

保护私生活安宁，是隐私权形成的源头。以往新闻活动侵害私生活安宁，主要为非法偷拍、追踪、监视、窃听等行为。

近年业界有关于“狗仔”的讨论。“狗仔”一词源于我国香港，指专门以跟踪、偷拍等手段获取艺人私生活信息加以披露的所谓“娱乐记者”。我国也有记者自称“第一狗仔”，并且成立了所谓工作室，开设公众账号，专事搜集、挖掘、披露演艺界的“猛料”。曾经长期跟踪两位男女演员的婚外情交往，从深圳尾随到香港，拍到两人贴面拥抱等系列照片在刊物曝光。还曾动用无人机去拍摄另一对演员在国外举行的婚礼，被当地警方强令降落没收全部资料。这种行径遭到新闻界和娱乐界强烈批评，工作室成员星散，账号也被关闭。[②]

干扰私生活安宁包括通过电话、短信、即时通讯工具等途径打扰，如未经同意推送“个性化广告”、提供“个性化推荐服务”等。人大常委会2012年“决定”已有禁止规定：“任何组织和个人未经电子信息接收者同意或者请求，或者电子信息接收者明确表示拒绝的，不得向其固定电话、移动电话或者个人电子邮箱发送商业性电子信息。”《消费者权益保护法》、《广告法》也都有同类规定。但在《民法典》颁布前，在司法实践中判断不一。

2015年有所谓cookie技术与隐私权保护第一案：原告朱某诉称从百度搜索某些事项以后就会在她打开的网页上连续跳出相关的广告，显然是借助cookie技术强制推送，侵害了隐私权，一审胜诉。二审法院认为，cookie技术在用户使用搜索引擎时收集、利用的用户信息，已与用户身份相分离，不再属于个人信息。被告并无公开原告个人信息的行为，并已向用户明确告知使用cookie技术而原告并未退出，改判驳回原告诉求。[③]

---

① 参见贵州省黔东南苗族侗族自治州中级人民法院民事判决书，(2020)黔26民终1623号。

② 参见《出轨照拍摄者亲述：穷追8月终捉铁证》，网易娱乐，2014年3月30日。《“狗仔”当道，“新闻”蒙羞》，新华网，2014年4月9日。魏永征、傅晨琦：《“公众人物”不是“狗仔”报道的挡箭牌》，《新闻记者》2014年第5期。

③ 参见江苏省南京市鼓楼区人民法院民事判决书，(2013)鼓民初字第3031号；江苏省南京市中级人民法院民事判决书，(2014)宁民终字第5028号。

本案争执焦点并不在于被告是否公开用户个人信息，而在于是否明白告知利用 cookie 技术向用户推送与其搜索内容相关的广告和商业信息并征得同意，被告在“用户必读”中用“个性化服务”、“个性化推广信息”等词语替代广告概念，用户未能理解，即强制推送广告而侵扰他人私生活安宁。终判对隐私的理解是不全面的。

（二）侵害隐私权的免责事由

隐私权反映了人和社会之间的对立统一。人既是社会的一员，又是相对独立的个体。个人不能离开社会，但又不能为社会所吞没。个人要维护自己的一块独立天地，同时又必须向社会开放，完全封闭的个人不可能在社会中立足，当然完全开放的个人也是不可能存在的。新闻传播活动主要传播公共信息，但是社会是由个人组成的，传播社会信息必定要涉及一些私人信息，若把所有这些私人信息都封锁起来，几乎等于取消新闻传播活动。由于个人与社会既有联系又有分离，所以隐私就具有相对性和伸缩性，在不同的场合，隐私的边界会发生变化。新闻传播活动就要正确处理人的社会性和个体性的矛盾，既能充分反映社会公共生活，又能有效避免侵害隐私权的发生。所以，《民法典》第九百九十八条的精神特别适用于处理隐私权和个人信息保护纠纷。

1. 社会公共利益、社会公德（公序良俗）

公共利益（public interest）原则，指凡是与公共利益有关的事项，或者出于公共利益需要必须公开的事项，不属隐私。马克思曾经发表过这样的观点：“报刊有责任揭示一般的情况，但是我们认为它不应该揭发个别的人；指出个别的人，只有在不这样做就不能防止社会的某种祸害，或者事情在整个政治生活中已经公开，因而揭发一词在德文中已完全失去其原意的时候，才是必要的。”[①] 这段话表明：首先，新闻媒介不应披露与社会生活和政治生活无关的个人私事；其次，如果这种个人私事涉及政治生活，或者这个人处于政治生活之中，那么就不属于不应公开的个人私事，而成为新闻报道的对象。

《民法典》关于为公共利益实施新闻报道、舆论监督等行为可以合理使用民事主体的姓名、肖像、个人信息等的规定，为新闻报道公开某些私人信息提供了合法性依据。

> 上海广播电视台系统下属法治天地频道在“抖音”平台发布了一段关于反偷窃的短视频，并标注：“又一个偷快递的”。在视频中显示了偷窃者的肖像、声音、体形等个人形貌，当事人诉称此视频侵犯了其隐私权和名誉权。被告称视频素材来自公安部门，系执法过程中形成，原告确有偷窃行为，视频内容真实。法院认为，被告制作播出涉案视频节目，目的在于警诫违法犯罪行为，节目中原告的大部分镜头都戴着口罩，没有刻意对原告形象作强调处理，符合法治宣传节目的制作规范，不构成侵权。[②]

违法犯罪行为对社会具有危害性。除法律规定的例外，对于处罚违法犯罪行为的公

---

① 《马克思恩格斯全集》，中文 1 版，第 1 卷，第 212 页。

② 参见上海市静安区人民法院民事判决书，（2020）沪 0106 民初 13954 号；上海市第二中级人民法院民事判决书，（2020）沪 02 民终 8361 号。

开报道符合社会公共利益，违法犯罪人的相关个人情况当然也必须予以公开而不能属于隐私。不过这种公开应该适度，应该与披露违法犯罪情节的需要相适应。本案报道一般偷窃行为，为了说明案情，显示了偷窃人的形象，但仍然控制在有限程度。前第二节例举的罗某名誉权案，报道披露了违法人的姓和职业（说明知法违法），而对其面容予以模糊化处理。这都说明了出于公共利益的需要，相关当事人的隐私和个人信息保护适度退缩但仍有一定底线。

前已论及学界有所谓“公众人物”人格权“限制”论。“公众人物”是一个不确定概念，在隐私保护方面，不同人物由于在社会公共生活中所处地位不同以及与社会公共利益相关程度不同，隐私范围会有所不同。隐私范围的伸缩尺度，以当事人参与社会公共事务的程度为基准，参与公共事务越多，隐私范围越小，反之，参与公共事务越少，隐私范围越大。所以并非因为当事人是公众人物所以公众对他有知情权，而是由于有些人的有些个人事项与公众享有知情权的公共事务、公共利益存在着联系，所以才成为隐私比别人少的公众人物。前述杨丽娟案的判决先把当事人划为“公众人物”，而后断言她的隐私都“成为公众利益一部分”的说法，颠倒了逻辑上的因果关系。

> 演员黄某，2014年因嫖娼而受到公安机关行政处罚。在查处时牵涉女演员刘某，查明她有介绍卖淫行为，构成犯罪被判有期徒刑六个月。此事引起关注娱乐圈的网民热议，纷纷发帖转贴，涉及黄、刘若干私事，有的属于私密信息，可以从百度大量搜到。刘某以侵害隐私权起诉百度。百度抗辩事由包括：黄、刘违法、犯罪受罚，成为网络关注热点；事主属于公众人物；百度只是搜索平台，并非信息发布者，原告也未能证明发出过要求删除的通知，不承担责任。法院判决驳回刘某全部诉求。[①]
>
> 刘某以同样案由起诉乐视网，以后者在娱乐频道播放视频涉及私密信息，索赔50万元。法院判决被告赔偿一万元。[②]

此事号称“嫖娼门”，一时成为网络公众事件。演员黄属于公众人物，而刘知名度不及黄，但是在此公共事件中也已成为“非自愿公众人物”，而此公共事件又是他们的违法犯罪行为引发的。从某种意义上说，刘的私密信息遭到宣扬属于事出有因。所以法院酌情判决有发布私密信息行为的乐视网支付较低的抚慰金，而对百度平台则不考虑其是否具备已知或应知情节，判决不承担责任。

公众人物与公共利益无关的隐私与普通人应该一体保护，例如前述著名学者钱锺书和杨绛的私人书信案。

社会公德，指社会公认的道德规范，虽然公德并无成文的规定，但是社会可以承认和容忍的行为底线是客观存在的，对此法官可以酌情予以裁量。以社会公德作为免责事由，要注意道德是存在冲突的，有些事情存在不同道德取向，应当谨慎处理。

> 2004年某电视台《寻根的渡船》节目，叙述上世纪70年代一位下乡“插队落

---

① 参见北京市第一中级人民法院民事判决书，(2016) 京01民终3862号。

② 参见北京市第一中级人民法院民事判决书，(2016) 京01民终3257号。

户”的女青年，与当地一农民相爱生下一女，女青年被送回原城市，女婴送人，而农民被判犯“强奸罪”。三十年后，这个农民找到女儿，现在女儿要寻母亲。节目显示了母亲现在工作的地方和部分家人画面。女主角张女士诉称自己当年系被强奸，埋藏了三十余年的隐痛被这样编成“爱情”故事宣扬，对家庭造成极大损害。法院认为电视台的行为属于“擅自公布他人隐私”，构成侵权，判令电视台赔礼道歉，赔偿精神抚慰金10万元。原告上诉，二审改判赔偿50万元。①

这家电视台出发点可以理解，女儿寻找生母团聚，符合人伦常情，按理应予支持。问题是对这样的私事，应该谨慎调查，如果获知生母隐藏着如此重大的隐痛，那么无论如何是不应制作这个节目的。女儿早已成年，寻母纯属感情需要。而生母的隐私被公开，招致的是更巨大的实际损害。如此比较，这个节目显然缺乏道德上的合理性。

2. 当事人同意

隐私的前提是“不愿为他人知晓”。当事人只要自愿或者亲自将自己的某一私事公之于众，这一私事就成为非隐私，他就不能再对所有传播此事的行为主张隐私权。

保护隐私权，不等于私生活一概不许公开。私生活也是人类生活的一部分，有许多事情反映了人间高尚情操，加以报道传播，有利于发扬良好社会风尚。生活中一些悲欢离合的故事，还有很高的审美价值。社会公众对于政治家、艺术家、学者专家、英雄模范等知名人士的生活情况有兴趣，其基本面是健康的、正常的。事实上，这些内容一向是新闻传播的一部分。发表这类内容必须有而且只需要有一个条件，就是征得当事人同意。这意味着他自愿将自己的这些私事作为非隐私来处理，媒体就可以公开传播。有许多知名人士，在自己回忆录中详细地介绍自己的经历、生活、家庭、配偶，有的连隐秘的深层心理活动也坦陈不讳。当事人同意最好是明示的同意，也可以通过未明确拒绝或继续配合采访、录制等行为，推定当事人同意。

陈某应邀参与北京电视台录制《第三调解室》的节目《还我老伴》，内容是陈某的离婚纠纷的调解活动，使用了陈某等当事人的真实姓名，呈现了离婚纠纷民事起诉书等书面文件。陈某认为侵犯其隐私权。法院认为，涉案节目是家庭纠纷调解，节目性质决定了家庭成员间的隐私内容有可能被披露，陈某参加了节目录制，在采访中充分表达了自己的意见，并未拒绝录制或拒绝就节目录制进行回应，应视为其自愿参加节目录制，认定北京电视台没有侵犯陈某隐私权。②

此类情况，征得同意时应该事先向当事人充分说明报道意图和内容，发表前须经当事人审阅。

如有李某因“易性癖”做了变性手术。有某报记者对他采访拍照，在两家报纸发表专访文章，披露了李的真实姓名。李不堪社会议论，对记者和两报社提起侵权诉讼。被告方辩称，文章使用李的真实姓名是征得李的同意的。李否认。法院认为

---

① 参见北京市高级人民法院民事判决书，(2006) 高民终字第97号。

② 参见北京市丰台区人民法院民事判决书，(2018) 京0106民初24921号；北京市第二中级人民法院民事判决书，(2019) 京02民终5100号。

李虽接受采访并同意报道，但对被告具体写什么、怎么写，写到什么程度并不知晓。被告没有将写成的文章交由当事人认可就公开发表，给他的工作生活造成不便，构成侵权。后经法院调解，三被告分别给李某一定赔偿。①

征得同意的程序不适用于未成年人。未成年人是无行为能力人或限制行为能力人，他们的同意表示不具有法律效力。《未成年人保护法》在禁止披露未成年人的个人隐私方面没有任何例外规定。

2014年某网站刊出一组《探访北京戒网瘾学校》的照片和文章，刊出未成年人付某某正面全身照，左右各有一名成年人，配有说明："……学校通过军事化管理帮助青少年戒除网瘾"。还有一张付与两名身着迷彩服的同龄女生交谈的照片，说明"在父母的要求下，这名女孩到这里戒瘾"。法院认为，网站这些图文未经未成年人法定代理人同意，未进行模糊处理，还说他们"上网成瘾"、"到这里戒瘾"等，侵犯了未成年人隐私权。②

3. 已作"匿名化"处理

"匿名化"是指个人信息经过处理无法识别特定自然人且不能复原的过程。公共事件与个人私密信息往往是交织在一起的。还有一些私人事情确有新闻价值但当事人又不可能同意，这主要是私生活中某些应当批评的现象、某些有公共价值或公众感兴趣的事情及其他涉及隐私而又需要披露的事情。一个常用手法就是使公众不可能从新闻中识别或推断有关当事人，如前已述及的揭露男童施某某受虐待等案，略去当事人的姓名，模糊当事人的身份，遮盖其面容等，有时连声音也要予以处理。

2020年初暴发的新型冠状病毒肺炎疫情，是一件重大突发公共卫生事件。各类媒体纷纷传播有关信息，有些内容涉及私人信息，有的还属于敏感信息，发生过因公开传播有关私密信息而受到行政处分、行政处罚或被判决承担侵害隐私权民事责任的案例。但是随着有关法律和制度的普及和健全，越来越多机构和媒体在披露有关疫情传播信息时，注意到对相关个人信息作匿名化处理。如2021年5月广州市荔湾区出现首例本土新冠肺炎确诊病例，并有层层传染之势，举国关注。各家媒体纷纷跟踪报道，但对最初患者仅称"荔湾阿婆"，隐去她的姓名等个人信息而仅仅显示她在确诊前一段时间内行动轨迹，以提醒当时可能在场者注意。接着又连续披露广州市各区患者数字、性别、年龄等，他们所在地区、街道，有的具体到住宅小区，公布了高、中风险地区具体到门牌号或栋。③ 此类披露，无论对抗疫部署还是对增强公众防范意识和能力，都是十分必要的。而由于不能从中识别具体个人，所以未发生隐私损害事件。

---

① 参见甘肃省兰州市人民法院民事调解书，（1999）兰民法初字第174号。

② 参见《利用互联网侵害未成年人权益的典型案例》之十：付某某诉某网络公司、某教育中心名誉权、隐私权纠纷案，《人民法院报》2018年6月2日。

③ 参见北京日报客户端，2021年6月11日。

四、依法处理个人信息

与国际接轨，我国法律用“处理”（process）一词概括对于个人信息的所有运作行为。按照《民法典》界定：“个人信息的处理包括个人信息的收集、存储、使用、加工、传输、提供、公开等”（第一千零三十五条）。《个人信息保护法》又加上“删除”（第四条）。个人信息保护，是指在处理个人信息行为或活动中，信息主体的合法权益必须得到保护，不得受到侵害。

（一）个人信息保护制度框架的建立

我国个人信息保护法律制度框架经历了先刑后民、从公法到私法，走向全方位保护的过程。

我国最初立法整体保护个人信息，是 2009 年《刑法修正案（七）》设立出售、非法提供公民个人信息罪和非法获取公民个人信息罪，至 2015 年《刑法修正案（九）》修改合并为侵犯公民个人信息罪。2012 年全国人大常委会《关于加强网络信息保护的决定》在确立用户实名制的同时，就保护“个人电子信息”作出比较系统的规定。2013 年《消费者权益保护法》规定了消费者“享有个人信息得到保护的权利”和相应的民事责任。2016 年《网络安全法》主要就行政监管网络运营者建立用户个人信息保护制度，基本确定了个人信息的内涵和保护的基本原则。2017 年《民法总则》将“个人信息受法律保护”作为民事权利的重要内容予以规定。2020 年《民法典》在“隐私权和个人信息保护”专章中，明确了个人信息保护与隐私权既重合又有区别的交叉关系，进一步完善了有关规范。2021 年《个人信息保护法》作为一部专门法，与《民法典》调整个人信息处理活动中民事关系的原则相呼应，进一步就调整个人信息处理活动中各方法律关系包括履行个人信息保护职责的部门权限作出了全面规定。至此，我国个人信息保护纳入民法、行政法、经济法、刑法等全面规范，法制框架基本形成。

在此过程中还制定了一些法律文件：部门规章如工信部《电信和互联网用户个人信息保护规定》（2013）、国家网信办《儿童个人信息网络保护规定》（2019）等；司法解释如最高人民法院《关于审理利用信息网络侵害人身权益民事纠纷案件适用法律若干问题的规定》（2020）和“两高”《关于办理侵犯公民个人信息刑事案件适用法律若干问题的解释》（2017）等；规范性文件如国家网信办等部门的下属部门《App 违法违规收集使用个人信息行为认定方法》（2019）、《常见类型移动互联网应用程序必要个人信息范围规定》（2021）等。此外，国家市场监管总局和国家标准化管理委员会 2020 年修订了推荐性国家标准《信息安全技术 个人信息安全规范》（GB/T 35273—2020）。它们都在上位法的框架下实施。

个人信息保护基本原则，结合《民法典》和《个人信息保护法》等，粗线条归纳如下：

（1）个人信息定义：《民法典》表述为“是以电子或者其他方式记录的能够单独或者与其他信息结合识别特定自然人的各种信息”（第一千零三十四条）。《个人信息保护法》

表述为“是以电子或者其他方式记录的与已识别或者可识别的自然人有关的各种信息，不包括匿名化处理后的信息”（第四条）。两条定义的共同点是可识别。而前者仅确定识别特定人的信息，后者扩展至尚未识别而可识别的人“有关”的各种信息。这个差别，可以理解为《民法典》限于调整处理个人信息行为的民事关系，而《个人信息保护法》需要全面调整各方关系，所以覆盖更宽。[①]

有关个人信息的定义，采取“以电子或者其他方式记录”的表述，表明保护个人信息是随着电子数据技术、人工智能等尖端科技发展和互联网发展产生的客观要求。

（2）个人信息处理原则：《民法典》在《网络安全法》“合法、正当、必要”（第四十一条）规定后增加了“不得过度处理”（第一千零三十五条）。《个人信息保护法》除进一步增添“诚信原则”，还提出了“收集个人信息，应当限于实现处理目的的最小范围，不得过度收集”，“应当具有明确、合理的目的，并应当与处理目的直接相关，采取对个人权益影响最小的方式”等要求（第六条），可以认为是“不得过度处理”的具体化。该法还专就处理“敏感信息”作出规定。

（3）个人信息处理者的义务和责任：《民法典》规定了告知—同意；公开规则；明示目的、方式和范围；不违反法律法规和双方约定（第一千零三十五条）；对收集、存储的个人信息保密，确保安全，不得非法向他人提供等（第一千零三十八条）。《个人信息保护法》设有专章（第五章），就健全内部制度、分类管理、安全技术措施、人员培训和风险评估等作了规定。

（4）合理处理事项：《民法典》（第九百九十九条）和《个人信息保护法》（第十三条）都规定了为公共利益实施新闻报道、舆论监督行为可以合理处理个人信息。《民法典》还规定了在本人或监护人同意范围内合理处理、自行公开或业已合法公开的合理处理以及为维护公共利益和本人合法权益的合理处理三项（第一千零三十六条）。《个人信息保护法》还列有订立和履行合同必需、应对突发公共卫生事件等突发情况必需等项。

（5）个人信息主体的权利：综合有关各部法律，个人信息主体对被处理信息享有知情权、决定权、限制或拒绝权、查阅权、复制权、转移权、更正和补充权、删除权等，基本与国际规则接轨。

（6）国家机关职责：有关主管部门应当在职权范围内采取技术措施，防范、制止和查处有关侵犯个人信息及其他违法犯罪行为（人大常委会2012年“决定”之十）。有关机关对在履行职责中知悉的个人信息应予保密，不得泄露、出售或者非法向他人提供（《民法典》第一千零三十九条、《网络安全法》第四十五条）。《个人信息保护法》就国家机关处理个人信息作出特别规定：为履行法定职责处理个人信息，应当依照法定权限、程序进行，不得超越范围和限度；并履行告知义务，法定保密或者告知将妨碍国家机关

---

① 参见《信息安全技术 个人信息安全规范》（GB/T 35273—2020）（2020年3月）“3.1. 个人信息（personal information）”：“以电子方式或者其他方式记录的能够单独或者与其他信息结合识别特定人身份或者反映特定自然人活动情况的各种信息。”附录A：“判定某项信息是否属于个人信息，应考虑以下两条路径：一是识别，即从信息到个人，由信息本身的特殊性识别出特定自然人，个人信息应有助于识别出特定个人。二是关联，即从个人到信息，如已知特定自然人，由该特定自然人在其活动中产生的信息（如个人位置信息、个人通话记录、个人浏览记录等）即为个人信息。符合上述两种情形之一的信息，均应判定为个人信息。”

履行法定职责的除外。（第三十四、三十五条）履行个人信息保护职责部门的职责也在《个人信息保护法》有专章（第六章）规定。

（7）明确个人信息侵权行为实行推定过错归责原则。《个人信息保护法》第六十九条规定："处理个人信息侵害个人信息权益造成损害，个人信息处理者不能证明自己没有过错的，应当承担损害赔偿等侵权责任。"这是对《民法典》有关内容的重要补充。

（8）《个人信息保护法》还就境外处理中国自然人个人信息和向境外提供个人信息作出规定。

隐私权与个人信息是既有联系又有区别的不同人格权益。隐私权直接来源于人身自由、人格尊严，而个人信息既关涉人格尊严，又是一种资源，因而具有财产利益的性质。个人作为社会存在，交流自身信息是进入社会的必须手段。而在信息社会，信息自由流通具有重大的社会效益和经济效益，其中也包含个人信息资源的有效利用。个人信息保护，不是把个人信息封存起来，而是在合理处理个人信息过程中，保障信息主体的权益不受侵害。权利主体的个人信息利益与其他利益、个人信息保护与社会对信息资源共享利用，都需要有合理的平衡，所以个人信息不是像隐私权那样规定为一种民事权利，而只是属于民事权益。从外延看，两者既有交叉又相区别。对同属于"私密信息"的部分，适用隐私权相关的法律规定，对其他部分则适用个人信息保护的规定（《民法典》第一千零三十四条）。从利益内容看，隐私权主要体现精神利益，而个人信息权益同时包括精神利益及财产利益。从保护客体和损害后果来看，隐私权保护具有私密性的信息，一经泄露会导致个人人格利益受到损害；而非私密信息的个人信息，仅在被过度处理的情形下才可能使得信息主体受到人格或财产损害。

（二）新闻传播与个人信息保护

新闻传播含有处理个人信息行为。在传统媒体时代，新闻传播活动保护个人信息主要在于避免非法获取和传播私密信息，本章前述新闻侵害隐私权的案例，有些就是属于非法披露了私密信息，直接后果就是损害当事人的人格尊严。而网络空间的新型传播形态，新闻传播具有多主体性和互动性，社会化传播的无限量快速复制转发，新闻生产与分发分离，分发平台与用户之间存在信息交换，使得新闻报道行为人履行个人信息保护义务面临一系列新问题。因个人信息保护框架形成不久，此处仅举其要。

（1）内容发布：注意避免传播私密信息之外的其他可能导致侵权损害的个人信息，特别是敏感信息。

敏感个人信息（sensitive personal information）是国际社会就个人数据保护提出的不同于私密信息但需要特别注意保护的新类型个人信息。《个人信息保护法》有专节规定，其定义敏感个人信息是指"一旦泄露或者非法使用，容易导致自然人的人格尊严受到侵害或者人身、财产安全受到危害的个人信息，包括生物识别、宗教信仰、特定身份、医疗健康、金融账户、行踪轨迹等信息，以及不满十四周岁未成年人的个人信息"（第二十八条），并规定了个人信息处理者必须具有特定的目的和充分的必要性，并采取严格保护措施的情形下，方可处理等原则。国标《个人信息安全规范》有"敏感信息"的列表。应注意"敏感信息"具有开放性，法条规定乃是非穷尽列举。"私密信息"特点在于"私密性”，本人不愿为他人获悉；敏感信息特点在于“敏感性”，一旦泄露会造成信息主体的严重损害。有些不具有私密性的信息，而与其他信息和特定场景联系起来，就有了敏感性。

有庞理鹏委托友人预订机票，订单登记的乘机人信息为本人姓名及身份证号，但手机号码是友人的。之后，庞理鹏手机先后两次收到短信称航班取消，需要另订，而询问友人却未收到，航空公司也称航班正常，判断属于诈骗。庞理鹏完成旅程后，认为票务公司和航空公司泄露其隐私信息，诉至法院。一审被驳回，二审法院肯定此类泄露姓名、手机号和行程信息等个人信息可以通过隐私权纠纷案由获得救济，判决两被告承担侵权责任。①

本案审理时尚未有单独的“个人信息权益纠纷”案由，而是根据《消费者权益保护法》关于经营者对收集的消费者个人信息必须严格保密的规定（第二十九条第二款）下判。按如今法律，姓名、手机号以及航行信息一般不属于私密信息，但航行信息属于列为敏感信息的“行踪轨迹”，这些个人信息组合在一起，并且在特定期间（当事人尚未启程）被诈骗犯掌握，就可能使信息主体遭受财产和其他损失，包括行程延误造成公务或私人事务难以弥补的损失，可按《个人信息保护法》第六十九条以推定过错归责。

目前新闻传播对于避免传播私密信息已有相当共识，但是对于较近提出的敏感信息概念尚未有足够注意，有可能在新闻报道中涉及，造成一定损害。

有徐某之家因与周围邻里纠纷形成诉讼，某报对讼案进行报道。报道仅称其姓而未写名字，但披露了所居住小区的名称和楼号，徐家在第三层（每层两户），并且以图片显示主楼形貌位置，披露当事人住宅面积80余平方米，每平方米单价1.8万元，每月收入超万元。徐某以此报道侵害其隐私权诉至法院，法院以报道信息属于可公开信息驳回诉求。②

本案也发生于个人信息保护尚未作为独立案由的年代，相关信息未能受隐私权保护。但按如今个人信息保护的原则，此房产按其形貌方位描述就可以识别特定主体即原告人徐某，其形貌位置、面积、价格信息和收入均属于个人财产信息。而《个人信息安全规范》对于敏感信息的举例列表第一项就是个人财产信息，其中即有房产信息。本条新闻报道予以披露若有充分必要，也应作匿名化处理。

（2）用户互动：正视社会化传播无序性的缺陷，及时遏制“人肉搜索”。

社会化传播极大扩展了网民的言论空间，但是人与人之间不定向传播的无序性，自发对某个热点事件的回应、补充、评论、互动等，会形成集中搜索、披露和宣扬特定人个人信息和私密信息的热潮，即所谓“人肉搜索”，从web2.0时代起一度成为网络的热点现象。

---

① 参见北京市海淀区人民法院一审民事判决书，（2015）海民初字第10634号；北京市第一中级人民法院民事判决书，（2017）京01民终509号。本案终审判决详细论证了根据双方举证，被告存在泄露原告航空信息的高度可能性，并且指出被告并未举证证明其采取了专门的、有针对性的有效措施加强信息安全保护。本案为最高人民法院第一批涉互联网典型案例之五，2018年8月16日发布。

② 参见浙江省杭州市中级人民法院民事判决书，（2014）浙杭民终字第975号。

本章第二节提到的2008年王菲隐私权、名誉权案，就有“人肉搜索第一案”之称：众多网民将当事人大量个人信息包括肖像照片、家庭住址、工作单位、学历编号、家庭和公司电话、个人博客甚至父母的姓名等一概予以公开曝光，骚扰还从线上转到线下，延及住宅和所在公司，当事人只能辞职。最高人民法院将本案作为典型案例在评论中指出：虽然原告王某的婚外情在道德上值得批评，但这并非公众干预其个人生活的合法理由。公民的个人感情生活包括婚外男女关系均属个人隐私，无论是个人通过互联网披露、还是媒体的公开报道，都应当注意个人隐私的保护。

学界曾对“人肉搜索”进行多方位研究。基本看法是：虽然也有通过“人肉搜索”揭发坏人坏事因而发挥了舆论监督功能的个案，但是总的说来弊多利少，因无序而失控，对当事人造成侵害。像王菲案这样的明显侵害，可以依法处理。但是许多传播个人信息行为却还够不上侵害隐私的“人肉搜索”难以控制，所以应该尽快制定个人信息保护法。现在个人信息保护已有法可依，网络平台应该落实主体责任，一旦发生“人肉搜索”苗头应该及时依法采取措施。主流新闻媒体应该加强对热点事件的引导功能，将公众讨论引导到正确轨道上来。

（3）信息收集：不得利用新闻分发应用程序过度处理和利用个人信息。

新闻采访的信息收集，本书第一章、第八章及本节前部均有论述。随着新闻生产与分发的分离，利用处理用户信息分发新闻信息是网络传播的新问题。

网络传播有别于传统传播的一个重要特点就是受传者（用户）会留下自己的信息。用户除了依法上网必须提供实名以外，即使一般的浏览、搜索，也会留下数字脚印（digital footprint），被Cookie一类技术搜集利用。及至移动网络时代，网络服务和智能手机等移动端的功能大幅度增加，各种功能主要通过网络服务者开发和提供各类应用程序（application，APP）实施，近几年国内移动端APP达到300万款的数量，领先的是游戏类、工具类、电子商务类等，新闻分发APP比例较小。用户在应用各种APP过程中势必被要求提供或不自知而留下各种个人信息。随着人工智能技术的发展，这些个人信息对于网络服务提供者具有越来越重要的经济价值。众多企业利用大数据分析，评估用户的行为习惯、兴趣爱好或者经济、健康、信用状况等特征，用于商业营销，借以提升效率，增强用户黏性及扩大用户范围。对此种功能《个人信息保护法》表述为“自动化决策”（第七十三条第二项）。而海量的大数据还可能利用开发其他重要功能，因而超越“必要”范围收集用户个人信息的现象大量存在。中国消费者协会2018年一项测试表明，90%APP存在过度收集用户个人信息的问题。[①] 主管部门迅即开展专项治理，曾多次公布和下架若干有违规功能的APP。2021年3月国家网信办等四部门的下属部门发布《常见类型移动互联网应用程序必要个人信息范围规定》，规定了37类常见类型移动互联网应用程序必要个人信息范围，有的可以获得必要个人信息，有的则不需要。APP不得因为用户不同意提供非必要个人信息，而拒绝用户使用其基本功能服务。

在电子读书类应用程序中，就曾经有这样的讼案：

---

① 参见中国消费者协会：《100款APP个人信息收集与隐私政策测评报告》，2018年11月28日。

"微信读书"用户黄某，发现由于微信将微信好友关系的数据移交微信读书，在微信读书"关注"栏目下出现了同时使用该软件的自己一些微信好友名单，还向"关注我的"好友及没有关注的微信好友默认公开原告的读书想法、书架、正在阅读的书籍等信息。黄某认为，好友关系和阅读信息均属隐私和个人信息，本人并未自愿授权，以上行为侵害了个人信息权益和隐私权。法院认为，微信读书未经用户同意收集和公开好友关系和读书信息不属于侵犯隐私权，而是侵犯了个人信息权益。①

从本案可以看到微信读书利用收集个人信息扩大其影响、发展其用户的意图；而现在按照"规定"第三十五项，"电子读书"无须收集个人信息。

新闻资讯类APP运行以来，按照以往做法，或有要求用户提供身份信息、手机号或社交号、读取其手机通讯录和图片、获知其地理位置乃至手机设备型号等信息；用户阅听内容类别、时限、时段等信息则会自动留存。新闻分发者非但可以通过用户搜索和浏览数据了解其一般喜好，还可以通过手机定位系统，追踪其所在位置和行动轨迹，以便更加精准地推荐新闻和广告。这种所谓算法推荐，属于处理和利用用户个人信息行为，其中不无过度的问题。按照"应用程序必要个人信息范围规定"第三十项，新闻资讯类基本功能服务为新闻资讯的浏览、搜索，无须个人信息，即可进行服务。2021年6月国家网信办公布了129款违法违规收集使用个人信息的APP，其中新闻资讯类有27款，包括"今日头条"、"腾讯新闻"等，多数属于"违反必要原则，收集与其提供的服务无关的个人信息"，要求它们在15日内完成整改。表6-1列出了其中前10款：

表6-1 违法违规收集个人信息新闻资讯类APP前10款

序号	APP名称	版本	运营者	存在的主要问题
1	今日头条	8.2.4	北京字节跳动科技有限公司	违反必要原则，收集与其提供的服务无关的个人信息；未经用户同意收集使用个人信息等。
2	腾讯新闻	6.4.90	腾讯科技（北京）有限公司	违反必要原则，收集与其提供的服务无关的个人信息等。
3	一点资讯	5.7.7.3	北京一点网聚科技有限公司	违反必要原则，收集与其提供的服务无关的个人信息等。
4	今日头条极速版	8.2.4.0	北京字节跳动科技有限公司	违反必要原则，收集与其提供的服务无关的个人信息等。
5	新闻资讯	5.26.0	珠海市魅族科技有限公司	违反必要原则和《常见类型移动互联网应用程序必要个人信息范围规定》，收集与其提供的服务无关的个人信息；未经用户同意收集使用个人信息等。
6	趣头条	3.10.40.000.0507.1743	上海基分文化传播有限公司	违反必要原则和《常见类型移动互联网应用程序必要个人信息范围规定》，收集与其提供的服务无关的个人信息；未经用户同意收集使用个人信息等。

① 参见北京互联网法院民事判决书，(2019) 京0491民初16142号。

续表

序号	APP 名称	版本	运营者	存在的主要问题
7	新浪新闻	7.59.0	微梦创科网络科技（中国）有限公司	违反必要原则，收集与其提供的服务无关的个人信息；未经用户同意收集使用个人信息；未按法律规定提供删除或更正个人信息功能等。
8	搜狐新闻	6.5.7	北京搜狐新媒体信息技术有限公司	违反必要原则，收集与其提供的服务无关的个人信息等。
9	快报	7.1.60	深圳市腾讯计算机系统有限公司	违反必要原则，收集与其提供的服务无关的个人信息等。
10	ZAKER	8.7.8.3	广州坚和网络科技有限公司	违反必要原则，收集与其提供的服务无关的个人信息等。

资料来源：国家网信办：《关于 Keep 等 129 款 App 违法违规收集使用个人信息情况的通报》，2021 年 6 月 11 日。

需要明确的是，有关“规定”所规制的范围是“基本功能服务”，如新闻资讯 APP 就是浏览、搜索；但若还具有评论、点赞功能，用户依法必须提供实名信息。对于不同类型的新闻分发应用程序收集个人信息的范围，还有待于进一步细分。

算法推荐属于自动化决策，是新闻分发者收集利用用户点击、浏览、搜索、阅读所留存的信息测算用户喜好以及有价值的新闻而继续有针对性地向用户推送同类内容，有利于新闻分发者扩展用户、增加流量，得到广泛应用。而算法推荐对于用户的效果则公认是“双刃剑”。《个人信息保护法》赋予用户对算法推荐的自决权，要求服务者同时提供不针对其个人特征的选项，或者提供便捷的拒绝方式（第二十四条），以利于用户扩大获知范围，避免陷于信息茧房。

算法治理是互联网治理的一个新课题，国家网信办等九部门 2021 年 9 月下发《关于加强互联网信息服务算法综合治理的指导意见》，提出利用三年左右时间，逐步建立算法安全综合治理格局，见第八章。

（4）主体权利：如前所说，当前个人信息主体寻求保护的权利的法律规定已经基本与国际接轨。目前需要解决的是具体操作程序，譬如信息主体要求查阅、复制、更正、删除自身相关信息，通过什么途径提出，如何证明有关要求的正当性，信息主体与信息处理者若有争议如何解决，这些都是有待研究解决的问题。而包括新闻媒体和平台在内的个人信息处理者应该为履行相关义务做好准备，则是无疑的。

第四节　新闻传播与肖像权

在新闻传播中，肖像是必不可少的一项内容。特别是随着摄影、录像和电子技术的发展、视听媒介的普及和网络视频、直播的兴起，肖像在媒体上得到越来越广泛的使用。基于肖像而享有的权利，即肖像权，也是受到法律明文保护的一项重要人格权。在新闻传播活动中，如何合法使用他人肖像，避免侵害肖像权行为的发生，是不可回避的重要课题之一。

在民法理论上，肖像属于标表型人格权。“标表型”是指以一定的外在标识为内容，可以据此识别权利主体这样一类人格权利。从肖像可以识别肖像人，甚至推断他的身份、性格或气质。自然人的姓名、声音与肖像类似，都属于人格标识。本节以肖像权为例，说明新闻传播活动中对肖像和肖像权使用的法律规定；对姓名的许可使用和对自然人声音的保护，根据《民法典》，参照适用肖像权保护的有关规定。

一、肖像和肖像权

《民法典》“人格权”编第四章“肖像权”就此作了系统规定。

（一）肖像

“肖像是通过影像、雕塑、绘画等方式在一定载体上所反映的特定自然人可以被识别的外部形象”（第一千零一十八条），据此对肖像的特征可以作如下分析：

（1）可固定性，即肖像是特定自然人外貌形象在一定载体上的固定形态（fixation）。这个载体，可以是纸张、感光胶片，也可以是木、石、泥、化学塑料等可塑造的材料，在网络传播中，数据（通过一定技术手段显示）成为主要的载体。未经固定，如镜中或水中的映像、面对面看到的人、头脑里记忆的他人图像，都不属于肖像。固定的手段，可以是人工的绘画、雕塑等，也可以是摄影、录像、电脑数码合成等科技方法。固定的表现方式，可以是静态的，也可以是动态的，包括特定人通过网络视频直播表现的形象。

肖像是特定自然人形象的显现。一切肖像都直接来源于某个特定的肖像人主体；艺术家构思创作的人像，不属于任何特定人，不是肖像。在艺术创作中，那些已经固化的艺术形象，如中国戏剧中的“脸谱”，诸如项羽、张飞、孙悟空、包拯等已成定规，艺术家们按谱扮演，形貌大致相似，必须从具体特征和情境中辨认属于谁的肖像。

> 六小龄童（章金莱）与蓝港公司的肖像权案可以说明艺术形象与个人肖像的关系：六小龄童以扮演孙悟空知名，而蓝港公司制作的游戏软件也有孙悟空形象，六小龄童诉称后者侵害了自己肖像权。法院经过仔细比对，认为被告使用的孙悟空形象与原告扮演的形象虽然形似，但是存在许多细微区别，采纳被告使用孙悟空形象乃是根据通行艺术形象自行设计的抗辩，驳回了原告的诉求。[①]

肖像依附于载体但并不等于载体。承载肖像的载体可以复制、出售、赠与，以及转换：如把立体的雕塑摄制成平面的照片，从动态的录像或视频截取其中一幅静态的“硬片”，而载于其上的肖像永远是肖像人的肖像。无论肖像载体是归肖像人还是肖像作者或者任何其他人所持有，无论肖像人是将自己的肖像赠与、出售还是丢弃，无论肖像人的形貌随着岁月变迁发生怎样的变化，无论肖像人已与肖像载体完全无关甚至去世多年，他的肖像永远是他的肖像，任何人不可能将自己的肖像转让成为别人的肖像。肖像是肖像人最直观、最具体的代表物。要说明某人的特征、品相甚至性格和气质，使用肖像比

---

① 参见北京市第一中级人民法院民事判决书，（2013）一中民终字第05303号。

使用任何语言文字都要便捷而且准确。人的自尊自爱同时也表现为对自己肖像的尊重和珍爱，这就是肖像所蕴含的精神利益。对肖像的亵渎被认为是对肖像人的亵渎，人们对某人的仇恨可以发泄在他的肖像上，譬如公开焚烧、污染、丑化。违背本人意愿使用他的肖像，则可以被认为是损害了肖像人的尊严。

（2）可识别性，即人们可以从肖像辨认出特定的自然人。肖像主要是面部容貌但不限于面容，体型或肢体某一部分只要能识别出特定人，如纯粹的背影，或者是被掩盖了主要部分（如眼睛）的面部，或者只是部分肢体如手、足、胸、背等，以及特殊状况下某一姿态或装扮，都可以是某人肖像。还可以结合与肖像相关的文字说明、场合、特征等外在因素，进行识别。画像即使画得同本人不像，但只要体现了基本特征，并有文字或其他标记指明是某人，可以识别是某人的肖像。根据模特儿绘制或制作的摄影或绘画作品，只要能够辨认出本人，即使已成为高水平的艺术品，仍然是本人的肖像。

> 叶某曾在某医院就脸部先天的青黑色斑痕进行治疗，后发现某出版社在其出版的《北京交通旅游图》上刊登了自己治病前后的照片作为病案，遂以侵害肖像权将医院和出版社诉至法院。被告方辩称这是一张局部照片，照片中人物的眼睛以上部分被遮挡，不能证明是原告。法院认为：肖像是指原形人相貌综合特征给他人形成的、能引起一般人产生与原形人有关的视觉效果的照片等载体。如果载体所表现的内容，只有凭借技术手段对比，才能确定这是某自然人特有的一部分形象，一般人不能凭直观辨认就是该自然人的形象，就不能称为肖像。涉案照片只有脸上的鼻子和嘴部分，不是完整的特定人形象，不是法律意义上的肖像，判决驳回原告诉讼请求。二审维持原判。①

（3）可使用性，肖像有使用价值。区别于名誉、隐私等精神型人格要素，肖像作为标表型人格要素，实用和审美兼而有之。如代替或配合文字表达内容、形象宣传、身份认证、艺术欣赏、商标识别、回顾留念等，具有欣赏、表达、证明、宣传、展示等功能。肖像起源于人类的审美活动。人欣赏自己的形体，从而也欣赏自己的肖像。人把自己的本质异化为神，对神的崇拜就表现为对肖像的崇拜，对想象中的神祇和已死祖先的肖像的崇拜。在摄影术发明以后，肖像不再有神秘色彩，在社会生活中得到广泛的应用。肖像是个人的标识。在现代社会交往中，人要通过书面证明物（身份证、护照、资格证书等等）证明自己的身份，最普遍的办法就是使用自己的肖像，肖像已成为个人参与社会生活的必备标识。制作优秀的肖像则具有很高的审美价值。许多不朽的艺术名作，都是肖像。肖像蕴含并可以传递各种信息。表现人物行为的各类肖像，其中传达的信息在直观性和形象性方面是语言文字所不能比拟的。图像新闻（包括新闻照片、电影、录像和视频）绝大多数由个体或群体肖像构成。知名人士发表意见，通过视频、直播现身宣示比文字具有更强的说服力、感召力。在商业宣传中，为了说明产品对人的功用，也常常要使用肖像；代言人得到广泛应用。肖像又是各种以人和人体为研究对象的学科如人类学、医学、美学、表演艺术学、体育科学等的必备材料，只要这类肖像具有可识别性，

---

① 参见《最高人民法院公报》2003年第6期。

那么仍然是某人的肖像。以上经验表明，肖像可以直接投入使用，通过使用实现某种利益。

肖像不同于一般人体艺术作品，是因为它是肖像人的代表物，体现了肖像人的人格。如同体力和脑力一样，肖像是特定人的一种天赋资源。不同的容貌及外形，美丽的和丑陋的，独特的和平庸的，可供使用的范围不同，反映了天赋的某种不平等。而不同的个人，由于其后天的经历、际遇、成就、社会地位和社会评价的差异，可以赋予其肖像以不同的意义，从而使其肖像具有不同的价值。政治家、英雄模范、专家学者等杰出人物的肖像，往往含有特定的公益意义。至于模特儿、演员、运动员等以形体表现为其职业特征的工作者，他们对自己的形象付出了巨大的投入，使得自己形象的价值远远高于一般人，而成为这些特殊职业者的无形资产。所以，肖像人在社会使用其肖像过程中获取某种利益，是合理的。肖像权具有财产性。

肖像可以由本人制作和使用，也可以许可他人制作和使用。法定情况下，主要是《民法典》第一千零二十条规定五种情形，肖像可以不经肖像权人同意而使用，或称合理使用。其他情况下，一般基于合同或约定，肖像可以被许可使用，包括有偿和无偿使用，其中最常见的是商业广告的使用。

（二）肖像权

肖像权是一项具体人格权。《民法典》在“总则”和“人格权”编均规定自然人享有肖像权（第一百一十条和第一千零一十八条）。肖像权的权能可以分为主动行使权利的积极权能和被动寻求权利得到保护的消极权能。一方面，“自然人有权依法制作、使用、公开或者许可他人使用自己的肖像”（《民法典》第一千零一十八条），死者肖像（遗像）也受法律保护（第九百九十四条）；另一方面，“任何组织或者个人不得以丑化、污损，或者利用信息技术手段伪造等方式侵害他人的肖像权。未经肖像权人同意，不得制作、使用、公开肖像权人的肖像，但是法律另有规定的除外。”同时还对肖像作品权利人作出特别规定：“未经肖像权人同意，肖像作品权利人不得以发表、复制、发行、出租、展览等方式使用或者公开肖像权人的肖像。”（第一千零一十九条）

1. 积极权能

肖像权的积极权能，主要是肖像权的制作权和使用权。

制作权，是指自然人有按照自己的意愿制作自己肖像的权利以及同意或者禁止他人制作自己肖像的权利。肖像人有权决定自己某些形象制作肖像而另一些形象不制作肖像，决定以某种特定载体，如绘画、照片、雕塑或者录像等制作肖像。他人制作肖像必须征得肖像人同意，若肖像人不同意制作，则不得制作。

使用权，包含《民法典》第一千零一十八条第一款所规定的“使用”、“公开”以及“许可他人使用”。肖像权人有权决定将自己的肖像使用于任何合法目的，也有权对已经制作的肖像决定公开或者不公开，包含自己公开和许可他人公开。肖像人通过肖像有偿使用得到的收益是合法的，受法律保护。

2. 消极权能

消极权能是保护肖像权人免遭侵权的权利。侵害肖像权的方式包括丑化、污损、伪造他人肖像，以及在未经肖像权人同意的情形下制作、使用、公开他人肖像的行为。

按照《民法典》规定，除非法律规定，未经肖像权人的同意，不得对肖像采取制作、使用及公开的方式侵害他人肖像权，而不限于先前《民法通则》第一百条规定侵害肖像权行为还必须具备“以营利为目的”使用肖像这一要件。《民法典》实施前，在司法实务上，多数法院仍将行为人主观上是否具有营利目的作为判定肖像权侵权的构成要件①，只是“以营利为目的”，不限于实际上有营利的结果，还包括主观上有营利的意图②。而学界对于侵害肖像权限于“以营利为目的”主观要件基本达成共识，认为单纯以是否具有营利目的作为侵害肖像权的构成要件，缩小了肖像权法律保护的范围，使许多非法使用他人肖像但并不追求营利的行为不能作为侵害肖像权处理。《民法典》正式认定肖像权侵权不再要求行为人主观上具有“营利目的”，而以“肖像权人是否同意”作为主要依据，体现了对肖像权人人格尊严保护的强化。只是在法律另有规定的情形下，可以不经肖像权人的同意，而对肖像进行合理使用（《民法典》第一千零二十条）。

二、媒体使用肖像分析

肖像在现代社会生活中得到广泛应用。在前互联网时代，新闻媒介和其他大众媒介是肖像公开传播的主要途径。随着数据技术和网络的发展，在网络空间肖像的应用几乎无处不在，无时不在。根据上引《民法典》规定，为维持正常的社会活动，平衡和协调肖像权和社会公共利益，只要不涉及其他权益如宣扬隐私或带有损害人格尊严的性质，在法定情况下，行为人可以不经肖像权人同意，合理使用他人肖像；除此之外，对肖像的使用，均需经肖像权人的同意。

（一）合理使用

《民法典》第一千零二十条规定了“可以不经肖像权人的同意”合理实施使用或制作、使用、公开他人肖像的五种情况。现根据媒体运作特点，作如下归纳：

（1）为实施新闻报道使用。本条第二项：“为实施新闻报道，不可避免地制作、使用、公开肖像权人的肖像”。在新闻报道中制作和使用他人肖像，是国际公认的对肖像的合理使用，无须征得肖像人同意。③ 新闻传播蕴含重大公共利益，以图像方式报道各种有新闻价值的经济、政治、文化活动和社会事件，以及公众关注的突发事件，不可避免要出现各种人物的肖像。公众需要认识各部门各级官员、各领域知名人士以及各类新闻事件中的主角，也需要显示他们的肖像。有些批评性的新闻报道，照片上披露某些违反公

---

① 参见石冠彬：《司法视域下民法典肖像权新规的教义学展开》，《甘肃政法大学学报》（兰州）2020 年第 5 期。

② 如有一起肖像权纠纷，被告未经原告同意，将原告身着被告品牌服装的照片上传至京东商城，作为服装销售宣传。被告称在京东商城上的销售均是亏本处理，没有任何利润，基本上也没有销售额。法院认为被告该行为明显具有营利目的。“营利”不限于要有营利事实，只要有营利的主观意图，无论行为人是否实现营利目的，都可认为是以营利为目的的行为，据此判决侵犯原告肖像权。参见江苏省南京市白下区人民法院一审判决书，（2011）白民初字第 2413 号。

③ 参见陈鈗雄：《民法总则新论》，台北，三民书局，1982，第 180 页；王利明主编：《民法·侵权行为法》，北京，中国人民大学出版社，1993，第 296 页；［美］唐·R. 彭伯：《大众传媒法》（第十九版），第 256 页。

德或违法犯罪活动的人的形象，显然违背了肖像人的意愿，但这是符合社会公益的。新闻报道使用以人物为基本内容的图片或影像，有利于展现新闻的真实性、生动性和准确性。无论有关肖像的使用是新闻报道的主体内容，还是作为文字内容的匹配，无论是单个肖像的显现，抑或是群体图像中的一员，因均为新闻报道需要，可以不经肖像权人同意制作和使用其肖像。

原告叶龙江根据长基公司在《春城晚报》上发布的通告，参加了由其举办的“都市枫林”楼盘营销推介会，并以88万元拍得选购该楼盘的唯一一张最优先选房卡“钻石卡”。两天后，《春城晚报》刊登“88万长基拍出‘天价房’卡”一文，并附四幅照片，其中原告两幅，分别是签订认购协议和发表感言。之后，长基公司将该报张贴在昆百大珠宝公司宣传栏上做宣传。原告认为长基公司、《春城晚报》所属云南日报报业集团侵犯其肖像权，诉至法院。一、二审法院均驳回原告诉讼请求。[①]

本案新闻报道虽然属于商业题材，但此次营销行为已经结束，属于对营销的事后报道。《春城晚报》使用原告两张照片，意图一是向公众展示唯一获得“钻石卡”的用户形象，二是表明该拍卖行为已经通过签署认购协议完成。该新闻报道照片的使用，系社会合法舆情监督和媒体向社会公众及时进行消息传播和信息传递的说明，且照片并无丑化肖像的问题，因此该报道所用照片属于“不可避免”的合理使用。

所谓新闻报道“不可避免”制作、使用、公开肖像，乃是指有关肖像属于新闻报道的有机组成部分；缺少有关肖像，新闻报道就不能完成或者至少是不够完整。随着数字技术进步和融媒体发展，图片、视频的使用已经成为新闻传播的重要表现形式，“一图抵千言”的报道模式，以及为了充分发挥肖像表达、证明、抒情等功能，新闻报道势必用到他人肖像，或是用作说明文字的插图，或是直接展示某些特定的动态场面，或是将文字和视频交替显示，用以确保新闻报道的完整、客观、真实、清晰，这类情形都属于“不可避免”使用。如果可用可不用，或图不对文，或形为新闻、实为广告，使用肖像仅为画面美化、招徕读者、营造卖点等，则不属于“不可避免”，不适用合理使用。如果未经肖像权人同意而使用，属于侵权。

《精品购物指南》2004年第80期封面刊登2004年奥运会110米栏短跑冠军刘翔的跨栏照片，封面的下方是一幅购物节广告，约占页面六分之一。刘翔以侵害肖像权诉至法院。初审法院经审理认为，该专刊的相关内容属于回顾性报道，是正常的新闻报道，被告行为不构成侵权，判决驳回刘翔诉求。刘翔不服上诉。二审法院查明，涉讼图片在发表前已被修改，奥运现场背景为红旗所取代；跨栏上的奥运标志和刘翔运动服装上的耐克商标被去掉。二审判决认为，本期专刊内容中虽然有关于刘翔奥运夺金的信息，但封面的刘翔肖像画面已作了较大改动，故不属于单纯的新闻报道，不能当然排除刘翔肖像与下方购物节广告的关联性。判决书引用当时《广告法》第十三条规定：“广告应当具有可识别性，能够使消费者辨明其为广告”，指出被告在专刊的整体封面设计中，使社会公众产生“刘翔为购物节做广告”有合理

① 参见云南省昆明市中级人民法院民事判决书，(2008)昆民三终字第941号。

根据的误解，进而使刘翔人格受到购物节广告的商业化侵害。判决被告的行为构成侵害肖像权，承担赔礼道歉、赔偿精神抚慰金2万元的责任。①

刘翔奥运夺金是2004年一件大事，在年尾回顾重提此事显然仍具有新闻价值，这种做法也是许多新闻性期刊的惯例。但是期刊社的处理严重不当。首先是去除了具有新闻性的真实现场背景，丧失了新闻图片基本要求。其次是没有鲜明的标志同广告分开，足以使读者产生误解。按照当时《民法通则》的规定，不能排除行为人怀有营利目的。按照如今《民法典》的要求，这张肖像照片已同刊物内页有关奥运的文字报道脱钩，不属于“不可避免”使用，丧失了合理使用的条件。

（2）为公共利益使用。此条第五项确立“为维护公共利益”制作、使用、公开他人肖像；第三项确立国家机关为依法履行职责，在必要范围内制作、使用、公开他人肖像，当然也是属于为公共利益使用。诸如政府网站或政务新媒体中公开官员或政务活动参与者照片或影像；警方通缉令中使用被通缉者的肖像；法庭通过互联网直播公开审判案件显示诉讼参加人的肖像（法律规定不得公开的人员除外）；为表现重要历史事件而再现有关人物的肖像；医疗机构、教育机构公开医护人员、教师的照片；纪念馆、博物馆、美术馆等陈列、展览的肖像在自设网页上显示：这些都属于为公共利益而合理使用的范畴。为介绍、评论某一作品或者说明某一问题，善意使用他人的肖像，也属于合理使用，其基础仍是基于公共利益而对个人肖像权予以恰当限制，有利于文化、科学的发展。但若名为介绍、评论他人作品，实则带有商业宣传性质，如发送一些商业广告链接等，则不属于为公共利益的合理使用。

（3）为展示特定公共环境使用。此条第四项：“为展示特定公共环境，不可避免地制作、使用、公开肖像权人的肖像”。特定公共环境范围很广，包括静态的公共场所，如街道、广场、村落、车站、机场、码头、港口、商场、旅游景点等；动态的公共活动，如公开举行的集会、公共仪式、学术会议、公司庆典、学校入学和毕业典礼、娱乐场所活动、庙会、集市以及在公共场所发生的各种公共事件等。此类图像，无论静态或动态，难免有肖像进入，成为公共环境的有机组成部分，无论在线下或线上展现，都属于合理使用。

（4）为肖像权人合法权益的使用。也是本条第五项规定。肖像的使用是出于为肖像权人利益考虑，如先进人物展示、寻人启事、公开被拐卖人员、证明肖像人身份，都属于合理使用。一些公众人物，如公务员、企业家、文体明星等，媒体报道他们的职业（职务）活动和在公共场合的形象，有利于他们的工作和事业，提升他们的社会地位和扩大他们的社会影响，符合他们的愿望。为展示某些重大成就和成果、发明创造、学术创见，附带发布有贡献人士的肖像，以彰显他们的功绩，符合肖像人利益，不言而喻。

（5）第一项认可：“为个人学习、艺术欣赏、课堂教学或者科学研究，在必要范围内使用肖像权人已经公开的肖像”。本条要注意：一是“在必要范围内”，二是使用的是肖像权人已公开的肖像，而不包括后面四项“合理使用”的制作、公开行为。超出这个范

① 参见北京市海淀区人民法院民事判决书，（2005）海民初字第2938号；北京市第一中级人民法院民事判决书，（2005）一中民中字第8144号。

围，会导致肖像侵权。

> 原告史某因患鼻咽部纤维血管瘤在石家庄某医院进行医治，医院征得同意后，拍摄了他的正面照片用于医学技术交流。后史某发现一张正面照片和三张标注"SHI HONG XING"字样的病患部位影像照片，刊载于公开出版发行的《耳鼻咽喉头颈外科影像导航技术》一书中，认为图书主编和出版社侵犯了他的肖像权和隐私权，诉至法院。被告辩称，使用此照片未遮挡眼睛是基于专业学术考虑，为了说明鼻咽纤维血管瘤影响到支配眼睛的几条神经，且原告同意将照片用于医学技术交流用途，属于合理使用医学资料。法院认为，此书属于公开销售图书，其使用范围已经超出医学技术交流的必要范围。面部照片旁的病患部位影像中的"SHI HONG XING"字样，使得读者更易辨认肖像人，扩大侵害。判决出版社不得再在书中使用史某的面部照片以及标注"SHI HONG XING"字样的医学影像，两被告分别赔偿原告经济损失2万元，主编另外赔偿精神损失1万元。①

合理使用肖像，需要特别注意未成年人肖像的保护。《未成年人保护法》规定，新闻媒体采访报道涉及未成年人事件不得侵犯未成年人名誉、隐私和其他合法权益（第四十九条）；政法机关及其他组织和个人不得披露有关案件中未成年人的姓名、影像及其他可能识别出身份的信息（第一百零三条）。在新闻报道中，需要格外注意对未成年人肖像的制作、使用和公开，尤其报道涉及未成年人违法犯罪的内容，在不可避免使用肖像时，需要对图片或影像进行匿名化处理。

（二）许可使用

肖像权的许可使用，属于民事法律行为。许可方式可以是口头的，也可以是书面的。许可的内容应该包括使用的权限、范围、期限以及可供使用的特定肖像等。"肖像权"章专列两条就肖像许可使用合同作出规定，可以想见今后肖像使用应该更多使用书面合同。

肖像许可使用合同属于平等主体之间的双务合同，遵循民法诚实信用、公平原则。如果双方对肖像许可使用合同中关于肖像使用条款的理解有争议的，需首先适用合同的一般解释规则，包括文义解释、整体解释、目的解释、习惯解释和依照诚实信用原则解释，若仍存在两种以上合理解释，依《民法典》第一千零二十一条规定，应当作出对肖像权人有利的解释。

在以往，肖像使用合同最常见于广告合同。《广告法》明文规定："……在广告中使用他人名义或者形象的，应当事先取得其书面同意"（第三十三条）。此处"名义、形象"即包含了肖像。未经同意在广告中使用他人肖像，历来公认是侵权行为。

媒体在广告活动中的地位主要是广告发布者或同时是广告制作者。即使是单纯的广告发布者，按照《广告法》规定，对广告内容的真实性、合法性也负有核对的责任。媒体如果疏于核对，发布了侵害肖像权的广告，应当与广告主、广告制作者承担共同侵权责任。

---

① 参见北京市朝阳区人民法院一审民事判决书，(2014) 朝民初字第36582号。

在网络条件下，一些单位往往自设网站或网页介绍自身及产品和服务，通常并无广告的标识，但是仍然具有营利性质，如果利用他人肖像，按照《民法通则》就会陷于侵权；按照《民法典》更是属于未经同意的非法使用。

原告韩懿莹是知名的电竞运动员。山东蓝翔技师学院设有电竞专业在其网站主页显著位置使用了韩的半侧面肖像拼接图片，且图片中的文字及文章内容涉及其设立专业和招生事宜。法院认为主页作用在于提升知名度和招生数量，属于商业性使用，未经肖像人许可，侵犯了其肖像权。判决蓝翔学校赔礼道歉，并支付经济损失15万元及维权合理支出2万元。①

以往肖像许可使用合同并未广泛使用，有些虽有合同却并未切实实行，如第一节提到赵雅芝肖像权案被告在合同满期后还在使用其肖像。还有超出合同约定的范围使用肖像：

原告缪燕为某美术学院合同制模特，被告徐芒耀为美院教师。为完成教学任务，被告在课堂上以原告等人为裸体模特，完成了《双女人体》人体画一幅，其中站立者为原告。后被辽宁美术出版社出版的《一代画风》画册收录。原告以侵犯肖像权诉至法院。法院审理认为，依据原告与美院签订的"工作协议"，被告享有原告人体肖像制作权，并享有作品著作权。但并未就超过"协议"规定的使用作出另外约定，故被告将《双女人体》印上公开出版的画册应另行征得肖像权人的同意，且同意应当以明示方式作出，认定被告行为侵害了原告肖像权。被告辽宁美术出版社未对作品的合法性进行审核，也需承担相应的民事侵权责任。判决两被告赔礼道歉，停止销售及收回尚未售出的《一代画风》画册；共同赔偿原告缪燕精神损失费人民币2万元。②

《民法典》关于肖像权使用合同的理解发生争议应该作出有利于肖像权人的解释，是体现肖像权优先保护的新规定。以下案件发生于十多年前，这种只付使用费却不作具体约定就制作肖像加以使用的做法今天不应再发生。若按照如今《民法典》优先保护肖像权的精神，被告胜诉可能就不那么容易了。

职业模特葛佩琦，曾于2007年应秦艺服饰公司邀请参与服饰模特拍摄，并获得拍摄费1.5万元，但双方对肖像具体使用范围、方式、期限均未明确约定。后被告将拍摄的照片制作成产品画册和视频，用于宣传公司服饰。原告以肖像权侵权诉至法院。法院经审理认为，在没有特别约定情况下，对于合理的使用方式或范围应当依诚实信用原则来确定。当时双方合理预期的使用范围即是被告自身产品的宣传需要，被告支付原告费用的目的应该理解为包括将系争照片用于一切有关企业的宣传。本案中，被告也仅限在宣传自身产品的产品画册及官网上使用原告肖像，属合理范

① 参见北京市第一中级人民法院民事判决书，(2019) 京01民终6350号。

② 参见最高人民法院中国应用法学研究所编：《人民法院案例选·2004年民事专辑》，总第48辑，北京，人民法院出版社，2005，第363页。

围内，原告侵权主张不予支持。[①]

关于肖像许可使用合同的解除，有约定的遵照约定，没有约定或者约定不明确的，任何一方都可以随时解除合同，但应当在合理期限内通知对方。如果双方肖像许可期限有明确约定，但肖像权人有正当理由的，可以解除肖像许可使用合同，但是应当在合理期限前通知对方。因解除合同造成对方损失的，除不可归责于肖像权人的事由外，应当赔偿损失。

三、肖像权和其他权利的竞合

肖像需要固定在一定载体之上，所有肖像都要经过制作。无论是手工的制作（绘画、雕塑等）还是使用各种科技手段的制作（摄影、录像等），都是复杂的智力劳动，所以多数肖像是一项智力成果，属于作品，如美术作品、摄影作品、视听作品、建筑作品。所以，肖像作品通常会包含两项权利，肖像权和著作权。此外，肖像作为自然人的一种外在标志，也会涉及自然人的人格尊严和其他人格利益。

（一）肖像权和著作权

在有的大陆法国家，如德国，肖像权是从版权中分离出来的。在传统的英国普通法中，人体肖像只有版权而没有肖像权。而我国则对肖像予以肖像权和著作权的双重保护。

一件肖像作品，肖像权属于肖像人，著作权属于著作权人即作者或者职务作品作者所在的新闻单位等，如无特别约定，两者是不可替代的。著作权属于知识产权，受著作权法保护；肖像权则是一种具体人格权，受民法保护。这两个权利主体的关系是复杂的。如果肖像著作权人将其作品或者同意他人将其作品用于合理使用场合，如新闻报道，肖像人不得主张肖像权。但是这不等于可以再将新闻报道肖像作品使用于非合理使用场合，如出版图书。如果肖像人自己使用肖像作品譬如在媒体发表，却未征得著作权人许可，也不署名、不支付报酬，那么他就是（与媒体一起）侵犯了肖像著作权人的著作权。如果肖像著作权人将肖像作品或者同意他人将肖像作品用于广告等非法定合理使用的场合，则应征得肖像人同意，否则肖像人有权主张肖像权。如果有人按照《著作权法》有关规定取得了肖像作品的发表权并公开使用，却没有征得肖像人同意，又不属于法定肖像合理使用的范围，那么他虽然没有侵害肖像著作权人的著作权但却侵害了（与著作权人共同侵害）肖像人的肖像权。如果有人违反《著作权法》的有关规定，将他人制作的肖像未经肖像权人同意而使用和公开，譬如擅自出版、复制出售或者用于广告、商标之上等，就既侵害了著作权人作者的著作权又侵害了肖像人的肖像权。如果有人违反《著作权法》的有关规定，将他人作品用于《民法典》合理使用范畴，如将肖像摄影作品用于新闻报道，却不署名也不付报酬或者冒称自己的作品，那么就侵害了作者的著作权但并不侵害肖像人的肖像权。如果有人征得肖像人同意使用或公开其肖像，如出版图集、做广告，但却没有按《著作权法》规定向肖像作者取得使用许可，那么虽然并不侵害肖像人的肖

---

① 上海市闵行区人民法院民事判决书，（2015）闵民一（民）初字第 20354 号。

像权却有可能侵害肖像作者的著作权。如果有人从肖像作品著作权人依法受让了作品著作权，他仍然不可以任意使用作品，而必须顾及肖像人的权利。如此等等。

以上的基本关系本来就可以从《民法通则》和《著作权法》基本精神推理而得。现今《民法典》则作出肖像权人权利保护优先于肖像作品权利人的明确规定：在未经肖像权人同意情况下，肖像作品权利人不得以发表、复制、发行、出租、展览等方式使用或者公开肖像权人的肖像（第一千零一十九条）。按照以往习惯，新闻媒体通常会将自己拥有的新闻肖像作品用于其他场合如出版图书、艺术展览等而不顾及肖像人的权利，今后新闻肖像作品用于非合理使用场合必须取得著作权人和肖像权人的“双同意”。

在司法实践中，肖像作品中含有的肖像权正在日益引起重视。“视觉中国”网站以提供图片、视频等视觉内容为核心业务，在其提供的视觉内容中，有些涉及肖像人的图片、视频等，虽然取得了著作权人的授权，但却忽略了对肖像权人的保护，由此引发诉讼，如2019年北京互联网法院发布的十大热点案例之七“视觉中国”侵害肖像权案，即是未经秦某某肖像权人同意，将其数百张照片在网站售卖而侵权的案件。[①]

另有一起正保远程教育董事长朱正东肖像权案：朱在接受《京华时报》采访时，允许对方拍摄他上半身正面照，并配合新闻报道使用。后朱正东发现，在未经其同意情况下，“视觉中国”网站公开了这张照片，遂以侵害肖像权诉至法院。法院认为，《京华时报》使用涉案照片属于新闻报道的合法使用，但当涉案照片被单独截取并以商业目的展示在被告网站上时，已不具备“时事新闻”属性。尽管涉案照片著作权人（《京华时报》方）已同意，但在未经朱正东本人同意的情况下，被告在其网站中以对外授权许可为目的对涉案照片进行展示，仍构成对朱正东肖像权的侵犯，法院判决被告停止侵权，并赔偿经济损失1万元。[②]

（二）肖像权和名誉权

肖像是仅次于姓名的个人识别标志。肖像的使用同样可以起到赋予肖像人地位——提升或是贬低——的作用。当肖像所表示的意义具有非法贬低肖像人社会评价的性质时，那么就侵害了肖像人的名誉权。最为常见的情况是张冠李戴。一篇有贬义的文字错配了图片，足以使人们把图中人物合理理解为文中贬损的对象，肖像人可以请求维护名誉权。由于错配肖像，失去了肖像合理使用的阻却违法事由，所以侵害名誉权的肖像使用总是同时构成侵害肖像权。这样的案件曾发生过多起。

2010年演员战一发现TOM网登载“揭秘北京天上人间真正‘陪侍小姐’照片”的标题下盗用了自己的照片，并配说明：“姓名：瑶瑶；年龄：19岁……”遂在新浪博客上公开发布律师函澄清，要求发布网站采取措施，其后又对经营该网站的公司提起侵害肖像权、名誉权之诉。被告辩称此内容系用户上传，自己不能负责。法院经审理认定使用此照片侵害了战一的名誉权、肖像权。被告网站对可能涉及损害

---

① 《北京互联网法院审判白皮书》之七，2019年9月3日发布。

② 参见北京市第一中级人民法院民事判决书，（2019）京01民终1629号。

他人权益的负面信息，应负有一定的审查、管理职责，并采取相应的措施予以控制，现已不能查明上传用户（当时尚未实行用户提供身份信息的制度），鉴于被告已删除了侵权内容，判决被告赔偿精神损害抚慰金7 000元，侵害肖像权精神损害抚慰金3 000元。①

（三）肖像权和隐私权

肖像具有可识别性，也是一种个人信息，若肖像表现的是个人私密事项，就会既侵害了隐私权，又侵害了肖像权。

有刘小姐，曾经做过整容手术，同意接受《南方都市报》记者采访整容问题，并拍了照片，但是约定报道时不使用真实姓名，照片要作遮掩。后来报道以《“人造美女”想嫁整容医生》为题发表，配发刘整容前和整容后照片各一张，并无遮掩。刘认为照片未按约定作处理，虽然使用了假名但人们仍然可以从照片上辨认出自己，且文章多处夸大、失实，更无“想嫁整容医生”之说，遂以侵害隐私权、名誉权和肖像权诉至法院。法院认为：原告所接受的（有关整容的）人物专访并不涉及社会公共利益，不存在合理使用肖像的情形。被告又未举证证实其使用原告整容前后的两张照片已征得同意以及以符合她的要求的方式刊登，两审判决被告行为构成侵害原告这三项权利，承担民事责任。②

（四）肖像权与人格尊严

丑化、污损和伪造他人肖像，属于对肖像贬损性使用，同时是对肖像人人格尊严的侵害。

2000年有两家网站发起“评选国内歌坛十大丑星”的活动，歌唱演员臧天朔被评为“丑星”之一。在评选过程中，未经臧的同意，使用了臧的三帧肖像，配有调侃性文字，众多网民纷纷围绕“丑”字进行评说。臧以“评丑”活动侵害其肖像权、名誉权、人格权诉至法院，案经两审，判决两网站的行为侵害了臧的肖像权和人格权，共同承担停止侵害、赔礼道歉、连带赔偿经济损失1 500元和精神抚慰金1万元等责任。③

利用电脑软件等技术，图像PS、智能换脸、“深度伪造”，变换、伪造他人肖像行为，既是对肖像的破坏，也是对人格尊严的侵犯。

已故著名作家谢冰心的丈夫吴文藻是江阴人。江阴出版《冰心与江阴》一书以志纪念，主编薛仲良。该书插图印有一张冰心与薛仲良的合影照片。而此照原系陆永兴与冰心的合照，薛仲良利用电脑技术，将陆永兴头部影像更换为自己，与陆永

---

① 参见北京市东城区人民法院民事判决书，（2010）东民初字第10071号。

② 参见广东省中山市中级人民法院民事判决书，（2005）中中法民一终字第1003号。

③ 参见北京市第二中级人民法院民事判决书，（2002）二中民终字第397号。

兴躯体部分合成。陆永兴以侵犯肖像权诉至法院，法院判决薛仲良侵权，在《江阴日报》上刊登致歉声明，并赔偿陆永兴精神损害抚慰金2 000元。[①]

按我国的习俗传统，自身影像的完整性非常重要，尤其忌讳将已成影像中的头部从躯干上人为去除，造成身首分离。且对于普通民众来说，能与著名作家冰心合影，是具有纪念意义的事情，合影的照片亦具有珍藏价值。所以，对本人肖像完整性的破坏，本质上是对肖像上所体现的人格利益特别是人格尊严的侵犯。

第五节 侵权责任和救济

一、责任主体

新闻传播活动是一种群体活动，从新闻事实的发生到新闻的发布和传播，表现为多个行为主体的共同活动。

传统媒体传播路径和责任主体，如下图：

事实→新闻源→记者或作者→编辑→审稿部门（如有必要）→新闻媒体→印刷或制作→发行、销售、播放→受众

在网络空间，从事新闻信息服务包括互联网新闻信息采编发布服务、转载服务、传播平台服务，依照不同的资质，分别从事相关业务（见第八章第三节）。由于新闻生产和传播的主体呈现多元化，各个环节上的新闻报道行为人，各自所处地位的不同，在新闻传播活动中所起的作用不同，在确定侵权责任主体时存在着比较复杂的情况。

我国根据民事侵权行为的过错责任原则，主要以作者和传播媒介承担责任。随着当事人在法律范围内处分民事诉权的权利得到重视和落实，实行告诉乃论，不告不理，侵权行为人主要按当事人的请求承担相应责任。

（一）作者、表达者

每个人应该对自己的言论负责。在新闻侵权纠纷中，言论表达的形式包括文字、摄影、图画、电影、电视、录像、戏剧和口述（通过直播、广播或录音）作品，以及因不具有独创性而不成为作品的其他公开表达形式，如在报刊发表的简短信件、节目主持人的即兴谈话，以及互联网上各类自媒体、社交媒体的简短言论等。新闻报道和其他表达行为人，如果发表的内容具有侵权性质，经受害人请求法律救济，就要承担相应的法律责任。

《民法典》第一千一百九十一条规定："用人单位的工作人员因执行工作任务造成他人损害的，由用人单位承担侵权责任"。这在侵权法理论上称为替代责任。新闻单位的编辑记者或从事新闻信息服务单位的职务作品发生侵权纠纷适用此条规定。职务作品有三

---

① 参见江苏省江阴市人民法院一审民事判决书，(2008)澄民一初字第2131号；江苏省无锡市中级人民法院二审民事判决书，(2009)锡民终字第0168号。

个特征：一是媒体单位自身所属工作人员的作品，二是在自己岗位职责范围内并且体现了岗位职责要求的作品，三是由本媒体发表。不仅正式聘用人员，临时的、实习的工作人员也适用此原则。记者编辑向外单位投稿不属于职务作品。不在本岗位职责范围之内的作品，如评论员写小说、编辑写学术论文，即使在本媒体发表也不是职务作品。媒体和它的记者编辑存在隶属关系，记者编辑总是按照媒体单位的法人意志如编辑方针宗旨、报道计划、选题要求等等进行工作的，记者编辑在新闻传播活动中体现的是媒体单位意图而不是他个人的意图。新闻发生差错，只有媒体单位有权更正而记者编辑个人则不能，记者编辑不经过单位在事实上也无法承担责任。

如前述孔庆东名誉权案，将南京广播电视台和节目主持人列为共同被告，台方即以替代责任为由，提出不应列主持人为被告。

媒体单位为自己工作人员的侵权行为承担民事责任，不等于说有过错的工作人员没有责任。按照《民法典》规定，用人单位对自己的工作人员的职务侵权行为承担民事责任的同时，可以对有故意或重大过失的工作人员进行追偿。（第一千一百九十一条）

由法人或非法人组织主持、代表法人或非法人组织意志发布的内容，自应由法人或非法人组织承担责任。

（二）媒体单位

传统的新闻传播活动可以认为是媒体单位和作者的共同行为，作者提供内容，媒体单位予以发表，缺少任何一方，新闻传播活动就不可能实现。媒体对他人提供的事实内容有核实义务。在新闻侵权纠纷中，若侵权内容是外来作者提供，多数媒体单位会被要求与作者承担共同责任。

根据《民法典》，行为人发表的文学、艺术作品，如果以真人真事或者特定人为描述对象，含有侮辱、诽谤内容，侵害他人名誉权的，受害人有权依法请求该行为人承担民事责任。如果不以特定人为描述对象，仅其中的情节与该特定人的情况相似的，不承担民事责任。通常情况下，发布有侵权内容的文学、艺术作品的媒体由于对作品并不需要如新闻报道那样进行核实，不能发现，不承担责任。但若作品描写对象可以明显识别为特定人而不加调查核实，或受害主体提交证据请求媒体更正或删除侵权作品，而媒体置之不理，则有可能被请求与侵权作品行为人承担共同责任。（一千零二十七条、一千零二十八条）①

（三）重述者

对作品的重述（republish），包括转载、摘编、翻译、改编、表演等行为。传统英美诽谤法认为，每一次重述，都是一种再一次明确的公开，由此可以产生一种新的诉因。从诽谤法学理上说，重述者也应当同首次发表的媒介一样承担责任。如把侵权作品改编

---

① 最高人民法院 1993 年“解答”曾有规定：关于文学作品，“编辑出版单位在作品已被认定为侵害他人名誉权或被告知明显属于侵害他人名誉权后，应刊登声明消除影响或者采取其他补救措施；拒不刊登声明，不采取其他补救措施，或继续刊登、出版侵权作品的，应认定为侵权。”此司法解释现已废止，但《民法典》有关规定蕴含了这一精神。

成剧本，改编者和发表者就应承担责任。把剧本制作成电影或电视剧，制作者、播放者又应承担责任。我国就曾发生过翻译者承担侵权责任的案件。[①] 不过，这样的情况是很罕见的。因为侵权作品问世后，很快就会受到当事人追究，使得一些比较复杂的重述行为不可能实行。

常见的重述行为是转载。2000 年新闻出版署《关于进一步加强报刊摘转稿件管理的通知》规定："报刊摘转新闻报道或纪实作品等稿件应坚持真实性原则，对其摘转内容的真实性负有审核责任。摘转正式出版物的稿件也应核实真伪。"2009 年新闻出版总署《关于采取切实措施制止虚假报道的通知》重申："报刊转载新闻报道事先必须核实，确保新闻事实准确无误后方可转载。"都强调转载者也对新闻事实负有核实义务。

在司法实践上，对于转载者实行根据原告起诉确定被告的原则。新闻侵权诉讼的原告把转载者列为被告，法院一般都予接受，不列转载者为被告或只列部分转载者为被告，法院也不会追加，若认定侵权成立，列为被告的转载者也要承担责任。前引有些案件的涉讼作品均有多家传媒转载或转述，但当事人只告作者和发表者，转载者未承担责任。

我国对侵害人格权行为实行过错责任，所以转载作品的媒体应该是在过错责任原则的大前提下对内容承担核实责任的。转载责任应该考虑转载者是否具有主观过错和过错大小，如属发表官方提供的正式信息，转载国家通讯社、党报党刊发表的文字或政务新媒体发布职权范围的信息，若有差错，媒体无从预见，转载者不能对差错负责。但若有差错已被发现，转载者有公开更正的义务，如果拒不更正，则承担不作为的责任。还有的法院在审判中提出首刊媒体和转载媒体所承担的民事责任应有所区别。

> 2004 年香港电影导演唐季礼诉《青年时报》侵害名誉权案，将转载涉讼新闻的另两家报社和三家互联网公司都列为被告。法院经审理认为侵权成立。但是法院指出："除非首刊侵权报道的新闻媒体和转载媒体之间存在着共同的侵权过错，应各负其责，不构成共同侵权行为。"具体处理上，首刊媒体青年时报社，除停止侵害、赔礼道歉、恢复名誉、消除影响外，还应承担受害人经济损失和精神损害的赔偿责任，而其他五家转载媒体，则主要承担非物质形式的侵权民事责任。[②]

对网络传播的转载责任，最高人民法院 2014 年发布、2020 年修订的"规定"第七条规定，需要考虑三项因素：转载主体所承担的与它的性质、影响范围相适应的注意义务；所转载信息侵害他人人身权益的明显程度；对所转载信息是否作出实质性修改，是否添加或者修改文章标题，导致其与内容严重不符以及误导公众的可能性。非网络媒体也可以参照。

> 2015 年凤凰网客户端载有文章指责"美空网"做"皮肉生涯"、"淫媒网"等。经营美空网的松雷菲姆勒网络公司交涉未果，诉至法院。经营凤凰网的天盈九州公司辩称此文系从另一家网站转载。法院认为，资讯网站在转载网络信息时须承担必

---

① 参见中华人民共和国江苏省南京市人民法院民事判决书，（1992）宁民初字第 18 号；中华人民共和国江苏省人民法院民事判决书，（1999）苏民终字第 67 号。

② 参见上海市第一中级人民法院民事判决书，（2004）沪一中民一（民）初字第 13 号。

要的审慎注意义务，此案被告直接转载文章，对于明显的贬损性表述未作必要审核，存在主观过错，判决被告承担侵权责任。①

（四）消息源

消息源即提供新闻材料的个人或单位。不论是个人或单位提供的消息，如果有侵权行为，均适用民事侵权一般过错责任。

按过错责任原则衡量，向新闻单位主动提供材料，包括口头向新闻单位反映或以书面、网络途径向新闻单位投送材料等，其目的就是求得发表，理应对新闻材料可能发生差错具有注意责任从而对差错具有过错。被动接受采访，不能预见自己说的内容会发表，因而对可能发生差错不具有注意责任，自然不应对差错承担责任。至于在发表前征得同意或默许，在征求意见时就应当注意到差错的可能，对差错承担责任就是理所应当的了。②

消息源责任，同样贯彻“根据原告的起诉确定被告”的原则。消息源承担责任必须由原告起诉，原告不起诉，法院通常不会追加。

1993年歌星李谷一诉声屏周报社等侵害名誉权案，涉讼报道内容系韦唯接受采访所提供。但韦唯并没有主动与记者联系，而是在接听记者打来电话时谈了一些情况，被记者写成了报道。此时她尚属“被动接受采访”，不应对报道后果负责。但后来韦审核了新闻文稿并表同意，具备了与新闻单位共同承担责任的条件。不过根据“告诉才处理”的原则，李谷一没有起诉韦唯，所以法院不把韦唯列为被告。③

本章第二节所举初中学生李海峰等名誉权案，原告把电视台和提供指认犯罪嫌疑人录像资料的公安分局都列为被告，后者辩称自己系配合新闻工作，并无过错。法院认为该分局接受电视台采访时提交录像资料，却不作任何特别说明，是对电视台播出该资料的一种默许行为，判决公安分局与电视台共同承担侵权责任。④

（五）印刷者、发行者

印刷者、发行者对于出版物的侵权内容一般不具有注意义务，不应承担责任。

但是，如果明知出版物有侵权内容，或者法院或其他国家机关已经判定作品的侵权性质，甚至已经下令禁止传播，还是照样印刷、发行，则应承担相应的责任。

（六）网络服务提供者

网络服务者提供信息服务有两种方式：一种是自行发布或转载新闻及其他信息，自

---

① 参见北京市海淀区人民法院民事判决书，（2015）海民初字第29266号。

② 最高人民法院1998年“解释”对因提供新闻材料引起的名誉权纠纷规定两种情况：“（一）主动提供新闻材料，致使他人名誉受到损害的，应当认定为侵害他人名誉权。（二）因被动采访而提供新闻材料，且未经提供者同意公开，新闻单位擅自发表，致使他人名誉受到损害的，对提供者一般不应当认定为侵害名誉权……”此“解释”现已废止。可以按照过错责任归责原则确定消息源应否承担责任。

③ 参见河南省南阳地区中级人民法院民事判决书，（1992）法民一字第1号。

④ 参见《最高人民法院公报》2007年第2期。原注：“本案所涉及当事人姓名为化名。”

应对内容负责；另一种是提供平台，由用户上传内容，服务提供者对内容不能事先审查因而不知情，但是传播管道还是在其控制下，在发现有侵权内容后可以采取措施停止传播，这样服务者的责任就呈现比较复杂的情况。

有中国博客第一案：2005 年南京大学陈教授发现中国博客网注册用户“长套袜”发布日志《烂人烂教材》，以“流氓”、“猥琐人”等语词指名攻击自己。陈联系经营此网的杭州博客公司要求删除，后者要求提供身份证明，陈以非法定义务予以拒绝，诉至法院。法院认为陈发出通知即可认为被告已经发现有害信息，但未及时采取措施，未尽“善良管理人”的注意义务，判决被告致歉并赔偿经济损失 1 000元。[①]

本案发生较早，法院系根据民事侵权过错责任原则予以判决。2009 年《侵权责任法》第三十六条第一次就网络民事侵权责任作出规定，确定三项原则：用户和服务提供者利用网络侵权应该承担责任；被侵权人通知—服务提供者采取必要措施；服务提供者知道侵权而不采取措施须承担连带责任。[②] 2014 年最高人民法院“规定”根据此三项作了具体解释。在总结十多年司法实践基础上，《民法典》第一千一百九十四条至一千一百九十七条，对于网络侵权作了更具体规定。《侵权责任法》废止，原 2014 年“规定”作了修改，以下简称 2020 年“规定”。

1. 一般规定

《民法典》第一千一百九十四条规定：“网络用户、网络服务提供者利用网络侵害他人民事权益的，应当承担侵权责任。法律另有规定的，依照其规定。”本条是关于网络侵权的一般规定。随着互联网技术的发展，网络已不仅仅是传播信息，还具有政务服务、购物、支付、约车、在线教育和医疗保健等等多种功能，不同网络侵权行为法律关系各有特点，不仅要遵循民法一般原则，还需要考虑其他特别法的规定。

网络用户和服务提供者发布内容发生侵权纠纷适用一般过错责任原则，如何认定过错可以参照第一千零二十六条等规定。根据网络传播的特点，2020 年“规定”就用户和服务提供者根据国家机关依职权制作的文书和公开实施的职权行为所发布的信息而造成侵害他人人身权益规定了应该承担责任的四种情况：（1）与信息来源内容不符；（2）以添加侮辱性内容、诽谤性信息、不当标题或者通过增删信息、调整结构、改变顺序等方式致人误解；（3）已被公开更正而拒绝更正或不予更正；（4）已被公开更正而仍然发布更正之前的信息。（第九条）

2. “通知—取下”程序

《民法典》第一千一百九十五条规定：“网络用户利用网络服务实施侵权行为的，权

① 参见江苏省南京市鼓楼区人民法院民事判决书，（2006）鼓民三初字第 9 号；江苏省南京市中级人民法院民事判决书，（2006）宁民一终字第 1421 号。

② 《侵权责任法》第三十六条：“网络用户、网络服务提供者利用网络侵害他人民事权益的，应当承担侵权责任。网络用户利用网络服务实施侵权行为的，被侵权人有权通知网络服务提供者采取删除、屏蔽、断开链接等必要措施。网络服务提供者接到通知后未及时采取必要措施的，对损害的扩大部分与该网络用户承担连带责任。网络服务提供者知道网络用户利用其网络服务侵害他人民事权益，未采取必要措施的，与该网络用户承担连带责任。”

利人有权通知网络服务提供者采取删除、屏蔽、断开链接等必要措施。”并在第二款接着规定：“网络服务提供者接到通知后，应当及时将该通知转送相关网络用户，并根据构成侵权的初步证据和服务类型采取必要措施；未及时采取必要措施的，对损害的扩大部分与该网络用户承担连带责任。”这被称为“通知—取下”程序（notice-take down procedure），是借鉴了美国1998年《千年数字版权法》（Digital Millennium Copyright Act，DMCA）的设计。由于美国这个设计是基于互联网服务的被动性、工具性和中立性而提出的，减轻了服务者责任，故又称避风港（Safe Harbor）原则。我国2006年行政法规《信息网络传播权保护条例》引入了“通知—取下”程序。2009年《侵权责任法》将它扩展到适用于所有网络民事侵权行为。从过错责任原则来说，服务者在得到通知前可以推定为不知道，没有过错，所以无须负责。在得到通知后，已经知道有侵权内容而不采取措施，放任损害后果的扩大，则须承担连带责任。

原告杨帆，发现在华商论坛上有一网络用户“新西部”发表对本人具有侮辱性的文章，内容中使用了诸如“欠费老赖业主、上下其手暗箱操作、名为业主‘维权’，实为私欲阴谋、丧心病狂的败类，如此地地道道的‘搅屎棍’”等语言，文章发表被多人点击、阅读，还被张贴于杨帆所在社区内。杨帆向华商论坛所属华商公司口头和书面提出删除涉案文章，但华商公司并未及时采取相关诸如删除、屏蔽等必要措施。诉讼期间，涉案文章仍在网页上。法院判决华商公司立即删除涉案文章，支付公证费920元和经济损失1 000元。[①]

《民法典》第一千一百九十五条还就权利人通知的内容作了原则规定：“通知应当包括构成侵权的初步证据及权利人的真实身份信息。”初步证据，例如内容虚假、有侮辱含义或涉及私密信息等。真实身份信息，包括真实姓名和身份证号码，不能使用网名、笔名。按此，前述2005年南大教授发出通知而拒绝提供身份证明到现在就不具有效力。

为防止有人滥用“通知”权利而影响正当表达，本条第三款规定了权利人的责任：“权利人因错误通知造成网络用户或者网络服务提供者损害的，应当承担侵权责任。”

对如何判断网络服务提供者是否“及时”采取措施，2020年“规定”第四条指出：“应当根据网络服务的类型和性质、有效通知的形式和准确程度、网络信息侵害权益的类型和程度等因素综合判断。”

本章第一节提及蔡继明名誉权案：蔡因提议取消“五一黄金周”等法定假日制度改革而招致网民不满，自2007年起在“百度贴吧”开设“蔡继明吧”，集中对蔡进行谩骂、侮辱、威胁。蔡委托助手梁文燕向百度告知其中有辱骂内容，申请担任贴吧管理员以便采取措施，百度未予答复处理。2009年10月，蔡委托律师向百度发出律师函，百度立即对贴吧作了删除处理，但不久又出现了大量攻击内容，百度继续删除。蔡继明对百度公司起诉。一审判决百度向蔡提供在“蔡继明吧”进行谩骂侮辱的用户信息，但认为百度在接到蔡的有效通知后采取了及时必要的措施，无

① 参见陕西省西安市雁塔区人民法院民事判决书，（2016）陕0113民初5530号；陕西省西安市中级人民法院民事判决书，（2017）陕01民终5908号。

须承担责任。蔡不服上诉。二审判决认为蔡此前已委托梁投诉，百度未予处理，对于梁投诉到蔡发出正式律师函这一时间段的侵权行为，应当承担怠于管理的责任，维持驳回请求撤销“蔡继明吧”的原判，判决百度赔偿精神抚慰金10万元。[①] 此案审理时《侵权责任法》尚未生效，但法官表示系按此法规定的“通知—取下”精神进行判决。

本案一审判决着眼于百度接到律师信立即采取措施，故认为无过错。二审则认为百度此前还曾得到原告委托他人的通知而以不符合公司投诉规则为由未予受理，但这只是百度内部规则，他们终究已经获知有侵权行为，所以对此一段损害仍有怠于管理的责任。在《民法典》实施后的如今，权利人的通知应该规范化。

3. 用户“反通知”（声明）程序

《民法典》第一千一百九十六条就用户对涉嫌侵权的通知提出反通知做出规定，这是一项新规定。

此条第一款规定：“网络用户接到转送的通知后，可以向网络服务提供者提交不存在侵权行为的声明。声明应当包括不存在侵权行为的初步证据及网络用户的真实身份信息。”

对用户提交反通知的要求，一是不存在侵权行为的初步证据，如对侵害名誉权指控提交一定的事实证明或反证对方对内容虚假的指控不合理、对侵害肖像权的指控提交属于合理使用的证明等。二是同通知人一样提供自己的真实身份信息。

第二款就网络服务提供者应对作出规定：“网络服务提供者接到声明后，应当将该声明转送发出通知的权利人，并告知其可以向有关部门投诉或者向人民法院提起诉讼。网络服务提供者在转送声明到达权利人后的合理期限内，如果未收到权利人已经投诉或者提起诉讼通知的，应当及时终止所采取的措施。”

网络服务提供者要做的，一是将声明转送发出通知的权利人并告知可以投诉或起诉；二是等候权利人反应。如果权利人提起投诉或起诉，表明权利人坚持通知的主张、不同意反通知的声明，那么网络服务提供者应当继续维持此前采取的措施，等候有关部门或法院依法采取措施。如果权利人在合理期限内没有投诉或起诉，表明其默认反通知，那就应当终止原先的措施，恢复相关内容。当然这并不影响权利人在以后的时效期间投诉或起诉。

网络服务提供者在履行这段程序以后，就不应再对有关侵权内容承担责任。

4. 网络服务提供者“知道或者应当知道”侵权行为的责任

《民法典》第一千一百九十七条规定：“网络服务提供者知道或者应当知道网络用户利用其网络服务侵害他人民事权益，未采取必要措施的，与该网络用户承担连带责任。”这是对网络服务提供者与网络用户承担连带责任主观构成要件的规定。

网络平台传播与传统传播不同，一是不可能事先把关审核，再予以发布；二是平台

---

① 参见北京市海淀区人民法院民事判决书，（2010）海民初字第01281号；北京市第一中级人民法院民事判决书，（2011）一中民终字第5934号。本案为最高人民法院信息网络侵害人身权益典型案例，2014年10月9日发布。

内容海量，用户发布后也不可能一一审核，发现问题。所以对网络服务提供者对其平台上侵权内容应该有一个实事求是的界定。

本章第三节王菲名誉权、隐私权案，作为被告的两个网站一个有责，另一个无责：

> “大旗网”就王妻自杀事件开设了一个专题网页，转载或链接有关内容，包括王菲的各种个人资料、他与“第三者”的合影等，还有访问网民的言辞，法院判决网站构成侵权。①
>
> “天涯网”并未自设专页，只是让网民张贴有关文字，而且在王菲起诉前即已将这些内容全部删除。法院认为“天涯网”依照相关规定，制定有上网规则，对上网文字设定了相应的监控和过滤措施，达到了相应要求。网站管理者的监管义务应以确知网上言论违法或侵害他人合法权益为前提，在确知的情况下如果放任违法或侵权信息的存在和散播，则构成侵权；而及时履行了删除义务的，不构成侵权。判决驳回王菲对“天涯网”的诉求。②

如何认定“知道或者应当知道”，2020年“规定”列出7项衡量因素。现归纳为：主观方面，要看服务者有没有对侵权信息进行过推荐、排名、选择、编辑、整理、修改等方式的处理；服务者应当具备的管理能力和提供服务的性质、方式、引发侵权的可能性；服务者采取的预防措施；服务者是否对同一用户的重复侵权行为或者同一侵权信息采取了相应措施。客观方面，要看侵权信息侵权类型及明显程度；侵权信息的社会影响程度或者浏览量，等等，予以综合考量。凡是认定服务者“知道或者应当知道”侵权而未采取必要措施的，则与用户承担共同侵权责任。可见，对网络服务者仍然采取过错归责原则，只是对如何确认服务者过错提出了具体衡量标准。

> 如有工程师齐飞，被胡某屡次在新浪博客上发布文字进行骚扰、污蔑，指其涉爆、涉毒、涉黄、涉贪。齐曾十余次向新浪博客管理者新浪互联公司发送快递、邮件要求删除侵权博客并防止重复侵权发生。经齐起诉，胡某已被依法判决承担侵权责任。齐认为新浪互联公司行为也构成侵权，再次诉诸法院。法院经审理认为，被告虽然每次都依照原告申请进行了删除，但并未采取避免重复侵权发生的合理措施，且删帖不够及时，导致侵权文章在网页上有至少几日的停留时间，对齐飞的名誉造成了损害，判决被告赔偿齐飞为制止侵权行为支出的合理开支共计11 058元。③

二、责任形态

责任形态指如何确定侵权行为的责任人和在多人侵权时如何分担责任。

通常，每个人对自己造成的损害应该自己承担责任，称为自己责任。但是法律也规

---

① 参见北京市朝阳区人民法院民事判决书，（2008）朝民初字第29276号。

② 参见北京市朝阳区人民法院民事判决书，（2008）朝民初字第29277号。两案为最高人民法院信息网络侵害人身权益典型案例，2014年10月9日发布。

③ 参见北京市朝阳区人民法院民事判决书，（2015）朝民初字第13496号；北京市第三中级人民法院民事判决书，（2017）京03民终4586号。

定有些主体应该对自身隶属、管领下的人或物体造成的损害承担责任，称为替代责任。新闻单位对于本单位采编人员的职务行为的侵权损害应负替代责任，已见前述。

在多人负有侵权责任情况下，需要确定对损害赔偿是按份责任还是连带责任。按份责任就是两人以上分别实施侵权行为造成同一损害，若能分清责任大小，各自承担相应责任；不能分清的，平均承担责任。连带责任则把侵权行为看作一个整体，连带责任中的每个人都要对被侵权人承担全部责任，换言之，被侵权人可以请求连带责任中的任何一个或者数个人承担全部责任。连带责任主要适用于共同侵权行为，还有法律规定的其他情况。按照《民法典》规定，承担连带责任的情况有：二人以上共同实施侵权行为（即共同侵权）而造成损害的；教唆、帮助他人实施侵权行为的；二人以上实施危及他人人身、财产安全的行为，而又不能确定具体侵权人的；二人以上分别实施侵权行为造成同一损害，每个人的侵权行为都足以造成全部损害的等情形。（第一千一百六十八条至第一千一百七十一条）

在新闻侵权案件中，最常见被一同列为被告的是作者、消息源和媒体单位。虽然《民法通则》已有关于共同侵权行为承担连带责任的规定，但是在早期新闻侵权纠纷中，作者和新闻单位都有责任的，如前已提及的吉文贞（荷花女）死者名誉案、徐良名誉权案、《遵义晚报》发表影射小说侵权案、李谷一名誉权案等，法院判决赔偿时都规定了各自承担的份额，鲜有判处连带责任的。①

较早判决作者和媒体对赔偿承担连带责任的有1994年刘兴中诉工人日报社、黄迅超、汪博天侵害名誉权案，判决支付赔偿金5万元，其中报社2.5万元，黄1.5万元，汪1万元，三被告负连带责任。判决书没有就连带责任作说明。② 这当然有利于原告，那时5万元不是小数，原告可以要求报社全额偿付，不受两位作者支付能力的影响。

本世纪以来，判决连带责任多了起来。作者和首发媒体负连带责任的如郭小川死者名誉案、茅惠芳名誉权案③，媒体和消息源负连带责任的如安徽电视台使用公安分局提供录像侵害中学生名誉权案，还有一件已故著名艺术家名誉和隐私纠纷案，判决作者、资料提供者和出版社三方负连带责任④。但是也还有类似案件仍以按份责任下判。

责任形态认定不一的原因之一是对共同侵权行为理解尚不一致。现今主流理解共同

---

① 参见王强华、魏永征主编：《舆论监督与新闻纠纷》，上海，复旦大学出版社，2000。收录评析新闻侵权案件62例，其中判决多人责任的约20例，在赔偿方面都是按份责任。刘海涛、郑金雄、沈荣：《中国新闻官司二十年（1987—2007）》，北京，中国广播电视出版社，2007。收录评析案件50例，可辨明判决多人责任的，按份责任4例，连带责任5例。

② 刘兴中是深圳市汽车工业总公司总经理，黄迅超、汪博天在《工人日报》发表《百万劳务工的呼唤》，指刘“专横跋扈，腐化堕落”，刘提起名誉权诉讼胜诉。参见广东省深圳市福田区人民法院民事判决书，（1994）福民初字第71号。被告未上诉，后有深圳市人民检察院抗诉，被驳回。参见广东省深圳市中级人民法院民事判决书，（1998）深中法民监字第70号。此案在新闻侵权纠纷与舆论监督关系上有争议。

③ 茅惠芳曾在芭蕾舞剧《白毛女》中饰演喜儿，现定居美国。有罗学蓬撰《喜儿茅惠芳浮沉录》，编造茅惠芳投靠江青集团而入狱的故事，发表于河南人民出版社出版的《名人传记》，多家报刊转载。法院判决作者和出版社共同赔偿经济损失95 746元，精神抚慰金7万元。其他转载媒体按份赔偿。参见中华人民共和国上海市第一中级人民法院民事判决书，（2000）沪一中民初字第301号。

④ 即已故昆曲表演艺术家俞振飞名誉和隐私纠纷案，法院判决停止出版发行侵权著作，作者、资料提供者和出版社共同赔偿经济损失8 000元和精神损害抚慰金2万元。参见上海市卢湾区人民法院民事判决书，（2010）卢民一（民）初字第1115号；上海市第一中级人民法院民事判决书，（2011）沪一中民一（民）终字第396号。

侵权行为系指在共同过错下实施相互联系的行为而造成同一个损害结果。据此，作者、消息源与媒体对于侵权内容具有同样的过错，他们虽然各自实施报料、写作、发表等行为，但是却有共同过错，造成同一损害，应属共同侵权。而传统理解则认为共同侵权行为各侵权人必须有意思联络，而何谓意思联络又有不同理解，有理解为"共谋"的，若法官认为报料、写作、发表等都是分别实施的，并无意思联络，则不认定共同侵权。对此尚可进一步探讨。[①] 而在审判中，选择何种责任形态更多是出于对各方利益权衡的结果，不过这不会见诸文字。

不同媒体转载，不是同一个侵权行为，所造成的损害也各不相同，原告可以分别起诉，也可以合并起诉由法院合并审理，判决时自应分别确定责任。

至于多个媒体共同策划的行为，当然属于共同侵权行为，如肖像权一节两家网站策划评丑星活动侵害臧天朔肖像权、名誉权案。

网络侵权行为，《民法典》第一千一百九十五条规定："网络服务提供者接到通知后，……未及时采取必要措施的，对损害的扩大部分与该网络用户承担连带责任。"第一千一百九十七条规定："网络服务提供者知道或者应当知道网络用户利用其网络服务侵害他人民事权益，未采取必要措施的，与该网络用户承担连带责任。"从本章所引网络侵权案件看，大多都由网络服务者承担责任。至于第一节所举范冰冰名誉权案，第一被告毕成功散布的是影射言论，而第二被告易赛德公司则刊文指名指责受害人，是两个行为，故判决分别承担责任。[②]

与责任形态相关的是权利人应该对谁提起责任诉求，按照2020年"规定"，原告可以只起诉网络用户，也可以只起诉网络服务提供者。如果被告方请求追加网络服务提供者或者网络用户为共同被告或者第三人的，法院应予准许。如果原告仅起诉网络服务提供者，而网络服务提供者以涉嫌侵权的信息系网络用户发布为由抗辩而又没有请求法院追加网络用户为共同被告的，法院可以根据原告的请求及案件的具体情况，责令网络服务提供者提供能够确定涉嫌侵权的网络用户的姓名（名称）、联系方式、网络地址等信息。原告可以根据网络服务提供者提供的信息请求追加网络用户为被告。（第二条和第三条）

三、责任方式

《民法典》第九百九十五条规定："人格权受到侵害的，受害人有权依照本法和其他法律的规定请求行为人承担民事责任。"受害人的请求权包括直接向侵权行为人提出履行民事责任的请求权和行使诉权。根据《民法典》第一百七十九条规定的承担民事责任的十一种方式，在人格权侵权中，权利人可以请求行为人停止侵害、排除妨碍、消除危险、消除影响、恢复名誉、赔礼道歉和赔偿损失。这些承担民事责任方式通常是通过诉讼程序，经法院判决或调解来履行的。除此之外，根据《民法典》和《出版管理条例》，还可

---

① 参见王利明：《侵权责任法研究（上）》，北京，中国人民大学出版社，2010，第510-511页。

② 参见北京第二中级人民法院民事判决书，（2013）二中民终字第08057号。本案为最高人民法院利用信息网络侵害人身权益典型案例，2014年10月9日发布。

以通过非诉讼程序，例如申请法院责令行为人停止有关行为，要求新闻媒体主动更正及发表相对人答辩等。发生新闻侵权行为，应按上述规定承担相应的法律责任。

（一）非诉讼程序

1. 更正、删除与答辩

更正和删除是进入诉讼程序之前的对侵权内容的补救措施。《民法典》一千零二十八条规定："民事主体对有证据证明报刊、网络等媒体报道的内容失实，侵害其名誉权的，有权请求该媒体及时采取更正或者删除等必要措施。"

更正，就是新闻媒体自己或经权利人通知发现内容失实以后，及时公告纠正。更正，首先是体现了新闻媒体尊重事实，尊重受众，恢复客观事物的本来面貌，消除侵权内容影响，符合新闻规律和新闻专业规范。同时，也表明新闻媒体对于所发表内容的差错是出于无意，勇于纠正，可以免于其他责任。

删除侵权内容，是网络媒体的一种更正措施。包括网络媒体发现侵权内容主动予以删除，也可以在得到权利人通知后及时删除。前述"通知—取下"程序是指网络服务者对用户发布的内容采取删除等措施，本条是指网络媒体删除自己发布的侵权内容。

以更正作为新闻媒体承担消除侵权内容影响的一种民事责任方式，早先见于行政法规《出版管理条例》。其第二十七条规定："出版物的内容不真实或者不公正，致使公民、法人或者其他组织的合法权益受到侵害的，其出版单位应当公开更正，消除影响，并依法承担其他民事责任。"其第二款还规定："报纸、期刊发表的作品内容不真实或者不公正，致使公民、法人或者其他组织的合法权益受到侵害的，当事人有权要求有关出版单位更正或者答辩，有关出版单位应当在其近期出版的报纸、期刊上予以发表；拒绝发表的，当事人可以向人民法院提起诉讼。"更正是新闻媒体的作为，答辩则是权利人的作为。对不利于本人的指责必须给以申述机会，是现代社会公正原则的体现。虽然《民法典》并无有关答辩的规定，但是行政法规同样具有法律效力。依照此条规定，以答辩消除影响只能适用于报纸、期刊；权利人自行在网络平台发帖反驳侵权内容，网络媒体不能以此辩称免责。

媒体单位履行更正和发表答辩的义务并不以自身有过错为前提，就是说，媒体发表侵权内容无论有无过错，一旦发现，都有公开更正或发表答辩以消除影响的义务。内容证明有错，没有正当理由，既不更正，又不发表答辩，表明媒体具有主观恶意，权利人起诉，就无权引用《民法典》第一千零二十五条辩称免责。

更正和答辩，其作用是对新闻传播活动中新闻媒体和相对人之间可能发生的冲突设置一个缓冲阀。新闻报道难免发生差错，更正和答辩可以较快地消除不良影响，平息受到不同程度损害的相对人的不满，免除讼累，这对于媒体和相对人都有好处。

2. 诉前禁令制度

人格权诉前禁令制度是《民法典》的新规定。其第九百九十七条："民事主体有证据证明行为人正在实施或者即将实施侵害其人格权的违法行为，不及时制止将使其合法权益受到难以弥补的损害的，有权依法向人民法院申请采取责令行为人停止有关行为的措施。”

诉前禁令制度属于“预防型民事责任”。人格权保护引入该制度，主要目的是防止受害人遭受无法弥补的伤害，如隐私信息一旦被公开到网络，基本无法彻底清除。人格权关涉人格尊严，故在侵权责任最终确定之前，对正在实施的和可能出现的侵害行为予以及时制止，是对权利人进行救济的重要方式。

人格权禁令制度，在程序上属于诉前措施。禁令并不必然伴随着诉讼程序，即民事主体请求通过法院颁发禁令，采取责令行为人停止有关行为的措施，达到制止侵权行为的目的。法院颁布禁令后，该禁令即可生效，权利人在申请禁令后并不负有提起诉讼的义务，而不提起诉讼也并不影响禁令的生效。[①] 在申请禁令时，当事人只需要提交初步证据，证明行为人正在实施或者即将实施侵害其人格权的违法行为即可，不需要提供能够证明构成侵权责任全部要件的证据。从实体上看，法院同意作出禁令，不等同于认定侵权成立，禁令只是作为防止可能存在的侵害进一步扩大的临时措施，不具有既判力。在对象上，该项规定只针对侵害人格权的违法行为，与民事诉讼法所规定的诉前行为保全制度并不相同，两者在适用范围、适用程序、适用主体等方面，均存在差异。[②]

（二）诉讼程序

1. 精神性责任

新闻侵权行为首先造成的是精神损害，履行精神性责任方式或称精神抚慰，其作用是平复损害，使受害人的精神状况和精神利益尽可能恢复原状。精神抚慰的方式有停止侵害、消除影响、恢复名誉、赔礼道歉。《民法典》规定精神性责任方式不适用诉讼时效的规定（第九百九十五条），体现了将侵害精神性人格权的请求权与需要履行财产性责任如财产损害赔偿、身体损害赔偿等侵权行为的请求权加以区分的创新。权利人只要能证明侵权内容存在，就可以向法院提起请求侵权人履行停止侵害等精神性责任措施的诉讼请求。

（1）停止侵害。

如对侵权内容不再重复刊播，停止连续刊播，从网上删除、屏蔽，有侵权内容的报刊书籍不再出售等。停止侵害是承担法律责任最重要的方式，不停止侵害，就意味着侵权行为处于持续状态，侵权的损害后果尚在加深和扩大，侵权人的主观状态就会从无过失或过失转化为故意，将会承担更重的法律责任。

（2）消除影响、恢复名誉。

主要是通过发表更正或者相对人答辩，使公众知悉前面发表的新闻或其他作品存在着不真实或其他违法内容，不足置信，应予纠正，从而改变由于侵权作品而形成的关于受害人的不正确的看法，使受害人非正常减损的名誉恢复到正常状态，达到消除影响的目的。恢复名誉、消除影响的范围，应与所造成的不良影响的范围相当。（《民法典》第一千条）但这种方式对侵害隐私权行为不宜采用。

---

① 王利明、程啸：《中国民法典释评：人格权编》，北京，中国人民大学出版社，2020，第111－112页。

② 参见程啸：《论我国民法典中的人格权禁令制度》，《比较法研究》（北京）2021年第3期。

（3）赔礼道歉。

赔礼道歉既可以是在媒体上，也可以用其他书面方式，一般就在侵权人的更正声明中含有赔礼道歉的内容。

法院判决责令履行的恢复名誉、消除影响、赔礼道歉，其内容须事先经人民法院审查。若行为人拒不履行上述三种民事责任，人民法院可以采取在报刊、网络等媒体上发布公告或者公布生效裁判文书等方式执行，产生的费用由行为人负担。

2. 财产性责任

《民法典》规定，侵害他人人身权益造成财产损失的，被侵权人可以请求获得经济赔偿；对侵害自然人人身权益造成严重精神损害的，被侵权人有权请求精神损害赔偿。（第一千一百八十二条和第一千一百八十三条）这表明在人格权益受到侵害时，除请求侵权行为人承担赔礼道歉等精神性责任方式外，在造成财产损失或严重精神损害条件下，还可以请求侵权人承担金钱赔偿的责任方式。新闻侵权行为的赔偿也分为这两部分。

（1）经济损失赔偿。

《民法典》第一千一百八十二条规定了三种情况：

一是：侵害他人人身权益造成财产损失的，按照被侵权人因此受到的损失赔偿。

通常把财产损失分为积极损失和消极损失两类。积极损失是指受害人因侵权行为造成的现有物质财富的减少，比如财产被侵占、毁坏等。消极损失是指受害人因侵权行为而失去了应该得到的利益，在未发生侵权行为情况下应该增加的财富由于侵权行为而没有增加。新闻侵权行为作为侵害人格尊严权利的行为，造成受害人的积极损失如因精神痛苦而患病就医支付的费用等，造成受害人的消极损失如由于名誉减损、隐私公开等而被解雇失业等。

消极损失不像积极损失那样明白可计，所以在估算上有一定难度。侵权行为必须同损害结果存在着因果关系，一方面，需要确认受害人的某些利益在正常情况下是肯定可以得到的；另一方面，则需确认受害人没有得到这些利益完全是侵权行为所造成的。如果受害人获得某种利益本来就只是一种可能性，那么他后来未能获得就不能算作现实的损失，而只是想象中的损失，不应列为赔偿内容。

> 如四川兴运公司名誉权案，一、二审判决被告报社和新闻源赔偿总额为 580 万元。后经最高人民法院提审，查明原判认定的兴运公司的损失，有的事实上不存在，有的在侵权新闻发表前就已经具备终止合同的条件，并不是因为侵权新闻而导致解除合同，所以损失数额并没有兴运公司所提的那么多。经过核减，改判赔偿总金额为 90 万元。①

二是：按照侵权人实施侵权行为获得的利益赔偿。

常见的如侵害肖像权行为将肖像用于营利目的，有侵权内容的作品发行、放映、播放、出租等，侵权人所获收益就可以作为索赔标的。但如果被侵权人损失可以确定，就不能采取此类赔偿方式。

---

① 参见最高人民法院民事判决书，（1996）民提字第 2 号。

1999年央视节目主持人崔永元诉华麟公司侵害肖像权、名誉权案，根据被告当年广告收益计算索赔180万元，法院以于法无据予以驳回，判赔10万元。[①]

按现在规定，他的诉求可望得到支持。

三是：被侵权人受到的损失或者侵权人获得的利益难以计算的，赔偿数额协商不一致的，由法院根据实际情况确定赔偿数额。

如姚明诉武汉云鹤大鲨鱼公司案，被告未经授权，就在公司网站和产品上多次使用姚明的姓名和肖像，姚明索赔1 000万元。初审法院判决侵权成立，但认为姚明索赔金额提供证据不足，根据侵权事实和姚明维权支出，判赔30万元。姚明上诉，提出若干现有代言合同为据，指索赔金额系据此推算而来。二审法院认为不能完全根据权利人因其他商业机会所获收益来直接推算本案损害赔偿金额。但被告在侵权行为持续期间收益很高，原告又是公众人物具有良好社会形象，综合考虑，原审判赔金额偏低，改判赔偿姚明经济损失100万元。[②]

现行法律尚未能考虑商誉等无形资产的损失，没有确定的估算标准，目前也是由法院根据实际情况确定。

如第一节所述2013年奇虎公司等诉《每日经济新闻》侵害名誉权案，法院判令被告赔偿150万元，这是近年来名誉权案判赔金额较高的。其中就考虑了受害方的商誉损失因素，如原告商标和公司的市场价值、原告的品牌和企业声誉受损、产品评价降低导致推广费用的损失等。[③]

（2）严重精神损害赔偿。

《民法典》第一千一百八十三条："侵害自然人人身权益造成严重精神损害的，被侵权人有权请求精神损害赔偿"。

精神损害赔偿，又称非财产损害赔偿，是对侵权行为所造成的精神损害所作的赔偿。过去传统上认为，在名誉权等非财产权利遭受侵害时给以金钱赔偿，意味着将人格权商品化，故对精神损害赔偿持否定态度。首先，人格尊严权确实无价，但是人的精神存在并不是虚幻的，精神状态直接影响着生活质量和劳动能力，精神损害最终总是表现为人的劳动能力的损失和生活质量的降低。从这个意义上说，精神损害赔偿不仅是体现了对人的价值和尊严的尊重，而且也是对受害人劳动能力损失和生活质量降低的一种补偿。

---

① 参见北京市朝阳区人民法院民事判决书，(1999) 朝民初字第4247号。

② 参见湖北省武汉市中级人民法院民事判决书，(2011) 武民商初字第66号；湖北省高级人民法院民事判决书(2012)，鄂民三终字第137号。

③ 参见上海市徐汇区人民法院民事判决书，(2013) 徐民二（商）初字第913号；上海市第一中级人民法院民事判决书，(2014) 沪一中民四（商）终字第2186号。一审判决提出：法院在确定每经公司、经闻公司应当赔偿奇虎公司、奇智公司经济损失的数额时主要考虑以下因素：1."奇虎360"商标及奇虎公司、奇智公司企业的市场价值。2.每经公司、经闻公司侵权行为给奇虎公司、奇智公司造成的损失，主要包括：360系列软件的评价降低，由此导致用户卸载带来的奇虎公司、奇智公司推广费用的损失；360安全中心网的流量减少；广告收入的减少；奇虎公司、奇智公司的品牌和企业声誉受损。3.涉案报道的广泛传播。4.每经公司、经闻公司侵权的主观恶意明显。5.新闻媒体批判性报道致法人名誉受损所应承担的责任限度。6.奇虎公司、奇智公司为维权支出的合理费用。终审判决对此6点因素予以支持。

其次，名誉、荣誉等还是权利人的一种无形财富和无形资产。这种损失，有的是有形的、可以计算的，比如被解聘、降职等，可以作为经济损失进行赔偿，但是，有的又是无形的，要过较长一段时间才能显示出来，这就难以当场计算。其三，单纯采取消除影响、赔礼道歉等抚慰方式，也不足以使致害人受到应有的儆戒。所以精神损害赔偿具有抚慰性、补偿性和惩戒性等多重意义。

请求精神损害赔偿，需要注意以下几点：

第一，规定请求精神损害赔偿的主体只能是自然人。2020 年修订后“解释”第五条规定：“法人或者非法人组织以名誉权、荣誉权、名称权遭受侵害为由，向人民法院起诉请求精神损害赔偿的，人民法院不予支持。”通常认为精神损害主要表现为精神痛苦，法人不会产生精神痛苦，所以无从赔偿。

第二，请求赔偿精神损害前提是精神受到“严重损害”。依据上文所引《民法典》第一千一百八十三条规定，精神损害赔偿只是辅助的责任方式，若未造成严重后果，而受害人请求赔偿精神损害，法院不会予以支持。

第三，2020 年“解释”对确定精神损害的赔偿金额规定了六项因素：侵权人的过错程度，法律另有规定的除外；侵权行为的目的、方式、场合等具体情节；侵权行为所造成的后果；侵权人的获利情况；侵权人承担责任的经济能力；受诉法院所在地平均生活水平。可以参照确定。

第四，违约责任和精神损害赔偿责任请求权可以并行。《民法典》第九百九十六条规定：“因当事人一方的违约行为，损害对方人格权并造成严重精神损害，受损害方选择请求其承担违约责任的，不影响受损害方请求精神损害赔偿”。在本章议题中，若有肖像使用发生违约纠纷，而违约人同时造成严重精神损害，可以请求精神损害赔偿。

第六节　侵犯人格权的犯罪

人格权还受到刑法、行政法保护。《刑法》列有诽谤罪和侮辱罪，损害商业信誉、商品声誉罪，以及侵犯个人信息罪。《治安管理处罚法》对于此类情节较轻、尚不构成犯罪的行为，列有行政处罚的条款。

一、诽谤罪和侮辱罪

侵害名誉权行为，其社会危害性达到一定严重性就可能构成侮辱罪和诽谤罪。其类罪名是侵犯公民人身权利罪，所以侵犯对象限于自然人。

《刑法》第二百四十六条规定：“以暴力或者其他方法公然侮辱他人或者捏造事实诽谤他人，情节严重的，处三年以下有期徒刑、拘役、管制或者剥夺政治权利。”第二款规定“告诉的才处理，但是严重危害社会秩序和国家利益的除外”。由于网络诽谤行为人往往难以寻找、确定，《刑法修正案（九）》增列第三款：“通过信息网络实施第一款规定的行为，被害人向人民法院告诉，但提供证据确有困难的，人民法院可以要求公安机关提供协助。”

“两高”2013年《关于办理利用信息网络实施诽谤等刑事案件适用法律若干问题的解释》对利用信息网络实施诽谤行为的主观故意，“情节严重”和“严重危害社会秩序和国家利益”分别作出界定（见第三章第二节），这对通过非网络的大众媒介实施的诽谤罪和侮辱罪也提供了参照。可以归纳这样三个特征：（1）客观上制作发表了捏造虚假事实损害他人名誉或者贬损他人人格的新闻和信息；（2）主观上出于故意，就是明知事实不存在或有贬损他人人格内容足以造成损害他人名誉而加以编造、传播；（3）具有司法解释规定的“情节严重”的情况之一。

诽谤罪和侮辱罪没有单位犯罪的规定，犯罪主体限于自然人。

自1979年《刑法》规定诽谤罪、侮辱罪以来，在传统大众媒介上发表文字由当事人自诉构成诽谤罪而被判处刑罚的案件为数甚少。其中两件是新闻诽谤案，这就是发生在上海的1985年杜融诉《民主与法制》记者沈涯夫、牟春霖《二十年“疯女”之谜》诽谤案①和1986年李宝善诉《民主与法制》特约记者石莘元等《“文革”幽灵在这里游荡》诽谤案②；还有数件小说诽谤案，如1988年在上海判决的杨怀远诉作家张士敏《荣誉的十字架》诽谤案③、1990年在福建厦门判决的朱秀琴等诉作家唐敏《太姥山妖氛》诽谤案④等。

“杜融案”是新中国成立以来第一起新闻记者被控犯诽谤罪的案件。涉讼通讯《二十年“疯女”之谜》，发表于《民主与法制》1983年第1期，作者是该刊记者沈涯夫、牟春霖。通讯称：据妇女狄某诉说，其丈夫杜融为了从武汉调回上海，诱逼她装疯，两次将她送入精神病院。杜回上海后，因私生活问题暴露，怕狄揭发，再次将她送进精神病院，致使狄戴着“疯女”帽子生活了20年。《民主与法制》又连续发表读者来信和座谈会纪要，指杜是“暴戾之徒”、“新型流氓”、“残害妇女的刑事犯罪分子”。由于当时对诽谤只有刑法规定，杜融于1985年1月到上海市长宁区人民法院对沈、牟提起诽谤罪刑事自诉。1987年6月，长宁区人民法院一审判决认定：狄某确系精神病患者。所谓杜融骗妻装疯、逼妻装疯，为调回上海和掩盖私生活错误而将妻子打成精神病的说法没有任何根据。判决认为《二十年“疯女”之谜》主要内容纯属捏造。两被告人不顾狄某有精神病史的事实，违反要否定精神病的诊断结论必须作司法医学鉴定的规定，拒不接受有关的医生、同事、受害人住地部分群众、当事人单位组织、上级领导机关的忠告和规劝，故意捏造和散布足以损害自诉人人格、破坏自诉人名誉的虚构的事实，手段恶劣，情节严重，影响很坏，已构成诽谤罪。判处沈涯夫剥夺政治权利一年零六个月，牟春霖剥夺政治权利一年，并

① 参见上海市中级人民法院刑事附带民事裁定书，（87）沪中刑上字第531号；《最高人民法院公报》1988年第2期。

② 参见《解放日报》（上海）1988年3月9日、1988年3月19日、1988年3月20日、1988年4月20日、1988年7月23日。

③ 参见上海市徐汇区人民法院刑事附带民事判决书，（88）徐法刑字第123号。

④ 参见厦门市思明区人民法院刑事判决书，（88）厦思法刑字第4号；厦门市中级人民法院刑事裁定书，（90）厦中法刑二字第17号；《最高人民法院公报》1990年第2期。

分别赔偿杜融经济损失100元和50元。沈、牟不服提起上诉。上海市中级人民法院于1988年4月作出终审裁定，驳回上诉，维持原判。①

互联网兴起以来，由于网络用户发布内容的任意性，其传播内容引发自诉诽谤、侮辱罪案诉讼时有发生，据观察，2013年司法解释发布以后数量尤有增加。例有2016年留日女学生江歌被杀害案件②的网上争议引发侮辱、诽谤罪案：

网民谭鑫，2018年在其微博账号发布漫画，丑化江歌母亲江秋莲的形象，2018—2019年发布10多篇短文辱骂江歌、江秋莲："婊子、臭货"，"活该死你，江秋莲作恶克死你"等，又发布《深度解析江秋莲的谎言与诡计！正义必定不属于你》，捏造江歌乃陈世峰情敌而遭陈杀害的事实。江秋莲对谭鑫提起侮辱、诽谤罪自诉，经公证，这些内容点击量分别都达数千次、数万次，"深度"一文浏览达34万余次。法院对谭鑫以侮辱罪判处有期徒刑一年，以诽谤罪判处有期徒刑九个月，合并执行有期徒刑一年六个月。对江秋莲指谭鑫捏造其借女儿之死敛财、骗取捐款的事实构成诽谤，提供证据不足，不予认定。控辩双方均提起上诉，二审判决驳回，维持原判。③

公诉诽谤罪，已见第三章第二节。

二、损害商业信誉、商品声誉罪

1997年《刑法》设立损害商业信誉、商品声誉罪，其第二百二十一条规定："捏造并散布虚伪事实，损害他人的商业信誉、商品声誉，给他人造成重大损失或者有其他严重情节的，处二年以下有期徒刑或者拘役，并处或者单处罚金。"有单位犯罪的规定。

本罪属于扰乱市场秩序罪，侵犯客体是市场秩序和他人的商业信誉、商品声誉。商业信誉、商品声誉正是企业法人名誉的主要部分，所以本罪可以视为对企业法人的诽谤罪。在客观上表现为捏造并散布损害特定企业商业信誉、商品声誉的虚伪事实的行为，而且必须造成重大损失或有其他严重情节。在主观上必须出于故意。本罪的主体是一般主体，包括自然人和单位。

在前互联网时代，捏造虚伪事实，损害企业商业信誉、商品声誉进行传播，往往会借助新闻媒介。如果新闻单位的编辑记者与之通谋，那就是共同犯罪。如果新闻单位轻率发表，则表明主观上有过失，则应承担侵权的民事责任。

---

① 此案作为1949年以后第一件新闻记者被控诽谤罪的案件，据法官所述，系在最高人民法院指导下审理。参见刘海涛、沈金雄、沈荣：《中国新闻官司二十年（1987—2007）》，北京，中国广播电视出版社，2007，第172-175页。本书作者在20余年后对此案又有回顾和评析，参见《1949年来首例记者诽谤罪案回眸》，收入魏永征：《传媒规范概论》，广州，世界图书出版公司，2015，第274-283页。

② 江歌是中国留日女学生，2016年11月3日在寓所被其一起居住的女生刘鑫的前男友陈世峰以匕首杀害。日本东京地方裁判所以故意杀人罪判处陈世峰有期徒刑20年。江歌的母亲江秋莲认为刘鑫对其女儿之死也负有责任并采取法律行动，由此引发网上争议。

③ 参见上海市普陀区人民法院刑事判决书，（2019）沪0107刑初498号；上海市第二中级人民法院刑事裁定书，（2020）沪02刑终672号。

2001年4月，某度假村经营者陈某购买双菱牌空调机84台，后因对质量问题有异见同双菱公司发生争执，陈等2002年先后三次分别在南京、上海等地当众砸毁双菱空调机共三台。南京某报记者钱某对争端作了报道，而后参与了砸空调。陈、钱等被刑拘、公诉。法院判决4被告人罪名成立，陈处有期徒刑一年，罚金3万元，钱处罚金3万元。法院认为：记者钱某的两篇报道是根据采访资料所写，虽有片面失实之处，并收受好处费4 000元，但当时尚无损害他人商品声誉的故意。但是钱后来参与策划了砸空调的行动，说明钱主观上希望扩大砸空调事件的社会影响，行动上积极参与，既有与陈某等人的共同犯罪的故意，又有共同的行为，并造成了共同的犯罪后果，因此罪名成立。①

在网络时代，损害商业信誉、商品声誉行为通常会借助网络实施。本书本版修订时查阅“中国裁判文书网”，载有损害商业信誉、商品声誉罪案件十余件，绝大多数是通过网络进行的。犯罪人或图谋报复，或希冀扩大自媒体影响，或进行不正当竞争，编写文字或者拼接图片和视频，以虚伪事实污蔑、诋毁特定企业，造成损失，构成犯罪。

如有施某为增加其微信公众号“创业传奇”的关注度和点击率，从中牟利，在无任何事实依据的情况下，将从网上搜集的涉及农夫山泉质量问题的图片进行拼凑，凭空编造了“农夫山泉停产，市面上所售90%都是造假水”的文章，发布在“创业传奇”上，被大量点击阅读转发，严重损害了农夫山泉公司商业信誉，造成该公司产品滞销、大量经销商退货等结果。法院判决施某犯损害商业信誉罪，处有期徒刑六个月，并处罚金5 000元。②

损害商业信誉、商品声誉罪有既定的犯罪构成，如果没有编造或者共谋参与编造、发布毁损商誉的虚伪事实的行为；或者并非指向特定企业；或者并无“重大损失”或“严重情节”的事实：都不足以构成此罪。

2017至2018年之交有广州医务工作者谭秦东在自媒体撰文《中国神酒“鸿毛药酒”，来自天堂的毒药》，遭到鸿茅国药公司所在地的内蒙古自治区凉城县公安局以涉嫌损害商品信誉罪逮捕。此案被披露后，在谭的文章是否捏造事实（谭文列举药酒中有些用料有毒，为醒目而在题目用“毒药”一词；而“天堂”则为鸿茅广告用语），是否有严重情节（谭文被点击2 000余次），内蒙古警方是否有管辖权，以及鸿茅公司已多次因虚假广告受到处罚等，受到舆论广泛质疑。在主管机关重视和督促下，谭被羁押三个月后“取保候审”。后以谭向鸿茅声明致歉，鸿茅向公安局“撤回报案”结束。③

---

① 参见《最高人民法院公报》2004年第6期。

② 参见浙江省杭州市西湖区人民法院刑事判决书，(2015) 杭西刑初字第1100号；浙江省杭州市中级人民法院刑事判决书，(2016) 浙01刑终12号。

③ 参见：《吐槽药酒遭跨省抓捕：警惕民事纠纷刑事化》，光明网，2018年4月15日；《鸿茅药酒，神药还是神广告?》，人民网，2018年4月16日；《穿越大半个中国来抓你？三问鸿茅药酒事件》，新华网，2018年4月17日；《吐槽鸿茅药酒被跨省抓捕的医生走出看守所：想哭，自由真好》，澎湃网，2018年4月17日。

消费者和公众有对产品和服务进行监督的权利（见第一章）。仅仅因为用词不当，就加上损害商誉的罪名，动用警力，抓起来再说，这种事情再也不应当发生了。

三、侵犯公民个人信息罪

《刑法》增列侵犯个人信息罪过程已见前述。现行《刑法》第二百五十三条之一规定侵犯公民个人信息罪：

“违反国家有关规定，向他人出售或者提供公民个人信息，情节严重的，处三年以下有期徒刑或者拘役，并处或者单处罚金；情节特别严重的，处三年以上七年以下有期徒刑，并处罚金。

“违反国家有关规定，将在履行职责或者提供服务过程中获得的公民个人信息，出售或者提供给他人的，依照前款的规定从重处罚。

“窃取或者以其他方法非法获取公民个人信息的，依照第一款的规定处罚。”

并有单位犯罪的规定。

“两高”《关于办理侵犯公民个人信息刑事案件适用法律若干问题的解释》，从信息类型和数量、违法所得数额、信息用途、主体身份、前科情况等方面对“情节严重”、“情节特别严重”制定了标准。

侵犯个人信息犯罪活动呈上升趋势[①]。最高检、最高法和公安部分别屡次发布指导性案例、典型案例，给打击此类犯罪活动提供参照。从这些案例看，受侵犯的个人信息内容包括个人征信信息、行踪信息、住宿信息、户籍信息、网购订单信息、上学信息等。非法获取信息的方式包括通过黑客软件窃取、利用系统漏洞窃取、网上非法交易等。犯罪人除了普通人之外，行政管理机关和金融、电信、交通、宾馆等服务行业工作人员将履行职责或者提供服务过程中获得的公民个人信息出售或者非法提供给他人，也不鲜见。[②]

实施侵犯个人信息犯罪一般都要借助网络，2016 年山东临沂高考生徐玉玉被诈骗案，受到广泛关注：

> 徐玉玉被南京邮电大学录取后，接到诈骗电话，被骗 9 900 元，发觉后导致心脏骤停而死。经公安侦查，缉拿嫌疑人陈文辉等 6 人到案。查明陈等在 2016 年 6 月至 8 月，通过腾讯 QQ、支付宝等工具从杜天禹处购买非法获取的山东省高考学生信息 10 万余条，并使用上述信息实施电信诈骗活动，其中就包括徐玉玉。他们冒充教育局、财政局工作人员，以发放贫困生助学金为名，骗取钱款，还有多名高考生受骗。法院判决主犯陈文辉犯诈骗罪、非法获取公民个人信息罪，数罪并罚，判处无期徒刑，没收个人全部财产。其他六名罪犯被判有期徒刑 15 年到 3 年不等。[③]

---

① 据 CNNIC 第 47 次《中国互联网络发展状况统计报告》（2021 年 2 月），个人信息泄露在网民上网安全事件占比居第一位，达 21.9%。

② 参见“北大法宝-司法案例编辑组”：《“侵犯公民个人信息罪”专题案例与数据分析报告》，2018 年 4 月 12 日。

③ 参见山东省临沂市中级人民法院刑事判决书，(2017) 鲁 13 刑初 26 号。此案为最高人民法院 2017 年度十大刑事案件之一，2018 年 1 月 8 日发布。

杜天禹也依法受到惩处。经查明，2016年4月初，杜利用网络漏洞工具，通过植入木马的方式，非法侵入山东省2016年普通高校招生考试信息平台网站，获取高考生个人信息64万余条。然后通过腾讯QQ、支付宝出售信息10万余条，获利14 100元。法院判决杜天禹犯侵犯公民个人信息罪，判处有期徒刑6年，罚金6万元。①

概念和思考题

第一节　新闻传播与人格权益的冲突和平衡

概念：

人格权　侵权行为　侵权责任要件　过错责任

思考题：

1. 我国调整新闻传播行为与人格权关系的法律规范是怎样发展起来的？
2. 我国现行法律对人格权有哪些保护规范？
3. 新闻侵权责任有哪些构成要件？
4. 新闻侵权纠纷有哪些主要免责事由以及如何综合考虑侵权责任？

第二节　新闻传播与名誉权

概念：

名誉　名誉权　人格尊严　诽谤　侮辱

思考题：

1. 保护名誉权和人格尊严有什么重要意义？
2. 诽谤和侮辱有什么区别？为什么都属于侵害名誉权行为？
3. 为什么正当意见不构成侵害名誉权？
4. 如何认定被控诽谤言辞的真实或者虚假？
5. 如何认定行为人是否尽到核实责任？

第三节　新闻传播与隐私权和个人信息保护

概念：

隐私　隐私权　个人信息

思考题：

1. 为什么说隐私权是一项人格权而个人信息只是一项民事权益？
2. 新闻传播活动中容易发生哪些侵害隐私权的行为？
3. 现行法律怎样保护及依法处理个人信息？

第四节　新闻传播与肖像权

概念：

① 参见山东省临沂市罗庄区人民法院刑事判决书，（2017）鲁1311刑初332号。

肖像　肖像权

思考题：

1. 什么是肖像？肖像有哪些特征？

2. 什么是对肖像的合理使用？为什么新闻报道使用肖像可以属于合理使用？

3. 肖像权同其他权利存在怎样的竞合关系？

第五节　侵权责任和救济

概念：

更正　答辩　诉前禁令　经济赔偿　精神损害赔偿

思考题：

1. 传播活动中不同主体对于侵权行为分别承担怎样的责任？

2. 权利人对侵权行为履行请求权有哪些主要方式？

3. 为什么只有自然人才能请求精神损害赔偿？怎样确定精神损害赔偿的金额？

第六节　侵犯人格权的犯罪

概念：

诽谤罪　侮辱罪　损害商业声誉、商品信誉罪　侵犯个人信息罪

思考题：

1. 侵犯个人名誉权的犯罪与侵犯法人名誉权的犯罪有哪些不同？

2. 侵犯个人信息行为在何种情况下可以构成犯罪？

第七章
新闻传播活动与著作权

著作权（copyright），即版权，是指公民、法人或者非法人组织依照法律规定对于自己的文学、艺术、科学作品所享有的专有权利，是知识产权的重要组成部分。著作权法是确认作者对自己作品的权利以及规定因创作、传播和使用作品而产生的权利和义务关系的法律规范的总称。

我国《宪法》关于公民言论、出版自由和进行科学研究、文艺创作和其他文化活动的自由等规定，是著作权法的根本依据和原则。《民法典》规定："民事主体依法享有知识产权。"（第一百二十三条）这是著作权法的基本法律依据。我国《著作权法》于1991年6月实施生效，同时又制定了《著作权法实施条例》等一些法规、规章。1997年《刑法》规定了侵犯著作权罪和销售侵权复制品罪。2001年对《著作权法》作了第一次修正。国务院又先后于2001年和2002年公布新的《计算机软件保护条例》和《著作权法实施条例》，接着陆续制定了《著作权集体管理条例》（2005）、《信息网络传播权保护条例》（2006）、《广播电台电视台播放录音制品支付报酬暂行办法》（2009）等行政法规。2010年《著作权法》作了第二次修正，2013年《著作权法实施条例》做了相应调整。2020年再次对《著作权法》作了修改。

著作权也是国际法的规范。我国已加入的著作权国际公约有：《世界版权公约》、《伯尔尼保护文学和艺术作品公约》、《保护录音制品制作者防止未经许可复制其录音制品公约》和《与贸易有关的知识产权协定》等，其有效文本时间见"附录"。在我国北京签署的《视听表演北京条约》于2020年正式生效。

新闻传播法与著作权法有共同的宪法依据和原则。新闻传播法主要是从政治上来保护宪法规定的有关权利并对它作出界定，而著作权法则是从知识产权方面来保护这些权利并对它作出界定。新闻传播活动中经常会遇到著作权问题。新闻媒介会经常涉及著作权法所要调整的社会关系和法律关系：一方面，新闻单位及其编辑、记者和其他从业人员，以及在新闻媒介和其他媒体上发表作品的作者，都是著作权的权利主体。另一方面，新闻媒介等媒体又是作品的传播者，在传播过程中应当遵守著作权法的规定，尊重和保障著作权人的合法权益。这一章，主要是从新闻传播活动的角度阐述著作权法的有关内容。

第一节 著作权的主要内容

著作权制度是市场经济的产物，其前提是承认文学、艺术和科学作品具有价值和使用价值，可以进入市场进行交易，作者在自己的智力劳动成果被社会使用的过程中理应享有合理的人身权利和财产权利。这个原则也适用于新闻传播活动。

一、著作权客体

《民法典》把作品列为知识产权客体的第一项（第一百二十三条）。《著作权法》规定凡是中国公民、法人或者非法人组织的作品，不论是否发表，依法享有著作权。外国人、无国籍人的作品首先在中国境内出版的，依照本法享有著作权（第二条）。著作权保护的客体就是作品。

（1）“作品”的定义。

《著作权法》第三条规定，作品“是指文学、艺术和科学领域内具有独创性并能以一定形式表现的智力成果”。这条定义有四个关键词：文学、艺术和科学领域，独创性，能以一定形式表现，智力成果。

独创性（originality），并不是前无古人的新颖性，而是指可以同他人作品区别开来的个性化特征。成为作品，必须是作者独立创作出来的，即通过本人智力劳动而形成的成果。独创性是受著作权法保护的作品的首要条件。由于具有独创的表现方式，就可以同其他同类作品区分开来，才可以具有专有性。抄袭他人作品而形成的所谓“作品”，不能构成著作权的客体。

“以一定形式表现”。包含两层含义，一是需要将存在于人脑中的思想、感情表达出来，为他人所感知。二是这种表达需“以一定形式”展现，包括文字、图画、声音、视像、言语、形体动作，乃至特定物体。2020《著作权法》修订前，通常强调作品应该可复制、固定，这样的术语虽有一定依据，但是容易形成某些歧义，例如可能把口头作品、直播视听作品排除在外。

“文学、艺术和科学领域”。人类的智力成果多种多样，凡是受知识产权保护的客体都是智力成果。此次修改《著作权》，稿本曾有“文学、艺术和科学等领域”提法，但正式文本删除了“等”字，说明超出文学、艺术和科学领域，不属于《著作权法》保护的作品。

（2）“以一定形式表现”与“思想—表达两分法”。

我国《著作权法》将作品特征表述为“以一定形式表现”，更加体现了与国际规则接轨。1994年世界贸易组织《与贸易有关的知识产权协定》规定：“版权保护延及表达，而不延及思想、工艺、操作方法或数学概念之类。”1996年《世界知识产权组织版权公约》再次载明这个原则。这就是所谓“思想—表达”两分法。其中包含两层意思：一是把外在的表达（expression）同内在的思想区分开来，著作权只保护人们可以感知的表达，不保护思维活动。二是把个性化的表达同进入共有领域的思想、工艺、操作方法或数学概念等区分开来，某种思想经过表达为社会知悉，就会有无限多的表达形式，如果表达别人表达过的思想都认为是抄袭予以禁止，那么人们就无法表达了。同样，方法、概念之类的专有化也是不可行的，倒是思想平庸毫无新意的文章却依然是不可抄袭的。还需注意的是这条规定写有“之类”（as such），即非穷尽列举，类似的常见情况就是作品中叙述的真实事实（实际上是反映事实的信息），也应该同表达区分开来。文艺作品的主题、简单的人物设计、故事梗概等，都属于“思想”，而如果作品设置的人物及其相互的关系演绎为具有一定独创性的情节，就可能归属为“表达”，受著作权保护。

典型案例是我国台湾作家陈喆（琼瑶）诉于正等侵害著作权案。原告诉称被告创作摄制的电视剧《宫锁连城》抄袭了自己的小说及据以改编的电视剧《梅花烙》。法院从原告提出的被告作品23处相似的情节对两件作品进行比对，确认有9处构成具有独创性的情节，属于著作权法保护的表达，被告作品相关情节与原告作品构成“实质性相似”，判决五名被告侵犯了原告作品的改编权，共同赔偿原告人民币500万元。①

有的作品中的特定元素，如人物姓名、场所等，既非表达，也不体现特定情节，若被他人擅用，牟取利益，也会对作者构成损害。如所谓“同人小说”，即将知名作品中角色另行构造情节撰写新的小说。此类行为不属于侵犯著作权，司法实践中或可按不正当竞争行为处理。

如有作家江南撰写小说《此间的少年》，虚构北宋年间所谓“大学生活”故事，大量使用金庸所著《射雕英雄传》、《笑傲江湖》、《天龙八部》等小说的人物姓名达数十个。先在网络发表，然后出版图书。金庸以侵犯著作权和不正当竞争对作者和出版商起诉，索赔人民币500万元。法院经审理认为，涉讼小说与原告作品的人物名称、人物关系、性格特征和故事情节在整体上仅存在抽象的形式相似性，不会导致读者产生相同或相似的欣赏体验，不构成实质性相似，故不能构成侵犯著作权。但并不意味着原告作品上述元素可以无偿、无限度地被他人使用。被告利用这些元素创作新的作品，借助原告作品的市场号召力与吸引力吸引大量熟知原告作品的读者，获得经济利益，客观上挤占了原告使用其作品元素发展新作品的市场空间，夺取了本该由原告所享有的商业利益。其行为构成不正当竞争，应承担相应的侵权责

---

① 参见北京市第三中级人民法院民事判决书，（2014）三中民初字第7916号；北京市高级人民法院民事判决书，（2015）高民（知）终字第1039号。本案为最高人民法院2015年十大知识产权案件，2016年4月26日发布。

任。出版商未尽到注意义务，也有过错责任。判决江南赔偿经济损失 168 万元和合理开支 20 万元，出版商就其中 33 万元承担连带责任。[①]

2020 年《著作权法》将作品特征之一确定为“以一定形式表现”，是对现代传播技术发展和新事物不断涌现的客观现实的回应。如“类似摄制电影的方法创作的作品”（类电影作品），2002 年《著作权法实施条例》曾将“摄制在一定介质上”列入定义，在前网络时代确是这样的。但是在网络直播兴起以后，“摄制”的工序就不再是必要的了。体育新闻中拥有众多观众的现场赛事网上直播及其录制视频，是否构成作品，司法实务就发生了强烈的争议。具有代表性的有北京新浪互联信息服务有限公司诉北京天盈九州网络技术有限公司案（简称“新浪诉凤凰”）、央视国际网络有限公司诉上海聚力传媒技术有限公司案（简称“央视诉聚力”）、央视国际网络有限公司诉北京暴风科技股份有限公司案（简称“央视诉暴风”）等判决的变化。

新浪诉凤凰案是我国首例关于体育赛事直播画面是否构成作品的案件。原告新浪公司称，天盈九州公司（凤凰网所有者）未经合法授权，在凤凰网上设置中超频道，非法转播新浪公司具有独家信息网络传播权的中超联赛直播视频。2015 年一审法院作出判决，认为转播体育赛事是对赛事录制镜头的选择、编排，形成可供观赏的新的画面的过程，是创作性劳动，符合我国著作权法对作品独创性的要求，构成作品，但由于作品虽然在网络传播，而直播的方式不能让用户在自己选定的时间和地点获得作品，故不属于信息网络传播权范畴，被告行为侵害了原告“应当由著作权人享有的其他权利”[②]。2018 年二审法院则认为涉案赛事整体比赛画面尚未“被稳定地固定在有形载体”上，不能满足类电影作品“固定”的要求，涉案赛事公用信号所承载连续画面并未达到电影作品所要求的独创性高度，不构成著作权侵权，改判驳回原告诉求[③]。

之后央视诉暴风案，也同样涉及体育赛事转播的定性问题。2015 年一审法院判决认为，体育赛事转播画面，尚不足以达到构成央视所主张的类电影作品的高度，属于录像制品，侵害了原告邻接权即录像制品制作者权[④]。2018 年二审法院认为转播的整体比赛画面并未被稳定固定在有形载体上，赛事直播信号所承载画面并不能满足类电影作品中的“固定”的要求，判决维持一审侵害邻接权定性，但提高了被告赔偿金额[⑤]。

及至 2020 年 4 月，上海浦东法院审理 2017 年央视诉聚力公司（PPTV）未经授权转播央视获得主办方授权的欧洲足球联赛案，认定涉案足球赛事节目作为经过素材选择、机位设置、画面的剪辑、编排等步骤，并融入回放、特效等因素，属于文学艺术领域的“独创性的表达”，且具有可复制性，可以作为《著作权法》规定的类

---

① 参见广东省广州市天河区人民法院民事判决书，（2016）粤 0106 民初 12068 号。
② 参见北京市朝阳区人民法院民事判决书，（2014）朝民（知）初字第 40334 号。
③ 参见北京知识产权法院民事判决书，（2015）京知民终字第 1818 号。
④ 参见北京市石景山区人民法院民事判决书，（2015）石民（知）初字第 752 号。
⑤ 参见北京知识产权法院民事判决书，（2015）京知民终字第 1055 号。

电影作品加以保护，判决被告赔偿200万元及合理开支15万元①。同年7月，杭州互联网法院以同样定性，判决浙江电信等公司未经许可转播苏宁体育播放的体育赛事节目构成著作权侵权。②

同年9月，北京高院对上述业已终审的新浪诉凤凰、央视诉暴风两案予以再审，认为两案中体育赛事节目均构成类电影作品，改判两案被告行为均侵害了原告著作权。③

上述体育赛事案件的审理，反映了司法实务界对体育赛事直播是否属于作品产生的争议，实际上也是对作品范围在认识上的演进。2020年《著作权法》确定的作品定义，表明体育赛事直播画面确实属于能以一定形式表现的具有独创性的视听作品。

司法实践中，还有的判决将作品延伸到家具④、音乐喷泉⑤、网络游戏生成画面⑥、鲜花花束⑦等。

（3）“作品”的种类与底线。

《著作权法》第三条对作品作出列举：“本法所称的作品……包括（一）文字作品；（二）口述作品；（三）音乐、戏剧、曲艺、舞蹈、杂技艺术作品；（四）美术、建筑作品；（五）摄影作品；（六）视听作品；（七）工程设计图、产品设计图、地图、示意图等图形作品和模型作品；（八）计算机软件；（九）符合作品特征的其他智力成果。”第（九）项是关于作品的兜底条款，该项修改了原《著作权法》“法律、行政法规规定的其他作品”这样的“法定类型”的表述，使作品类型更具有开放性，为传播科技发展可能产生的新的作品种类留下发展空间。有认为兜底条款的规定会混淆认定作品的边际，这是过虑了。作品终究不能超出文学、艺术和科学范畴。曾有广播体操引起诉讼，体操动作尽管也是专门设计的表现形式，但仍不适用著作权保护。

2011年，中国体育报业总社与国家体育总局签订合同，独家获得第九套广播体

---

① 参见上海市浦东新区人民法院民事判决书，（2017）沪0115民初88829号。

② 参见杭州互联网法院民事判决书，（2019）浙0192民初5335号。

③ 新浪诉凤凰一案，参见北京市高级人民法院民事判决书，（2020）京民再128号。央视诉暴风一案，参见北京市高级人民法院民事判决书，（2020）京民再127号。

④ 本案原告设计一套“唐韵衣帽间家具”，摄成照片用于宣传，后发现被告制作同样的家具销售，遂诉称侵害著作权。一审法院驳回，二审法院认为，涉讼家具作为兼具实用功能和审美意义的立体造型艺术作品，属于受著作权法保护的美术作品。参见江苏省高级人民法院民事判决书，（2015）苏知民终字第00085号。本案为最高人民法院指导案例157号，2021年7月23日发布。

⑤ 本案原告起诉被告将其音乐喷泉作品制成视频公开播放，侵犯其音乐喷泉的著作权。法院认为，原告北京中科水景公司对音乐喷泉的水型、音乐、灯光、投影、音响、照明等设备和系统的设计和控制，使音乐喷泉喷射效果构成作品。参见北京市海淀区人民法院民事判决书，（2016）京0108民初15322号；北京知识产权法院民事判决书，（2017）京73民终1404号。

⑥ 《奇迹MU》诉《奇迹神话》一案，法院认为，从表现形式上看，根据玩家操作，游戏人物在游戏场景中不断展开游戏剧情，产生由图片、文字等多种内容集合而成的游戏画面，且将连续变动。这些网络游戏画面具有与电影类作品相似的表现形式。参见上海市浦东新区人民法院民事判决书，（2015）浦民三（知）初字第529号。

⑦ 此案被告订购一束鲜花用于婚礼，将花束摄影上传网络，花束制作者以侵犯花束著作权诉至法院。一审法院认为涉案花束不属于作品予以驳回。二审法院认为涉案花束在色彩搭配、花材选材等方面有创造性，且在视觉上具备相应美感，能够作为美术作品中的实用艺术品受到著作权法保护。参见山东省济南市历下区人民法院民事判决书，（2016）鲁0102民初976号；山东省济南市中级人民法院民事判决书，（2017）鲁01民终998号。

操的复制、出版、发行等权利，出版发行了第九套广播体操图书、挂图、光盘等产品投放市场。后发现广东有某出版公司和某文化传播公司出版、发行涉嫌侵犯第九套广播体操的侵权作品，遂诉至法院。被告辩称，广播体操只是一种健身方法，不属于著作权保护的客体。法院经审理认为，广播体操的动作不是文学、艺术和科学领域内的智力成果，不属于表达范畴，不具备作为作品的法定条件，故不受著作权法保护。但是，广播体操动作的文字说明、图解作为文字作品和美术、摄影作品以及伴奏音乐均受著作权法保护，判决两被告赔偿经济损失及维权开支共10万元。①

弯腰、踢腿等动作不是具有独创性的表达，也不归属文学、艺术和科学领域，不是作品。至于表现一定情感的体操动作表演，则可能成为著作权保护的客体。

《著作权法》还规定了不适用著作权法保护的作品，见第五条："本法不适用于：（一）法律、法规，国家机关的决议、决定、命令和其他具有立法、行政、司法性质的文件，及其官方正式译文；（二）单纯事实消息；（三）历法、通用数表、通用表格和公式。"

单纯事实消息不适用著作权保护。原先《著作权法》使用"时事新闻"术语来表示通过报纸、期刊、广播电台、电视台等媒体报道的单纯事实消息。但实践中，时常出现将单纯事实消息与具有独创性的新闻作品相混淆的情形。2020年《著作权法》将"时事新闻"修改为"单纯事实消息"。

各种体裁的新闻报道，大多或是具有不同程度的文学色彩，或是具有一定的对现实社会的科学研究价值，是报道者的智力成果，适用著作权法保护。上述体育赛事直播节目即属于体育新闻的佼佼者。

天津金狐公司《真维斯〈搜狐视频娱乐播报〉》节目系自行制作的日播类娱乐播报栏目，该栏目于2014年9月10日播出了9段娱乐新闻视频。暴风公司未经许可，擅自通过其"暴风影音"网站传播了这些视频，且在视频画面中印上"暴风影音"的水印权属信息。金狐公司诉称暴风影音侵害其署名权、信息网络传播权。法院认为，9段视频的内容系娱乐报道，采用影像、图片播放形式，穿插旁白解说，并配以字幕、音效及画面特效制作而成，属于以类似摄制电影的方法创作的作品，应当受到著作权法的保护。②

此类新闻作品蕴含了作者对所报道的事件的独创性劳动，如对基本事实进行搜集、记录、取舍、加工等，其中对客观事实的报道和描述，也是作者亲自获取，并用自己的语言、画面和叙事结构表达出来的，已不再是"单纯事实消息"，而是受著作权保护的作品。

二、著作权主体

著作权主体就是指著作权所有者，即作品的著作权人。著作权产生于作品完成之日。

---

① 参见北京市西城区人民法院民事判决书，（2012）西民初字第14070号。

② 参见北京市石景山区人民法院民事判决书，（2015）石民（知）初字第647号。

根据《著作权法》规定，著作权人包括：作者；其他依照本法享有著作权的公民、法人或者非法人组织。

1. 作者

就是创作作品的人。创作活动是一种智力活动，智力活动要通过大脑进行，只能是自然人的个体劳动。所以著作权最基本的权利主体就是自然人。著作权法重在保护自然人的合法权益。

2. 法人或非法人组织

法人或非法人组织也可以成为作者。其条件是：由法人或非法人组织主持创作；代表了法人或非法人组织的意志；由法人或非法人组织承担责任。这样的作品，法人或非法人组织视为作者。在新闻传播活动中最常见的就是报刊等新闻媒体的社论、评论员文章，它的作者就是新闻媒体。整体的一份报刊又是一件汇编作品，其作者也是报刊社。

人工智能（AI）兴起，并开始应用于新闻写作和制作、视频音乐创作等领域。AI生成物能否构成作品及其权利主体如何归属，是司法实务界和理论界关注的问题。2020年广东省深圳市南山区人民法院审理的全国首例人工智能作品侵权案表明，AI生成物可以成为作品，权利主体为拥有AI软件的法人或非法人组织。

> Dreamwriter计算机软件是由深圳市腾讯计算机系统公司自主开发的一套基于数据和算法的智能写作辅助系统。2018年8月20日，该软件完成了标题为《午评：……通信运营、石油开采等板块领涨》的财经报道，在腾讯证券网站上首次发表，末尾注明“本文由腾讯机器人Dreamwriter自动撰写”。同日，上海盈讯科技公司未经许可在其网站“网贷之家”上复制并向公众传播。腾讯公司以盈讯公司侵害其机器人所生成作品的著作权诉至法院。法院审理认定，涉案文章属于我国著作权法所保护的文字作品，是原告腾讯公司主持创作的法人作品；被告未经许可转载涉案文章，构成侵权，判令赔偿原告经济损失及合理维权费用1 500元。①

不过在司法实践中，AI生成物并不一定都被承认为作品。在北京菲林律师事务所诉百度公司著作权侵权案中，法院认为，在现有法律框架内，自然人创作完成仍应是著作权法上作品的必要条件，AI生成的分析报告不能成为作品，而以保护软件使用者的理由判决被告承担一定民事责任。②

AI生成物作为新兴科技产品，有关规则尚需深入探讨。

3. 不是作者的自然人组织

依照法律规定接受转让、赠与、继承以及通过委托等获得他人的著作权，也可以成为著作权的主体，称为“继受著作权人”。“继受著作权人”只能享有著作权中的财产权，不能享有著作权中的人身权。

有些作品在创作和传播过程中会涉及多个主体，这样就有著作权的归属问题：

---

① 参见广东省深圳市南山区人民法院民事判决书，（2019）粤0305民初14010号。

② 参见北京互联网法院民事判决书，（2018）京0491民初239号。

（1）职务作品的著作权人。

《著作权法》第十八条规定："自然人为完成法人或者非法人组织工作任务所创作的作品是职务作品"。

根据《著作权法》规定，一般情况下，职务作品的著作权由作者享有。但作者所在的单位有权在其业务范围内优先使用。作品完成两年内，未经单位同意，作者不得许可第三人以与本单位使用的同样方式使用该作品。

除上述一般职务作品外，《著作权法》还规定了三种特殊职务作品情况。特殊职务作品的作者只享有署名权，著作权的其他权利由法人单位或者非法人组织享有，后者可以给予作者奖励："（一）主要是利用法人或者非法人组织的物质技术条件创作，并由法人或者非法人组织承担责任的工程设计图、产品设计图、地图、示意图、计算机软件等职务作品；（二）报社、期刊社、通讯社、广播电台、电视台的工作人员创作的职务作品；（三）法律、行政法规规定或者合同约定著作权由法人或者非法人组织享有的职务作品。"（第十八条）。

其中第（二）项报社、期刊社、通讯社、广播电台、电视台的工作人员创作的作品属于特殊职务作品的规定为 2020 年《著作权法》新增。修订前，新闻单位一般是与雇员签订合同约定作品权属。

> 人民日报社国际部主办的《环球时报》，以报道国际事件为主要内容。由于该报被授权使用人民日报社在世界各地的几十个记者站的报道，《环球时报》同驻外特派记者一一协商，获得了他们在该报发表的作品的代管权，并授权律师在本报声明：对于上述驻外记者的作品，未经《环球时报》的书面许可，任何报刊不得转载、摘编该作品，违者将被依法追究侵权责任。①

当时《环球时报》这样做，实质上是获得了那些驻外记者作品的专有出版权。按照现行规定，作者只享有署名权，人民日报社享有本报记者职务作品其他著作权，有权授权《环球时报》独家刊登。

本项规定只提及报、刊、台和通讯社，那么是不是适用它们延伸或下属的网络媒体采编人员？按照我国现行制度，能够从事新闻采编发布服务的新闻网站或其他新媒体，都是由新闻单位或新闻宣传部门主管，其专职新闻采编人员，大都持有主办新闻单位的新闻记者证，因此他们创作的作品也应当属于特殊职务作品。

一些资深新闻工作者无论尚在工作期间还是退休以后，往往有将自己的新闻作品结集出版的习惯。按照本项规定，如果今后不许这样做，或者要求作者向本单位"购买"自己作品的财产权方许出版，似乎不近情理，也不利于新闻作品成果的传播和保存、研究。对此应该有补充规定。

（2）演绎作品的著作权人。

演绎作品是指对原初作品进行汇编、改编、翻译、注释、整理而产生的作品。汇编、改编、翻译、注释、整理也是一种创作活动，所以汇编、改编、翻译、注释、整理的人

---

① 参见《环球时报》（北京）1998 年 3 月 15 日、1998 年 5 月 17 日；《人民日报》1998 年 3 月 23 日。

对演绎作品享有著作权。

汇编作品是最常见的演绎作品，这是根据特定要求选择若干作品、作品的片段或者不构成作品的数据或者其他材料加以编排而成，只要这种选择或者编排体现了独创性，就成为汇编作品。汇编作品的著作权归汇编人享有。最常见的汇编工作就是报刊的编辑。每张报纸、每本期刊就都是一件完整的汇编作品。报刊的编辑工作是一项富有创造性的智力劳动，这种独创性，是通过版面内容和编排的整体体现出来的。报刊的编辑工作虽然由报刊的编辑人员具体实施，但他们是在报刊编辑部主持下，代表编辑部意志进行编辑，整份报刊又是由报刊社承担责任，以报刊社的名义向社会发行，所以报纸、期刊作为整体的汇编作品的著作权，应归各自的报刊社所有。体现了独创性的广播电视节目、互联网网页等，也应属于汇编作品，制作者享有汇编著作权。

演绎者、汇编者必须注意维护原初作品作者对自己作品的著作权。在演绎、汇编前必须征得原初作品作者的同意并支付报酬。演绎作品著作权人在对演绎作品行使著作权时，不得损害原初作品作者的著作权。

（3）合作作品的著作权人。

两人以上合作创作的作品，著作权由合作作者共同享有。

《著作权法》规定："没有参加创作的人，不能成为合作作者。"新闻传播活动是群体活动，在一篇新闻作品的采、写、编、发的全过程，会有不少人对新闻作品做出贡献，有时还是很重要的贡献；其中常见的就是审稿者和新闻源（即新闻材料提供者）。但他们不应成为新闻作品的著作权人。

审稿者的活动包括新闻单位和新闻信息服务单位内部总编辑、责任编辑等审阅本单位记者或单位内外作者的新闻作品，党政机关有关领导审改新闻单位送审的社论、评论员文章和某些重要新闻作品，被报道单位的领导审阅有关本单位的新闻作品等，他们对新闻作品未定稿提出的意见或作出的修改，往往纠正了某些可能存在的错误，或是加强了作品的思想深度或表现力度，提高了作品的质量，有时还要在政治上或在事实方面对作品承担责任，但他们并不对作品拥有任何权利；这是因为，他们对内容的审改是履行自己的职责，并非参加作品的创作。《著作权法实施条例》有这样的说明："为他人创作进行组织工作，提供咨询意见、物质条件，或者进行其他辅助工作，均不视为创作。"（第三条）

新闻源提供的新闻线索和新闻事实材料是新闻作品的基础，没有事实就没有新闻。但是著作权所保护的，并不是客观存在的事实，而是客观事实经过作者思维见诸他的笔或影像工具的记录表达。除了单纯事实消息，同样一件新闻事实，有一百个记者就可以发布一百件各具特色的新闻作品，这就是通过智力活动形成的创作成果的独创性。新闻源提供线索和事实，只是直观地转述客观事实，同后来形成的新闻作品的独特表现形式没有关系，所以并非参加新闻作品的创作，不能对作品享有智力成果权。有时新闻单位也可以给新闻源支付一点报酬，但这只是劳务费用，而不是稿酬。除非新闻源同记者事先有约定，双方共同合作新闻作品；但那样新闻源就不是新闻源而是合作者了。

（4）视听作品的著作权人。

"视听作品"是2020年《著作权法》规定的新的作品概念，它既包括2010年《著作权法》所称的“电影作品和以类似摄制电影的方法创作的作品”，还包括其他由动态画面组成并带有或不带有伴音的作品，如各种长短视频、网络游戏和直播节目等，其准确定义有待行政法规或其他规范性文件规定。

《著作权法》将电影、电视剧作品和其他视听作品加以区分：电影作品、电视剧作品的著作权由制作者享有，但编剧、导演、歌曲的词曲作者和摄影者都享有对自己创作部分的署名权，并且有权按照与制作者签订的合同获得报酬。其他视听作品，其权利归属由当事人约定。没有约定或者约定不明确的，由制作者享有，但作者享有署名权和获得报酬的权利。（第十七条）

这类作品中可以单独使用的剧本、音乐作品，作者有权单独行使自己对作品的著作权。

（5）委托作品的著作权人。

委托作品是指作者按照委托人要求创作的作品。按《著作权法》规定，委托他人创作作品，著作权的归属由委托人和受托人通过合同约定。如合同未作明确约定或者没有订立合同的，著作权属于受托人即作者。约稿在有的情况下就是一种委托行为，在绝大多数情况下，应约写稿者对自己的作品享有著作权是不成问题的，约稿单位也不会对作品提出著作权要求。但也有约请社会作者撰写社论、编辑部文章或评论员文章的，这类文章一般应以媒体为著作权人，这就必须在约稿时就同应约写稿者明确约定，以免引发著作权纠纷。

三、著作权的各项权利

著作权分为人身权和财产权两个部分。

（一）著作权的人身权

著作权中的人身权，又称精神权利（moral rights），是指作者因创作活动而产生的与人身利益紧密联系的权利，我国《著作权法》规定有四项，即发表权、署名权、修改权和保护作品完整权。

人身权永远归属作者，既不能转让也不能继承，除发表权外，其受保护期不受限制。

（1）[①] 发表权，“即决定作品是否公之于众的权利”。发表必须能够满足公众的合理需求，所以必须是向足够多的不特定的多数人传播。按照我国惯例，把作品提交学术会议研讨、请某些专家审议、供内部简报摘登等，只是在特定的少数人中间传播，不属发表（组织方应有声明）。通过出版物、广播电视和网络媒体传播，都是发表。每件作品只能发表一次，所以发表权只能实施一次。

（2）署名权，“即表明作者身份，在作品上署名的权利”。作者可以在作品上署真名，也可以署笔名，还可以不署名。匿名，也是作者的权利。上网实名制只是后台实名，前台可以使用网名，但须遵守用户账号管理规定。署名的主要作用在于确定作品著作权的

---

① 由于将人身权和财产权分类阐述，故这里括号内阿拉伯数字序数只是为了阅读方便而置，并非《著作权法》第十条中以括号内汉字数字表示的项的序数。本段引号内词句均引自《著作权法》第十条。

归属。只要没有相反证明，在作品上署名的就是作者。署名权是著作权中的基本人身权。即使在可以不经许可、不付报酬的“合理使用”中，仍然必须注明原作者姓名，不得侵犯作者的署名权。

法人或非法人组织为著作权人的作品，署名权为法人或非法人组织享有。单位有权决定只署本单位的名称，或者同时署上参加了创作的人的姓名。比如现在有些报刊署责任编辑、专版专栏编辑的姓名，也有报刊根本不署，署还是不署，主要由报刊社决定。

在网络环境中，署名权发展为对“权利管理信息”（rights management information）的保护。这是指说明作品及其作者、表演及其表演者、录音录像制品及其制作者的信息。《信息网络传播权保护条例》就保护“权利管理电子信息”作了具体规定。未经权利人许可，作品、表演、录音录像制品权利人的信息和使用条件的信息，以及表示上述信息的数字或者代码，都必须在作品的每件复制品上或向公众传播时出现，未经许可不得删除或改变。对于那些未经权利人许可，被删除或者改变权利管理电子信息的作品、表演、录音录像制品，任何明知或应知上述情况的主体，不得通过网络向公众提供这些作品。（第五条）

（3）修改权，“即修改或者授权他人修改作品的权利”。作者有权按照自己意愿修改自己的作品，有权采纳或不采纳某些意见修改或不修改自己的作品，有权禁止他人未经自己同意修改自己的作品。

《著作权法》第三十六条涉及作品修改时，对图书出版者和报刊社作了不同的规定。第一款规定：“图书出版者经作者许可，可以对作品修改、删节。”第二款规定：“报社、期刊社可以对作品作文字性修改、删节。对内容的修改，应当经作者许可。”可见，出版社对于作品的任何修改、删节，都必须征得作者许可。报刊社则要比出版社宽松一些。这是因为，报纸、杂志通常都有明确的宣传方针和切合形势的宣传口径，出版发行又有很强的时效性，还有严格的版面限制。因此，《著作权法》就给报刊编辑一定的修改、删节的权限。但报刊编辑对稿件的修改只能限于作文字性的修改、删节，不能修改作者的理论观点和学术观点，不能改变作品的基本内容和基本精神，不能因作品的修改而损害作者的声誉。

（4）保护作品完整权，“即保护作品不受歪曲、篡改的权利”。作品是作者创作思想和观点的反映，保护作品的完整也就是保护自己思想、精神活动的自由权和自主权。即使作者授权他人对作品作修改以及改编、翻译等演绎，修改、演绎后的作品仍然不许对作者在作品中表达的原意有所歪曲和篡改。

修改权和保护作品完整权是相互联系的，但两者侧重点不同，修改权是保护作者在自己作品中更确切、更完善地表达自己的意思，保护作品完整权则是为了防止他人对自己作品作歪曲性处理而损害自己的尊严和声誉。

如有我国台湾歌手林志颖在新浪官方微博账户“梦想家林志颖”发布一条图文微博，微博文字内容有“光头的我造型还是可以的”，配发的图片系有人将摄影作品《中华男儿》中一位侦察兵的头像，更换为林的光头肖像，林予以转贴。该条微博被大量转发、评论和点赞。《中华男儿》系摄影师朱庆福作品。1997年发表于《大众摄影》，曾多次公开展出。朱起诉林志颖和新浪微博经营者微梦公司侵犯其摄影作品著作权。法院认为，林志颖未经许可将涉案作品置于向公众开放的微博平台向不特定微博用户传播，进而向其他第三方媒体进一步扩散，构成侵犯朱庆福涉案作品的署名权、修改权、保护作品完整权和信息网络传播权，判决向朱庆福赔礼道歉、赔偿经济损失和必要支出30余万元。微梦公司在收到本案起诉状后，已将涉案微博删除，不承担责任。①

本案涉案作品虽然不是被告本人更改，但他明知而加以使用，同样构成侵权。其涉及的人身权：涉案作品已经发表，所以不涉及发表权。侵犯署名权没有问题。侵权人更换了摄影作品画面的头像，当然属于实质性改动，侵犯了修改权。而侵权人应当明知涉案作品所要表达的主题系军人的英雄形象，却用自己光头形象替代，具有歪曲、篡改的性质，侵犯了保护作品完整权。当然，这位侦察兵本人如果主张肖像权，也应得到支持（见第六章第四节对肖像换头的论述）。

（二）著作权的财产权

著作权中的财产权，又称经济权利（economic rights），是指作者自己使用或许可他人使用其作品而获取报酬的权利。在1990年《著作权法》中，包括使用权和获得报酬权两项，而在使用权下列举复制、表演、播放、展览、发行等使用作品的方式。2001年《著作权法》则直接规定了13项财产权利，而概称为“使用”，一直沿用到现行《著作权法》。

（1）复制权，“即以印刷、复印、拓印、录音、录像、翻录、翻拍、数字化等方式将作品制作一份或者多份的权利”。作者授予复制权，应该说明复制的方式，若以另外方式复制应该取得再次授权。复制权是著作权的财产权中最基本的权能。复制权往往与发行权联系在一起，复制与发行共同构成出版行为。作者签署出版合同就包含了授权复制和发行。

（2）发行权，“即以出售或者赠与方式向公众提供作品的原件或者复制件的权利”。著作权的发行权是指作者对自己作品的一种财产权，而不是指媒介单位和发行单位经过行政许可而获得的一种经营权。不同媒介发行方式是不同的，书报刊的发行就是销售，而广播电视节目的发行包括了发行拷贝和发行录音录像制品两种方式。这两者的法律意义有所不同，将节目拷贝提供给电台、电视台意味着授予其广播权，而发行节目的录音录像制品却并不意味着这种授权，因此，电台、电视台如果购得录音录像制品，还必须另外取得权利人的播放权方能播放。同样，电台、电视台获得某一节目的广播权，也无权擅自把这个节目交付复制出版。对于作者来说，不同的发行方式都要予以专门授权。

（3）出租权，“即有偿许可他人临时使用视听作品、计算机软件的原件或者复制件的权利”。著作权法上的出租权仅限于影视作品及计算机软件作品，但不包括不是出租主要标的的计算机软件，比如出租装有计算机程序的计算机。

（4）展览权，“即公开陈列美术作品、摄影作品的原件或者复制件的权利”。展览权主要适用于美术作品和摄影作品。书报刊的展览不涉及展览权。影视作品参加电影展、

① 参见北京市海淀区人民法院民事判决书，（2017）京0108民初1334号。

电视剧展，会涉及行使展览权，其中某个标志性画面如果固定成为一幅摄影作品，也会有展览权的问题。

（5）表演权，“即公开表演作品，以及用各种手段公开播送作品的表演的权利”。前一项是现场表演，是指演员直接或借助技术设备以声音、表情、动作公开再现作品，如演奏乐曲、上演剧本等。后一项是机械表演，是指借助录音机、录像机等技术设备将前述表演进行录制，并将录制的表演公开传播的行为。在媒介中，只有视听媒介才会发生需要取得作者授予表演权的问题。注意作为著作权的财产权的表演权同作为相关权的表演者权是不同的概念。

（6）放映权，“即通过放映机、幻灯机等技术设备公开再现美术、摄影、视听作品等的权利”。放映权是电影、电视剧作品主要的著作权，包括在电影院放映和在放像厅及其他经营场所放映。

（7）广播权，“即以有线或无线方式公开传播或转播作品，以及通过扩音器或者其他传送符号、声音、图像的类似工具向公众传播广播的作品的权利”，但规定不包括信息网络传播权。广播文字作品，需要取得通常是自然人的作者的授权，广播视听作品，需要取得制片人或制作者的授权。还需注意，广播权同作为电台、电视台相关权的播放权是不同的概念。

2020年《著作权法》修改了过去将“广播”理解为通过无线电波传播、广播权限于无线方式的规定，将广播权扩大到无线和有线两种方式，这就将从互联网发送的音像传播也包含在内。这样，可以获得广播权的就不仅仅限于电台、电视台，也包括了网络服务提供者。但因为该项权利不包括信息网络传播权，所以广播权限于调整有线传播的非交互式传播行为，如网络直播。在直播过程中，未经许可传播他人音像作品等，将可能侵犯权利人的广播权。

本节开头所举2020年终判的三起体育赛事网络直播案件，由于当时适用法律的广播权限于无线传播，又不是交互式传播，所以只能判决被告的行为侵害了“应当由著作权人享有的其他权利”，2021年关于“广播权”新的定义实施后，就可以明确判决此类行为侵害了原告所获得的专有广播权。

（8）信息网络传播权，“即以有线或者无线方式向公众提供，使公众可以在其选定的时间和地点获得作品的权利”。信息网络传播权是适应互联网发展而设定的，来源于《世界知识产权组织版权公约》（WCT）第八条“向公众传播的权利”（Right of Communication to the Public）。

根据此条文，信息网络传播权与广播权两者在传播方式上是平行而互补的权利。网络传播使公众可以在自己选定的时间和地点获得作品，亦即可以自主地获取内容，即所谓“交互式传播”（interactive communication）①；而广播则是由传播者单方面向公众传播，属于非交互式传播。

---

① WCT第八条为：“……文学和艺术作品的作者应享有专有权，以授权将其作品以有线或无线方式向公众传播，包括将其作品向公众提供，使公众中的成员在其个人选定的地点和时间可获得这些作品。”注意我国《著作权法》相关规定中没有“包括”一词。学界认为只是采用了WCT规定的后半段，即交互式传播的规定。

《著作权法》2001年修订时列入信息网络传播权以后，国务院于2006年公布《信息网络传播权保护条例》，其第二条规定："除法律、行政法规另有规定的外，任何组织或者个人将他人的作品、表演、录音录像制品通过信息网络向公众提供，应当取得权利人许可，并支付报酬。"无论是印刷媒介还是视听媒介，若要把在本媒体发表的他人作品上网，必须另行征得著作权人的许可。

（9）摄制权，"即以摄制视听作品的方法将作品固定在载体上的权利"。摄制权主要包括作者授权他人将作品拍成电影、电视剧或其他视听作品以及将作品制作成录像作品的权利。其中影视作品的拍摄必须取得剧本的摄制权，而影视作品中可独立使用的作品如剧本、音乐、摄影作品的作者享有授权将这些作品拍摄进电影或电视剧的摄制权。

（10）改编权，"即改变作品，创作出具有独创性的新作品的权利"。所谓改变原作品，一般是指在不改变原作品内容的前提下，将原作品由一种类型改变成另一种类型。如将报告文学、小说改编成剧本，将电影改编成电视剧，将电视剧改编成话剧、连环画等。

（11）翻译权，"即将作品从一种语言文字转换成另一种语言文字的权利"。但翻译不包括由普通话译成中国某地区的方言或将方言译成普通话，因为它们在书面上都用汉字。

（12）汇编权，"即将作品或者作品的片段通过选择或者编排，汇集成新作品的权利"。汇编并不改变作品本身，只是为一定目的将作品汇编。报纸、期刊，都是将别人的许多作品或作品的片段汇编而成的，所以必须征得作者授予汇编权，不过作者向报刊投稿或应报刊之约写稿，虽然主要是授予发表权，但是作者当然知道作品必须作为报纸或期刊的有机组成部分发表，所以事实上也已经授予了汇编权，不必另外授予。至于出版单位要将发表过的一些文章另行汇编成为专辑，则需取得各篇文章作者的专门授权。

以上改编、翻译、汇编等统称为"演绎权"，意指这些对作品的使用方式，是对原有作品的演绎，在此基础上产生新的作品，称为演绎作品。

（13）"应当由著作权人享有的其他权利"。《著作权法》第十条前面列举的16项人身权和财产权，并不能穷尽著作权人的权利；随着传播科技发展，作品使用方式层出不穷，会出现各种新的权利。所以需要有这条"兜底条款"。

著作权人可以许可他人行使这些权利，也可以部分或者全部转让这些权利，许可使用或转让都应当依照约定或者有关规定取得报酬。

财产权和人身权中的发表权的保护有一定期限：自然人作品保护期为作者终生及其死亡后50年，截至作者死亡后第50年的12月31日。合作作品以最后一位去世者为准。法人或非法人组织作品的财产权保护期为作品发表后至第50年的12月31日。作品过了保护期，只保留除发表权外的人身权，而财产权和发表权则失效。

（三）著作权的使用许可和转让

使用包括自行使用和许可他人使用。首先，著作权人对自己作品行使各种使用的权利，不受他人干预；其次，他人以任何一种方式使用著作权人的作品，必须取得著作权人的许可，著作权人有权利许可，也有权利不许可；再次，著作权人有权禁止他人未经许可使用自己的作品。

除例外情况，使用他人作品应当同著作权人订立许可使用合同。

许可使用分为专有许可使用和非专有许可使用：

专有许可使用是独占性的使用，指著作权人允许被许可人在约定的期限内排他地使用自己作品的著作权。专有使用许可确立期间，被许可人享有该作品的专有使用权，有权排除包括著作权人在内的一切他人以同样的方式使用作品，著作权人不得再允许第三人使用该作品，若要许可第三人行使同一权利，则应取得对方的许可。按照《著作权法》的规定，图书出版者对著作权人交付出版的作品可以按照合同约定享有专有出版权。

非专有许可使用是共享性的使用，是指著作权人允许被许可人以一定方式使用自己的作品，但著作权人自己仍然可以使用，也可以再允许第三人以同样的方式同时使用。专有许可和非专有许可以合同约定，除法律有规定的以外，书面合同中未明确约定授予专有使用权的，或者没有订立书面合同的，使用者只能取得非专有使用权。口头的专有许可是无效的。

转让包括对前列各项著作财产权的部分转让和全部转让，全部转让就是所谓“买断”。无论是非专有使用还是专有使用，都不是著作权的转让。著作权转让的标的物是部分或全部的著作财产权，转让的结果是使得受让人在法律上成为部分或全部著作财产权的所有人，原作者就丧失了部分或全部的著作财产权。而使用许可的标的物只是对著作财产权的行使，财产所有权并不随之转移，获得使用许可的人并不是著作财产权的所有人，作品的财产权仍然属于作者。获得专有许可的使用人仍然无权将作品许可给第三人使用，而必须征得作者的同意并付给作者报酬。转让的受让人则可以自行把作品许可他人行使受让的权利，还可以把受让的权利再转让给他人。把取得专有使用权称为“买断”版权，是概念的混淆。转让应当订立书面合同。

《著作权法》对许可使用合同和转让合同都作了明确规定，并规定合同中没有许可、转让的权利，未经著作权人同意，另一方当事人不得行使。

第二节　著作权和公共利益的平衡

著作权是对著作权人智力成果的保护，它保护的著作权主体，主要是自然人作者的合法权益，这对于保障智力劳动者在良好环境下从事创造性劳动并且获得应有的报酬，促进社会的文化艺术和科学的繁荣发展，是完全必要的。但是任何智力成果又必须为社会共享，才能发挥其影响和功能。作品中蕴含的信息和知识是公民知情权的对象，公民对于社会公共信息和人类文化成果享有知悉的权利并可以运用它去获取某种利益。如果过度强调著作权，人们使用时动辄“侵权”，那就会灭失了许多人获取信息和知识的机会。但是如果片面强调信息公共化，反对“知识私有”，著作权不要保护了，作者的智力成果得不到合理回报，势必损害作者的创作热情和积极性，不利于文化艺术科学的繁荣，说到底还是对社会没有好处。

所以著作权法的一项重要内容，就是通过对著作权作出必要的合理的限制，来实现著作权同社会公共利益之间的合理的平衡。

一、不适用著作权法保护

在《著作权法》规定的不适用本法保护的各项中，本节只说单纯事实消息。

单纯事实消息不适用著作权法保护，是国际社会的通例。《伯尔尼公约》就规定“本公约的保护不适用于日常新闻（news of the day）或纯属报刊信息性质的社会新闻（miscellaneous facts，直译为‘各种各样的事实’、‘杂事’）”。许多国家的著作权法或是没有把新闻列入受著作权保护的作品之内，或是明文规定允许无限制地复制、传播新闻媒介发布的每日新闻。

单纯事实消息不适用著作权法，首先是因为它不具有著作权客体必须具有的独创性。单纯事实消息只是对新闻事实的直观记录，包括简单的时间、地点、事件等。《伯尔尼公约》有关条文将 news 和 fact 并提，说明新闻与事实两个概念在这里相通；或者说，新闻与事实是重合的。[①] 单纯事实消息当然也是要由记者撰写或制作的，但是这种工作太简单了，只是体现事实，而没有或者基本上没有作者主观上的加工，没有独创性的特点，称不上著作权法意义上的“作品”。著作权法不能保护客观发生的事实，而只能保护作者通过自己的智力劳动对事实作出的有创造性的表达，包括描写、分析等等。每日发生的新闻事件，所有记者和传媒都可以报道，由于这些事件必须以最快的速度传播出去，只要求说明事实，不需要追求表现形式的独创性，因而很难将不同记者和传媒的报道区分开来，无从予以著作权法保护。

同时，这又是为了满足公民的知情权而对著作权予以适当的界定和限制。在现代社会，公众总是要求尽可能迅速广泛地了解最新发生的事情，了解国家大事和国际形势；知情权是公民的一项基本政治权利。而著作权法的保护，特别是对其中著作权人人身权的保护，要求使用作品时必须尊重著作权人的意愿，取得许可，这就意味着会对作品传播的时效性和影响力产生某种约束和限制。政治权利和民事权利在这里就发生了某种冲突。将事实消息排除于著作权法保护之外，可以使这些信息便捷地转载转播，以满足社会公众了解国家大事和国际形势的需要。就是说，为了满足公众的知情权，新闻采写者即新闻记者个人的权利要受到一定限制，从而在这两种权利之间实现某种合理平衡。

著作权意义上的单纯事实消息，比起国内外最新发生的重大政治和社会事件的报道，范围要小得多。新闻媒介上发表的各种体裁的新闻作品，如报道、通讯、特写、述评、采访札记、调查报告、评论、杂文、散文、报告文学、小品文，以及带有记者研究思考的成分的分析性新闻、解释性新闻，有一定特色的摄影作品、视听作品，等等，都不是单纯事实消息。这些作品或是具有不同程度的文学艺术色彩，或是具有对现实社会的一定见解，体现了独创性，都适用著作权法的保护。除了法律规定的一些限制之外，新闻作品的任何一项权利受到侵犯，都可以请求法律救济，维护自己的合法权益。

如《北京青年报》起诉新浪公司未经许可在网上转载本社享有著作权的新闻作品《新能源车免税首日销量暴增》并且不支付报酬，文章篇幅 1 768 字。新浪辩称

---

① 参见刘文杰：《探析著作权法中的“时事新闻”》，《新闻与传播研究》（北京）2016 年第 3 期。

转载是为了服务大众分享新闻信息，且质疑“北青”对报道享有著作权。“北青”出示对作者的聘用合同，载明被聘方的职务作品，单位享有著作权，作者享有署名权。法院判决新浪赔偿“北青”300元。①

本案虽小，但有示范意义。涉案作品虽是新闻，但从字数即可判明不是单纯事实消息，适用著作权保护。服务大众分享不是阻却违法事由。在2020年《著作权法》修改前，新闻作品的权利主体是作者，是创作作品的自然人，媒体单位只有通过一定合法手续（在本案中是签订聘用合同）才能成为著作权人而主张权利。据2014年《使用文字作品支付稿酬办法》，原创作品每千字80—300元、转载每千字100元，判赔金额即按此酌定。

单纯事实消息不适用著作权法保护，并不等于它不受任何保护。信息是一种资源，经过人的劳动加工就成为一种财产。单纯事实消息不是智力成果，传播者不能享有知识产权，但是传播者投入了劳动，理应享有一般意义上的财产权。

对事实消息的采制者来说，这种采制也是一种劳动，劳动者的民事权利仍然应当得到承认和尊重。实际上，事实消息一经刊用，作者也可以获得稿酬，并在新闻上署名。但是这类新闻的财产权同知识产权不同的是，新闻采制者只能像一般的财产交易那样一次获酬，而不能像著作权是一种“连续的权利”，著作权人在作品发表后每一次再使用时都有权获得报酬。

新闻单位自身也是一种产业。新闻单位投入很多人力、物力和其他资源，它的主要产品就是新闻，无疑要从产出中获得回报。世界上没有一家通讯社是可以无偿提供新闻的。有的国家在版权法里规定对新闻予以另行保护。有些国家以其他法律如反不正当竞争法加以规制。如美国在1918年美联社诉国际新闻服务社案中，联邦最高法院确认新闻是“准财产”（quasi property），判决后者盗用前者的新闻传送给自己用户的行为构成不正当竞争。在另一些判例中，法院禁止电台在通讯社未能将新闻送到用户手中之前就广播通讯社的新闻。法院还认为未经允许使用他人新闻中的故事必须在报纸出版20小时以后。法院指出，这类案件中的原告的权利并不是著作权，而是因为信息是耗费了劳力、技能、金钱等而获得的这样一个事实。新闻的这种财产性决定它是不可被盗用的。② 我国新闻界提出所谓“信息产权”的说法③，这与专利技术信息的权利无关，指的也正是这种财产权而并非“知识产权”。

自互联网兴起以来，随着传播科技的发展，传统媒体越来越感受到新媒体对于自己发展甚至生存的挑战，维护自身的知识产权是它们的一项努力。本世纪有关主管部门屡次制定有关新闻信息服务的规定，都规定商业网站转载新闻媒体内容必须签订协议，当然包含了要向后者支付一定的版权费用，特别是《互联网新闻信息服务管理规定》（2017）要求，互联网新闻信息服务提供者转载新闻信息，应当遵守著作权相关法律法规的规定，保护著作权人的合法权益。尊重和保护网络版权，一方面需要不断增

① 参见北京市海淀区人民法院民事判决书，（2015）海民（知）初字第24131号。

② 参见李瞻编译：《传播法——判例与说明》，第637-639页。

③ 参见《人民日报》1999年4月16日。

强依法打击网络侵权盗版行为，另一方面要积极推动版权保护的社会共治，形成行业共识。

> 2015年，南京现代快报社诉字节跳动公司（今日头条）非法转载其4篇文章。经过一审、二审，于2018年10月有了终审判决：江苏省高级人民法院驳回上诉，维持原判，字节跳动公司须赔偿经济损失10万元。[①] 该案被称为“传统媒体告赢网络媒体非法转载”第一案，国家版权局负责人接受记者采访时表示，该案“对规范网络转载是一个很好的判例”。[②]

时下网络自媒体风行。许多自然人运营的自媒体拥有众多关注者，借此刊登广告，获取收益。此类自媒体一般不可能从社会直接获取信息，主要信息源就在网上。若其内容是就某些热点事件发表评论，引用他人对事件的陈述属于合理使用。但是有的自媒体内容主要就是复述事件，为避免因简单“复制粘贴”而产生著作权侵权纠纷，便对他人的相关事实陈述采取了一种“改头换面”的表达方式，称为“洗稿”。“洗稿”或称“炒稿”，其词来源于新闻业界，是以更换一定的表达方式（句式、词汇、结构等）将他人（一件或数件）新闻作品的表述内容（事实或观点）变成自己作品的行为。更换表达方式如：更换同义词、调整语词结构、转换语序、增删非关键词语、变动段落等，而与他人作品的总体内容以及主题、观点则高度相似。精心的“洗稿”，查重也难以发现。尽管著作权保护及于表达而不及于思想，一些自媒体试图以“洗稿”规避侵权行为，但洗稿式的表达终究是无偿获取原作者新闻作品中披露的事实信息。这些事实信息是新闻单位投入资金，记者花费时间、精力，通过劳动获取的，是一种财富，故称为准财产，理应受到保护。特别是有的新闻网站设置收费阅读，被自媒体快速甚至几乎同步将其独家报道的新闻事实经过“洗稿”通过网络广为传播，其损害是显而易见的。有学者将“洗稿”区分为“表达偷换型洗稿”和“思想偷换型洗稿”，认为前者有法律规制的空间，后者则宜由职业伦理约束。[③] 对于表达偷换型洗稿是否构成抄袭侵权，可以从变换表达的程度、信源媒体的数量、文稿主题的创意以及发表时间的差距等多方面进行综合评定。针对一时兴盛的“洗稿”现象，“2018剑网专项行动”将自媒体通过“洗稿”方式抄袭剽窃、篡改删减原创作品列为需要整治的侵权行为。[④]

不过也应看到，新闻单位并非对自己传播的全部内容都拥有权利。在文字作品中，法定享有著作权的只是它的法人作品和职务作品，至于外来投稿，历来只是对他人作品一次性使用，不能就此归属于它。若为转载取酬而对簿公堂，确认权属就是一件难事。曾有某报诉某网站转载侵权案，法院认为原告所诉数千篇被认为侵权作品分属500多位作者，应该一一取得授权、分别立案审理，致使官司无法打下去。[⑤]

新闻报道权益还要受到公共利益限制。按照《著作权法》和《伯尔尼公约》规定，

---

① 参见江苏省高级人民法院民事判决书，（2018）苏民终588号。

② 参见《法制晚报》2018年10月21日。

③ 参见彭桂兵：《新闻作品“洗稿”行为的审视与规范》，《新闻记者》2019年第8期。

④ 参见《“剑网2018”专项行动启动》，《光明日报》2018年7月17日。

⑤ 参见魏永征：《有感于〈新京报〉与浙江在线的著作权纠纷案》，《新闻记者》2010年第8期。

新闻媒体发表的关于经济、政治或宗教的时事性文章，列为合理使用，不属转载获酬的范围。我国新闻媒体传播党和政府的声音，含有重大公共利益，对于此类重要报道或文章，如果出于版权利益而延误传播，显然不符合社会效益优先的原则。

再有，新闻报道是“易碎品”，绝大多数新闻报道也就是两三天的热点，除非特殊需要，很少有人会要再次查看。另外，传播新技术提供了多元的新闻渠道，要价过高只会被市场边缘化。

传媒经济是影响力经济，“两次交易”是传媒经济的规律，“卖新闻”获利可能不无小补，但不是唯一的致富之道，传统媒体要走出困境还要寻求更为广泛的盈利模式。

二、合理使用

就是使用人根据著作权法的规定，在一定范围内，不经著作权人许可，不支付报酬，基于正当目的而使用他人作品。

合理使用有以下几个原则：

第一，合理使用必须由法律规定。

第二，合理使用的作品必须是已经发表的。

第三，合理使用必须出于正当目的，主要是为了个人学习研究和出于信息传播、教育、科学等社会公共利益的需要，并非以营利为目的。

第四，合理使用必须说明作品的名称、作者的姓名和作品的出处。

第五，不得影响作品的正常使用。

第六，合理使用不得损害作者的其他权益，如不得对作品进行歪曲、篡改等。

《著作权法》第二十四条规定了“合理使用”的 12 种情况，现予归纳分述如下：

（一）为学习、研究和教学科研目的而使用

就个人而言，包括该条第一项：“为个人学习、研究或者欣赏，使用他人已经发表的作品”；第二项：“为介绍、评论某一作品或者说明某一问题，在作品中适当引用他人已经发表的作品”。这种合理使用有两个条件：一是限于个人（家庭）使用，二是没有商业目的。所谓“适当引用”，详见后述。

就单位而言，是指第六项：“为学校课堂教学或者科学研究，翻译改编、汇编、播放或者少量复制已经发表的作品，供教学或者科研人员使用，但不得出版发行”。这种合理使用要求：（1）使用方式限于翻译改编、汇编、播放和少量复制。（2）范围只能在学校、科研单位之内；新闻单位的研究部门似也可适用。（3）不得出版发行，如以教学为名，大量翻印，向学生出售，则超越了合理使用。

如何区分适当引用和抄袭、剽窃的界限，有时比较难以把握。在学理上可以提出三条：一是引用目的仅限于介绍、评论某一作品或者说明某一问题；二是所引用的部分不得构成引用者作品主要部分或者实质部分；三是不得损害被引用作品著作权人的利益。一般说来，适当引用，只是为了证实、介绍、说明、烘托或者反驳的需要；去掉引用的部分，引用者作品仍然不失为一件独立存在的作品，哪怕是有缺漏的作品。如果去掉引

用的部分，自己的作品就不复存在或难以独立存在，那么引用的部分就成了引用者作品的主要部分或实质部分，就有抄袭、剽窃之嫌。

（二）为新闻传播而使用

包括第三项：“为报道新闻，在报纸、期刊、广播电台、电视台等媒体中不可避免地再现或者引用已经发表的作品”。所谓“不可避免”，是指在新闻报道中必然和必须出现的内容，如广播报道音乐会播出一段音乐旋律，电视报道美术展览短暂出现某些作品画面等。《伯尔尼公约》第十条之二第2项有关新闻报道对他人作品的合理使用，限定于“在事件过程中看到或听到的文学或艺术作品，且符合报道目的正常需要的范围内”，可以看作是对“不可避免”的具体阐述。

> 2009年11月江苏淮安有韩某在公共汽车上拍摄了司机将一个婴儿放在腿上、手握方向盘开车的照片，用网名发表在网络论坛上，称为“最牛司机”，被多次评论、转发。11月12日《扬子晚报》报道“最牛司机被停工检查，昨通过本报向乘客道歉”，并配发韩某所发照片作为插图，注明为网友提供。韩某认为报社未征得同意，未注明作者并付酬，以侵犯著作权诉至法院索赔。法院认为，《扬子晚报》使用照片是为了报道时事新闻，属于合理使用，判决驳回诉求。①

新闻媒体刊登网上的新闻事件现场图片，为报道时事新闻合理使用，一般应注明作者，但有时由于广泛转发，难以查明作者，也不应苛求。

该条第四项：“报纸、期刊、广播电台、电视台等媒体刊登或者播放其他报纸、期刊、广播电台、电视台等媒体已经发表的关于政治、经济、宗教问题的时事性文章，但著作权人声明不许刊登、播放的除外”。这条规定来源于《伯尔尼公约》第十条之二第1项规定：“本同盟各成员国的法律得允许通过报刊、广播或向公众传播（communication to the public），复制发表在报纸、期刊上的讨论经济、政治或宗教的时事性文章，或具有同样性质的广播作品，但以对这种转载、广播或类似传播并未明确予以保留的情况为限。然而，均应明确说明材料出处；对违反这一义务的制裁由被要求给予保护的国家的法律确定。”

本条对时事性文章表述是穷尽列举，限于政治、经济、宗教三个方面。这三类以外的内容，包括理论、历史、艺术等类文章，不属合理使用的范围。

对三类时事性文章的合理使用与时事新闻不适用著作权法保护是不同的。这三类时事性文章属于有著作权的作品，只是为了利于新闻传播，才把它们归于合理使用的范围。因此在合理使用时，对作者的著作人身权仍然必须予以保护和尊重。同时本条还有保留规定，即作者声明不许其他媒介刊登、播放的则不得刊登、播放。

同时对此类“时事性文章”也不宜作过宽理解。在司法实践中通常认为应同时具有

---

① 参见江苏省高级人民法院民事判决书，（2012）苏知民终字第0243号。

时效性和重大性两大显著特征①，一般记者、作者的普通时事评论文章不在此列。

经济参考报社发现世华时代公司运营的财讯网未经许可即转载了其记者梁倩所写《八成企业“社会责任报告”只报喜》、《夏斌：微调并不意味着放松银根》等三文，报社已与记者签约取得职务作品除署名权外的其他权利，经律师发函要求支付费用未果，诉诸法院。被告以这些文章属于合理使用的时事性文章抗辩。法院认为“关于政治、经济、宗教问题的时事性文章”在我国法律、法规和司法解释中均没有作出定义式规定，但在国际上对版权公约的此项规定也趋于严格解释：只有当一篇文章涉及对当前政治、经济和宗教生活中重大问题的讨论且具有很强的时效性时，对它的转载和广播才可能被认定为“合理使用”。判决例举《人民日报》刊登的社论文章就属于典型的“关于政治问题的时事性文章”。涉案文章是经济参考报记者撰写的关于财经问题的文章，并不属于上述情况，故而被告行为侵害了经济参考报社对于涉案文章享有的信息网络传播权，判决被告赔偿损失和支付合理支出共1 100元。②

第五项：“报纸、期刊、广播电台、电视台等媒体刊登或者播放在公众集会上发表的讲话，但作者声明不许刊登、播放的除外”。公众集会一般指公众可以自由出入的场所的集会，包括政治性集会或庆典活动性集会，不包括学术活动和学术演讲。新闻媒体刊播公众集会上的讲话，不需征得讲话者的同意，但如演讲者事先有不许刊播的声明，则不能予以刊播。

（三）其他公益使用

如公务使用，第七项：“国家机关为执行公务在合理范围内使用已经发表的作品”。图书馆使用，第八项：“图书馆、档案馆、纪念馆、博物馆、美术馆、文化馆等为陈列或者保存版本的需要，复制本馆收藏的作品”。公开陈列使用，第十项：“对设置或者陈列在公共场所的艺术作品进行临摹、绘画、摄影、录像”。这一项使用显然不能具有商业目的。《信息网络传播权保护条例》规定上述单位可以不经著作权人许可，通过信息网络向本馆馆舍内服务对象提供本馆收藏的合法出版的数字作品和依法为陈列或者保存版本的需要以数字化形式复制的作品，不向其支付报酬，但不得直接或者间接获得经济利益。当事人另有约定的除外。

（四）免费表演

第九项：“免费表演已经发表的作品，该表演未向公众收取费用，也未向表演者支付报酬”。后面两句是2001年《著作权法》增加的，表明对免费表演有严格界定。企业为宣传商品所组织的免费演出，酒店、宾馆为招徕顾客在大堂免费演奏音乐，都有商业目

---

① 参见人民网股份有限公司与武汉中财信息产业有限公司侵害信息网络传播权纠纷案，湖北省武汉市中级人民法院民事判决书，（2015）鄂武汉中知终字第00055号；南方都市报社与厦门太昊信息科技有限公司侵害作品信息网络传播权纠纷案，广州知识产权法院民事判决书，（2018）粤73民终1065号等。

② 参见北京知识产权法院民事判决书，（2017）京73民终98号。

的，不属合理使用范围。在世纪之交，我国有的城市一些酒店在播放背景音乐时已经实行向著作权人支付报酬，现已成为通行的制度。

（五）特定群体使用

第十一项："将中国公民、法人或者非法人组织已经发表的以国家通用语言文字创作的作品翻译成少数民族语言文字作品在国内出版发行"，这里的汉语言文字作品限于原作。第十二项："将已经发表的作品改成盲文出版"。《信息网络传播权保护条例》表述为："不以营利为目的，以盲人能够感知的独特方式向盲人提供已经发表的文字作品。"（第六条）

三、法定许可使用

又称"非自愿许可使用"，是使用人根据著作权法规定的范围，可以不经著作权人同意而使用作品，但必须向著作权人支付报酬。"法定许可使用"和"合理使用"都是不经著作权人同意可以使用作品，所使用的作品都必须是已经发表的作品，但前者必须支付报酬，而后者则不必支付报酬。

法定许可使用的制度的出发点是为了简化著作权手续，促进作品迅速而广泛的传播，便于社会共享文化成果。任何作品首次发表后，涵盖总是有限的。社会需要广泛、多次利用这些作品。法定许可就是法律推定著作权人在某些情况下可能同意并且应该同意将已经发表的作品再次交由他人使用，因此可以不必征求作者意见而先行使用，使用后再付酬。为什么可以推定同意呢？因为这是两利的事情：首先是满足了社会共享的需要。同时，有关作者的许可他人使用自己作品的权利虽然受到了一定的限制，但是却增加了自己作品被使用的机会从而可以获得更多的收益。在实际生活中，多数作者对于这类转载，只要在事后得到正常稿酬，一般采取了默认态度，这种惯例的形成也为立法奠定了基础。

第一，法定许可必须由法律规定。由于使用者多为报刊出版者、表演者、广播电视组织者和网络媒体，法律涉及的主要是著作权人同传播者之间的关系。

第二，法定许可的作品只能是已经发表的作品。作品只有在发表后，才能推定作者同意他人再次使用。未发表的作品，必须由作者决定是否发表，不属法定许可范围。

第三，法定许可以作者在发表作品时未曾声明对他人使用的保留意见为限。如果作者事先声明不许使用的，就不能实行法定许可。

第四，法定许可必须向著作权人付酬，支付方式或是直接交付著作权人，或是由著作权集体管理机构转交。

第五，法定许可不得损害著作权人的其他权益，如必须注明作者姓名、作品原题和原载何处，并且不得歪曲、篡改作品的原意。

现行《著作权法》关于法定许可使用的规定有以下几项：

（一）报刊相互转载法定许可

《著作权法》第三十五条第二款规定："作品刊登（在报刊上——引者注）后，除著作权人声明不得转载、摘编的外，其他报刊可以转载或者作为文摘、资料刊登，但应当按照规定向著作权人支付报酬。”前引《著作权法》第二十四条第四项，已将新闻媒介上发表的关于政治、经济、宗教的时事性文章可由其他新闻媒介刊登、播放列为合理使用，所以此处法定许可主要是指这三类文章以外的作品。

每家报刊由于发行时间、范围等原因，一次刊登并不能完全满足作品广泛传播的需要，报刊之间相互转载、摘编作品有利于让更多的受众了解有关信息。但是如果转载、摘编都需获得著作权人许可，不仅不利于信息的迅速、广泛传播，而且操作也十分烦琐。因此报刊之间相互转载实行法定许可，有利于满足社会公众对信息共享和迅速、广泛地寻求、获取信息的需要，体现了社会公益和著作权人的权益之间的平衡。

至于转载、摘编已出版的图书作品或是把报刊上的作品摘编成图书，都不适用“法定许可使用”，都应事先征得专有使用人和著作权人的同意。如报刊社将本报刊发表的文章汇编成书交出版社出版，必须一一征得原作者的同意，如果未经作者同意就擅自转交出版社出版图书，就超出了“法定许可使用”的范围，也会承担侵权责任。

根据《著作权法》规定，著作权人声明不得转载、摘编的，其他报刊就不能转载、摘编，这体现了著作权人对于法定许可的最后决定权。在报刊上发表作品的著作权人声明不得转载、摘编其作品的，应当在报刊首次刊登该作品时附带声明。

按照著作权法的原则，作品每被使用一次都应获得报酬。有的人以为作品首次发表已经付过稿酬，再次使用就可以不必付酬，这种看法是没有根据的。有的报刊行使法定许可时只给摘录者付报酬，不给原作者付报酬，这也是不对的。严格说来，付给摘录者的只是一种劳务报酬而不是稿酬，摘录者的摘录工作由于不具有独创性因而与著作权毫不相关。原作者才是被摘录作品的著作权人。

（二）电台、电视台播放法定许可

播放已发表作品法定许可，《著作权法》第四十六条第二款规定：“广播电台、电视台播放他人已发表的作品，可以不经著作权人许可，但应当支付报酬。”这里的播放，包括单独完整地播放他人已发表的作品，也包括在另一个完整的节目或作品中采用他人已发表作品的全部或部分进行播放，包括录音录像制品，因此原 2010 年《著作权法》第四十四条有关电台、电视台播放已经出版的录音制品的作品法定许可，无须另行规定而被删除。

录音制品，包括唱片、录音带等，大量是音乐作品。在 1990 年《著作权法》里，这一项属于合理使用。许多音乐作品被大量使用于广播电视播放，但是作者却毫无收益。2010 年《著作权法》规定，电台、电视台应向录音制品的著作权人支付报酬。2020 年《著作权法》，又增加了录音制作者获取报酬的权利。

2010 年国务院发布行政法规《广播电台电视台播放录音制品支付报酬暂行办法》，规定了电台、电视台对录音制品著作权人三种计酬方式，供当事人选择，作为约定或者协商支付报酬的基础：一是由电台、电视台与相关著作权集体管理组织约定每年向著作权人支付固定数额的报酬；二是按电台、电视台广告收入的一定比例计酬；三是按电台、电视台播放录音制品的时间多少计酬。对录音制作者如何计酬，有待具体规定。

（三）录音制作者法定许可

《著作权法》第四十二条第二款规定：“录音制作者使用他人已经合法录制为录音制品的音乐作品制作录音制品，可以不经著作权人许可，但应当按照规定支付报酬；著作权人声明不许使用的不得使用。”这项法定许可，仅仅限于录音制品中的音乐作品，而且必须是“合法录制”的，一般就是指正式出版的。至于在制作录音制品时使用非录音制品和录音制品中的非音乐作品，都必须事先征得著作权人许可。

（四）教科书出版法定许可

《著作权法》第二十五条规定了在教科书中汇编已经发表的作品片段或者短小的文字作品、音乐作品或者单幅的美术作品、摄影作品、图形作品，适用法定许可。

（五）网络传播法定许可

最高人民法院 2000 年《关于审理涉及计算机网络著作权纠纷案件适用法律若干问题的解释》在法定许可方面曾经规定报刊和网站之间可以按法定许可原则相互转载、摘编作品。但在 2006 年修改此“解释”时删除了这条规定。2015 年国家版权局办公厅《关于规范网络转载版权秩序的通知》指出，报刊单位与互联网媒体、互联网媒体之间相互转载不适用法定许可。

《信息网络传播权保护条例》设立了两项法定许可：

一是为发展教育设定的法定许可。为通过信息网络实施九年制义务教育或者国家教育规划，可以不经著作权人许可，使用其作品的片断或者短小的文字作品、音乐作品或者单幅的美术作品、摄影作品制作课件，由合法的教育机构通过信息网络向注册学生提供，但应当支付报酬。（第八条）

二是为扶助贫困设定的法定许可。为扶助贫困，通过信息网络向农村地区的公众免费提供中国公民、法人或者其他组织已经发表的与扶助贫困有关的作品和适应基本文化需求的作品，网络服务提供者可以通过公告的方式征询权利人的意见，满 30 日没有异议的可以提供作品，并支付报酬，但不得直接或者间接获取经济利益。（第九条）

第三节　传播者的权利

作品要进入社会，必须经过传播者的传播。著作权法意义上的传播者，有自然人，如表演者，而多数则是传播媒介，包括传统大众媒介和网络媒介。它们在传播过程中与作品的关系和因此而享有的权利可以有三种情况：

第一种是独立创作作品。如本章前述电视台和网站直播体育赛事作品，绝大多数体育赛事本身并非作品，媒体传播过程就是创作作品的过程。

第二种是在传播他人作品的过程中构成新作品。最常见的就是报纸、期刊和许多广播电视节目，传播他人作品需要加工编辑成为一个整体进行传播，这样整张报纸、整本期刊、整个节目就成为一件汇编作品，作品的作者就是报刊社、电台或电视台法人。互联网站的网页也可能是一件汇编作品。

第三种是在传播他人作品过程中，在保持作品内容不变或者基本不变的前提下，会以某种特定方式赋予作品独有形式，换句话说，传播者在传播他人作品过程中会再创造出一种新的传播形式或“传播产品”。虽然其独创性尚不足以构成新的作品，但传播者也要投入大量人力、财力和物力，体现了传播者的智力成果，传播者理应享有权利。对此类权利，我国是通过“相关权”（related rights）［又称邻接权（neighboring rights）］来予以保护的，也就是《著作权法》中的“与著作权有关的权利”。

本节主要是阐述“相关权”；互联网服务提供者不享有“相关权”，仅仅由于便于结构置于本节。

享有“相关权”的传播者，历史上最初是表演者权。随着传播技术的发展，相关权也有所发展。世界知识产权组织有关文件对于相关权的规定包括：表演者权、录音制品制作者权和广播组织权，1961年制定了《保护表演者、录音制品制作者和广播组织的国际公约》（罗马公约）。我国《著作权法》规定的有出版者权、表演者权、录音录像制作者权和电台、电视台播放权，其中将出版者权纳入相关权的范畴为我国特有。

相关权与著作权是两个不同的概念。著作权法保护的是作品创作者的权利，所要保护的客体是原初作品。相关权保护的是传播者的权利，权利人是作品的传播者，包括出版者、表演者、制作者等，所要保护的客体是作品经过传播者传播后形成的传播产品。著作权保护的是智力创造，相关权更着眼于保护传播作品过程中投入的劳动和资金。著作权主体大多是自然人作者，相关权主体除表演者外都是媒介组织。著作权的实现必须依赖于各种传播手段，要保护著作权，必须保护相关权，相关权得不到保护，著作权的保护也就很难确保。作品只有经过传播才能获得经济效益，而传播者在传播产品时也进行了再创造，也应当获得经济效益。保护相关权有利于更好地保护著作权，有利于作品的更广泛的传播。

传播者与原有作品著作权人是平等的民事关系，传播者的权利与原有作品的著作权是平行的。传播者的权利是在传播过程中孳生的权利，是对传播者创造的传播形式享有的权利，除了著作权人与传播者另有约定外，传播本身并不意味着传播者对于原始作品著作权的任何承让、占有、分享。例如图书出版社的权利，只是对它所出版的图书的版本编排装帧的权利，而不是对书稿内容的权利；报刊社的权利，只是对它所出版的整张报纸、整本刊物的权利，而不是对报刊当中文字、图画作品的权利（职务作品除外）；电台、电视台的权利，只是对它所制作、播放的整个节目形式的权利，而不是对其中剧本、乐曲、表演等的权利（职务作品除外）。传播者传播他人作品只是取得使用作品的权利，而不得侵犯著作权人作者的其他权利。另外，除有约定外，原来作品的著作权人作者仍然可以独立行使对自己作品的一切权利，传播者无权干预。不过，为了更加有利于传播，法律可以赋予传播者某些特定的权利，如对作品实行法定许可使用的权利。

一件作品可以被多次传播，会形成多层次的传播产品，这样传播者权也是多层次的。比如一首歌曲经过演唱，表演者就是歌曲的传播者；演唱又被制作成录音制品，录音制作者就是歌曲和表演产品的传播者；广播电视台又播放了录音，它就是歌曲、表演产品和录音产品的传播者：下游的传播者，不仅要尊重它所利用的传播产品的传播者权，而且要尊重原始作品作者的著作权和上游传播产品传播者的相关权。除了法律规定外，原则上应该层层授权、层层付酬。

下面分别概述不同传播者的权利：

一、出版者权

《著作权法》把出版限定于图书、报刊的出版。按《出版管理条例》规定，报刊、图书必须由出版单位出版，设立出版单位实行许可制。在我国，自然人和非出版单位都不能成为出版者。

出版者权主要是出版者对其出版的图书、期刊的版式设计所享有的专有权。出版者权的客体就是它出版的图书、期刊的某些独有的形式，而不是图书、期刊的内容，也不是指整本期刊或者文集的汇编作品。

版式设计包括出版物正文版面全部格式的安排，还有出版物的装帧，就是它的外观形式，如封面图案设计等。图书、期刊的版面和装帧设计不管是图书出版社、期刊社编辑完成的，还是委托社外人员完成的，一经采用，就属图书出版社、期刊社专有，未经许可，其他任何人不得擅自按原样进行复制。如果被模仿抄袭，图书出版社、期刊社可以维护自己的合法权益。

出版者在出版过程中，还会拥有另外一些权利。在我国，作者不能自己出版自己的作品，必须把出版权委托给出版社方能出版。《著作权法》规定图书出版者与著作权人是平等的合同关系，图书出版者按照合同的约定享有的专有出版权受法律保护，同时就著作权人依约交付作品和出版者依约出版作出规定。出版社获得专有出版权，所取得的只是作品在一定期限内的专门使用权，而不是作品的著作权，是作者对作品使用权的有限授予，而不是著作权的转让，在合同期满后，使用权即回归著作权人。

报刊社若要取得对自己发表的外来作品的专有出版权，也必须同作者订立书面合同，取得正式授权。报刊发表外来文章一般没有书面合同，所以不能获得专有使用权。有些报刊以编辑部的名义声明有关文章他人不得转载，是没有法律效力的，并且有侵权之嫌。只有作者自己的声明才能对他人使用自己发表在报刊上的作品作出有效的限制。但是愿意作这样声明的作者是不多的，因为只要法定许可严格依法进行，作者的作品可以广为传播，并获得可观的转载稿酬，对作者是有利的。这种声明妨碍了作者通过法定许可使用获得收益的机会。国家版权局早在 1991 年就发布批复明确指出：“未经著作权人授权，报刊刊登对其发表的作品享有专有出版权的启事，不符合著作权法的规定。”

在通常情况下，作品交报刊发表，作者只是授予媒介“一次使用”的权利，而不意味着什么著作权的“让渡”。报刊如要再次使用已发表过的作品，除合理使用外，都应该再次征得作者许可并支付报酬。

报刊社编辑出版的报纸、期刊，属于汇编作品，报刊社享有著作权，报刊社对于自己主持创作的作品、对本单位工作人员职务作品享有的权利，已见前述。

二、表演者权

表演者权是对作品进行艺术表演而获得的权利。注意它与表演权不同，表演权是著作财产权的一种，是著作权人享有的公开表演作品，以及用各种手段公开播送自己作品的表演的权利，表演者权是演员、歌唱家、音乐家、舞蹈家等等通过表演作品获得权利。表演是对文字作品进行直观性的形象（视觉、听觉）塑造，具有很大的创造性，表演者理所当然对自己的表演享有权利。

表演者权包括人身权和财产权。

人身权有：(1) 表明表演者身份，主要是署名的权利。(2) 保护表演形象不受歪曲，主要是指当表演被直播或者被固定在图画、摄影、录音、录像上时，必须有正确的表现，不得歪曲、丑化。

财产权有：(1) 许可他人从现场直播和公开传送其现场表演。(2) 许可他人录音录像。(3) 许可他人复制、发行、出租录有其表演的录音录像制品。(4) 许可他人通过信息网络向公众传播其表演。以上四项，均有权获得报酬。

表演者的主要义务是：使用他人作品演出，应当取得著作权人许可并付酬；使用演绎作品演出，应当取得演绎作品著作权人和原作品的著作权人许可并付酬。

演员的职务表演的财产权由当事人约定。没有约定，权利归单位所有。

三、录音录像制作者权

录音录像制作者权，指录音录像制作者享有对录音录像制品的专有权利，录音录像制品包括唱片、激光唱盘、录音带、录像带等。

录像制品不同于视听作品。录像制品是指直接摄录的制品，如对演讲、学者讲座、舞台和体育表演以及文艺晚会的摄录等，录制者对摄录对象基本上不作加工，独创性较低，受相关权保护。视听作品则主要是制片者的创作，摄录内容体现了制片者的独创性，受著作权保护。

录音录像者权主要有：(1) 复制权。即自己复制或许可他人复制自己录音录像制品并取得报酬的权利。他人以学习、欣赏为目的的极少量复制，不在此列。(2) 发行权。发行就是将制品投入市场销售，满足群众需要，实现经济效益。可以自己发行，也可以委托或允许别人发行。(3) 出租权，就是有偿许可他人临时使用录音录像制品的权利。(4) 信息网络传播权，即自行在信息网络向公众传播录音录像制品并取得报酬的权利，以及许可别的网络机构在网上传播自己的录音录像制品并取得报酬的权利。

录音录像制作者制作录音录像制品时使用他人作品，无论是否发表，都应当取得著作权人许可并付酬，唯一例外是使用已经合法录制为录音制品的音乐作品，可以适用法定许可。此外，还应当同表演者订立合同并付酬。

以上相关权主要存在于艺术领域，故此处略写。对于电台、电视台和互联网服务提供者来说，维护这项相关权，还是很重要的。

四、广播电台、电视台播放权（广播组织权）

广播电台、电视台播放权是指对其播放享有的专有权利。这项相关权的主体就是广播电台、电视台，国际上统称为广播组织（broadcasting organizations），并把这项权利称为广播组织权。

播放权同广播权也是不同的。广播权是一项著作权，是指著作权人通过无线、有线以及扩音器等方式向公众传播其作品的权利。播放权是一项相关权，是广播组织对自己通过无线或有线等方式向公众播放内容的一种控制权。电台、电视台播放的内容，有的是自己对事件、人物、景物进行现场直播或者录音、拍摄后播放，有的是通过合法程序对他人的各类作品、录音录像制品和其他信息资料进行完整播放或者经过剪辑、加工、编排后播放，还有更多的则是综合两者进行播放，这些都必须付出一定的创造性劳动并且投入相当的资金。而随着技术的发展，对广播电视内容的翻录复制已变得非常容易。因此对电台、电视台的有关权益必须予以切实保护。

《著作权法》在规定电台、电视台相关权客体时，未使用“节目”一词，意味着对广播、电视相关权保护的扩大。可以理解为，只要是电台、电视台首次播放的可以转换为声音或者图像而可以感知其意义的内容，都受该广播组织的控制，受到保护。其中可以构成视听作品的，受著作权保护；不能构成作品的，受相关权保护。

广播组织播放内容是通过无形的电子载体和网络进行传播的，所以它对播放的控制包括“从无形到无形”即对它的播放进行转播和“从无形到有形”即把它的播放固定到各种载体上这样两个方面。2020 年《著作权法》规定，电台、电视台有权禁止未经许可，将其播放的广播、电视进行转播，或将其播放的广播、电视进行录制及复制，或将其播放的广播、电视通过信息网络向公众传播。据此，对电台、电视台的播放进行转播，或是对播放进行录制，或者录制后进行复制，或是将播放内容通过网络向公众传播，如定时重播、回放、点播等各类方式，都应该征得电台、电视台的许可，并支付报酬。

> 中央电视台将其 3、5、6、8 套电视节目的广播组织权独家授权给中广影视公司。中广影视公司又将河南省内的该项权利授权给河南有线公司。央视、中广影视均表示认可上述所有授权、转授权的真实性。有同方恒泰公司也转播央视上述节目，河南有线公司诉称其广播组织权受到侵犯。同方恒泰辩称，公司已经从河南广电公司购买了央视上述电视节目的播放设备和授权卡，此公司是河南有线独资设立的企业法人，代表投资方从事有关电视转播的经营业务，因此其有权播放央视上述节目。此案经最高人民法院确认，被告侵犯原告广播组织权，赔偿经济损失 40 万元。[①]

---

① 参见河南省商丘市中级人民法院民事判决书，(2014) 商民一初字第 7 号；河南省高级人民法院民事判决书，(2014) 豫法知民终字第 249 号；最高人民法院民事裁定书，(2016) 最高法民申 2377 号。

关于广播电视节目播放辗转授权，《著作权法实施条例》已有规定："除合同另有约定外，被许可人许可第三人行使同一权利，必须取得著作权人的许可"（第二十四条）。本案中河南有线、河南广电均未获得央视有关节目播放再向他人转授权的许可。无论案中涉及的公司关系如何，在中央电视台作为权利人明示对它们的合同不予追认的情况下，同方恒泰的行为构成侵权。

2020年《著作权法》增加了广播组织的信息网络传播权，对电信网、广播电视网和互联网三网融合背景下发生的纠纷，在法律适用上有了明确的规定。《著作权法》修订之前，作为相关权的广播组织权，依照法条，适用范围仅限于电台电视台的转播，不适用于网络环境。因此在司法实务中，对涉及广播电视组织网络传播问题，有的是以不正当竞争解决①、有的是列为"应当由著作权人享有的其他权利"②，有的是宣称广播组织权不宜延伸至网络环境③。浙江嘉兴华数公司诉中国电信嘉兴分公司侵犯广播组织权纠纷案，号称我国网络转播第一案，被告通过机顶盒实时转播原告合法专有播放的节目，法院即以我国著作权法广播组织权不能控制网络领域广播电视内容的传播为由，驳回原告嘉兴华数的诉求。④

另有，南昌广播电视网络传输中心经合法授权，获得中央电视台若干套节目的转播权；中国电信江西分公司未经合法授权，截获"南广网络"转播的上述节目信号，并通过IPTV机顶盒实时转播这些节目，"南广网络"以侵犯其转播权（广播组织权）诉至法院。法院认为，对于广播组织权项下的转播权的保护范围是否能够扩展至网络领域，目前我国著作权法并无明确规定，不应将广播组织权以及其中转播权的保护范围扩展至网络领域。原告主张电信江西分公司侵犯其广播组织权缺乏法律依据，不予支持。但诉讼双方属于同行业市场经营者，被告行为明显有违公平竞争的市场原则，构成不正当竞争，判决其立即停止转播行为，并承担赔偿责任。⑤

此案依据2010年《著作权法》的规定，广播组织还没有信息网络传播权，因此当时该案无法适用《著作权法》，而是依据《反不正当竞争法》来进行判决。2020年《著作

---

① 原告央视国际网络有限公司认为被告我爱聊公司通过其运营的"电视粉"客户端可以实时转播CCTV1、CCTV5等电视频道的节目内容，侵害其广播权、广播组织权，并构成不正当竞争行为。二审法院判决，我国广播组织权尚未延伸至网络环境，被告不构成《著作权法》上的"转播"行为，但被告行为一定程度上替代了央视国际公司的类似网络服务，有违公平竞争的市场原则，具有不正当性，属于《反不正当竞争法》规定的不正当竞争行为。参见北京市海淀区人民法院民事判决书，（2013）海民初字第21470号；北京市第一中级人民法院民事判决书，（2014）一中民终字第3199号。

② 上海文广集团认为搜狐公司和飞狐公司，在搜狐视频网中提供了《中国梦之声》（第二季）、《梦想改造家》两个作品的在线直播服务，侵害文广公司合法权益。法院认为，该项权利虽无法归入著作权法第十条规定的十六项权利，但从权利保护的必要性看，系应由著作权法提供保护的权利，侵害了文广公司对两个作品享有的"应当由著作权人享有的其他权利"。参见北京市海淀区人民法院民事判决书，（2016）京0108民初38605号。

③ 黑龙江电视台授权嘉兴华数公司在其营运的区域内传输其频道信号的专有权。被告嘉兴电信公司，利用IP网络把来源于黑龙江电视台的广播节目通过IPTV宽带业务应用平台传送到用户机顶盒和电视机的终端。嘉兴华数诉称嘉兴电信侵犯了其广播组织权。一、二审法院根据当时2010年《著作权法》，判定不能将被告通过网络转播黑龙江电视台节目信号的行为视为广播组织的转播行为，驳回原告诉讼请求。参见浙江省嘉兴市南湖区人民法院，（2011）嘉南知初字第24号；浙江省嘉兴市中级人民法院，（2012）浙嘉知终字第7号。

④ 参见浙江省嘉兴市中级人民法院民事判决书，（2012）浙嘉知终字第7号。

⑤ 参见江西省南昌铁路运输中级法院民事判决书，（2018）赣71民终62号。

权法》修订后，上述行为即是侵犯了广播组织的信息网络传播权。

电台、电视台播放形成的是一种传播产品，传播产品的一个重要特征是作品的有机组合。行使传播者权的一个基本原则就是不得损害所传播的原初作品著作权人的权利。电台、电视台应该履行的义务有：（1）播放他人未发表的作品，应当取得许可并付酬。（2）播放他人已发表的作品（不包括电影作品和以类似摄制电影的方法创作的作品、录像制品），适用法定许可。合理使用不必付酬。著作权人已声明不许使用的，不得使用。（3）电视台播放视听作品、录像制品，应取得著作权人或录像制作者许可并付酬；播放他人的录像制品，还要取得著作权人许可并付酬。（4）使用经过改编、翻译等产生的演绎作品，既要向改编者、翻译者等付酬，又要向原初作品的著作权人付酬。（5）对于表演，若要现场直播，必须征得表演者许可并付酬；录制播放同样要征得许可并付酬。还应当同表演者订立合同。（6）邀请表演者表演进行播放或录制节目，不仅要向表演者付酬，还要向被表演的作品的著作权人付酬。（7）广播电视节目被复制发行，除电台、电视台获得报酬外，节目中作品的著作权人、表演者也有权获得报酬，他们报酬的支付者是被许可的复制发行的录音录像制作者。

著名演员陈佩斯、朱时茂曾在中央电视台春节晚会上演出小品《吃面条》、《拍电影》等，后来被中国国际电视总公司制成 VCD 等出版发行，陈、朱向法院起诉。法院经审理认为，中央电视台组织、制作的春节联欢晚会从整体上应认定属于电视作品，享有著作权，但央视对春晚这一综艺节目整体享有的权利，并不能得出原告在该节目中丧失其对其小品享有的著作权和表演者权的结论，除非双方明确约定原告将上述小品的所有权利让渡给央视。因此，被告出版、发行的小品虽系原告在历届春晚表演的小品节目，且原告许可央视录制播放，并不意味着原告将小品的著作权、表演者权处分或转让给了央视；央视也不因其组织、导演、摄制了原告表演的小品就当然拥有了这些小品的著作权及表演者权。原告陈佩斯、朱时茂与央视并未就所涉及的八个小品的使用和表演签订任何协议，因此被告仅凭央视的授权书不能推定其已获得了原告的使用许可。法院认定中国国际电视总公司这一行为侵犯了陈、朱的著作权，判决公司停止侵权、赔礼道歉，给付陈、朱侵权赔偿 33 万余元人民币。①

五、网络服务提供者的权利

在著作权法体系中，网络服务者在提供内容服务过程中形成的权利都受著作权保护，不属相关权的范围。

网络服务提供者在著作权方面的核心权利就是信息网络传播权，并依法享有其他可能享有的著作权。我国目前主要以行政法规《信息网络传播权保护条例》予以规范。最

① 参见北京市第一中级人民法院民事判决书，（1999）一中知初字第 108 号；北京市高级人民法院民事裁定书，（2001）高知终字第 31 号。

高人民法院曾多次就网络著作权纠纷发布或修改司法解释，2012年发布《关于审理侵害信息网络传播权民事纠纷案件适用法律若干问题的规定》，在2020年《民法典》颁布后作了修正（本节简称“2020年司法解释”）。

（一）权利的保护

互联服务提供者提供内容服务，有自己制作的，也有通过各种授权获得的，这种传播形式与前述各种大众媒介无异，它们在传播过程中也享有与大众媒介相同的权利。

服务提供者自己的法人作品，以及按照合同获得著作权的雇员职务作品以及其他委托作品，其权利依法不受侵犯。在前节提到的体育赛事直播画面构成作品的案件中，新浪诉凤凰案有别于央视诉暴风案和央视诉聚力案在于，其权利主体是互联网公司，而不是传统媒体。再审法院也同样认定体育赛事直播画面构成类电影作品。法院查明，在本案中，新浪公司依据相关规定、章程和授权，在合同期内，享有在门户网站领域独占转播、传播、播放中超足球联赛及其所有视频权利，以及有权采取一切法律手段阻止第三方违法使用上述视频并获得赔偿，也就是作品的权利人。这也说明，互联网网站不仅能够作为平台传播著作权人的作品，也可以作为作品的权利人，享受著作权的各项权益。

《世界知识产权组织版权公约》（WCT）第五条规定：“数据或其他资料的汇编，无论采用何种形式，只要由于其内容的选择或排列构成智力创作，其本身即受到保护。”这种保护同对编辑作品或传播产品的保护相同，即不延及数据或资料本身，亦不得损害数据或资料的已有任何权利。我国《著作权法》规定汇编作品除了汇编作品及其片段外，还包括汇编不构成作品的数据或者其他材料，只要体现了独创性，即为汇编作品。互联网站制作的网页版式，特别是首页版式，以及各种链接设置、数据文件汇编等，只要具有独创性，就可以成为汇编作品，受到著作权保护。

风变公司是“Python基础语法”课程著作权人。为知公司通过其运营的“pycoding. com”网站，存储、传播与原告课程相似的课程，并收取课酬。还有两家公司在其各自经营的微信公众号上，对涉案课程进行宣传推广。风变公司起诉三家公司侵害其作品信息网络传播权。法院认为，涉案课程主要由文字、图片等作品或作品的片段等综合编排而成，具有独创性，应认定为汇编作品。被告为知公司虽主张两者存在差异，但双方在通用基础知识、课程问题设计、关卡形式及题目类型等方面均基本相同，足以认定两者构成实质性相似，其行为侵犯了原告的作品改编权和信息网络传播权。另两家公司对被诉侵权课程实施了传播行为，承担连带侵权责任，共同赔偿原告损失35万元。[①]

服务者提供的内容，更多是别人的作品，它们主要是获得使用权，即信息网络传播权。有两种提供内容的方式：一种是作为网站本身内容的组成部分，由网站登载，这时网站与作者的关系，与传统的大众媒体无异；另一种是服务者只是提供存储空间，由用户自行上载内容，服务者不过问内容，但是根据服务者提供的格式约定，它也获得了作

① 参见广州互联网法院民事判决书，（2020）粤0192民初1445号。

品的信息网络传播权。[①] 无论哪一种情况，如果服务者通过与作者合约获得了专有的、排他的使用权，就受到法律保护。

榕树下公司与许多作家签订著作权许可使用合同，取得了对他们的作品“在全国范围内自行出版或者再许可第三方出版上述作品的独占性出版权利”，但是中国社会出版社未经榕树下许可就在其出版的“丛书”中收入了其中一些文章。经榕树下起诉，法院认为，原告通过签订著作权许可使用合同，取得本案所涉及 9 篇文章的专有使用权。而被告出版的丛书没有尽到合理注意义务，未审查丛书编者是否取得原作者的授权，致使原告著作权受到侵害，判决赔偿原告 10 001 元。榕树下将 1 万元分给作者，自己取得 1 元作为象征性赔偿。二审调解结案。[②]

榕树下从事的就是登载他人作品的业务。由于通常也将互联网登载他人作品称为网络出版，榕树下享有的专有使用权就是类似出版者取得专有出版权的权利。本案发生时也还没有信息网络传播权的术语，而是按照当时著作权法规定确认榕树下享有作品的专有使用权。

至于提供存储空间，供用户直接上载文字、图片和视听作品等服务，服务者也可以按照合约取得专有的信息网络传播权。

盛大网络公司的原创文学网站起点中文网通过与作者签约取得了独家网络传播权等权利，推出一批网络小说，受到欢迎。后盛大发现百度的搜索服务长期提供对这些作品的侵权盗版网页的链接，几经交涉未果。百度还在其手机版上设立“最热榜单”等栏目推荐这些作品，公众无须登录原告网站即可在手机上阅读或下载这些作品的完整内容。法院经审理认为，百度以手机版方式提供涉讼作品内容的行为已超出了提供搜索引擎服务的正常范围。百度的手机搜索已对原告页面进行了技术转码，并非导引用户到原告网站浏览搜索内容，而是替代原告直接向用户提供内容，属于复制和上载他人作品的行为，构成直接侵权。百度明知链接了侵权网页，却不删除或断开链接，构成间接侵权。判决百度赔偿盛大经济损失 50 万元。[③]

盛大案表明，网站所提供储存空间中由用户上载的作品，虽然并未对内容实施任何操作，但是只要有合法约定，也可以得到与传统大众媒介类似的保护。

（二）侵权归责：“通知—取下”程序和“知道”

盛大案侵权人是提供搜索服务的百度。网络侵害著作权行为，像前面风变公司案件中的侵权人直接盗用被侵权网站的内容，与传统媒体侵权行为并无差别。而像百度那样

① 这两种情况，在国际和国内一些学术文献中，分别称为 ICP（internet content provider）和 ISP（internet service provider），即内容提供者和服务提供者，但这样称谓与我国管理部门的正式规定和经营牌照名称不同（见第八章第三节），易生混淆。还需明确，这不是互联网服务者的类别，而只是不同的服务行为和功能，几乎所有互联网站都兼有这两种行为和功能，只是各有主次而已。

② 参见北京市第一中级人民法院民事判决书，（2000）一中知初字第 156 号；北京市高级人民法院民事调解书，（2001）高知终字第 32 号。

③ 参见上海市卢湾区人民法院民事判决书，（2010）卢民三（知）初字第 61 号。

主要不是从事直接登载内容服务的网站，它们对链接到侵权内容或者用户上载侵权内容，是否负有责任，如何承担责任，则是一个尚未完全定型的问题。

通常认为，提供信息存储空间和搜索、链接等网络服务，只是单纯给用户提供技术服务，服务者并不参与内容制作、加工和编辑等行为，对内容不负有事先审查义务，由于不知情所以无过错，可以不负责任。有责任的应该是上载侵权内容的用户或登载侵权内容的网站。但是网上存储空间或搜索、链接工具，依然在服务者控制下，如果服务者发现自己空间存有或者链接到违法侵权内容，却听之任之，那就不能说没有过错和责任。为此我国借鉴美国1998年《千年数字版权法》“避风港规则”①，《信息网络传播权保护条例》从第十四条到十七条、《民法典》第一千一百九十五条和一千一百九十六条都有关于“通知—取下”程序的规定，即：权利人认为网上有关内容侵权的，可以向服务者提交书面通知；服务者将该通知转送相关网络用户，并采取相关删除、屏蔽、断开链接等必要措施；原先上载内容的用户，可以提交不侵权的书面声明；服务者接到书面声明“反通知”后，将“反通知”转送权利人。权利人不得再次通知。不过《民法典》和《信息网络传播权保护条例》对网络服务者在接到“反通知”后的规定有所不同：《民法典》规定，网络服务者转送声明到达权利人后的合理期限内，未收到权利人已经投诉或提起诉讼通知的，应当及时终止所采取的措施。《信息网络传播权保护条例》规定，对侵犯信息网络传播权的行为，网络服务者接到用户“反通知”后，应当立即恢复被删除、断开的链接。同时《民法典》还规定，如果权利人因错误通知造成网络服务提供者损害的，应当承担侵权责任。（第一千一百九十五条）《民法典》是基本法律，作为行政法规的“条例”有待据此修改；在修改前，实践中应以《民法典》规定为准。

这个“通知—取下”程序显示了服务者的中立性，如果完整走完这个程序，而争议还是继续，那就只存在于用户和权利人之间，服务者不再介入。故称避风港。

《条例》规定，提供空间的服务者免责条件为：（1）明确标示是为用户提供的信息存储空间，并公开自己的名称、联系人、网络地址；（2）没有改变用户所提供的内容；（3）不知道也没有合理的理由应当知道用户提供的内容侵权；（4）并未从用户提供的内容中直接获得经济利益；（5）在接到权利人的通知后，删除了被认为侵权的内容。（据第二十二条）

提供搜索和链接服务的服务者免责条件为：在接到权利人通知后即断开了与侵权内容的链接，但明知或者应知所链接内容侵权的，应当承担共同侵权责任。前述盛大案中，百度的前一项侵权行为就是被侵权人已经通知百度链接了侵权内容，而百度不采取措施，所以必须承担责任。

---

① 按美国《千年数字版权法》第512节规定：暂时数字网络传输（Transitory Digital Network Communications）、系统缓存（System Caching）、按照用户指令将信息存储于系统或网络（Information Residing on Systems or Networks at Direction of Users）和搜索工具（Information Location Tools）等情况，服务提供者无须对用户侵犯著作权行为负责。其中服务提供者对存储系统免责的条件为：（i）实际上不知道系统或网络中侵权材料的存在或者没有意识到侵权活动的发生；（ii）没有从侵权行为中直接获得经济利益；（iii）在接到侵权通知后，立即删除或阻止访问被控侵权的信息。See Sec. 512. Limitations on liability relating to material online，DMCA（Digital Millennium Copyright Act），Oct. 20，1998。

适用避风港规则的前提，是服务提供者必须“不知道也没有合理的理由应当知道用户提供的内容侵权”（《信息网络传播权保护条例》第二十二条）或者并非“明知或应知”用户利用网络侵权（“2020年司法解释”第七条），《民法典》第一千一百九十七条写作“知道或应当知道”。

“2020年司法解释”就如何认定“应知”作出解释，应当综合考虑如下因素：基于网络服务提供者提供服务的性质、方式及其引发侵权的可能性大小，应当具备的管理信息的能力；传播内容的类型、知名度及侵权信息的明显程度；服务提供者是否主动对内容进行了选择、编辑、修改、推荐等；是否积极采取了预防侵权的合理措施；是否设置便捷程序接收侵权通知并及时对侵权通知作出合理的反应；是否针对同一网络用户的重复侵权行为采取了相应的合理措施及其他因素。至于将热播影视作品等置于首页或者其他主要页面等能够为服务者明显感知的位置的，对热播影视作品等的主题、内容主动进行选择、编辑、整理、推荐，或者为其设立专门的排行榜的；其他可以明显感知相关内容为未经许可提供，仍未采取合理措施等情形，则应认定为“应知”。从用户提供的内容中直接获得经济利益的，应当认定服务者对用户侵权行为负有较高的注意义务。

华视网聚（常州）文化传媒公司诉称木蚂蚁（北京）科技公司经营的网站“木蚂蚁市场”，在未经其许可情况下，在网站的“影视下载”版块向公众提供其影视作品《港囧》的下载服务，侵犯其信息网络传播权。法院审理认定，上传涉案作品的用户系该被告网站的超级版主，涉案帖位于“影视下载”版块中，浏览量较大，受到了用户较多关注，侵权信息较为明显，木蚂蚁公司对涉案帖子应有更高的注意义务；涉案电影在涉案网帖发布时刚上映不足一周，被告作为网络经营者，应当知晓影视作品的权利人不会授权网络用户免费上传至视频分享网站；且被告网站对发布帖子奖励金币的规则，客观上对涉案用户发布涉案帖子起到了鼓励作用。据此，法院认为，被告属于能够合理地认识到网络用户提供涉案作品未经权利人许可之情形，但未尽到相应的注意义务，存在应知或明知网络用户利用网络服务侵害信息网络传播权的情形，判决赔偿原告经济损失及公证费、律师费维权合理支出共计32 000元。①

（三）认定侵害信息网络传播权行为的标准

网络传播与传统大众传播存在巨大区别：由于链接、云储存等技术应用，作品在网络页面向公众呈现并不必然意味着作品被使用和利用。这就使得如何认定侵害信息网络传播权行为成为一个需要研究的问题。

《信息网络传播权条例》将“通过信息网络擅自向公众提供他人的作品、表演、录音录像制品”（第十八条第一项）的行为规定为侵权行为。“2020年司法解释”确定：网络用户、网络服务提供者未经许可，通过信息网络非法提供权利人享有信息网络传播权的

---

① 参见北京互联网法院民事判决书，（2019）京0491民初844号；北京知识产权法院民事判决书，（2020）京73民终1181号。

作品、表演、录音录像制品，构成侵权行为。而所谓“提供行为”，则是通过上传到服务器、设置共享文件或者利用文件分享软件等方式，将有关内容“置于信息网络中”使公众获取（第三条）。此司法解释还将网络传播行为区分为内容提供行为与网络服务行为。网络服务者未经许可，自行或以与他人分工合作提供作品等方式实施侵害信息网络传播权行为，是直接侵权。服务者在提供网络服务时，教唆或者帮助网络用户实施侵害信息网络传播权行为的，是间接侵权。间接侵权包括教唆侵权和帮助侵权。

据此，司法判定网络侵权的关键，在于认定被诉侵权人是否未经许可非法提供了权利人拥有的内容。如何认定“提供”，一直以来的主流意见是所谓“服务器标准”，即将涉讼内容不论以何种方式置于或通过自己服务器加以传播。① 如前述盛大案中百度的侵权行为，名为提供手机搜索服务，让用户在手机上阅读盛大作品，看起来是一种链接，其实已经对盛大网页上的文字进行了技术转码，将它安置到自己服务器上，手机用户看到的已经不是盛大网页的内容，而是百度服务器上复制的内容。持“服务器标准”的意见认为此标准符合“2020年司法解释”关于“提供行为”是将有关内容“置于信息网络中”的规定。

在此“司法解释”发布之前，最高人民法院就依据“服务器标准”作出过侵权判决：

> 有慈文公司诉称海南网通在它经营的网站上在线播放自己拥有著作权的电影《七剑》，后者辩称其业务即为搜索链接服务，只是提供了涉嫌侵权网站的链接，并且在原告起诉后已经断开。两审均判决驳回原告诉求。原告以被告行为并非提供空间而是直接提供内容等由申请最高人民法院再审。最高人民法院认为，点击被告首页“影视频道”即可在进入的页面上观看《七剑》，而该网页上没有显示任何对应的域名或者网站名称等信息表明该网页属于第三方，其IP地址亦不能证明该网页另属其他主体，故按原告及公众所见，播放电影的网页至少从表面上属于被告。经查此IP地址在被告管理的地址段范围内，被告也没有提供证据证明此网页属于第三方。判决撤销两审原判，改判海南网通赔偿8万元。②

在2015年湖南快乐阳光与同光公司的著作权纠纷案③中，北京知识产权法院二审明确提出判断被诉行为是否为信息网络传播行为，应考虑被诉内容是否存储于被告的服务器中，只要被诉内容未存储在服务器中，则不应认定实施了信息网络传播行为，亦即不应认定侵权。在其阐述中即引用最高人民法院对“慈文案”判决作为一个依据。判决指出最高人民法院此判虽无“服务器标准”的明确表述，但该标准实为其暗含之义；亦即被告只有证明被诉内容并未存储于其服务器中，方能证明其所提供的是链接服务。“快乐阳光”案被认为是“服务器标准”的标杆性判决，此后许多类似案件都以“服务器标准”下判。最高人民法院也有若干以“服务器标准”判决的案例。

对于非法将他人拥有内容置于服务器上加以传播的行为构成侵权，学界和司法实践

---

① 参见王迁：《论网络环境中版权直接侵权的认定标准》，《东方法学》（上海）2009年第2期。

② 参见海口市中级人民法院民事判决书，（2006）海中法民三初字第2号；海南省高级人民法院民事判决书，（2006）琼民二终字第29号；中华人民共和国最高人民法院民事判决书，（2009）民提字17号。

③ 参见北京知识产权法院民事判决书，（2015）京知民终字第559号。此判决书就“服务器标准”作了阐述。

并无异议。但是“服务器标准”是否认定侵权的唯一标准则认识不一。[①] 甚至屡次出现一审法院判决被二审法院以“服务器标准”改判的案件。

较早的有2003年华纳诉世纪悦博案：华纳诉称世纪悦博非法转播自己享有专有权的歌曲，但被告并未将涉案歌曲储存于自己经营的网站，而用户可以在被告网页上通过逐级点击的方法直接获得涉案歌曲，一审法院认为被告行为足以使用户认为被告是提供歌曲下载服务者，属于信息网络传播行为，侵权成立。[②] 而二审法院认为被告虽然以逐层递进的方式引导用户下载，但并不能完全控制被链接网站的资源，被告没有复制、向公众传播被链接的录音制品，本质上依然属于链接通道服务，改判驳回原告诉求。[③]

在“快乐阳光”案后，则有2016年腾讯公司诉易联伟达公司案：腾讯诉称享有电视片《宫锁连城》的独家信息网络传播权，发现被告在其经营的快看影视手机端，通过信息网络非法向公众提供涉案作品的在线播放服务；并对影视作品进行了编辑分类，在播放时未显示来源。被告辩称：涉案作品并非在快看影视上播放，而是在腾讯APP上播放；快看影视播放无广告，无盈利，只提供设链服务。一审法院认为，被告并非仅提供链接技术服务，还进行了选择、编辑、整理、专题分类等行为，主观上存在积极破坏他人技术措施、通过盗链获取不当利益的过错，判决被告侵权成立，承担民事责任。[④] 二审法院以不符合“服务器标准”驳回腾讯全部诉求。[⑤]

也有若干不是以“服务器标准”而认定构成侵权的生效判决：

湖南快乐阳光互动娱乐传媒有限公司（芒果TV所有者）称深圳宜搜天下科技股份有限公司的“看片神器”软件，故意破坏其技术措施，侵犯信息网络传播权，诉至法院。法院认为：被告故意破坏原告技术措施，使其用户可以通过“看片神器”软件完整地观看涉案节目而无须依照原告指定的途径获取作品，干涉了原告对涉案作品的支配权，损害了原告通过涉案节目可获取的相关利益，侵犯了原告的信息网络传播权。[⑥]

此案中，侵权人并未将内容上传至服务器，而是直接破坏权利人的技术措施，使用户可以通过“看片神器”软件完整观看涉案节目，损害了原告对涉案作品所享有的信息网络传播权。

对于这种司法标准不一致的现象，学界争议激烈。有代表性的意见认为“服务器标准”乃是基于特定网络传播技术条件对法律规定的“提供行为”的一种阐释；而由于网络传播的复杂性和传播技术的进步，传播方式日益多样，出现各种“深层链接”的方式，

---

① 参见王艳芳：《论侵害信息网络传播权行为的认定标准》，《中外法学》（北京）2017年第2期；张玲玲：《深度链接服务提供者侵犯著作权的司法实践与思考》，《苏州大学学报（法学版）》2018年第3期。

② 参见北京市第一中级人民法院民事判决书，（2003）一中民初字第12189号。

③ 参见北京市高级人民法院民事判决书，（2004）年高民终字第1303号。

④ 参见北京市海淀区人民法院民事判决书，（2015）海民（知）初字第40920号。

⑤ 参见北京知识产权法院民事判决书，（2016）京73民终143号。此判决书再次对“服务器标准”作了阐述。

⑥ 参见湖南省长沙市中级人民法院民事判决书，（2016）湘01民初484号。

如“加框”、“盗链”之类，行为人往往借此牟利和对权利人造成损害。因此对“提供行为”及侵权行为标准应有全面阐释。学界对于如“华纳案”一审判决这样，以用户认为网上内容是由被告所“提供”而认定构成侵权称为“用户感知标准”；对于如“腾讯案”一审判决这样，以被告通过盗链之类方式在自己网页或客户端向公众实质呈现他人版权作品而认定构成侵权称为“实质呈现（替代）标准”；随技术发展，在湖南快乐阳光案中，侵权人利用破坏技术措施方式，传播受众有了预计范围之外的新公众，构成向公众传播，侵害了原告权益，而称为“新公众标准”。对这些标准至今尚无定见。不过即使持“服务器标准”的意见，也同意有的深层链接行为虽然不能构成侵犯信息网络传播权，仍有可能违反其他法律规定，损害权利人合法权益，例如可能构成不正当竞争行为。

也有若干网络著作权纠纷案件，以不正当竞争作为案由或判决。《反不正当竞争法》在2017年修订时增列第十二条，列出涉及互联网领域的四种比较典型的不正当竞争行为：（一）未经其他经营者同意，在其合法提供的网络产品或者服务中，插入链接、强制进行目标跳转；（二）误导、欺骗、强迫用户修改、关闭、卸载其他经营者合法提供的网络产品或者服务；（三）恶意对其他经营者合法提供的网络产品或者服务实施不兼容；（四）其他妨碍、破坏其他经营者合法提供的网络产品或者服务正常运行的行为。这对于网络著作权纠纷，或可开辟一条思路。

2006年，“金融界”网站通过授权许可，从上证所网络信息有限公司购买level-1数据使用权，并通过加工整理制作成538幅股市分析表供用户使用，于2018年3月至2019年3月期间发布于网站上。2019年初，金融界运营主体富华公司发现扬子晚报公司未经许可、未支付任何费用便在扬子头条APP财经频道中连续大面积使用其制作的数据表格。富华公司诉称扬子晚报公司的行为侵害了其对上述表格作品及文字作品的信息网络传播权。法院认为，涉案图表是原告利用其独立开发的软件按照一定的算法和购买的数据自动制作而成，并非人工绘制，故涉案图表没有独创性，不构成著作权法意义上的作品，原告富华公司无权就涉案图表主张著作权保护。但富华公司制作的538幅涉案图表，能为富华公司带来网站流量，而流量构成了网站价值的重要因素，基于此，富华公司享有涉案图表的合法权益，应当获得反不正当竞争法的保护，故判决被告赔偿原告经济损失60万元及其他合理开支5.1万元。①

第四节　侵犯著作权的法律责任

侵犯著作权行为的法律责任包括民事责任、行政责任、刑事责任。承担民事责任的有两种情况：一种是当事人不履行合同义务或履行合同义务不符合约定条件的，应承担

① 参见北京互联网法院民事判决书，（2019）京0491民初17194号；北京知识产权法院民事判决书，（2020）京73民终1759号。

民事责任，称为违约责任。另一种便是侵权责任，《著作权法》规定有十一项侵权行为应当承担民事责任。另外还规定有八项侵权行为在承担民事责任的同时还可以由著作权行政管理部门给以行政处罚；构成犯罪的，依法追究刑事责任。1997 年《刑法》规定了侵犯著作权罪和销售侵权复制品罪。

一、违约责任

使用他人作品应当同著作权人订立合同。合同对使用作品的方式、范围、期限、付酬标准和办法、违约责任以及是否专有使用等作出规定。违反合同的行为就是违约行为，应该依照法律规定和合同约定承担违约责任。

报刊使用他人作品一般不需订立书面合同，是否会发生违约问题呢？口头合同也有法律效力，报刊社与作者之间也存在着合同关系。作者向报刊社投稿就是提出要约，若报刊社答复作者将要采用就是承诺，合同就告成立。报刊社向作者约稿是报刊社方面提出要约，作者同意写稿就是承诺，合同也告成立。如果报刊社已告知投稿人采用来稿后来却因故未能采用，或者对约来的稿件并非由于稿件质量的原因却未予采用，就有违约之嫌。报刊社对这种情况通常是支付给作者一笔退稿费并向作者致歉，是符合著作权法精神的。

二、侵权责任

《著作权法》第五十二条规定的应当承担民事责任的侵犯著作权行为有：“（一）未经著作权人许可，发表其作品的；（二）未经合作作者许可，将与他人合作创作的作品当作自己单独创作的作品发表的；（三）没有参加创作，为谋取个人名利，在他人作品上署名的；（四）歪曲、篡改他人作品的；（五）剽窃他人作品的；（六）未经著作权人许可，以展览、摄制视听作品的方法使用作品，或者以改编、翻译、注释等方式使用作品的，本法另有规定的除外；（七）使用他人作品，应当支付报酬而未支付的；（八）未经视听作品、计算机软件、录音录像制品的著作权人、表演者或者录音录像制作者许可，出租其作品或者录音录像制品的原件或者复制件的，本法另有规定的除外；（九）未经出版者许可，使用其出版的图书、期刊的版式设计的；（十）未经表演者许可，从现场直播或者公开传送其现场表演，或者录制其表演的；（十一）其他侵犯著作权以及与著作权有关的权利的行为。”其中（六）、（八）两项，有“本法另有规定的除外”的豁免规定。

除承担民事责任外，《著作权法》第五十三条又规定了可以给予行政处罚直至追究刑事责任的侵犯著作权行为：“（一）未经著作权人许可，复制、发行、表演、放映、广播、汇编、通过信息网络向公众传播其作品的，本法另有规定的除外；（二）出版他人享有专有出版权的图书的；（三）未经表演者许可，复制、发行录有其表演的录音录像制品，或者通过信息网络向公众传播其表演的，本法另有规定的除外；（四）未经录音录像制作者许可，复制、发行、通过信息网络向公众传播其制作的录音录像制品的，本法另有规定的除外；（五）未经许可，播放、复制或者通过信息网络向公众传播广播、电视的，本法另有规定的除外；（六）未经著作权人或者与著作权有关的权利人许可，故意避开或者破坏技术措施的，故意制造、进口或者向他人提供主要用于避开、破坏技术措施的装置或者部件的，或者故意为他人避开或者破坏技术措施提供技术服务的，法律、行政法规另有规定的除外；（七）未经著作权人或者与著作权有关的权利人许可，故意删除或者改变作品、版式设计、表演、录音录像制品或者广播、电视上的权利管理信息的，知道或者应当知道作品、版式设计、表演、录音录像制品或者广播、电视上的权利管理信息未经许可被删除或者改变，仍然向公众提供的，法律、行政法规另有规定的除外；（八）制作、出售假冒他人署名的作品的。”以上除第二项、第八项，都有本法或者法律、法规另有规定的除外的豁免规定。

承担民事责任包括停止侵害、消除影响、公开赔礼道歉、赔偿损失等方式。赔偿损失主要适用于对著作权人财产权利的侵害，即赔偿著作权人因著作权受到侵害而造成的经济损失。但也可以用于赔偿著作权人人身权利遭受的损害，即精神损害。《民法典》规定："故意侵害他人知识产权，情节严重的，被侵权人有权请求相应的惩罚性赔偿。"（第一千一百八十五条）据此，2020年《著作权法》引入了惩罚性赔偿制度。对故意侵犯著作权或者与著作权有关的权利，情节严重的，可以按照权利人因此受到的实际损失或者根据侵权人的违法所得的一倍以上五倍以下给予赔偿。（第五十四条）2021年最高人民法院发布《关于审理侵害知识产权民事案件适用惩罚性赔偿的解释》，对"故意"和"情节严重"分别作了具体规定。对于"故意"，应当综合考虑被侵害知识产权客体类型、权利状态和相关产品知名度、被告与原告或者利害关系人之间的关系等因素。（第三条）对于"情节严重"，应当综合考虑侵权手段、次数、侵权行为的持续时间、地域范围、规模、后果，侵权人在诉讼中的行为等因素（第四条）。

《著作权法》第五十九条就侵犯著作权行为规定了推定过错的归责原则：复制品的出版者、制作者和复制品的发行者以及视听作品等出租者若不能证明其出版、制作有合法授权或有合法来源的，应当承担法律责任。出版、复制他人作品要取得权利人许可，亦即要有合法授权，出租视听作品等复制品要有合法来源。当发生权利争议的时候，出版者、复制者、出租者对自己行为的合法性负有举证责任，如果不能证明，则推定其主观上有过错，承担侵权责任。这是以法律在著作权侵权诉讼中确立举证责任倒置原则，对出版者、制作者、出租者实行推定过错归责的新规定。

以往按照过错责任归责原则，即作为出版者、制作者的媒介单位在主观上有过错的承担侵权责任，没有过错则不承担责任。而要证明媒介单位发表侵权作品的主观过错是很不容易的，有的出版者往往以"无过错"为由推脱责任。对出版者、制作者实行推定过错的归责原则，有利于保护作者权益。

三、行政责任

按《著作权法》第四十八条规定对八项侵权行为除要求侵权人承担民事责任外，还可以由著作权行政管理部门对侵权人进行行政处罚。这八项侵权行为都含有非法出版、发行、播放、传播活动性质，同时损害了社会公共利益，所以还要予以行政处罚。处罚措施包括：警告；责令停止非法侵权行为；没收非法所得；没收侵权复制品及制作设备；罚款。著作权管理部门在进行行政处罚时，也可以责令侵权人赔偿受害人的损失。

《信息网络传播权保护条例》对这八项中（六）（七）两项即故意避开或破坏技术措施，故意制造、进口或向他人提供避开、破坏技术措施的装置或部件，故意删除或改变技术管理电子信息等行为，以及其他违规行为规定了行政处罚具体措施。

四、刑事责任

以营利为目的，违法所得数额较大或巨大或者有其他严重情节的侵犯著作权行为构成侵犯著作权犯罪。《刑法》规定了侵犯著作权罪和销售侵权复制品罪两个罪名。这两项犯罪行为的主体可以是个人，也可以是单位（法人或非法人单位）。其侵犯客体不仅是著作权人的合法权益，还扰乱了出版物市场秩序和文化管理秩序，侵害了社会公共利益。犯罪人在主观上必须是出于故意，即以营利为目的，明知自己的行为侵犯了他人和社会的合法权益而坚持加以实施来谋取非法利益。

侵犯著作权罪由《刑法》第二百一十七条规定，2020 年《刑法修正案（十一）》对条文作了修改。此项犯罪必须以营利为目的，犯罪行为包括未经著作权人许可，复制发行、通过信息网络向公众传播其各类作品；出版他人享有专有出版权的图书；未经录音录像制作者许可，复制发行、通过信息网络向公众传播其制作的录音录像；制作、出售假冒他人署名的美术作品；未经著作权人或有关权人许可，故意避开或者破坏其保护权利的技术措施。违法所得数额较大或者有其他严重情节的，处三年以下有期徒刑或者拘役，并处或者单处罚金；违法所得数额巨大或者有其他特别严重情节的，处三年以上十年以下有期徒刑，并处罚金。

销售侵权复制品罪由《刑法》第二百一十八条规定，系以营利为目的，销售明知是本法第二百一十七条规定的侵权复制品的行为。违法所得数额巨大或者有其他严重情节的，处五年以下有期徒刑或者拘役，并处或者单处罚金。

由此可见，侵犯著作权犯罪并不是剽窃、抄袭、歪曲、篡改他人作品之类仅限于侵犯某个著作权人权益的行为，而是利用侵权复制品进行一定规模的非法出版发行和传播活动，具有较大的社会危害性。

> 如有犯罪人陈力，自 2017 至 2019 年受境外人员“野草”委托，招募多人组建“鸡组工作室”QQ 聊天群，通过远程登录境外服务器，从其他网站下载后转化格式，或者通过云盘分享等方式获取《流浪地球》等影视作品 2 425 部，再将远程服务器上的片源上传至云转码服务器进行切片、转码、添加赌博网站广告及水印、生成链接，然后发布至多个盗版影视网站为“野草”进行更新维护。期间收到“野草”提供的运营费用共计 1 250 余万元。法院依法判处陈力等八人有期徒刑，并处罚金，追缴违法所得。①

---

① 参见上海市第三中级人民法院刑事判决书，（2019）沪 03 刑初 127 号。本案为最高人民法院 2020 年互联网十大典型案例，2021 年 5 月 31 日发布。

最高人民法院有司法解释对“数额较大”、“有其他严重情节”、“数额巨大”、“有其他特别严重情节”等作了界定。

概念和思考题

第一节　著作权的主要内容

概念：

著作权　著作权人　作品　许可使用　专有使用权　转让

思考题：

1. 为什么说著作权法重在保护自然人的权益？
2. 作品的著作权人有哪些不同情况？
3. 著作权包括哪些具体权利？
4. 为什么说互联网上的传播同样适用著作权法基本原则？

第二节　著作权和公共利益的平衡

概念：

单纯事实消息　合理使用　法定许可使用

思考题：

1. 为什么单纯事实消息不适用著作权法保护？
2. 新闻报道有哪几种情况适用合理使用？
3. 媒体相互转载已发表文章实行法定许可有何意义？

第三节　传播者的权利

概念：

相关权　出版者权　广播电台、电视台播放权（广播组织权）　避风港规则

思考题：

1. 为什么要保护传播者的权利？传播者的权利有怎样的特点？
2. 电台、电视台对播放的节目享有怎样的权利？
3. 互联网服务提供者对于保护著作权有哪些特殊规定？
4. 处理网络著作权纠纷存在怎样的难点？

第四节　侵犯著作权的法律责任

概念：

违约责任　侵权责任　行政责任　刑事责任

思考题：

1. 误登抄袭、剽窃之作的媒介应该怎么办？为什么？
2. 怎样区分侵犯著作权行为民事责任和行政、刑事责任的界限？

第八章
新闻业的行政管理

新闻业的行政管理在新闻法制中居于重要地位。按照现代国家权力分工，国家立法机关制定法律但是不能自行执行法律，司法机关主要是通过对具体案件的审理和判决来实施法律，而行政机关则是经常性执行法律的机关。

行政管理必须纳入法治轨道，实行依法行政。调整由于行政权力的设定、行使和约束而产生的社会关系的法律规范，总称为行政法。行政法是我国法律体系中的一个重要法律部门。我国行政法部门基本法律有《行政处罚法》(2021)、《行政许可法》(2019)、《监察法》(2018) 等。

行政法调整的主要关系，就是行政主体和行政相对人之间的权力（权利）和义务（责任）关系。在新闻业的行政管理关系中，行政主体就是依法实施国家对于新闻业的管理职权的行政机关，行政相对人就是各种新闻传播事业单位、企业单位和参与新闻传播活动的其他法人、自然人。关于依法行政的内容，略举公认的三点：

第一，行政权法定。行政机关的权力必须由法律明确规定。对于公民来说，法律没有禁止的就是可行的；对于行政机关来说，法律没有授予的就是禁止的。新闻传播业行政管理部门职权在根本上来源于《宪法》。现行《宪法》第八十九条规定的“国务院行使下列职权”中，第七项就是“领导和管理教育、科学、文化、卫生、体育和计划生育工作”。此处的“文化”按照《宪法》第二十二条，包括了新闻广播电视出版发行等行业。国务院的各项管理职能，由国务院所属部委和具有行政管理职能的直属机构依法具体实施。

第二，行政行为依法进行。行政行为包括抽象行政行为和具体行政行为。没有法律规定，行政机关不得实施影响公民、法人和其他组织合法权益或者增加公民、法人和其他组织义务的行为。

抽象行政行为，是指行政机关依照法律授予的权限制定行政法规、规章和其他普遍、反复适用的规范性文件。我国现行有关新闻业行政管理的主要法律规范是行政法规和部门规章，它们都必须符合宪法、法律的规定，不得发生抵触。《立法法》、《行政处罚法》、《行政许可法》等基本法律，对不同位阶的法律文件规定抽象行政行为的权限作了严格规定。如设定行政处罚种类的权限，依照《行政处罚法》的规定，法律可以设定各种行政处罚；限制人身自由的行政处罚，只能由法律规定。行政法规可以设定除限制人身自由以外的行政处罚。地方性法规可以设定除限制人身自由、吊销企业营业执照以外的行政处罚。而规章只能在法律、行政法规规定的行政处罚行为、种类和幅度的范围内作出具体规定，尚未制定法律、行政法规的，规章只能对违反行政管理秩序的行为设定警告或者一定数量罚款的行政处罚。其他的任何规范性文件都不得设定行政处罚。再如设立行政许可的权限，按照《行政许可法》的规定，依法可以设定行政许可的事项，法律可以设定。尚未制定法律的，行政法规可以设定。必要时，国务院可以采用发布决定的方式设定行政许可，但应当及时提请全国人大及其常委会制定法律或者自行制定行政法规（地方性法规、规章权限从略）。而部门规章只可以在上位法设定的行政许可事项范围内，对实施该行政许可作出具体规定。其他规范性文件一律不得设定行政许可。[①] 如有部门规章或其他规范性文件在法律、行政法规规定之外设定了它无权设定的行政许可或行政处罚，那么就是无效的。

具体行政行为，是指行政机关针对特定的公民、法人或其他组织就特定的具体事件作出的有关后者的权利义务的单方行为，如命令、许可、免除、赋予、征收、剥夺、拒绝等。当然也必须依法实施。如实行行政处罚，只能处罚法律、行政法规、规章规定应该受到处罚的行为，即法无明文规定不为罚，处罚的种类、幅度必须与法律、行政法规、规章规定一致，即过罚相当，同时必须遵循法定程序，维护相对人合法权益。

第三，行政相对人对违法行政行为拥有法律救济手段，行政主体对违法行政行为承担法律责任。如《立法法》规定：国家机关、社团、企业事业组织以及公民，认为行政法规、地方性法规等同宪法或者法律相抵触的，可以向全国人大常委会书面提出进行审查的要求。《行政复议法》规定了行政行为相对人有权对规章以下的抽象行政行为和各种具体行政行为申请行政复议。《行政诉讼法》规定了行政行为相对人对于可诉具体行政行为不服有权向法院起诉。《国家赔偿法》规定违法行政侵犯公民人身权、财产权时，受害人有取得赔偿的权利。《行政处罚法》第七章规定了对于没有法定依据的行政处罚、擅自改变行政处罚种类和幅度、违反行政处罚程序等种种违法行为规定了法律责任。《行政许可法》对行政机关及其相关工作人员违反法律规定的行为规定了法律责任，对违法实施行政许可给当事人的合法权益造成损害的应当依法给予赔偿。

---

① 过去我国大量行政许可由国务院部门及更低的机构设置，在2004年7月1日《行政许可法》生效前，国务院在2002年、2003年和2004年对行政审批事项作了三次大规模清理，废除、调整了1 795项行政审批项目。对于一些确实需要保留的但是还未有法律、行政法规依据的审批事项，国务院在2004年6月以发布决定的方式，予以保留，共计500项。近年来，国务院多次发布取消和调整行政审批项目的决定，其中包括2004年“决定”中的若干项。按《行政许可法》规定，以国务院决定设定的行政许可事项应当及时制定法律或行政法规。

第一节　报纸、期刊

报纸，是指有固定名称、刊期、开版，以新闻与时事评论为主要内容，每周至少出版一期的散页连续出版物。期刊又称杂志，是指有固定名称，用卷、期或者年、季、月顺序编号，按照一定周期出版的成册连续出版物。我国除专门的新闻类期刊外，还有一部分非新闻类的、社会科学类的期刊也发表新闻作品。本节以介绍报纸为主，兼顾期刊。

对全国报刊和其他出版活动实施监督管理的部门，早年是成立于 1987 年的新闻出版署，2001 年起改称新闻出版总署，2013 年与广电总局整合为国务院新闻出版广电总局，2018 年中共中央决定由中央宣传部统一管理新闻出版工作，新闻出版管理职责划入中共中央宣传部，中宣部对外加挂国家新闻出版署（国家版权局）牌子。

目前规范出版活动最高位阶的法律文件是行政法规《出版管理条例》（本节内简称“条例”），此“条例”于 2001 年公布，后经多次修订。按“条例”规定，出版活动是指出版物的出版、印刷或复制、进口、发行，出版物包括报纸、期刊、图书、音像制品、电子出版物等。在《出版管理条例》公布前后，新闻出版总署制定发布的部门规章主要有：《关于出版单位的主办单位和主管单位职责的暂行规定》（1993）、《报纸出版管理规定》（2005）、《期刊出版管理规定》（2017）、《电子出版物出版管理规定》（2015）、《新闻记者证管理办法》（2009），以及新闻出版广电总局《内部资料性出版物管理办法》（2015）、《出版物市场管理规定》（2016）等，形成了相对配套的法规体系。

我国报刊等出版物管理，在创办、印刷或者复制、进口、发行等一系列环节实行许可制。

一、报刊的创办和登记

我国创办报刊一贯实行审查批准制。改革开放以来，原先单一的党委机关报刊发展为以党报为核心的多品种、多层次、多功能的综合性报刊业。新闻出版署成立后，统一归口由新闻出版署负责实施行政许可手续。

（一）创办报刊的条件

《出版管理条例》对设立出版单位的条件作了设定。

“条例”所说的“出版单位”，包括报社、期刊社和各类图书、音像、电子出版物的出版社，分为事业单位法人和企业法人两类。

“条例”规定设立出版单位应当具备下列条件：“（一）有出版单位的名称、章程；（二）有符合国务院出版行政主管部门认定的主办单位及其主管机关；（三）有确定的业务范围；（四）有 30 万元以上的注册资本和固定的工作场所；（五）有适应业务范围需要的组织机构和符合国家规定的资格条件的编辑出版专业人员；（六）法律、行政法规规定的其他条件。”（第十一条）

“条例”并规定，审批设立出版单位，还应当符合国家关于出版总量、结构、布局的规划。

“条例”所设定的创办报刊的条件，最重要是要有主办单位和主管机关，这是保障党管媒体体制的独特设计，现作如下解析：

第一，报刊国有。报刊必须由单位申办，而这个单位必须是有上级主管机关的，这只能是国有单位，包括党政机关、人民团体和科研、教育等国有事业单位，还有少数国有企业。个人和私营企业不可能有上级主管机关，不能申办报刊。

上世纪80年代曾经有些个人自行集资创办报刊然后请某个单位出面申请登记，称为“挂靠”，这种做法旋即遭到否定。

第二，创办报刊的资格由行政主管部门认定。“条例”并没有列明主办单位资格条件，而只是规定“符合国务院出版行政主管部门认定”。主管部门审批时还要考虑是否符合关于出版总量、结构、布局的规划。这样主管部门对于报刊创办主体资格就有很大的自由裁量权。

学理上把行政许可分为普通许可和特许。普通许可适用于准许符合法定条件的主体从事特定活动的事项，特许适用于赋予特定主体的特定权利并且具有数量限制的事项。我国创办报刊的主办单位除了须有上级主管机关外并无法定条件，并且要受到总量、结构、布局的限制，这就是一种特许制。

第三，报刊直接或间接地隶属于一定级别的党政机关。有的主办单位自身就是党政机关或工、青、妇人民团体等准机关；不然，它的上级主管机关就一定是此类机关。按照《关于出版单位的主办单位和主管单位职责的暂行规定》（1993），主办单位和所办报刊的关系，必须是领导和被领导的关系。“条例”在2011年修改时增加规定：“出版单位的主办单位及其主管机关对所属出版单位出版活动负有直接管理责任，并应当配合出版行政主管部门督促所属出版单位执行各项管理规定。”（第四十九条）全国报刊，特别是报纸和新闻类期刊，就这样纳入国家政权体制之内，以保证所有报刊都有确定的上级领导以及相应的共产党组织进行领导和管理。

现在大部分报刊转制为企业，但主办单位和主管机关的制度坚持不变。为贯彻政企分开，国家推动党政部门逐步与所主管主办的非时政类报刊社和出版社脱钩，整合资源组建出版传媒集团，由集团履行主管主办职责。

（二）审批程序

按“条例”规定，申请创办报纸或期刊，应由主办单位向所在地省级出版主管部门提出申请，后者审核同意后，转报国务院出版主管部门审批。在得到批准后，主办单位再向所在地省级出版主管部门办理登记注册手续，填写申请登记表，领取许可证，编入“国内统一刊号”，方可出版。同时还需向工商管理部门领取营业执照。

审批和刊号制度体现了报刊布局的分级、属地原则，各类文件和统计资料一向把报纸划分为中央、省、地市等级别。

（三）内部资料性出版物

“内部资料性出版物”由“内部报刊”转化而来。对确有需要存在的而不具备创办报刊条件的出版物，新闻出版署于 1998 年发布《内部资料性出版物管理办法》予以规制，2015 年新闻出版广电总局修订后重新发布。

内部资料性出版物，是指在本行业、本系统、本单位内部，用于指导工作、交流信息的非卖性单本成册或连续性折页、散页印刷品，不包括机关公文性的简报等信息资料；分为一次性内部资料和连续性内部资料。编印内部资料，须向所在地省级新闻出版行政部门申请，经审核批准领取准印证，方可施行。

“办法”限定在本行业、本系统、本单位内部交流，不得标价销售，不得以任何形式收取任何费用，不得刊登广告，不得搞经营性活动。

二、对报刊的监督管理

根据《出版管理条例》第六条的规定，国务院出版行政主管部门对全国出版活动实施监督管理，其他行政管理部门按照职责分工监管有关出版活动。此处主要介绍出版主管部门的管理活动。出版部门对报刊出版的监管实行属地原则。

（一）依法出版制度

报刊属于连续出版物，在履行法定登记注册手续取得合法出版权利之后，在出版过程中自始至终必须遵守所有登记事项，不得任意变更。

报刊的每个刊号，只能对应出版一种报刊，不能用同一个刊号出版不同的报刊。报纸的所有版页应作为一个整体出版发行，部分版页不得单独发行。报纸出版地方版、少数民族文字版、外文版等，须按创办新的报纸办理审批手续。期刊出版不同的版本，也须按创办新期刊办理审批手续。报纸因重大事件可以出版号外，号外必须注明，连续出版不得超过 3 天，并在出版后 15 日内向所在地省级出版行政部门备案。

报刊停刊，由主办单位向所在地省级出版行政部门注销登记，并向国务院出版主管部门备案。

报纸和期刊的出版许可证不许转借、转让、出租和出卖，报刊出版单位的名称、报刊的名称、刊号和版面也不许转让、出租和出卖。

（二）审读制度

报刊审读是新闻出版主管部门和报刊主管单位在报刊出版后组织有关人员，对报刊出版质量进行的审阅和评定，是对报刊出版的事后管理。新闻出版总署在报纸、期刊两个“管理规定”中，分别规定了报刊审读制度，并于 2009 年印发《报纸期刊审读暂行办法》，要求各级新闻出版行政部门和报刊主管单位设立审读机构。

按此“办法”，新闻出版总署负责全国报刊审读工作。地方各级新闻出版行政部门负责本行政区域内的报刊审读工作。它们要协调、指导下级新闻出版行政部门和报刊主管单位对报刊进行审读，向中央或上级新闻出版主管部门报送审读报告，研究处理审读中发现的问题等。

审读包括是否有禁载内容、是否刊载虚假失实报道和发表涉及国家政策等内容是否符合规定、重大题材是否履行备案程序、报道敏感和突发事件是否符合规定等。

（三）年度核验制度

年度核验，简称年检，是新闻出版管理部门对报刊进行阶段性监督管理的方法。新闻出版总署于 2006 年制定了《报纸期刊年度核验办法》。

报纸、期刊均在登记地年度核验，省级新闻出版行政部门负责对本行政区域的报刊实施年度核验。

若有违法行为被查处后拒不改正或者没有明显整改效果的、出版质量长期达不到规定标准的、经营恶化已经资不抵债的、已经不具备出版报刊所规定的条件的，不予通过年度核验，由新闻出版总署撤销许可证，所在地省级新闻出版行政部门注销登记。

三、禁止非法出版

关于非法出版的含义有广义和狭义之分：

广义的非法出版，包括一切从程序到内容违反法律的出版活动及其出版物，《出版管理条例》第八章“法律责任”第六十条至第七十一条所规定的处罚包括了对一切非法出版的处罚，1998 年最高人民法院《关于审理非法出版物刑事案件具体应用法律若干问题的解释》所规定惩处的，包括了出版煽动分裂国家、颠覆国家政权，侮辱、诽谤他人，歧视侮辱少数民族，宣扬淫秽，侵犯著作权等内容的出版物和其他严重违反国家规定的非法出版活动。

狭义的非法出版，是指从程序上违反《出版管理条例》，未经批准擅自进行的出版活动，伪造、假冒出版单位或报刊名称的出版活动，擅自印刷或者复制境外出版物、非法进口出版物等活动。国家的新闻出版、工商管理、公安等机关多次分别或联合公布打击非法出版的规章、文件。在报刊出版中，主要非法出版行为有：

——未经批准出版。“条例”第六十一条对未经批准，擅自设立出版单位或者擅自从事出版物的出版印刷或者复制、发行业务的行为作了处罚规定，包括没收出版物和从事非法活动的主要专用工具、设备以及违法所得，并处罚款等。

——利用合法报刊名义出版未经许可的报刊。合法报刊社未经许可出版另外的报纸也是非法出版。报刊审批设立的是报纸或期刊，而不是编辑出版报纸或期刊的单位。是因报（刊）建社，而不是设社出报（刊）。每种报纸或期刊有一份“报刊登记证”，使用一个“国内统一刊号”，只能用来出版这一种报纸或期刊，既不允许不出版这种报纸或期刊去出版另外的报纸或期刊，也不允许在出版这一种报纸或期刊的同时再出版另外的未经登记的报纸或期刊以及其他出版物。

——假冒合法报刊的名称、刊号出版。“条例”第二十九条规定：任何单位、个人不得伪造、假冒报纸、期刊名称出版出版物。第六十一条规定了对这种行为的行政处罚；侵犯其他单位合法权益的，依法承担民事责任。

——出售、转让书号、刊号。出版报刊作为国家授予特定主体的特许权，是不可转让的。“条例”第二十一条规定：“出版单位不得向任何单位或者个人出售或者以其他形式转让本单位的名称、书号、刊号或者版号、版面，并不得出租本单位的名称、刊号。”据此，新闻出版署公布《关于严格禁止买卖书号、刊号、版号等问题的若干规定》称：“凡是以管理费、书号费、刊号费、版号费或其他名义收取费用，出让国家出版行政部门赋予的权力，给外单位或个人提供书号、刊号、版号和办理有关手续，放弃编辑、校对、印刷、复制、发行等任何一个环节的职责，使其以出版单位的名义牟利，均按买卖书号、刊号、版号查处。”“条例”第六十六条对出版单位出售、出租或者以其他形式转让本出版单位的名称、书号、刊号、版号的，规定了行政处罚措施。

严重的非法出版行为，可以构成犯罪。1998 年最高人民法院《关于审理非法出版物刑事案件具体应用法律若干问题的解释》规定，进行非法出版活动，构成犯罪的，按照《刑法》第二百二十五条第四项以非法经营罪论处。并从非法经营数额、违法所得数额或经营报刊数额等方面对“情节严重”、“情节特别严重”的界限作了具体规定。

《刑法》此处关于“非法经营罪”的规定为“其他严重扰乱市场秩序的非法经营行为”，处五年以下有期徒刑或者拘役，并处或者单处违法所得一倍以上五倍以下罚金；情节特别严重的，处五年以上有期徒刑，并处违法所得一倍以上五倍以下罚金或者没收财产。并且有单位犯罪的规定。

当前网络成为非法出版活动的重要途径。如有张俊贤，自 2019 年 1 月至 8 月，多次通过上家购入港台及国外出版物，通过微信等网络平台销售给他人，经营数额达人民币 129 618 元，非法获利人民币 18 800 元。警方在 12 名买家处查获被告人出售的港台及国外出版物共 376 册。经当地新闻出版管理部门鉴定，2 册系违禁出版物，374 册系非法出版物。法院判决被告人张俊贤违反国家规定，发行非法出版物，严重扰乱市场秩序，情节严重，构成非法经营罪，判处有期徒刑一年八个月，并处罚金 35 000 元。非法所得予以没收；扣押在案的非法出版物予以没收、销毁。①

第二节　广播、电视

广播和电视是通过无线电波或者导线传播声音或图像的现代化的大众传播手段。对广播电视的行政管理，既包括对播放广播电视的机构的管理，也包括对通过编制声音图像而构成的节目的制作、播放、交换的管理，还有对广播电视的频道资源和传输覆盖网的管理等。

目前规范广播电视活动最高位阶的主要法律文件是行政法规《广播电视管理条例》（本节简称“条例”），此“条例”于 1997 年公布，后来有过三次较小修订。负责全国的广播电视管理工作的行政管理部门当时是广播电影电视部，1998 年改组为国家广播电影电视总局，2013 年与新闻出版总署整合为国家新闻出版广电总局，2018 年调整为国家广播电视总局（简称广电总局）。

---

① 参见江苏省南京市栖霞区人民法院刑事判决书，(2020) 苏 0113 刑初 490 号。

2000年国务院公布《电信条例》，规定国务院信息产业主管部门依照本条例对全国电信业实施监督管理。《电信条例》定义“电信”是指“利用有线、无线的电磁系统或者光电系统，传送、发射或者接收语音、文字、数据、图像以及其他任何形式信息的活动”，被认为包含了广播电视活动。《电信条例》第四十四条规定：“公用电信网、专用电信网、广播电视传输网的建设应当接受国务院信息产业主管部门的统筹规划和行业管理。”信息产业主管部门当时是信息产业部。2008年国务院成立工业和信息化部，原信息产业部职责归工业和信息化部履行。

在《广播电视管理条例》公布前后，由国务院或经国务院批准公布的有关广播电视管理的行政法规还有：《卫星地面接收设施接收外国卫星传送电视节目管理办法》（2018）、《卫星电视广播地面接收设施管理规定》（2018）、《有线电视管理暂行办法》（2018）、《无线电管理条例》（2016）、《广播电视设施保护条例》（2000）。广播电视行政主管部门历年制定公布的现今有效的有关广播电视管理的部门规章主要有：《广播电视节目制作经营管理规定》（2015）、《广播电台电视台审批管理办法》（2017）、《广播电视站审批管理暂行规定》（2004）、《广播电视无线传输覆盖网管理办法》（2004）、《广播电视安全播出管理规定》（2021）、《电视剧内容管理规定》（2016）、《有线广播电视运营服务管理暂行规定》（2021）、《专网及定向传播视听节目服务管理规定》（2021）、《未成年人节目管理规定》（2021）等。

我国广播电视播出机构、节目制作经营机构的设立，广播电视专用频段频率指配，乡镇等有线广播站的设立、卫星地面接收设施的设置等，都实行许可制。

一、广播电台、电视台的设立和布局

广播电台、电视台是指采编、制作并通过有线、无线、卫星或其他方式向社会公众播放广播电视节目的广播电视播出机构。按“条例”规定，国务院广播电视行政部门负责制定全国广播电台、电视台的设立计划，确定广播电台、电视台的总量、布局和结构。在此前提下，对全国广播电台、电视台、有线电视台的设立格局予以统一规定。

（一）历史沿革

新中国成立初，广播电台是政府的一个部门，实行“（广播）局台合一”体制。1955年，国务院《关于地方人民广播电台管理办法的规定》规定中央广播事业局是国家的广播管理机构，中央人民广播电台是它的一个组成部门。20世纪60年代以后发展为中央人民广播电台、国际广播电台、中央电视台三个部门。各省市的广播电台是当地政府的直属机构，受当地政府和中央广播事业局的双重领导。1957年以后，各省市相继建立广播事业局，对地方广播事业改为以地方领导为主。80年代起确立“条块结合、以块为主”的分级行政管理模式，各级电台、电视台成为直属于同级政府广电部门的事业单位。

改革开放前我国电台、电视台数量很少，主要设置在中央和省两级以及部分省辖市。1983年第十一次全国广播电视工作会议确定“四级办广播、四级办电视、四级混合覆盖”的方针，促进了全国广播电视事业的发展。1996年，广电部对广播电台、电视台、有线电视台和教育电视台进行重新审核登记，把县级台合并为一个广播电视台，撤销市辖区台，撤销各类专业台，以及合并同级的无线电视台和有线电视台等，减少了电台、电视台的数量。

世纪之交，经过多种方式探索，地方广播电视体制改革，制播分离，下设节目制作、广告等组成的传媒企业集团。[①] 2018 年深化党和国家机构改革，整合中央电视台（中国国际电视台）、中央人民广播电台、中国国际广播电台，组建中央广播电视总台，作为国务院直属事业单位，归口中宣部领导。[②] 接着地方各级也相继合并成立广播电视台。2020 年底，全国各级广播电台、电视台、广播电视台等播出机构计有 2 543 家。[③]

（二）电台、电视台的设立

“条例”第十条规定县以上政府台体制：“广播电台、电视台由县、不设区的市以上人民政府广播电视行政部门设立”，其中电视台，包括无线和有线电视台。教育电视台，则“可以由设区的市、自治州以上人民政府教育行政部门设立”，县级不具备设台资格。上述政府部门之外的其他任何单位和个人不得设台。

其第二款规定：“国家禁止设立外商投资的广播电台、电视台。”

“条例”赋予国务院广电行政部门对设立广播电台、电视台的统一审批权。各地设台，由达到设台主体层级的政府广电部门提出申请，经本级政府审查同意，逐级上报，经国务院广电行政部门审查批准后，方可筹建。教育电视台，中央级的由国务院教育管理部门设立，报国务院广电行政部门审查批准。地方设台，由达到设台主体资格的政府教育行政部门提出申请，征得同级广电部门同意并经本级政府审查同意，逐级上报，经国务院教育行政部门审核，国务院广电行政部门审查批准，方可筹建。这就是先审批、后筹建的程序。

“条例”规定，广播电台、电视台应按国家规定的程序和技术标准进行工程建设，建成后还要经国务院广电部门审查合格，发给许可证，方可投入播放。电台、电视台必须按许可事项制作播放节目，如需改变，必须另行审批。并且不得出租、转让播出时段。

县级广播电视台原则上不自办电视频道，其制作的节目、广告等在本省行政区域内公共频道预留时段中插播。

（三）广播电视站的设立

“条例”第十五条规定：县以下的乡、镇可以申请设立广播电视站，机关、部队、团体、企事业等单位可以申请设立有线电视站。《广播电视站审批管理暂行规定》（2004）对此作了细则规定。

按“暂行规定”，设站主体限于市辖区、乡镇以及企事业单位、大专院校，每个申请单位只能设立一个广播电视站，并只能在管理部门核定的区域范围内播出广播电视节目。

---

① 参见新华网，2012 年 10 月 25 日。

② 参见《人民日报》2018 年 3 月 22 日。

③ 国家广播电视总局规划财务司：《2020 年全国广播电视行业统计公报》，2021 年 4 月 19 日。

广播电视站的规划、布局、审批和日常管理工作由省级广电部门负责。

广播电视站不得自称电台、电视台，不得接收、传送境外电视节目，不得在转播节目中插播自办节目与广告，不得将广播电视站出租、转让、承包给其他单位或个人。

（四）禁止非法设台

我国禁止任何个人或民间和外资设立或参与设立电台、电视台。“条例”第四十七条对擅自设立广播电台、电视台的行为，规定了行政处罚。

二、广播电视节目制作、传播管理

《广播电视管理条例》规定，设立广播电视节目制作单位、设立电视剧制作单位实行许可制。

（一）广播电视节目制作经营管理

按“条例”规定，制作广播电视节目的主体限于两类：一类是广播电台、电视台；一类是经过省级以上广电部门批准设立的广播电视节目制作经营的单位；设立电视剧制作单位，还必须经国务院广电部门批准，取得电视剧制作许可证。未经批准，任何单位和个人，都不许制作供广播电台、电视台公开播放的广播电视节目。“条例”还规定，乡、镇设立的广播电视站不得自办电视节目。

目前具体规范广播电视节目制作经营的行政规章是广电总局于2004年发布施行、2015年修订的《广播电视节目制作经营管理规定》。这个“管理规定”重申“国家对设立广播电视节目制作经营机构或从事广播电视节目制作经营活动实行许可制度”。但是“管理规定”审批许可的节目制作经营机构只限于制作普通的专题、专栏、综艺、动画片、广播剧、电视剧等节目，而不得制作时政新闻及同类专题、专栏等节目，后者必须由广播电视播出机构即电台、电视台制作。

对于申请《广播电视节目制作经营许可证》的条件，在“应当符合国家有关广播电视节目制作产业发展规划、布局和结构”的前提下，规定了具有独立法人资格及相关专业人员、资金和工作场所等条件，并且其法定代表人三年内无违法违规记录。

擅自设立广电节目制作经营单位或擅自制作电视剧及其他广电节目的，按“条例”第四十八条规定，由县以上广电部门予以取缔，没收其从事违法活动的工具、设备和节目载体，并处罚款。

（二）节目传送管理

随着广播电视业改革的发展，不仅节目播出和节目制作逐步分离，而且节目传送也开始从节目播出机构分离出来，由独立的机构经营，需要予以管理。节目传送分为无线和有线两种。通过无线方式传送由《广播电视无线传输覆盖网管理办法》规范，通过有线方式传送由《广播电视节目传送业务管理办法》规范，这两个规章都于2004年公布实施。国家对从事节目传送业务实行许可制。使用无线传输网络许可已有《无线电管理条例》、《广播电视管理条例》等行政法规规定。对以有线方式在省级行政区域内或跨省经营广播电视传送业务的审批，由《国务院对确需保留的行政审批项目设定行政许可的决定》第305项设定。

这两个规章规定，可以从事节目传送业务的限于三类机构：一是广播电视播出机构，二是广播影视集团（总台）及所属机构，三是具有无线广播电视传输覆盖能力或者拥有有线广播电视网络经营权的国有或国有控股机构。它们都必须具备规章所规定的条件并且履行法定的审批程序，取得许可证，方可按许可的范围从事节目传送业务。

以无线方式传送节目包括利用地面无线、微波、卫星等方式。《广播电视无线传输覆盖网管理办法》规定，申请人须向所在地县级以上广电部门申请，逐级审核，报广电总局审批，领取"广播电视节目传送业务经营许可证（无线）"。申请利用微波传输广播电视节目且覆盖区域在本省范围内的和使用小功率调频、电视发射设备功率在50瓦以下进行广播的，广电总局委托省级广电部门审批。开展节目卫星传输业务的，则应向省级以上广电部门申请，报广电总局审批。

申请以有线方式从事节目传送业务许可证的程序，《广播电视节目传送业务管理办法》分为三类：第一类，申请在省级行政区域内或跨省（市）从事节目传送业务的，向地（市）级以上广电部门申请，经逐级审核，报广电总局审批，由广电总局颁发《广播电视节目传送业务经营许可证》；第二类，申请在同一地（市）行政区域内从事节目传送业务的，应向县级以上广播电视行政部门申请，经逐级审核，报省级广电部门审批，由省级广电部门颁发许可证；第三类，申请在同一省（市）内两个以上地（市）级行政区域经营节目传送业务的，按第一类办理。

两个规章都规定许可证上要明确载明传输覆盖或传送的范围、传送节目内容、传送方式、技术手段等事项。持证单位应当按此从事业务活动，不得超越，并规定了相应罚则。

通过互联网传送节目，见本章第三节。

（三）节目审查

国家规定对电影、电视剧实行政府审查。"条例"规定广播电台、电视台对所有播放的节目内容实行播前审查，重播重审。

随着制播分离的改革和互联网电视的发展，广播电视台审查功能愈益显得重要。国家要求广播电视台紧紧把握播出关，保障广播电视节目的正确导向，营造良好舆论环境。

（四）转播、插播规定

"条例"规定，广播电台、电视台或者广播电视站，应当按照规定转播中央和省级电台、电视台的主要节目。由于广播电视在传达党和国家的政策、政令，报道国家重大事务方面具有特殊功能，在中央台和省台覆盖不到的地区，要使这些重大信息及时进入千家万户，主要就是靠当地台的转播。所以完整转播中央台和省台的主要节目，是许多规章都突出规定的重要事项。1993年中宣部和广电部专门发出《关于地方广播电台、电视台必须完整转播中央人民广播电台、中央电视台节目的通知》，规定"各级广播电台、电视台、转播台、电视差转台以及有线电视台（站）和有线广播台（站）都必须以专用频道完整转播中央人民广播电台、中央电视台的第一套节目。有条件的，还应转播中央台的其他节目”。“通知”规定“在转播中央台节目时，不得插播自办节目和广告”。2004年《广播电视站审批管理暂行规定》也规定广播电视站应按规定转播好中央、省级和当地的广播电视节目。

中国气象局、国家广电总局下发《关于进一步加强广播电视气象灾害预警信息发布工作的通知》（2007）规定：电台、电视台收到气象灾害预警信息后，应采用主持人播报、字幕板、滚动字幕条等多种形式插播。

（五）禁播规定

一是禁播含有违法内容的节目。禁播内容，“条例”第三十二条规定有七项，这是较早的规定。目前我国法律位阶的禁止传播规定有两个，一是《网络安全法》第十二条第二款，已见本书第一章；一是《电影产业促进法》第十六条共八项，虽然分别适用于网络传播和电影，但也为其他领域的下位阶禁止规范提供了参照。“条例”第四十九条规定了违禁的罚则。

二是不得播放没有取得合法制作经营许可的单位制作的节目。

三是不得播放未经批准的境外电影、电视剧和其他节目。以上两项罚则由“条例”第五十条规定。

四是不得擅自以卫星等方式进口、转播境外广电节目，违者按“条例”第五十一条规定，由县以上广电部门责令停止违法活动，给予行政处罚。

五是不得播放按《著作权法》规定必须经著作权人许可方可使用的作品。

（六）限播规定

一是对播放境外节目的时间与总播放时间的比例的限制，按广电总局2004年《境外电视节目引进、播出管理规定》：各电视频道每天播出的境外影视剧，不得超过该频道当天影视剧总播出时间的25%；每天播出的其他境外电视节目，不得超过该频道当天总播出时间的15%。未经广电总局批准，不得在黄金时段播出境外影视剧。

二是对广告播出时间的限制，按2011年广电总局《广播电视广告播出管理办法》规定：播出机构每套节目每小时商业广告播出时长不得超过12分钟。其中，电台在11：00至13：00之间、电视台在19：00至21：00之间，商业广告播出总时长不得超过18分钟。播出机构每套节目每日公益广告播出时长不得少于商业广告时长的3%。

三是对教育电视台节目的限制，按“条例”规定，应当播放各类教育教学节目，不得播放与教学内容无关的电影、电视片，违者按“条例”第五十条规定处罚。

《广告法》对此予以确认：“广播电台、电视台发布广告，应当遵守国务院有关部门关于时长、方式的规定，并应当对广告时长作出明显提示。”（第十四条）

（七）群众参与的直播节目

群众参与的广播电视直播节目是指：（1）听众、观众通过热线电话等方式参与的电台、电视台的直播节目；（2）有听众、观众现场参与的广播电视直播节目；（3）现场转播有听众、观众参与的节目。1999年广电总局发布《群众参与的广播电视直播节目管理暂行办法》，对此进行规管。国务院办公厅通知将此项内容作为政府的内部管理事项予以保留的非行政许可审批项目第157项。

该“暂行办法”规定开设群众参与的直播节目，中央级电台、电视台须报广电总局审批，省级台须报省级广电厅（局）审批、广电总局备案，地、县级台须报地级广电局审批、省级广电厅（局）备案。

开设直播节目，必须具备“延时装置”、“储存电话”等技术保障措施；具有较高政策水平、熟练掌握有关操作技能的相对固定的编播人员；电台、电视台的导演、导播必须经过培训、持证上岗，电话编辑、节目监制等编播人员必须具有中级以上的专业技术职务；有比较完善的节目操作程序和管理规定；有处理不测情况的应对预案。

未经批准擅自开设直播节目的要责令立即停止，通报批评。发生政治性事故的，应当暂停节目，予以行政处罚，对负责人和责任人予以行政处分。

三、广播电视传输覆盖网管理和广播电视设施保护

广播电视传输覆盖网，包括广播电视发射台、转播台、差转台、收转台（站）、微波站、节目传送台（站）、广播电视卫星、卫星地球站、监测台（站）及有线电视传输覆盖网，还包括充分利用公用通信的网络资源，此外无线电频率资源管理使用也列于覆盖网管理范围。广播电视设施包括节目发射设施、节目传送设施和节目监测设施，是广播电视播放的物质基础。除《广播电视管理条例》对建设、管理、保护广播电视传输覆盖网作了比较全面的规定外，相关行政法规还有《无线电管理条例》、《电信条例》和《广播电视设施保护条例》。《公共文化服务保障法》（2016）将广播电视播出传输覆盖设施纳入公共文化设施范围，予以保障和管理。

（一）广播电视覆盖网管理

《广播电视管理条例》规定，国务院广播电视管理部门对全国广播电视传输覆盖网按照国家统一标准实行统一规划，并实行分级建设和开发。县级以上广电部门按照有关规定组建和管理本行政区域的广播电视传输覆盖网。区域性的有线广播电视传输覆盖网，由县以上广电部门设立和管理。同一行政区域只能设立一个区域性有线广播电视传输覆盖网。

广播电视传输网是整个社会信息基础设施的重要组成部分，属于信息传输网络。《电信条例》规定，广播电视传输网的建设应当接受信息产业主管部门的统筹规划和行业管理；广播电视传输网的建设，在按照国家基本建设项目审批程序报批前，应当征得信息产业部门的同意。

广播电视无线传输覆盖网，由国务院广电行政部门和地方各级广电部门管理。国家对广播电视无线传输覆盖业务、使用广播电视频率、订购无线广播电视发射设备①以及迁

① 《国务院对确需保留的行政审批项目设定行政许可的决定》第311项设定。

建无线广播电视设施，实行许可制度。除《广播电视管理条例》有关内容外，现行有效的行政规章是《广播电视无线传输覆盖网管理办法》。

广播电视有线传输覆盖网，按照《电信条例》的规定，信息产业部和广电总局在1999年达成共识，分为两个层次：

一类是从中央到县一级的广播电视传输光缆干线，广电部门未建的原则上不得再建。要通过各种方式充分利用国家通信主干网和其他已建成的网络，不搞重复建设。确需新建，应该符合国家信息化规划并经过信息产业部门同意。

另一类是城市市区和县以下的广播电视分配网，也就是从市、县广播电视台的播出前端到用户的网络，应由广播电视部门形成相对完整的专用网，以适应广播电视节目管理和发展用户的特殊要求。分配网中的入户接点以上部分，新建须经信息产业部门统筹规划同意；入户部分，由广播电视台根据发展用户进行安排。

国家对广播电视设备器材进入电台、电视台和传输覆盖网实行认定准入制度，由《国务院对确需保留的行政审批项目设定行政许可的决定》第312项设定。《广播电视设备器材入网认定管理办法》列明了应当进行入网认定的广电器材范围，并规定了向广电总局提交申请的程序和广电总局监督管理的办法。

（二）卫星广播电视管理

20世纪80年代以来，我国卫星广播电视从租用和购买国际电信组织的卫星转频器开始，到利用自己制造和发射的通信卫星进行广播电视节目传输，全部省级电视台都实现了上星播出。《广播电视管理条例》规定，广播电台、电视台利用卫星方式传输广播电视节目，应当符合国家规定的条件，并经国务院广电部门审核批准。据此，广电部于1997年发布《卫星传输广播电视节目管理办法》，当时只限于省级以上电台、电视台可以申请利用卫星方式传输广电节目，后来有所扩大。《广播电台电视台审批管理办法》规定：副省级城市以上广播电视行政部门或经批准的广播影视集团（总台）设立的广播电台、电视台可以按照国家广播电视事业、产业建设和技术发展规划，利用卫星方式传输本台广播电视节目。应向本级广电部门申请，逐级上报，由广电总局批准。

国家对设置卫星地面接收设施也实行许可制，并对接收境内和境外电视节目发给不同的许可证。1990年经国务院批准，由广电部、公安部和国家安全部发布《卫星地面接收设施接收外国卫星传送电视节目管理办法》，主要管理接收境外电视节目。1993年，国务院发布《卫星电视广播地面接收设施管理规定》，规定各级广播电视管理部门是卫星电视的归口管理部门，会同公安部、国家安全部负责全国卫星地面接收设施管理工作，对卫星地面接收设施的生产、进口、销售、安装和使用实行许可制度。

任何单位均可申请设置卫星地面设施接收境内电视节目，须向当地县级以上广电部门申请，由地、市级广电部门审批。凭批准证明购买卫星地面接收设施。安装经检验合格，发给接收卫星传送境内电视节目许可证，并报省级广电部门和国家安全部门备案。只有在收不到当地电视台、有线电视台等的电视节目的地区，个人可以申请安装卫星地面接收设施。

申请设置卫星地面设施接收境外电视节目，见第十章。

国家广电总局还于 2009 年发布《卫星电视广播地面接收设施安装服务暂行办法》（后有修订），规定申请卫星接收设施安装服务的企业法人应当是国有或国有控股企业，依法取得许可证。

（三）无线电频谱资源管理

1993 年国务院和中央军事委员会发布《无线电管理条例》，2016 年修订，其中规定："无线电频谱资源属国家所有。国家对无线电频谱实行统一规划、合理开发、有偿使用的原则。"（第三条）国家无线电管理机构原为国家无线电委员会，现为隶属于工信部的国家无线电管理局（无线电管理中心），对无线电频率实行统一划分、分配和管理。1995 年，广电部获得"国家无委"授权，对广播电视系统使用专用频段的频率进行规划和指配。其后《广播电视管理条例》规定："国务院广播电视行政部门负责指配广播电视专用频段的频率，并核发频率专用指配证明。"（第十八条）但无线电台执照仍由无线电管理机构核发。设立广播电视发射台等使用无线电频率的机构，应持广电部门频率专用指配证明，向国家或省级无线电管理机构办理审批手续领取执照。

《无线电管理条例》和《广播电视管理条例》均规定，任何单位和个人未经无线电管理机构批准，不得转让频率，禁止出租或变相出租频率。还规定任何单位和个人不得侵占、干扰广播电视专用频率，不得擅自截转、干扰、解扰广播电视信号。对于擅自设立广播电视发射台、转播台，出租、转让频率频段，侵占、干扰广电频率等行为，规定了相应的罚则。

《刑法》第二百八十八条规定了扰乱无线电通讯管理秩序罪。2015 年《刑法修正案（九）》将条文改为："违反国家规定，擅自设置、使用无线电台（站），或者擅自使用无线电频率，干扰无线电通讯秩序"，予以刑事处罚；分为"情节严重"和"情节特别严重"两种情况。

（四）广播电视设施保护

我国法律对于广播电视设施加以严格保护。1987 年国务院即发布行政法规《广播电视设施保护条例》，2000 年重新公布。广电总局发布《有线广播电视传输覆盖网安全管理办法》（2002）等，对有线电视网安全保护有具体规定。

《广播电视设施保护条例》规定，任何单位和个人均有保护广播电视设施的义务，禁止任何单位和个人侵占、哄抢、私分、截留、破坏广播电视设施，任何单位和个人对危害广播电视设施的行为，均有权制止并向有关部门报告，并规定了相应罚则。

《刑法》将破坏广播电视设施的犯罪列于"危害公共安全罪"，在第一百二十四条规定：破坏广播电视设施、公用电信设施，危害公共安全的，处三年以上七年以下有期徒刑；造成严重后果的，处七年以上有期徒刑。并在第二款规定了过失犯本罪的处罚规定。

2011 年最高人民法院就审理破坏广播电视设施等刑事案件具体应用法律若干问题发布了司法解释。

第三节 互联网新闻信息传播

互联网（Internet），又称国际联网、因特网等，指直接进行国际联网的计算机信息网络。随着传播科技和媒介融合的发展，又有“信息网络”或“网络”之称[①]。新闻传播是互联网一项重要功能。

我国使用互联网已有三十多年历史，国内最初的社会应用是进行证券交易的局域网。1994年4月，中国成为世界上第71个正式加入国际互联网的国家。1995年5月，中国邮电部宣布向国内社会各界开放互联网业务。此后，商业网站大批成立，并且把刊载新闻作为自己的重要服务内容。原有新闻媒体也相继由制作本媒体的网络版发展到建立新闻网站，继而进入各种新媒体平台，融入移动互联网，各种“微传播”成为新闻传播的主流。直至如今，网络媒体已经成为最主要、最广泛的传播场域。国家高度重视互联网这个意识形态斗争的主战场，健全互联网领导和管理体制，坚持依法管网、依法治网，致力营造清朗的网络空间。

我国互联网法制建设与互联网发展同步。1994年起，国务院陆续制定公布行政法规《计算机信息系统安全保护条例》、《计算机信息网络国际联网管理暂行规定》等。2000年国务院公布行政法规《电信条例》，将互联网作为重要电信业务纳入电信监督管理。不久国务院又公布行政法规《互联网信息服务管理办法》，有关部门相继发布规章《互联网站从事登载新闻业务管理暂行规定》、《互联网电子公告服务管理规定》等，对互联网信息传播定出规则。全国人大常委会先后发布《关于维护互联网安全的决定》（2000）和《关于加强网络信息保护的决定》（2012），在当时为较低位阶法律文件提供了上位法依据。

目前互联网领域的专门法律有《电子签名法》（2019）、《网络安全法》（2016）、《电子商务法》（2018）、《数据安全法》（2021）和《个人信息保护法》（2021），以及若干行政法规。《网络安全法》是我国全面规范网络空间安全的基础性法律。依据上位法，各主管部门相继制定发布了一批部门规章和规范性文件。截至2021年末国家互联网信息办公室官方网站所载，有关互联网或与之有密切关系的计有法律8件，行政法规11件，部门规章16件，司法解释6件，规范性文件18件[②]，这些都是目前网络领域最常用的专门法律文件。

国家还因应互联网发展需要，对传统法律法规进行修订或进行司法解释，在新的立法中往往也有关于互联网的专门规定，基本形成了一般法和专门法相结合、分列不同法律层级、覆盖互联网领域方方面面的相当庞大的互联网法律法规体系。

互联网信息服务的监督管理，由国家互联网信息内容主管部门负责互联网信息内容

---

① 关于“互联网”和“网络”的定义和区分，参见本书第二章第一节。

② 国家网信办官网：“政策法规”，http：//www.cac.gov.cn/zcfg/A0909index_1.htm，访问时间2022年1月20日。

管理，协调国务院电信主管部门、公安部门及其他相关部门实施监督管理。电信主管部门负责互联网行业管理，对互联网信息服务的市场准入、市场秩序、网络资源、网络信息安全等实施监督管理。公安部门负责互联网安全监督，维护互联网公共秩序和公共安全，防范和惩治网络违法犯罪活动。国务院其他有关部门在各自职责范围内对互联网信息服务实施管理。从事新闻信息服务的网站，其业务先前受国务院新闻办公室或省级政府新闻办公室监督管理。2011 年 5 月，国务院成立互联网信息办公室，不另设新的机构，而是在国务院新闻办公室加挂牌子。

2014 年 2 月，为全面落实网络安全和信息化国家战略，中共中央网络安全和信息化领导小组成立，下设办公室，由国家“网信办”承担具体职责。8 月，国务院授权重新组建的“网信办”“负责全国互联网信息内容管理工作，并负责监督管理执法”。

2018 年 3 月，中央网络安全和信息化领导小组改为中央网络安全和信息化委员会，其办公室与国家互联网信息办公室，一个机构两块牌子，列入中共中央直属机构序列。国新办在中央宣传部加挂牌子。

本书导论说明了互联网法与新闻传播法的交叉关系，前面各章也已有许多涉网内容，本节主要介绍与互联网新闻传播相关的行政管理规范。

一、信息服务管理

《电信条例》规定国家对电信业务实行许可制度。电信业务分为基础经营业务和增值经营业务。基础电信业务，是指提供公共网络基础设施、公共数据传送和基本语音通信服务的业务。增值电信业务，是指利用公共网络基础设施提供的电信与信息服务的业务。互联网接入服务（internet service provider，ISP）和互联网信息（内容）服务（internet content provider，ICP）都属于增值电信服务。

互联网信息服务单位多数实行公司制，这同报刊的主办、主管单位制和电台、电视台的政府台制或集团（总台）制是不同的。

（一）从事互联网信息服务的条件和程序

《互联网信息服务管理办法》对互联网信息服务予以规范。互联网信息服务，即通过互联网提供信息服务的活动，分为经营性和非经营性两类。国家对经营性互联网信息服务实行许可制度，对非经营性互联网信息服务实行备案制度。未取得许可或者未履行备案的，不得从事互联网信息服务。

从事经营性互联网信息服务，应当向国务院电信部门或者所在省级电信管理机构申请办理互联网信息服务增值电信业务经营许可证，主管部门应当在收到申请之日起 60 日内审查完毕，作出批准或不批准的决定。申请人取得许可证后应当持许可证向企业登记机关办理登记手续。

从事非经营性的互联网信息服务，应当向国务院电信部门或者所在省级电信管理机构办理备案手续。

互联网信息服务提供者应当在其网站主页的显著位置标明其经营许可证编号或者备

案编号。

互联网新闻服务是互联网信息服务的一个项目。按《互联网信息服务管理办法》第五条规定："从事新闻、出版、教育、医疗保健、药品和医疗器械等互联网信息服务，依照法律、行政法规以及国家有关规定须经主管部门审核同意的，在申请经营许可或者履行备案手续前，应当依法经有关主管部门审核同意。"

（二）政府主导、企业主体责任的共治机制

互联网在我国发展迅速，截至 2021 年 12 月，网民规模已达 10.32 亿，互联网普及率达 73%，较上一年提升 2.6 个百分点。[①] 网络传播的特有形态使得被动接收信息的受众变成了主动寻求、发布并传递信息和表达意见的用户，成亿大众上网发声，难免泥沙俱下、鱼龙混杂，甚至出现舆论乱象。国家不断而及时采取措施，依法保护互联网用户正当权利，禁止网上各种有害信息并予以制裁。

随着 UGC（用户创造内容）的新型传播方式形成，交互性传播成为常态，原先设置的"电子公告"（bulletin board system，BBS）服务专项审批或专项备案已经不能适应而宣告取消[②]。对用户发布信息服务的监管重点也从对服务者准入监管转向对用户发布内容的监管。从全国人大常委会 2012 年"决定"到《网络安全法》颁行以来，国家网信主管部门和其他部门连续发布多件规章或规范性文件，就 UGC 传播的各种形态或方式如电话用户身份登记[③]、账号名称[④]、即时通信工具[⑤]、应用程序[⑥]、直播[⑦]、网上表演[⑧]、信息搜索[⑨]、域名[⑩]、论坛社区[⑪]、跟帖评论[⑫]、群组[⑬]、微博客[⑭]、区块链[⑮]、云服务安全[⑯]、儿童个人信息[⑰]、短视频[⑱]、公众账号[⑲]、宗教信息服务[⑳]、算法[㉑]等等的管理作出全覆盖式规定。2020 年 3 月实施国家网信办制定的《网络信息内容生态治理规定》，以网络生

① 参见 CNNIC：《第 49 次中国互联网发展状况统计报告》，2022 年 2 月。

② 参见国务院关于第五批取消和下放管理层级行政审批项目的决定，2010 年 7 月 4 日。

③ 参见工业和信息化部：《电话用户真实身份信息登记规定》，2013 年 7 月 16 日。

④ 参见国家网信办：《互联网用户账号名称管理规定》，2015 年 2 月 4 日。

⑤ 参见国家网信办：《即时通信工具公众信息服务发展管理暂行规定》，2015 年 8 月 7 日。

⑥ 参见国家网信办：《移动互联网应用程序信息服务管理规定》，2016 年 6 月 28 日。

⑦ 参见国家新闻出版广电总局：《关于加强网络视听节目直播服务管理有关问题的通知》，2016 年 9 月 2 日；国家网信办：《互联网直播服务管理规定》，2016 年 11 月 4 日；

⑧ 参见文化部：《网络表演经营活动管理办法》，2016 年 12 月。

⑨ 参见国家网信办：《互联网信息搜索服务管理规定》，2016 年 6 月 25 日。

⑩ 参见工业和信息化部：《互联网域名管理办法》，2017 年 8 月 24 日。

⑪ 参见国家网信办：《互联网论坛社区服务管理规定》，2017 年 8 月 25 日。

⑫ 参见国家网信办：《互联网跟帖评论服务管理规定》，2017 年 8 月 25 日。

⑬ 参见国家网信办：《互联网群组信息服务管理规定》，2017 年 9 月 7 日。

⑭ 参见国家网信办：《微博客信息服务管理规定》，2018 年 2 月 2 日。

⑮ 参加国家网信办：《区块链信息服务管理规定》，2019 年 1 月 10 日。

⑯ 参见国家网信办：《云计算服务安全评估办法》，2019 年 7 月 22 日。

⑰ 参见国家网信办：《儿童个人信息网络保护规定》，2019 年 10 月 8 日。

⑱ 参见国家网信办、文旅部、广电总局：《网络音视频信息服务管理规定》，2019 年 11 月 18 日。

⑲ 参见国家网信办：《互联网用户公众账号信息服务管理规定》，2021 年 2 月 22 日。

⑳ 参见国家宗教事务管理局等：《互联网宗教信息服务管理办法》，2021 年 12 月 3 日。

㉑ 参见国家网信办等：《互联网信息服务算法推荐管理规定》，2021 年 12 月 31 日。

态治理理念统领互联网信息内容治理，建立健全政府、企业、社会、网民等主体共同参与的网络综合治理体系。2021 年 9 月国家网信办发布《关于进一步压实网站平台信息内容管理主体责任的意见》，就网站平台履行信息内容管理主体责任首次提出系统要求。

按照上述法律法规和其他规范性文件，互联网信息服务提供者履行的责任大致包括：

（1）实施用户实名制。2011 年北京市政府新闻办等机构发布《北京市微博客发展管理若干规定》，率先推行微博账号实名制。2012 年人大常委会“决定”和《反恐怖主义法》、《网络安全法》也相继作出了相应规定，要求互联网服务提供者查验用户真实身份信息，不提供者不得为其提供服务。UGC 实名制从此成为法定制度。

国家网信办等部门发布的规范性文件一项重要内容就是落实用户发布信息实名制。如规定用户在博客、微博客、即时通信工具、论坛、贴吧、跟帖评论等互联网信息服务中注册时，按照“后台实名、前台自愿”的原则，向服务者提供真实身份信息认证后方可注册账号；由服务者向网信部门分类备案。实名制也适用于移动互联网应用程序（APP）提供者，必须按照“后台实名、前台自愿”的原则，对注册用户进行基于手机号码等真实身份信息认证。

通常提供真实身份信息主要方式是提供居民身份证号码。随着工信部《电话用户真实身份信息登记规定》（2013）贯彻落实，手机号已与用户真实身份绑定，又可以通过验证码予以验证，成为更为常用的一种认证方式。对于单位，则要求提供组织机构代码。

用户实名制是网络内容管理的基础措施，不仅保证网络内容具有可追溯性，而且用于确认用户资质，给以分类服务。如公众账号服务提供者应当对用户的账号信息、服务资质、服务范围等信息进行审核，分类加注标识，实行分级分类管理，并向主管部门备案。还有如网络直播：广电总局规定从事网络直播业务者必须获得互联网视听节目许可并且在许可的项目种类范围之内；网信办规定了互联网新闻信息直播服务双资质要求：直播服务提供者和直播发布者都必须取得新闻服务的资质，这些都需要服务者在提供服务前予以认证。

（2）提倡正能量，防范及消除违法有害内容。《网络安全法》通过前，几乎所有关于互联网的法规、规章都有禁止在互联网上制作、复制、发布、传播的内容的规定。《网络安全法》第十二条对网络内容设定了底线（见第二章第一节），成为法规、规章有关内容的上位法依据。现有规范性文件根据这一法条，有的详列“九不准”[①] 等禁载内容，有的规定用户必须承诺遵守法律法规、社会主义制度、国家利益、公民合法权益、公共秩序、社会道德风尚和信息真实性等“七条底线”，有的规定用户必须发布其资质允许的内容。《互联网用户账号名称管理规定》要求所有账号的名称、头像和简介等注册信息中不得出现违法和不良信息，服务者对于有虚假、冒用或者违法不良信息的账号，应该通知改正、停用或者注销。《互联网信息搜索服务管理规定》则要求互联网信息搜索服务提供者不得

---

① “九不准”最初见于《互联网信息服务管理办法》（2000）第十五条：“（一）反对宪法所确定的基本原则的；（二）危害国家安全，泄露国家秘密，颠覆国家政权，破坏国家统一的；（三）损害国家荣誉和利益的；（四）煽动民族仇恨、民族歧视，破坏民族团结的；（五）破坏国家宗教政策，宣扬邪教和封建迷信的；（六）散布谣言，扰乱社会秩序，破坏社会稳定的；（七）散布淫秽、色情、赌博、暴力、凶杀、恐怖或者教唆犯罪的；（八）侮辱或者诽谤他人，侵害他人合法权益的；（九）含有法律、行政法规禁止的其他内容的。”以后规范性文件沿用时或有少量变动。

以链接、摘要、快照、联想词、相关搜索、相关推荐等形式提供含有法律法规禁止的信息内容。《网络信息内容生态治理规定》除规定禁止制作、复制、发布违法和不良内容外，提出鼓励制作和发布的网络信息内容，包括宣传习近平新时代中国特色社会主义思想、宣传党的理论路线方针政策、弘扬社会主义核心价值观、回应社会关切的问题等。

互联网信息服务者不同于出版者可以对用户发布内容进行事先审查，但是服务者掌握网络传播的平台，有能力对内容进行事后管理。《网络安全法》规定："网络运营者应当加强对其用户发布的信息的管理，发现法律、行政法规禁止发布或者传输的信息的，应当立即停止传输该信息，采取消除等处置措施，防止信息扩散，保存有关记录，并向有关主管部门报告。"（第四十七条）此前《电信条例》、《互联网信息服务管理办法》，此后的各种规章、规范性文件，均有类似规定。网络服务者应当落实安全管理责任，建立健全各项制度，配备与服务规模相适应的专业人员，实施有效管理。

（3）压实信息内容管理主体责任。网站平台是信息内容管理第一责任人。按照国家网信办2021年《关于进一步压实网站平台信息内容管理主体责任的意见》，主体责任的内涵包括坚持政治引领、问题导向、分类指导、强化监管四个维度，"意见"列出把握主体责任内涵、完善平台社区规则、加强账号规范管理、健全内容审核机制、提升信息内容质量、规范信息内容传播、加强重点功能管理、坚持依法合规经营、严格未成年人网络保护、加强人员队伍建设等10个方面，作为网站平台履行主体责任的重点任务。并且要求各地网信部门加强组织领导、强化日常监管、注重督促检查。

网络服务者不履行法律规定的管理职责，《网络安全法》规定了行政处罚，直至责令暂停相关业务、停业整顿、关闭网站、吊销相关业务许可证或者吊销营业执照。（第六十八条）

网络平台未能履行职责受到行政处罚是常见的。如2021年1月至11月，国家网信办指导北京市网信办，对新浪微博共实施44次处置处罚，多次予以顶格50万元罚款，共累计罚款1 430万元。①

（4）以主流价值导向驾驭算法。进入大数据时代，算法推荐已成为网络信息分发的重要范式，算法治理成为网络治理的新课题。国家网信办等9部门2021年9月下发《关于加强互联网信息服务算法治理的指导意见》，指出算法在推进互联网信息传播、繁荣数字经济等方面起到重要作用的同时，也对正常传播秩序和意识形态安全形成了挑战，要求利用三年左右时间，逐步建立治理机制健全、监管体系完善、算法生态规范的算法安全综合治理格局。其后第一个出台的部门规章《互联网信息服务算法推荐管理规定》，明确要求算法推荐服务提供者坚持主流价值导向，积极传播正能量，促进算法应用向上向善，不得利用算法传播违法和不良信息，在法律层面上廓清了所谓"算法没有价值观"的说辞。

"规定"要求算法推荐服务者落实算法安全主体责任，建立健全算法机制机理审核、科技伦理审查等各种管理制度和技术措施，制定并公开算法推荐服务相关规则，建立健全用于识别违法和不良信息的特征库，完善入库标准、规则和程序；完善管理措施，不

① 国家网信办依法约谈处罚新浪微博，中国网信网，2021年12月14日。

得将违法和不良信息关键词记入用户兴趣点或者作为用户标签并据以推送信息。

“规定”建立算法分级分类安全管理制度，特别对包括提供新闻信息服务在内的具有舆论属性或者社会动员能力的算法推荐服务，要求就其名称、服务形式、应用领域、算法类型等信息，履行备案手续。算法备案等制度被认为是将内容治理深入技术逻辑层面的重要创新措施。

（5）确保用户合法权益，特别是保护用户信息安全。《网络安全法》、《个人信息保护法》都对网络运营者处理个人信息的行为作出严格规定，以保护用户信息安全。《网络安全法》规定，网络运营者应当采取技术措施和其他必要措施，确保其收集的个人信息安全，防止信息泄露、毁损、丢失。（第四十二条）《个人信息保护法》规定，个人信息处理者，有义务采取一些措施确保个人信息处理符合法律、行政法规的规定，如制定内部管理制度和操作规程；采取相应的加密、去标识化等安全技术措施；定期对从业人员进行安全教育和培训；制定并组织实施个人信息安全事件应急预案等。（第五十一条）

2020年起工信部开展APP侵害用户权益专项治理工作，截至2021年8月，通报了18批侵害用户权益的名单，共发现748款APP存在种种侵害用户权益等违规行为，其中大量发生的问题包括违规、超范围收集个人信息，强制、频繁、过度索取权限，还有强制用户使用定向推送功能，欺骗误导用户下载APP，应用分发平台上的APP信息明示不到位，以及开屏弹窗骚扰用户等。同时还发现200余款APP未按要求完成整改，有的还以技术手段对抗，还存在同一问题在不同地域整改不一致的情况。有245款拒不整改受到下架处置。[①]

保护用户权益也是算法治理的重要原则。前述算法管理“规定”设有专章，就算法服务者告知义务，保障用户选择、关闭、删除和请求救济等权利作出明确规定。

《网络安全法》规定保护用户依法使用网络的权利，保障合法的网络信息有序自由流动（第十二条），网络服务者也应该予以切实保障。平台出于自身商业利益干预用户发表正当意见的现象是非法的，必须制止。

2020年有阿里巴巴下属购物平台天猫负责人蒋某行为不轨事件遭到揭发，引起舆论热议。但很快微博有关言论就被限流，热搜被撤，帖子纷纷遭到删除。人们注意到阿里也是新浪微博的重要投资方。国家网信办指导北京市网信办约谈新浪微博负责人，针对微博在蒋某事件中出现的问题，强调既不得为违法违规信息提供传播平台，又不得随意干预信息正常呈现、干扰网上传播秩序，责令其立即整改，暂停更新微博热搜榜和热门话题榜一周，严肃处理相关责任人，同时要求北京市网信办对新浪微博予以罚款的行政处罚。[②] 蒋某后来受到本公司的处分。

（6）制定服务规则，与用户签订服务协议。网信办监管互联网内容，是行使政府权力。而对UGC的处理，政府往往居于后台，前台采取措施的是提供服务的互联网平台。

---

① 参见工信部官网：关于侵害用户权益行为的APP通报，第1批—第18批。发现APP侵害用户权益总数和被下架数字，均见CNNIC第48次《中国互联网络发展状况统计报告》，2021年8月。

② 国家网信办官网：《国家网信办指导北京市网信办约谈处罚新浪微博》，2020年6月10日。

平台并非行政监管机构而是服务者，平台与用户之间的法律关系仍然属于民事关系，其采取措施的合法性必须通过同用户签署协议约定。

例如新浪公司2012年5月推出《新浪微博社区公约（试行）》和《新浪微博社区管理规定（试行）》；2017年1月正式公布了《微博社区公约》及配套的《微博投诉操作细则》、《微博社区商业行为规范办法》、《微博信用规则》。《微博社区公约》和《微博投诉操作细则》分别于2018年和2021年进行了修订。

公约明确了时政有害信息、违法信息、不良信息、广告内容以及人身权益纠纷的管理归属以及管理方式，同时明确了媒体账号、政务账号的管理权限；为了适应法律法规的变化，社区管理不再由社区委员进行，由微博社区管理中心进行管理。

被禁止的信息除了网信办"规定"所列禁载条款以外，还有不实信息、人身攻击、冒充他人、虚假认证、内容抄袭、垃圾广告、淫秽色情信息和用户人身权益纠纷。

处理措施包括：(1) 内容处理：限制展示，屏蔽，删除，禁止被转发，禁止被评论、标注，禁止自行删除；(2) 账号处理：禁止发微博，禁止被关注，直至注销。同时相应扣除信用积分。

"操作细则"还规定了救济途径：如果用户对于时政类信息、违法信息的处置，认为主管部门要求处置的内容和账号有误、要求恢复的，可以提请行政复议或提起行政诉讼。因人身权益纠纷线下投诉流程被处理的用户，如果认为处置有误要求恢复内容或账号的，应直接向人民法院起诉，站方在收到人民法院生效判决后将配合予以执行，但受技术条件限制无法恢复的除外。不过没有规定可以直接向新浪进行申诉或抗议的渠道。

新浪微博就是以"公约"等为依据，对成亿微博的内容进行管理，对违规内容采取措施。如2021年9月1日，为贯彻国家网信办"清朗"系列专项行动，开展财经自媒体违规内容专项整治行动，公布第一批永久禁言违规账号52个，其中百万粉丝以上账号2个（"股社区"和"迈克·陈"），10万至100万粉丝的账号25个。[①]接着又采取了一系列措施。

(7) 配合有关部门执法。《网络安全法》和其他规范性文件规定了网络服务者应当按照主管部门要求对违法信息停止传输，采取消除等措施，保存有关记录。对有关部门依法实施的监督检查，应当予以配合。

2017年8月至10月，全国人大常委会执法检查组对"一法一决定"（《网络安全法》和全国人大常委会2012年"决定"）实施情况进行了检查。检查报告认为：各地各有关部门认真落实法律要求，扎实做好网络意识形态工作，坚决清理各类违法违规信息。通过开展"扫黄打非"、"剑网"等系列行动，对互联网站、应用程序、论坛、博客、微博、公众账号、即时通讯工具、网络直播中宣扬恐怖暴力、淫秽色情等信息及时清理。2015年以来，国家互联网信息办公室等部门依法约谈违法违规

---

① 新浪财经：《52个财经自媒体微博账号被处置 涉及2个百万级大号》，2021年9月1日。

网站 2 200 余家，取消违法违规网站许可或备案、关停违法网站 13 000 多家，有关网站按照用户服务协议关闭违法违规账号近 1 000 万个，对网上各类违法行为形成有力震慑。报告引用权威调查显示，在参与调查的 10 370 人中，超过 90%的受访者对治理成效给予肯定，其中有 63.5%的人认为近年来网络上危害国家安全、宣扬恐怖暴力、淫秽色情等违法违规信息明显减少。[①]

二、新闻信息服务管理

互联网已成为人们获知新闻信息的主要途径，80%以上的网民主要依靠互联网获取新闻信息。由于互联网同传统媒体实行不同的体制，所以互联网新闻管理也采取独特的方式。《国务院对确需保留的行政审批项目设定行政许可的决定》第 372 项设定互联网站从事登载新闻业务许可。2000 年，国新办和信息产业部发布《互联网站从事登载新闻业务管理暂行规定》，对网上新闻传播予以规范。2005 年，两部门又发布《互联网新闻信息服务管理规定》取代“暂行规定”。2017 年 5 月国家网信办以 1 号令发布了新修订的部门规章《互联网新闻信息服务管理规定》（本节简称“管理规定”），不久又发布规范性文件《互联网新闻信息服务许可管理实施细则》加以落实。

（一）涵盖范围

现行《互联网新闻信息服务管理规定》将“新闻信息”界定为：

“本规定所称新闻信息，包括有关政治、经济、军事、外交等社会公共事务的报道、评论，以及有关社会突发事件的报道、评论。”

比起 2005 年“管理规定”来，这条界定删除了原有“新闻信息”后面“是指时政类新闻信息”一语，从而把管理所涵盖的范围扩大到所有新闻信息，而原先称为“时政类新闻信息”即现行条文“包括”之后的内容，则成为管理的重点。这类新闻，直接围绕中心，服务大局，关系坚持正确政治方向和舆论导向，必须管起来。至于娱乐、生活服务、财经、科技、学术等类信息，如果直接涉及社会公共事务，则也在管理范围之内。有些信息，如教育、医药等信息，其他主管部门也应管理。把评论包括在内，旨在控制某些不正确政见的任意传播，同时也含有防范在评论中传递某些时政信息的“擦边球”行为。

“管理规定”规定：通过互联网站、应用程序、论坛、博客、微博客、公众账号、即时通信工具、网络直播等各种形式，向社会公众提供互联网新闻信息服务，都应当取得互联网新闻信息服务许可，禁止未经许可或超越许可范围开展互联网新闻信息服务活动。提供互联网新闻信息服务，按照“管理规定”，共分三类，即采编发布服务、转载服务、传播平台服务。根据“实施细则”，采编发布服务，是指对新闻信息进行采集、编辑、制作并发布的服务；转载服务，是指选择、编辑并发布其他主体已发布新闻信息的服务；

---

① 王胜俊：《关于检查〈中华人民共和国网络安全法〉〈全国人民代表大会常务委员会关于加强网络信息保护的决定〉实施情况的报告》，中国人大网，2017 年 12 月 24 日。

传播平台服务，是指为用户传播新闻信息提供平台的服务。

（二）运营主体

“管理规定”规定，申请互联网新闻信息服务许可，必须是我国境内依法设立的法人，主要负责人、总编辑必须是中国公民，有与服务相适应的专职新闻编辑、内容审核和技术保障人员以及健全的各项管理制度和场所、设施和资金。

获准提供互联网新闻信息采编发布服务的，应当是新闻单位（含其控股的单位）或新闻宣传部门主管的单位所设立的互联网新闻服务单位。新闻单位是指经国家有关部门依法批准设立的报刊社、广播电台、电视台、通讯社和新闻电影制片厂，新闻宣传部门包括各级宣传部门、网信部门、广电部门等。这类互联网新闻服务单位可以同时提供新闻信息转载服务。获得此类新闻信息服务资格，业界通称具备“一类资质”。

除此以外的互联网新闻信息服务提供者只限于转载新闻信息业务，不得自行采访、写作或制作、编发新闻。获得此类新闻信息服务资格，业界通称具备“二类资质”。

获准提供互联网新闻信息传播平台服务，拟同时提供采编发布服务、转载服务的，应当依法取得互联网新闻信息采编发布、转载服务许可。

此前有的规范性文件已有类似规定。如《即时通信工具公众信息服务发展管理暂行规定》（2014）就规定：新闻单位、新闻网站开设的公众账号可以发布、转载时政类新闻，取得互联网新闻信息服务资质的非新闻单位开设的公众账号可以转载时政类新闻。其他公众账号未经批准不得发布、转载时政类新闻。

“管理规定”明确了国家和地方互联网信息办公室两级许可审批：申请互联网新闻信息服务许可，申请主体为中央新闻单位（含其控股的单位）或中央新闻宣传部门主管的单位的，由国家互联网信息办公室受理和决定；申请主体为地方新闻单位（含其控股的单位）或地方新闻宣传部门主管的单位的，由省、自治区、直辖市互联网信息办公室受理和决定。申请主体为其他单位的，经所在地省、自治区、直辖市互联网信息办公室受理和初审后，由国家互联网信息办公室决定。

据国家网信办2021年7月公布，国家网信办受理和决定以中央新闻单位和中央新闻宣传部门主管单位为申请主体获得互联网新闻信息服务许可的共计786个服务项，包括：互联网站165个，应用程序91个，论坛11个，博客6个，微博客1个，公众账号501个，即时通信工具1个，网络直播7个，其他3个。由全国省级网信办受理和决定的共计互联网新闻信息服务许可10 295个服务项，包括：互联网站1 496个，应用程序2 396个，论坛100个，博客10个，微博客1个，公众账号6 229个，网络直播30个，其他33个。[①] 以上服务项，都明示为新闻单位或新闻宣传部门主管的单位申请，可以从事新闻采编发布业务，即符合新闻服务“一类资质”条件。而在2018年，中央级为462个服务项，省级地方为801个服务项。[②]

现有的人民网、新华网、中国网络电视台、东方网、南方网以及澎湃新闻、界面、

---

① 参见国家网信办官网，http：//www.cac.gov.cn/2021-07/13/c_1627761599319666.htm，2021年7月13日。

② 参见本书第六版，第259页。

上游新闻、封面新闻等等，都属于“一类资质”。

各类新闻网站，从最初只是各家新闻媒体上传自身内容的网络版，到后来有许多发展成为创设媒体下属的单独的新闻单位，近年又纷纷进入各类网络平台，开设微博、新闻客户端、微信公众账号以及音视频 APP 等，借以强化新闻的时效性和影响力。

如人民网于 1997 年开设人民日报网络版，至 2012 年成立人民网股份有限公司在上交所上市。作为中央重点新闻网站，聚焦内容主业，加强原创内容建设，打造观点评论、深度调查、权威解读、政策建议等原创新闻作品。人民网全天候 24 小时以 15 种语言文字发布新闻，基本覆盖了现有各类传播形态。其 PC 端、手机网、客户端、新媒体账号、代运营平台、聚合分发平台在全球覆盖直接用户数超过 11.9 亿。其中，人民网两微及短视频平台官方账号累计粉丝数超过 2.8 亿；海外社交媒体账号总粉丝数超过 1.4 亿，其中由人民网运营的人民日报海外社交媒体账号总粉丝量接近 1.2 亿，在国际主流媒体中居于前列。①

其他各家新闻媒体的网站及其移动互联网延伸体，其规模和影响各有不同，但都隶属于创设的新闻单位，遵循所属新闻单位的宗旨方针，这是肯定无疑的。

同时，另有完全不依赖于传统媒体介质的新闻网络媒体应运而生。具有代表性的便是在 2014 年 7 月上线的“澎湃新闻”，设置包括时政、财经、社会等多个领域的 40 多个栏目，并设计出媒体—用户—新闻当事人之间的问答模式和新闻跟踪功能，志在打造为国内聚合新闻与思想内容的最大平台之一。澎湃同时开设网站以及微博、微信公众号。作为上海报业集团成立后推出的一个战略项目，直接隶属“上报集团”，当然也具有一类新闻服务许可资质。

提供转载新闻服务的属于“二类资质”网站。据国家网信办 2021 年 7 月公布，此类非新闻单位和宣传部门申办而须由国家网信办决定方获得许可的互联网新闻信息服务单位共有 92 项，包括网站 23 个、应用程序 17 个、公众账号 39 个、论坛 3 个、博客 4 个等。如腾讯网、新浪网、搜狐网、网易、一点资讯、ZAKER、今日头条、趣头条等，还包括它们的一些延伸应用程序、客户端。②

这类网站及其延伸媒体在网民中的影响力也很大，尤其在本世纪初发展迅速。据人民网当初招股说明书引用 China Rank 在 2011 年 8 月 22 日就独立访问者数量、人均页面浏览量等统计综合排名，人民网只居于第 50 位，而腾讯等四大商业网站则稳居前十名。③造成这种情况的原因之一是商业媒体尽管不具有直接采编新闻资质，但它们从多家新闻媒体的丰富新闻资源中选取内容进行转载，可以具有更广泛的涵盖性和更精准的针对性，而专事内容生产的新闻媒体则往往有其特定宗旨和范围的局限。这样的转载对于扩大新闻单位原创内容的影响是有利的。而上述人民网的发展说明主流媒体在网络空间终究处于主导地位。

商业网站纷纷设置新闻客户端、微信公众账号等适应移动互联网的传播方式，还产

① 参见人民网股份有限公司 2020 年年度报告，2021 年 4 月。

② 参见国家网信办官网，http://www.cac.gov.cn/2021-07/13/c_1627761599319666.htm，2021 年 7 月 13 日。

③ 参见人民网股份有限公司首次发行股票招股说明书，2012 年 4 月 23 日。

生了通过数据运算以客户端和公众账号向用户“精准”推送个性化新闻信息的“新闻聚合平台”服务者，如自称“新闻搬运工”的“今日头条”。

这样将拥有采编资质的新闻网站与只有转载资质的商业网站加以区分的体制，旨在保证在互联网上传播的主要新闻，全部来自中央和地方的新闻单位或新闻宣传部门主管的单位，以利于互联网新闻传播正确舆论导向，将线上、线下新闻信息的发布单位统一起来，也将新闻内容统一起来，屏蔽一切有害信息和杂音、噪音。

（三）资本来源

与传统的新闻媒介一向实行国有垄断不同，互联网行业从一开始就是对各类资本开放的。这样，互联网新闻服务单位在资本来源方面同传统媒介也有所区别。

按照“管理规定”及其“实施细则”，申请“一类资质”的新闻信息服务单位只能限于国家设立的新闻单位或新闻宣传部门主管单位的资本或资金，都是国资。新闻单位或新闻宣传部门主管单位在与业外其他资本进行合作时，其出资额、持有股份需占互联网新闻服务企业资本总额或股本总额 50%以上，或出资额、持有股份的比例虽然不足 50%但依其出资额或持有股份已足以对企业决议产生重大影响，也可申请“一类资质”。同时，“管理规定”要求互联网新闻信息服务单位的采编业务和经营业务应当分开，非公有资本不得介入互联网新闻信息采编业务。如果新闻单位或新闻宣传部门拥有的股权不符合控股条件，就只能申请“二类资质”服务。

非新闻单位和非来自新闻宣传部门主管单位的资本或资金申请新闻信息服务，就只限于从事“二类资质”业务。“管理规定”同时规定，任何组织不得设立中外合资经营、中外合作经营和外资经营的互联网新闻信息服务单位。

“管理规定”允许互联网新闻信息服务单位与境内外中外合资经营、中外合作经营和外资经营的企业合作，但事先应当报国家网信办进行安全评估。

（四）服务规范

“管理规定”强调，互联网新闻信息服务，应当遵守宪法、法律和行政法规，坚持为人民服务、为社会主义服务的方向，坚持正确舆论导向，发挥舆论监督作用，促进形成积极健康、向上向善的网络文化，维护国家利益和公共利益。互联网新闻信息服务提供者和用户不得制作、复制、发布、传播法律、行政法规禁止的信息内容。互联网新闻信息服务提供者提供服务过程中发现含有上述规定内容的，应当依法立即停止传输该信息、采取消除等处置措施，保存有关记录，并向有关主管部门报告。

互联网新闻信息服务单位，包括“一类资质”和“二类资质”，都应当设立总编辑，总编辑对互联网新闻信息内容负总责，应该具有相关从业经验，符合相关条件，并报主管部门备案。相关从业人员应当依法取得相应资质，接受专业培训和考核。

互联网新闻信息服务提供者转载新闻信息，应当转载国家规定范围内的单位发布的新闻信息，注明新闻信息来源、原作者、原标题、编辑真实姓名等，不得歪曲、篡改标题原意和新闻信息内容，并保证新闻信息来源可追溯。同时，还应当遵守著作权相关法律法规的规定，保护著作权人的合法权益。为此，互联网新闻服务单位应当与提供新闻信息的新闻单位签订书面协议，并报主管部门备案。

新闻单位不得向没有互联网新闻信息服务许可证的单位提供新闻信息。

（五）违法制裁

按照“管理规定”，下列情况都属于违规行为：

——未经许可，擅自从事互联网新闻信息服务，或者超出许可的服务项目从事互联网新闻信息服务的；

——互联网新闻信息服务提供者运行过程中不再符合许可条件的；

——制作、复制、发布、传播法律、行政法规禁止的信息内容；

——转载来源不合法的新闻信息、登载自行采编的新闻信息或者歪曲原新闻信息内容，未注明新闻信息来源的；

——未履行备案义务、报告义务、记录及记录备份保存或者提供义务的。

——通过采编、发布、转载、删除新闻信息，干预新闻信息呈现或搜索结果等手段谋取不正当利益的。

主管部门可以分别给以警告、责令限期改正、三万元以下罚款直至暂停新闻信息更新或不予换发新证，构成犯罪的，依法追究刑事责任。

（六）日常监管

“管理规定”将提供互联网新闻信息服务的所有互联网站、应用程序、论坛、博客、微博客、公众账号、即时通信工具、网络直播等形式，全部纳入监管范围，并以直采、转载、平台服务形式相区分，以确保网上信息以正能量为主，抵制各种谣言和灰色、黑色负面信息，引领网上的议题设置。

国家和各地网信办对互联网新闻信息内容进行监管和调控。

1. 建立信息安全管理制度

《网络安全法》规定，国家网信部门和有关部门依法履行网络信息安全监督管理职责，发现法律、行政法规禁止发布或者传输的信息的，应当要求网络运营者停止传输，采取消除等处置措施，保存有关记录；对来源于境外的上述信息，应当通知有关机构采取技术措施和其他必要措施阻断传播。（第五十条）平台虽然不能对用户上传内容事先把关，但是同样必须承担监督管理网上内容的主体责任，确保内容安全，根据《互联网新闻信息服务管理规定》要求，建立健全的信息安全管理制度和技术保障措施；按照其“实施细则”，包括信息发布审核制度、公共信息巡查制度、应急处置制度、用户个人信息保护制度等，以及相关技术保障措施。还要按照《具有舆论属性或社会动员能力的互联网信息服务安全评估规定》的要求，对信息服务和新技术新应用的合法性，落实法定安全措施的有效性，防控安全风险的有效性等进行全面评估。

2. 规范稿源

确保二类资质新闻服务单位传播合格内容的一项重要管理措施是确定“规范稿源”。按照“管理规定”，获得登载新闻许可的二类资质新闻服务者限于转载中央和省级直属新闻单位的新闻，如果转载“非规范稿源”会受到通报批评和处罚。原先国新办、后来网信办曾多次发布可供转载的新闻单位名单。最近一次是2021年10月，国家网信办公布了1 358家互联网新闻信息稿源单位名单，共有中央新闻网站79家，中央新闻单位38家，行业媒体89家，中央和国家机关、群团组织等政务发布平台80家；地方新闻网站、新闻单位共1 072家。这份名单中的新闻单位已经不限于省级直属，还包括了地市级下属新闻单位和县级融媒体。转载新闻信息，必须据此执行，超范围转载要受处罚。网信办将对名单实行动态管理，“有进有出”。①

3. 约谈制度

如果说，确定“规范稿源”是把互联网新闻服务单位刊载新闻内容纳入传统的中央和省级新闻体制之内，那么“约谈”制度就是在原先不存在隶属关系的网信办和各家互联网新闻服务单位之间建立了某种制度化和常规性的监督和管理渠道，补充了不具备传统新闻体制中新闻单位都隶属于特定的上级单位或部门的不足。按《互联网新闻信息服务单位约谈工作规定》（约谈十条），约谈是指国家或地方网信办在互联网新闻信息服务单位发生严重违法违规情形时，约见其相关负责人，进行警示谈话、指出问题、责令整改纠正的行政行为。如前举对新浪微博不当处理天猫负责人蒋某负面舆情的约谈。“约谈十条”对于约谈的事由、条件、方式和程序等都作出了具体规定。

4. 失信黑名单制度

《互联网新闻信息服务管理规定》还规定，国家和地方互联网信息办公室应当建立互联网新闻信息服务网络信用档案，建立失信黑名单制度。（第二十一条）该制度作用在于记录各个主体的信用状况，揭示其信用优劣，警示其信用风险，并整合全社会力量褒扬诚信，惩戒失信，从而充分调动社会和市场自身的力量净化网络环境，降低交易成本和发展风险，弘扬诚信文化。

互联网失信黑名单制度的建设，对我国净化网络空间，起到了积极作用。党的十八大以来，“净网”、“剑网”、“清源”、“护苗”等一系列专项治理行动及网站管理人员失信黑名单制度无缝衔接，网络谣言、网络色情、“伪基站”等网络乱象得到有效整治，网络空间日渐清朗。②

5. 日常调控指令

互联网新闻信息虽然有规范稿源，但在处理上还是有许多变化，再说还有大量非时政类新闻的内容由新闻服务者自行处理。互联网新闻主管部门根据《网络安全法》授权，向互联网新闻信息服务单位下达各种指令是一项经常性工作，这些指令大致有：（1）处理已刊新闻，如删除新闻、指定头条或撤下头条、把新闻撤下要闻区或首页至指定位置、修改标题、关闭栏目、关闭频道等；（2）对登载新闻提出要求，如通知禁止转载或者要求转载某些新闻，禁止转载的往往涉及重大敏感事件，要求转载的是出于调控舆论需要，但有时也会要求转载“公关稿”；（3）规范稿源范围，这是指对某些重大事件，会指令只

① 参见国家互联网信息办公室：《互联网新闻信息稿源单位名单》，2021年10月20日。

② 参见人民网，2018年4月20日。

准登载新华社、《人民日报》的新闻稿，即使是列入可供转载的新闻单位名单的新闻信息也不能登载；(4) 对某些重大事件，例如重要会议、突发事故等，会下达类似对新闻单位下达宣传要求那样的登载要求，突出登载什么，不准登载什么，以利于舆论导向；(5) 规定屏蔽词，即针对重大事件或社会热点问题，下达屏蔽关键词，视事件重大程度，少则数十个，多的可分为数组，词汇数量可达数百个，还要进行排列组合，力求罗列无遗；(6) 调控跟帖，包括删除某条新闻的某条评论、删除某条新闻的所有评论、关闭新闻页面评论口、保留一定数量评论等。

三、网络视听节目服务管理

随着数字科技的发展，视听内容的网上传播成为一种十分复杂的传播形态。对网络传播视听节目，《国务院对确需保留的行政审批项目设定行政许可的决定》(2005) 第304项设定行政许可，由广电总局实施。按照这项许可，根据不同的传播主体资质和传输途径，制定了不同的部门规章，并且对不同业务项目进行分类规制。

(一) 对互联网提供视听节目服务的规制

2007年，广电总局同信息产业部联合发布《互联网视听节目服务管理规定》，重点在规制传统互联网（含移动互联网）上的视听节目传播。此“管理规定”的规制对象主要包括视音频网站、视音频客户端等。

按2007年“管理规定”，互联网视听节目服务，是指制作、编辑、集成并通过互联网向公众提供视音频节目，以及为他人提供上载传播视听节目服务的活动。广电总局作为互联网视听节目服务的行业主管部门，负责对互联网视听节目服务实施监督管理，统筹互联网视听节目服务的产业发展、行业管理、内容建设和安全监管。信息产业部及现在的工信部作为互联网行业主管部门，依据电信行业管理职责对互联网视听节目服务实施相应的监督管理。从事互联网视听节目服务，应当取得广电总局颁发的信息网络传播视听节目许可证或履行备案手续。

规章规定：申请从事互联网视听节目服务的，必须是国有独资或国有控股单位，且在三年内无违法违规记录，以及具备安全管理制度和安全技术措施、视听节目资源、技术能力、资金、专业人员等条件。(第八条) 申请应当通过省级广电部门向广电总局提出，中央直属单位可以直接向广电总局提出。广电总局于40日内作出许可或不许可的决定。许可证有效期为3年，届满30日前办理续办手续。(第十条)

在此“规定”发表之前，已有多家民营视听节目网站开设并且有广泛影响。对此，主管部门负责人在回答记者提问时说明：“‘规定’发布之前依法开办、无违法违规行为的，可重新登记并继续从业。有传播淫秽色情、宣扬暴力等严重违法违规行为的，要依法严肃处理；轻微违规的要限期整改。”①

网络传播视听节目许可视其业务性质实行分类核发。鉴于新闻传播对于社会公共生

① 参见人民网，2008年2月4日。

活的巨大影响，申请与新闻报道有关类别的许可证还应具备特定条件：从事广播电台、电视台形态服务和时政类视听新闻服务的，应当持有广播电视播出机构许可证或互联网新闻信息服务许可证，其中以自办频道方式播放视听节目的，必须由地（市）级以上广播电台、电视台、中央新闻单位提出申请。从事主持、访谈、报道类视听服务的，应当持有广播电视节目制作经营许可证和互联网新闻信息服务许可证。从事自办网络剧（片）类服务的，还应当持有广播电视节目制作经营许可证。（第九条）

履行备案的，是指地市级以上电台、电视台从事互联网视听节目转播服务，到省级以上广电部门履行手续。中央新闻单位从事互联网视听节目转播类服务，到广电总局履行手续。

未取得许可或履行备案，任何单位和个人不得从事互联网视听节目服务，不得为个人提供上载传播视听节目服务。

互联网视听节目服务单位不得允许个人上载时政类视听新闻节目。

2017年3月新闻出版广电总局发布《互联网视听节目服务业务分类目录（试行）》，对2010年的分类目录进行调整。利用公共互联网提供视听节目服务（不含IPTV、互联网电视和专网手机电视）业务共分为四类、十七项。按照“管理规定”第十四条，互联网视听节目服务单位应当按照《许可证》载明或备案的事项开展服务。

此“管理规定”还对服务单位传播内容的法律底线以及违法责任作了规定。

因应网络视听传播科技的发展，主管部门屡屡下达文件进行规制。如2009年3月，广电总局发布《关于加强互联网视听节目内容管理的通知》，列举互联网视听节目必须及时剪节、删除的内容共计21项，要求互联网视听服务单位加强审核把关。2012年7月，广电总局发布《关于进一步加强网络剧、微电影等网络视听节目管理的通知》，要求从事制作网络剧、微电影等视听节目的机构应该取得广电节目制作经营许可证和相应的信息网络传播视听节目许可证，未取得许可的境外影视剧不得上网传播。2017年6月，国家新闻出版广电总局下发《关于进一步加强网络视听节目创作播出管理的通知》，指示各网络视听节目服务机构要全面落实主体责任，“网络视听节目要坚持与广播电视节目同一标准、同一尺度，把好政治关、价值关、审美关”。2018年3月，新闻出版广电总局办公厅发出《关于进一步规范网络视听节目传播秩序的通知》，要求坚决禁止非法抓取、剪拼改编视听节目的行为；加强网上片花、预告片等视听节目管理；加强对各类节目接受冠名、赞助的管理；严格落实属地管理责任。

网络直播和短视频蓬勃兴起，迅速超越了广电部门涵盖范围。起先曾由相关部门各自发文规制，后来发展为各家有关部门联合制定发布有关文件。

在网络音视频方面：2019年11月国家网信办、文旅部和广电总局联合发布《网络音视频信息服务管理规定》，要求网络音视频服务提供者应当依法取得相关资质，落实信息内容安全管理主体责任。执行用户实名制和内容禁止底线。利用基于深度学习、虚拟现实等新技术新应用制作、发布、传播非真实音视频信息的，应有显著标识。要与用户签订协议，对违规违约者采取相应措施，并向主管部门报告。

在网络直播方面：继2018年8月“扫黄打非”办、工信、公安、文旅、广电、网信6部门下发《关于加强网络直播服务管理工作的通知》后，2021年2月国家网信办等7

部门（增加市场监督管理总局）发布《关于加强网络直播规范管理工作的指导意见》，指出随着移动互联网迭代升级，网络直播行业进入了快速发展期，其媒体属性、社交属性、商业属性、娱乐属性日益凸显，深刻影响网络生态。“指导意见”就总体要求、督促落实主体责任、确保导向正确和内容安全、建立健全制度规范、增强综合治理能力五个方面共提出 13 条措施，对网络直播行业健康有序发展作出了全面部署。

（二）对专网及定向视听节目服务的规制

2004 年，国家广电总局发布《互联网等信息网络传播视听节目管理办法》，对通过各种信息网络和接收终端传播各类视听节目作出全面规制。2016 年国家新闻出版广电总局发布《专网及定向传播视听节目服务管理规定》，废止 2004 年的“管理办法”。

2016 年的“管理规定”，以“专网、公众、定向、终端”为基本要素，以向公众提供的专网及定向视听节目服务为管理对象，主要包括交互式网络电视（IPTV）、专网手机电视、互联网电视等。其第二条规定：专网及定向传播视听节目服务，是指以电视机、各类手持电子设备等为接收终端，通过局域网络及利用互联网架设虚拟专网或者以互联网等信息网络为定向传输通道，向公众定向提供广播电视节目等视听节目服务活动，包括以交互式网络电视（IPTV）、专网手机电视、互联网电视等形式从事内容提供、集成播控、传输分发等活动。

国务院广播电视主管部门负责全国专网及定向传播视听节目服务的监督管理工作。县级以上地方人民政府广播电视主管部门负责本行政区域内专网及定向传播视听节目服务的监督管理工作。2018 年 7 月公布的《国家广播电视总局职能配置、内设机构和人员编制规定》中设置“媒体融合发展司”负责协调推进三网融合，管理发放信息网络传播视听节目许可证，承担广播电视视频点播业务的审批工作。

专网及定向传播视听节目实行播前审查：传播电影、电视剧等节目，应当符合相关管理规定；传播时政类视听新闻节目，应当是地市级以上广播电视台的新闻节目；不得转播、链接、聚合、集成非法的广播电视频道、视听节目网站和未取得许可的单位开办的节目。（第十七条）

从事专网及定向传播视听节目服务，应当取得《信息网络传播视听节目许可证》，根据其业务类别、服务内容、传输网络、覆盖范围等事项分类核发。其第七条规定：

从事内容提供服务的，应当是经批准设立的地（市）级以上广播电视播出机构或者中央新闻单位等机构，还应当具备 2 000 小时以上的节目内容储备和 30 人以上的专业节目编审人员。

从事集成播控服务的，应当是经批准设立的省级以上广播电视播出机构。

从事交互式网络电视（IPTV）传输服务、专网手机电视分发服务的，应当是工信部门批准的、具有合法基础网络运营资质的单位。

外商独资、中外合资、中外合作机构，不得从事专网及定向传播视听节目服务。

这个“管理规定”还对上述不同类别业务作出了规范：

内容提供服务单位，负责建设和运营内容提供平台，组织、编辑和审核节目内容。其播出的节目应当经过集成播控服务单位设立的集成播控平台统一集成后方可提供给用户，应当建立健全节目审查、安全播出等节目内容管理制度，发现含有违法违规内容的节目，立即删除并保存有关记录，并向主管部门报告。

集成播控服务单位，负责集成播控平台的建设和运营，负责对内容提供服务单位播出的节目的统一集成和播出监控，负责电子节目指南（EPG）、用户端、计费、版权等管理。建立健全安全播控管理制度，发现接入集成播控平台的节目含有违法违规内容时，立即切断节目源，并向主管部门报告。在提供接入服务时，应当查验内容提供单位的"许可证"，不得擅自插播、截留、变更内容提供服务单位播出的节目信号。

传输分发服务单位应当遵守有关安全传输的管理规定，建立健全安全传输管理制度，保障网络传输安全。不得擅自插播、截留、变更集成播控平台发出的节目信号和电子节目指南（EPG）、用户端、计费、版权等控制信号。

专网定向提供视听节目的流程，由内容提供单位审核，由集成播控单位集成，然后由传输分发单位提供给用户，可以确保终端节目合法合规。

国家广播电视总局公告显示，截至2018年3月，互联网电视集成服务单位有7家，互联网电视内容服务单位有16家。① 2020年底，我国互联网视听节目服务和备案单位共有643家，还有近千家县级融媒体中心取得网络视听节目许可证。②

四、网络出版服务管理

2011年《出版管理条例》确认了"网络出版"概念，并且规定网络出版审批和管理办法，由国务院出版行政主管部门另行制定。2016年2月，国家新闻出版广电总局和工信部发布《网络出版服务管理规定》，原《互联网出版管理暂行规定》（2002）宣告废止。

网络出版服务，是指通过信息网络向公众提供网络出版物。网络出版物，是指通过信息网络向公众提供的，具有编辑、制作、加工等出版特征的数字化作品。其范围包括文学、艺术、科学等领域内具有知识性、思想性的文字、图片、地图、游戏、动漫、音视频读物等原创数字化作品；与已出版的图书、报纸、期刊、音像制品、电子出版物等内容相一致的数字化作品；将上述作品通过选择、编排、汇集等方式形成的网络文献数据库等数字化作品等。还将制定网络出版服务的具体业务分类。

从事网络出版服务，须经出版行政主管部门批准，取得《网络出版服务许可证》。"规定"分为两类：

一类是原有出版单位，须有确定的网站域名、智能终端应用程序等出版平台；确定的网络出版服务范围；有必要的技术设备，相关服务器和存储设备必须存放在我国境内。

---

① 参见国家广播电视总局：《互联网电视持证机构名单（截至2018年3月9日）》，2018年5月2日。名单显示：互联网电视集成服务机构（7家）：中国网络电视台、上海广播电视台、浙江电视台和杭州市广播电视台、广东广播电视台、湖南广播电视台、中国国际广播电台、中央人民广播电台。互联网电视内容服务机构（16家）：中国网络电视台、上海广播电视台、浙江电视台和杭州市广播电视台（联合开办）、广东广播电视台、湖南广播电视台、中国国际广播电台、中央人民广播电台、江苏电视台、国家广播电影电视总局电影卫星频道节目制作中心、湖北广播电视台、城市联合网络电视台、山东电视台、北京广播电视台、云南广播电视台、重庆网络广播电视台、贵州广播电视台，http：//www.sapprft.gov.cn/sapprft/govpublic/6955/373346.shtml。访问时间2021年9月10日。

② 参见国家广播电视总局规划财务司：《2020年全国广播电视行业统计公报》，2021年4月19日。

另一类是其他单位，除上述条件外，还要有确定的、不与其他出版单位相重复的、从事网络出版服务主体的名称及章程；有符合国家规定的法定代表人和主要负责人，法定代表人必须是在境内长久居住的中国公民，法定代表人和主要负责人至少 1 人应当具有中级以上出版专业技术人员职业资格；有适应网络出版服务范围需要的 8 名以上具有新闻出版广电总局认可的出版及相关专业技术职业资格的专职编辑出版人员，其中具有中级以上职业资格的人员不得少于 3 名；有从事网络出版服务所需的内容审校制度、固定的工作场所以及其他条件。

中外合资经营、中外合作经营和外资经营的单位不得从事网络出版服务。

网络出版服务单位不得转借、出租、出卖《网络出版服务许可证》或以任何形式转让网络出版服务许可。

网络出版服务单位实行编辑责任制度，出版物内容审核责任制度、责任编辑制度、责任校对制度等管理制度，保障网络出版物内容合法、出版质量合格。在禁载内容、重大选题报备、主管部门内容审读和质量检查、年度核验等方面也都实行《出版管理条例》既定做法，体现网络出版和传统出版实行统一标准。

网络出版服务单位也同其他网络服务单位一样，发现违法内容，必须立即删除，保存记录，并向主管部门报告。对于所出版作品，都应记录内容及其时间、网址或者域名，在国家有关部门查询时予以提供。

第四节　新闻从业人员

新闻记者是新闻职业工作者的主体。由于我国新闻记者证必须由主管机关核发，许多没有新闻记者证但也在新闻传播业务单位从事新闻采集、编辑、制作、播音、转载等业务的工作者，同样是新闻从业人员。20 世纪 80 年代，新闻出版署曾起草过新闻记者管理条例，但未能出台。近年来，广电总局发布《广播电视编辑记者、播音员主持人资格管理暂行规定》(2004)，新闻出版总署发布《新闻记者证管理办法》(2009)，新闻出版广电总局发布《新闻从业人员职务行为信息管理办法》(2014)、《新闻单位驻地方机构管理办法（试行）》(2016)，国家网信办发布《互联网新闻信息服务单位内容管理从业人员管理办法》(2017)，形成了配套的对新闻从业人员行政管理的规章制度。

有关新闻记者、新闻单位地方机构的认可、发证，都纳入行政许可，但是这些许可事项尚无法律、行政法规的规定，《国务院对确需保留的行政审批项目设定行政许可的决定》第 313 项是广播电视新闻采编人员、播音员、主持人资格认定[①]，第 333 项是新闻记者证核发，第 334 项是新闻单位设立地方机构审批，有关规章就是以此为根据制定的。

① 2012 年国务院关于第六批取消和调整行政审批项目的决定取消了广播电视新闻采编人员资格认定，保留了播音员、主持人资格认定。

一、新闻记者的定义

关于新闻记者，《新闻记者证管理办法》有如下定义："新闻机构编制内或者经正式聘用，专职从事新闻采编岗位工作，并持有新闻记者证的采编人员"。此处区分"编制内"和"经正式聘用"两种形式，是考虑到目前我国新闻机构由于历史等原因所形成的多样化用工状况。所谓"编制内"，是指纳入所在新闻机构人事编制内而无须签订聘用（劳动）合同的人员，俗称"固定工"；所谓"正式聘用"，是指签订聘用（劳动）合同但未纳入所在新闻机构人事编制内的人员，其聘用期限一般在一年以上，聘用期间享受与"编制内"人员同等待遇。"正式聘用"有别于"临时聘用"，后者或者未签订聘用（劳动）合同，或者由新闻机构下属部门、企业与之签订合同，不能享有"编制内"人员同等待遇。

"管理办法"规定新闻采编活动是新闻记者专有的职务行为。"在中华人民共和国境内从事新闻采编活动，须持有新闻出版总署核发的新闻记者证。""新闻采访活动是新闻记者的职务行为"，"新闻采编人员从事新闻采访工作必须持有新闻记者证，并应在新闻采访中主动向采访对象出示。"同时还有排他性规定："新闻机构非采编岗位工作人员、非新闻机构以及其他社会组织或者个人不得假借新闻机构或者假冒新闻记者进行新闻采访活动。"根据《互联网新闻信息服务管理规定》，互联网新闻信息服务相关从业人员从事新闻采编活动，也应当持有国家统一颁发的新闻记者证。①

新闻机构内尚未领取记者证的采编人员，只可以在有记者证的记者带领下开展采访工作，不得单独从事新闻采访活动。他们没有记者证，不符合新闻记者的定义，所以不能算正式的新闻记者。由于必须从事采编活动一年以上方可申领记者证，此类人员在新闻机构内将始终成批存在。

"管理办法"规定新闻记者的新闻采访活动受到法律保护，"各级人民政府及其职能部门、工作人员应为合法的新闻采访活动提供必要的便利和保障。任何组织或者个人不得干扰、阻挠新闻机构及其新闻记者合法的采访活动。"同时规定，任何单位或者个人不得制作、仿制、发放、销售新闻记者证，不得制作、发放、销售专供采访使用的其他证件。并对新闻机构内未持有新闻记者证的人员从事新闻采访的，对假冒新闻机构、假冒新闻记者从事新闻采访活动的，规定了罚则。

主管部门官方网站设置"全国新闻记者证管理及核验网络系统"，供被采访人和公众核验记者证和记者身份。

二、新闻记者证的核发和监管

"管理办法"规定：记者证"由新闻出版总署依法统一印制并核发"。可以领取记者

① 据中华全国新闻工作者协会披露：截至2019年12月31日，全国共有232 830人持有有效的新闻记者证。其中报纸81 988人，期刊6 365人，通讯社2 798人，电台、电视台和新闻电影制片厂140 150人，新闻网站1 529人。参见《中国新闻事业发展报告（2020）》，2020年12月21日。

证的人员，除了遵守法律和职业道德条件外，必须具备大学专科以上学历并获得国务院有关部门认定的新闻采编从业资格，在新闻机构编制内从事新闻采编工作的人员，或者经新闻机构正式聘用从事新闻采编岗位工作且具有一年以上新闻采编工作经历的人员。

新闻机构录用新的新闻采编人员，也须培训后取得合格证书，方可核发记者证。

申领新闻记者证按照不同新闻机构等级进行：中央单位所办新闻机构直接向新闻出版广电总局申领。省级和省以下单位所办新闻机构经主管单位审核后向所在地省级新闻出版行政部门申领，报“总局”批准后发放。其中地市级所属新闻机构还须经地市新闻出版行政部门审核。

“管理办法”还规定新闻机构中党务、行政、后勤、经营、广告、工程技术等非采编岗位的工作人员不发记者证；新闻机构以外的工作人员，包括为新闻机构提供稿件或节目的通讯员、特约撰稿人、特约记者等和教学辅导类报纸、高等学校校报工作人员不发记者证。有不良从业记录人员、被吊销记者证并在处罚期限内人员或受过刑事处罚的人员也不能发给记者证。

各级新闻出版行政部门负责新闻记者证的发放、使用和年度核验等工作，对新闻记者在本行政区域的采编活动进行监督管理。根据调查掌握的违法事实，建立不良从业人员档案，并适时公开。记者证每年要进行一次年检，五年统一换发一次。

2014 年新闻出版广电总局和互联网信息办公室联合下发《关于在新闻网站核发新闻记者证的通知》，对全国新闻网站的采编人员核发记者证。中央新闻网站申领新闻记者证经国家网信办审核后，由新闻出版广电总局核发；地方新闻网站申领新闻记者证经所在地省级互联网信息部门和省级新闻出版广电行政部门审核后，报国家网信办复审，由新闻出版广电总局核发。属于“二类新闻服务许可资质”的商业网站没有采编权，不能申领记者证。虽然目前新闻网站持新闻记者证者不到持证总数 1%，但是许多记者是从原来新闻机构到所属新媒体工作的，已持有原机构的新闻记者证。

“管理办法”还有“法律责任”专节，对新闻机构、新闻记者以及社会人员在记者证管理中的违法行为一一规定了罚则，构成犯罪的追究刑事责任。

三、新闻单位驻地方机构设置和监管

新闻单位为了新闻报道业务的需要，向本部所在地之外的地方派驻记者、建立记者站，是常见的做法。新闻出版总署曾于 2009 年发布《报刊记者站管理办法》进行管理。2016 年 12 月，国家新闻出版广电总局发布《新闻单位驻地方机构管理办法（试行）》，把管理范围涵盖到报纸、新闻性期刊、通讯社、广播电台、电视台、广播电视台、新闻网站、网络广播电视台以及其他新闻单位。

申请设立驻地方机构的报纸出版单位，仅限于每周出版四期以上的报纸出版单位，不包括教学辅导类报纸、文摘类报纸、高等学校校报等出版单位。申请设立驻地方机构的新闻网站，仅限于中央主要新闻单位所办中央重点新闻网站。申请设立驻地方机构的新闻性期刊出版单位、广播电台、电视台、广播电视台、网络广播电视台，应当经国务院新闻出版广电主管部门认定。

新闻单位在同一城市只能设立一个驻地方机构。报业集团、期刊集团或拥有多家子报子刊的新闻单位，应当以集团或者新闻单位名义设立驻地方机构，其属下的新闻单位不能再单独设立驻地方机构。

新闻单位设立驻地方机构，经其主管单位审核同意后，向驻地方机构所在地省级新闻出版广电主管部门提出申请。其中，中央主要新闻单位设立驻地方机构，须先经国务院新闻出版广电主管部门审核同意。中央重点新闻网站设立驻地方机构，经驻地方机构所在地省级网信主管部门审核，并经国家网信主管部门审查同意后，向所在地省级新闻出版广电主管部门提出申请。

这个“管理办法（试行）”规定新闻单位设置驻地方机构应当符合国务院新闻出版广电主管部门对驻地方机构总量、布局、结构的规划外，还规定了另外一些条件：在派驻地确有新闻采编需要；有健全的驻地方机构人员、财务、新闻采编活动等管理制度；有指导、管理驻地方机构的条件和能力；驻地方机构负责人具有新闻、出版、播音主持等专业的中级以上职称或者有中级以上职称并有5年以上新闻工作经历；驻地方机构有符合业务需要的持有新闻记者证的新闻采编人员；驻地方机构有满足业务需要的固定工作场所和经费等。

新闻单位应当确保驻地方机构正常开展工作所需经费，不得向驻地方机构及其人员下达经营创收指标、摊派经营任务、收取管理费等。应当建立健全驻地方机构人员培训和在职教育制度，提升从业人员素质。应当建立健全驻地方机构负责人任期、轮岗、审计、约谈、问责等内部管理制度，对出现违法违规问题造成恶劣影响的，要撤换驻地方机构负责人并依法依规追究责任。驻地方机构应当在批准范围内从事与新闻单位业务范围相一致的新闻采编活动，不得从事广告、出版物发行、开办经营实体等与新闻采编业务无关的活动。不得以任何名义设立分支机构、聘用人员，不得与党政机关混合设立，党政机关工作人员不得在驻地方机构兼职。

省级新闻出版广电主管部门每两年对本行政区域内新闻单位驻地方机构统一组织年度核验。

> 以往新闻单位驻地方机构违规问题时有发生。2014年12月，中央新闻单位驻地方机构清理整顿工作领导小组成立，办公室设在新闻出版广电总局。2015年1月底至2月初，中宣部、新闻出版广电总局、网信办和中国记协组成5个联合督查组，分赴广东、吉林、江苏等14个省份进行专项督查和调研。至2015年6月，撤并了中央新闻单位驻地方机构（记者站）1 134个，占机构总数36%；清退违规人员1 435名，占人员总数12%；终止公务员兼职791人，占人员总数6.8%。并对典型违规案例进行通报。[①]

---

① 据新闻出版广电总局通报：中国经济时报社河南记者站违法从事报刊发行等经营活动被撤销；中国贸易报社广东记者站因任用广告发行业务人员担任站长被撤销；经济晚报社未经批准设立工作站被取缔；中国产经新闻江西记者站因站长从事广告活动，进行有偿宣传被撤销；中国文化报社北京记者站因站长从事有偿新闻活动、非法聘用采编人员被撤销。参见新华网，2014年9月24日、2015年2月5日。

四、其他相关管理制度

有关新闻记者管理的规章和文件还确立了若干管理制度。

（一）新闻报道业务同经营业务分开

新闻报道业务同新闻单位经营严格分开，是我国新闻业的一项基本制度。在 1988 年《关于报社、期刊社、出版社开展有偿服务和经营活动的暂行办法》中，就明确提出要正确处理本职工作（新闻出版工作）和经营活动的关系，规定经营活动应由经营部门负责，采编人员不得参加经营活动。后来，这个“两分开”的精神屡屡见于一些规范性文件，如中宣部、新闻出版署 1993 年《关于加强新闻队伍职业道德建设禁止“有偿新闻”的通知》：“新闻报道与经营业务必须严格分开。记者、编辑不得从事广告业务，从中牟利。”中宣部、广电部、新闻出版署等 1997 年《关于禁止有偿新闻的若干规定》：“新闻报道与经营活动必须严格分开。新闻单位应由专职人员从事广告等经营业务，不得向编采部门下达经营创收任务。”

《关于新闻采编人员从业管理的规定（试行）》重申新闻采编人员要严格执行新闻报道与经营活动分开的规定，列举了容易发生的新闻记者介入经营活动的行为，如：以记者、编辑、审稿人、制片人、主持人、播音员等身份拉广告；以新闻报道换取广告；以变相新闻形式刊播广告内容；为经营谋利操纵新闻报道；以订阅报刊为条件进行新闻报道；要求被采访报道单位或个人订阅报刊；以批评曝光为由强迫被采访报道单位或个人订阅报刊、投放广告或提供赞助等。这些都在严格禁止之列。

《新闻记者证管理办法》也规定新闻记者不得从事与记者职务有关的有偿服务、中介活动或者兼职、取酬，不得借新闻采访工作从事广告、发行、赞助等经营活动，不得创办或者参股广告类公司等。

文化体制改革深入过程中，新闻媒体必须坚持新闻报道和经营“两分开”的原则。2015 年中办、国办《关于推动国有文化企业把社会效益放在首位、实现社会效益和经济效益相统一的指导意见》重申了采编与经营分开、禁止采编播人员与经营人员混岗的制度。

近年来，主管部门强化了对媒体采编与经营分开的监督，对相关违规行为予以查处。从 2014 年、2015 年新闻出版广电总局有关通报①中，可以看到这样一些违规行为：

> （1）向采编人员摊派发行、广告等任务，下达创收指标。如：河南青年报社向包括采编人员在内的报社全体员工下文件强制摊派发行任务；中国特区报社对部分采编人员不发工资让他们“自谋生计”，还要求每人每年上缴 20 余万元；企业党建参考报社长期向记者站摊派经营任务等。
>
> （2）任命、给以承包或默许采编人员兼任经营业务人员，利用采编优势开展经

① 参见新华网，2014 年 3 月 31 日、2014 年 6 月 18 日、2014 年 9 月 24 日、2014 年 11 月 22 日、2015 年 2 月 5 日、2015 年 4 月 30 日。

营活动。如河南工人日报社记者担任某广告公司相关负责人，以刊发负面报道相要挟，从事广告、赞助等经营活动；西南商报社记者以某广告公司代表的名义签订合同，向重庆某镇政府摊派广告费；江西信息日报社记者负责“吉安新闻”版面新闻采编业务期间，与他人合资成立广告传媒公司，并担任公司法定代表人。

(3) 任用经营人员或商业公司从事采编业务“创收”。如山西《政府法制》杂志派广告经营人员采访调查山西某煤企员工死亡事件，收取企业3万元“宣传费”（后退回）；商务时报社在北京、石家庄、赤峰等11个城市设立文化传媒公司，违规从事新闻采访活动，并违规为广告经营人员申领新闻记者证。

(4) 与社会上的商业公司合作，以宣传报道交换商业利益。如中国产经新闻报社获得南昌某文化公司15万元后，“授权”后者在江西、海南“组织”刊发宣传内容。

(5) 以承包合作等方式，将媒体采编业务转让给商业公司。如陕西旅游商报社与北京某文化传播公司签订合作协议，并聘用公司人员担任报社执行社长、执行总编；中国经济网先后向两家文化传媒公司违规转让河南频道的运营权、广告发布权、财务权和采编权；内蒙古商务时报社多次将《商务时报》专刊出版权承包给外人在北京违规出版报纸；《电子世界》的主办单位中国电子学会授权北京一家公司代理《电子世界》经营事宜，不仅负责期刊的印刷、广告、发行业务，实际上也承担了期刊组稿、编辑工作。

可以发现，几乎所有违规媒体都存在采编人员参与经营活动或经营人员操纵采编活动、采编和经营不分的现象，从而滋生了有偿新闻、新闻敲诈等行为。可见，采编和经营混同是造成新闻腐败的最大漏洞。也可以说，采编和经营不分本身就是一种新闻腐败。

（二）严禁有偿新闻，打击新闻敲诈

“有偿新闻”是我国社会向市场经济转轨以来，在新闻界出现的腐败现象。“有偿新闻”并不是新闻单位与受众之间的正当交易行为，而是新闻单位和编采人员以发布或不发布“新闻”（或其他稿件）为条件向“新闻”中涉及的对象获取非法利益。由于前者掌握了具备一定公信力的传播新闻和信息的管道，后者则要通过这样的管道传播对自己有利的新闻或阻止传播对自己不利的新闻，双方进行利益交换，所以“有偿新闻”本质上是一种权钱交易。早在1985年，国家工商局、广电部、文化部《关于报纸、书刊、电台、电视台经营、刊播广告的有关问题的通知》就提出：“禁止以新闻记者的名义，招揽所谓‘新闻广告’。新闻，通常由记者采访，经过编辑，审查后发布。发布新闻不收费用。广告则是由企事业单位或个人，为了本单位或个人的需要，交付费用，通过媒体发布的。……严禁新闻收费和以新闻名义招揽各种形式的广告。”1990年国家工商局和新闻出版署发布《关于报社、期刊社和出版社刊登经营广告的几项规定》提出：“严禁刊登有偿新闻。”这是第一次在规范性文件中使用“有偿新闻”这个词语。1993年中宣部和新闻出版署发出《关于加强新闻队伍职业道德建设禁止“有偿新闻”的通知》，1994年中宣部发出《关于坚持不懈地抓好新闻队伍职业道德建设的通知》，1996年中宣部又提出制止“有偿新闻”的六条措施，1997年中宣部会同广电部、新闻出版署、全国记协联

合发布《关于禁止有偿新闻的若干规定》共10条，进一步发展了有关制度。

《关于新闻采编人员从业管理的规定（试行）》和《新闻记者证管理办法》都有新闻采编人员不得利用采编报道谋取不正当利益，不得向采访报道对象或利害关系人索取财物和其他利益或者借舆论监督进行敲诈勒索、打击报复等规定。

《互联网新闻信息服务单位内容管理从业人员管理办法》把管理范围扩大到所有专门从事互联网新闻信息采编发布、转载和审核等内容管理工作的人员。要求从业人员不得从事有偿新闻活动，也不得利用互联网新闻信息采编发布等工作便利从事广告、发行、赞助、中介等经营活动，谋取不正当利益。不得利用网络舆论监督等工作便利进行敲诈勒索、打击报复等活动。

非法利益交换，发展到以威胁或要挟手段强行索要，就成为敲诈。新闻单位或新闻从业人员以不利于报道对象的新闻稿件（包括编发内参等）相威胁，向报道对象强索钱财或其他好处的行为，被称为"新闻敲诈"。2012年4月，新闻出版总署等联合印发《关于开展打击"新闻敲诈"、治理有偿新闻专项行动的通知》，首次在规范性文件中提出"新闻敲诈"一词，标志整治新闻界非法利益交换进入新层面。继而如2014年3月，中宣部、新闻出版广电总局等9部门联合印发《关于深入开展打击新闻敲诈和假新闻专项行动的通知》，部署此项工作。2021年8月，中宣部、网信办等10部门在北京召开电视电话会议，部署全面深入推进打击新闻敲诈和假新闻专项行动。主管部门屡次发布通报，公布查处有偿新闻、新闻敲诈等典型案例，还有一些记者受到吊销记者证、列入不良行为记录等处罚。根据国家新闻出版署官网公布的行政处罚记录，自2015年至2021年8月，由国家新闻出版署（2018年之前是新闻出版广电总局）作出的行政处罚文书有27件，其中涉及敲诈勒索10件，有偿新闻3件，记者参与经营活动4件，受到处罚的从业人员17人（其他主要是对以虚假证明申领记者证的处罚），凡被依法判决犯敲诈勒索罪的一律终身不得从事新闻采编工作。涉及新闻单位12家，因存在管理不严甚至纵容等问题，分别被处以警告、1万～3万元罚款、暂停核发新闻证等处罚，有的还建议主管单位对单位负责人予以处分。①

有偿新闻、新闻敲诈行为情节严重的构成敲诈勒索、受贿等犯罪行为。

新闻敲诈不是一个罪名，一般可以适用《刑法》第二百七十四条的敲诈勒索罪。敲诈勒索罪是指以非法占有为目的，以威胁或要挟的方法，强索公私财物的行为。2013年"两高"《关于办理敲诈勒索刑事案件适用法律若干问题的解释》，对"利用或者冒充国家机关工作人员、军人、新闻工作者等特殊身份敲诈勒索的"，提出了从严处罚的司法标准。

近期在新闻出版署官网公布予以吊销记者证、列入不良从业行为记录、终身不得从事新闻采编工作行政处罚②的原中华工商时报记者尚启庄，就被依法判决犯有敲诈勒索罪。法院认定，2011年2月至2019年1月，被告人尚启庄先后纠集被告人万润龙、陈虎、徐列军等人，假借媒体监督之名，借助传统媒体和微博、微信公众号

① 参见国家新闻出版署官网，http：//www.nppa.gov.cn/nppa/channels/314.shtml，访问时间2021年8月31日。

② 国家新闻出版署官网：行政处罚决定书2021年第2号，2021年3月4日。

等网络平台，采用曝光负面新闻、散布虚假信息等手段，实施敲诈勒索、寻衅滋事、强迫交易等违法犯罪活动，仅以“宣传费”、“广告费”、“论坛费”为名敲诈勒索数额就达200多万元（包括未遂数，其他罪行从略）。尚启庄以数罪并罚决定执行有期徒刑十六年，并处罚金111.5万元。（其他案犯处理从略）[①]

按《刑法》第三百八十五条规定，受贿罪是国家工作人员利用职务上的便利，索取他人财物，或者非法收受他人财物，为他人谋取利益的行为。国家工作人员包括国家机关或者国有企事业、人民团体中从事公务的人员。我国新闻单位都是国有事业单位或企业单位，新闻采编工作明文规定属于职务行为，所以新闻记者符合受贿罪的主体条件。

随着大批新闻媒体转企改制，媒体及其工作人员情况趋向多样化。有些从业人员不属于国家工作人员，则可以构成《刑法》第一百六十三条非国家工作人员受贿罪的主体。

新闻从业人员利用采编职务之便犯受贿罪的案件已发生多起。

我国传媒领域实行多项许可制，有的传播渠道，特别如广播电视，由于其稀缺性和影响力，很容易形成寻租空间，例如卫星电视，按照前述规定，只有省级和部分副省级电视台可以获得许可，而卫视覆盖面又大大超过普通电视，有的不法之徒就借此非法牟利。

2013至2016年安徽广播电视台的腐败窝案受到业界关注。犯罪人非法牟利手段就是向影视剧制作商购买电视剧或与影视剧制作商“合作制片”时收取巨额回扣。安徽电视台1997年上星，就成为全国省级卫视收入冠军。到新世纪，台长张苏洲推行所谓“以剧立台”经营方针，其“周末大放送”拥有很高收视率，对影视剧制作商恃为奇货可居。自张苏洲起，台长、副台长、总编室主任、采购主任等将近10人卷入了受贿、贪污的犯罪活动，而一些影视公司则成为行贿人。公安、司法机关经过数年侦查、审理，依法分别对构成受贿、贪污、行贿犯罪的涉案人判处刑罚，其中张苏洲获刑14年，副台长赵红梅获刑12年。[②]

（三）制止和严防虚假失实新闻

为维护新闻真实性，早在1999年新闻出版署就发布了《报刊刊载虚假、失实报道处理办法》，规定了对虚假、失实新闻采取行政措施和行政处罚的方式。近年为因应信息传播新形势，在总结近年发生虚假、失实新闻教训的基础上，新闻出版总署先后发布《关于采取切实措施制止虚假报道的通知》（2009）和《关于严防虚假新闻报道的若干规定》（2011），制止虚假失实新闻形成制度。

文件提出“新闻机构要严格规范新闻采编流程，建立健全稿件刊播的审核制度”，“新闻机构要规范使用消息来源”，“新闻机构要严格使用社会自由来稿和互联网信息制度”，“新闻机构必须完善新闻转载的审核管理制度”等原则。关于防止虚假、失实新闻

---

① 参见浙江省杭州市中级人民法院刑事判决书，（2020）浙01刑终535号。

② 参见安徽省淮南市中级人民法院刑事判决书，（2015）淮刑初字第00020号等；展江、李婷婷：《一家省级电视台的腐败窝案》，《青年记者》（济南）2018年第4、7期。

的具体专业规范，在第一章第二节已有介绍。

文件要求建立健全受理公众举报、投诉、核查、处置和反馈工作的程序机制，建立虚假失实报道的更正制度和责任追究制度。行政部门可以采取通报批评、责令限期更正、责令公开检讨、责令新闻机构主要负责人引咎辞职等措施。对于新闻记者，可以给以警告、吊销记者证、列入不良从业行为记录等处罚。

主管部门一贯将制止、严防虚假、失实新闻作为新闻监管的重要内容，并多次对影响恶劣的虚假、失实新闻责任人给以处分、处罚和通报。

（四）职务行为信息管理

2013 年新闻出版广电总局即下达通知，要求采编人员未经批准不得通过微博等自媒体发布通过职务活动获得的各种信息。2014 年《新闻从业人员职务行为信息管理办法》就职务行为信息作出定义，系指新闻采编人员及提供技术支持等辅助活动的其他新闻从业人员，在从事采访、参加会议、听取传达、阅读文件等职务活动中，获取的各类信息、素材以及所采制的新闻作品，其中包含国家秘密、商业秘密、未公开披露的信息等。

“办法”除规定新闻从业人员上岗应签订保守国家秘密承诺书外，还规定新闻单位应按与新闻从业人员就职务行为信息中的商业秘密、未公开披露的信息、职务作品等与知识产权相关的保密事项，签订职务行为信息保密协议，建立职务行为信息统一管理制度。

新闻从业人员不得违反保密协议的约定，向其他境内外媒体、网站提供职务行为信息，或者担任境外媒体的“特约记者”、“特约通讯员”、“特约撰稿人”或专栏作者等。新闻从业人员以职务身份开设博客、微博、微信公众账号等，须经所在新闻单位批准备案，并不得通过博客、微博、微信公众账号或个人账号等任何渠道，以及论坛、讲座等任何场所，透露、发布职务行为信息。

“办法”对违者规定了包括吊销记者证等处罚措施和法律责任。

以上新闻报道与经营活动“两分开”，反对各种有偿新闻和有偿不闻行为，禁止虚构新闻等，也均已载于《中国新闻工作者职业道德准则》，行政管理和行业自律双管齐下，制止此类违规失序行为。

概念和思考题

概念：

行政法　依法行政

第一节　报纸、期刊

概念：

许可制　报刊的主办单位、主管机关　非法出版

思考题：

1. 为什么我国创办报刊要实行许可制？
2. 报刊的主办、主管机关制在报刊业管理体制中有何意义？

3. 我国对报刊的监管实行哪些制度？

4. 在报刊业中非法出版行为主要有哪些表现？

第二节 广播、电视

概念：

广播电视 广播电视传输覆盖网

思考题：

1. 我国广播电台、电视台的设立和布局经历了怎样的沿革？
2. 现行法制对于广播电视节目的制作实施怎样的管理？
3. 现行法制对于广播电视节目的传播实施怎样的管理？
4. 现行法制如何保护广播电视设施？

第三节 互联网新闻信息传播

概念：

互联网 互联网信息服务 互联网新闻信息服务

思考题：

1. 互联网信息服务者对于网上信息有怎样的责任？
2. 为什么从事互联网新闻信息服务要实行许可制？互联网新闻信息服务单位分为几类？
3. 主管部门对互联网新闻信息服务怎样进行日常监管？
4. 互联网视听节目传播实行怎样的制度？

第四节 新闻从业人员

概念：

新闻记者 新闻单位（机构）

思考题：

1. 我国对新闻记者作出怎样的定义？
2. 新闻记者证怎样申领和监管？
3. 新闻单位设立记者站要具备哪些条件？
4. 为什么要坚持采编和经营分开的原则？
5. 怎样在制度上严防虚假新闻？

第九章

新闻信息产业

产业通常指从事生产活动的组织。我国对国民经济作这样的划分：第一产业是农业；第二产业是工业和建筑业；第三产业是除此以外的其他各业，主要包括流通领域、为生产和生活服务的领域、为提高科学文化水平和居民素质服务的领域、为社会公共需要服务的领域。①

新闻出版、广播电视在我国被列入第三产业。1985 年，国务院办公厅转发国家统计局《关于建立第三产业统计的报告》，把第三产业分为四个层次，第三个层次是"为提高科学文化水平和居民素质服务的部门"，包括"教育、文化、广播电视事业"。1993 年国务院批转国家计委《关于全国第三产业发展规划基本思路》，把文化、广播影视、新闻出版等列入"文化、体育事业"。

这样的划分肯定了包括新闻业在内的文化业在国民经济中的地位，在整体上承认文化业具有经济活动和生产活动的属性。但是当时在我国，文化业内许多单位并不是经营性、市场化的企业组织，所以并无"文化产业"之说，上述文件在"第三产业"概念下提到文化、新闻、教育等都特称为"事业"。最初提出"文化产业"概念而与"文化事业"并列的权威文件是 2002 年中共十六大报告②。随着我国改革的深入，文化体制改革提上议事日程，文化产业发展迅速。本世纪以来，国家统计局在 2004 年、2012 年、2018 年三次发布《文化及相关产业分类》进行界定、修订，而新闻业在这三次文件中一

---

① 《中共中央、国务院关于加快发展第三产业的决定》，1992 年 6 月 16 日。

② 江泽民：《全面建设小康社会开创中国特色社会主义事业新局面》，2002 年 11 月 8 日。报告提出"积极发展文化事业和文化产业"和"继续深化文化体制改革"。

直居于首要地位。

《文化及相关产业分类（2018）》定义文化及相关产业："指为社会公众提供文化产品和文化相关产品的生产活动的集合。"并说明此处的"产品"是广义的，包括货物和服务等。列为"文化核心领域"的第一大类就是"01 新闻信息服务"，下设 4 个中类：

"011 新闻服务"，下设 1 个小类："0110 新闻业"；

"012 报纸信息服务"，下设 1 个小类："0120 报纸出版"；

"013 广播电视信息服务"，下设 3 个小类："0131 广播"、"0132 电视"、"0133 广播电视集成播控"；

"014 互联网信息服务"，下设 2 个小类："0141 互联网搜索服务"、"0142 互联网其他信息服务"。

其后相关的产业门类有："02 内容创作生产"，下设"021 出版服务"、"022 广播影视节目制作"等；"03 创意设计服务"，下设"031 广告服务"等；"04 文化传播渠道"，下设"041 出版物发行"、"042 广播电视节目传输"等。

通常人们所说的传媒产业（media industry），大致就包括了上述产业门类。由于传媒主要是以其传播的内容来为公众服务的，所以又有"内容产业"（content industry）之说。本章以新闻信息产业为核心阐述国家的有关政策和法律。

第一节　传统新闻业的体制演变

"文化产业"是经济和文化相互渗透的新兴产业。文化具有意识形态属性，党和国家一贯强调建设中国特色的社会主义先进文化对于巩固党在意识形态领域的领导权、实现中华民族伟大复兴的重大意义，所以在政策上、法律上不能与通常从事物质生产和流通的产业同等对待。特别是新闻业，承担着弘扬社会主义核心价值观、营造良好舆论环境等重大使命，必须坚持"党管媒体"体制，进入"产业"行列更需要慎重研究和探索。

在 1978 年以前，我国报刊、广播电视等所有新闻单位都是国家财政拨款的事业单位。"事业"是我国国家编制管理中的一个特有概念，既不同于行使社会管理职能、经费由国家预算支出中行政管理费开支的行政机构，也不同于以营利为目的、实行独立经济核算的企业，而是特指没有生产收入、全部经费由国家预算支出中的事业费开支的机构和组织，即各类文化、教育、出版、广播电视、科学研究等单位。

改革开放以来，我国企业制度和事业制度都发生了根本性的变化。

企业制度的改革，是我国改革继农村改革以后又一个主战场。1993 年中共十四届三中全会通过《关于建立社会主义市场经济体制若干问题的决定》，正式提出建立产权清晰、权责明确、政企分开、管理科学的现代企业制度的改革目标。历经 10 年，大部分国企完成公司制改制。2003 年中共十六届三中全会《关于完善社会主义市场经济体制若干问题的决定》确认：我国社会主义市场经济体制初步建立，公有制为主体、多种所有制经济共同发展的基本经济制度已经确立。

我国于 1993 年制定实施《公司法》，1999 年、2004 年、2005 年、2013 年、2018 年

多次修正。以《公司法》为主体的企业法制基本确立。

事业制度也不可避免发生变革。随着社会主义市场经济的发展，国家不再承担全部事业单位的一切费用，越来越多的事业单位在提供社会服务的过程中自行创造收入（创收）。这个过程开始还是被动的，但是很快有很多事业单位发现自己的潜在价值，它们的收入急骤增加并且被允许用于自己的各项支出而不再把国家拨款作为自己经费的唯一来源。这样，包括新闻业在内的若干属于事业范围的行业日渐具备了产业的属性。

1998 年行政法规《事业单位登记管理暂行条例》（2004 年修订）将事业单位定义为“国家为了社会公益目的，由国家机关举办或者其他组织利用国有资产举办的，从事教育、科技、文化、卫生等活动的社会服务组织”。同时规定事业单位可以依法举行营利性经营组织，但必须独立核算。经营所得，可以作为事业单位收入的来源之一。[①]

1978 年底，《人民日报》等 8 家首都报刊联合向财政部递交报告，要求实行“事业单位、企业化管理”的方针，通过从事一些经营性活动获得收入以弥补财政拨款不足，获得批准。后来陆续在众多报刊以及电台、电视台实施。

“事业单位、企业化管理”，意指新闻单位在编制上虽然是隶属于国家机关、实现公益目的的事业，但是在经营管理方面却可以像企业那样运作。这个方针蕴含着创意，就是把新闻采编业务（内容业务）和经营业务区分开来。此处“两分开”原则不同于第八章说的“两分开”，后者意在防止商业主义的侵袭，而这里具有体制性的意义。

在上世纪国家经济体制改革的进程中，“事业单位、企业化管理”为新闻产业的发展提供了具有充分弹性的舞台。

（1）由单一经营到多种经营。

传统传媒经济理论公认传媒的常规交易有两次，第一次是将媒介产品（内容）卖给受众，第二次是将受众“卖”给广告商。国家扶植新闻单位的经营活动的最初举措就是恢复媒介发布商业广告和允许媒介自主发行（销售）。

我国新闻媒介自 1979 年初恢复发布商业广告，1985 年国务院办公厅发布《关于加强广告宣传管理的通知》，1985 年国家工商局、广电部和文化部发布《关于报纸、书刊、电台、电视台经营、刊播广告有关问题的通知》，确认了新闻单位从事广告发布和经营的资格。

我国报刊发行一直由邮政部门办理。1985 年第一批报纸实行自办发行。1986 年《邮政法》（2009 年修订，2012、2015 年两次修正）及其“实施细则”，规定报刊发行工作中，报刊社等出版单位同邮政企业是委托合同关系。同时报刊定价也由国家统一规定改变为由报刊社自行决定。从而在实际上肯定了报刊的商品性质。

此时所有新闻单位不论大小，这两项经营是必备的。

但是单一经营毕竟格局有限。1988 年新闻出版署和国家工商局联合发布《关于报社、期刊社、出版社开展有偿服务和经营活动的暂行办法》，规定报刊社、出版社可以根据自身条件，开展国家政策允许的、与本身业务有关的有偿服务和经营活动。广播电视

---

① 《民法典》将事业单位、社会团体、社会服务机构等列为“非营利法人”：“为公益目的或者其他非营利目的成立，不向出资人、设立人或者会员分配所取得利润的法人，为非营利法人。”（第八十七条）

管理部门虽然没有下达这样的文件，但从1980年代末期起，要求各台根据自身条件积极创造收入屡屡见诸主管官员的讲话。从1991年广电部和财政部联合发布的《广播电视事业单位财务管理办法》可以看到：各事业单位被要求充分利用本身优势，开展有偿服务，积极合理地组织收入，增强自我发展能力，促进事业发展，其中包括：广告收入、出版发行收入、节目交换销售收入、劳务收入、合作合拍收入，以及与国外和国内其他单位联营合资合作的分成收入，等等。

1988年的“暂行办法”后来已被新的法规、规章所代替，2004年宣告废止，但仍然具有划时代意义。它首次以具有法律效力的规范性文件肯定报刊社可以举办各种经济实体，包括公司、企业，成为报刊社开展各种经营活动的政策发源点。广电业也照此办理。

世纪之交传媒集团化，其中多种经营的部门大都发展为集团内部与采编部门分列的经营实体。所有的报业和广电集团以及媒介系列组合，都设有多个广告公司、发行公司，有的还开办其他行业的各种经营实体和公司，将本单位经营业务提升到相当规模，成为集团的重要经济支柱。

新闻业和整个传媒业走向产业化的前提，是整个国家经济体制向市场经济转轨及伴随着的持续经济增长，提供了物质基础。如传媒盈利主要来源之一的广告业，是我国增长最快的行业之一。显然，没有改革和发展，广告业的勃兴是不可想象的，而没有广告业的勃兴，形成传媒产业也是不可想象的。

新闻单位开展各种经营活动，远远超出了最初只是想弥补资金不足的动机，激活了长期被忽视的新闻业本应具有的产业性质，至1990年代中期，全国绝大多数省级党委机关报和半数以上的地市级党委机关报都结束了吃“皇粮”的历史，走上独立核算、盈余留用的道路。那些新创办的大众化报纸，则实行“自筹资金、自主经营、自负盈亏、照章纳税、自我发展”，许多报社获利丰厚。[①] 接受财政补助的报纸，主要是边远地区的少数党报。在广播电视业，所有电台、电视台，虽然还有财政补助，但是也出了若干盈利大户，如中央电视台以及某些大城市的电视台。

（2）由自有资金到吸收业外资金。

新闻单位作为事业单位，它的资金只能是来自国家，即由主办单位“利用国有资产举办”。而在1980年代两天就诞生一家报纸的兴办报刊热潮中，有些主办单位并无足够资金，不能不寻求外援，再说任何经营实体如果只靠自我积累肯定发展缓慢，于是新闻业只限于在自有国有资产基础上发展的“纯洁性”就此打破。1994年中共中央宣传部“新闻调研小组”在其调查报告中披露，广东的报纸或明或暗与社会上的企业有合作关系的已有30多家。这些合作大都是不公开的。[②]

新闻单位直接接受业外投资在当时是不合法的。发生过有的报纸擅自与商家合资而受到处罚的案例。[③] 上述中宣部调查报告也认为企业介入报业同报纸的事业单位性质相冲

---

① 参见唐绪军：《报业经济与报业经营》，北京，新华出版社，1999，第113页。

② 参见中宣部新闻调研小组：《中国报业总量结构效益调查》，北京，新华出版社，1996，第13页。

③ 1993年，《四川体育报》擅自与成都市金牛区国泰琴行签订“联合入股合资经营协议书”，将报社改为与国泰琴行的合资企业，由国泰琴行人员任董事长。1993年6月，新闻出版署给予停刊整顿的行政处罚，终止执行“合资协议”的议定书。参见《新闻出版工作文件选编（1993年）》，第152-154页。

突，表示了否定态度[1]。1980 年代有某人出资创办《中国经营报》和《精品购物指南》，依规定由中国社会科学院向主管部门申报主管主办，十多年后积累了巨额资产，引发产权归属争议。新闻出版署等主管部门在援引《出版管理条例》后指出：报刊的主办单位即是报刊的投资人，我国报刊社的资产应为国有资产。报刊创办时若有个人、集体自筹启动资金的，不能认定为对该报刊的投资，应按债权债务关系处理，由主办单位参照银行同期贷款利率予以退还。[2]

不过，“事业单位、企业化管理”蕴含的“两分开”体制却为业外资本进入开辟了通道。既然新闻单位被允许举办各种与自身业务有关的企业、公司，而这些企业、公司又是同新闻采编分开的，那么只要所举办的企业、公司在市场准入方面没有太多限制或者寻求的合作者符合准入条件，它们同其他业外资本在这方面的合作合资当然就是合法的。如广告业，1994 年《广告法》在资本准入方面没有限制，报社、电台、电视台等就可以依法同其他国企、民企甚至外资合资建立广告公司，这早有若干成功的个案。1990 年代起，发行、印刷以及节目制作、传送等行业的准入条件也逐步放宽（详见本章第四节）。新闻单位采编业务是“不可经营”的，其他则“可经营”，就有“把可经营部分剥离出来”的说法。“可经营部分”剥离出来以后不仅可以设立企业，而且可以通过这样的企业来吸纳、利用各类业外资本。

> 《京华时报》2001 年 5 月在北京创刊，当时是人民日报社主管主办的综合性日报，其发行、广告等经营业务由京华文化传播有限公司执行。而这家公司是京华时报社同北大青鸟公司系统的北大文化公司的合资公司，注册资本 5 000 万元，其中北大文化以现金出资 2 500 万元，京华时报社以广告代理权、发行权作价和现金出资，双方各占公司股份 50%。[3] 2011 年 8 月变更为北京日报报业集团主办。《京华时报》曾有辉煌表现，但在网络新媒体大潮冲击下，渐陷困境，突围未果，于 2017 年休刊。[4]

《京华时报》个案可以代表当时业外资本投入传媒业的典型模式。新闻单位将“可经营部分”剥离出来与其他企业、事业合资创办企业、公司，借以向业外融资的做法流行一时[5]。

（3）由合作合资到上市集资。

1980 至 1990 年代证券业复兴标志中国资本市场正式形成。企业融资途径除了寻求合作合资伙伴之外，还可以经过法定程序向资本市场公开募集资金。

新闻单位和其他传媒单位既然可以将“可经营部分”与业外合作合资，那么也应当可以向社会融资。涉媒上市公司最早的成功个案就是上海东方明珠股份有限公司。

---

① 参见中宣部新闻调研小组：《中国报业总量结构效益调查》，第 14 页。

② 参见新闻出版署转发国务院机关事务管理局等《关于中国经营报、精品购物指南报社产权界定的函》的通知，1999 年 10 月 22 日。

③ 参见赵小兵等：《中国媒体投资：理论和案例》，上海，复旦大学出版社，2004，第 59－61 页。

④ 参见《京华时报浮沉录》，人民网，2017 年 1 月 3 日。

⑤ 参见魏永征：《中国传媒业吸纳业外资本合法性研究》，《新闻与传播研究》（北京）2001 年第 2 期。

这家以广播电视传输服务为主营业务的上市公司，建于1992年。设立这家公司的意向起因于建造东方电视塔，银行贷款不足，于是求助于股份制。曾经设想将上海的电台、电视台等合并组建公司，但是这同广播电视的事业单位体制相冲突，后由上海市广电局全额投资的上海广电发展实业公司和上海电视台、上海人民广播电台、每周广播电视报四家共同发起组建东方明珠公司，在上海证券交易所上市。四家共投资3.7亿元为发起人股，向社会募集新股4 000万股，每股溢价5.1元，当年集资2.4亿元，成功建造了当时号称亚洲第一的电视塔。[①] 二十余年来，这家公司涉足有线电视网络、互联网、节目制作、广告、房地产等多种行业。2015年5月，按照上海文广集团公司整合计划，由百视通新媒体公司吸收合并，后者改名东方明珠新媒体股份有限公司，股票名“东方明珠”。[②] 现在作为上海广播电视台、上海文化广播影视集团有限公司（SMG）旗下的产业平台和资本平台，拥有全渠道视频集成与分发平台，为用户提供视频内容服务及视频购物、文旅消费、影视剧、游戏等文娱产品，2020年度总资产440亿元人民币。[③]

类似的上市公司实例还有中央电视台所属公司等发起的中视传媒（1997年）、湖南省广电厅全额投资的湖南广播电视产业中心等发起的电广传媒（1999年）、北京市广电部门所属有线电视网络公司等发起的歌华有线（2001年），它们拿来上市的“可经营部分”分别是影视基地、节目制作、有线电视传输网络等。

业外资本投入的是传媒还是传媒所办的公司，曾经是非法还是合法的一条界线。为了避免传媒核心业务与试图进入证券市场的经营性业务混为一体，传媒通常需要先成立一家具有独立法人资格的企业，将经营性业务注入这家企业，将企业与传媒的核心业务严格分开，然后申请成为上市公司。[④]

（4）由“剥离”上市集资到整体上市集资。

所谓“剥离”上市的做法，仍然是将媒介置于“事业单位、企业化管理”框架之内，被认为是坚持媒介内容正确方向，不受商业利益干扰的必要做法。但是却同现代企业制度下出资者所投资形成的全部法人财产权享有民事权利、承担民事责任的基本精神不符。内容生产是媒介的主营业务，却被“剥离”出去，上市的只是作为控股股东媒介的兼营业务，势必造成频繁的关联交易。[⑤] 于是“剥离”上市必须演进为“整体”上市，不过要这样做，传媒单位就必须从事业转制为企业，不再是“事业单位、企业化管理”了。

本世纪初文化体制改革启动，少量传媒单位开始实行事业转制为企业的试点，终于出现了整体上市的突破。

第一家将编辑业务和经营业务整体上市的是一家出版企业。2007年，辽宁出版

---

① 参见秦宇：《既是喉舌，又是产业》，《新闻记者》（上海）1993年第1期。

② 参见百视通新媒体股份有限公司换股吸收合并上海东方明珠（集团）股份有限公司及发行股份和支付现金购买资产并募集配套资金暨关联交易之实施情况报告书，2015年6月。

③ 参见东方明珠新媒体股份有限公司2020年年度报告，2021年4月。

④ 参见《证券时报》2000年9月3日。

⑤ 参见贺宛男：《财经专业报道概论（第二版）》，上海，复旦大学出版社，2009，第124-125页。

集团有限公司经重组改制设立辽宁出版传媒股份有限公司，在上交所挂牌上市。[①] 现名为北方联合出版传媒（集团）股份有限公司，股票名“出版传媒”，继续主营图书、期刊、电子音像出版物的出版、发行和印刷，并形成数字阅读、在线教育、电商销售等业务于一体的综合性传媒业务架构。2020 年度总资产 38.39 亿元。[②]

第二节　文化体制改革中的新闻业改革

虽然我国新闻业及传媒业改革开放以来发展显著，但是传媒产业在整体上依然弱小。这不能不说与传媒业传统体制有关。2002 年中共十六大，对文化体制改革和发展提出了一系列新的论述和新的部署，我国文化体制新一轮重大改革开始启动。这给新闻业及传媒业发展带来了新的机遇。

文化体制改革采取通过试点、取得经验、以利推广的做法。2003 年中央确定 35 个文化单位进行改革试点，报社、广电、出版社等新闻出版单位占了 21 家。[③]

此后，中央频频发布有关文化体制改革的政策文件。

2003 年中共中央《关于完善社会主义市场经济体制若干问题的决定》，确定了深化文化体制改革的总体思路和目标要求。文件区分了“公益性文化事业单位”和“经营性文化产业单位”的不同政策，要求“按照社会主义精神文明建设的特点和规律，适应社会主义市场经济发展的要求，逐步建立党委领导、政府管理、行业自律、企事业单位依法运营的文化管理体制”。

国务院 2005 年 8 月发布《关于非公有资本进入文化产业的若干决定》，就引导和规范非公有资本进入文化产业作了明确规定。

2005 年底，中共中央、国务院发布《关于深化文化体制改革的若干意见》，作为文化体制改革的纲领性文件，规定了文化体制改革的指导思想、原则要求和目标任务，分别就推进文化事业单位改革和深化文化企业改革提出了有关政策，并且确定了加快文化领域结构调整、培育现代文化市场体系、健全宏观管理体制等方面的目标要求。

2009 年 9 月，国务院发布《文化产业振兴规划》，提出进一步完善文化市场主体等五项规划目标，发展重点文化产业等八项重点任务，宣布采取降低准入门槛、加大政府投入、落实税收政策、加大金融支持、设立中国文化产业投资基金等政策措施。

2011 年 10 月，中共十七届六中全会作出《关于深化文化体制改革推动社会主义文化大发展大繁荣若干重大问题的决定》，提出坚持中国特色社会主义文化发展道路，建设社会主义文化强国的战略目标，并从推进社会主义核心价值体系建设、全面贯彻“两为”方向和“双百”方针、大力发展公益性文化事业、加快发展文化产业等六个方面作出工作部署和举措。中共十八大以后，继续深入推动文化体制改革和创新。2013 年十八届三

---

① 参见人民网，2008 年 1 月 9 日。

② 参见北方联合出版传媒（集团）股份有限公司 2020 年年度报告，2021 年 4 月。

③ 参见《求是》2009 年第 4 期。

中全会通过的《关于全面深化改革若干重大问题的决定》，列有“推进文化体制机制创新”。中央全面深化改革领导小组《深化文化体制改革实施方案》（2014）、中办和国办《关于推动国有文化企业把社会效益放在首位、实现社会效益和经济效益相统一的指导意见》（2015）等，都有进一步部署。

现将文化体制改革中新闻业的改革历程作一归纳简述：

（1）区分“公益性文化事业单位”和“经营性文化产业单位”。

《关于深化文化体制改革的若干意见》明确划分：“党报、党刊、电台、电视台、通讯社、重点新闻网站和时政类报刊，少数承担政治性、公益性出版任务的出版单位实行事业体制”。这些新闻媒体，是我国新闻传播活动的主干，也是思想宣传阵地的核心，事关重大社会公共利益，必须由国家重点扶持，置于党和国家的直接管控之下。

在“意见”转制为企业的清单中，包括了一般出版单位和文化、艺术、生活、科普类报刊社，以及新华书店、电影制片厂、电视剧制作单位等。后来新闻网站也列于转企改制范围。

在中共十七届六中全会“决定”和据此编制的《“十二五”文化改革发展规划纲要》中，在文化产业和文化事业中涉及新闻媒介的内容主要有：

以建立现代企业制度为重点，加快推进经营性文化单位改革，培育合格市场主体。完成非时政类报刊、新闻网站等转企改制，拓展出版、发行、影视企业改革成果，加快公司制股份制改造，完善法人治理结构，形成符合现代企业制度要求、体现文化企业特点的资产组织形式和经营管理模式。

随着改革深化，在新闻业内经营性产业单位在数量上显然大大超过公益性事业单位。但是文件肯定后者仍然居于主体地位，提出以党报党刊、通讯社、电台电视台为主，整合都市类媒体、网络媒体等宣传资源，构建统筹协调、责任明确、功能互补、覆盖广泛、富有效率的舆论引导格局。

（2）界定市场准入，调整所有制结构。

事业单位转制为企业和界定市场准入政策，是既有联系又有区别的两个问题。事业单位不存在业外资本进入的问题；而转为企业、进入市场以后，不同所有制资本的投入就是一个相当复杂的问题，需要分清层次，区别对待。

2005年国务院发布《关于非公有资本进入文化产业的若干决定》，在鼓励和支持民营资本进入文化产业的原则之下，明确规定了非公有资本进入文化产业的“鼓励和支持”、“允许、可以”和“禁止”三种情况。其中与大众传媒相关的项目为：

鼓励和支持：广告、电影电视剧制作发行、广播影视技术开发运用、电影院和电影院线、书报刊分销、音像制品分销、包装装潢印刷品印刷等。

允许：投资参股国有文化企业，包括：出版物印刷、发行，新闻出版单位的广告、发行，广播电台和电视台的音乐、科技、体育、娱乐方面的节目制作，电影制作发行放映，建设和经营有线电视接入网等，但国有资本必须控股51%以上。

禁止：不得投资设立和经营通讯社、报刊社、出版社、广播电台（站）、电视台（站）、广播电视发射台（站）、转播台（站）、广播电视卫星、卫星上行站和收转站、微波站、监测台（站）、有线电视传输骨干网等；不得利用信息网络开展视听节目服务以及新闻网站等业务；不得经营报刊版面、广播电视频率频道和时段栏目；不得从事书报刊、影视片、音像制品成品等文化产品进口业务等。

2005年底的《关于深化文化体制改革的若干意见》就转制为企业的出版社、报刊社重申："要坚持国有独资或国有绝对控股，实行特许经营或许可证管理。"

2015年国务院发布《关于实行市场准入负面清单的意见》，自2018年起，国家发改委、商务部每年都印发《市场准入负面清单》，也有涉及新闻和文化产业的内容，其中有因应传播科技的发展将非公有资本禁入范围从新闻网站延伸到从事新闻采编的其他网络传播应用，但并未改变作为上位法的2005年国务院"决定"的基本精神。

（3）大多数出版社和报刊社转制为企业。

这是这轮文化体制改革中最受关注的一项。

> 成立于2002年的中国出版集团，拥有人民出版社、人民文学出版社、商务印书馆、中华书局等12家单位。2004年3月国务院批准中国出版集团从事业单位整体转制为企业，授予中国出版集团公司对所属成员单位占用的经营性国有资产行使出资人权利，依法经营、管理和监督所属成员单位的经营性国有资产，承担保值增值责任。国务院作为中国出版集团公司的出资人，授权财政部依法对中国出版集团公司经营性国有资产进行监管。新闻出版总署依法对中国出版集团公司实行行业管理。原中国出版集团所属的人民出版社划出，保留事业单位性质，重新明确其隶属关系。2005年11月成立中国出版集团公司。①
>
> 2011年中国出版集团公司联合其他机构组建中国出版传媒股份有限公司。2017年8月在上交所发行股票，名称"中国出版"。现在是中国最大的大众出版和专业出版集团，以出版物生产和销售为主业，旗下包括上述各家著名出版机构共38家，拥有各级子公司、控股公司等法人企业98家。2020年度总资产137.8亿元。②

报刊转制试点的先行案例有：

> 2004年，《中国证券报》、《电脑报》转制为企业。电脑报社还与香港TOM公司合资成立重庆电脑报经营有限公司。电脑报社把电脑类书刊的广告发行业务、商标及品牌使用权、客户资源等资产注入合资公司，占有公司51%的股份，TOM公司出资2.058亿元人民币，占49%的股份③。

已经成为企业的计算机报与外商合资仍是采取"剥离"做法，是因为新闻机构是外资禁入行业。

按照改革部署，出版社方面除公益性出版单位外，所有地方和高等院校经营性出版单位已于2009年完成转制。2012年，全国承担改革任务的528家出版社全部完成改革任务。④

---

① 参见新华网，2005年11月28日。

② 参见中国出版传媒股份有限公司2020年年度报告，2021年4月。

③ 参见新华网，2005年1月5日。

④ 参见新华网，2012年11月11日。

非时政类报刊转企改制也同时展开。根据《关于深化非时政类报刊出版单位体制改革的意见》，分期分批进行体制改革的，包括文化、艺术、生活、科普等非时政类报刊，专业技术性较强的行业性报刊，隶属于企业法人的报刊，以及中央各部门各单位所属的都市类和财经类报刊、省级和副省级及省会城市党报党刊所属的晚报、都市类和财经类报刊。

按照“意见”，非时政类报刊转制后主办主管单位制度要进一步加强和改进，报刊出版单位与主管主办单位应是隶属关系而不是挂靠关系，主管主办单位须切实担负起管导向、管干部、管资产的职责。

至2012年9月，全国3 388种应转企改制的非时政类报刊已有3 271种完成改革任务，占总数的96.5%，文化体制改革阶段性任务基本完成。①

与此相关的还有新闻网站转企。新闻网站大都是从传统媒体网络版的基础上发展起来，当初只是传统媒体事业单位下属的一个部门。2009年9月国新办下发《关于重点新闻网站转企改制试点工作方案》，人民网、新华网、央视网、浙江在线、四川在线等陆续改制为企业法人，实行股份制改造。

世纪初还有宣传部门主导创设的独立的新闻网站，如2000年上线的北京千龙网、上海东方网，都由本地主要新闻单位集资，建立股份有限公司，成为全国重点新闻网站。

报刊转企过程中实行退出机制也提上议事日程。转企引入了市场机制，2009年，中国记协主办的《中华新闻报》因“经营不善，严重资不抵债”，宣告停刊清算②。在此前后停刊的知名报纸还有中国足协主办的《中国足球报》③、人民日报社主办的《市场报》④等。近几年在网络媒体冲击下，报纸种数和印数逐年递减。据主管部门公布的数据：2012年全国出版报纸1 918种，总印数482.3亿份；至2020年减至1 810种，289.14亿份。⑤

（4）新闻事业单位的“可经营部分”转制为企业。

改革试点初即已提出，党报、党刊、电台、电视台等重要新闻媒体和重要出版社事业单位性质不变，但是广告、印刷、发行、传输等可经营部分，可以剥离转制为企业。国务院办公厅《文化体制改革试点中支持文化产业发展的规定（试行）》（2003）确认，这些部分转企后，在确保国家绝对控股的前提下，允许吸收社会资本。还提出通过股份制改造实现投资主体多元化的文化企业，符合条件的可申请上市。《关于深化文化体制改革的若干意见》重申这些原则，并且强调主管单位和出资人要切实加强对剥离企业的经营方向、资产配置、重大决策、重要干部配备的管理和监督。国有股份收益要为出资人宣传主业和企业扩大再生产服务。

这项政策，是从新闻媒体可以从事多种经营活动的政策基础上发展起来的。如今作

① 参见新华网，2012年11月11日。

② 参见《中国新闻出版报》2009年8月28日。

③ 参见《东方早报》（上海）2009年3月5日。

④ 参见《市场报》（北京）2009年3月30日。

⑤ 参见新闻出版广电总局《2012年全国新闻出版业基本情况》，2013年；国家新闻出版署《2020年全国新闻出版产业分析报告》，2021年12月。

为一项正式规范提出，对于新闻产业发展更有其特殊意义。

建于 1996 年的全国第一家报业集团广州日报报业集团，在 2000 年以其全资子公司大洋实业受让一家公司大部分股权，改名为九州阳光传媒公司，以广告代理和制作、印刷、发行、书刊批发零售为主业，于 2007 年在深交所上市，简称粤传媒。2012 年完成重大资产重组，广州日报社将其全部经营性资产整体注入粤传媒，改名为广州日报传媒股份有限公司，简称不变。由于广州日报及其所属报刊（当时有主报 1 家、系列报 13 家、刊物 5 家）的采编业务仍然留在广州日报社，公司在交易过程中向社会特别提示：由于采编业务不在上市公司运营，对公司广告、报刊发行等业务发展将带来一定的经营风险。近年，粤传媒除继续从事广州日报集团报刊和社会的广告、印刷等业务外，还以大洋网为依托开展各种新媒体业务。[①] 现正处于转型升级时期，2020 年度总资产为 49.2 亿元。[②]

粤传媒代表了党报集团这类主流媒体转制改革和上市交易的模式。随着体制改革的推进，这类主流媒体的经营性产业部分不断扩大，公益性事业部分缩至很小，但是通过主流媒体事业单位控制包括旗下非时政类报刊企业以及它们衍生的新媒体在内的传媒集团产业的格局不会改变。

（5）电台、电视台以“制播分离”作为改革突破口。

广播电视系统的经营性资产，重点就在节目制作部门。广电总局《关于促进广播影视产业发展的意见》（2003）提出：“可以把电台、电视台、广电集团（总台）的除新闻宣传以外的社会服务类、大众娱乐类节目，特别是影视剧的制作经营从现有体制中逐步分离出来，按照产业发展的方向和现代产权制度、现代企业制度的要求组建公司，实行所有权与经营权分离，自主经营、自负盈亏、依法纳税。”其后又下发《关于认真做好广播电视制播分离改革的意见》作出具体部署。2016 年 7 月新闻出版广电总局发布《关于进一步加强社会类、娱乐类新闻节目管理的通知》，规定社会类新闻不得纳入制播分离，社会制作机构不得制作社会类新闻。

实施制播分离改革的重点是中央、省级、副省级电台电视台，它们所属的经营性节目制作单位和部门要积极推行转企改制。转企后可以吸纳社会资本，条件成熟的经批准可以上市融资，但电台、电视台必须确保控股权、决策权、资产配置权和领导干部任免权。

2009 年 10 月，经广电总局批准，上海广电系统在全国率先整体实施广播电视制播分离。原上海文广新闻传媒集团（事业单位）更名为上海广播电视台，并出资组建上海东方传媒（集团）有限公司。上海广播电视台是事业单位，由中共上海市委宣传部领导，上海市文广影视局行政管理，实行党委领导下的台长负责制，保留新闻采编播业务、节目编审业务、播出管理业务和频道频率播出许可资质。上海广

① 参见广东九州阳光传媒股份有限公司发行股份购买资产之重大资产重组暨关联交易报告书，2010 年 12 月 1 日。广东广州日报传媒股份有限公司 2017 年年度报告，2018 年 4 月。

② 参见广东广州日报传媒股份有限公司 2020 年年度报告，2021 年 3 月。

播电视台作为出资人，将原文广集团中政策许可的部分节目制作和广告及其他经营业务剥离转企，建立台属、台控、台管的控股企业集团上海东方传媒（集团）有限公司，其制作和经营业务一部分放在集团公司本部，一部分分拆为面向市场的若干家独立子公司。①

2014年3月，上海广电系统在保持上海广播电视台事业体制不变的基础上，撤销建立于2001年的原上海文化广播影视集团的事业单位，改制转企，并与上海东方传媒（集团）有限公司整合成立国有独资的上海文化广播影视集团有限公司（英文名 Shanghai Media Group，SMG）。SMG旗下拥有东方卫视、第一财经等12个电视频道、12套广播频率、15个全国数字付费电视频道，拥有各级控股企业194家，包括前述东方明珠新媒体有限公司，总资产650亿元。其业务涵盖媒体运营、内容生产、网络传输、互联网新媒体、现场演艺、文化旅游、购物和版权经营及地产、文化金融与投资、视频购物等领域，形成了完整的文化产业生态。②

至2012年10月，大部分省（区、市）、地级市和全部县级电台电视台，已实行制播分离、两台合并。③

（6）出台有关资产、税收、分配、职工待遇等各项政策。

文化体制改革涉及诸多文化单位的发展和所属职工的切身利益，国务院办公厅和财政部、税务总局等主管部门多次出台各项政策。国办在2008年、2014年和2018年就三次下发《文化体制改革中经营性文化事业单位转制为企业的规定》和《进一步支持文化企业发展的规定》。

这两个文件主要涉及对转制文化企业的财政税收、投资融资、资产管理、土地处置、收入分配、社会保障、人员安置等多方面支持政策，包括：一是规定和延续给予转制企业的财政支持、税收减免、社保接续、人员分流安置等多方面优惠政策，特别是规定了免征企业所得税、房产税，党报党刊所建文化企业免征增值税。二是要求建立党委和政府监管国有文化资产的管理机构，强调国有文化企业要健全协调运转、有效制衡的公司法人治理结构。三是明确资产和土地政策，鼓励利用划拨存量土地兴办文化产业。以及支持企业建立补充养老保险、补充医疗保险等。

2018年的文件除了继续延续原有优惠政策，如将已完成转制的企业免征企业所得税、房产税自2019年起再延续5年等以外，特别强调：在公司制股份制改革方面，要构建有文化特色的现代企业制度，坚持正确导向和经营方向，坚持国有资本主导地位，积极稳妥推进混合所有制改革。公司党委（党组）领导班子成员依法定程序，以双向进入、交叉任职的方式进入各管理机构。内容生产公司设立总编辑或艺术总监等岗位。在资产管理方面，要完善党委和政府监管有机结合、宣传部门有效主导的管理模式，实现管人管事管资产管导向相统一，探索建立国有资产保值增值考核与社会效益考核相结合的评价体系，建立健全文化企业国有资本经营预算制度。在收入分配方面，完善工资与效益

---

① 参见《解放日报》（上海）2009年10月22日。

② 参见《中国新闻出版报》2014年4月2日；并参照SMG官网核对修正，访问时间2021年9月11日。

③ 参见新华网，2012年10月25日。

联动机制，职工工资收入与其工作业绩和实际贡献挂钩，合理拉开工资分配差距。负责人收入分配应与社会效益和经济效益综合评价考核结果挂钩。另外，还就转制企业的党建工作作了专门规定。

（7）坚持社会主义先进文化方向。

随着文化体制改革不断深化，大批传媒企业出现；而传媒产业和文化产业不同于通常的其他产业。“中办”、“国办”2015年下发《关于推动国有文化企业把社会效益放在首位、实现社会效益和经济效益相统一的指导意见》等文件，再次强调国有文化企业特别是传媒企业要坚持社会主义方向。引起关注的重要提法有：

——重申自从传媒开展企业化运作以来一贯强调的把社会效益放在首位、实现社会效益和经济效益相统一的原则。同时指出社会效益和经济效益、社会价值和市场价值是会发生矛盾的，经济效益必须服从社会效益，市场价值必须服从社会价值，坚决反对唯票房、唯收视率、唯发行量、唯点击率。

——提出区别于一般工商企业的“有文化特色的现代企业制度”概念。具体说，在指导思想上要以社会主义核心价值观引领文化建设；在经营理念上要强化文化企业意识形态属性；在治理结构上要加强文化企业党组织建设，健全党委领导和法人治理相结合的管理体制；在绩效考核上要突出社会效益、实行差异化考核。

——坚持出版权、播出权特许经营的底线。在重申转企的出版社和非时政类报刊实行国有或国有控股，对未转企的新闻媒体中“可经营部分”剥离转企而坚持国有控股，探索制作和出版、制作和播出分开等做法的同时，强调出版权、播出权特许，不得旁落，坚守内容把关，保证正确导向。

——在传媒领域探索实行特殊管理股制度。对按规定转制的重要国有传媒企业探索实行特殊管理股制度最初见于中共中央《关于全面深化改革若干重大问题的决定》，后来屡见于一些文化体制改革文件和网络部门规章①。特殊管理股是通过特殊股权结构设计，使特殊管理股股东始终保有最大决策权和控制权。传媒领域进行此项试点，旨在最大限度利用业外和社会资本的同时确保掌控传媒，维护文化安全、信息安全。

第三节 传统媒体与新兴媒体融合发展

几乎与传统媒体体制改革同步，互联网信息产业迅速崛起。中央不失时机提出“媒体融合”。

“媒体融合”作为政策概念，最初见于中共中央《关于全面深化改革若干重大问题的决定》（2013）：“整合新闻媒体资源，推动传统媒体和新兴媒体融合发展。”2014年8月中央全面深化改革领导小组第四次会议审议通过《关于推动传统媒体和新兴媒体融合发

---

① 如《互联网新闻信息服务管理规定》第六条：“符合条件的互联网新闻信息服务提供者实行特殊管理股制度，具体实施办法由国家互联网信息办公室另行制定。”

展的指导意见》，新闻出版、广播电视、互联网等部门和领域相继就“媒体融合”作出部署[①]，这一年业界称为“媒体融合”元年。

时隔六年，2020年6月中央全面深化改革委员会第十四次会议又一次审议通过《关于加快推进媒体深度融合发展的指导意见》。9月中办、国办印发《关于加快推进媒体深度融合发展的意见》，有关部门当即作出新的部署。[②]

人们注意到中央文件的提法：从“推动”“媒体融合”到“加快推进媒体深度融合”，从提出“适应媒体格局深刻变化、提升主流媒体传播力、公信力、影响力”[③]，进为“推动主力军全面挺进主战场”，“建立以内容建设为根本、先进技术为支撑、创新管理为保障的全媒体传播体系”[④]，表明了近年来变挑战为机遇，在新闻信息产业转轨方面实现跨越，从而挺进下一阶段的战略目标。

本世纪第二个10年对于我国新闻产业具有转折意味。2011年，互联网出现“移动端突进”的“标志性增长”：网民数量突破5亿，普及率达到37.7%；手机用户超过9亿，智能手机、平板电脑等终端大量普及，移动互联网用户也突破3亿。[⑤] 其造成的一个重要后果就是“原有单一、线性的传播形态彻底被颠覆”[⑥]，而这正是传统媒体传播的常规形态。伴随的效应，就是网络新闻服务用户大批增长，非但其总量超越了传统媒体的新闻受众，而且原先传统媒体的受众也纷纷转变为网络新闻服务的用户。在2012年前数年，据认为由于网民文化水准等原因，网络新闻的使用率曾经呈现连年下降。而自2012年6月至2013年6月，网络新闻使用率出现了年增17.5%的跃升。其后数年间，网民总数和网络新闻服务用户数一直保持了较高的增长，网络新闻使用率维持在80%以上的水平，也就是当时在7亿以上的网民中，有6亿多人成为网络新闻服务的用户。[⑦] 新兴媒体发展之快、覆盖之广，超乎想象，对传统媒体造成很大冲击。[⑧]

中国传统新闻媒体涉足新媒体先于商业公司。最先上网开设电子版的是1993年底《杭州日报》下午版。人民网、新华网先后在1997年开张，与新浪、搜狐大致同时问世。[⑨] 但当时的传统媒体连同它们创办的新媒体都不是经营实体；本世纪第一个10年，

---

① 如2015年3月国家新闻出版广电总局和财政部印发《关于推动传统出版和新兴出版融合发展的指导意见》，2016年7月国家新闻出版广电总局印发《关于进一步加快广播电视媒体与新兴媒体融合发展的意见》等。

② 如广电总局2020年11月印发《关于加快推进广播电视媒体深度融合发展的意见》，2021年3月印发《关于组织制定广播电视媒体深度融合发展三年行动计划的通知》；国家新闻出版总署2021年5月印发关于组织实施出版融合发展工程的通知等。

③ 《关于推动传统媒体和新兴媒体融合发展的指导意见》。

④ 《关于加快推进媒体深度融合发展的意见》。

⑤ 参见闵大洪：《中国网络媒体20年》，北京，电子工业出版社，2016，第253页。

⑥ CNNIC：《中国互联网新闻市场研究报告》，2017年1月。参见本书导论有关内容。

⑦ 以上分析和数字，分别参见CNNIC：第29次、第32次、第37次、第39次《中国互联网发展状况统计报告》，2012年1月、2013年7月、2016年1月、2017年1月。其后随着互联网用户继续增长，新闻用户占比有所下降。据CNNIC第48次《中国互联网发展状况统计报告》，我国网民新闻用户7.6亿，占比75.2%。而手机用户10.07亿，与网民总数10.11亿相差无几，占比99.6%；比文字内容更易使用、更受欢迎的网络视频（含短视频）用户9.44亿，占比93.4%。可见音视频勃兴再一次极大影响了内容消费的走势。2021年8月。

⑧ 参见刘奇葆：《加快推动传统媒体和新兴媒体融合发展》，《人民日报》2014年4月23日。刘奇葆时任中央宣传部部长。

⑨ 参见彭兰：《中国网络媒体的第一个十年》，北京，清华大学出版社，2005，第23、43、40页。

传统新闻媒体致力于改制，而商业新媒体放手大干，差距明显拉开。据工信部下属一家研究中心对2017年网络媒体公信力的调查报告披露："在体制内媒体中，人民网和人民日报客户端在用户信任度、社会责任感、影响力、媒体满意度方面均位居榜首"，但是"在覆盖率与影响力的维度上，商业类媒体比体制内媒体表现更好。其中……腾讯网与腾讯新闻客户端，成为网民访问量最大、用户选择度最高的商业类网络媒体平台。"报告显示，最有影响力的10家新闻客户端中，非国有的商业类网络媒体平台占了7家[①]；报告还引用当年另一件调查数据显示：用户覆盖率前列的10家新闻客户端都属于商业类网络媒体平台。[②] 另据CNNIC《2016年中国互联网新闻市场统计报告》，移动端市场中腾讯新闻和今日头条列于前两位。

"今日头条"系在移动终端大规模普及的2012年由北京字节跳动科技有限公司开发的客户端。它以"只当新闻搬运工"为口号，运用大数据以算法技术向用户"精准化"、"个性化"推送新闻，将"人找信息"变为"信息找人"。2016年10月激活用户6亿，活跃用户1.4亿。2016年又进入短视频领域。但是先是与新闻内容生产方发生多次版权纠纷，继而又因内容低俗、虚假广告等违规行为屡遭行政处罚，并被责令关闭某些不良APP如"内涵段子"。其以算法推送新闻的做法是否存在导向问题以及会不会产生"信息茧房效应"也有很大争议。但其用户覆盖率长期位列各家新闻客户端前茅。[③]

"媒体融合"正是在这个背景下提出并实施的。主管方面认为：媒体融合发展是传媒领域一场重大而深刻的变革。继2014年中央深改指导小组"指导意见"之后，2017年初，中办、国办下发《关于促进移动互联网健康有序发展的意见》，要求大力推动传统媒体与移动新媒体深度融合发展，加快布局移动互联网阵地建设。历经数年，已经收到明显成效。一类资质新闻信息服务项大幅增加而重点下沉到市、县两级（见第八章第三节）。据人民网研究院《2020年媒体融合传播指数总报告》统计测算：全国报纸、电视、广播通过建立融合传播矩阵，主流价值影响力版图不断扩大，2020年出现覆盖用户总数增长123%的飞跃，实现了自有平台和第三方平台共同发展，广播、电视自有平台用户总数都已超出第三方平台。[④] 据国家信息中心《2020中国网络媒体发展报告》宣示：整体上，我国网络媒体呈现出生气蓬勃、竞相发力的局面。其中，中央媒体发挥排头兵的带头示范作用，而商业媒体各自进入不同赛道，结合自身特质发力，推动行业高质量发展。此"报告"选取20家网络媒体，其中国有媒体和商业媒体各10家，设定30个指标，综合运用大数据分析、问卷调查、案例研究等分析方法，选出2020年网络媒体综合

---

① 参见工业和信息化部电子科学技术情报研究所网络舆情研究中心：《2017年中国网络媒体公信力调查报告》，2018年2月26日。此报告所显示最有影响力的10家新闻客户端依次为：人民日报、腾讯新闻、澎湃新闻、凤凰新闻、新浪新闻、网易新闻、搜狐新闻、界面、今日头条、天天快报。其中澎湃和界面都隶属于上海报业集团。

② 报告显示用户覆盖率前列的10家客户端依次为：腾讯新闻、今日头条、网易新闻、天天快报、新浪新闻、搜狐新闻、凤凰新闻、一点资讯、ZEKER新闻、趣头条。报告注明数据来源：艾瑞指数。

③ 参见王茜：《打开算法分发的黑箱》，《新闻记者》（上海）2017年第9期；阎瑾：《"今日头条"的内容生产与分发》，《新媒体研究》（北京）2018年第7期。

④ 参见人民网研究院：《2020年媒体融合传播指数总报告》，人民网，2021年4月27日。

发展Top10。国有媒体占6家，商业媒体占4家，人民网、新华网、腾讯网位列前三名[①]。“报告”还显示，当前短视频与直播成为内容端突起的“黑马”，视频化创新了媒体传播形态，而短视频的Top5全部为国有媒体所囊获[②]，体现了国有媒体在应用新传播技术方面已占先机。[③] 近年来，主流媒体聚焦决胜全面建成小康社会、决战脱贫攻坚、抗击新冠肺炎疫情等重大决策部署，精心组织系列重大主题宣传，营造了爱党爱国爱社会主义的浓厚氛围，主流思想舆论持续巩固壮大。[④]

媒体融合推动传统媒体及新闻从业人员迅速实现改进和创新。2019年《中国新闻工作者职业道德准则》设立“坚持改进创新”专条，提出遵循新闻传播规律和新兴媒体发展规律，创新理念、内容、体裁、形式、方法、手段、业态等，做到体现时代性、把握规律性、富于创造性。并列出若干子项。

综上所述，媒体融合是将“党管媒体”基本原则延伸到网络空间，实现党领导下的主流媒体占领网络舆论阵地的战略部署。媒体融合不是简单将互联网或者移动网络与报纸、广播、电视等传统媒体放置在一起，也不是“一条文字新闻＋一段视频＋一段音频＋一些图片”的叠加新闻，而是基于健全党对互联网的领导和管理体制，高度重视传播手段建设和创新，用互联网思维重新架构新闻生产和传播，以提高新闻舆论传播力、引导力、影响力、公信力。现举其要：

（1）向互联网主阵地聚集，实施移动优先战略，占领新兴传播阵地。

面对网络传播成为新闻信息传播主要场域的现实，移动媒体进入加速发展的新阶段，媒体必须顺应移动化大趋势，强化移动优先意识，实施移动优先战略。《关于促进移动互联网健康有序发展的意见》要求“加大中央和地方主要新闻单位、重点新闻网站等主流媒体移动端建设推广力度，积极扶持各类正能量账号和应用”。2021年中办、国办《关于加强网络文明建设的意见》重申了这一意见。为此就要适当调整产业结构，优化资源组合。主流媒体集团大都采取种种措施，把战略重点放到发展新媒体特别是移动媒体上来。

> 上海是我国新闻业重要基地，在新世纪第二个10年作出重大结构调整。2013年10月，经中共上海市委批准，原有解放报业集团和文汇新民报业集团整合重组为上海报业集团。当时拥有报刊32种。经过整合，陆续对部分报刊实行休刊，至今尚有报刊约20种。《解放日报》、《文汇报》、《新民晚报》在坚持原有定位和特色的基础上转战互联网主阵地。同时打造“澎湃新闻”和“界面”两大“现象级”新媒体，在2014年上线，现已跻身全国最有影响力的新闻客户端。2020年5月，集团与东方网[⑤]联合重组。截至2020年底，上报集团拥有网站、客户端、微博、微信公众号、手机报等多种新媒体形态共计269个端口，覆盖用户4.96亿。集团所属东方网拥有网站、“两微一端”等44个端口，覆盖用户2.28亿，入驻第三方平台账号43个。

---

① 以下名次为：央视网、澎湃、凤凰网、光明网、环球网、今日头条、新浪网。

② 光明网、新华网、澎湃、人民网、央视网。

③ 参见国家信息中心：《2020年中国网络媒体发展报告》，人民网舆情数据中心，2021年4月24日。

④ 参见《中共中央举行新闻发布会解读党的十九届六中全会精神》，新华网，2021年11月12日。

⑤ 东方网是在中共上海市委宣传部倡导下，由全市主要新闻单位集资创办的全国重点新闻网站，2000年上线，拥有120多个频道，3个语种版本，连续8次列于中国互联网企业100强。

主要新闻客户端下载量连年上升，2020 全年累计达 3.19 亿次，各媒体在商业平台和央媒平台开设头条号、抖音号、人民号、学习强国号、企鹅号、百家号等 174 个，入驻的第三方平台超过 30 家，年发稿总量超过 2 000 万篇。还在 20 个场景中进行业务布局，逐步形成智能媒体矩阵。这家原先以报刊为主的传统报业集团转变为新媒体占据半壁江山、新媒体稳定覆盖用户超越 5 亿的新型全媒体集团。

本世纪第二个 10 年初，上报集团报刊业务收入连年断崖式下滑，而新媒体业务收入则连年翻番。2017 年，集团媒体业务总收入出现自集团组建以来的首次触底反弹，同比增长 4.89%；新媒体业务收入同比增幅 93.4%，收入的增量首次超过报刊业务的收入跌幅。2019 年，集团媒体业务总收入已经超过整合之前原解放、文新两家报业集团 2010 年的最高水平。核心主业已经不是传统的报刊经营收入，新媒体收入唱起了主角；媒体主业收入中已经不完全是传统的广告收入，新媒体创新服务收入成为后起之秀，2019 年达到 58.39%。2020 年由于疫情等因素增幅有所下降，但仍维持了增长的走势。2021 年，新媒体收入占集团媒体主业收入预算总额比重计划达到 67.24%。①

各地新闻媒体自世纪初相继建立网站以后，纷纷推出独立的新闻移动端运营实体以及进驻各家平台。至 2016 年全国媒体“两微一端”矩阵架构搭建基本完成，90%以上的新闻媒体都建立了专门的“两微一端”运营队伍。② 如《新京报》的“新京报”、南方报业集团的“并读”、重庆日报报业集团的“上游新闻”、四川日报报业集团的“封面新闻”、长江日报报业集团的“九派新闻”、《新华日报》的“交汇点”等，都在网络空间具有影响。这些客户端由专业新闻媒体创建，本身就具有“一类资质”，可以发布原创时政新闻内容，同时吸纳“业外资本”，探索市场化、公司化的运营机制。③

传统媒体实体相应作出调整。每年年终都有若干报纸宣布停刊或休刊的消息。④ 广电总局屡次提出精简精办频道频率⑤，2020 年印发《关于加快推进广播电视媒体深度融合发展的意见》，要求精办频率频道、优化节目栏目、整合平台账号，对定位不准、影响力小、用户数少的坚决关停并转。打通各个领域、统筹各种资源、形成建设新型主流媒体的整体合力。近年来，若干广播电视台相继关闭了一些频道、频率。

（2）以先进技术引领驱动融合发展，不断加强新技术前瞻性研究和应用。

互联网兴起以来新闻信息传播生态发生的深刻变革，完全是传播技术发展的结果。

---

① 参见裘新：《在融合发展中巩固拓展主流舆论阵地》，《新闻记者》（上海）2017 年第 11 期；裘新：《2020 要以“出圈”来破壁破梗破际破障》，《传媒评论》（公众号）2020 年 2 月 29 日；裘新：《冲出“跑者蓝调”的烟霭》，《新闻战线》（公众号）2021 年 2 月 26 日。裘新时任上海报业集团党委书记、社长。

② 参见中国社会科学网：《新媒体蓝皮书：中国新媒体发展报告 No.7（2016）》，2016 年 6 月 24 日，http://ex.cssn.cn/dybg/dyba_wh/201606/t20160624_3083738.shtml。

③ 参见刘颂杰、张晨露：《从“技术跟随者”到“媒体创新者”的尝试》，《新闻记者》2016 年第 2 期。

④ 参见《新闻记者》公众账号：“告别 2017，多家报纸宣布停刊”，2017 年 12 月 29 日；“盘点：报纸集中停刊”，2018 年 12 月 29 日；“盘点：多家报纸告别读者”，2019 年 12 月 31 日；“传媒改革”，重要段落也是报纸休刊，2020 年 12 月 31 日。

⑤ 国家广电总局：《2018 年新闻出版广播影视工作要点》。国家广电总局官网：《推动频道精简精办，坚决打击收视率造假》，2019 年 11 月 17 日。

谁最先掌握了最新的传播技术，谁就获得了传播的主动权。人民网组织专家经过研究提出“内容科技”（Content Technology，缩写为 ConTech）概念，发布了《2019，内容科技（ConTech）元年》白皮书①。报告列举从微博、微信、客户端到短视频等网络媒体不断迭代更新，移动应用、社交媒体、问答社区、网络直播等新应用新业态不断涌现，云计算、大数据、物联网、区块链等改变了传统的内容生产方式，从而指出，媒体发展的驱动力已从以内容为主转变为以内容和技术双轮驱动，技术和内容结合越发紧密，技术在媒体发展中的作用变得空前重要。科技作为生产力，与内容深度融合，正在推动内容生产关系变革。内容科技在为社会提供大规模个性化信息服务的同时，正成为传播社会主流意识形态、凝聚社会共识、推动进步发展的支撑力量。白皮书将内容科技定义为“以人工智能技术为核心的新的技术体系”，表现出以人工智能驱动内容生产、消费全链条，以数字化生产、网络化传播为主要应用场景，以主流价值和意识形态引导和社会共识达成为重要指向的特征。白皮书对内容科技发展的愿景从数据采集、知识图谱、智能生产、智能审核、科技支撑、科技向善六个方面做出了展望。

这份白皮书作为学人的集体研究成果，其论证固然有待继续实践，而对传播科技发展历程和现状作出的概括，并提供了 14 个案例，其中大多数是中国的，人工智能应用如新浪②，大数据运用如今日头条（见前），云计算运用如阿里云③，5G 应用如庆祝中华人民共和国成立 70 周年庆典直播④，等等，反映了我国网络媒体在运用先进科技推进媒体融合方面的成就。

新兴科技已在新闻传播中得到广泛应用，直播和视频成为新闻传播的新热态。2020 年初新冠肺炎疫情蔓延，武汉封城前两天，2020 年 1 月 20 日央视《新闻 1+1》栏目白岩松与钟南山院士连线现场直播，向全国敲响了抗疫警钟。武汉抗疫期间建设火神山、雷神山全过程，“央视频”多机位网络直播，累计在线观看人数 1.7 亿，创造了 5 700 万人同时在线观看的记录。而视觉化呈现早已不是广电媒体的专项，从人民日报社、新华

---

① 人民网：《2019，内容科技（ConTech）元年》白皮书，2021 年 3 月 27 日，http：//media. people. com. cn/n1/2020/0327/c14677-31650480. html，可以链接报告全文及视频版、PPT 版。

② 2016 年新浪率先对新浪新闻、微博等进行智能聚合，强化基于用户兴趣、动态化场景、网状知识图谱和社交关系的机器学习和产品创新能力。2019 年新浪完成门户向智能媒体平台的转型，将大数据、人工智能等新技术应用于新浪新闻 APP、手机新浪网等，实现了“采编审播”全流程的智能化。截至 2019 年 11 月，新浪新闻月度生态流量达 4.4 亿。除白皮书外，参照新浪首席信息官王巍在第五届 C+移动媒体大会上讲话，2020 年 10 月 28 日，htps：//www. sohu. com/a/427866422 _ 104421。

③ 阿里巴巴旗下的阿里云，创立于 2009 年，现为中国最大云计算平台，在全球也居领先地位。阿里云部署了 2 000 多个飞天数据中心，可以将全球百万级服务器连成一台超级计算机，将云计算必需的基础设施、平台、软件这三个方向整合起来，以在线公共服务的方式为社会提供计算能力。用户借此大大减少硬件服务器的采购，而高度提升运算能力和存储能力。40%中国 500 强企业、近一半上市公司都使用阿里云，另有 200 多个国家和地区的企业和机构接受服务。2018 年阿里云营收规模达 213.6 亿元。号称累计防护全国网站 40%，每天成功抵御攻击 50 亿次，防御全国 50%的大流量 DDoS 攻击。参照白皮书及阿里云官网：https：//www. aliyun. com/? utm _ content = se _ 1009145079。

④ 此次盛大节日，央视新闻、人民网、新华网等与中移动、中联通、中电信、华为等联合，共同对庆典及阅兵式进行了 5G+4K 超高清视频直播，随着庆典的行进，在电视机前的观众就仿佛置身于表演队伍中，体验到前所未有的代入感。还在首都 12 个点位设置了 VR 机位，用户可以通过头戴式显示设备观看实时传送的庆典的 360 度全景。充分显示了多视角、低时延、高流量密度的特点，开拓了直播内容的新形态。参照白皮书，庆典视频回放：http：//news. cctv. com/special/qzzhrmghgcl70zn/index. shtml。

社到湖北传媒、南方报业、财新、澎湃、趣头条等多种媒体，也无不运用直播、视频、短视频，突破疫情造成的空间阻隔，在第一时间把抗疫工作的进展，“白衣战士”的事迹，特别是政府有关方略、举措、指示，同步传向全国各个角落，同时接受千万用户的反馈和互动，对夺取抗疫斗争的胜利起到有力的推动作用。①

> 作为全国主流媒体的领头人，人民日报社不久前在百度公司技术支持下推出“创作大脑”。据介绍，这是集策（划）、采、编、审、（分）发等全流程于一体的全媒体平台，能够为媒体机构提供全媒体生态智能解决方案，具备直播智能拆条、在线视频快编、可视化大数据、实时新闻监测等18项功能。数天的工作量仅需数秒即可完成。这个平台是开放式的，登录它的主页还可以见到，它正在延揽拥有丰富媒体经验的战略伙伴、共享营销渠道的资源伙伴、聚焦自主研发的技术伙伴和拥有大量素材的内容伙伴。对此平台目前所知不多，期待它将成为深度融合的全媒体典范。②

（3）新闻媒体和非国有网络商户合作互动。

我国新闻媒体在公众中一向享有高度的公信力、影响力，在网络传播中又拥有采编时政类新闻等主要内容的特许权。而非国有资本设立的商业网站在新闻行业转轨期间得以捷足先登，以微信、微博、各种客户端为标配，形成社交平台、手机浏览器和新闻客户端三大分发管道，网络社会热点事件先在社交平台产生和发酵，经过用户互动产生传播影响力后带动新闻网站、传统媒体跟进报道，最终形成更大范围的舆论浪潮，成为新闻传播的常态。后者在经营管理、科技应用、团队建设以及资本运作等方面也具有不可忽略的优势。所以双方的合作互动是两利的选择、必然的趋势。这有利于广泛凝聚新闻网站和商业平台的传播合力，把社会主义核心价值观传播到广大网民中，传导到社会各方面。③

双方合作具有长久历史和多种形态。新闻网站作为内容生产主体将采编发布的新闻提供给商业网站转载即分发，是早已形成制度的合作方式。这种合作又从依照规定签订转载协议发展到新闻网站与商业网站合资建立新的网站，如腾讯公司从2006至2013年陆续建立了大渝网、大秦网、大楚网、大粤网等12家网站，其中8家属于同新闻传媒集团合作建立，腾讯方面分享时政类新闻内容，新闻媒体分享腾讯拥有的分发管道，是双赢的。进入移动端时期，众多新闻媒体入驻“两微一端”和新兴的抖音、快手等音视频平台，已成惯例。

新闻媒体与网络商合作进入技术层面。鉴于主流新闻媒体在公信力和影响力诸方面的明显优势，巨型互联网公司即使在资金、技术、数据、用户等层面拥有极大的体量，仍然要同主流媒体寻求合作。而新闻媒体通过合资合作，既能够获得推进融合所需要的巨额资金，又可以利用并进一步开发后者的先进科技手段。此类合作方兴未艾，除上述

---

① 参见张志安、姚尧：《重大公共事件报道与传播视觉化探索》，《新闻界》（成都）2021年第1期。

② 参见人民网：《人民日报“创作大脑”亮相助力智能编辑部建设》，2020年12月25日。“创作大脑”官网：https：//ai. pdnews. cn/。

③ 参见中办、国办《关于加强网络文明建设的意见》，2021年9月。

人民日报社与百度合作建立“创作大脑”，近期如北京广播电视局与京东签订合作协议，京东在三年内投入百亿元规模资源打造直播生态产业圈，而前者则全面支持京东推进“视听云平台”建设①，字节跳动公司（今日头条）连续与广东、云南、浙江、山东、山西、黑龙江、青海等广电媒体签约建立“新媒体孵化园”② 等，以下是协作较早而有成果的一例：

2017年4月，新华网公司及新华社一家全资子公司和另一家下属事业单位，与杭州阿里创业投资公司及另一家企业，共同设立新华智云科技公司。总资本4.9亿元，新华网出资2亿元，股权40.8%；阿里出资1.7亿元，股权34%。合资公司将为新华网及媒体未来发展研发涉及存储、生产、分发、计算等全产业链的专有技术，打造移动化、社交化、智能化的技术平台，促进新媒体融合与转型升级。③ 2018年冬，新华智云研发了中国第一个媒体人工智能平台“媒体大脑”，并推出“MAGIC短视频智能生产平台”。至2020年终，新华智云已申请专利超过140项。④

有的主流新闻媒体或国企直接投资商业网站，被认为具有探索“特殊管理股”的意味。据有关工商信息，2018年澎湃向趣头条投资，占股2.1%；2020年北京“网投通达”公司向微梦创科网络公司（新浪微博）投资，占股1%；已有报道提及另有多家商业平台均有接受此类性质参股，因无正式凭据，暂不提及。以下是已公布正式文书的一例：

2017年，人民网公司与铁血科技公司签订战略合作协议。后者是一家合伙企业，主要经营军事文化网站“铁血网”，已有15年。人民网认购铁血科技总股本1.5%，将向后者推荐一名董事。铁血科技设立总编辑和编辑委员会，主要股东及人民网董事均有权推荐编委会成员候选人，但人民网董事提出的候选人应保证顺利通过。人民网负责铁血科技内容审核，后者支付相应的审核费用。⑤

（4）新闻信息产业和电商产业综合发展，跨界融合成为常态。

互联网从媒体发展为社会生活基础设施，“互联网+”涵盖各行各业，特别是“互联网+政务服务、商务”方兴未艾。

从互联网运营商经营角度说，从事新闻信息服务和其他各种服务并不存在什么不可逾越的界限。在新闻信息服务市场覆盖率和影响力居于前列地位的腾讯公司，原初是以经营游戏起家的，近年来游戏收入比重虽有下降，仍然是盈利大头。据其向港交所公布2020年财报：全年营收4 920.64亿元人民币；主要板块占比：网络游戏32%，金融科技及企业服务27%，社交网络23%，网络广告17%，其他业务收入1%；其中金融服务2019年以来作为单列板块，两年8个季度财报显示持续上升。其他业务收入包括云服

① 参见《北京市广播电视局与京东集团战略合作百亿资源打造电商直播生态》，光明网，2020年9月9日。
② 参见《北京字节跳动首次与西北地区广电合作成立新媒体孵化园》，中新网，2021年2月1日。
③ 参见新华网股份有限公司对外投资参股设立合资公司暨关联交易的公告，2017年4月12日。
④ 参见新华智云官网，https：//www.xinhuazhiyun.com/。
⑤ 参见人民网股份有限公司关于与北京铁血科技股份公司签订战略框架协议的公告，2017年8月22日。

务、投资电商、汽车服务、零售、软件等多家公司。①

主流媒介企业方面，如前面提到上海文广集团公司（SMG），其经营范围即从媒体运营、内容生产延伸到地产、文化金融与投资、视频购物等领域。广州日报社主要持股的粤传媒公司，近年在面临平面媒体广告、报刊印刷发行传统业务下滑之际，提出转型升级，将传统媒体业务分为主打老年健康少儿教育产业、新媒体产业、体育科技服务产业和时尚服务产业四个方向，并考虑以“新闻＋政务服务”为抓手，为客户提供创意策划、影视服务、展览展陈、活动执行、融媒体整合营销传播全案服务。②

我国新闻业产业化过程正是得益于多种经营。先前实行的组建集团、转企、利用社会资本、制播分离等等改革，则为媒体融合提供了良好的基础。10亿网民构建我国数字社会蓬勃生态，2020年我国数字经济总量位居世界第二。③ 纵观传媒经济特点及当前趋势，发展数字经济成为传媒产业的首选。

2011年浙江日报报业集团全资公司浙报传媒控股公司以买壳上市方式将集团经营性资产投资组建上市公司“浙报传媒”，以广告、实业投资、新媒体技术开发等为主营业务。2013年公司收购盛大公司旗下边锋、浩方两家游戏娱乐公司，致力于媒体融合发展战略，开展文化产业投资。此举当时在业界颇受关注，在传统报业滑坡中维持了两三年较好业绩。2017年，浙报集团权衡互联网产业形势，进行重大资产重组，将公司新闻传媒类资产共21家一级子公司股权出售给控股股东浙报控股，改名“浙数文化”。重组后的公司确定以“浙江及国内传媒数字经济的领跑者”为目标，2020年公司大数据板块核心项目富春云互联网数据中心基本建成。目前积极探索“互联网＋政务、商务服务”运营模式，全面参与作为数字大省浙江的党政机关整体智治综合应用、数字政府综合应用、数字社会综合应用等重点任务建设，同时整合技术力量全力支撑全省宣传文化系统数字化改革，并持续深化杭州、温州、台州等地市城市大脑的相关研发、运营、应用场景建设运营。2020年度公司总资产112亿元。④

（5）建设县级融媒体中心，完善中央、省、市媒体和县融媒体四级融合发展布局。

近年来，我国推进媒体融合的重点已经从省级以上媒体延伸到基层媒体。2018年9月，中宣部作出部署，在全国范围推进县级融媒体中心建设，要求2020年底基本实现在全国的全覆盖，2018年先行启动600个县级融媒体中心建设。⑤ 此举被称为打通媒体融合的“最后一公里”。⑥

我国目前共有县级行政区域2 800多个。2018年11月中央全面深化改革委员会第五

---

① 参见腾讯控股有限公司截至二零二零年十二月三十一日止全年业绩公布，2021年3月24日。

② 参见广东广州日报传媒股份有限公司2021年半年度报告，2021年8月。

③ 参见国家网信办：《数字中国发展报告（2020）》，2021年4月29日。

④ 参见浙报传媒集团股份有限公司2013年年度报告，2014年4月16日；浙报数字文化集团股份有限公司2017年年度报告，2018年4月；浙报数字文化集团股份有限公司2020年年度报告，2021年4月；浙报数字文化集团股份有限公司2021年半年度报告，2021年8月。

⑤ 参见《“县级融媒体中心”最新进展：今年启动600个，2020年基本全覆盖》，新华网，2018年9月16日。

⑥ 参见《县级融媒体中心建设打通媒体融合“最后一公里”》，人民网，2018年8月29日。

次会议审议通过《关于加强县级融媒体中心建设的意见》指出，组建县级融媒体中心，有利于整合县级媒体资源、巩固壮大主流思想舆论。要深化机构、人事、财政、薪酬等方面改革，调整优化媒体布局，推进融合发展，不断提高县级媒体传播力、引导力、影响力。要坚持管建同步、管建并举，坚持正确政治方向、舆论导向、价值取向，坚守社会责任，把社会效益放在首位。

2019年初，中宣部、国家广电总局发布《县级融媒体中心建设规范》，其下属部门发布“网络安全规范”、“运行维护规范”、“监测监管规范”等文件，确定县级融媒体中心是“整合县级广播电视、报刊[①]、新媒体等资源，开展媒体服务、党建服务、政务服务、公共服务、增值服务等业务的融合媒体平台”，拥有采集和汇聚、策划指挥、数据分析、内容生产、综合服务、内容审核和融合发布等功能，并就此作出具体部署和规划。广电总局并对县级融媒体中心提供业务和技术支撑的省级技术平台制定了规范要求。据悉，全国县级融媒体挂牌已经完成，目前正处于验收之中。许多省份陆续进行对县级融媒体中心开展互联网新闻信息服务许可的审批，贵州、上海、安徽等省市实现了县（区）级融媒体中心新闻信息服务全覆盖。[②]

县级融媒体建设既然有打通媒体融合“最后一公里”之说，中央、省、市媒体与之贯通至关重要。新华社“县级融媒体”专线、中央广播电视总台“全国县级融媒体智慧平台”、人民日报社“全国党媒信息公共平台”和“学习强国”平台“县级融媒体”专区陆续上线，形成多维度的中央级媒体服务支撑体系，从内容生产、技术维护、平台供应、传播分发等为全国县级融媒体提供全方位服务保障。各省市媒体也有类似的措施。[③]

县级融媒体也纷纷入驻各类新媒体平台，并且业已发挥着传播社会主义核心价值观、把握正确舆论导向等积极作用。在防控新冠肺炎疫情工作中，2020年初至7月，500多个区县融媒体抖音号共发布7 000余条有关“战疫”短视频，累计播放量900亿次。[④] 2021年10月，江苏江阴、浙江长兴等10家县级融媒体被列入互联网新闻信息稿源单位。[⑤]

现有政策文件只提“县级融媒体”，尚未提出省、市级不同媒体如何融合的问题，而有些省市已实行报刊与广电机构的合并。早在2016年，银川市就将银川日报、银川广播电视台等整合为银川市新闻传媒集团[⑥]；级别最高的是2018年天津市经中央批准，将天津日报社、天津广播电视台、今晚报社所属的频道频率、子报子刊、新媒体等所有资源整合建立天津海河传媒中心，作为直属天津市委的事业单位，以下设立各类机构、企业、公司[⑦]。采取这样“报刊＋广电”整合模式的还有大连、芜湖、珠海、张家口、汕头等地，这种整合都要精简载体（停办一些报刊和频道）、机构和人员，但其他做法各有不同，对于推进媒体融合的效果尚待检验和研究。

---

① 据新闻出版署《2019年全国新闻出版业基本情况》，全国县级报纸只有19种，所以大多数县级地区在媒体方面主要是广播电视与新媒体的整合。

② 参见国家网信办官网，http：//www.cac.gov.cn/2021-01/01/c_1611072217527323.htm。

③ 参见黄楚新：《全面转型与深度融合：2020年中国媒体融合发展》，《现代传播》（北京）2021年第8期。

④ 参见张志安、姚尧：《重大公共事件报道与传播视觉化探索》，《新闻界》（成都）2021年第1期。

⑤ 参见国家互联网信息办公室：《互联网新闻信息稿源单位名单》，2021年10月20日。

⑥ 参见银川市人民政府官网：《银川新闻传媒集团正式揭牌》，2016年12月27日。

⑦ 参见《天津海河传媒中心亮相》，澎湃新闻，2018年11月10日。

第四节 相关经营门类

本节所举是新闻单位同新闻传播业务直接相关的经营活动，如广告、发行以及影视节目制作等。这些经营活动，是新闻单位业务活动的重要组成部分或存在密切关系，对发展和壮大新闻传播主业提供有力的经济支持。随着文化体制改革的深入，有的已组成新闻单位内部或下属的企业、公司，更多的则建立了独立的企业、公司。它们除了按照国家商法、经济法的规范运作外，由于同新闻传播、同精神文明建设密切相关，还要遵守有关的专门法律、法规。

按照国务院《文化产业振兴规划》，广告、出版发行、影视制作，都属于重点文化产业，要加大扶持力度，完善产业政策体系，实现跨越式发展。

一、广告业

广告至今一直是新闻媒介以及互联网信息服务企业的重要收入来源。媒体不仅是为广告提供一个载体，而且由于它通过传播活动造就了一个相对固定的受众（用户）网络和拥有较高的权威性和影响力，可以获得远远超过其他广告媒体的传播效果，媒体的这种经营模式通常称为“两次销售”：即先把内容“销售”给用户，然后把“用户”网络“销售”给广告主。

我国广告业是改革开放以来发展最快的行业之一，自 1991 年至 2019 年近 30 年间，全国广告业营业额增长超过 200 倍。我国新闻业自 1979 年初恢复刊登和播放商业广告以来，广告经营发展极为迅速，每年传统的四大媒体（报纸、期刊、广播、电视）的广告营业额一直占整个广告业营业额的一半左右。本世纪以来互联网广告经营额逐年上升，而传统媒体比重则趋向下降。2016 年，互联网广告营业额超过四大传统媒体广告营业额之和。2019 年，互联网广告营业额达到 4 367 亿元，超过广告业全部营业额 8 674 亿元的半数。①

我国于 1994 年制定《广告法》，2015 年修订，2018 年、2021 年修正。《广告法》规定国务院和县级以上地方工商行政管理部门分别主管全国或本行政区域的广告监督管理工作，这就是国务院直属机构国家工商行政管理总局（简称工商总局）和地方各级政府所属的工商行政管理局。2018 年深化国家机构改革，国家工商行政管理总局与质检、食药监等部门整合，组建国家市场监督管理总局，地方各级机构也要作出相应的调整。

新闻媒介的广告经营活动受所在地工商行政部门监督管理，同时也要接受业务主管部门的管理。《广告法》规定广电报刊音像出版单位若有违法广告活动受到工商部门处

---

① 根据国家工商行政管理总局（后为国家市场监督管理总局）公布的统计数字，全国广告业营业额在 1991 年是 35.1 亿元人民币，2019 年达到 8 674.28 亿元人民币。2020 年没有正式公布。数据显示，2013 年以来，报业广告营业额连年下跌，电视业增幅递减，而互联网业则以每年 40%～50%递增。参见历年《现代广告》（北京）。

罚，应当通报新闻出版广电主管部门，后者应当对负有责任的主管人员和直接责任人员给予处分，直至停止媒体的广告发布业务。（第六十七条）

（一）广告活动主体

广告活动主体包括广告宣传者和广告传播者。

广告宣传者称为“广告主”，就是为推销商品或者提供服务，自行或者委托他人设计、制作、发布广告的自然人、法人或者其他组织。据此，自行设计、制作或自行发布，例如企业自印宣传册，自设宣传网站、官微等，其身份依然是广告主，而不是广告经营者、发布者。

《广告法》中广告传播者有三类：

一是广告经营者，是指受委托提供广告设计、制作、代理服务的自然人、法人或者其他组织。广告经营者的业务包括制作、设计广告和代理广告发布服务两个方面。广告公司是专门从事广告服务的企业法人，在广告经营者中居于主要地位。具有经营资格的非法人组织和自然人也可以成为进行广告设计、制作的广告经营者。

二是广告发布者，是指为广告主或者广告主委托的广告经营者发布广告的自然人、法人或者其他组织。广告发布者的业务就是发布广告。广告发布者多数是媒体单位，发布广告往往是媒体的兼营业务。自媒体也可以发布广告，所以自然人也可以成为广告发布者。

三是广告代言人，是指广告主以外的，在广告中以自己的名义或形象对商品、服务作推荐、证明的自然人、法人或者其他组织。广告代言不同于广告表演，代言人必须是可识别的，或者标明身份信息，或者由于有一定知名度看见肖像就可以知道是谁，代言人是以自己的社会公信力对商品、服务作出担保。如果广告中出现的人物没有标明身份、受众也难以识别其身份，那就只是广告表演。

2015年《广告法》取消了原《广告法》广告经营登记的规定。但广播电台、电视台、报刊出版单位从事广告发布业务，则需要具备专门机构、人员、场所、设备等条件，向县级以上的工商部门办理登记（第二十九条）。未办理登记擅自从事广告发布的，会受到工商部门处罚（第六十条）。工商总局专就电台电视台和报刊办理广告发布登记制定了《广告发布登记管理规定》（2016）。

按照报刊管理有关规定，从事广告业务的报刊必须是经国家新闻出版部门批准、编入国内刊号的报刊。“内部资料”等未编入国内统一刊号系列和专门系列的出版物，不得兼营广告。

按照广播电视管理有关规定，从事广告业务的电台、电视台必须是经国家广电部门批准设立的电台、电视台（教育电视台除外）。发射台、转播台等，不能兼营广告。

新闻单位的广告业务只能由专门从事广告业务的机构和广告企业办理，其他部门如各编辑部门、办事处、记者站等以及编辑记者一律不能从事广告业务。国家工商、新闻出版、广电等主管部门曾经多次就此发布规定，其主要内容有：新闻出版单位内部非广告经营部门，不得经营或代理广告业务；广播电台、电视台、报社、期刊社的非广告部门，不得直接向企业收取广告费，开展特约刊播、协办、祝贺等名义的广告活动；严禁新闻单位设立的记者站、办事处等机构承办广告业务，严禁新闻记者借采访名义招揽广告；记者站不得进行与新闻业务活动无关的其他活动，更不得利用其名义从事广告、赞助、开办经济实体或经营其他经营活动；电视转播台、教育电视台不得利用自有媒介发布广告的条件经营广告业务；等等。

（二）广告审查

广告审查，包括行政管理部门依法对特种广告的审查和广告经营者、发布者对所承揽和发布的广告进行查验、核对。

1. 行政管理部门的审查

《广告法》第四十六条规定："发布医疗、药品、医疗器械、农药、兽药和保健食品广告，以及法律、行政法规规定应当进行审查的其他广告，应当在发布前由有关部门对广告内容进行审查；未经审查，不得发布。"这些广告分别由国家或省级卫生行政部门、食品药品监督管理部门、农业行政部门负责审查。凡申请发布特殊广告的需填写广告审查表，审查内容主要包括企业的经营资质，相关证明产品合法性、广告内容真实性等文件。广告审查机关应当将审查批准文件抄送同级工商部门，并及时向社会公布批准的文件。

有关部门分别就药品、医疗器械、农药、兽药、食品、房地产、酒类等广告制定了规范性文件。

2. 广告经营者、发布者的查验和核对

《广告法》第三十四条要求广告经营者、广告发布者应当建立、健全广告业务的承接登记、审核、档案管理制度，并且"依据法律、行政法规查验有关证明文件，核对广告内容。对内容不符或者证明文件不全的广告，广告经营者不得提供设计、制作、代理服务，广告发布者不得发布"。

广告的查核不同于新闻的核实，主要方式是将广告的内容同证明文件进行印证，检验其是否相符。凡是法律、行政法规规定的证明文件，广告经营者、发布者都必须要求广告主提供，不得遗漏。广告经营者、发布者只负责查验证明文件的形式，也就是查验证明文件是不是真实的、合法的、有效的，至于证明文件内容是否正确，不负责查验，而由出证机关负责。

根据《广告法》和其他法律法规的规定，广告经营者、发布者应当查验的文件包括：广告主的主体资格证明，如营业执照以及其他生产、经营资格的证明文件；质量检验机构对广告中有关商品质量内容出具的证明文件；专利证书；商标注册证书；获奖证书或优质产品证书；等等。按《广告法》等规定应由行政主管部门先行审查的广告，须查验批准文件。在广告中使用他人名义、形象的，应当查验权利人或他的监护人的授权书。

对于法律规定广告中不得出现的内容、用语等（参见第五章第二节），广告经营者、发布者也有把关之责。

（三）广告代言人规范

《广告法》第三十八条对广告代言人订出规范。

一是对广告代言内容的规范：（1）“应当依据事实”。就是不能没有依据地进行夸大宣传，更不能代言虚假广告。（2）“符合本法和有关法律、行政法规规定”，如不得为医疗、药品、医疗器械、保健食品广告作推荐、证明以及《广告法》规定的其他各项情形。（3）“不得为其未使用过的商品或者未接受过的服务作推荐、证明”。代言人没有亲身体验，其代言就难免有夸大、虚假的成分。

二是对广告代言人的规范：（1）“不得利用不满十周岁的未成年人作为广告代言人”。这既是鉴于无行为能力人不具有对商品或服务作出负责任的判断和辨别的能力，也是为了保护他们的健康成长。（2）在虚假广告中代言而受到行政处罚未满三年的，不得作为广告代言人。广告代言的基础是代言人的公信力，有过不良记录的人理应在一定时间限制代言。此外，《广告法》第九条第二项规定不得使用或者变相使用国家机关、国家机关工作人员的名义或形象，当然不得担任广告代言人。

《广告法》第六十二条对代言人违法行为规定了罚则。

至于《广告法》规定在广告中使用他人的名义和形象的，应当事先取得其书面同意（第三十三条），其范围要宽于广告代言，包括了广告表演等其他情形。而广告代言人既然成为广告活动的主体之一，理应同广告主或广告经营者签订书面合同，明确双方的权利和责任。

（四）互联网广告规范

近年来，互联网成为广告的强势载体。《广告法》规定：“利用互联网从事广告活动，适用本法的各项规定。”（第四十四条）。工商总局制定《互联网广告管理暂行办法》（2016），说明互联网广告，指通过网站、网页、互联网应用程序等互联网媒介，以文字、图片、音频、视频或者其他形式，直接或者间接地推销商品或者服务的商业广告，包括含有链接的文字、图片或者视频等形式的广告，电子邮件广告，付费搜索广告，推销商品或者服务的商业性展示中的广告以及其他通过互联网媒介推销商品或者服务的商业广告。

《广告法》规定从事广告活动需要向工商部门进行登记的限于广电报刊出版单位，互联网不在此列。

现行《广告法》适用于网络广告的有如下特别规定：

一是规定未经当事人同意或请求，不得向其发送广告，包括电子信息广告（第四十三条）。这种电子广告有的发到电子邮箱里，有的则是以“个性化服务”之名在用户上网时直接弹出到页面上，对当事人造成很大困扰。《消费者权益保护法》就规定经营者未经消费者同意或者请求，或者消费者明确表示拒绝的，不得向其发送商业性信息（第二十九条）。全国人大常委会《关于加强网络信息保护的决定》也规定任何组织和个人未经电子信息接收者同意或者请求，或者后者明确表示拒绝的，不得向其固定电话、移动电话或者个人电子邮箱发送商业性电子信息（第七条）。而《广告法》还进一步规定电子信息广告“应当明示发送者的真实身份和联系方式，并提供拒绝继续接受的方式”。

二是根据网络传播互动性的特点，要求“利用互联网发布、发送广告，不得影响用户正常使用网络”（第四十四条）。最常见的影响就是广告遮盖了用户想要阅读的页面。

所以本条进一步规定“在互联网页面以弹出等形式发布的广告，应当显著标明关闭标志，确保一键关闭”。

三是对于用户利用网络空间发布违法广告，规定了网络服务提供者的责任。即“明知或应知”广告违法的，应当予以制止（第四十五条）。网络服务提供者虽然不是广告发布者，但是对于提供发布的空间仍然具有控制能力，发现违法广告，应该采取删除、屏蔽、断开链接等措施，制止其损害后果进一步扩大。这同行政法规要求网络服务者对“明显属于”违法的内容采取措施，《民法典》要求网络服务者对“知道或者应当知道”侵权内容采取措施在原则上是一致的。至于如何界定“明知或应知”，应该有细则规定。

《广告法》第六十三条、六十四条以及《互联网广告管理暂行办法》对网络服务商违反上述规定的行为规定了罚则。

（五）广告必须可识别，不得与新闻混淆

广告必须具有可识别性，是国际广告业公认的基本原则。《广告法》第十四条规定：“广告应当具有可识别性，能够使消费者辨明其为广告。大众传播媒介不得以新闻报道形式变相发布广告。通过大众传播媒介发布的广告应当显著标明‘广告’，与其他非广告信息相区别，不得使消费者产生误解。”

广告主发布商品和服务信息，目的是向社会介绍自己的商品、服务，寻求和拓展市场。知悉商品和服务的真实情况，是消费者的权利。但是，经营者所发布的商品和服务信息，首要目的是自身商业利益，并非消费者利益。两者利益既有重合，又有区别。消费者对于经营者提供的信息，必须了解其中含有商业利益成分，以便作出正确判断。

所以，广告和新闻性质不同：新闻的发布者是新闻媒介，广告的发布者是经营者或广告主；新闻的取舍处理取决于新闻事实本身固有的新闻价值，广告只要广告主付费即可发布（违反法律的除外）；新闻的立足点是社会公共利益和需求，广告的立足点是广告主自身利益和需求；新闻必须客观公正，广告则是自我宣传；新闻以满足人们的多层次、多方面的信息需要为目的，广告以实现广告主推销自己产品或服务的需要为目的；新闻是从客观的新闻事实产生的，广告是按广告主的主观意图制作的；新闻是公益行为，广告是市场行为；等等。把广告混同于新闻，发布“新闻式广告”或“广告新闻”，在受众看来，似乎是新闻，但其内容和价值取向，则是广告，实质上就是把广告主的自我需求、自我宣传冒充为具有普遍新闻价值的信息，把市场行为冒充为公益行为，把广告主个体的局部的利益冒充为社会公共利益，把广告主期待的事实冒充为已经发生的事实，这显然会对受众造成误导和欺骗。

报刊和工商管理部门多次发布规范性文件区分广告和新闻，如：禁止报型广告，即以报纸的形式印制的广告宣传品；禁止用新闻形式进行企业形象广告宣传，即类似典型报道的形式介绍有关企业及其负责人的业绩、事迹等；禁止以调查采访形式发布广告，即在“市场调查或采访”的特定场景中，通过“记者”或“市场调查人员”向“消费者”进行调查采访，由“消费者”讲述自身体验与感受，介绍产品的优点、特点。

广电总局《广播电视广告播出管理办法》也规定禁止以新闻报道形式发布广告。时政新闻类节（栏）目不得以企业或者产品名称等冠名。有关人物专访、企业专题报道等

节目中不得含有地址和联系方式等内容。投资咨询、金融理财和连锁加盟等具有投资性质的广告，应当含有“投资有风险”等警示内容。

2016年4月，西安电子科技大学21岁学生魏则西因患某种恶性肿瘤病逝。他去世前在自媒体撰写治疗经过时称，在百度上搜索出某医院的生物免疫疗法，后在该医院治疗无效致病情耽误，此后了解到，该技术在美国已被淘汰。此事引发舆论对百度搜索排名的强烈质疑。国家网信办会同工商、卫生主管部门和北京市有关部门成立联合调查组进驻百度公司，集中围绕百度搜索在“魏则西事件”中存在的问题、搜索竞价排名机制存在的缺陷进行了调查取证。调查组认为，百度搜索相关关键词竞价排名结果客观上对魏则西选择就医产生了影响，百度竞价排名机制存在付费竞价权重过高、商业推广标识不清等问题，影响了搜索结果的公正性和客观性，容易误导网民，必须立即整改。① 百度作出了相应整改措施。

国家网信办随后发布《互联网信息搜索服务管理规定》，规定搜索服务应该醒目区分自然搜索结果与付费搜索信息，对付费搜索信息逐条加注显著标识。

至于经营者通过公关活动传递的信息，公开传播的主动权在于新闻媒介。新闻媒介主要是根据信息的新闻价值决定取舍，经营者的公关人员或者所委托的公关机构，要根据新闻规律、市场状况和受众心理等因素，提供适合信息，争取新闻媒介报道。这类信息虽然来自经营者，但经过媒介筛选提炼，具有新闻价值，是新闻而不是广告。但是我国企业对新闻媒介的许多公关活动，成为与传播者之间的金钱交易，或向记者付酬，如新闻发布会的“红包”，或向新闻单位缴费，以及与媒介合作策划营销事件，而国际公关业的通行规则反而成为另类做法。这种畸变的“公关”活动，实即商业贿赂行为，在我国俗称“有偿新闻”。“有偿新闻”是新闻形式掩盖下的广告，混淆了新闻和广告的区别，其社会危害不言而喻。尽管有关部门三令五申，禁止“有偿新闻”（见第八章第四节），但是屡禁不止，愈演愈烈，成为通行“潜规则”和顽症。

（六）违法广告的法律责任

《广告法》第五章规定了广告活动中违法行为的法律责任，共19条33款33项。承担法律责任的形式包括民事责任、行政责任和刑事责任，行政责任包括停止发布广告、公开更正、没收广告费用、罚款、停止广告业务、处分负有责任的主管人员和直接责任人员等。执行行政处罚的机关是县以上各级工商管理部门。

1. 发布虚假广告的责任

《广告法》第五十五条规定了虚假广告的行政责任和刑事责任。

行政责任已见第五章。刑事责任即《刑法》第二百二十二条规定的虚假广告罪，属于扰乱市场秩序罪。本罪主观上必须出于故意，广告经营者、发布者构成本罪必须与广告主通谋，成为共犯。

《广告法》第五十六条规定了虚假广告对消费者造成损害，由广告主依法承担民事责

---

① 参见国家网信办官网：《国家网信办联合调查组公布进驻百度调查结果》，2016年5月9日。

任。广告经营者和发布者承担民事责任有三种情况：

（1）广告经营者、发布者不能提供广告主的真实名称、地址和有效联系方式的，消费者可以要求他们先行赔偿。这是为保护消费者利益而作出的设计，而经营者、发布者找不到广告主，也确有明显过错。经营者、发布者在履行了赔偿责任后，对超出自己赔偿数额的部分可以向有责任的广告主进行追偿。

（2）关系消费者生命健康的商品或者服务的虚假广告，造成消费者损害的，其广告经营者、发布者、代言人应当与广告主承担连带责任。这是为了保护消费者生命健康而对广告活动主体实行无过错责任。其中，如何确定关系消费者生命健康的商品或服务，有待细则规定。

（3）广告经营者、发布者、代言人，明知或者应知广告虚假仍设计、制作、代理、发布或者作推荐、证明的，应当与广告主承担连带责任。这是属于承担共同侵权的民事责任。

有江某从搜狐网站见到“上海龙腾股票”链接，登其主页，上有会员注册项目，称高级会员享受该站的推荐股市黑马服务，收费100元/月，服务项目有“保证每月操作短线股票获利不低于50%”，若不能达到，退还服务费并承担损失等。遂与龙腾公司签订电子协议，支付会员费1 000元，又应对方要求支付保密押金10 000元，可在一星期后退还。在签约次日，江某又接到公司电话称多汇款可多赚钱，又汇去40 000元。但该公司从此无法联系，江某意识受骗，遂起诉搜狐索赔。搜狐称此龙腾公司乃其广告代理公司所联系，已根据其提供的营业执照及网站备案证明，进行了资格审核，因档案保管原因，相关证照复印件丢失，无法提供。法院认定搜狐公司与“龙腾公司”存在广告服务关系，而不能提供广告主，对于用户损失应该依照《广告法》规定承担全部责任。唯原告在签约后又按对方要求汇去40 000元，并非“协议”中要求，属于原告自身过错。判决搜狐返回原告11 000元。[①]

按照证券交易的有关规定，证券商任何以保证交易收益或赔偿交易损失的承诺都是违法的。搜狐的过错不仅在于不能提供广告主，而且也没有审核发现其内容的违法性。

2. 发布侵权广告的责任

按《广告法》第六十八条规定，广告侵权行为有多种表现：在广告中损害未成年人或残疾人身心健康的，构成侵害未成年人或残疾人人格尊严、名誉权、肖像权等行为；假冒他人专利的，构成侵犯专利权行为；贬低其他生产经营者的商品或服务的，构成侵害企业法人和其他经营者的名誉权、荣誉权以及商业信誉、商品声誉等行为；未经权利人同意使用其名义、形象的，构成侵害他人姓名权、肖像权、名誉权、隐私权和人格尊严及侵害法人名称权、商标权等行为；侵犯他人其他合法权益的，例如在广告中未经许可使用他人作品（包括文字、图像、音乐等），即构成侵犯著作权行为，披露他人商业秘密的，即构成侵犯商业秘密行为。

1997年秋，南京某医院在当地出版的两家报纸刊登广告，称有周康教授来宁为

① 参见北京市第一中级人民法院民事判决书，（2009）一中民终字第11074号。

眩晕症、头痛患者会诊，并宣称周康教授研制出新药“镇晕灵”，有良好疗效。许多患者按广告所示时间地点前来就诊，却不见周康教授，医院称周教授因病未到，故由他的科研组成员某医师代替坐诊。周康是上海著名精神病专家，根本不知此事，也从未研制过什么“镇晕灵”，获悉后即向有关部门报案。经江苏省工商局查明，这家医院发布的广告纯属虚假广告，所谓周康科研组成员实为福建游医，已经逃走。工商部门按照《广告法》规定对广告主某医院和发布广告的两家报社处以行政处罚：对医院处以与广告费等额的罚款，并责令以等额广告费刊登更正广告、消除影响；对两报社没收非法广告所得，并处以等额罚款。同时，周康对某医院和两报社提起侵犯姓名权、名誉权诉讼，法院判决三被告侵权成立，分别承担向周康公开赔礼道歉、赔偿精神损失等民事责任。①

这是一起同时兼有以上三类违法行为的广告案件，发布广告的媒介在这三个方面都有过错：其一，对虚假广告未尽到应尽的查验责任；其二，这是医药广告，依法应经卫生部门事先审查方可发布，媒介没有查验批准文书；其三，这是使用他人名义的广告，媒介也没有查验他人同意的书面证明。只要对其中一项进行查验，这条违法广告就不可能发布。还有，受骗上当的患者作为这条虚假广告的受害者，如果为此蒙受损失依法索赔，报社要承担连带责任。

这起发生在上世纪的传统媒体上的广告侵权案，涉及多方法律关系。网络上的广告侵权案，许多是发生在一些商家设立的网站或各种自媒体上，如擅自使用他人肖像，如果受害人认真对待，可能是大量的。

2020年2—3月，苏州市中级人民法院一连作出了30多件青年歌手孟倩起诉多个广告侵害肖像权、名誉权案终审判决。被告包括美容整形医院、妇产科医院、房产信息公司、“文化科技”公司之类，分布在广州、武汉、长沙、深圳、郑州各地，大多是在自设网站或网页等自媒体上作自我宣传招揽顾客，擅自使用孟倩肖像。有些被告辩称使用的不是孟倩肖像，孟倩证明确属本人。法院认定属于广告，且未同权利人有任何约定，构成侵害肖像权。有的肖像被配上“五大坏习惯让你和完美乳房永无缘分”，“油皮妹子如何化解天热尴尬解决经期肌肤问题”之类广告标题，显然有损肖像人的人格尊严。法院分别判赔2万元至6万元不等。② 对于此类权利人坚持维权和法院坚定依法支持维权行为，应该予以充分肯定并发扬。

3. 其他违反广告法行为的责任

包括：广告中含有《广告法》第九条禁止的内容和第十条禁止损害未成年人和残疾人身心健康的内容以及其他各条禁止的内容；违反《广告法》规定发布医疗、药品、医疗器械、保健食品等各种特种商品和服务广告或在广告中涉及疾病治疗功能以及使用医疗用语等；在广告中涉及商品的性能、产地、质量等时表述不清，使用的数据、统计资

① 参见上海市徐汇区人民法院民事判决书，(1999)徐民初字3803号。

② 参见江苏省苏州市中级人民法院民事判决书，(2019)苏05民终8787号、(2020)苏05民终404号、(2020)苏05民终1011号等。

料表达有误，涉及专利有假，在广告中贬低他人产品和服务等；应经广告审查机关审查批准的广告未经审批即予发布；广告不具有可识别性或变相发布医疗、药品、医疗器械等广告等等：工商部门都将予以行政处罚。

二、出版物发行业

发行即出版物的销售，包括出版物的征订、储运、批发、零售（含邮购）、投递及互联网上购销等。书、报、刊等出版物只有经过发行才能到达读者手中，发行是实现出版物社会效益和经济效益的前提。对于报刊来说，发行的经济意义不仅是获取销售收入，而且是建立一个经营平台——受众网络，为广告经营和其他经营奠定基础。

在计划经济体制下，图书由新华书店统一经销，报刊实行“邮发合一”，改革开放以来才形成了真正的出版物发行市场。《出版管理条例》中对出版物的发行有专门规定，现行有效规章是2016年新闻出版广电总局与商务部发布的《出版物市场管理规定》。

（一）批发、零售许可

发行，包括批发、零售以及出租、展销等活动。批发是指供货商向其他出版物经营者销售出版物。零售是指经营者直接向消费者销售出版物。出租是指经营者以收取租金的形式向消费者提供出版物。展销是指主办者在一定场所、时间内组织出版物经营者集中展览、销售、订购出版物。

国家对出版物批发、零售依法实行许可制度。从事出版物批发、零售活动的单位和个人凭出版物经营许可证开展出版物批发、零售活动；未经许可，任何单位和个人不得从事出版物批发、零售活动。

申请批发业务，限于单位。须完成工商注册登记，具有法人资格，经营范围含出版物批发业务，并具备合适的设备和固定的经营场所、信息管理系统等。可向所在地地市级出版部门申请，经审核报省级出版部门审批；也可直接报省级出版部门审批。

申请零售业务，包括单位和个人。须完成工商注册登记，经营范围含出版物零售业务，有固定的经营场所。可向当地县级出版部门申请，由县出版部门审批报上级部门备案。

通过互联网等信息网络从事出版物批发、零售业务的单位、个人，也应当取得许可证。

为出版物发行业务提供服务的网络交易平台，应向注册地省级出版行政主管部门备案，接受出版行政主管部门的指导与监督管理。网络交易平台服务的经营者，应当对申请通过网络交易平台从事出版物发行业务的经营主体身份进行审查，核实经营主体的营业执照、出版物经营许可证，并留存证照复印件或电子文档备查。不得向无证无照、证照不齐的经营者提供网络交易平台服务。

按照《出版管理条例》规定，出版单位（报社、期刊社、出版社等）可以发行本单位出版的出版物。出版单位可以把自己出版的书、报、刊自行销售或者委托他人销售，但是受委托者必须具有合法的经营资格。

（二）报刊邮发

在过去，我国报纸、期刊，其中特别是报纸，完全由邮局发行，报刊同信件一样地投送。报刊邮发曾经发挥过重要的历史作用：一是节省了报刊社发行的人力物力，二是邮政网络得到充分利用，三是把报刊作为邮件投递可以覆盖全国乃至穷乡僻壤。

改革开放以来，邮政发行报刊明确定为企业行为。《邮政法》把国内报刊、图书等出版物发行规定为邮政企业的业务之一。邮发报刊，包括邮局向读者征订、预收报款、投递上门，也可以在邮局各分支机构、报刊亭零售。

《出版管理条例》规定："报纸、期刊交由邮政企业发行的，邮政企业应当保证按照合同约定及时、准确发行。"报刊是报刊社的产品，报刊社同邮局之间是平等、自愿、等价有偿的民事关系，报刊社可以委托邮局，也可以委托别人，也可以自己来发行。20世纪80年代中期起，许多报纸实行"自办发行"，或是自己组织发行网络进行征订、投递和零售，或者委托其他发行单位销售。有些报社和报业集团在此基础上依法设立发行公司，利用并扩展已有发行网络，不但发行本集团的报刊，也从事其他出版物的发行业务，从而使发行成为一项重要经营业务。社会上也成立独立的报刊发行企业。邮政发行虽然有其独特优势，但是也必须不断改进服务、提高效率，才能在发行市场上进行有效的竞争。

《邮政法》把"国家规定报刊的发行"作为邮政企业的一项特殊服务业务。其发行资费实行政府定价，国家对这种特殊服务给予补贴。未经邮政管理部门批准，邮政企业不得停止办理或者限制办理此类业务。此类报刊，是指党报、党刊和某些公益性报刊，政策规定党报、党刊乡镇以上的党政机关可用公费订阅，党组织可用党费订阅，所以要以法律确保这些报刊的正常发行。

（三）发行管理

发行活动所销售的，是具有意识形态性质的文化产品，从销售内容到经营方式都有严格管理。

发行单位禁止销售的出版物，包括：违禁出版物，即含有现行法律、法规禁载内容的出版物；非法出版物，未经批准擅自出版、印刷或者复制的出版物，伪造、假冒出版单位或者报刊名称出版的出版物，非法进口的出版物，买卖书号、刊号、版号出版的出版物等；侵权出版物，即盗版、盗印的出版物；出版部门明令禁止出版、印刷或者复制、发行的出版物；以及不准公开销售的以准印证印刷的内部资料等。

发行单位必须依照业经核准的经营范围、经营地点经营，不得变更超越。进货渠道必须是合法的出版单位和发行单位，不得从非出版物出版、发行单位进货。不得以任何形式参与买卖书号、刊号、版号。此外，还不得张贴和散发有法律、法规禁止内容的或者有欺诈性文字的征订单、广告和宣传画；不得搭配销售出版物和强行推销出版物；不得擅自更改出版物版权页。

发行进口出版物的，必须从依法设立的出版物进口经营单位进货；其中发行进口报刊的，必须从新闻出版总署指定的出版物进口经营单位进货。

有关法规、规章规定了违法经营的罚则。危害严重的可以处以非法经营罪，如第八章第一节张俊贤案。

三、影视节目制作经营

影视，即电影和电视。人们通常从文化娱乐角度使用影视节目这个词语，即指电影、电视剧和其他文娱电视节目。电影早已是一门独立的产业。电视剧和其他文娱电视节目不属于新闻内容。但影视与新闻业有密切关系，影视节目是广播电视和互联网信息服务的重要内容。《文化及相关产业分类》将“广播影视节目制作”列为一个小类，而将电影发行、放映列入其他门类。①

影视节目制作是内容产业中较早走向产业化的门类。上世纪国家即着手大幅调整影视政策。1993 年广电部《关于当前深化电影行业机制改革的若干意见》启动了电影体制改革。国家广电总局《关于促进广播影视产业发展的意见》（2004）正式提出“制播分离”改革政策，“逐步加大广播影视市场的开放力度，逐步放宽市场准入，吸引、鼓励国内外各类资本广泛参与广播影视产业发展，不断提高广播影视产业的社会化程度。允许各类所有制机构作为经营主体进入除新闻宣传外的广播电视节目制作业”。2004 年广电总局和商务部发布《电影企业经营资格准入暂行规定》，降低了进入电影产业链的门槛。2007 年广电总局发布《关于加快电影产业发展的若干意见》，宣示对电影产业发展采取鼓励政策，加快国有电影单位转制，积极推行股份制，开发多层次电影市场。2009 年国务院《关于非公有资本进入文化产业的若干决定》将电影电视剧制作发行归于“鼓励和支持”一栏。按此方向，国家逐步健全有关法制。

在电影方面，国务院于 2001 年公布《电影管理条例》，取代了将电影摄制限于国有单位的 1996 年“条例”。国家广电总局于 2006 年发布部门规章《电影剧本（梗概）备案、电影片管理规定》，对电影摄制程序作出具体规定。经过十余年的起草、修改，2016 年全国人大常委会通过了《电影产业促进法》。

在电视剧方面，《广播电视管理条例》规定设立电视剧制作单位应经许可，但没有规定电视剧摄制和播放的条件。《国务院对确需保留的行政审批项目设定行政许可的决定》第 314 项设立“国产电视剧题材规划立项和电视剧片审查”。《广播电视节目制作经营管理规定》（2004）第三章规定了“电视剧制作许可”，现行有效部门规章还有《电视剧内容管理规定》（2016）。②

《电影产业促进法》是我国文化领域第一部促进产业发展的法律，对传媒领域各门类产业有着示范意义。上述法律、法规和政策鼓励、促进境内有关组织、企事业单位从事电影、电视剧和除时政类节目以外的广播电视节目创作、制作活动，同时对影视节目制作、发行、放映和播放等以设置行政许可等方式进行规制。我国影视产业及其市场经历高速增长后，进入平稳发展状态。

---

① 参见魏永征、李丹林主编：《影视法导论——电影电视节目制作人须知》，上海，复旦大学出版社，2005。

② 参见李丹林：《电视剧法律问题研究》，北京，中国传媒大学出版社，2007。

（一）摄制和制作准入

以往摄制电影和制作广播电视节目，行政法规《电影管理条例》和《广播电视管理条例》都规定了必须由主管部门申请批准（许可）设立的制作单位进行。但2014年8月《国务院关于取消和调整一批行政审批项目等事项的决定》取消了电影制片单位设立、变更、终止审批，《电影产业促进法》也不再规定设立电影制作单位许可。

《电影产业促进法》规定了电影剧本梗概备案制度：打算摄制电影的法人或其他组织须将电影剧本梗概向国务院电影主管部门或者省级主管部门备案[①]。但涉及重大题材或者国家安全、外交、民族、宗教、军事等方面的题材，则应将剧本报送审查。主管部门予以公告，并出具备案证明或颁发批准文件。（第十三条）此条规定适格的摄制主体主要就是在工商部门注册登记的影视文化单位。备案的具体程序，目前还是适用《电影剧本（梗概）备案、电影片管理规定》。

电视剧摄制和其他广播电视节目制作，目前还是适用《广播电视管理条例》和《广播电视节目制作经营管理规定》。设立广播电视节目制作经营机构必须取得《广播电视节目制作经营许可证》。制作电视剧限于三类单位：广播电视节目制作机构、地市级以上电视台和电影制片机构；但是都必须事先另行取得电视剧制作许可。电视剧许可证分甲乙两种，乙种许可证适用于单独剧目摄制，由省级以上广电部门核发，甲种许可证有效期两年，由广电总局核发，只有使用乙种许可证制作电视剧完成一定数量后，方可申请甲种许可证。

对于每部电视剧的摄制，国务院于2010年取消了电视剧题材立项审查。《电视剧内容管理规定》设置了拍摄制作备案公示制度，即持有电视剧制作许可证的单位须将所要拍摄的电视剧主题思想、主要人物、故事情节等报广电主管部门备案，其中重大题材或者涉及政治、军事、外交、国家安全、统战、民族、宗教、司法、公安等敏感内容的，应当出具省以上有关主管部门的书面意见。经广电主管部门审核公示后方可按公示内容摄制。

近年来网络剧、微电影制作和播出形成一个热潮。国家要求制作此类节目的机构必须兼有《广播电视节目制作经营许可证》和《信息网络传播视听节目许可证》。鼓励电台电视台、网络广播电视台、互联网视听节目服务单位、影视节目制作单位等各类机构，生产制作适合网络传播、体现时代精神的网络剧、微电影等网络视听节目。同时要求网络视听节目坚持与广播电视节目同一标准、同一尺度，把好政治关、价值关、审美关，实行统筹管理。[②]

有关中外合作摄制电影、电视剧等见第十章。

---

① 历年来电影与广播电视同属国家广电部门主管。2018年中共中央决定由中央宣传部管理电影工作，对外加挂国家电影局牌子。地方电影管理部门也要作相应变动。

② 参见国家广电总局、网信办：《进一步加强网络剧、微电影等网络视听节目管理的通知》，2012年7月6日；国家新闻出版广电总局：《关于进一步完善网络剧、微电影等网络视听节目管理的补充通知》，2014年1月2日；国家新闻出版广电总局：《进一步加强网络视听节目创作播出管理的通知》，2017年6月1日。

（二）内容审查

国家对电影和电视剧实行审查制度。未经审查许可，不得发行、放映或播出。

按照《电影产业促进法》规定，电影摄制者应该将完成的电影送交政府审查。电影审查主体是国务院或者省级政府电影主管部门。进行电影审查应当组织不少于五名专家进行评审，专家意见是审查决定的重要依据。审查期限是受理申请日起三十日。准予公映的颁发《电影片公映许可证》，不准公映的书面说明理由。（参见第十七、十八条）《电影剧本（梗概）备案、电影片管理规定》规定由广电总局电影审查委员会和电影复审委员会负责审查。2018 年深化党和国家机构改革，电影审查职责划入中宣部。

《电影产业促进法》第十六条规定了电影不得含有下列内容：

“（一）违反宪法确定的基本原则，煽动抗拒或者破坏宪法、法律、行政法规实施；

“（二）危害国家统一、主权和领土完整，泄露国家秘密，危害国家安全，损害国家尊严、荣誉和利益，宣扬恐怖主义、极端主义；

“（三）诋毁民族优秀文化传统，煽动民族仇恨、民族歧视，侵害民族风俗习惯，歪曲民族历史或者民族历史人物，伤害民族感情，破坏民族团结；

“（四）煽动破坏国家宗教政策，宣扬邪教、迷信；

“（五）危害社会公德，扰乱社会秩序，破坏社会稳定，宣扬淫秽、赌博、吸毒，渲染暴力、恐怖，教唆犯罪或者传授犯罪方法；

“（六）侵害未成年人合法权益或者损害未成年人身心健康；

“（七）侮辱、诽谤他人或者散布他人隐私，侵害他人合法权益；

“（八）法律、行政法规禁止的其他内容。”

作为法律位阶规定的禁止条款，不仅为电影审查标准提供了依据，也可以作为其他视听节目标准的重要参照。

关于电视剧审批，《电视剧内容管理规定》规定广电主管部门设立电视剧审查委员会和电视剧复审委员会，省级广电部门设立电视剧审查机构。报审材料送达后，应该在五十日内作出许可或者不予许可的决定；其中审查时间为三十日。许可的，发给《电视剧发行许可证》，不许可的，通知申请人并书面说明理由。经审查需要修改的，在修改后重新送审。

一些行业组织，也对有关视听节目内容作出细则规范。如中广联电视制片委员会和中国电视剧制作产业协会共同制定《电视剧内容制作通则》（2015），中国网络视听节目服务协会制定《网络视听节目内容审核通则》（2017）等。

（三）发行和交易

《电影产业促进法》规定设立电影发行和放映单位都须获得行政许可，取得发行或放映经营许可证。提供发行、放映的电影必须取得《电影片放映许可证》。

《电影管理条例》规定，电影取得许可证后，电影主管部门在特殊情况下可以决定停止发行、放映或者经修改后方可发行、放映。（第四十二条第二款）这是就《行政许可法》规定行政许可不得擅自改变，但为了公共利益的需要，行政机关可以依法变更或者撤回已经生效的行政许可，而作出的补充规定。

按照《电视剧内容管理规定》，电视台播出电视剧，应该验看电视剧发行许可证。同时必须进行播前审查，重播重审，发现问题及时与主管部门联系。对全国电视台播出电视剧的总量、范围、比例、时机、时段等，广电主管部门可以进行宏观调控。

由于我国电台、电视台属于公益事业，以前相互之间盛行的是节目交流、互通有无。经过“制播分离”的改革，广播电视节目经营和交易已经市场化。《广播电视管理条例》规定，举办国际性、全国性的广播电视节目交流、交易活动，须经广电总局批准，并由指定的单位承办。举办省内的电视节目交流、交易活动，须经举办地省级广电厅（局）批准，并由指定的单位承办。未经批准，任何单位和个人不得举办广播电视节目的交流、交易活动。《广播影视节（展）及节目交流活动管理规定》（2004）就此作了细则规定。

四、广播电视网络

广播电视网络，包括地面无线广播电视网、有线广播电视网、卫星电视网等。

地面无线广播电视，由发射台、转播台通过无线电波向公众传播。我国现有发射台、转播台3万多座，隶属于各级政府广电部门或广播电视台。发射台、转播台属于公共文化服务体系，《新闻出版广播影视“十三五”发展规划》（2017）要求有线广播电视网络和地面无线电视基本实现数字化，城市网络基本实现双向化，全国有线电视网络基本实现互联互通，直播卫星公共服务基本覆盖有线电视网络未通达的农村地区，全国广播、电视节目综合人口覆盖率均达到99%以上。

（一）有线电视网整合为“全国一网”

有线电视网，是在20世纪80年代“四级办电视”的过程中由各级地方政府投资建成的。各地广电部门在建设和改造过程中与业外资本合资、合作是向来就存在的事实。据本世纪初统计，投资参与有线电视网络建设的企业仅上市公司就有30家左右。① 对业外资本的进入，在政策上有一定摆动。后来国务院办公厅《文化体制改革试点中支持文化产业发展的规定（试行）》中规定：“广播电视传输网络公司在广电系统国有资本控股的前提下，经批准可吸收国有资本和民营资本。”国务院《关于非公有资本进入文化产业的若干决定》对非公有资本入网经营作了细分：非公有资本可以建设和经营有线电视接入网，参与有线电视接收端数字化改造，从事上述业务的文化企业国有资本必须控股51%以上。非公有资本可以控股从事有线电视接入网社区部分业务的企业，但是不得投资和经营有线电视传输骨干网。据国务院办公厅关于保留部分非行政许可审批项目第154项，广电总局对广播电视传输网络公司股权性融资进行审批。

有线电视网络收取用户基本收视维护费、频道收转费等，还可以开展广告等信息服务业务。随着电视网络和通信网络的升级换代，推行三网融合，还可进入电信市场。我国拥有有线电视用户超过2亿，80%以上为数字电视，是广电业的一项宝贵资源。各地

---

① 名录参见《新闻记者》（上海）2001年第3期。

政府广电部门或有线电视台为建网作出很大奉献和成绩，在建网过程中向社会集资而成立了多家以经营有线电视网络为主业的上市公司，如歌华有线、电广传媒、华数传媒、江苏有线等。而这也造成产权和经营管理十分分散，要整合成为规模化经营的公司相当艰难。2009 年广电总局发布《关于加快广播电视有线网络发展的若干意见》，提出有线网络整合的时间表：省级广播电视部门要争取政府的支持，组织切实可行的整合方案，在 2010 年底前各省基本实现“一省一网”。2012 年 9 月底，全国各省（区、市）基本完成有线电视网络整合，“一省一网”基本实现。①

将各地有线电视网络整合成为“全国一网”，是酝酿已久的计划。2014 年 5 月中国广播电视网络有限公司在北京挂牌成立。广电国网公司由财政部出资，新闻出版广电总局负责组建和代管，注册资本 50.8 亿元，性质为国有独资。按照规划，广电国网公司成立后将整合全国有线电视网络为统一的市场主体，并赋予其宽带网络运营等业务资质，成为继移动、电信、联通后的“第四运营商”，同时也是广电系统“三网融合”的推进主体。② 2019 年广电国网与中移动、中联通等一起获得工信部授予的 5G 牌照，广电总局开始着手制定《全国有线电视网络整合发展实施方案》。

2020 年 2 月，这个“方案”得到中宣部等九部委会签印发，“全国一网”整合按照“行政推动、市场运作，统一部署、分类进行，统筹兼顾、积极实施”的基本原则，由中国广播电视网络有限公司联合省级网络公司、战略投资者共同发起、组建形成广电国网公司控股主导、对各省网公司按母子公司制管理的“全国一网”股份公司，对于出资比例也进行了规定。广电总局召开电视电话会议加以落实。③

2020 年 10 月，中国广电网络股份有限公司在北京成立。这是在中宣部和广电总局直接领导下组建成立的中央文化企业。公司注册资本 1 012 亿元人民币，发起人共有 46 家，包括中国广播电视网络有限公司、战略投资者、持有或合计持有非上市省级有线电视网络公司 51%以上股权的股东、已上市的网络公司等。中国广播电视网络有限公司为第一大股东，持股 51%。④ 2021 年 7 月 1 日，中国广播电视网络有限公司完成工商变更登记，更名为中国广播电视网络集团有限公司。⑤

（二）三网融合

随着数字、网络技术的发展，广播电视网、电信网和计算机互联网的融合是大势所趋。三网融合在产业上就是广播电视行业和电信行业的经营业务相互进入。在我国，这两大行业各有主管部门和准入门槛，电信部门掌控互联网数据中心业务、国际互联网出口、互联网接入服务商（ISP）许可等，广电部门掌控节目制作许可、交互式网络电视（IPTV）、互联网电视许可、节目集成播控平台控制权等，再加上涉及行业利益、部门利

---

① 参见《人民日报》2013 年 7 月 5 日。

② 参见新华网，2014 年 5 月 28 日。

③ 参见广电总局官网：《国家广电总局召开贯彻落实〈全国有线电视网络整合发展实施方案〉电视电话会议》，2020 年 3 月 2 日。

④ 参见广电总局官网：《中国广电网络股份有限公司召开成立大会》，2020 年 10 月 13 日。

⑤ 参见广电总局官网：《中国广电完成“集团”更名》，2021 年 7 月 3 日。

益等因素，虽然国家早在2001年就提出“三网融合”[①]，撤除了此前两个行业不得相互从事对方业务的禁区[②]，并且在此后屡屡重申[③]，但是10年内没有实质进展。

2010年1月，国务院常务会议决定加快三网融合，随之国务院印发《推进三网融合总体方案》。6月，国务院办公厅印发《三网融合试点方案》。6月底，公布12个城市（地区）作为第一批三网融合试点。2011年除夕，再公布42个三网融合试点城市（地区）。三网融合自此实质性启动。国务院办公厅于2015年8月再印发《三网融合推广方案》，确认试点阶段各项任务已基本完成，就三网融合推广阶段工作提出方案。

“推广方案”提出全面推进三网融合，总结推广试点经验，将广电、电信业务双向进入扩大到全国范围，以及进一步提升网络承载和技术创新能力、加快发展融合业务和网络产业、基本建立科学有效的监管体制机制等工作目标。

“推广方案”要求广电、电信业务双向进入分期分批扩大至全国，国家和省级电信、广电行业主管部门同步按照有关规定向符合条件的企业颁发许可证（参见第八章第三节），并且重申了以往“方案”所规定的双向进入范围：

符合条件的广电企业可以申请经营的电信业务为：（1）增值电信业务；（2）比照增值电信业务管理的基础电信业务；（3）基于有线电视网络提供的互联网接入业务、互联网数据传送增值业务、国内IP电话业务。

符合条件的电信企业可以申请经营的广电业务为：（1）除时政类节目以外的广播电视节目制作；（2）互联网视听节目信号传输；（3）转播时政类新闻视听节目；（4）除广播电台电视台形态以外的公共互联网音视频节目服务；（5）IPTV传输服务；（6）手机电视分发服务。

“总体方案”和“试点方案”都规定IPTV、手机电视的集成播控业务由广电部门负责、宣传部门指导。“推广方案”进一步强调了IPTV集成播控平台与IPTV传输系统对接中，广播电视播出机构在宣传部门指导下的监管职责：加强和完善IPTV、手机电视集成播控平台建设和管理，负责节目的统一集成和播出监控以及电子节目指南（EPG）、用户端、计费、版权等的管理。IPTV全部内容由广播电视播出机构IPTV集成播控平台集成后，经一个接口统一提供给电信企业的IPTV传输系统。电信企业可以提供节目和EPG条目，经广播电视播出机构审查后统一纳入集成播控平台的节目源和EPG。电信企业与广播电视播出机构应积极配合、平等协商，明确对接双方的责任。

---

① 参见《国民经济和社会发展第十个五年计划纲要》，2001年3月15日。

② 国办转发信息产业部、广电总局《关于加强广播电视有线网络建设管理意见的通知》：“电信部门不得从事广播电视业务，广播电视部门不得从事通信业务，对此必须坚决贯彻执行。”1999年9月13日。

③ 如《国民经济和社会发展第十一个五年规划纲要》：“积极推进‘三网融合’。建设和完善宽带通信网，加快发展宽带用户接入网，稳步推进新一代移动通信网络建设。建设集有线、地面、卫星传输于一体的数字电视网络。”2006年3月14日。《文化产业振兴规划》：“积极推进下一代广播电视网建设，发挥第三代移动通信网络、宽带光纤接入网络等网络基础设施的作用，制定和完善网络标准，促进互联互通和资源共享，推进三网融合。”2009年9月26日。《国民经济和社会发展第十二个五年规划纲要》：“以广电和电信业务双向进入为重点，建立健全法律法规和标准，实现电信网、广电网、互联网三网融合，促进网络互联互通和业务融合。”2011年3月16日。《中共中央关于深化文化体制改革 推动社会主义文化大发展大繁荣若干重大问题的决定》：“推进电信网、广电网、互联网三网融合，建设国家新媒体集成播控平台，创新业务形态，发挥各类信息网络设施的文化传播作用，实现互联互通、有序运行。”2011年10月18日。

“推广方案”表明，“三网融合”是一项宏大工程。“方案”中详列了加快宽带网络建设改造和统筹规划、强化网络信息安全和文化安全监管、切实推动相关产业发展等工作任务，并提出建立健全法律法规、落实相关扶持政策、提高信息网络基础设施建设保障水平、完善安全保障体系等保障措施，对每一个项目都指定了负责的工作部门，包括中宣部、新闻出版广电总局、工信部、网信办等共十多家中央和国务院的部、委、办。

2015 年 5 月，新闻出版广电总局下发通知，宣布中央设立 IPTV 集成播控平台，由中央电视台负责建设和运营。中央电视台会同各省电视台联合建设和运营 IPTV 集成播控分平台，加快完成全国统一的 IPTV 集成播控平台建设。

（三）对互联网电视播控的规制

“三网融合”带动了一批产业兴起，包括视听内容制造商、内容服务提供商、内容平台服务商、集成播控平台服务商、终端设备制造商、电信运营商等，形成了一条产业链。这些产业各有不同的准入门槛、管理制度及主管部门。而“三网融合”方案特别强调集成播控业务必须由广电部门负责规管，是因为传输内容涉及坚持“两为”方向、弘扬社会主义核心价值观等根本问题。

广电总局 2009 年《关于加强以电视机为接收终端的互联网视听节目服务管理有关问题的通知》，申明从事此类服务，应当取得“以电视机为接收终端的视听节目集成运营服务”的网络传播视听节目许可证。2010 年，广电总局印发《互联网电视内容服务规范》和《互联网电视集成业务管理规范》，推出互联网电视分设“集成业务”和“内容服务”双牌照体制，前者负责播出，后者负责内容和版权管理。2011 年广电总局办公厅印发《持有互联网电视牌照机构运营管理要求》，分别就互联网电视集成业务管理、内容服务管理、业务运营和机顶盒等终端产品管理订出规范。

上述文件规定，互联网电视集成机构和内容服务机构各自承担相应的审查把关责任，集成机构主要负责审查所接入的内容服务平台资质是否合法，不负责对节目进行播前审查；内容服务机构负责审查其平台上的节目是否符合相应的内容管理、版权管理要求，进行播前审查，承担播出主体责任。互联网电视集成平台只能连接经批准的互联网电视内容服务平台，不能与设立在公共互联网上的网站相互链接，不能将公共互联网上的内容直接提供给用户。互联网电视内容服务平台只能接入到总局批准设立的互联网电视集成平台上，不能接入非法集成平台；也不能与设立在公共互联网上的网站进行相互链接。就是说，集成平台对终端产品的控制和管理必须具有唯一性。这种模式的意图，就是使电视内容可管、可控，紧紧把住播出关口，抵御非法内容侵入。

2016 年新闻出版广电总局颁行的部门规章《专网及定向传播视听节目服务管理规定》确定，可以从事互联网电视“集成播控业务”或“内容提供服务”的，限于国家设立的广播电视机构。电信企业则可以从事节目传输分发业务。“三网融合”至此基本形成制度化。（参见第八章第三节）

众多的互联网企业、视频网站、电信商等若要参与互联网电视业务，就必须与持有牌照的电视机构合作，而后者也可以通过此类合作深入互联网市场。在保障内容播控和遵守政策许可的资本比例的前提下，合作方式多种多样：有的就是牌照方全面掌握内容或播控平台，视频网站提供内容，电信商提供传输渠道，按照约定参与盈利分成①；有的可以同内容商、电信商在不同层面上进行合作，后者在不同程度上参与运营，获取收益②；也有的直接与合作方合资，主要把好集成播控的关口，后者拥有更多的运营空间③。有关方式还可以进一步探索。

在互联网电视发展过程中，也出现过竞争乱象。如滥用各种牌号的机顶盒，致使电视内容越出集成播控的范围，很多视频网站以至境外电视的内容，进入用户家庭。2014年，新闻出版广电总局密集采取措施，纠正违规现象。如先后向浙江、上海管理部门发函，指出华数和百视通推出的机顶盒中的软件，为政治有害、淫秽色情和低俗不良节目及侵权盗版节目大量进入电视机提供了技术支持和通道，责令整改。并先后发文要求境外引进影视剧、微电影必须限时下线，未经批准的终端产品不允许推向市场；要求未持有互联网电视集成服务和互联网电视内容许可的机构不得超范围安装互联网电视客户端软件等等。2015年，“总局”再次对7家互联网电视集成播控平台牌照商的一些违规行为进行内部通报，要求其自查自纠，并提出电视机和盒子不能通过USB端口安装应用；系统中不能存在可访问互联网的浏览器等四点要求；而后，又公布了首批81个非法视频软件名单，予以屏蔽。

2015年，新闻出版广电总局还与最高人民法院、最高人民检察院和公安部发布《关于依法严厉打击非法电视网络接收设备违法犯罪活动的通知》，对从事生产、销售非法电视网络接收软件，以及为非法广播电视接收软件提供下载服务的，单位非法经营数额在50万元以上或违法所得数额在10万元以上，按照非法经营罪追究刑事责任。

概念和思考题

概念：

产业　第三产业　文化产业

第一节　传统新闻业的体制演变

概念：

企业　事业　“事业单位、企业化管理”

思考题：

1. 为什么把新闻出版、广播电视列入第三产业？
2. 改革开放以来企业和事业制度有怎样的变迁？
3. “事业单位、企业化管理”给新闻单位带来了怎样的变革？

---

① 例如百视通，独立建设内容平台和集成播控平台，邀请内容制造商和服务商将它们的内容、服务融入到平台上，后者不参与运营，只对收益分成。电信运营商只参与用户流量分成。

② 例如CNTV成立未来电视有限公司，陆续同PPTV、易视腾、腾讯、康佳、北方华录等内容商、技术服务商开展战略合作，共同打造内容平台，集成播控平台技术则由易视腾进行操作。

③ 例如南方传媒与优朋普乐合资成立广东南广影视互动技术有限公司，建设“互联八方”集成服务平台，南方传媒牵头建设节目集成运营平台，负责集成服务，而优朋普乐负责建设影视VO点播业务应用及传输平台，为VO点播业务提供相关服务。

第二节　文化体制改革中的新闻业改革

概念：

文化体制改革

思考题：

1. 中共十六大以来发布了哪些文化体制改革文件？
2. 新闻产业体制发生了哪些重要变革？
3. 国家对新闻信息产业改革提出哪些措施？

第三节　传统媒体与新兴媒体融合发展

概念：

媒体融合

思考题：

1. 媒体融合和深度媒体融合是在怎样的背景下提出来的？
2. 为什么说媒体融合是提升主流媒体传播力、引导力、公信力、影响力的战略举措？
3. 媒体融合有哪些重要措施？
4. 新闻媒体和新闻工作者如何适应媒体融合的大趋势？

第四节　相关经营门类

概念：

广告　发行　影视节目　有线网络　三网融合

思考题：

1. 广告经营者、发布者对广告负有怎样的查核责任？
2. 为什么要把广告和新闻区别开来？
3. 现行法制对出版物的发行实施怎样的管理？
4. 现行法制对影视节目制作和发行实施怎样的管理？
5. 广播电视网络怎样形成为产业？“三网融合”工作中有哪些重要政策？

第十章

涉外活动管理

新闻领域的交往和合作是我国同国际交往和合作的重要方面。中国需要全面了解世界，也要让世界更好地了解中国。新闻传播对于促进这种了解具有众所周知的重要作用。越来越多的外国新闻机构在中国设立常驻记者、常设机构，临时派遣记者来中国采访重大活动的更为频繁。

《宪法》规定：中华人民共和国保护在中国境内的外国人的合法权利和利益，在中国境内的外国人必须遵守中华人民共和国的法律。前来我国的外国新闻工作者，还必须遵守我国的有关新闻传播的管理法规。

我国香港、澳门地区曾经长期处于外国殖民统治之下，祖国大陆与台湾尚未统一。香港和澳门在 1997 年和 1999 年先后回归，根据《宪法》和香港、澳门基本法的规定，两地与内地实行“一国两制”。港、澳特别行政区新闻工作者进入内地，台湾地区新闻工作者进入大陆，也必须遵守国家的法律，并遵守国家对港、澳、台地区入境记者管理的有关规定。

为了确保新闻出版电影广播电视为社会主义服务、为人民服务的方向，我国法律法规对我国与国外、境外[①]合作的有关活动规定了比较严格的管理制度。

一、境外新闻机构和记者入境

对外国新闻机构和记者的管理和对港、澳、台记者的管理由不同的法规规章来规范。

---

① 有关境外的释义，见本书第二章第二节。

（一）外国记者和外国常驻新闻机构的管理

我国依法保障外国常驻新闻机构和外国记者的合法权益，并为其依法从事新闻采访报道业务提供便利。行政法规《外国记者和外国常驻新闻机构管理条例》（1990）施行了十多年，2008 年 10 月更新为《外国常驻新闻机构和外国记者采访条例》。

按照“条例”规定，外交部主管外国常驻新闻机构和外国记者事务。国务院新闻办公室和其他部门在各自职责范围内负责外国常驻新闻机构和外国记者有关事务。它们分别委托各地政府相应部门办理当地的有关事务。

外国常驻新闻机构，是指外国新闻机构在中国境内设立、从事新闻采访报道业务的分支机构。外国记者包括外国常驻记者和外国短期采访记者。外国常驻记者是指由外国新闻机构派遣，在中国境内常驻 6 个月以上、从事新闻采访报道业务的职业记者；外国短期采访记者是指在中国境内停留期不超过 6 个月、从事新闻采访报道业务的职业记者。

外国新闻机构在中国境内设立常驻新闻机构、向中国派遣常驻记者，应当经外交部批准。在中国境内设立常驻新闻机构的申请经批准后，其负责人应当自抵达中国之日起 7 个工作日内，持本人护照到外交部办理外国常驻新闻机构证；其中，驻北京市以外地区的常驻新闻机构，其负责人应当自抵达中国之日起 7 个工作日内，持本人护照到外交部委托的地方人民政府外事部门办理外国常驻新闻机构证。向中国派遣常驻记者的申请经批准后，该记者应当自抵达中国之日起 7 个工作日内，持本人护照到外交部办理外国常驻记者证；其中，驻北京市以外地区的常驻记者，应当自抵达中国之日起 7 个工作日内，持本人护照到外交部委托的地方人民政府外事部门办理外国常驻记者证。然后，还应当到居住地公安机关办理居留证。

外国记者常驻或者短期采访，应当向中国驻外使领馆或者外交部授权的签证机构申请办理记者签证。外国记者随国家元首等高级官方人士来中国访问，由本国外交部或者相关部门向中国驻外使领馆或者外交部授权的签证机构统一申请办理记者签证。

“条例”规定：“外国记者在中国境内采访，需征得被采访单位和个人的同意。”不再有 1990 年“条例”中必须事先向外事部门申请和“由接待单位负责安排、提供协助”（即“陪同”）的规定。

“条例”规定外国常驻新闻机构和外国记者可以通过外事服务单位聘用中国公民从事辅助工作。外事服务单位由外交部或者外交部委托的地方人民政府外事部门指定。

“条例”还规定外国常驻新闻机构和外国记者应当遵守中国法律、法规和规章，遵守新闻职业道德，客观、公正地进行采访报道，不得进行与其机构性质或者记者身份不符的活动。

（二）港、澳记者到内地采访的管理

1. 采访活动

对港、澳记者来内地采访，国务院港澳事务办公室于 2009 年发布部门规章《香港澳门记者在内地采访办法》予以规范，这是依据《国务院对确需保留的行政审批项目设定行政许可的决定》第 371 项制定的。

香港或澳门记者来内地采访，需向中央人民政府驻香港或澳门特别行政区联络办公室领取由中华全国新闻工作者协会制发的港澳记者采访证。他们在内地采访，需征得被采访单位和个人的同意。

香港和澳门记者，必须是香港或者澳门居民，并在香港或者澳门依法注册的，香港或者澳门特区政府核准出版、发行、经营的时事类报纸、刊物以及电台、电视台、通讯社等新闻机构从事新闻报道工作的职业记者。

“办法”规定，港澳记者可以通过有关部门指定的服务单位聘用内地居民从事辅助工作。

“办法”还规定香港和澳门记者应当遵守国家法律、法规和规章，遵守新闻职业道德，客观、公正地进行采访报道，不得进行与其机构性质或者记者身份不符的活动。

“办法”称，香港和澳门新闻机构在内地设立常驻记者站及派遣常驻记者事宜，按照现行办法办理。

2. 新闻机构设立记者站

2001年10月中共中央外宣办和国务院港澳办就港澳新闻机构在内地设立记者站作出规定，由中国记协以“须知”的方式印发公布。

申请到内地设立常驻记者站或派驻常驻记者的，限于在香港、澳门依法注册或经香港、澳门政府核准出版、发行、经营的时事类报纸、刊物以及电台、电视台等新闻机构。非时事类传媒机构不在申请之列。

要求设立记者站或派遣记者的港、澳新闻机构须备齐本机构和拟派遣记者的有关资料，分别向本地的“中联办”提出申请，“中联办”转报国务院港澳办审批，港澳办会将批准通知书通过当地的“中联办”通知获准的新闻机构，3个月内没有收到通知，视为不被批准。

获准设立记者站的，由本机构负责人持“批准通知书”等文件，到中国记协登记，领取《港澳新闻机构常驻内地记者站许可证》，并在15个工作日内，将办公地点、传真及电话号码报中国记协。记者站的记者必须是香港或澳门的居民。电视台常驻记者不得超过5人，报刊、电台常驻记者不得超过3人。记者站的服务人员可以通过当地外企服务公司聘请，服务人员不得从事新闻采访工作，聘用人员要报中国记协备案。

获准派遣常驻记者的，由记者本人持通知书等文件，到中国记协登记，领取《港澳新闻机构常驻记者证》。常驻记者派遣时间每次不得少于6个月。每满6个月，须到中国记协办理检验和延期手续，逾期30天不办理，视为自动放弃常驻记者资格。

常驻记者的正常新闻采访活动和其他权益依法受到保护。常驻记者须遵守国家的法律、法规，如有违规行为，将由审批部门按照情节轻重，予以警告、暂停采访、取消常驻记者资格直至撤销常驻记者站的处理。触犯法律者，由司法机关依法处理。

3. 参与广播电视节目制作

广电总局在1999年发布《关于加强对聘请港、澳、台从业人员参与广播电视节目制作管理的通知》，并于2002年发布《关于进一步加强港澳台从业人员参与广播电视节目制作管理的通知》重申相关规定。[①]

各地电台、电视台和广播电视节目制作经营单位聘请港澳从业人员担任主持人、导演、演员、编剧、摄影师等，参与广播节目、境内电视剧、电视综艺类节目及专题片的制作，须经当地省级广电局审核后报广电总局审批。

"通知"还规定不得聘请港澳人士主持新闻节目，对部分文艺、科教类节目，如确需聘请，须事先报批，但不得参与制作固定栏目和系列性播出的节目、单独主持节目、参与主持直播节目等。

（三）台湾记者到大陆采访的管理

2008年国务院台湾事务办公室发布部门规章《台湾记者在祖国大陆采访办法》，原来1996年发布、2002年修订的《关于台湾记者来祖国大陆采访的规定》宣告废止。

国务院台办主管台湾记者在大陆采访事务。各省、自治区、直辖市台办及深圳市、新疆生产建设兵团台办受国务院台办委托，办理当地台湾记者采访事务。

"办法"规定，台湾记者来大陆采访，应当向主管部门授权的相关机构申请办理台湾居民来往大陆通行证签注手续。台湾新闻机构申请在大陆驻点采访，由国务院台办审批。台湾记者来北京驻点采访，向国务院台办申请；来大陆其他地区驻点采访，向相关省、自治区、直辖市台办及深圳市、新疆生产建设兵团台办申请。获准在大陆驻点采访的台湾记者，可申请三个月以内的采访期限；如有需要，经批准可延长一次，期限不得超过三个月，驻点期间可多次往返。

台湾记者在大陆采访，需征得被采访单位和个人的同意。可以通过有关部门指定的服务单位聘用大陆居民从事辅助工作。

"办法"还规定台湾记者应当遵守国家法律、法规和规章，遵守新闻职业道德，客观、公正地进行采访报道，不得进行与其机构性质或者记者身份不符的活动。

二、中外合资、 合作

我国传媒领域以往全面禁止外商投资。1990年《外资企业法实施细则》（行政法规）规定新闻、出版、广播、电视、电影禁止设立外资企业。1991年经国务院批准，新闻出版署发出通知，申明新闻出版行业禁止设立外资企业，原则上也不搞在华中外合资、中外合作企业，也不与港、澳、台建立合资、合作企业。1993年广电部发出通知不准与境外合资办电视台、有线电视台，也不准向外商出租有线电视频道。1994年新闻出版署再次发布《关于禁止在我境内与外资合办报纸、期刊和出版社的通知》，重申禁止创办中外合资的报纸、期刊和出版社等传媒机构。这也适用于与港、澳、台地区的合资。《广播电视管理条例》明文规定国家禁止设立外商投资的广播电台、电视台。

世纪之交的中国加入世界贸易组织谈判，国内传媒业同国（境）外传媒业在中国大陆合资、合作问题，受到业界关注。最后中方在传媒领域作出的承诺为：自2001年起，

---

① 国务院办公厅保留非行政许可项目第158项。

3年内逐步向外商放开书报刊批发零售业务，放开音像制品的分销，2～4年逐步放开对广告公司的投资，允许外商投资建设、改造电影院（中方控股），允许每年以分账形式进口20部外国电影等。

2001年，中国修改了《外资企业法》及其“实施细则”，规定鼓励、限制或禁止设立外企的行业由国家的《指导外商投资方向规定》和《外商投资产业指导目录》设定。2002年的《外商投资产业指导目录》，在“限制外商投资产业目录”中，列有“图书、报纸、期刊的批发、零售业务”，“音像制品（除电影外）的分销”，“代理公司”内的“广告”，“电影院的建设、经营（中方控股）”，“出版物印刷（中方控股，包装装潢印刷除外）”。在“指导目录”的“附件”中还具体规定了按世贸协议这些产业逐步放开的时间表。同时在“禁止外商投资产业目录”中详列了图书、报纸、期刊的出版、总发行和进口业务等诸多涉及传媒领域的项目。此后屡有修订。

十九大以来，为推动形成全面开放新格局，实行高水平的贸易和投资自由化便利化政策，我国对外资全面实行准入前国民待遇加负面清单管理制度。2019年制订了《外商投资法》，规定国家对外商投资实行准入前国民待遇加负面清单管理制度，负面清单由国务院发布或者批准发布（第四条），废止《外资企业法》及相应措施。① 现今有效的负面清单是国家发改委和商务部于2021年12月发布的《外商投资准入特别管理措施（负面清单）（2021年版）》。涉及传媒领域列入“负面清单”有关内容为：

在“三、制造业”中：

“6. 出版物印刷须由中方控股。”

在“七、信息传输、软件和信息技术服务业”中：

“14. 电信公司：限于中国入世承诺开放的电信业务，增值电信业务的外资股比不超过50%（电子商务、国内多方通信、存储转发类、呼叫中心除外），基础电信业务须由中方控股。”

“15. 禁止投资互联网新闻信息服务、网络出版服务、网络视听节目服务、互联网文化经营（音乐除外）、互联网公众发布信息服务（上述服务中，中国入世承诺中已开放的内容除外）。”

在“八、租赁和商务服务业”中：

“17. 市场调查限于合资，其中广播电视收听、收视调查须由中方控股。”

“18. 禁止投资社会调查。”

在“十二、文化、体育和娱乐业”中：

“25. 禁止投资新闻机构（包括但不限于通讯社）。”

“26. 禁止投资图书、报纸、期刊、音像制品和电子出版物的编辑、出版、制作业务。”

“27. 禁止投资各级广播电台（站）、电视台（站）、广播电视频道（率）、广播电视传输覆盖网（发射台、转播台、广播电视卫星、卫星上行站、卫星收转站、微波站、监

---

① 行政法规《外商投资法实施条例》（2019）规定：港、澳投资者在内地投资，参照外商投资法和本条例执行；台湾地区投资者在大陆投资，适用《台湾同胞投资保护法》及其实施细则的规定。（第四十八条）

测台及有线广播电视传输覆盖网等），禁止从事广播电视视频点播业务和卫星电视广播地面接收设施安装服务。”

“28. 禁止投资广播电视节目制作经营（含引进业务）公司。”

“29. 禁止投资电影制作公司、发行公司、院线公司以及电影引进业务。”

（一）广告业

广告业是传播领域最早向外资开放的行业。1994 年国家工商局、外经贸部联合发布《关于设立外商投资广告企业的若干规定》，规定允许中外合资、合作经营广告业务，但不含外商独资的广告企业。按照我国入世协议，广告业不迟于 2003 年 12 月 11 日允许外方控股，不迟于 2005 年 12 月 11 日允许外商独资。

2004 年，国家工商总局和商务部联合公布施行《外商投资广告企业管理规定》，对外商到中国内地投资广告业作出准入资格、程序等方面的规定。2015 年 6 月，此规定宣告废止。此后，外商投资广告业只需按照一般外资企业规定履行工商登记手续。

（二）印刷业

2001 年修订后的行政法规《印刷业管理条例》，规定允许设立各类中外合资、合作经营印刷企业，还规定允许设立从事包装装潢印刷品印刷经营活动的外资企业。2002 年 1 月新闻出版总署和外经贸部发布《设立外商投资印刷企业暂行规定》。按照现行外商投资负面清单，外商投资印刷业须由中方控股。

按照“暂行规定”，申请设立外商投资印刷企业应当是能够独立承担民事责任的法人，并就经营管理、印刷技术和设备、资金等方面设置了一定条件。并规定从事出版物、其他印刷品印刷经营活动的中外合营印刷企业，合营中方投资者应当控股或占主导地位。

设立外商投资印刷企业，应当先向所在地省级新闻出版部门提出申请。省局应在 10 个工作日内完成初审，报国家主管部门。后者应在 30 个工作日内作出批准或不批准的书面决定。申请人获得批准文件后，投资总额在 3 000 万美元以下的包装装潢印刷品企业到省级外经贸部门申请审批，后者在 30 个工作日内作出批准或不批准的书面决定，报外经贸部备案。出版物和其他印刷品经营企业和投资总额在 3 000 万美元以上的包装装潢印刷品企业由省级外经贸部门报外经贸部审批，外经贸部在 30 个工作日内作出批准或不批准的书面决定。

（三）发行业

《出版管理条例》几经修订，现第三十九条规定：“国家允许设立从事图书、报纸、期刊、电子出版物发行业务的外商投资企业。”表明允许外资经营的已不限于先前规定的“分销”。新闻出版总署和商务部于 2011 年发布《出版物市场管理规定》，允许外商投资的出版物发行业务包括了总发行、批发、零售、连锁经营企业，各项都没有外资股权限制，只有从事书报刊连锁经营门店超过 30 家的，不允许外资控股。现行外商投资负面清单没有列入发行业。

这个“管理规定”没有对外商投资出版物发行的条件作特别规定。在申请审批程序方面，申请人先按中资企业申请的程序，获得新闻出版行政部门批准文件，然后向商务主管部门提出申请，办理外商投资审批手续，并于获得批准后 90 天内持批准文件和《外商投资企业批准证书》到原批准的新闻出版行政部门领取《出版物经营许可证》，然后向所在地工商管理部门依法领取营业执照。

外商投资的出版物发行企业必须遵守国家对发行业的管理，包括不得发行禁止销售的违禁出版物、非法出版物、侵权出版物，不得变更超越原先核准的经营范围、经营地点，发行进口出版物的必须从依法设立的出版物进口经营单位进货等，参见第九章第四节。

（四）影视节目制作

现行负面清单将视听节目、音像制品和电影制作列为外资禁入。但允许中外合作摄制单个电影、电视剧、录像节目。

《电影产业促进法》第十四条规定："法人、其他组织经国务院电影主管部门批准，可以与境外组织合作摄制电影"，即对中外合作摄制电影实行许可制度，申请主体是中方法人或其他组织，审批机构是国务院电影主管部门，这种许可是单次立项许可，合作摄制一部就要申请一次。接着规定了合作对象的基本底线："不得与从事损害我国国家尊严、荣誉和利益，危害社会稳定，伤害民族感情等活动的境外组织合作，也不得聘用有上述行为的个人参加电影摄制。"这包括但不限于发表或参与过反华、辱华，支持或鼓吹"台独"、"藏独"、"疆独"、"港独"等言论或活动的组织和个人。此条第三款规定："境外组织不得在境内独立从事电影摄制活动；境外个人不得在境内从事电影摄制活动。"广电总局《中外合作摄制电影片管理规定》（2017）对具体程序作出规定。

对中外合作制作电视剧（含电视动画片，下略），国家同样实行许可制度。[①] 未经批准，不得从事中外合作制作电视剧活动；未经审查通过的中外合作制作电视剧完成片，不得发行和播出。目前有效规章是广电总局的《中外合作制作电视剧管理规定》（2004）。申请方必须持有《电视剧制作许可证（甲种）》，审批机构是国家广电总局，分为直接向广电总局申请和向省级广电部门申请报总局审批两种。无疑，合作方也必须符合《电影产业促进法》规定的底线。

根据中外合作摄制电影、制作电视剧两个部门规章，有三种合作方式：

一是联合制作，系指中方与外方共同投资、共派主创人员、共同分享利益及共同承担风险的摄制、制作方式。

二是协作制作，系指由外方出资并提供主创人员，在境内拍摄全部或部分外景，中方提供劳务或设备、器材、场地予以协助的摄制、制作方式。

三是委托制作，系指外方出资，委托中方在境内制作的摄制制作方式。

申请中外联合摄制、制作电视剧立项的，必须双方共同投资，包括以货币直接投资，或以劳务、实物、广告时间等折价作为投资；前期创意、剧本写作等主要创作要素由双方共同确定；双方共派创作人员、技术人员参与全程摄制。主创人员（编剧、制片人、导演、主要演员）中，中方人员不得少于三分之一；作品国内外版权双方共有。《电影产

---

① 《国务院对确需保留的行政审批项目设定行政许可的决定》第 307。

业促进法》第十四条第二款规定："合作摄制电影符合创作、出资、收益分配等方面比例要求的，该电影视同境内法人、其他组织摄制的电影。"也就是享有与国产片同等的扶持、奖励等优惠政策，不过对此比例要求尚待明确。

三、境外传媒内容入境

为了巩固社会主义文化阵地，我国一贯严格控制外国和港、澳、台传媒的内容入境。

（一）使用外国传媒的新闻

早在1949年，中共中央就规定各地所有公私报纸、刊物一律不得登载西方国家通讯社的电讯，一切国际新闻，均须根据新华总社广播稿发表。1992年，中宣部等部门重申西方四大通讯社（指合众社、美联社、路透社、法新社）和其他外国通讯社除与新华社无偿交换新闻外，各类新闻稿仍不得在我国发行。我国其他新闻单位不得直接向外国通讯社购买新闻。

电台、电视台也不许直接播出外国新闻节目。1996年广电部《关于加强广播电台、电视台、有线电视台播出管理的通知》规定：地方各级电台、电视台只能播出中央人民广播电台、中国国际广播电台、中央电视台的国际新闻节目和新华社总社的新闻电讯稿。严禁擅自播出从境外卫星电视收录或从其他渠道获得的广播电视国际新闻节目和国际时事政治专题节目；也不得将新华社的电讯稿配以境外卫星电视的图像进行播出。2004年广电总局《境外电视节目引进、播出管理规定》规定："不引进时事性新闻节目。"

1995年底，国家又对外国通讯社及其所属信息机构在中国境内发布经济信息制定管理规范，国务院办公厅发出通知，授权新华社对此实行归口管理。国务院《对确需保留的行政审批项目设定行政许可的决定》（2004）第373、374项规定了外国机构在中国境内提供经济信息和外国通讯社在中国境内发布新闻信息业务的两项审批。2009年1月，国务院决定将这两个项目改为外国机构在中国境内提供金融信息的服务业务审批和外国通讯社在中国境内提供新闻的服务业务审批，审批的实施机关由新华社改为国务院新闻办公室。2009年4月，国新办、商务部和工商总局联合发布《外国机构在中国境内提供金融信息服务管理规定》。按此规章，国务院新闻办公室是外国机构在中国境内提供金融信息服务的监督管理机关。外国机构在中国境内提供金融信息服务，必须经国新办批准。外国机构在中国境内投资设立金融信息服务企业，应当持国新办批准件向国务院商务主管部门提出申请，经批准后向工商行政管理部门申请设立登记。外国机构应当严格按照批准的经营范围提供金融信息服务，国新办对外国机构提供金融信息服务进行监督检查，包括进行同步审视，外国机构应当无偿提供同步审视它所提供金融信息的必要条件。

（二）境外出版物进口

《出版管理条例》第五章列有"出版物的进口"。规定出版物进口业务，由依照本条例设立的出版物进口经营单位经营；其他单位和个人不得从事出版物进口业务。

《出版管理条例》对设立出版物进口经营单位的条件，要求必须有符合出版行政部门认定的主办单位及其主管机关。设立出版物进口经营单位，应当向新闻出版总署申请，经审查批准后向工商部门领取营业执照。

出版物进口经营单位负责对其进口的出版物进行内容审查。省级以上出版行政部门可以对出版物进口经营单位进口的出版物直接进行内容审查。出版物进口经营单位无法判断其进口的出版物是否含有禁止内容的，可以请求省级以上出版行政部门进行内容审查。

出版物进口经营单位应当将拟进口的出版物目录报省级以上出版行政部门备案；后者发现有禁止进口的或者暂缓进口的出版物的，应当及时通知出版物进口经营单位并通报海关。

《出版管理条例》规定未经批准擅自设立进口出版物单位或从事进口出版物业务，由出版部门和工商部门依法取缔，依照刑法非法经营罪追究刑事责任，不够犯罪的，处以没收出版物和非法所得、罚款等行政处罚。

新闻出版总署2005年发布《订户订购进口出版物管理办法》（2011年修订），规定对进口出版物的发行实行分类管理，对进口报纸、期刊和限定发行范围的进口图书等实行订户订购、分类供应的发行方式；非限定发行范围的进口图书等实行市场销售的发行方式。国内单位订户订购非限定发行范围的进口报刊，持申请书到新闻出版总署指定的报刊进口经营单位办理订购。国内个人订户应通过所在单位办理订购。而可以订购限定发行范围的进口报刊、图书的国内单位订户须由新闻出版总署确定。国内单位订户订购限定发行范围的进口报刊、图书等，中央单位订户由所属中央各部委审批；地方单位订户经所在地省级新闻出版局审核后报送同级党委宣传部审批。获得批准的订户持申请书和有关批准文件，到指定的出版物进口经营单位办理订购。

2017年国家新闻出版广电总局和海关总署又发布《出版物进口备案管理办法》，对出版物进口实行备案制度。进口图书的，出版物进口经营单位应当事先将图书名称、出版机构、进口来源国家（地区）、作者等多项信息向省级以上出版行政部门申报办理进口备案手续，行政部门于20日内完成准予备案手续出具通关函，海关凭函放行。进口报纸、期刊的，出版物进口经营单位应当按照《订户订购进口出版物管理办法》的要求，履行审批手续，海关凭批准文件放行。出版物进口经营单位进口报刊后，每季度报“总局”备案，同时抄送所在地省级出版行政部门。通过信息网络进口到境内的境外数字文献数据库，必须由国务院出版行政部门批准的有境外数字文献数据库网络进口资质的出版物进口经营单位进口。出版物进口经营单位进口境外数字文献数据库后，于每年年末报“总局”备案。

（三）境外电影、电视节目引进、播出

《电影管理条例》规定，电影进口业务由国务院广电行政部门指定电影进口经营单位经营；未经指定，任何单位或者个人不得经营电影进口业务。进口供公映的影片，进口前应当报送电影审查机构审查。

《广播电视管理条例》规定，用于电台、电视台播放的境外电影、电视剧，必须经国务院广播电视行政部门审查批准。用于电台、电视台播放的境外其他广播电视节目，必

须经国务院广播电视行政部门或者其授权的机构审查批准。电台、电视台以卫星等传输方式进口、转播境外广播电视节目，必须经国务院广播电视行政部门批准。据此，1994年广电部发布《关于引进、播出境外电视节目的管理规定》。2004年广电总局又发布《境外电视节目引进、播出管理规定》，前一“规定”失效。

允许引进的境外电视节目包括供电视台播出的境外电影、电视剧及教育、科学、文化等其他各类电视节目。

引进境外影视剧和以卫星传送方式引进其他境外电视节目，由引进单位向省级广电行政部门提出申请，并提交合同、版权证明等必需的材料，省级广电部门在法定期限内提出初审意见，报广电总局审批，其中影视剧需组织专家评审，广电总局在法定期限内作出同意或不同意的决定，对同意的，发给电视剧发行许可证或接收卫星传送的电视节目许可证。

以普通方式引进其他境外电视节目，由省级广电部门审批；如内容涉及重大、敏感题材，报广电总局审批。

“管理规定”重申了引进节目中不得有法律、法规所禁止的各项内容。还规定经批准引进的其他境外电视节目，应当重新包装、编辑，不得直接作为栏目在固定时段播出。节目中不得出现境外频道台标或相关文字的画面，不得出现宣传境外媒体频道的广告等类似内容。

批准引进的影视剧播出时间、时段也有限制，见第七章第二节。

《广播电视管理条例》对播放未经批准的境外电影、电视剧和其他广播电视节目的行为规定了罚则。

（四）境外卫星电视入境

1990年国务院发布行政法规《卫星地面接收设施接收外国卫星传送电视节目管理办法》，就使用卫星地面接收设施接受外国电视作出规定。申请设置卫星地面设施接收境外电视节目，限于三类单位：（1）级别较高、规模较大的教育、科研、新闻、金融、经贸等确因业务工作需要的单位；（2）三星级或国家标准二级以上的涉外宾馆；（3）专供外国人和港、澳、台人士办公或居住的公寓等。申请设置者须向当地县级以上广电部门申请，经地、市级广电部门和国家安全部门签署意见后，报所在省、自治区、直辖市广电部门审批。凭批准证明购买卫星地面接收设施。安装经检验合格，由省级广电部门发给接收卫星传送境内电视节目许可证，并报国务院广电部门和国家安全部门备案。

获得许可的单位必须严格按照许可证载明的接收外国卫星传送的电视节目的接收目的、接收内容、接收方位、接收方式和收视对象的范围等要求，接收和使用外国电视节目；只允许在本单位业务工作中使用。严禁将所接收的外国卫星传送的电视节目在国内电视台、有线电视台、录像放映点播放或者以其他方式进行传播。

境外卫星电视在我国境内落地许可，由《国务院对确需保留的行政审批项目设定行政许可的决定》第308项设定。广电总局于2004年发布《境外卫星电视频道落地管理办法》。

该“办法”规定，经广电总局批准，境外卫星电视频道可以在三星级以上涉外宾馆饭店、专供境外人士办公居住的涉外公寓等规定的范围及其他特定的范围落地。申请落地的境外卫星电视频道，所播放的内容不得违反中国法律、法规、规章的规定；在本国或本地区须为合法电视媒体；具备与中国广播电视互利互惠合作的综合实力，承诺并积极协助中国广电节目在境外落地；对中国友好，与中国有长期友好的广播电视交流和合作；同意通过广电总局指定的机构统一定向传送其频道节目，承诺不通过其他途径在中国境内落地；同意并委托指定机构独家代理在中国境内落地的所有相关事宜。

对于一个境外广播电视机构，原则上只批准其所属的一个卫星电视频道在规定的范围内落地；原则上不批准新闻类境外卫星电视频道在境内落地；不批准境内广播电视机构及其他单位、个人在境外开办、合办的卫星电视频道在境内落地。

“办法”详列了批准落地的电视频道禁止播放的违法违规内容。如发现播出这些内容，广电总局指定定向传送节目的机构应该即时停止违规内容的传送。

概念和思考题

思考题：

1. 我国对外国驻华新闻机构和来华记者怎样管理？
2. 我国对港澳到内地、台湾到祖国大陆采访的记者怎样管理？
3. 我国有哪些与传媒业相关行业可以与外商合资、合作？
4. 我国怎样控制境外传媒内容入境？

附　录

主要法律、行政法规、部门规章和各类文件

中华人民共和国宪法，1982 年 12 月 4 日第五届全国人民代表大会第五次会议通过；根据 1988 年 4 月 12 日第七届全国人民代表大会第一次会议通过的《中华人民共和国宪法修正案》、1993 年 3 月 29 日第八届全国人民代表大会第一次会议通过的《中华人民共和国宪法修正案》、1999 年 3 月 15 日第九届全国人民代表大会第二次会议通过的《中华人民共和国宪法修正案》、2004 年 3 月 14 日第十届全国人民代表大会第二次会议通过的《中华人民共和国宪法修正案》和 2018 年 3 月 11 日第十三届全国人民代表大会第一次会议通过的《中华人民共和国宪法修正案》修正。

基本法律、法律和全国人大常委会决定

1. 宪法有关法部门

中华人民共和国立法法，2000 年 3 月 15 日第九届全国人民代表大会第三次会议通过；2015 年 3 月 15 日第十二届全国人民代表大会第三次会议修正。

中华人民共和国国家安全法，2015 年 7 月 1 日第十二届全国人民代表大会常务委员会第十五次会议通过。

中华人民共和国英雄烈士保护法，2018 年 4 月 27 日第十三届全国人民代表大会常务委员会第二次会议通过。

2. 民法商法部门

中华人民共和国民法典，2020 年 5 月 28 日第十三届全国人民代表大会第三次会议通过。

* 中华人民共和国民法总则，2017 年 3 月 15 日第十二届全国人民代表大会第五次会议通过。

＊中华人民共和国民法通则，1986年4月12日第六届全国人民代表大会第四次会议通过，2009年8月27日第十一届全国人民代表大会常务委员会第十次会议修正。

＊中华人民共和国合同法，1999年3月15日第九届全国人民代表大会第二次会议通过。

＊中华人民共和国侵权责任法，2009年12月26日第十一届全国人民代表大会常务委员会第十二次会议通过。

中华人民共和国著作权法，1990年9月7日第七届全国人民代表大会常务委员会第十五次会议通过；2001年10月27日第九届全国人民代表大会常务委员会第二十四次会议第一次修正；2010年2月26日第十一届全国人民代表大会常务委员会第十三次会议第二次修正；2020年11月11日第十三届全国人民代表大会常务委员会第二十三次会议第三次修正。

中华人民共和国公司法，1993年12月29日第八届全国人民代表大会常务委员会第五次会议通过；1999年12月25日第九届全国人民代表大会常务委员会第十三次会议第一次修正；2004年8月28日第十届全国人民代表大会常务委员会第十一次会议第二次修正；2005年10月27日第十届全国人民代表大会常务委员会第十八次会议修订；2013年12月28日第十二届全国人民代表大会常务委员会第六次会议第三次修正；2018年10月26日第十三届全国人民代表大会常务委员会第六次会议第四次修正。

中华人民共和国证券法，1998年12月29日第九届全国人民代表大会常务委员会第六次会议通过；2004年8月28日第十届全国人民代表大会常务委员会第十一次会议第一次修正；2005年10月27日第十届全国人民代表大会常务委员会第十八次会议第一次修订；2013年6月29日第十二届全国人民代表大会常务委员会第三次会议第二次修正；2014年8月31日第十二届全国人民代表大会常务委员会第十次会议第三次修正；2019年12月28日第十三届全国人民代表大会常务委员会第十五次会议第二次修订。

中华人民共和国电子商务法，2018年8月31日第十三届全国人民代表大会常务委员会第五次会议通过。

3. 行政法部门

中华人民共和国行政处罚法，1996年3月17日第八届全国人民代表大会第四次会议通过；2009年8月27日第十一届全国人民代表大会常务委员会第十次会议第一次修正；2017年9月1日第十二届全国人民代表大会常务委员会第二十九次会议第二次修正；2021年1月22日第十三届全国人民代表大会常务委员会第二十五次会议修订。

中华人民共和国行政强制法，2011年6月30日第十一届全国人民代表大会常务委员会第二十一次会议通过。

中华人民共和国行政许可法，2003年8月27日第十届全国人民代表大会常务委员会第四次会议通过；2019年4月23日第十三届全国人民代表大会常务委员会第十次会议修正。

中华人民共和国监察法，2018年3月20日第十三届全国人民代表大会第一次会议通过。

＊中华人民共和国国家安全法，1993年2月22日第七届全国人民代表大会常务委员会第三十次会议通过；2009年8月27日第十一届全国人民代表大会常务委员会第十次会

议修正。

中华人民共和国保守国家秘密法，1988 年 9 月 5 日第七届全国人民代表大会常务委员会第三次会议通过；2010 年 4 月 29 日第十一届全国人民代表大会常务委员会第十四次会议修订。

中华人民共和国治安管理处罚法，2005 年 8 月 28 日第十届全国人民代表大会常务委员会第十七次会议通过；2012 年 10 月 26 日第十一届全国人民代表大会常务委员会第二十九次会议修正。

中华人民共和国突发事件应对法，2007 年 8 月 30 日第十届全国人民代表大会常务委员会第二十九次会议通过。

中华人民共和国反恐怖主义法，2015 年 12 月 27 日第十二届全国人民代表大会常务委员会第十八次会议通过；2018 年 4 月 27 日第十三届全国人民代表大会常务委员会第二次会议修正。

中华人民共和国防震减灾法，1997 年 12 月 29 日第八届全国人民代表大会常务委员会第二十九次会议通过；2008 年 12 月 27 日第十一届全国人民代表大会常务委员会第六次会议修订。

中华人民共和国传染病防治法，1989 年 2 月 21 日第七届全国人民代表大会常务委员会第六次会议通过；2004 年 8 月 28 日第十届全国人民代表大会常务委员会第十一次会议修订；2013 年 6 月 29 日第十二届全国人民代表大会常务委员会第三次会议修正。

中华人民共和国食品安全法，2009 年 2 月 28 日第十一届全国人民代表大会常务委员会第七次会议通过；2015 年 4 月 24 日第十二届全国人民代表大会常务委员会第十四次会议修订；2018 年 12 月 29 日第十三届全国人民代表大会常务委员会第七次会议第一次修正；2021 年 4 月 29 日第十三届全国人民代表大会常务委员会第二十八次会议第二次修正。

中华人民共和国核安全法，2017 年 9 月 1 日第十二届全国人民代表大会常务委员会第二十九次会议通过。

中华人民共和国环境保护法，1989 年 12 月 26 日第七届全国人民代表大会常务委员会第十一次会议通过；2014 年 4 月 24 日第十二届全国人民代表大会常务委员会第八次会议修订。

中华人民共和国气象法，1999 年 10 月 31 日第九届全国人民代表大会常务委员会第十二次会议通过；2009 年 8 月 27 日第十一届全国人民代表大会常务委员会第十次会议第一次修正；2014 年 8 月 31 日第十二届全国人民代表大会常务委员会第十次会议第二次修正；2016 年 11 月 7 日第十二届全国人民代表大会常务委员会第二十四次会议第三次修正。

中华人民共和国测绘法，1992 年 12 月 28 日第七届全国人民代表大会常务委员会第二十九次会议通过；2002 年 8 月 29 日第九届全国人民代表大会常务委员会第二十九次会议第一次修订；2017 年 4 月 27 日第十二届全国人民代表大会常务委员会第二十七次会议第二次修订。

中华人民共和国国家通用语言文字法，2000 年 10 月 31 日第九届全国人民代表大会常务委员会第十八次会议通过。

中华人民共和国电影产业促进法，2016年11月7日第十二届全国人民代表大会常务委员会第二十四次会议通过。

中华人民共和国公共文化服务保障法，2016年12月25日第十二届全国人民代表大会常务委员会第二十五次会议通过。

全国人民代表大会常务委员会关于惩治走私、制作、贩卖、传播淫秽物品的犯罪分子的决定，1990年12月28日第七届全国人民代表大会常务委员会第十七次会议通过；2009年8月27日第十一届全国人民代表大会常务委员会第十次会议修正。（本决定有关行政处罚和行政措施的规定继续有效；有关刑事责任的规定已纳入刑法，自刑法施行之日起，适用刑法规定。）

全国人民代表大会常务委员会关于取缔邪教组织、防范和惩治邪教活动的决定，1999年10月30日第九届全国人民代表大会常务委员会第十二次会议通过。

全国人民代表大会常务委员会关于维护互联网安全的决定，2000年12月28日第九届全国人民代表大会常务委员会第十九次会议通过；2009年8月27日第十一届全国人民代表大会常务委员会第十次会议修正。

全国人民代表大会常务委员会关于加强网络信息保护的决定，2012年12月28日第十一届全国人民代表大会常务委员会第三十次会议通过。

4. 经济法部门

中华人民共和国统计法，1983年12月8日第六届全国人民代表大会常务委员会第三次会议通过；1996年5月15日第八届全国人民代表大会常务委员会第十九次会议修正；2009年6月27日第十一届全国人民代表大会常务委员会第九次会议修订。

中华人民共和国反不正当竞争法，1993年9月2日第八届全国人民代表大会常务委员会第三次会议通过；2017年11月4日第十二届全国人民代表大会常务委员会第三十次会议修订；2019年4月23日第十三届全国人民代表大会常务委员会第十次会议修正。

中华人民共和国反垄断法，2007年8月30日第十届全国人民代表大会常务委员会第二十九次会议通过。

中华人民共和国广告法，1994年10月27日第八届全国人民代表大会常务委员会第十次会议通过；2015年4月24日第十二届全国人民代表大会常务委员会第十四次会议修订；2018年10月26日第十三届全国人民代表大会常务委员会第六次会议第一次修正；2021年4月29日第十三届全国人民代表大会常务委员会第二十八次会议第二次修正。

中华人民共和国消费者权益保护法，1993年10月31日第八届全国人民代表大会常务委员会第四次会议通过；2009年8月27日第十一届全国人民代表大会常务委员会第十次会议第一次修正；2013年10月25日第十二届全国人民代表大会常务委员会第五次会议第二次修正。

中华人民共和国网络安全法，2016年11月7日第十二届全国人民代表大会常务委员会第二十四次会议通过。

中华人民共和国外商投资法，2019年3月15日第十三届全国人民代表大会第二次会议通过。

中华人民共和国数据安全法，2021 年 6 月 10 日第十三届全国人民代表大会常务委员会第二十九次会议通过。

中华人民共和国个人信息保护法，2021 年 8 月 20 日第十三届全国人民代表大会常务委员会第三十次会议通过。

5. 社会法部门

中华人民共和国未成年人保护法，1991 年 9 月 4 日第七届全国人民代表大会常务委员会第二十一次会议通过；2006 年 12 月 29 日第十届全国人民代表大会常务委员会第二十五次会议第一次修订；2012 年 10 月 26 日第十一届全国人民代表大会常务委员会第二十九次会议修正；2020 年 10 月 17 日第十三届全国人民代表大会常务委员会第二十二次会议第二次修订。

中华人民共和国预防未成年人犯罪法，1999 年 6 月 28 日第九届全国人民代表大会常务委员会第十次会议通过；2012 年 10 月 26 日第十一届全国人民代表大会常务委员会第二十九次会议修正；2020 年 12 月 26 日第十三届全国人民代表大会常务委员会第二十四次会议修订。

中华人民共和国妇女权益保障法，1992 年 4 月 3 日第七届全国人民代表大会第五次会议通过；2005 年 8 月 28 日第十届全国人民代表大会常务委员会第十七次会议第一次修正；2018 年 10 月 26 日第十三届全国人民代表大会常务委员会第六次会议第二次修正。

6. 刑法部门

中华人民共和国刑法，1979 年 7 月 1 日第五届全国人民代表大会第二次会议通过；1997 年 3 月 14 日第八届全国人民代表大会第五次会议修订；1999 年 12 月 25 日第九届全国人民代表大会常务委员会第十三次会议第一次修正（修正案一）；2001 年 8 月 31 日第九届全国人民代表大会常务委员会第二十三次会议第二次修正（修正案二）；2001 年 12 月 29 日第九届全国人民代表大会常务委员会第二十五次会议第三次修正（修正案三）；2002 年 12 月 28 日第九届全国人民代表大会常务委员会第三十一次会议第四次修正（修正案四）；2005 年 2 月 28 日第十届全国人民代表大会常务委员会第十四次会议第五次修正（修正案五）；2006 年 6 月 29 日第十届全国人民代表大会常务委员会第二十二次会议第六次修正（修正案六）；2009 年 2 月 28 日第十一届全国人民代表大会常务委员会第七次会议第七次修正（修正案七）；2011 年 2 月 25 日第十一届全国人民代表大会常务委员会第十九次会议第八次修正（修正案八）；2015 年 8 月 29 日第十二届全国人民代表大会常务委员会第十六次会议第九次修正（修正案九）；2017 年 11 月 4 日第十二届全国人民代表大会常务委员会第三十次会议第十次修正（修正案十）；2020 年 12 月 26 日第十三届全国人民代表大会常务委员会第二十四次会议第十一次修正（修正案十一）。

7. 诉讼和非诉讼程序法部门

中华人民共和国民事诉讼法，1991 年 4 月 9 日第七届全国人民代表大会第四次会议通过；2007 年 10 月 28 日第十届全国人民代表大会常务委员会第三十次会议第一次修正；2012 年 8 月 31 日第十一届全国人民代表大会常务委员会第二十八次会议第二次修正；2017 年 6 月 27 日第十二届全国人民代表大会常务委员会第二十八次会议第三次修正；2021 年 12 月 24 日第十三届全国人民代表大会常务委员会第三十二次会议第四次修正。

中华人民共和国刑事诉讼法，1979年7月1日第五届全国人民代表大会第二次会议通过；1996年3月17日第八届全国人民代表大会第四次会议第一次修正；2012年3月14日第十一届全国人民代表大会第五次会议第二次修正；2018年10月26日第十三届全国人民代表大会常务委员会第六次会议第三次修正。

中华人民共和国行政诉讼法，1989年4月4日第七届全国人民代表大会第二次会议通过；2014年11月1日第十二届全国人民代表大会常务委员会第十一次会议第一次修正；2017年6月27日第十二届全国人民代表大会常务委员会第二十八次会议第二次修正。

行政法规和国务院决定

中华人民共和国政府信息公开条例，2007年4月5日国务院令第492号发布；2019年4月3日中华人民共和国国务院令第711号修订。

中华人民共和国保守国家秘密法实施条例，2014年1月17日国务院令第646号公布。

关键信息基础设施安全保护条例，2021年7月30日国务院令第745号公布。

*国务院关于严禁淫秽物品的规定，1985年4月17日国务院国发［1985］57号发布。

广告管理条例，1987年10月26日国务院国发［1987］94号发布。

地震预报管理条例，1998年12月17日国务院令第255号发布。

破坏性地震应急条例，1995年2月11日国务院令第172号发布；2011年1月8日国务院令第588号修订。

突发公共卫生事件应急条例，2003年5月9日国务院令第376号公布；2011年1月8日国务院令第588号修订。

核电厂核事故应急管理条例，1993年8月4日国务院令第124号发布；2011年1月8日国务院令第588号修订。

证券、期货投资咨询管理暂行办法，国务院1997年11月30日批准，国务院证券委员会1997年12月25日发布。

证券公司监督管理条例，2008年4月23日国务院令第522号公布；2014年7月29日修订。

期货交易管理条例，2007年3月6日国务院令第489号公布；2012年10月24日、2013年7月18日、2016年2月6日、2017年3月1日四次修订。

气象灾害防御条例，2010年1月27日国务院令第570号公布；2017年10月7日国务院令第687号修订。

中华人民共和国测绘成果管理条例，2006年5月27日国务院令第469号公布。

地图管理条例，2015年11月26日国务院令第664号公布。

电影管理条例，2001年12月25日国务院令第342号公布。

出版管理条例，2001年12月25日国务院令第343号公布；2011年3月19日、2013年7月18日、2014年7月29日、2016年2月6日、2020年11月29日五次修订。

音像制品管理条例，2001 年 12 月 25 日国务院令第 341 号公布；2011 年 3 月 19 日、2013 年 12 月 7 日、2016 年 2 月 6 日、2020 年 11 月 29 日四次修订。

广播电视管理条例，1997 年 8 月 11 日国务院令第 228 号公布；2013 年 12 月 7 日、2017 年 3 月 1 日、2020 年 11 月 29 日三次修订。

有线电视管理暂行办法，1990 年 11 月 2 日国务院批准、1990 年 11 月 16 日广播电影电视部令第 2 号发布；2011 年 1 月 8 日国务院令第 588 号第一次修订；2018 年 9 月 18 日国务院令第 703 号第二次修订。

中华人民共和国电信条例，2000 年 9 月 25 日国务院令第 291 号公布；2014 年 7 月 29 日国务院令第 653 号第一次修订；2016 年 2 月 6 日国务院令第 666 号第二次修订。

中华人民共和国无线电管理条例，1993 年 9 月 11 日国务院、中央军事委员会令第 128 号发布；2016 年 11 月 11 日国务院、中央军事委员会令第 672 号修订。

卫星地面接收设施接收外国卫星传送电视节目管理办法，1990 年 4 月 9 日国务院批准，1990 年 5 月 28 日广播电影电视部、公安部、国家安全部令第 1 号发布；2018 年 9 月 18 日国务院令第 703 号修订。

卫星电视广播地面接收设施管理规定，1993 年 10 月 5 日国务院令第 129 号公布；2013 年 7 月 18 日国务院令第 638 号第一次修订；2018 年 9 月 18 日国务院令第 703 号第二次修订。

广播电视设施保护条例，2000 年 11 月 5 日国务院令第 295 号公布。

广播电台电视台播放录音制品支付报酬暂行办法，2009 年 11 月 10 日国务院令第 566 号公布；2011 年 1 月 8 日国务院令第 588 号修订。

中华人民共和国计算机信息系统安全保护条例，1994 年 2 月 18 日国务院令第 147 号发布；2011 年 1 月 8 日国务院令第 588 号修订。

中华人民共和国计算机信息网络国际联网管理暂行规定，1996 年 2 月 1 日国务院令第 195 号发布；1997 年 5 月 20 日国务院令第 218 号修正。

计算机信息网络国际联网安全保护管理办法，1997 年 12 月 11 日国务院批准、1997 年 12 月 16 日公安部令第 33 号发布；2011 年 1 月 8 日国务院令第 588 号修订。

互联网信息服务管理办法，2000 年 9 月 25 日国务院令第 292 号公布；2011 年 1 月 8 日国务院令第 588 号修订。

计算机软件保护条例，2001 年 12 月 20 日国务院令第 339 号公布；2011 年 1 月 8 日国务院令第 588 号第一次修订；2013 年 1 月 30 日国务院令第 632 号第二次修订。

中华人民共和国著作权法实施条例，2002 年 8 月 2 日国务院令第 359 号公布；2011 年 1 月 8 日国务院令第 588 号第一次修订；2013 年 1 月 30 日国务院令第 633 号第二次修订。

信息网络传播权保护条例，2006 年 5 月 18 日国务院令第 468 号公布；2013 年 1 月 30 日国务院令第 634 号修订。

中华人民共和国外国常驻新闻机构和外国记者采访条例，2008 年 10 月 17 日国务院令第 537 号公布。

外商投资电信企业管理规定，2001 年 12 月 11 日国务院令第 333 号公布；2008 年 9 月 10 日国务院令第 534 号第一次修订；2016 年 2 月 6 日国务院令第 666 号第二次修订。

国务院对确需保留的行政审批项目设定行政许可的决定，2004年6月29日国务院令第412号发布；2009年1月29日国务院令第548号第一次修订；2016年8月25日国务院令第671号第二次修订。

国务院关于非公有资本进入文化产业的若干决定，2005年4月13日国发［2005］10号文件。

国务院关于授权国家互联网信息办公室负责互联网信息内容管理工作的通知，2014年8月26日国发［2014］33号文件。

司法解释和司法工作文件

最高人民法院关于司法解释工作的规定，2007年3月23日（法发［2007］12号）；2021年6月9日（法发［2021］20号）修改。

中华人民共和国人民法院法庭规则，2016年4月13日（法释［2016］7号）。

最高人民法院关于严格执行公开审判制度的若干规定，1999年3月8日（法发［1999］3号）。

最高人民法院关于加强人民法院审判公开工作的若干意见，2007年6月4日（法发［2007］20号）。

最高人民法院关于司法公开的六项规定，2009年12月8日（法发［2009］58号）。

最高人民法院关于人民法院接受新闻媒体舆论监督的若干规定，2009年12月8日（法发［2009］58号）。

*最高人民法院关于人民法院在互联网公布裁判文书的规定，2010年11月21日（法发［2010］48号）。

*最高人民法院关于人民法院在互联网公布裁判文书的规定，2013年11月21日（法释［2013］26号）。

最高人民法院关于推进司法公开三大平台建设的若干意见，2013年11月21日（法发［2013］13号）。

最高人民法院关于人民法院庭审录音录像的若干规定，2017年2月22日（法释［2017］5号）。

最高人民法院关于人民法院在互联网公布裁判文书的规定，2016年8月29日（法释［2016］19号）。

最高人民法院关于全面推进以审判为中心的刑事诉讼制度改革的实施意见，2017年2月17日（法发［2017］5号）。

最高人民法院关于人民法院通过互联网公开审判流程信息的规定，2018年3月4日（法释［2018］7号）。

最高人民法院关于进一步深化司法公开的意见，2018年11月20日（法发［2018］20号）。

最高人民法院关于互联网法院审理案件若干问题的规定，2018年9月6日（法释［2018］16号）。

最高人民法院关于审理为境外窃取、刺探、收买、非法提供国家秘密、情报案件具体应用法律若干问题的解释，2001 年 1 月 17 日发布（法释［2001］4 号）。

最高人民法院关于审理非法出版物刑事案件具体应用法律若干问题的解释，1998 年 12 月 17 日发布（法释［1998］30 号）。

最高人民法院、最高人民检察院、公安部、司法部关于办理恐怖活动和极端主义犯罪案件适用法律若干问题的意见，2018 年 3 月 16 日（高检会［2018］1 号）。

最高人民法院、最高人民检察院关于办理利用互联网、移动通讯终端、声讯台制作、复制、出版、贩卖、传播淫秽电子信息刑事案件具体应用法律若干问题的解释，2004 年 9 月 3 日（法释［2004］11 号）。

最高人民法院、最高人民检察院关于办理利用互联网、移动通讯终端、声讯台制作、复制、出版、贩卖、传播淫秽电子信息刑事案件具体应用法律若干问题的解释（二），2010 年 2 月 2 日（法释［2010］3 号）。

最高人民法院、最高人民检察院关于办理利用信息网络实施诽谤等刑事案件适用法律若干问题的解释，2013 年 9 月 6 日（法释［2013］21 号）。

最高人民法院关于审理编造、故意传播虚假恐怖信息刑事案件适用法律若干问题的解释，2013 年 9 月 18 日（法释［2013］24 号）。

最高人民法院、最高人民检察院关于办理组织、利用邪教组织破坏法律实施等刑事案件适用法律若干问题的解释，2017 年 1 月 25 日（法释［2017］3 号）。

＊最高人民法院关于贯彻执行《中华人民共和国民法通则》若干问题的意见（试行），1988 年 1 月 26 日通过。

＊最高人民法院关于审理名誉权案件若干问题的解答，1993 年 6 月 15 日通过。

＊最高人民法院关于审理名誉权案件若干问题的解释，1998 年 7 月 14 日通过。

最高人民法院关于确定民事侵权精神损害赔偿责任若干问题的解释，2001 年 2 月 26 日通过（法释［2001］7 号）；2020 年 12 月 23 日修正（法释［2020］17 号）。

最高人民法院关于审理利用信息网络侵害人身权益民事纠纷案件适用法律若干问题的规定，2014 年 6 月 23 日通过（法释［2014］11 号）；2020 年 12 月 23 日修正（法释［2020］17 号）。

最高人民法院关于审理非法出版物刑事案件具体应用法律若干问题的解释，1998 年 12 月 11 日通过（法释［1998］30 号）。

最高人民法院、最高人民检察院关于办理利用信息网络实施诽谤等刑事案件适用法律若干问题的解释，2013 年 9 月 6 日发布（法释［2013］21 号）。

最高人民法院、最高人民检察院关于办理侵犯公民个人信息刑事案件适用法律若干问题的解释，2017 年 5 月 8 日发布（法释［2017］10 号）。

最高人民法院关于审理侵害信息网络传播权民事纠纷案件适用法律若干问题的规定，2012 年 11 月 26 日通过（法释［2012］20 号）；2020 年 12 月 23 日修正（法释［2020］19 号）。

＊最高人民法院关于适用《中华人民共和国民事诉讼法》若干问题的意见，1992 年 7 月 14 日通过（法发［1992］22 号）。

最高人民法院关于适用《中华人民共和国民事诉讼法》的解释，2014 年 12 月 18 日通过（法释［2015］5号）；2020年12月23日修正（法释［2020］20号）。

最高人民法院关于民事诉讼证据的若干规定，2001年12月6日通过；2019年10月14日修正（法释［2019］19号）。

最高人民法院关于审理著作权民事纠纷案件适用法律若干问题的解释，2002年10月12日通过；2020年12月23日修正（法释［2020］19号）。

民事案件案由规定，2020年12月29日最高人民法院公布（法［2020］347号）。

部门规章

国家秘密定密管理暂行规定，2014年3月9日国家保密局令第1号发布。

新闻出版保密规定，1992年6月13日国家保密局、中央对外宣传小组、新闻出版署、广播电影电视部国保［1992］34号文件。

计算机信息系统保密管理暂行规定，1998年2月26日国家保密局国保发［1998］1号文件。

计算机信息系统国际联网保密管理规定，1999年12月27日国家保密局国保发［1999］10号文件。

上市公司信息披露管理办法，2021年3月18日中国证券监督管理委员会令第182号发布。

关于加强证券期货信息传播管理的若干规定，1997年12月12日证监会、新闻出版署、邮电部、广电部等证监［1997］17号文件。

关于认定淫秽及色情出版物的暂行规定，1988年12月27日新闻出版署［88］新出办字第1512号文件。

报纸出版管理规定，2005年9月30日新闻出版总署令第32号公布。

期刊出版管理规定，2005年9月30日新闻出版总署令第31号公布；2017年12月11日修正。

电子出版物出版管理规定，2008年2月21日新闻出版总署令第34号公布；2015年8月28日修正。

*新闻记者证管理办法，2005年1月10日新闻出版总署令第28号发布。

新闻记者证管理办法，2009年8月24日新闻出版总署令第44号发布。

新闻出版许可证管理办法，2016年1月24日国家新闻出版广电总局令第4号发布；2017年12月11日修正。

内部资料性出版物管理办法，2015年2月10日国家新闻出版广电总局令第2号发布。

出版物市场管理规定，2016年5月31日国家新闻出版广电总局、商务部令第10号发布。

《卫星电视广播地面接收设施管理规定》实施细则，1994年2月3日广播电影电视部令第11号发布；2021年10月9日修订。

广播电视编辑记者、播音员主持人资格管理暂行规定，2004年6月18日国家广播电影电视总局令第26号发布。

广播电视安全播出管理规定，2009年12月16日国家广播电影电视总局令第62号发布；2016年5月4日第一次修订；2021年3月23日第二次修订。

广播电台电视台审批管理办法，2004年8月18日国家广播电影电视总局令第37号发布；2017年12月11日国家新闻出版广电总局令第13号修正。

广播电视无线传输覆盖网管理办法，2004年11月15日国家广播电影电视总局令第45号发布；2021年3月23日修订。

广播电视设备器材入网认定管理办法，2018年7月16日国家广播电视总局令第1号发布；2021年10月8日修订。

广播电视站审批管理暂行规定，2004年7月6日国家广播电影电视总局令第32号发布。

有线广播电视运营服务管理暂行规定，2011年12月2日国家广播电影电视总局令第67号发布；2021年3月23日修订。

群众参与的广播电视直播节目管理暂行办法，1999年12月2日国家广播电影电视总局广发编字［1999］746号文件。

＊电视剧管理规定，2000年6月15日国家广播电影电视总局令第2号发布。

电视剧内容管理规定，2010年5月14日国家广播电影电视总局令第63号发布；2016年5月4日国家新闻出版广电总局令第8号修正。

电影剧本（梗概）备案、电影片管理规定，2006年5月22日国家广播电影电视总局令第52号发布；2017年12月11日国家新闻出版广电总局令第13号修正。

广播电视节目制作经营管理规定，2004年7月19日国家广播电影电视总局令第34号发布；2015年8月28日国家新闻出版广电总局令第3号修订。

印刷品承印管理规定，2003年7月18日新闻出版总署、公安部令第19号发布。

印刷业经营者资格条件暂行规定，2001年11月9日新闻出版总署令第15号发布；2015年8月28日国家新闻出版广电总局令第3号第一次修正；2017年12月11日国家新闻出版广电总局令第13号第二次修正。

出版物市场管理规定，2016年5月31日国家新闻出版广电总局、商务部令第10号发布。

网络安全审查办法，2021年12月28日国家互联网信息办公室、国家发展和改革委员会、工业和信息化部、公安部、国家安全部、财政部、商务部、中国人民银行、国家市场监督管理总局、国家广播电视总局、证券监督管理委员会、国家保密局、国家密码管理局令第8号联合发布。

＊互联网新闻信息服务管理规定，2005年9月25日国务院新闻办公室、信息产业部令第37号公布。

互联网新闻信息服务管理规定，2017年5月2日国家互联网信息办公室令第1号发布。

互联网域名管理办法，2017年8月24日工业和信息化部令第43号发布。

电信和互联网用户个人信息保护规定，2013年7月16日工业和信息化部令第24号公布。

规范互联网信息服务市场秩序若干规定，2011年12月29日工业和信息化部令第20号公布。

＊互联网出版管理暂行规定，2002年6月27日新闻出版总署、信息产业部令第17号公布。

网络出版服务管理规定，2016年2月4日国家新闻出版广电总局、工业和信息化部令第5号发布。

互联网视听节目服务管理规定，2007年12月20日国家广播电影电视总局、信息产业部令第56号发布；2015年8月28日国家新闻出版广电总局令第3号修订。

＊互联网等信息网络传播视听节目管理办法，2004年7月6日国家广播电影电视总局令第39号发布；2015年8月28日国家新闻出版广电总局令第3号修订。

专网及定向传播视听节目服务管理规定，2016年4月25日国家新闻出版广电总局令第6号发布；2021年3月23日国家广播电视总局令第8号修订。

外国机构在中国境内提供金融信息服务管理规定，2009年4月30日国务院新闻办公室、商务部、国家工商行政管理总局令第7号公布。

互联网文化管理暂行规定，2011年2月17日文化部令第51号发布；2017年12月15日文化部令第57号修订。

电话用户真实身份信息登记规定，2013年7月16日工业和信息化部令第25号发布。

＊报刊记者站管理办法，2009年8月6日新闻出版总署令第43号发布。

新闻单位驻地方机构管理办法（试行），2016年12月30日国家新闻出版广电总局令第11号公布。

网络表演经营活动管理办法，文化部2016年12月2日文市发［2016］33号文件。

公安机关互联网安全监督检查规定，2018年9月15日公安部令第151号发布。

互联网广告管理暂行办法，2016年7月4日国家工商行政管理总局令第87号公布。

互联网宗教信息服务管理办法，2021年12月3日国家宗教事务局、国家网信办、工信部、公安部、国家安全部令第17号发布。

互联网信息服务算法推荐管理规定，2021年12月31日国家网信办、工信部、公安部、国家市场监管总局令第9号发布。

香港澳门记者在内地采访办法，2009年2月6日国务院港澳事务办公室发布。

台湾记者在祖国大陆采访办法，2008年11月1日国务院台湾事务办公室发布。

出版物进口备案管理办法，2017年1月22日国家新闻出版广电总局、海关总署令第12号发布。

进口影片管理办法，1981年10月13日文化部、海关总署发布。

中外合作摄制电影片管理规定，2004年7月6日国家广播电影电视总局令第31号发布；2016年5月4日、2017年12月11日修订。

中外合作制作电视剧管理规定，2004年9月21日国家广播电影电视总局令第41号发布。

境外电视节目引进、播出管理规定，2004年9月23日国家广播电影电视总局令第42号发布。

境外卫星电视频道落地管理办法，2004年6月18日国家广播电影电视总局令第27

号发布。

部门规范性文件

政府信息公开信息处理费管理办法，2020 年 11 月 17 日国务院办公厅国办函〔2020〕109 号文件。

关于禁止有偿新闻的若干规定，1997 年 1 月 15 日中共中央宣传部、广播电影电视部、新闻出版署、中华全国新闻工作者协会中宣发〔1997〕2 号文件。

报纸期刊审读暂行办法，2009 年 2 月 9 日新闻出版总署新出报刊〔2009〕126 号文件。

报纸期刊年度核验办法，2006 年 2 月 28 日新闻出版总署新出报刊〔2006〕213 号文件。

关于部分应取缔出版物认定标准的暂行规定，1989 年 11 月 3 日新闻出版署（89）新出政字第 1064 号文件。

关于出版单位的主办单位和主管单位职责的暂行规定，1993 年 6 月 29 日新闻出版署〔93〕801 号文件。

* 图书、期刊、音像制品、电子出版物重大选题备案办法，1997 年 10 月 10 日新闻出版署新出图〔1997〕860 号文件。

图书、期刊、音像制品、电子出版物重大选题备案办法，2019 年 10 月 25 日新闻出版署国新出发〔2019〕35 号文件。

关于认定淫秽与色情声讯的暂行规定，2005 年 1 月 31 日新闻出版总署新出法规〔2005〕61 号文件。

新闻从业人员职务行为信息管理办法，2014 年 6 月 30 日国家新闻出版广电总局新广出发〔2014〕75 号文件。

关于采取切实措施制止虚假报道的通知，2009 年 3 月 24 日新闻出版总署新出报刊〔2009〕290 号文件。

关于严防虚假新闻报道的若干规定，2011 年 10 月 14 日新闻出版总署新出政发〔2011〕14 号文件。

* 互联网站从事登载新闻业务管理暂行规定，2000 年 11 月 17 日国务院新闻办公室、信息产业部发布。

关于加强互联网视听节目内容管理的通知，2009 年 3 月 31 日国家广播电影电视总局发布。

关于进一步加强网络剧、微电影等网络视听节目管理的通知，2012 年 7 月 6 日国家广播电影电视总局、国家互联网信息办公室广发〔2012〕53 号文件。

关于进一步加强社会类、娱乐类新闻节目管理的通知，2016 年 8 月 4 日国家新闻出版广电总局发布。

关于进一步加强网络视听节目创作播出管理的通知，2017 年 5 月 16 日国家新闻出版广电总局新广电发〔2017〕104 号文件。

关于进一步规范网络视听节目传播秩序的通知，2018 年 3 月 16 日国家新闻出版广电总局办公厅新广电办发［2018］21号文件。

互联网用户账号名称管理规定，2015年2月4日国家互联网信息办公室发布。

互联网新闻信息服务单位约谈工作规定，2015年4月28日国家互联网信息办公室发布。

即时通信工具公众信息服务发展管理暂行规定，2014年8月7日国家互联网信息办公室发布。

互联网信息搜索服务管理规定，2016年6月25日国家互联网信息办公室发布。

移动互联网应用程序信息服务管理规定，2016年6月28日国家互联网信息办公室发布。

互联网直播服务管理规定，2016年11月4日国家互联网信息办公室发布。

关于加强网络视听节目直播服务管理有关问题的通知，2016年9月2日国家新闻出版广电总局新广电发［2016］172号文件。

互联网新闻信息服务许可管理实施细则，2017年5月22日国家互联网信息办公室发布。

互联网论坛社区服务管理规定，2017年8月25日国家互联网信息办公室发布。

互联网跟帖评论服务管理规定，2017年8月23日国家互联网信息办公室发布。

互联网群组信息服务管理规定，2017年9月7日国家互联网信息办公室发布。

互联网用户公众账号信息服务管理规定，2017年9月7日国家互联网信息办公室发布；2021年1月22日修订。

互联网新闻信息服务新技术新应用安全评估管理规定，2017年10月30日国家互联网信息办公室发布。

互联网新闻信息服务单位内容管理从业人员管理办法，2017年10月30日国家互联网信息办公室发布。

微博客信息服务管理规定，2018年2月2日国家互联网信息办公室发布。

具有舆论属性或社会动员能力的互联网信息服务安全评估规定，2018年11月15日国家互联网信息办公室、公安部发布。

云计算服务安全评估办法，2019年7月2日国家互联网信息办公室、国家发展和改革委员会、工业和信息化部、财政部发布（2019年第2号）。

网络音视频信息服务管理规定，2019年11月18日国家互联网信息办公室、文化和旅游部、国家广播电视总局国信办通字［2019］3号发布。

*关于发布《互联网视听节目服务业务分类目录（试行）》的通告，2010年3月17日国家广播电影电视总局通告第3号。

关于调整《互联网视听节目服务业务分类目录（试行）》的通告，2017年3月10日国家新闻出版广电总局［2017］1号文件。

关于进一步加强网络剧、微电影等网络视听节目管理的通知，2012年7月6日国家广播电影电视总局、国家互联网信息办公室广发［2012］53号文件。

关于加强网络直播规范管理工作的指导意见，2021年2月9日国家互联网信息办公室、全国“扫黄打非”工作小组办公室等七部门印发（国信办发文［2021］3号）。

App违法违规收集使用个人信息行为认定方法，2019年11月28日国家互联网信息办公室秘书局、工业和信息化部办公厅、公安部办公厅、国家市场监督管理总局办公厅印发（国信办秘字［2019］191号）。

常见类型移动互联网应用程序必要个人信息范围规定，2021年3月12日国家互联网信息办公室秘书局、工业和信息化部办公厅、公安部办公厅、国家市场监督管理总局办公厅印发（国信办秘字［2021］14号）。

关于进一步压实网站平台信息内容管理主体责任的意见，2021年9月15日国家互联网信息办公室发布。

关于加强互联网信息服务算法综合治理的指导意见，2021年9月17日国家互联网信息办公室、中宣部等九部门印发（国信办发文［2021］7号）。

香港、澳门新闻机构在内地设立常驻记者站及派遣常驻记者须知，2001年9月24日中华全国新闻工作者协会发布。

其他文件

国家突发公共事件总体应急预案，2006年1月8日国务院公布。

国家突发公共卫生事件应急预案，2006年2月26日国务院发布。

关于在全国检察机关实行“检务公开”的决定，1998年10月25日最高人民检察院高检发［1998］29号文件。

关于进一步深化人民检察院“检务公开”的意见，2006年6月26日最高人民检察院高检发［2006］8号文件。

关于新闻采编人员从业管理的规定（试行），2005年3月22日中共中央宣传部、国家广播电影电视总局、新闻出版总署发布。

＊关于促进广播影视产业发展的意见，2003年12月30日国家广播电影电视总局发布。

＊关于加快电影产业发展的若干意见，2004年1月8日国家广播电影电视总局发布。

关于加快广播电视有线网络发展的若干意见，2009年7月29日国家广播电影电视总局发布。

关于印发推进三网融合总体方案的通知，2010年1月21日国务院发布。

关于印发三网融合推广方案的通知，2015年8月25日国务院办公厅下发。

文化及相关产业分类，2004年4月1日国家统计局发布；2012年7月2日第一次修订；2018年4月2日第二次修订。

关于鼓励、支持和引导非公有制经济发展文化产业的意见，2004年10月18日文化部发布。

关于文化领域引进外资的若干意见，2005年7月6日文化部、国家广播电影电视总局、新闻出版总署、国家发展和改革委员会、商务部发布。

关于进一步推进新闻出版体制改革的指导意见，2009年3月25日新闻出版总署发布。

文化产业振兴规划，2009年9月26日国务院发布。

关于深化非时政类报刊出版单位体制改革的意见，2011年5月17日中共中央办公厅、国务院办公厅发布。

关于推动国有文化企业把社会效益放在首位、实现社会效益和经济效益相统一的指导意见，2015 年 9 月 7 日中共中央办公厅、国务院办公厅印发。

国家“十二五”时期文化改革发展规划纲要，2011 年 12 月 29 日中共中央办公厅、国务院办公厅发布。

关于推动传统出版和新兴出版融合发展的指导意见，2015 年 3 月 31 日国家新闻出版广电总局、财政部新广发〔2015〕32 号文件。

关于进一步加快广播电视媒体与新兴媒体融合发展的意见，2016 年 7 月 2 日国家新闻出版广电总局新广电发〔2016〕124 号文件。

国家“十三五”时期文化发展改革规划纲要，2017 年 5 月 7 日中共中央办公厅、国务院办公厅发布。

国际公约

公民权利和政治权利国际公约，1966 年 12 月 16 日联合国大会 2200A（XXI）号决议通过。

经济、社会和文化权利国际公约，1966 年 12 月 16 日联合国大会 2200A（XXI）号决议通过。

伯尔尼保护文学和艺术作品公约，1886 年 9 月 9 日于伯尔尼签订；1896 年 5 月 4 日于巴黎补充完备；1908 年 11 月 13 日于柏林修订；1914 年 3 月 20 日于伯尔尼补充完备；1928 年 6 月 2 日于罗马修订；1948 年 6 月 26 日于布鲁塞尔修订；1967 年 7 月 14 日于斯德哥尔摩修订；1971 年 7 月 24 日于巴黎修订；1979 年 9 月 28 日更改。

世界版权公约，1952 年 9 月 6 日于日内瓦签订，1971 年 7 月 24 日于巴黎修订。

保护表演者、录音制品制作者和广播组织的国际公约，1961 年 10 月 26 日于罗马签订。

世界贸易组织协定中《与贸易有关的知识产权协议》，1994 年 4 月 15 日于摩洛哥的马拉喀什签订；2005 年 12 月 6 日修正。

世界知识产权组织版权条约，1996 年 12 月 20 日于日内瓦签订。

保护录音制品制作者防止未经许可复制其录音制品公约，1971 年 10 月 29 日于日内瓦签订。

世界贸易组织协议，1994 年 4 月 15 日于摩洛哥马拉喀什正式签订。

视听表演北京条约，2012 年 6 月 26 日于北京正式签署，2020 年 4 月 28 日生效。

标注 * 的表示文件已经失效

（根据国家法律法规库、北大法宝网等编纂）

图书在版编目（CIP）数据

新闻传播法教程/魏永征，周丽娜著．--7版．--
北京：中国人民大学出版社，2022.7
新编21世纪新闻传播学系列教材
ISBN 978-7-300-30695-7

Ⅰ.①新… Ⅱ.①魏… ②周… Ⅲ.①新闻学－传播
学－法学－中国－高等学校－教材 Ⅳ.①D922.161

中国版本图书馆CIP数据核字（2022）第098367号

普通高等教育“十一五”国家级规划教材
教育部普通高等教育精品教材
新编21世纪新闻传播学系列教材
新闻传播法教程
第7版
魏永征　周丽娜　著
Xinwenchuanbofa Jiaocheng

出版发行	中国人民大学出版社		
社　　址	北京中关村大街31号	**邮政编码**	100080
电　　话	010－62511242（总编室）		010－62511770（质管部）
	010－82501766（邮购部）		010－62514148（门市部）
	010－62515195（发行公司）		010－62515275（盗版举报）
网　　址	http://www.crup.com.cn		
经　　销	新华书店		
印　　刷	北京宏伟双华印刷有限公司	**版　　次**	2002年3月第1版
开　　本	787 mm×1092 mm　1/16		2022年7月第7版
印　　张	24.75 插页1	**印　　次**	2025年6月第7次印刷
字　　数	556 000	**定　　价**	59.90元

关联课程教材推荐

书号	书名	第一作者	定价	出书时间
978-7-300-22658-3	新闻传播伦理与法规教程	陈绚	59.80 元	2016-04
978-7-300-32362-6	网络传播法导论（第 2 版）	邵国松	49.80 元	2024-01
978-7-300-22244-8	媒介素养概论	刘勇	55.00 元	2016-01
978-7-300-20305-8	当代媒介素养十讲	高萍	49.80 元	2015-04
978-7-300-18068-7	媒介伦理：案例与道德推理（第九版）	［美］克利福德·G.克里斯琴斯	48.00 元	2013-10
978-7-300-25442-5	媒介伦理学：问题与案例（第 8 版）	［美］菲利普·帕特森	69.80 元	2018-01
978-7-300-29967-9	美国大众传媒法（第 19 版）	［美］唐·R. 彭伯	128.00 元	2022-04

配套教学资源支持

尊敬的老师：

衷心感谢您选择使用人大版教材！

相关的配套教学资源，请到人大出版社网站（www.crup.com.cn）下载，或是随时与我们联系，我们将向您免费提供。

欢迎您随时反馈教材使用过程中的疑问、修订建议并提供您个人制作的课件。您的课件一经采用，我们将署名并付费。让我们与教材共成长！

联系人信息：

地址：北京海淀区中关村大街 31 号 206 室　龚洪训 收　邮编：100080

电子邮件：gonghx@crup.com.cn　电话：010-62515637　QQ：6130616

如有相关教材的选题计划，也欢迎您与我们联系，我们将竭诚为您服务！

选题联系人：	电子邮件：	电话：
周莹	383902102@qq.com.cn	010－62511612

俯仰天地　心系人文

人大出版社网站　www.crup.com.cn

专业教师 QQ 群：723715191（全国新闻教师 2 群）

欢迎您登录人大出版社网站浏览，了解图书信息，共享教学资源

期待您加入专业教师 QQ 群，开展学术讨论，交流教学心得

群名称:全国新闻教师2群
群　号:723715191